SIMULAÇÃO NO DIREITO TRIBUTÁRIO

ESTUDOS JURÍDICOS Avançados Direção Humberto Ávila

Eduardo Kowarick Halperin

SIMULAÇÃO NO DIREITO TRIBUTÁRIO

2026

EDITORA JusPODIVM | MALHEIROS EDITORES

www.editorajuspodivm.com.br

EDITORA *Jus*PODIVM | MALHEIROS EDITORES

www.editorajuspodivm.com.br

Rua Canuto Saraiva, 131 – Mooca – CEP: 03113-010 – São Paulo – São Paulo
Tel: (11) 3582.5757

Contatos: https://www.editorajuspodivm.com.br/central-de-relacionamento
malheiroseditores@terra.com.br

Diagramação: Equipe *Jus*PODIVM

Capa: Ana Caquetti

H483s Halperin, Eduardo Kowarick
Simulação no Direito Tributário / Eduardo Kowarick Halperin - São Paulo: Editora JusPodivm, 2026.

464 p.
ISBN: 978-85-442-6430-0

1. Direito Tributário. I. Halperin, Eduardo Kowarick. II. Título.

CDD 341.39

Bibliotecária responsável
Ana Carolina Ribeiro Mois – CRB7 – RJ 007348/0

1.ª ed., *2.ª tir.:* out./2025.

À Alessa e ao meu irmão.

AGRADECIMENTOS

Difícil de mensurar a importância que o Professor Humberto tem na minha trajetória. Por causa dele, eu quis virar tributarista e entrar para o mundo acadêmico. Foi ele quem me ensinou a advogar.

Talvez o mais próximo que eu já tenha conseguido para expressar a minha admiração por ele foi em um cartão que enviei depois de concluir o mestrado: "Professor, o Chico Buarque escreveu uma carta contando que desde criança sonhava em construir uma casa cujo projeto havia sido um presente do Oscar Niemeyer ao seu pai. A vontade de ter a casa do Oscar, inclusive, levou-o a estudar arquitetura. A 'casa do Oscar' acabou nunca sendo construída, mas o Chico diz que, quando ele faz uma música boa, ele pensa que parece música do Tom Jobim, e conclui: 'música do Tom, na minha cabeça, é casa do Oscar'. Pois, para mim, 'texto do Humberto' é 'casa do Oscar', e sempre vai ser. Obrigado pela oportunidade de ser seu orientando".

Aproveito a ocasião para renovar essas palavras, agradecendo novamente pela atenção, pelos ensinamentos e pela amizade.

Uma boa parte desta tese foi escrita na Universidade de Santiago de Compostela. Lá, passei um maravilhoso período na condição de pesquisador convidado, sob a supervisão do Professor César García Novoa. Tive o privilégio de testemunhar que a importância acadêmica do Professor César só rivaliza com sua generosidade: de me providenciar uma mesa para estudos (com vista) até me conduzir por um *tour* pela biblioteca da Faculdade de Direito (uma das melhores da Espanha), o Professor César fez muito além do que seria esperado para garantir que eu pudesse desenvolver a minha pesquisa. E, como se não bastasse, ainda teve a gentileza de me convidar para deliciosos almoços, nos quais conversamos sobre Direito Tributário e diversos outros assuntos. Além disso, o Professor César me apresentou o Professor Marcos Torres, que também se tornou um grande amigo. Ele e a Lili, sua esposa, mostraram-me a gastronomia, a cultura e as praias galegas, e são parte indissociável desse período inesquecível.

Dado o *cariño que empecei a ter por Galiza, non puiden evitar agradecerlle ao Profesor César, ao Profesor Marcos e a Lili en galego: moitas grazas*!

Assim como no mestrado, também no doutorado tive a felicidade de cursar uma disciplina do Professor Ronaldo Porto Macedo Júnior. Agradeço a ele pelas aulas incríveis e inspiradoras.

Esta obra é originada da tese apresentada a uma banca composta pelos Professores André Mendes Moreira, César García Novoa, Judith Martins-Costa, Martha Leão e Paulo Ayres Barreto. Foi uma honra ser avaliado por professores que tanto admiro. As suas atentas arguições me fizerem refletir sobre diversos pontos da tese. A Professora Martha Leão e o Professor Paulo Ayres Barreto também integraram a banca de qualificação da tese, e as suas pertinentes observações foram fundamentais para o desenvolvimento do trabalho. A todos eles, também, o meu muito obrigado.

"*– Quem estará nas trincheiras ao teu lado? – E isso importa? – Mais do que a própria guerra.*" Esse diálogo faz parte da incontável coleção de frases atribuídas a Ernest Hemingway que, na verdade, nunca foram ditas ou escritas pelo autor. Não sei quem elaborou esse diálogo, mas sei que acredito plenamente na mensagem que ele transmite. Meus colegas de trincheira tornaram o doutorado muito especial. O Gabriel Spiller eu conheço há muitos anos; além de ser um grande amigo, do peito, o Gabi se tornou um dos tributaristas que eu mais admiro. O quarto capítulo deste trabalho deve muito à sua brilhante dissertação sobre a consideração econômica, bem como às inúmeras conversas que tivemos sobre o tema e aos pertinentes comentários que ele fez após lê-lo.

O João Alho Neto foi o meu primeiro amigo em São Paulo e, desde então, somos inseparáveis. Mestrado, doutorado, trabalho, viagens, refeições – tudo juntos. Diversos pontos desta obra foram submetidos ao rigoroso crivo do Gigi, e alguns poucos sobreviveram.

O Pedro Adamy, a quem tenho o prazer de chamar de professor e amigo há anos, também esteve conosco na trincheira, elaborando a sua segunda tese de doutorado. Eu me senti como os soldados norte-americanos na Segunda Guerra Mundial que, ao olharem para o lado, depararam-se com o mitológico General George Patton no *front* de batalha. O Pedro Adamy é um jurista completo, um dos expoentes da sua geração, que transita com facilidade por diversas áreas do Direito Público e da Teoria do Direito.

Na trincheira, também estavam André Coelho, Fernando Rechia, João Paulo Lyra, Luniza Carvalho, Marcos Vinicius Paiva, Reinaldo Belli, Ronaldo

Kochem e Vinicius Cunha. Entre debates em sala de aula, trocas de monitoria e conversas animadas no café, floresceu uma enorme admiração e amizade.

Diversos outros amigos contribuíram, direta ou indiretamente, para a elaboração desta obra. Amigos do colégio, da vida, da faculdade, do mestrado e do trabalho. Agradeço a todos eles nas pessoas de Ana Carolina Leal, André Zimerman, Arthur Aita, Beatriz Alves, Bruno Fulginiti, Daniela Dias, Débora Dolfini, Enrico Sanseverino, George Hauschild, Guilherme Enck, Gustavo Sanseverino, Jorge Junior, Luciano Piva, Marcelo Ramos Leite, Paulo Arthur Koury, Pedro Santos, Rodrigo Oliveira, Tadeu Puretz e Thiago Parizzi, que tiveram um contato mais direto com a tese, ora em sua versão comercial. Agradeço, ainda, aos meus amigos e colegas do Duarte Garcia, Serra Netto e Terra Advogados, em especial aos meus companheiros de equipe: Allan Fallet, André Kipper, João Pedro Guzzela, Larissa Abreu, Ricardo de Borba e Roberto Ribeiro.

Tenho a sorte de ter uma família unida e afetuosa. O carinho de tias, tios, primas e primos foi fundamental para a elaboração deste trabalho. Agradeço a eles na pessoa do meu querido tio-avô, Paulo José da Rocha. Este ano, ele parou de nos fazer rir e passou a nos fazer falta, embora a lembrança do nosso convívio seja sempre acompanhada de um sorriso.

O meu vô Alex também partiu. Nunca vi alguém que personificasse tanto os ideais do cavalheirismo. Provavelmente, nunca vou ver. Ele falava pouco, mas era o suficiente para sabermos que sempre podíamos contar com ele. Volta e meia, penso nas nossas conversas e tento imaginar o que ele diria sobre determinada situação. Na maioria das vezes, concluo que ele não diria nada – e tento aprender com isso.

Com a Vó Iza, a Vó Emília e o Vô Jacob, eu converso quase que diariamente. É um misto de relação entre avós e netos com uma relação de amizade. Eles sempre foram e continuam sendo meu porto seguro. Muito, muito obrigado.

Dediquei a dissertação de mestrado aos meus pais, Claudia e Celso e, de certa forma, tudo o que faço é dedicado a eles. Eles nos deram amor incondicional, liberdade, disponibilidade, compreensão e até que tentaram nos incutir alguma disciplina. Ensinaram a valorizar as coisas certas. Sempre conversaram sobre tudo. Em suma, deram a criação perfeita. Não por acaso, sempre tivemos uma alegria genuína de estarmos juntos. Obrigado por tanto.

Por fim, agradeço à Alessa e ao meu irmão, as duas pessoas a quem dedico esta obra. De um lado, a Alessa, além de minha namorada, é minha amiga e parceira. O apoio dela não se limitou à compreensão pelas ausências e à companhia na Galícia. Ela revisou minuciosamente este trabalho, percebendo diversos pontos que necessitavam de melhoria. A minha admiração e o meu amor crescem a cada dia. Ser inspirado por ela é um privilégio. De outro lado, o Fernando, meu irmão, é um falso caçula: sou eu quem liga para ele perguntando o que fazer. Temos a intimidade de irmãos e a sintonia de melhores amigos. Ele é fonte inesgotável de orgulho para mim e para toda a família.

PREFÁCIO

A obra que o autor tem em mãos é realmente extraordinária. Em muitos sentidos. Aprovada como tese de doutoramento perante exigente banca arguidora formada na quase bicentenária Faculdade de Direito da Universidade de São Paulo, da qual participei como presidente, embora trate de um tema antigo e tradicional, tanto do ponto de vista do Direito Civil quanto do Direito Tributário, o faz de maneira realmente incomum que chega a ser até mesmo difícil decidir quais qualidades destacar neste prefácio que tenho a imensa alegria de elaborar.

Começo destacando a extensão e a profundidade do trabalho. Normalmente, os trabalhos de Direito Tributário enfrentam o tema da simulação quase que exclusivamente com base em literatura endógena, isto é, formada preponderantemente com base em obras de Direito Tributário. Não, porém, esta obra. Partindo do pressuposto correto de que muitas vezes o Código Tributário Nacional faz referência a categorias de Direito Privado sem lhes atribuir significado diverso, por isso mesmo incorporando seus conceitos, o autor vai precisamente nas fontes de Direito Privado para verificar qual conceito de simulação foi efetivamente adotado, por estipulação ou incorporação, no âmbito do Direito Tributário. Isso explica a extensão da bibliografia utilizada pelo autor e o confronto que ele faz entre a simulação e as várias categorias que lhe são afins. O resultado não poderia ser melhor: uma análise abrangente e profunda do tema da simulação como até hoje não havia sido feito no âmbito do Direito Tributário. Ressalto, ainda sobre a abrangência da presente tese, que esta não se limita a cunhar uma definição clara e precisa de simulação, o que já seria muito. Ela vai além para não apenas aplicar essa definição no âmbito do Direito Tributário como para verificar como a simulação deve ser comprovada, por tal razão adentrando no exame do ônus da prova e dos *standards* de prova aplicáveis.

Prossigo chamando a atenção para a orientação analítica que perpassa como uma linfa toda a pesquisa realizada. Embora estes pressupostos não sejam ostentados, o fato é que esta obra adota uma refinada orientação analítica que consiste em reconstruir, progressivamente, o conceito de simulação mediante a identificação, o esclarecimento, a fundamentação e a justificação de cada uma de suas partes constituintes. Tal orientação não apenas ganha em clareza e precisão, como proporciona maior transparência argumentativa, na medida em que permite o leitor possa melhor compreender e, por consequência, melhor avaliar a definição de simulação como um todo e em cada uma de suas partes.

Mais, o presente trabalho, embora novamente não exponha tal qualidade, foi elaborado com amplo domínio das categorias fundamentais da Lógica e da Filosofia da Linguagem. Isso explica por que ela com mais clareza e precisão conseguiu detectar os defeitos dos conceitos habitualmente utilizados pela doutrina tributária, muitos dos quais repletos de falácias argumentativas ou simplesmente transpostos da doutrina estrangeira para o Brasil sem passar pelo teste de ultrarreferibilidade ao ordenamento jurídico brasileiro. O resultado é igualmente impressionante: o autor cunha uma definição de simulação e decompõe cada uma de suas partes constituintes de modo que o leitor poderá avaliar sua consistência e compatibilidade com o ordenamento jurídico em cada uma das partes que progressivamente compõem o objeto da presente publicação.

Continuo destacando a coragem com que foi elaborada esta obra. Aqui seu ponto forte, manifestado principalmente de duas formas. De um lado, o autor critica de forma transparente e incisiva as definições de simulação que entende imprecisas. Para tanto, ele se dá ao cuidado de transcrever os trechos das obras doutrinárias criticadas, reconstruir de maneira mais fidedigna possível os argumentos que supostamente justificam os conceitos formulados e, finalmente, tecer críticas severas a respeito de seu conteúdo. Tudo isso às claras e sem tergiversação, e de forma elegante, ainda que incisiva.

De outro lado, o autor não apenas chega a conclusões pontuais que são ao final de cada capítulo e ao final da obra apresentadas de forma igualmente transparente, como também elabora teses que são enumeradas ao final de maneira pontual e destacada. Por exemplo, o autor define simulação formal como "vício decorrente da constituição de um ato jurídico oculto que deliberadamente altere (ou revogue) um ato jurídico aparente"; e simulação material como "vício decorrente da enunciação deliberada de proposições falsas por meio de um ato jurídico". De acordo com o autor, "A simulação formal é uma categoria que compreende a simulação subjetiva (ato jurídico oculto que deliberadamente altere a(s) parte(s) de um ato jurídico aparente) e a simulação formal de objeto (ato jurídico oculto que deliberadamente altere o objeto de um ato jurídico aparente)". Ainda conforme o autor, "A simulação material é uma categoria que compreende a simulação material de objeto (ato jurídico que exprime proposição falsa a respeito do seu objeto), a simulação de elemento categorial essencial/abuso de forma (ato jurídico que exprime proposição falsa a respeito de um dos seus elementos categoriais essenciais), a simulação de lugar (ato jurídico que exprime proposição falsa a respeito do local da sua constituição) e a simulação temporal (ato jurídico que exprime proposição falsa a respeito do momento da sua constituição)".

Essas teses, às quais outras poderiam ser somadas, apenas ilustram o modo corajoso como foi elaborada a presente obra: o autor procurou, do início ao fim, de forma clara, concisa, criteriosa, consistente, coerente e corajosa se posicionar sobre tema relevante, tanto que de forma transparente apresentou os seus argumentos e suas conclusões da maneira mais objetiva possível. Num contexto em que abundam obras repletas de expressões com elevado grau de genericidade e vagueza e carregadas de linguagem conotativa, quando não meramente retórica, por meio de cujo emprego o autor se esconde atrás da indeterminação da linguagem que deliberadamente escolheu e, com essa estratégia, covardemente foge de eventuais críticas, obras como esta que o leitor tem em mãos precisam ser devidamente enaltecidas como essenciais para o aprimoramento do patrimônio cultural existente. As características da presente obra em larga medida revelam as características do seu autor: Eduardo Halperin, que conheço como aluno desde os tempos da graduação na Faculdade de Direito da Universidade Federal do Rio Grande do Sul, é intelectualmente inquieto e corajoso, além de extremamente crítico e sagaz. Não por acaso é advogado extremamente competente e tem, por direito de conquista e unicamente por conta de seus méritos, cada vez mais ocupado espaços em cursos de pós-graduação e eventos pelo Brasil afora.

Termino por destacar, para dar fim a uma lista ainda maior de qualidades, a importância, a atualidade e a originalidade da presente obra. Quem milita na área tributária sabe a importância que o planejamento tributário tem assumido nos últimos anos: boa parte do contencioso tributário envolve reestruturações societárias que foram objeto de autuação por parte das autoridades fazendárias, normalmente com base na alegação de que teria havido simulação ou dissimulação por parte do sujeito passivo. Daí ser o conceito de simulação absolutamente central para a doutrina do Direito Tributário. Quem milita na área tributária também sabe que a maior parte das autuações simplesmente toma de barato tanto o conceito de simulação quanto o modo como ela deve ser adequadamente comprovada. Esta obra enfrenta, com base em refinada orientação analítica, precisamente esses temas de forma extensa e profunda para chegar a conclusões claras, precisas e objetivas a respeito do que significa a simulação e como ela deve ser adequadamente comprovada. Trata-se, portanto, de obra extremamente importante e atual para o Direito Tributário brasileiro.

Em face de todas as considerações anteriormente tecidas, estou seguro de que este trabalho é uma contribuição extremamente valiosa para o aprimoramento dos estudos sobre a simulação e para a melhor compreensão do planejamento tributário, devendo ser lido não apenas em razão de sua relevância teórica, mas também em virtude de sua importância prática para todos aqueles que diuturnamente estudam e aplicam o Direito Tributário no Brasil.

São Paulo, 14 de julho de 2025.

Humberto Ávila
Professor Titular de Direito Tributário da
Faculdade de Direito da Universidade de São Paulo.

SUMÁRIO

INTRODUÇÃO **21**

PRIMEIRA PARTE – DEFINIÇÃO DO CONCEITO DE SIMULAÇÃO NO DIREITO TRIBUTÁRIO

CAPÍTULO 1 – CONCEITO DE SIMULAÇÃO NO DIREITO TRIBUTÁRIO: FUNDAMENTOS E SIGNIFICADO **27**

1.1. O termo “simulação” no Código Tributário Nacional 27

1.2. Fundamentos do conceito de simulação no Direito Tributário 29

1.2.1. O Código Tributário Nacional incorporou o conceito de simulação do Direito Privado 29

1.2.2. O Código Tributário Nacional incorporou o conceito de simulação do Código Civil de 1916 45

1.2.3. Síntese conclusiva a respeito dos fundamentos do conceito de simulação 52

1.3. Conteúdo do conceito de simulação no Direito Tributário 53

1.3.1. Objetos que podem conter simulação: atos jurídicos (art. 102, *caput*, CC/16; art. 167, § 1º, c/c 185 CC/02) 53

1.3.1.1. A simulação está presente nos atos jurídicos *lato sensu,* e não apenas nos negócios jurídicos 55

1.3.1.2. A simulação está presente nos atos jurídicos, e não nas fontes que os constituem 57

1.3.1.3. A simulação está presente nos atos jurídicos lícitos, e não nos atos ilícitos 60

1.3.1.4. A simulação está presente nos atos jurídicos que tenham por fim imediato transacionar direitos, e não nos atos jurídicos que tenham por fim imediato satisfazer obrigações legais 63

1.3.2. Primeira subclasse de simulação: simulação subjetiva (art. 102, I, CC/16; art. 167, § 1º, I, CC/02) 66

1.3.3. Segunda subclasse de simulação: declaração, confissão, condição ou cláusula não verdadeira ... 70
1.3.3.1. Não verdadeiras ... 71
1.3.3.2. Declaração, confissão, condição e cláusula ... 73
1.3.3.2.1. Declaração e confissão ... 74
1.3.3.2.2. Condição e cláusula ... 96
1.3.3.2.3. Diferenças entre a simulação das declarações e confissões não verdadeiras e a simulação das condições e cláusulas não verdadeiras ... 105
1.3.4. Terceira subclasse de simulação: simulação temporal ... 107
1.3.5. O rol de subclasses de simulação do Código Civil é taxativo ... 110
1.3.6. Definição intensional do conceito de simulação a partir dos elementos comuns das subclasses elencadas pelo Código Civil ... 116
1.3.6.1. Conceito e elementos da simulação formal ... 122
1.3.6.2. Conceito e elementos da simulação material ... 125
1.4. Tese sobre o conceito de simulação no Direito Tributário ... 127
1.5. Diferença entre os conceitos de simulação reconstruídos na presente obra e os conceitos de simulação apresentados pela doutrina brasileira ... 128
1.5.1. Conceitos de simulação apresentados pela doutrina brasileira ... 128
1.5.1.1. Divergência entre vontade real e vontade declarada ... 133
1.5.1.2. Acordo simulatório ... 142
1.5.1.3. Intenção de enganar terceiros ... 144
1.5.1.4. Divergência entre a causa real e a causa aparente (ou a causa típica) ... 146
1.5.1.4.1. Divergência entre causa subjetiva real e causa subjetiva aparente ... 147
1.5.1.4.2. Divergência entre duas causas objetivas ... 152
1.5.1.4.3. Divergência entre a causa final real e a causa final típica ... 154
1.5.2. Repercussões práticas da adoção do conceito de simulação reconstruído por esta obra ... 159
1.6. Excurso: a citação de autores estrangeiros e a xenofilia acrítica ... 160
1.7. Conceito de dissimulação no Direito Tributário ... 170
1.7.1. O termo "dissimulação" no Código Tributário Nacional ... 170
1.7.2. Fundamentos do conceito de dissimulação no Direito Tributário ... 171
1.7.3. Conceito de dissimulação no Código Civil de 1916 ... 178
1.7.4. Conteúdo normativo do parágrafo único do artigo 116 do Código Tributário Nacional ... 180
1.7.5. Críticas à tese da "norma antissimulação" e as razões pelas quais elas são improcedentes ... 184

1.7.6. A decisão do Supremo Tribunal Federal na Ação Direta de Inconstitucionalidade nº 2446 ... 192
1.7.7. As duas fases do exame do ato jurídico dissimulado ... 199
1.7.8. Síntese conclusiva a respeito do conceito de dissimulação no Direito Tributário ... 208
1.8. Síntese conclusiva do Capítulo 1 ... 208

Capítulo 2 – Simulação e Figuras Afins ... 211

2.1. Categorias de Direito Privado ... 211
2.1.1. Vícios do ato jurídico incorporados pelo Código Tributário Nacional como hipóteses de lançamento de ofício ... 211
2.1.1.1. Dolo (artigo 149, VII, do Código Tributário Nacional) ... 211
2.1.1.1.1. Conceito de dolo ... 211
2.1.1.1.2. Diferenças entre o dolo e a simulação ... 214
2.1.1.2. Fraude (artigo 149, VII, do Código Tributário Nacional) ... 215
2.1.1.2.1. Conceito de fraude ... 215
2.1.1.2.2. Diferenças entre a fraude e a simulação ... 222
2.1.2. Vícios do ato jurídico que não foram incorporados pelo Código Tributário Nacional como hipóteses de lançamento de ofício ... 225
2.1.2.1. Erro (artigo 138 do Código Civil) ... 225
2.1.2.1.1. Conceito de erro ... 225
2.1.2.1.2. Diferenças entre o erro e a simulação ... 226
2.1.2.2. Coação (artigo 151 do Código Civil) ... 227
2.1.2.2.1. Conceito de coação ... 227
2.1.2.2.2. Diferenças entre a coação e a simulação ... 227
2.1.2.3. Lesão (artigo 157 do Código Civil) ... 228
2.1.2.3.1. Conceito de lesão ... 228
2.1.2.3.2. Diferenças entre a lesão e a simulação ... 229
2.1.3. Atos jurídicos lícitos ... 229
2.1.3.1. Negócio jurídico indireto ... 229
2.1.3.1.1. Conceito de negócio jurídico indireto ... 229
2.1.3.1.2. Diferenças entre o negócio jurídico indireto e a simulação ... 231
2.1.3.2. Negócio jurídico fiduciário ... 233
2.1.3.2.1. Conceito de negócio jurídico fiduciário ... 233
2.1.3.2.2. Diferenças entre o negócio jurídico fiduciário e a simulação ... 234
2.1.3.3. Reserva mental (artigo 110 do Código Civil) ... 235
2.1.3.3.1. Conceito de reserva mental ... 235
2.1.3.3.2. Diferenças entre a reserva mental e a simulação ... 236
2.2. Categorias de Metodologia Jurídica ... 237

2.2.1. Abuso de direito ... 237
2.2.1.1. Conceito de abuso de direito ... 237
2.2.1.2. Abuso de direito no Direito Tributário ... 241
2.2.1.3. Diferenças entre o abuso de direito e a simulação ... 258
2.2.2. Fraude à lei ... 260
2.2.2.1. Conceito de fraude à lei ... 260
2.2.2.2. Fraude à lei no Direito Tributário ... 263
2.2.2.3. Diferenças entre a fraude à lei e a simulação ... 268
2.3. Categorias de Direito Tributário ... 272
2.3.1. Sonegação e fraude fiscal (artigos 71 e 72 da Lei nº 4.502/64) ... 272
2.3.1.1. Conceito de sonegação e de fraude fiscal ... 272
2.3.1.2. Diferenças entre a sonegação, a fraude fiscal e a simulação ... 273
2.3.2. Falsidade (artigo 149, IV, do Código Tributário Nacional) ... 276
2.3.2.1. Conceito de falsidade ... 276
2.3.2.2. Diferenças entre a falsidade e a simulação ... 277
2.4. Síntese conclusiva do Capítulo 2 ... 281

SEGUNDA PARTE – APLICAÇÃO DO CONCEITO DE SIMULAÇÃO

Capítulo 3 – Identificação do Ato Jurídico Simulado ... 287

3.1. Comprovação da simulação ... 287
3.1.1. Ônus da prova na alegação de simulação ... 287
3.1.2. Standard probatório para a caracterização da simulação ... 292
3.1.3. Comprovação da simulação material ... 295
3.1.3.1. Comprovação da simulação de lugar, da simulação de tempo e da simulação material de objeto ... 295
3.1.3.1.1. Hipótese a ser comprovada para caracterizar a simulação de lugar, a simulação de tempo e a simulação material de objeto ... 295
3.1.3.1.2. Meios de prova para caracterizar a simulação de lugar, a simulação de tempo e a simulação material de objeto ... 297
3.1.3.2. Comprovação da simulação de elementos categoriais essenciais (abuso de forma) ... 301
3.1.3.2.1. Hipótese a ser comprovada para caracterizar a simulação de elementos categoriais essenciais (abuso de forma) ... 301
3.1.3.2.2. Meios de prova para caracterizar a simulação de elementos categoriais essenciais (abuso de forma) ... 307
3.1.4. Critérios para a comprovação da simulação formal ... 310

3.1.4.1. Hipótese a ser comprovada para caracterizar a simulação formal ... 310
3.1.4.2. Meios de prova para caracterizar a simulação formal ... 315
3.1.4.2.1. Alguns indícios de ocorrência da simulação formal ... 318
3.1.4.2.2. Alguns indícios de não ocorrência da simulação formal (indícios negativos) ... 330
3.1.5. Síntese conclusiva a respeito da comprovação da simulação ... 336
3.2. Possibilidade de configuração da simulação em atos jurídicos específicos ... 336
3.2.1. Emissão de título de crédito ... 336
3.2.2. Constituição de sociedade personificada ... 342
3.2.3. Constituição de sociedade não personificada ... 350
3.3. Hipóteses que não configuram simulação ... 353
3.3.1. Identificação de ato jurídico distinto do ato jurídico aparente ... 353
3.3.2. Ausência de propósito negocial ... 357
3.3.3. Não usualidade da forma jurídica adotada ... 363
3.4. Efeitos da identificação do ato jurídico simulado ... 366
3.4.1. Efeitos da identificação do ato jurídico simulado pelo Poder Judiciário ... 366
3.4.1.1. Desconstituição do ato jurídico simulado ... 366
3.4.1.2. Repetição do indébito relativo ao ato jurídico desconstituído ... 368
3.4.2. Efeitos da identificação do ato jurídico simulado pela Fiscalização Tributária ... 374
3.4.2.1. Desconsideração do ato jurídico simulado ... 374
3.4.2.2. Repetição do indébito relativo ao ato jurídico desconsiderado ... 379
3.5. Síntese conclusiva do capítulo 3 ... 384

Capítulo 4 – Identificação do Ato Jurídico Dissimulado ... 387

4.1. Fatores estabelecidos pelo ordenamento jurídico para a eficácia do ato jurídico dissimulado ... 387
4.1.1. Fontes a partir das quais se identifica o surgimento do ato jurídico dissimulado ... 387
4.1.2. Eficácia do ato jurídico ... 389
4.1.2.1. Plano da eficácia ... 389
4.1.2.2. Regra geral para a eficácia do ato jurídico ... 391
4.1.3. Eficácia tributária do ato jurídico ... 398
4.1.3.1. Plano da eficácia tributária ... 398
4.1.3.2. Regra especial para o surgimento da obrigação tributária em decorrência do ato jurídico ... 402
4.1.3.3. Aplicação da regra especial para o surgimento da obrigação tributária em relação ao ato jurídico dissimulado ... 414
4.2. Fatores inconstitucionais e ilegais para a eficácia do ato jurídico dissimulado ... 415

4.2.1. Interpretação das hipóteses de incidência com base em considerações econômicas: ineficácia do ato jurídico dissimulado ... 415
4.2.2. Qualificação dos atos jurídicos com base em critérios substanciais ... 427
4.3. Síntese conclusiva do capítulo 4 ... 436

Conclusão ... **439**

Referências ... **443**

INTRODUÇÃO

"*Stretching his hand up to the stars, too often man forgets the flowers at his feet*"
(Jeremy Bentham, "Deontology, or the Science of Morality",
Boston, Adamant, 2000, p. 52)

"*Those are my principles, and if you don't like them...
well, I have others*" (Atribuída a Groucho Marx)

As duas frases da epígrafe ilustram bem o atual estado da ciência do Direito Tributário brasileiro. Sob o pretexto de interpretar a legislação tributária, doutrinadores, julgadores e os demais aplicadores do Direito buscam concretizar valores abstratos e ideais políticos, em vez de se concentrarem nos textos normativos pertinentes. Com o conceito de simulação não é diferente. Muito se fala sobre solidariedade, igualdade, capacidade contributiva, propósito negocial, abuso de direito, fraude à lei etc. Pouco se fala, contudo, sobre os significados exprimidos pelos dispositivos pertinentes do Código Tributário Nacional, e discute-se ainda menos o teor da definição de simulação formulada pelo Código Civil.

Marco Aurélio Greco afirma que "hoje, em matéria de planejamento tributário, "simulação" é um conceito à procura de um significado".[1] Sérgio André Rocha, da mesma forma, observa que "cada um tem uma simulação para chamar de sua".[2] Marciano Seabra de Godoi, igualmente, constata que cada julgador decide se houve simulação "a partir da sua convicção a respeito do papel ou da

---

1. GRECO, Marco Aurélio. **Planejamento Tributário**. 4. ed. São Paulo: Quartier Latin, 2019, p. 400.

2. ROCHA, Sérgio André. Para que serve o parágrafo único do artigo 116 do CTN afinal? *In*: GODOI, Marciano Seabra de; ROCHA, Sérgio André. **Planejamento tributário:** limites e desafios concretos. Belo Horizonte; São Paulo: D´Plácido, 2020, p. 492.

importância jurídica da finalidade prática ou da substância econômica que normalmente subjaz a um determinado negócio jurídico".[3] Enquanto observações sociológicas a respeito do que está ocorrendo na doutrina e na jurisprudência, tais constatações são absolutamente corretas. O problema é que tais constatações, muitas vezes (e é o caso desses autores), são o ponto de partida para um ceticismo quanto à existência de um conceito normativo de simulação. E é a partir desse ceticismo que, de um lado, são inventadas figuras excêntricas, tais como o "conceito amplo de simulação" ou o "conceito causalista de simulação", e, de outro lado, são importados tanto conceitos estrangeiros de simulação – como o omnipresente conceito do italiano Francesco Ferrara – quanto critérios estrangeiros para a sua identificação – tais como o do propósito negocial (*business purpose*) e o das operações estruturadas em sequência (*step transactions*).

Ao fim e ao cabo, esses conceitos inventados e essas importações acríticas permitem que a simulação seja empregada como um instrumento para desconstituir qualquer ato jurídico que desagrade ao intérprete. E se qualquer conduta pode ser qualificada como contrária à regra, então qualquer conduta também pode ser qualificada como de acordo com a regra, o que significa que, na verdade, já não há mais regra.[4] O planejamento tributário se tornou uma roleta, inclusive porque a banca sempre tem a vantagem.

Este trabalho refuta totalmente esse tipo de ceticismo e, confiando na dignidade dos textos normativos e das regras, pretende reconstruir o significado de simulação no Direito Tributário, delimitando o seu conceito e estabelecendo critérios para a sua aplicação.

O trabalho está dividido em duas partes. A primeira parte tem como objeto a definição do conceito de simulação no Direito Tributário. De um lado, reconstruiu-se o conceito normativo de simulação no Direito Tributário, o que envolveu a identificação dos seus fundamentos, a definição das suas propriedades necessárias e suficientes e sua comparação com os demais conceitos de simulação formulados pela doutrina. De outro lado, comparou-se o conceito normativo de simulação no Direito Tributário com figuras afins, tais como a fraude, a fraude à lei e o abuso de direito.

---

3. GODOI, Marciano Seabra de. Caso Unilever. Desmembramento do objeto social e sua atribuição a outras pessoas jurídicas, tendo como único motivo a redução de tributos. Uso e abuso desta antiga forma de planejamento tributário, à luz dos possíveis conceitos de simulação. *In*: GODOI, Marciano Seabra de. ROCHA, Sérgio André. **Planejamento tributário: limites e desafios concretos**. Belo Horizonte; São Paulo: D´Plácido, 2020, p. 294.

4. WITTGENSTEIN. Ludwig. **Philosophical Investigations**. Tradução de G. E. M. Anscombe, P. M. S. Hacker e Joachim Schulte. 4. ed. Nova Jersey: Wiley-Blackwell, 2009, 87e.

A segunda parte do trabalho tem como objeto a aplicação do conceito de simulação no Direito Tributário. De um lado, identificou-se o raciocínio que deve ser empregado para se comprovar a ocorrência da simulação, o que envolveu a identificação das hipóteses que devem ser comprovadas bem como a indicação de alguns meios de prova adequados para comprová-las. De outro lado, investigaram-se os fatores que devem estar presentes para o surgimento do ato jurídico dissimulado.

Procurou-se ilustrar as afirmações deste trabalho por meio de inúmeros exemplos, diversas metáforas e alguns quadros comparativos. A ideia foi ser o mais claro possível: de um lado, para que os eventuais acertos sejam efetivamente compreendidos; de outro lado, para que os muitos erros sejam facilmente identificados e, com isso, haja o progresso científico.[5] Ciência é transparência. O resto é armazém de secos e molhados.[6]

****

O papel do jurista não é melhorar o mundo e, muito menos, fazer justiça. Eros Grau já disse: vamos à Faculdade de Direito para aprender Direito, e não para aprender justiça.[7] O intérprete deve reconstruir a norma mais coerente com o ordenamento jurídico, e não a norma que vai gerar os melhores resultados. Oliver Wendell Holmes Jr, juiz da Suprema Corte norte-americana, bem observou que, se os cidadãos quisessem ir para o inferno, o seu trabalho era ajudá-los a chegar lá.

Há quem critique esse tipo de postura, por considerá-la formalista. Cabe, aqui, a resposta de Antonin Scalia, outro juiz da Suprema Corte norte-americana: "é claro que é formalista! O Estado de Direito é sobre forma. (...) Vida longa ao formalismo. É o que faz um governo um governo de leis e não de homens".[8] Ao não tentar melhorar o mundo e, tampouco, fazer justiça, os intérpretes auxiliam na criação de um sistema jurídico confiável, estável e previsível, o qual também pode ser chamado de Estado de Direito. E é apenas em um Estado de Direito que um mundo pode se tornar melhor, e a justiça pode existir. Naturalmente, um sistema *pode* ser confiável, estável, previsível e injusto (em um regime to-

5. BORGES, José Souto Maior. **Ciência Feliz**. 2. ed. São Paulo: Max Limonad, 2000, p. 21.

6. "Imprensa é oposição. O resto é armazém de secos e molhados" (FERNANDES, Millôr. Pasquim, 1970).

7. GRAU, Eros Roberto. Por que tenho medo dos juízes (a interpretação/aplicação do direito e os princípios). 6. ed. São Paulo: Malheiros, 2013, p. 21.

8. SCALIA, Antonin. **A Matter of Interpretation**. Princeton: Princeton University Press, 1997, p. 25.

talitário, por exemplo), mas *certamente* será injusto se for desconfiável, instável ou imprevisível.

O espantalho favorito dos críticos ao formalismo é o cognitivismo radical, como se os defensores do formalismo estivessem afirmando que os textos possuem ontologicamente um único significado possível. O cognitivismo radical é errado, e ninguém discorda disso. Uma coisa é defender que os textos normativos exprimem um único significado (cognitivismo radical); outra coisa, muito distinta, é defender que se deve atribuir aos textos normativos, a partir de argumentos reconduzíveis ao ordenamento jurídico, o melhor significado normativo possível, isto é, o significado melhor justificado racionalmente.

Essas considerações a respeito do papel do intérprete são particularmente importantes para os casos nos quais o intérprete pretende fazer ciência, em especial a ciência do Direito Tributário. A ciência do Direito Tributário brasileiro tem pai e certidão de nascimento: ela nasceu com Alfredo Becker e o seu *Teoria Geral do Direito Tributário*, em 1963. Foi essa obra que lançou as bases do edifício teórico que seguiu sendo construído por Geraldo Ataliba, José Souto Maior Borges, dentre tantos outros grandes mestres. Trata-se de um edifício formalista, normativista, como sói ocorrer com uma obra que pretende determinar o conteúdo normativo do ordenamento jurídico.

Qualquer edifício antigo necessita de reparos. Com o edifício da ciência do Direito Tributário brasileiro não é diferente: existem novas ferramentas que não estavam disponíveis à época do início da sua construção (tais como os princípios jurídicos), bem como certas concepções metodológicas então vigentes acabaram sendo superadas (tais como a do referido cognitivismo radical). A tarefa do cientista é utilizar essas novas ferramentas para, à luz da atual metodologia jurídica, reparar o nosso edifício teórico, sem jamais abdicar da *atitude mental jurídico tributária* de Alfredo Becker. Infelizmente, grande parte da ciência atual tem tentado explodir o edifício da ciência do Direito Tributário brasileiro, construindo no lugar uma casa sem teto, sem chão e sem parede.

Com tudo isso, quer-se dizer que este trabalho não pretende melhorar o mundo. Assumiu-se, aqui, a tarefa mais modesta de interpretar os textos normativos pertinentes para, por meio de argumentos, reconstruir o conceito de simulação mais coerente com o ordenamento jurídico, bem como identificar os seus critérios de aplicação. A realização dessa tarefa de forma transparente é o que pode ser chamado de ciência do Direito. E fazer a ciência do Direito sem pretender tornar o mundo melhor, paradoxalmente, é o que permite melhorar o mundo.

PRIMEIRA PARTE

DEFINIÇÃO DO CONCEITO DE SIMULAÇÃO NO DIREITO TRIBUTÁRIO

Capítulo 1

CONCEITO DE SIMULAÇÃO NO DIREITO TRIBUTÁRIO: FUNDAMENTOS E SIGNIFICADO

> "(...) *doth it not often happen that a man of an ordinary capacity very well understands a text, or a law, that he reads, till he consults an expositor, or goes to counsel; who, by that time he hath done explaining them, makes the words signify either nothing at all, or what he pleases?*
> (John Locke, "The Clarendon Edition of the Works of John Locke: An Essay Concerning Human Understanding", Oxford, Oxford University Press, 1975, p. 496)

1.1. O termo "simulação" no Código Tributário Nacional

Esta obra sustenta que o ordenamento jurídico exprime dois conceitos de simulação (simulação formal e simulação material), os quais são completamente distintos dos conceitos de simulação adotados pela doutrina e pela jurisprudência. Trata-se, portanto, de uma obra que tem como principal objetivo organizar o debate sobre o planejamento tributário, já que delimita o significado normativo da principal hipótese de desconstituição de atos jurídicos pela Fiscalização Tributária. Mas essas considerações pertencem à conclusão; antes de alcançá-la, deve-se começar do início: da Constituição Federal.

A Constituição Federal, em seu artigo 146, III, estabelece que cabe à lei complementar estabelecer normas gerais em matéria tributária.[1] Essa função é desempenhada pelo Código Tributário Nacional, que, em seu artigo 149, VII, dispôs que a autoridade administrativa poderia efetuar lançamento de ofício, isto

1. Art. 146. Cabe à lei complementar:

III - estabelecer normas gerais em matéria de legislação tributária (...).

é, constituir unilateralmente crédito tributário contra o sujeito passivo quando identificasse a presença de *dolo*, *fraude* ou *simulação* na sua conduta:

> Art. 149. O lançamento é efetuado e revisto de ofício pela autoridade administrativa nos seguintes casos: (...)
>
> VII - quando se comprove que o sujeito passivo, ou terceiro em benefício daquele, agiu com dolo, fraude ou simulação;

A presença de *dolo*, *fraude* ou *simulação* na conduta do sujeito passivo, além de permitir a constituição unilateral de crédito tributário pela autoridade administrativa (nesse caso, também chamado de "lançamento de ofício de revisão" ou de "lançamento de ofício suplementar"[2]), ainda impõe um termo inicial distinto para o prazo decadencial de que ela dispõe para constituí-lo, aumentando-o (artigo 150, § 4º, c/c artigo 173, I, do Código Tributário Nacional)[3], bem como impede a concessão de moratórias (artigo 154, § único, do Código Tributário Nacional)[4] ou de anistias (artigo 180, I, do Código Tributário Nacional).[5] Vale referir, ainda, que o parágrafo único do Código Tributário Nacional estabeleceu que, nas hipóteses de *dissimulação* (uma espécie de simulação, conforme se verá no tópico 1.7), a desconsideração do negócio jurídico visando à constituição unilateral de crédito tributário pela autoridade administrativa dependeria procedimentos a serem estabelecidos em lei ordinária.

Este trabalho tem como objeto a simulação, o que compreende, naturalmente, as suas espécies (tais como a *dissimulação*). Neste capítulo, o significado do termo "simulação" no Código Tributário Nacional será reconstruído, possibilitando, assim, a definição do conceito de simulação no Direito Tributário. A partir

---

2. MIRANDA, Túlio Terceiro Neto Parente. **Revisão do lançamento tributário**: hipóteses e limites. São Paulo: Noeses, 2024, p. 126.

3. Art. 150. (...) § 4º Se a lei não fixar prazo a homologação, será ele de cinco anos, a contar da ocorrência do fato gerador; expirado esse prazo sem que a Fazenda Pública se tenha pronunciado, considera-se homologado o lançamento e definitivamente extinto o crédito, salvo se comprovada a ocorrência de dolo, fraude ou simulação. (...)

Art. 173. O direito de a Fazenda Pública constituir o crédito tributário extingue-se após 5 (cinco) anos, contados:

I - do primeiro dia do exercício seguinte àquele em que o lançamento poderia ter sido efetuado.

4. Art. 154. (...) Parágrafo único. A moratória não aproveita aos casos de dolo, fraude ou simulação do sujeito passivo ou do terceiro em benefício daquele.

5. Art. 180. A anistia abrange exclusivamente as infrações cometidas anteriormente à vigência da lei que a concede, não se aplicando:

I - aos atos qualificados em lei como crimes ou contravenções e aos que, mesmo sem essa qualificação, sejam praticados com dolo, fraude ou simulação pelo sujeito passivo ou por terceiro em benefício daquele.

da definição do conceito de simulação no Direito Tributário, será reconstruído o significado do termo "dissimulação" no Código Tributário Nacional.

1.2. Fundamentos do conceito de simulação no Direito Tributário

Para que seja possível atribuir um significado ao termo "simulação", tal como empregado no Código Tributário Nacional, deve-se determinar, em primeiro lugar, qual a fonte desse significado, isto é, onde devemos procurá-lo. De um lado, pode-se sustentar que o Código Tributário Nacional possui um conceito próprio de simulação, não estando limitado ao conceito de simulação do Direito Privado. De outro lado, pode-se sustentar que o Código Tributário Nacional incorporou o conceito de simulação do Direito Privado.

Em segundo lugar, estabelecida a premissa de que o Código Tributário Nacional incorporou o conceito de simulação do Direito Privado, pode-se sustentar que tal conceito decorre de duas fontes distintas. De um lado, pode-se sustentar que ele decorre: do Código Civil de 1916. De outro lado, pode-se sustentar que ele decorre do Código Civil de 2002. Será sustentado, no presente trabalho, que o Código Tributário Nacional incorporou o conceito de simulação do Código Civil de 1916.

1.2.1. O Código Tributário Nacional incorporou o conceito de simulação do Direito Privado

Deve-se identificar de qual fonte decorre o conceito normativo de simulação do Código Tributário Nacional. De um lado, pode-se sustentar que o Código Tributário Nacional possui um conceito próprio de simulação, não sendo fundamentado naquele do Código Civil. De outro lado, pode-se sustentar que o Código Tributário Nacional incorporou o conceito de simulação do Direito Privado, notadamente aquele constante no Código Civil.

De um lado, alguns autores sustentam que o Código Tributário Nacional teria um conceito próprio de simulação, não tendo incorporado o conceito de simulação do Código Civil, dos quais três se destacam. O primeiro autor é Heleno Tôrres, para quem o Código Tributário Nacional teria um conceito próprio de simulação, mais amplo que aquele do Código Civil. Segundo o autor, haveria um dever de veracidade mais amplo no Direito Tributário do que no Direito Privado:

> O direito brasileiro renunciou à edição de uma cláusula geral de identificação das hipóteses simulatórias, preferindo a tipificação classificatória em espécies predefinidas. É forma de garantir o direito à privacidade de um modo mais seguro e

> certo. Contudo, essa regra já não é aplicável a domínios onde prevaleçam critérios distintos de identificação de práticas simulatórias ou seja disciplinado de modo específico o dever de declaração e de veracidade, como o é nos casos de direito societário, direito econômico, contratos administrativos, processo civil e direito tributário. (...) E se buscarmos as regras do direito privado, não encontraremos qualquer sanção, em caráter geral, aplicável à simulação, até porque não existe um dever absoluto de veracidade em face de terceiros.[6]

Para Heleno Tôrres, em razão desse dever absoluto de veracidade do Direito Tributário, o qual seria distinto do Direito Privado, o conceito de simulação do Direito Tributário seria mais amplo que o do Direito Privado:

> Sobre os limites da aplicação do art. 167, § 1º, do CC, tenho pra mim que esta é uma especificação taxativa de hipóteses que somente tem aplicação no direito privado, haja vista os limites do dever de veracidade serem impostos às partes e aos terceiros diretamente envolvidos. (...) Como em matéria tributária o dever de veracidade é exigido em todos os seus atos, por declarações e prestações de informações de toda ordem, inclusive por terceiros, não se justifica qualquer tentativa de vinculação dos atos administrativos àquela lista taxativa predisposta para os lindes do direito privado. (...) E essa foi a opção do legislador quando se ocupou de regrar a simulação no direito tributário brasileiro, nos diversos dispositivos que tratam do assunto.[7]

O segundo autor é Marciano Seabra de Godoi, que, da mesma forma, afirma que o Código Tributário Nacional não teria incorporado o conceito de simulação do Código Civil. Segundo o autor, a existência de uma enorme divergência quanto à definição desse conceito na jurisprudência que trata dos limites da elisão tributária evidenciaria que o Código Tributário Nacional não incorporou o conceito de simulação do Código Civil:

> Mas se a simulação é algo tão simples de definir e identificar, como explicar as renhidas disputas travadas nos julgamentos administrativos, em que os julgadores utilizam conceitos bem diferentes de simulação para qualificar os atos e negócios praticados pelo contribuinte? Se em seus votos todos os julgadores recorrem aos mesmos dispositivos do Código Civil (art. 102 do Código de 1916 e art. 167 do Código de 2002), se o conceito de simulação do direito civil é o mesmo que vigora no direito tributário, se "os civilistas brasileiros concordam na análise dos pressupostos da simulação relativa", e ainda se os tributaristas "sempre caminharam de passo certo com os civilistas na temática da simulação", como explicar que o

6. TÔRRES, Heleno. **Direito tributário e direito privado**: autonomia privada, simulação, elusão tributária. São Paulo: Revista dos Tribunais, 2003, p. 319.

7. TÔRRES, Heleno. **Direito tributário e direito privado**: autonomia privada, simulação, elusão tributária. São Paulo: Revista dos Tribunais, 2003, p. 364.

conceito mais controverso (e decisivo) nos julgamentos sobre os limites da elisão seja exatamente o conceito de simulação?[8]

Por fim, o terceiro autor é Sérgio André Rocha, que, igualmente, sustenta que o conceito de simulação do Direito Tributário seria mais amplo do que aquele do Código Civil, o que seria evidenciado pela constatação de que diversas situações de "artificialidade evidente", as quais seriam simuladas, não seriam reconduzíveis ao conceito de simulação do Código Civil:

> Ademais, não nos parece que a definição do vocábulo "simulação" no Direito Tributário esteja restrita à moldura prevista no artigo 167 do Código Civil. O verbo "dissimular" no parágrafo único do artigo 116 do CTN foi nitidamente utilizado em sentido vernacular, como sinônimo de ocultar, esconder.[9] (...)
>
> De acordo com o corte que fiz anteriormente, para as situações de artificialidade evidente (como, por exemplo, uma operação societária de "casa e separa" feita em um único dia, com toda a evidência de abuso de forma jurídica com a finalidade de obtenção de uma vantagem fiscal), aplica-se o conceito de simulação. Como mesmo uma situação como esta não se enquadra perfeitamente no artigo 167 do Código Civil, aplicaríamos um conceito amplo de simulação, como o advogado por Marciano Seabra de Godoi. Como já pontuamos, não nos parece que o intérprete da legislação tributária esteja adstrito ao conceito de simulação do Código Civil.[10]

De outro lado, autores como Humberto Ávila,[11] Paulo Ayres Barreto,[12] Paulo de Barros Carvalho[13] e Ricardo Mariz de Oliveira[14] entendem que o Código Tributário Nacional incorporou o conceito de simulação do Código Civil. Roque

---

8. GODOI, Marciano Seabra de. Caso Unilever. Desmembramento do objeto social e sua atribuição a outras pessoas jurídicas, tendo como único motivo a redução de tributos. Uso e abuso desta antiga forma de planejamento tributário, à luz dos possíveis conceitos de simulação. *In*: GODOI, Marciano Seabra de. ROCHA, Sérgio André. **Planejamento tributário:** limites e desafios concretos. Belo Horizonte; São Paulo: D´Plácido, 2020, p. 293.

9. ROCHA, Sérgio André. Para que serve o parágrafo único do artigo 116 do CTN afinal? *In*: GODOI, Marciano Seabra de; ROCHA, Sérgio André. **Planejamento tributário:** limites e desafios concretos. Belo Horizonte; São Paulo: D´Plácido, 2020, p. 502.

10. ROCHA, Sérgio André. Para que serve o parágrafo único do artigo 116 do CTN afinal? *In*: GODOI, Marciano Seabra de; ROCHA, Sérgio André. **Planejamento tributário:** limites e desafios concretos. Belo Horizonte; São Paulo: D´Plácido, 2020, p. 507.

11. ÁVILA, Humberto. **Contribuições e Imposto sobre a Renda** – Estudos e Pareceres. São Paulo: Malheiros, 2015, p. 255.

12. BARRETO, Paulo Ayres. Ato simulado e sonegação fiscal. *In*: SOUZA, Priscila de (Coord.). **Direito Tributário e os conceitos de direito privado**. São Paulo: Noeses, 2010, p. 1055.

13. CARVALHO, Paulo de Barros. Planejamento tributário e a doutrina da prevalência da substância sobre a forma na definição dos efeitos tributários de um negócio jurídico. *In*: MACHADO, Hugo de Brito. **Planejamento Tributário**. São Paulo: Malheiros, 2016, p. 591.

14. OLIVEIRA, Ricardo Mariz de. A simulação no Código Tributário Nacional e na prática. **Revista de Direito Tributário Atual**, São Paulo, Dialética, n. 23, 2012, p. 562.

Antonio Carrazza, na mesma linha, afirma que o conceito de simulação é um só, não havendo distinção entre a "simulação civil" e a "simulação fiscal".[15]

As teses que sustentam um conceito de simulação com fundamento próprio no Direito Tributário são improcedentes; o Código Tributário Nacional incorporou o conceito de simulação do Código Civil. Inicialmente, serão apontadas algumas inconsistências internas nas teses que sustentam a existência de um conceito próprio de simulação no Direito Tributário, o qual não seria decorrente do conceito do Código Civil. Na sequência, serão apresentadas as razões normativas pelas quais o Código Tributário Nacional incorporou o conceito de simulação do Código Civil.

As teses de Heleno Tôrres, de Marciano Seabra de Godoi e de Sérgio André Rocha que sustentam um conceito próprio de simulação do Direito Tributário, sem fundamento no conceito do Código Civil, antes de serem equivocadas, são inválidas, uma vez que possuem falhas lógicas nas suas premissas e nos raciocínios desenvolvidos.

A tese de Heleno Tôrres possui, ao menos, três falhas. Primeiro, ela incorre em um verdadeiro *non sequitur*, também chamado de falácia da falsa causa, ao afirmar que, da premissa de que o Direito Tributário envolve um dever de veracidade em todos os seus atos, decorreria a conclusão de que o conceito de simulação do Direito Tributário não corresponderia àquele estabelecido pelo Código Civil. Ora, da suposta constatação de que o Direito Tributário exige um dever de veracidade em todos os seus atos não decorre conclusão alguma em relação ao significado do termo "simulação" no Código Tributário Nacional, muito menos que o conceito de simulação do Direito Tributário seria mais amplo que o do Direito Privado. Para que tal raciocínio fosse válido, Heleno Tôrres precisaria demonstrar a razão pela qual esse suposto dever de veracidade conforma o conceito de simulação, isto é, a relação de causalidade entre a amplitude do dever de veracidade e o conceito de simulação.

Segundo, a tese de Heleno Tôrres é amparada na premissa de que, de um lado, no Direito Privado, os limites do dever de veracidade seriam "impostos às partes e aos terceiros diretamente envolvidos", de outro lado, no Direito Tributário haveria um dever de veracidade que é "exigido em todos os seus atos, por declarações e prestações de informações de toda ordem, inclusive por terceiros". A diferença sugerida pelo autor entre o dever de veracidade do

15. CARRAZZA, Roque. **Curso de Direito Constitucional Tributário**. 33. ed. São Paulo: Malheiros/Juspodivm, 2021, p. 420.

Direito Privado e o dever de veracidade do Direito Tributário não é clara, e tampouco é claro o que seria esse "dever de veracidade". De qualquer forma, o que o autor sustenta é que o conceito de simulação do Direito Tributário seria distinto do conceito de simulação do Direito Tributário em virtude da diferença existente entre o "dever de veracidade" exigido em cada um desses âmbitos de aplicação do Direito. Ocorre que, tanto no Direito Privado quanto no Direito Tributário, é exigido que as declarações sejam verdadeiras, e a inverdade de uma declaração acarreta consequências em seus respectivos âmbitos, muitas vezes tanto no Direito Privado quanto no Direito Tributário. Com efeito, um contrato simulado de compra e venda acarreta a sua nulidade no âmbito do Direito Privado e a sua desconsideração no âmbito do Direito Tributário. Em verdade, todo o Direito é fundamentado na premissa de que há um dever de veracidade que permeia os atos dos indivíduos, e o descumprimento desse dever, em regra, deve ser sancionado.

Terceiro, a afirmação do autor de que o conceito próprio de simulação do Código Tributário Nacional "foi a opção do legislador quando se ocupou de regrar a simulação no direito tributário brasileiro, nos diversos dispositivos que tratam do assunto" é excessivamente vaga, e deixa algumas perguntas em aberto. Em que dispositivo legal o legislador teria manifestado essa suposta opção? Em que dispositivos o legislador tributário trataria do conceito de simulação? A inexistência de respostas a essas perguntas torna inconsistente a premissa de que o legislador teria optado por estabelecer um conceito próprio de simulação no Código Tributário Nacional.

A tese de Marciano Seabra de Godoi de que o Código Tributário Nacional não teria incorporado o conceito de simulação do Código Civil possui, ao menos, três problemas relativos às premissas que fundamentam as conclusões alcançadas.

Primeiro, a tese do autor, segundo a qual a divergência quanto ao conceito de simulação na jurisprudência de matéria tributária evidenciaria que o Código Tributário Nacional não incorporou o conceito de simulação do Código Civil, incorre na falácia do arenque vermelho. A falácia do arenque vermelho (*red herring*), que deriva o seu nome de um peixe com cheiro forte utilizado como uma "pista falsa" para treinar cães farejadores, é cometida quando o argumento diverge a atenção do interlocutor para um assunto diferente do que está sendo debatido, mas a ele relacionado.[16] A tese do autor incorre na falácia do arenque vermelho porque altera o assunto debatido, qual seja, a incorporação do conceito de simulação do Código Civil pelo Código Tributário Nacional, para outro distinto, mas a ele relacionado, envolvendo a existência de uniformidade na jurisprudência de matéria tributária acerca do conceito de simulação.

Segundo, o autor incorre na falácia da falsa causa. Isso porque, a partir da conclusão de que inexiste uniformidade na jurisprudência de matéria tributária acerca do conceito de simulação, sua tese estabelece uma relação causal inexistente entre a "inexistência de uniformidade do conceito na jurisprudência" (suposta causa) e a "não adoção do conceito simulação do Código Civil" (suposta consequência). Ocorre que, da premissa de que há divergência na jurisprudência de matéria tributária acerca do conceito de simulação, a qual é verdadeira, não decorre a conclusão de que o Código Tributário Nacional não incorporou o conceito de simulação do Código Civil – exceto se for adicionada ao raciocínio a premissa cética de que o conceito legal de simulação é aquele que os tribunais estabelecem, a qual, além de ser extremamente problemática, não foi suscitada pelo autor. E, se tal premissa cética fosse adicionada ao raciocínio, a conclusão lógica seria que inexiste qualquer conceito de simulação, e não só que o Código Tributário Nacional não teria incorporado o conceito de simulação do Código Civil.

Terceiro, a tese do autor incorre na falácia da falsa dicotomia. A falácia da falsa dicotomia ocorre quando duas alternativas são apresentadas como se fossem as únicas existentes, omitindo a existência de outras possibilidades.[17] De acordo com Marciano Seabra de Godoi, as duas únicas alternativas possíveis seriam: *ou* há uniformidade da jurisprudência quanto ao conceito de simulação *ou* o Código Tributário Nacional não incorporou o conceito de simulação do Código Civil. Existem, contudo, outas alternativas que foram omitidas: o Código Tributário Nacional pode ter incorporado o conceito de simulação do Código Civil, mas pode haver divergência quanto a essa incorporação; o Código Tributário Nacional pode ter incorporado o conceito de simulação do Código Civil, mas pode haver divergência quanto a esse conceito etc.

---

16. HURLEY, Patrick J.; WATSON, Lori. **A Concise Introduction to Logic**. 13. ed. Boston: Cengage Learning, 2018, p. 140.

17. HURLEY, Patrick J.; WATSON, Lori. **A Concise Introduction to Logic**. 13. ed. Boston: Cengage Learning, 2018, p. 170.

Por fim, a tese de Sérgio André Rocha de que o Código Tributário Nacional não teria incorporado o conceito de simulação do Código Civil possui, ao menos, dois problemas relativos às premissas que fundamentam as conclusões alcançadas.

Primeiro, a tese incorre na falácia da petição de princípio (*begging the question*), que é cometida quando o raciocínio apresentado possui uma premissa falsa, inclusive quando ele é apresentado de tal forma que a premissa suporta a conclusão e a conclusão suporta a premissa.[18] De acordo com a tese do autor, as situações de "artificialidade evidente" seriam simulatórias no Direito Tributário, razão pela qual tais situações estariam abarcadas pelo conceito de simulação do Direito Tributário. Como o conceito de simulação do Código Civil não abarca tais situações, não teria sido incorporado pelo Direito Tributário.

O conceito de simulação do Direito Tributário, portanto, seria aquele suficiente para abarcar as situações simulatórias, e as situações simulatórias no Direito Tributário seriam aquelas que recaem no conceito de simulação do Direito Tributário – um argumento circular. Há uma evidente inversão da ordem lógica do raciocínio, como se o conceito de simulação tivesse que se adequar às situações simulatórias, em vez de determinada situação ser considerada simulatória em razão do conceito de simulação.

Segundo, a tese incorre na falácia da conclusão irrelevante (*ignoratio elenchi*), por meio da qual uma conclusão irrelevante, relacionada com a conclusão correta, é apresentada como se decorresse logicamente da premissa estabelecida.[19] Isso porque a tese introduz uma constatação a respeito de como as coisas são ("para as situações de artificialidade evidente (...) aplica-se o conceito de simulação") e deriva, daí, uma conclusão a respeito de como as coisas devem ser ("como mesmo uma situação como esta não se enquadra perfeitamente no artigo 167 do Código Civil, aplicaríamos um conceito amplo de simulação"). Constatar como as normas *são* aplicadas só permite concluir algo a respeito de como elas *devem ser* aplicadas se adicionarmos a tal raciocínio a já referida premissa cética e problemática de que o conceito de simulação é aquele que é utilizado na prática, o que sequer foi suscitado pelo autor.

---

18. HURLEY, Patrick J.; WATSON, Lori. **A Concise Introduction to Logic**. 13. ed. Boston: Cengage Learning, 2018, p. 166.
19. HURLEY, Patrick J.; WATSON, Lori. **A Concise Introduction to Logic**. 13. ed. Boston: Cengage Learning, 2018, p. 139.

As considerações anteriores permitem concluir que, independentemente das conclusões alcançadas, as teses de Heleno Tôrres, de Marciano Seabra de Godoi e de Sérgio André Rocha, que amparam um conceito próprio de simulação do Direito Tributário, mais amplo do que aquele do Código Civil, antes de serem equivocadas, são inconsistentes.

A tese de que haveria um conceito próprio de simulação do Direito Tributário é incompatível com o ordenamento jurídico, o qual, ao contrário, conclui que o Código Tributário Nacional incorporou o conceito de simulação do Código Civil. Isso porque, de um lado, o Código Civil possui uma definição estipulativa do conceito de simulação (ao contrário do Código Tributário Nacional); de outro lado, havendo um conceito de simulação definido pelo Código Civil, diversos argumentos sustentam a conclusão de que tal conceito foi incorporado pelo Código Tributário Nacional.

De um lado, o legislador brasileiro optou por estipular uma definição do conceito de simulação, tanto no artigo 102 do Código Civil de 1916 (vigente à época da promulgação da edição do Código Tributário Nacional) quanto no § 1º do artigo 167 do atual Código Civil, os quais estabelecem que:

> Código Civil de 1916
>
> Art. 102. Haverá simulação nos atos jurídicos em geral:
>
> I. Quando aparentarem conferir ou transmitir direitos a pessoas das a quem realmente se conferem, ou transmitem.
>
> II. Quando contiverem declaração, confissão, condição, ou cláusula não verdadeira.
>
> III. Quando os instrumentos particulares forem antedatados, ou posdatados.
>
> Código Civil de 2002
>
> Art. 167. É nulo o negócio jurídico simulado, mas subsistirá o que se dissimulou, se válido for na substância e na forma.
>
> § 1º Haverá simulação nos negócios jurídicos quando:
>
> I - aparentarem conferir ou transmitir direitos a pessoas diversas daquelas às quais realmente se conferem, ou transmitem;
>
> II - contiverem declaração, confissão, condição ou cláusula não verdadeira;
>
> III - os instrumentos particulares forem antedatados, ou pós-datados.

Segundo Anderson Schreiber, a dificuldade na identificação do conceito de "simulação" decorreria "em parte, da omissão do Código Civil de 2002, que não definiu o instituto em nenhum momento. Limitou-se a listar as hipóteses (...)".[20] Equivoca-se o autor, contudo, ao afirmar que o Código Civil de 2002 (idêntico, nesse ponto, ao Código Civil de 1916) não definiu o conceito de "simulação".

As definições podem ser feitas de forma intensional (ou conotativa) ou de forma extensional (ou denotativa). Por um lado, as definições intensionais (ou conotativas) elencam os atributos compartilhados pelos objetos denotados pelo termo definido.[21] O artigo 3º do Código Tributário Nacional, por exemplo, definiu o conceito de tributo de forma intensional, ao dispor que: "Tributo é toda prestação pecuniária compulsória, em moeda ou cujo valor nela se possa exprimir, que não constitua sanção de ato ilícito, instituída em lei e cobrada mediante atividade administrativa plenamente vinculada". Por outro lado, as definições extensionais (ou denotativas) identificam os objetos denotados pelo termo definido.[22] O artigo 5º do Código Tributário Nacional, por exemplo, definiu o conceito de tributo de forma extensional, ao dispor que: "Os tributos são impostos, taxas e contribuições de melhoria".

A maioria dos ordenamentos jurídicos optou por definir o conceito de simulação de forma intensional (ou conotativa), elencando os requisitos necessários e suficientes à caracterização da simulação. O Código Civil Português, por exemplo, estabelece em seu artigo 240 que "se, por acordo entre declarante e declaratário, e no intuito de enganar terceiros, houver divergência entre a declaração negocial e a vontade real do declarante, o negócio diz-se simulado".

O ordenamento jurídico brasileiro, contudo, optou por estipular o conceito de simulação por meio de uma definição extensional (ou denotativa), elencando as três subclasses de situações que são denotadas pelo termo "simulação": primeiro, a subclasse de atos jurídicos nos quais se aparenta conferir ou transmitir direitos a pessoas diversas daquelas às quais realmente se conferem ou transmitem tais direitos (artigo 102, I, do Código Civil de 1916 e artigo 167, § 1º, I, do Código Civil de 2002); segundo, a subclasse de atos jurídicos que contêm declaração, confissão, condição ou cláusula não verdadeira (artigo 102, II, do Código Civil de 1916 e artigo 167, § 1º, II, do Código Civil de 2002); terceiro, a subclasse de atos jurídicos constituídos por meio de instrumentos particulares

20. SCHREIBER, Anderson. **Código Civil comentado**: doutrina e jurisprudência. 3. ed. Rio de Janeiro: Forense, 2021, p. 119.

21. COPI, Irving; M. COHEN, Carl; RODYCH, Victor. **Introduction to Logic**. 15. ed. Nova York: Routledge, 2019, p. 86.

22. COPI, Irving; M. COHEN, Carl; RODYCH, Victor. **Introduction to Logic**. 15. ed. Nova York: Routledge, 2019, p. 84.

forem antedatados, ou pós-datados (artigo 102, III, do Código Civil de 1916 e artigo 167, § 1º, III, do Código Civil de 2002). Clóvis Bevilaqua, nesse sentido, entende que o Código Civil "considera três espécies de simulação: por interposição de pessoa; por ocultação do caráter do ato jurídico; por falsidade na data".[23] A definição extensional (ou denotativa) não é a forma mais usual que os legisladores utilizam para definirem conceitos – foi a forma, contudo, por meio da qual o legislador brasileiro optou por definir o conceito de simulação.

Assim, havendo uma definição do conceito de simulação realizada pelo legislador, tal definição não deve ser desconsiderada pelo intérprete. Afinal, uma das funções de uma definição é justamente mitigar o perigo representado pela divergência que as pessoas podem ter a respeito de quais os objetos que estão incluídos em determinado conceito.[24] As definições formuladas pelo legislador, contudo, não se limitam a descrever usos linguísticos: elas prescrevem usos linguísticos.[25] O Código Civil, portanto, realizou uma definição estipulativa: ele não pretende descrever um significado pré-existente, mas sim atribuir de forma deliberada um determinado significado ao conceito de simulação. Ainda que se diga que se trata de uma definição de precisão, e não de uma definição puramente estipulativa, uma vez que a definição apresentada pelo Código Civil não ignora completamente o uso linguístico comum do termo "simulação" (o que ocorreria, por exemplo, se a simulação fosse definida como uma "planta carnívora"), o ponto é que a sua conformação final possui uma evidente carga estipulativa, já que decorreu de um ato de vontade do legislador.

Isso não significa, contudo, que os termos empregados pelo legislador que não tenham sido por ele definidos de maneira expressa careçam de um significado normativo. O termo "dolo", por exemplo, utilizado pelo legislador para designar outro vício do negócio jurídico, não foi objeto de uma definição no ordenamento jurídico, o que não afasta a existência de um significado normativo próprio desse termo. O que se afirma aqui é algo distinto: quando o legislador opta por, ele próprio, definir um determinado conceito, tal definição deve ser considerada como estipulativa, isto é, como atributiva de um significado próprio ao termo, excluindo elementos externos dessa definição. As definições legais,

---

23. BEVILAQUA, Clovis. **Codigo Civil dos Estados Unidos do Brasil Commentado**. Edição histórica. Rio de Janeiro: Editora Rio, 1977, p. 353.

24. KELLEY, David; HUTCHINS, Debby. **The Art of Reasoning.** An Introduction to Logic. 5. ed. Nova York: W.W. Norton & Company, 2021, p. 17.

25. ÁVILA, Humberto. **Competências Tributárias**. São Paulo: Malheiros Editores, 2018, p. 47.

nesse sentido, são sempre estipulativas, e jamais meramente informativas dos usos da respectiva expressão linguística.[26]

Disso decorre que as definições estipulativas não são verdadeiras ou falsas, nem corretas ou incorretas – elas são a própria razão pela qual o termo possui um significado.[27] Trata-se, aliás, de uma característica dos enunciados prescritivos: eles pretendem guiar a conduta do destinatário, e não a descrever.[28] É o mundo que deve se adaptar aos enunciados prescritivos, e não os enunciados prescritivos que devem ser adaptar ao mundo (são os enunciados descritivos que devem se adaptar ao mundo).[29]

Por isso, ao tratarmos de enunciados prescritivos, tais como o enunciado normativo decorrente do artigo 102 do Código Civil de 1916 e do artigo 167, § 1º, Código Civil de 2002, devemos reconhecer que estamos diante de uma definição estipulativa, a qual corresponde ao ponto de partida para qualquer nova definição que se pretenda realizar (afinal, as definições estipulativas ainda podem ser objeto de novas definições, tais como as lexicais ou as de precisão).

Disso tudo decorre que o Código Civil (tanto o de 1916 quanto o de 2002) possui uma definição extensional do termo "simulação", por meio da qual se elencaram as três subclasses de situações que são por ele denotadas. A partir dessa definição, pode-se afirmar que o Código Civil possui um conceito de simulação.

De outro lado, havendo um conceito de simulação definido pelo Código Civil, ao menos três razões sustentam a conclusão de que o Código Tributário Nacional, ao empregar a expressão "simulação", incorporou o conceito de simulação constante no Código Civil: a primeira razão é que o próprio Código Tributário Nacional, por meio do seu artigo 109, estabeleceu que os princípios do direito privado devem ser utilizados para definir os seus conceitos; a segunda razão é que há uma presunção de sinonímia no ordenamento jurídico; a terceira razão é que os princípios da segurança jurídica e da legalidade tributária exigem

---

26. ALCHOURRÓN, Carlos E.; BULYGIN, Eugenio. Definiciones y normas. *In*: BULYGIN, Eugenio; FARREL, Martin D; NINO, Carlos S; RABOSSI, Eduardo A. (Org.). **El lenguaje del Derecho**. Homenaje a Genaro R. Carrió. Buenos Aires: Abeledo-Perrot, 1983, p. 21.

27. COPI, Irving; M. COHEN, Carl; RODYCH, Victor. **Introduction to Logic**. 15. ed. Nova York: Routledge, 2019, p. 76.

28. ÁVILA, Humberto. **Competências Tributárias**. São Paulo: Malheiros Editores, 2018, p. 18.

29. ANSCOMBE, Gertrude Elizabeth Margaret. **Intention**. 2. ed. Blackwell, Oxford, 1957, p. 56.

uma elevada capacidade de antecipação das consequências tributárias decorrentes dos atos de disposição de autonomia privada por parte dos contribuintes.

A primeira razão pela qual o Código Tributário Nacional incorporou o conceito de simulação do Código Civil decorre da norma reconstruída a partir do artigo 109 daquela Lei, segundo o qual: "Os princípios gerais de direito privado utilizam-se para pesquisa da definição, do conteúdo e do alcance de seus institutos, conceitos e formas, mas não para definição dos respectivos efeitos tributários". Isso significa que, na falta de uma definição própria para o termo "simulação", considera-se que o Código Tributário Nacional aludiu ao conceito de simulação do Direito Privado. Nesse sentido, Ruy Barbosa Nogueira ensina que, quando as categorias de Direito Privado são referidas na lei tributária, mas não são por ela alterados, tais categorias são incorporadas pelo Direito Tributário sem alteração e de forma vinculante.[30] Da mesma forma, Misabel Derzi afirma que o Direito Tributário colhe do Direito Privado conceitos, institutos e formas, tanto diretamente, ao eleger certas situações jurídicas, quanto indiretamente, ao eleger situações de fato.[31]

A segunda razão pela qual o Código Tributário Nacional incorporou o conceito de simulação do Código Civil é que há uma presunção de sinonímia no ordenamento jurídico. Conforme afirma Guastini, essa presunção de sinonímia decorre do argumento da constância terminológica, segundo o qual o legislador emprega as mesmas palavras com os mesmos significados.[32] Afinal, conforme a lição de Humberto Ávila, se quem define pode propor um significado diverso, é porque, quando não o faz, emprego o termo com o significado comum.[33] Martha Leão, da mesma forma, após constatar que o Código Tributário Nacional não apresentou uma definição própria de simulação, concluiu que ele incorporou o conceito nos termos do Direito Civil, em face do argumento de presunção de sinonímia e de coerência do próprio ordenamento jurídico.[34] É o que Alfredo

---

30. NOGUEIRA, Ruy Barbosa. **Curso de Direito Tributário**. 14. ed. São Paulo: Saraiva, 1995, p. 104.

31. DERZI, Misabel Abreu Machado. Atualização. *In*: BALEEIRO, Aliomar. **Direito Tributário Brasileiro**. Atualizada por Misabel Abreu Machado Derzi. 12. ed. Rio de Janeiro: Forense, 2013, p. 1097.

32. GUASTINI, Riccardo. **Interpretare e Argomentare**. Milão: Dott. A. Giuffrè, 2011, p. 299.

33. ÁVILA, Humberto. **Competências Tributárias**. São Paulo: Malheiros Editores, 2018, p. 50.

34. LEÃO, Martha. **O direito fundamental de economizar tributos**. 2. ed. São Paulo: Malheiros/Juspodivm, 2023, p. 239.

Becker chamou de cânone hermenêutico da totalidade do sistema jurídico: os vários ramos do Direito não são compartimentos estanques, mas partes de um único sistema jurídico, de forma que, salvo disposição expressa em contrário, os mesmos termos possuem os mesmos significados.[35]

O Direito Tributário, por ser um direito de sobreposição, aproveita diversos conceitos do Direito Privado no âmbito do planejamento tributário.[36] Há, nesse sentido, uma "relação de apropriação" do Direito Tributário em relação aos conceitos de Direito Privado.[37]

A terceira razão pela qual o Código Tributário Nacional incorporou o conceito de simulação do Código Civil decorre dos princípios da segurança jurídica e da legalidade tributária. O estado ideal de cognoscibilidade (compreensão das normas) e de calculabilidade (capacidade de antecipar as consequências normativas dos seus atos) promovido pelo princípio da segurança jurídica é ainda mais rígido no Direito Tributário.[38] Da mesma forma, o princípio da legalidade tributária proíbe que o legislador empregue termos cuja indeterminação impeça o contribuinte de exercer plenamente a sua autonomia com base em lei.[39]

A tese de que o Direito Tributário possuiria um conceito próprio de simulação, mais amplo que o do Código Civil e não estabelecido em lei, não é compatível com tais princípios. De um lado, tal conceito amplo não é compatível com o princípio da segurança jurídica porque geraria um déficit de cognoscibilidade e de calculabilidade para o contribuinte, uma vez que não lhe seria possível compreender adequadamente as hipóteses nas quais os seus atos jurídicos poderiam ser desconsiderados pelas autoridades tributárias e nem antecipar as prováveis consequências normativas desses atos jurídicos. De outro lado, tal conceito amplo não é compatível com o princípio da legalidade tributária, uma vez que corresponderia a uma atribuição de poder altamente indeterminada

35. BECKER, Alfredo. **Teoria Geral do Direito Tributário**. 7. ed. São Paulo: Noeses, 2018, p. 129.

36. QUEIROZ, Mary Elbe; QUEIROZ, Antônio Elmo. O planejamento tributário e a jurisprudência administrativa. *In:* MACHADO, Hugo de Brito. **Planejamento Tributário**. São Paulo: Malheiros, 2016, p. 525.

37. ROCHA, Joaquim Freitas da. **Introdução ao planeamento fiscal (teoria jurídica)**. Coimbra: Almedina, 2023, p. 92.

38. ÁVILA, Humberto. **Teoria da Segurança Jurídica**. 6. ed. São Paulo: Malheiros/Juspodivm, 2021, p. 287.

39. ÁVILA, Humberto. **Legalidade Tributária Material**. São Paulo: Malheiros/Juspodivm, 2022, p. 102.

para as autoridades tributárias, o que prejudicaria a liberdade e a autonomia dos contribuintes.

Ainda que se entenda que o termo "simulação" seja vago e genérico, o princípio da segurança jurídica e o princípio da legalidade exigem que se atribua uma dimensão de *fechamento* ao ordenamento jurídico, isto é, deve se considerar que as ferramentas para a mitigação dessa vagueza e dessa genericidade estão no próprio ordenamento jurídico. Em uma conversa cotidiana, não há problema algum em chamar de "simulação" tanto um treinamento contra incêndios quanto a conduta fingida de alguém. Mas, no contexto normativo, os princípios da segurança jurídica e da legalidade exigem que a atribuição de significado a determinado dispositivo deve levar as demais normas jurídicas, as quais pretendem, justamente, excluir certos elementos da consideração do intérprete.[40] Isso significa que a atribuição de um significado ao termo "simulação" não deve envolver a identificação do melhor conceito possível de simulação, mas sim a reconstrução daquele conceito que foi determinado pelo ordenamento jurídico.

A atuação dos princípios da segurança jurídica e da legalidade em relação ao fechamento do sistema jurídico não se dá de forma igual em relação a todos as áreas do Direito. Essa ideia de fechamento do sistema é uma ferramenta que pode variar de acordo com o campo do ordenamento jurídico.[41] Afinal, a evolução dos direitos (tais como direitos individuais, por exemplo) não precisa da mesma rigidez que a interpretação de normas gerais envolvendo o poder de tributar, como é o caso da simulação, a qual atribui competência para os entes federados desconsiderarem atos de autonomia privada e restringirem a propriedades dos indivíduos. Não por acaso, a Constituição Federal exige Lei complementar para o estabelecimento de normais gerais de Direito Tributário.[42] Por isso, ainda que se considere determinado conceito normativo relacionado a uma regra tributária como obscuro e confuso, ele deve ser definido de maneira precisa, sendo incompatível com uma definição fluída e flexível.[43]

---

40. SCHAUER, Frederick. Formalism. **The Yale Law Journal**, v. 97, n. 4, mar/1988, p. 542.

41. SCHAUER, Frederick. Formalism. **The Yale Law Journal**, v. 97, n. 4, mar/1988, p. 536.

42. Art. 146. Cabe à lei complementar:

III - estabelecer normas gerais em matéria de legislação tributária (...).

43. DERZI, Misabel de Abreu Machado. A Desconsideração dos Atos e Negócios Jurídicos Dissimulatórios, segundo a Lei Complementar nº 104, de 10 de janeiro de 2001. *In*: ROCHA, Valdir de Oliveira. (Coord.). **O Planejamento Tributário e a Lei Complementar 104**. São Paulo: Dialética., 2001, p. 226.

Não se nega que considerar o sistema tributário como um sistema "fechado" em termos de determinação de conceitos pode ter como consequência a sua eventual desatualização. Contudo, conforme bem observado por Frederick Schauer, o conservadorismo, a suboptimização e a inflexibilidade em face de um futuro em transformação possuem a vantagem da estabilização; estabilizar e operar em um modo conservador é abrir mão da possibilidade de melhorar em troca de se proteger contra a possibilidade de um desastre.[44]

Nesse sentido, diversos autores, tais como Alberto Auricchio, Custódio da Piedade Ubaldino Miranda, Luiz Carlos de Andrade Júnior e Sampaio Dória, já manifestaram expressamente sua discordância a respeito da reconstrução de significados de simulação sem o emprego de critérios decorrentes do direito positivo.[45] Souto Maior Borges, em passagem memorável, disse numa conferência em 2001 algo que permanece válido até os dias de hoje: nos estudos sobre a elisão fiscal no Brasil, a doutrina jurídica pretende elaborar uma "teoria que controle a sua própria cientificidade", visto que ela está "se digladiando em briga de foice em quarto escuro em torno de noções conceituais, que são construídas no campo meramente doutrinário", mas que pecam porque não levam em consideração aquilo que "o jurista digno deste nome não deve, em hipótese alguma, afastar-se": o ordenamento jurídico-positivo.[46] Considerar que a opinião ou a autoridade da doutrina poderia corroborar os próprios enunciados formulados no campo da doutrina jurídica geraria uma "construção do espírito humano descomprometida com a realidade", tal como "uma ciência cosmológica, separada do fato cosmológico, sem o controle dessa base empírica, baseado apenas em opiniões sobre cosmologia".[47]

---

44. SCHAUER, Frederick. Formalism. **The Yale Law Journal**, v. 97, n. 4, mar/1988, p. 542.

45. AURICCHIO, Alberto. **A simulação no negócio jurídico**. Tradução de Fernando de Miranda. Coimbra: Coimbra Editora, 1964, p. 35; MIRANDA, Custódio da Piedade Ubaldino. **A simulação no Direito Civil brasileiro**: um estudo comparativo entre os sistemas do revogado Código Civil de 1916 e o Código Civil em vigor de 2002. São Paulo: Marcial Pons, 2020, p. 43; ANDRADE JÚNIOR, Luiz Carlos de. **A Simulação no Direito Civil**. São Paulo: Malheiros, 2016, p. 69; DÓRIA, Antônio Ferreira Sampaio. Elisão e Evasão Fiscal. São Paulo: LAEL, 1971, p. 62.

46. BORGES, José Souto Maior. A norma antielisão, seu alcance e as peculiaridades do Sistema Tributário Nacional. *In*: SEMINÁRIO INTERNACIONAL SOBRE ELISÃO FISCAL. **Anais.** Brasília: Escola de Administração Fazendária - ESAF, 2002, p. 215.

47. BORGES, José Souto Maior. A norma antielisão, seu alcance e as peculiaridades do Sistema Tributário Nacional. *In*: SEMINÁRIO INTERNACIONAL SOBRE ELISÃO FISCAL. **Anais.** Brasília: Escola de Administração Fazendária - ESAF, 2002, p. 215.

Disso tudo decorre que o princípio da segurança jurídica e o princípio da legalidade tributária são incompatíveis com um conceito de simulação para o Direito Tributário que ignore a definição de simulação do Código Civil. Ao promover um estado ideal de cognoscibilidade e de calculabilidade normativa, tais princípios atuam como normas de fechamento do sistema jurídico, em especial do sistema jurídico-tributário, obrigando o intérprete a atribuir significados normativos com base no próprio ordenamento jurídico.

As considerações anteriores permitem concluir que o Código Tributário Nacional incorporou o conceito de simulação do Código Civil. Importante observar, ainda, que afirmar que o conceito do termo "simulação", tal como adotado pelo Código Tributário Nacional, é o mesmo do Código Civil, não significa afirmar que o Código Tributário Nacional incorporou o *regime jurídico* atribuído à simulação pelo Código Civil. De um lado, porque os efeitos jurídicos atribuídos pelo Código Civil à constatação da ocorrência de simulação não fazem parte do conceito de simulação – na verdade, há uma clara distinção lógica entre o conceito de simulação, o qual deve ser utilizado como critério para a identificação da ocorrência de simulação e os efeitos jurídicos decorrentes da sua constatação, os quais são logicamente posteriores à ocorrência da simulação. De outro lado, porque o artigo 109 é muito claro em estabelecer que os princípios de Direito Privado devem ser utilizados para a definição dos seus conceitos, "mas não para definição dos respectivos efeitos tributários".

Essa observação é importante para se perceber que, em que pese o artigo 105 do Código Civil de 1916 estabeleça que "poderão demandar a nulidade dos atos simulados os terceiros lesados pela simulação, ou representantes do poder público, a bem da lei, ou da fazenda" e o parágrafo único do artigo 168 do Código Civil de 2002 disponha que "as nulidades devem ser pronunciadas pelo juiz", isso não significa que a simulação só deve ser considerada como ocorrida após o reconhecimento judicial. Roque Carrazza e Eduardo Domingos Botallo, por exemplo, afirmam que o Fisco não poderia conhecer diretamente a simulação e necessitaria de uma decisão judicial transitada em julgado reconhecendo-a para efetuar o lançamento de ofício[48], opinião compartilhada pelo Ministro Ricardo Lewandowski, que, em seu voto vencido na Ação Direta de Inconstituciona-

---

48. CARRAZZA, Roque. **Curso de Direito Constitucional Tributário**. 33. ed. Malheiros/ Juspodivm, São Paulo, 2021, p. 420; BOTTALLO, Eduardo Domingos. Alguns reflexos do Código Civil no Direito Tributário. *In*: GRUPENMACHER, Betina (Coord.). **Direito Tributário e o novo Código Civil**. São Paulo: Quartier Latin, 2004, p. 187.

lidade nº 2446, manifestou o entendimento de que "a providência não caberia a qualquer autoridade administrativa, já que apenas ao Judiciário competiria declarar a nulidade de ato ou negócio jurídico alegadamente simulados".[49]

Ocorre que o artigo 149, VII, do Código Tributário Nacional, permite o lançamento de ofício por parte do Fisco sempre que for constatada a presença de simulação, sem exigir, para tanto, a existência de decisão judicial. Isso porque, embora o Código Tributário Nacional tenha incorporado a definição do conceito de simulação do Código Civil, ele não incorporou o regime jurídico estabelecido pelo Código Civil para a constatação da simulação. Em suma: embora a decisão judicial seja indispensável para se reputar um ato jurídico simulado como nulo, ela é prescindível para que as autoridades administrativas o desconsiderem no âmbito tributário.

1.2.2. O Código Tributário Nacional incorporou o conceito de simulação do Código Civil de 1916

Partindo da premissa de que o Código Tributário Nacional incorporou o conceito de simulação do Código Civil, ainda resta uma dúvida: o Código Tributário Nacional, atualmente, alude ao conceito de simulação do Código Civil de 1916 ou ao conceito de simulação do Código Civil de 2002? Em 1966, quando o Código Tributário Nacional foi editado, ele certamente fez alusão ao Código Civil de 1916, que era o Código Civil então vigente. De um lado, pode-se sustentar que o Código Tributário Nacional permanece fazendo referência ao conceito de simulação do artigo 102 do Código Civil de 1916[50] (vigente à época da sua edição); de outro lado, pode-se sustentar que o Código Tributário Nacional passou a aludir ao conceito de simulação do §1º do artigo 167 do Código Civil de 2002 (atualmente vigente).

É certo que, atualmente, essa controvérsia não possui relevância prática, uma vez que o Código Civil de 1916 e o Código Civil de 2002 possuem o mesmo conceito de simulação. Disso resulta, naturalmente, que quaisquer considerações

---

49. BRASIL. STF, ADI 2446, Rel. Min. Cármen Lúcia, Tribunal Pleno, julgado em 11/04/2022.

50. Art. 102. Haverá simulação nos atos jurídicos em geral:

I. Quando aparentarem conferir ou transmitir direitos a pessoas das a quem realmente se conferem, ou transmitem.

II. Quando contiverem declaração, confissão, condição, ou cláusula não verdadeira.

III. Quando os instrumentos particulares forem antedatados, ou posdatados.

relativas ao conceito de simulação do Código Civil de 1916 são igualmente pertinentes em relação ao conceito de simulação do Código Civil de 2002. Tal controvérsia, contudo, poderá vir a ter relevância prática, notadamente se o conceito de simulação do Código Civil de 2002 (idêntico ao do Código Civil de 1916) for alterado, o que ensejará a discussão a respeito da incorporação (ou não) de tal alteração no conceito de simulação pelo Código Tributário Nacional.

A doutrina e a jurisprudência que admitem a incorporação do conceito de simulação do Código Civil pelo Código Tributário Nacional são tranquilas em considerar que tal conceito é o do Código Civil de 2002, sequer cogitando a hipótese de a incorporação do conceito do Código Civil de 1916 ter sido mantida (provavelmente em virtude da atual irrelevância prática dessa discussão). Ilustram esse entendimento as obras de Luís Eduardo Schoueri,[51] Ricardo Mariz de Oliveira[52], Roque Antonio Carrazza[53] e Paulo de Barros Carvalho[54]. Da mesma forma, o Ministro Ricardo Lewandowski, em seu voto na Ação Direta de Inconstitucionalidade nº 2446, também manifestou o entendimento de que essa Lei alude ao conceito de simulação do artigo 167 do Código Civil.[55] Esse é o entendimento de diversas outras decisões judiciais e administrativas.[56]

A doutrina e a jurisprudência, contudo, estão equivocadas. O Código Tributário Nacional, ainda hoje, alude ao conceito de simulação do Código Civil de 1916, e isso por ao menos duas razões – a primeira formal e a segunda material.

---

51. SCHOUERI, Luís Eduardo. Planejamento Tributário: Limites à Norma Antiabuso. **Revista Direito Tributário Atual**, São Paulo, Dialética, n. 24, 2010, p. 352.

52. OLIVEIRA, Ricardo Mariz de. A simulação no Código Tributário Nacional e na prática. **Revista de Direito Tributário Atual**, São Paulo, Dialética, n. 23, 2012, p. 562.

53. CARRAZZA, Roque. **Curso de Direito Constitucional Tributário**. 33. ed. Malheiros/ Juspodivm, São Paulo, 2021, p. 420.

54. CARVALHO, Paulo de Barros. Planejamento tributário e a doutrina da prevalência da substância sobre a forma na definição dos efeitos tributários de um negócio jurídico. *In*: MACHADO, Hugo de Brito. **Planejamento Tributário**. São Paulo: Malheiros, 2016, p. 591.

55. BRASIL.STF, ADI 2446, Rel. Min. Cármen Lúcia, Tribunal Pleno, julgado em 11/04/2022.

56. BRASIL.TRF 3ª Região, Quarta Turma, Apelação Cível n. 0002961-56.2013.4.03.6104, rel. Des. Fed. Marcelo Mesquita Saraiva, j. 26/03/2024; BRASIL. TRF da 4ª Região, Primeira Turma, Apelação Cível n. 2004.71.10.003966-0, rel. Des. Fed. Joel Ilan Paciornik, j. 25/11/2009; SÃO PAULO. Tribunal de Justiça do Estado de São Paulo, 2ª Câmara de Direito Público, Apelação Cível n. 1010461-16.2019.8.26.0077, rel. Des. Vera Angrisani, j. 04/12/2020; BRASIL.CARF, Acórdão n. 9101-006.787, 1ª Turma da Câmara Superior, rel. Cons. Luis Henrique Marotti Toselli, j. 06/11/23; BRASIL. CARF, Acórdão n. 9202-009.842, 2ª Turma da Câmara Superior, rel. Cons. Mário Pereira de Pinho Filho, j. 27/08/2021.

Em primeiro lugar, o conceito de simulação do Código Tributário Nacional corresponde àquele do Código Civil de 1916 por uma razão formal. O artigo 146, III, da Constituição Federal, instituiu uma reserva de lei complementar em relação ao estabelecimento de normas gerais de legislação tributária.[57] O Código Tributário Nacional, como se sabe, estabelece normas gerais, tendo sido recepcionado pela Constituição Federal de 1988 com o status de lei complementar.

Conforme analisado no tópico anterior, há uma presunção de sinonímia no ordenamento jurídico, segundo a qual os termos empregados em uma nova lei possuem os mesmos significados que lhes foram atribuídos em leis anteriores (exceto, por óbvio, se tais termos receberem uma nova definição expressa). Se o legislador empregou um termo da linguagem técnico-jurídica, deve-se presumir que ele o empregou com o significado de então do termo, sob pena de se falsear o propósito da lei.[58] Assim, o Código Tributário Nacional, ao empregar o termo "simulação" desde a sua edição, em 1966, incorporou o conceito de simulação então vigente, qual seja, o do Código Civil de 1916, que o definiu estipulativamente em seu artigo 102.

Tendo em vista que: (i) o conceito de simulação incorporado pelo Código Tributário Nacional é o definido estipulativamente pelo Código Civil de 1916 e que (ii) o Código Tributário Nacional possui status de lei complementar, então, apenas uma lei complementar poderia alterar o conceito de simulação do Código Tributário Nacional – jamais uma lei ordinária, tal como o Código Civil de 2002. A revogação do Código Civil de 1916 não implica a revogação do conceito de simulação já incorporado pelo Código Tributário Nacional, assim como a morte dos pais não implica a morte dos filhos. O conceito de simulação do Código Civil de 1916 ganhou vida própria no Código Tributário Nacional.

Por isso é que Alcides Jorge Costa afirma, em relação aos conceitos de Direito Privado que são referidos pelo Código Tributário Nacional, que "é defeso à lei ordinária, federal, estadual ou municipal, alterar estes conceitos, institutos

---

57. Art. 146. Cabe à lei complementar:

III - estabelecer normas gerais em matéria de legislação tributária, especialmente sobre:

a) definição de tributos e de suas espécies, bem como, em relação aos impostos discriminados nesta Constituição, a dos respectivos fatos geradores, bases de cálculo e contribuintes;

b) obrigação, lançamento, crédito, prescrição e decadência tributários.

58. LARENZ, Karl. **Metodologia da Ciência do Direito**. Tradução de José Lamego. 7. ed. Lisboa: Fundação Calouste Gulbenkian, 2014, p. 455.

ou formas".[59] Humberto Ávila, da mesma forma, ressalta que "o novo Código Civil não importa quando houver reserva de lei complementar, pois também não poderá haver modificação".[60]

O artigo 109 do Código Tributário Nacional, ao estabelecer que "os princípios gerais de direito privado utilizam-se para pesquisa da definição, do conteúdo e do alcance de seus institutos, conceitos e formas, mas não para definição dos respectivos efeitos tributários", deve ser interpretado de forma a abranger tão somente os institutos, conceitos e formas de direito privado que não foram referidos pelo Código Tributário Nacional. Se interpretássemos tal dispositivo de forma a reconstruir uma norma permanente de reenvio geral à legislação de direito privado, inclusive em relação aos institutos, conceitos e formas de direito privado referidos pelo Código Tributário Nacional (como é o caso da simulação), estaríamos violando a reserva de lei complementar instituída pelo artigo 146, III, da Constituição Federal – afinal, nesse caso, o Código Tributário Nacional poderia ser alterado pela legislação de Direito Privado, a qual, em regra, é composta por leis ordinárias.

Em segundo lugar, o conceito de simulação do Código Tributário Nacional corresponde àquele do Código Civil de 1916 por uma razão material. O princípio da segurança jurídica exige do Estado a adoção de comportamentos que promovam os estados de confiabilidade e de calculabilidade jurídica, com base na sua cognoscibilidade.[61]

Na sociedade, algumas instituições devem ser mais criativas e assumir mais riscos, e outras devem ser mais previsíveis e avessas ao risco.[62] O Direito, por ter a função de orientar condutas, deve ser previsível e avesso ao risco; o Direito Tributário, por ter a função de orientar essas condutas em um contexto de restrições aos direitos fundamentais de propriedade e de liberdade, deve ser

59. COSTA, Alcides Jorge. Direito Tributário e Direito Privado. *In*: OLIVEIRA, Ricardo Mariz de. COSTA, Sérgio de Freitas. (Coord.). **Diálogos Póstumos com Alcides Jorge Costa**. São Paulo: Editora IBDT, 2017, p. 91.

60. ÁVILA, Humberto. A eficácia do novo Código Civil na legislação tributária. *In*: GRUPENMACHER, Betina (Coord.). **Direito Tributário e o novo Código Civil**. São Paulo: Quartier Latin, 2004, p. 72.

61. ÁVILA, Humberto. **Teoria da Segurança Jurídica**. 6. ed. São Paulo: Malheiros/Juspodivm, 2021, p. 286.

62. SCHAUER, Frederick. Precedent. **Stanford Law Review**, v. 39, n. 3, fev. 1987, p. 604.

especialmente previsível e avesso ao risco. Por isso é que o princípio da segurança jurídica é ainda mais protetivo no âmbito tributário.[63]

Essa especial incidência do princípio da segurança jurídica no âmbito tributário pode ser inferida de inúmeras maneiras – uma delas, especialmente importante para o tema aqui tratado, é justamente a exigência de lei complementar (e, portanto, de um quórum especial) para o estabelecimento e para a modificação de normas gerais em matéria tributária. Ressalte-se que a reserva constitucional de lei complementar foi instituída em relação às normas gerais de Direito Tributário, e não em relação às normas gerais de Direito Civil, e nem mesmo em relação às normas gerais de Direito Penal. É que a incidência tributária é um elemento importante do planejamento dos indivíduos em relação aos autos de disposição da sua propriedade e da sua liberdade, e se os conceitos do Código Tributário Nacional pudessem ser modificados com facilidade, os contribuintes não teriam a segurança necessária para dispor da sua liberdade e da sua propriedade por meio de atos de autonomia privada. A exigência de um quórum qualificado para as normas gerais torna o sistema confiável, pela maior estabilidade tributária, promovendo, assim, a segurança jurídica.[64]

Considerar que uma lei ordinária tal como o Código Civil poderia modificar o Código Tributário Nacional, portanto, viola não apenas a reserva de lei complementar do artigo 146, III, da Constituição Federal, mas também o princípio da segurança jurídica. Isso porque tal interpretação enseja a instabilidade do sistema jurídico, o que gera um déficit de confiabilidade por parte dos contribuintes, que é justamente um dos estados ideais promovidos pelo princípio da segurança jurídica.

Alguém poderia alegar que a tese que sustenta a incorporação do conceito de simulação do Código Civil de 1916 pelo Código Tributário Nacional seria, na verdade, incompatível com o princípio da segurança jurídica, uma vez que implicaria a existência de dois significados diferentes de simulação, um para o Direito Tributário e outro para o Direito Civil. A existência de dois significados diferentes para o mesmo termo geraria um déficit de cognoscibilidade – nesse sentido, se o cânone hermenêutico da totalidade do sistema jurídico fez com que o Código Tributário Nacional incorporasse o conceito de simulação do Código

---

63. ÁVILA, Humberto. **Teoria da Segurança Jurídica**. 6. ed. São Paulo: Malheiros/Juspodivm, 2021, p. 299.
64. ÁVILA, Humberto. **Teoria da Segurança Jurídica**. 6. ed. São Paulo: Malheiros/Juspodivm, 2021, p. 324.

Civil de 1916, esse mesmo cânone hermenêutico deveria fazer com que o Código Tributário Nacional adotasse o conceito de simulação do Código Civil de 2002. É claro que, no caso específico do conceito de simulação, há uma identidade de significados entre o Código Civil antigo e o atual, mas, mesmo assim, diante da possibilidade de uma alteração do atual Código Civil, o argumento de que a tese aqui defendida geraria um déficit de cognoscibilidade é válido, e deve ser enfrentado.

O argumento é válido, mas é improcedente. Isso porque a escolha de um quórum qualificado para as normas gerais de Direito Tributário (e não para as normas gerais de Direito Civil) foi uma opção do constituinte, que vislumbrou na potencial instabilidade do sistema tributário um perigo maior do que na potencial ausência de sinonímia entre o Direito Tributário e o Direito Civil. É dizer: o próprio contribuinte ponderou, de um lado, a cognoscibilidade decorrente da unidade conceitual absoluta entre o Direito Tributário e o Direito Civil, com, de outro lado, a confiabilidade decorrente da atribuição de uma maior estabilidade aos conceitos de Direito Tributário. Ao estabelecer a reserva de lei complementar apenas para a edição de normas gerais de Direito Tributário, o constituinte optou, inegavelmente, pela promoção da confiabilidade decorrente da atribuição de uma maior estabilidade aos conceitos de Direito Tributário, em detrimento da cognoscibilidade decorrente da unidade conceitual absoluta entre o Direito Tributário e o Direito Civil.

A existência de significados distintos para os mesmos termos em diferentes diplomas legais de um ordenamento jurídico não é desejável, mas tampouco é inédita. Nesse sentido, Humberto Ávila sustenta que, embora não seja o ideal, algumas situações permitem que certos conceitos do Direito Tributário sejam distintos dos conceitos de Direito Civil.[65] O termo "prescrição", por exemplo, significa algo para o Direito Tributário, e algo distinto para o Direito Civil: enquanto no Direito Tributário a prescrição gera a extinção do crédito, no Direito Civil, ela gera apenas a extinção da pretensão, mantendo incólume o crédito. Da mesma forma, em razão da existência de diferentes *standards* probatórios, um mesmo conjunto de fatos pode ser reputado como ocorrido em um processo civil (*standard* "preponderância de provas"), mas considerando como não devidamente comprovado em um processo penal (*standard* "acima de qualquer

65. ÁVILA, Humberto. A eficácia do novo Código Civil na legislação tributária. *In*: GRUPENMACHER, Betina (Coord.). **Direito Tributário e o novo Código Civil**. São Paulo: Quartier Latin, 2004, p. 69.

dúvida razoável"). Todas essas situações geram um déficit de cognoscibilidade e, portanto, de segurança jurídica, mas são justificados com base em normas fundamentais.

No caso da possibilidade de existir um significado de simulação para o Direito Tributário e outro para o Direito Civil (hoje inexistente), esse possível déficit de cognoscibilidade estaria justificado com base no próprio princípio da segurança jurídica, notadamente na promoção de uma maior confiabilidade em relação aos conceitos de Direito Tributário. As exigências decorrentes da necessidade de estabilidade do sistema tributário, portanto, fazem com que o caso da simulação seja uma das situações nas quais certos conceitos do Direito Tributário, ainda que tenham fundamento nos conceitos de Direito Civil, possam dele se distanciar em razão de determinadas alterações legislativas.

Por fim, afirmar que o Código Tributário Nacional incorporou o conceito de simulação do Código Civil de 1916, o que se mantém válido até os dias de hoje, não é o mesmo que afirmar que, no âmbito tributário, os atos jurídicos devem ser interpretados com base no Código Civil de 1916. Conforme estabelecido pelo artigo 109 do Código Tributário Nacional, a definição, o conteúdo e o alcance dos institutos de Direito Privado devem ser interpretados com base nos princípios gerais de Direito Privado – até porque, como se sabe, o Direito Tributário trata de realidades jurídicas que lhes são prévias, razão pela qual é um Direito de sobreposição, o qual se situa em outro plano jurídico.[66] Isso significa que, não havendo estipulação em contrário do Código Tributário Nacional (como há no caso da simulação), os institutos de Direito Privado devem ser interpretados com base na atual legislação de Direito Privado, atualmente, o Código Civil de 2002; seja em razão do que determina o artigo 109 do Código Tributário Nacional, seja em razão da presunção de sinonímia do ordenamento jurídico. Vale lembrar que o conceito de simulação do Direito Tributário não é o do Código Civil de 1916 – o conceito de simulação do Direito Tributário é o do Código Tributário Nacional, o qual, por sua vez, incorporou o conceito de simulação do Código Civil de 1916.

As considerações anteriores permitem concluir que o Código Tributário Nacional, ao empregar o termo "simulação" em suas disposições normativas, fez alusão ao conceito de simulação constante no Código Civil de 1916, e esse

---

66. NOVOA, César García. **La Cláusula Antielusiva en la Nueva Ley General Tributaria**. Madri: Marcial Pons, 2004, p. 123; CAMPOS, Diogo Leite de; ANDRADE, João Costa. **Autonomia contratual e direito tributário:** a norma Geral anti-elisão. Coimbra: Almedina, 2008, p. 55.

conceito não foi alterado até a presente data. Isso porque, em primeiro lugar, há uma reserva constitucional de lei complementar para o estabelecimento de normas gerais em matéria tributária, de forma que eventual alteração do conceito de simulação deve ocorrer por meio de lei complementar. Em segundo lugar, porque o ideal de confiabilidade no Direito promovido pelo princípio da segurança jurídica faz com que haja uma necessidade de estabilidade no sistema tributário, o que é incompatível com a alteração dos conceitos do Código Tributário Nacional por meio de leis ordinárias. É certo, contudo, que no caso específico da simulação, o Código Civil de 2002 não alterou o conceito estipulado pelo Código Civil de 1916, de forma que todas as considerações do presente trabalho a respeito do conceito de simulação do Código Tributário Nacional são igualmente válidas em relação às interpretações decorrentes do entendimento de que o conceito de simulação do Código Tributário Nacional corresponde àquele do Código Civil de 2002.

1.2.3. Síntese conclusiva a respeito dos fundamentos do conceito de simulação

O conceito de simulação do Código Tributário Nacional corresponde ao conceito de simulação definido estipulativamente pelo Código Civil de 1916. Em primeiro lugar, o Código Tributário Nacional incorporou o conceito de simulação do Direito Privado, uma vez que, o Código Civil, ao contrário do Código Tributário Nacional, possui uma definição estipulativa do conceito de simulação. Ignorá-la, portanto, resultaria em uma violação do artigo 109 do Código Tributário Nacional, à presunção de sinonímia do ordenamento jurídico e aos princípios da segurança jurídica e da legalidade. Em segundo lugar, o Código Tributário Nacional incorporou o conceito de simulação do Código Civil de 1916, vigente à época da sua edição (em 1966), e não o conceito de simulação atualmente vigente, qual seja, o do Código Civil de 2002. Isso porque a alteração do Código Tributário Nacional requer uma Lei complementar, e o Código Civil de 2002 é uma lei ordinária, de forma que a sua incorporação do seu conceito de simulação pelo Código Tributário Nacional resultaria em violação ao artigo 146, III, da Constituição Federal e ao princípio da segurança jurídica.

Nesse sentido, pode-se falar em um conceito próprio de simulação do Código Tributário Nacional no sentido de que, uma vez tendo incorporado o conceito de simulação do Código Civil de 1916, o Código Tributário Nacional passou a ter um conceito de simulação particular, sujeito a um regime jurídico característico e conformado por normas jurídicas específicas. Tendo em vista a função do Código Tributário Nacional de estabelecer normas gerais, aliás, tal conceito de simulação é vinculante a todo o Direito Tributário brasileiro. Não se deve, contudo, falar em um conceito próprio de simulação do Código Tributário Nacional no sentido de que tal conceito teria fundamentos próprios, não relacionados com a definição estipulativa formulada pelo Código Civil.

1.3. Conteúdo do conceito de simulação no Direito Tributário

O Código Civil de 1916 definiu o conceito de "simulação" de forma extensional, isto é, elencando as subclasses de situações nas quais a simulação está presente. Nesse sentido, o artigo 102 do Código Civil de 1916 estabeleceu que:

> Art. 102. Haverá simulação nos atos jurídicos em geral:
>
> I. Quando aparentarem conferir ou transmitir direitos a pessoas das a quem realmente se conferem, ou transmitem.
>
> II. Quando contiverem declaração, confissão, condição, ou cláusula não verdadeira.
>
> III. Quando os instrumentos particulares forem antedatados, ou posdatados.

Neste tópico, o artigo 102 do Código Civil de 1916 será pormenorizadamente analisado. Em primeiro lugar, o será feita uma análise do *caput*, o qual delimita o tipo de objeto que pode conter simulação. Em segundo lugar, será feita uma análise de cada uma das três subclasses de situações elencadas pela Lei como denotativas de simulação. Em terceiro lugar, será demonstrado que as subclasses elencadas pela Lei como denotativas de simulação são taxativas. Em quarto lugar, será apresentada uma definição intensional do conceito de simulação, a partir dos elementos comuns encontrados nas subclasses de simulação elencadas pela Lei. Por fim, em quinto lugar, serão demonstrados os equívocos dos conceitos de simulação formulados pela doutrina.

1.3.1. Objetos que podem conter simulação: atos jurídicos (art. 102, caput, CC/16; art. 167, § 1º, c/c 185 CC/02)

O *caput* do artigo 102 do Código Civil de 1916, geralmente negligenciado na determinação do conceito de simulação, é mais do que uma simples introdução às subclasses de simulação. Ele delimita o tipo de objeto a que se referem as subclasses elencadas pelos incisos, isto é, ele especifica o objeto que pode ter a propriedade de "ser simulado":

> Art. 102. Haverá simulação nos atos jurídicos em geral:
>
> I. Quando aparentarem conferir ou transmitir direitos a pessoas das a quem realmente se conferem, ou transmitem.
>
> II. Quando contiverem declaração, confissão, condição, ou cláusula não verdadeira.
>
> III. Quando os instrumentos particulares forem antedatados, ou posdatados.

A partir da leitura do *caput* do artigo 102, do Código Civil de 1916, depreende-se que a simulação está presente apenas em um determinado tipo de objeto: *atos jurídicos*. Nesse sentido, o artigo 81 do Código Civil de 1916 dispõe que: "Todo o ato lícito, que tenha por fim imediato adquirir, resguardar, transferir, modificar ou extinguir direitos, se denomina ato jurídico". A ocorrência da simulação, portanto, está circunscrita aos atos lícitos que tenham por fim imediato adquirir, resguardar, transferir, modificar ou extinguir direitos.

Para aqueles que são céticos quanto à incorporação do conceito de simulação do Código Civil de 1916 pelo Código Tributário Nacional, deve-se referir que a mesma conclusão pode ser alcançada a partir do Código Civil de 2002. Isso porque o § 1º do artigo 167 do Código Civil de 2002 dispõe que "(h)averá simulação nos negócios jurídicos (...)", e o seu artigo 185 estabelece que "(a) os atos jurídicos lícitos, que não sejam negócios jurídicos, aplicam-se, no que couber, as disposições do Título anterior". Os atos jurídicos lícitos que não são negócios jurídicos são, justamente, os atos jurídicos em sentido estrito, os quais correspondem a manifestações de vontade cujos efeitos jurídicos são prefixados pela legislação, tendo como objeto a aquisição, a modificação e a extinção de direitos.[67] Em suma: mesmo no Código Civil de 2002, a simulação ocorre apenas nos *atos lícitos que tenham por fim imediato adquirir, resguardar, transferir, modificar ou extinguir direitos*.

A constatação de que só há simulação em *atos jurídicos lícitos* permite quatro conclusões iniciais. Em primeiro lugar, não há simulação apenas nos *negócios jurídicos*, mas sim nos atos jurídicos *lato sensu*; em segundo lugar, não há simulação nos *instrumentos que constituem o ato jurídico*, mas sim no próprio ato jurídico; em terceiro lugar, não há simulação em *atos ilícitos*, mas sim em atos jurídicos lícitos; em quarto lugar, não há simulação em *atos que tenham por fim imediato satisfazer uma obrigação legal*, mas sim nos atos ju-

---

67. MELLO, Marcos Bernardes de. **Teoria do fato jurídico**: plano da existência. 16. ed. São Paulo: Saraiva, 2010, p. 166; AMARAL, Francisco. **Direito Civil**: Introdução. 7. ed. Rio de Janeiro: Renovar, 2008, p. 210.

rídicos que tenham por fim imediato adquirir, resguardar, transferir, modificar ou extinguir direitos.

1.3.1.1. A simulação está presente nos atos jurídicos lato sensu, e não apenas nos negócios jurídicos

Não há simulação apenas nos *negócios jurídicos*, mas sim nos atos jurídicos *lato sensu*. A classificação dos fatos jurídicos não é unânime. De modo geral, pode-se dizer que a categoria dos atos jurídicos *lato sensu* é considerada uma subclasse dos atos jurídicos, a qual compreende as ações humanas lícitas; a categoria dos atos jurídicos *lato sensu*, por sua vez, pode ser dividida em duas espécies: os atos jurídicos *stricto sensu* (decorrente de manifestação unilateral de vontade da qual decorrem efeitos jurídicos imutáveis prefixados pelo ordenamento jurídico) e os *negócios jurídicos* (decorrente de manifestação de vontade à qual o ordenamento jurídico permite a escolha de determinados efeitos jurídicos).[68]

Na doutrina italiana desenvolvida à época da vigência do Código Civil de 1865, o qual não definiu o conceito de simulação, muito se debateu a respeito de quais os tipos de atos jurídicos que poderiam ser objeto de simulação – em especial, se atos unilaterais poderiam ser simulados.[69] O artigo 1414 do Código Civil italiano atual, de 1942, além de definir o conceito de simulação, pretendeu solucionar a controvérsia referente ao tipo de ato jurídico que poderia ser simulado, ao estabelecer no seu parágrafo 3º que as disposições relativas à simulação seriam aplicáveis aos atos unilaterais envolvendo destinatários específicos, os quais sejam simulados por meio de acordo entre o declarante e o destinatário.[70] Essa disposição gerou uma nova controvérsia na doutrina italiana a respeito da sua abrangência, e alguns autores entendem ela permite a simulação, inclusive, em negócios jurídicos unilaterais não receptícios.[71]

Na doutrina brasileira, alguns autores importaram a controvérsia a respeito da possibilidade de atos jurídicos *stricto sensu* e de negócios jurídicos unilaterais

---

68. GOMES, Orlando. **Introdução ao Direito Civil**. 20. ed. rev. atual. e aum. por Edvaldo Brito e Reginalda Paranhos Brito. Rio de Janeiro: Forense, 2010, p. 189.

69. Por todos: FERRARA, Francesco. **Della Simulazione dei Negozi Giuridici**. 5. ed. Roma: Athanaeum, 1922, p. 107.

70. No original: "*Le precedenti disposizioni si applicano anche agli atti unilaterali destinati a una persona determinata, che siano simulati per accordo tra il dichiarante e il destinatário*".

71. MARANI, Francesco. **La simulazione negli atti unilaterali**. Pádua: Cedam, 1971, p. 177.

não receptícios serem simulados, com distintas conclusões.[72] Essa discussão a respeito das espécies de atos jurídicos *lato sensu* que podem ser objeto da simulação, contudo, é completamente irrelevante para o contexto do ordenamento jurídico brasileiro. Isso decorre de, ao menos, três razões.

A primeira razão é que o Código Civil brasileiro não limitou a simulação a uma determinada espécie de ato jurídico, o que permite, em tese, que quaisquer atos jurídicos *lato sensu* sejam simulados. Em razão disso, eventuais limitações da aplicabilidade do conceito de simulação a determinada espécie de ato jurídico decorrem de circunstâncias contingentes, isto é, decorrem da ausência dos elementos necessários à configuração da simulação no caso concreto, mas não de uma inaplicabilidade do conceito de simulação a determinadas espécies de ato jurídico.

A segunda razão é que o próprio Código Civil, ao estabelecer uma definição extensional de simulação, indicou expressamente, dentre as subclasses que compõem aquele conceito, as confissões não verdadeiras. Existe uma certa controvérsia na doutrina a respeito da classificação das confissões, se são atos jurídicos *stricto sensu* ou se são negócios jurídicos unilaterais não receptícios.[73] Mais importante do que a solução dessa controvérsia, é perceber que, no ordenamento jurídico brasileiro, diferentemente do ordenamento jurídico italiano, não deve existir qualquer dúvida acerca da possibilidade de atos jurídicos unilaterais (sejam eles atos jurídicos *stricto sensu* ou negócios jurídicos unilaterais não receptícios) serem simulados.

A terceira razão é que uma das subclasses elencadas pelo Código Civil como denotativa da ocorrência de simulação, consistente na antedata ou pós-data em instrumentos particulares, é indiscriminadamente aplicável a instrumentos particulares que constituam quaisquer espécies de atos jurídicos. Em outras palavras: não importa se o instrumento particular constitui um negócio jurídi-

---

72. AMARAL, Francisco. **Direito Civil**: Introdução. 7. ed. Rio de Janeiro: Renovar, 2008, p. 538; MONTEIRO, Washington de Barros. **Curso de Direito Civil** – Parte Geral. 44 ed. São Paulo: Saraiva, 2012, p. 273; MIRANDA, Custódio da Piedade Ubaldino. **A simulação no Direito Civil brasileiro:** um estudo comparativo entre os sistemas do revogado Código Civil de 1916 e o Código Civil em vigor de 2002. São Paulo: Marcial Pons, 2020, p. 95; ANDRADE JÚNIOR, Luiz Carlos de. **A Simulação no Direito Civil**. São Paulo: Malheiros, 2016, p. 187.

73. Para Maria Helena Diniz, trata-se de ato jurídico *stricto sensu*, conforme: DINIZ, Maria Helena. **Curso de Direito Civil Brasileiro**: Teoria Geral do Direito Civil. Vol. 1. São Paulo: SaraivaJur, 2024, p. 477. Para Sílvio Venosa, trata-se de negócio jurídico unilateral não receptício, conforme: VENOSA, Sílvio de Salvo. **Direito civil**: parte geral. 17. ed. São Paulo: Atlas, 2017, p. 340.

co bilateral, unilateral (receptício ou não receptício) ou um ato jurídico *stricto sensu*; havendo antedata ou pós-data, ele será simulado.

Disso tudo resulta que, no contexto no ordenamento jurídico brasileiro, qualquer espécie de ato jurídico *lato sensu* pode ser objeto de simulação. Pontes de Miranda, no mesmo sentido, entende que pode haver simulação em qualquer ato jurídico, seja ele um negócio jurídico bilateral, um negócio jurídico unilateral receptício, um negócio jurídico unilateral não receptício ou um ato jurídico *stricto sensu*.[74] Por essa razão, no presente trabalho, o termo "ato jurídico" será utilizado com o significado estabelecido pelo Código Civil, qual seja, o de ato jurídico *lato sensu*, o qual contempla tanto a categoria dos *negócios jurídicos* quanto a categoria dos atos jurídicos *stricto sensu*.

As considerações anteriores permitem concluir que a simulação, por ter como objeto apenas os *atos jurídicos*, assim compreendidos os *atos lícitos que tenham por fim imediato adquirir, resguardar, transferir, modificar ou extinguir direitos*, não está limitada aos negócios jurídicos. A simulação pode estar presente, portanto, em toda a categoria dos atos jurídicos *lato sensu*, a qual contempla tanto os *negócios jurídicos* quanto os atos jurídicos *stricto sensu*.

1.3.1.2. A simulação está presente nos atos jurídicos, e não nas fontes que os constituem

Não há simulação nas *fontes a partir das quais se constituem os atos jurídicos*, mas sim no próprio ato jurídico. É importante diferenciar o *ato jurídico* da *fonte* que o *constitui*. A *fonte* que constitui o *ato jurídico*, principalmente se for um instrumento particular, pode ter as mais diversas cláusulas, algumas que dizem respeito à constituição do ato jurídico, e outras que podem ser meramente *contextuais* (p. ex. "Considerando que o contratado possui experiência na prestação do serviço que é objeto do presente contrato"), *expletivas* (p. ex. "O negócio jurídico deverá ser cumprido nos termos deste contrato") ou *inócuas* (p. ex. "As partes declaram que o negócio jurídico constituído por meio do presente instrumento é válido"). Não se nega que tais cláusulas, notadamente aquelas que visam fornecer o contexto da constituição do ato jurídico, podem ter valor em posterior necessidade de interpretação de determinadas situações, especialmente em caso de litígio. Mas elas não constituem o ato jurídico, isto é, se os atos jurídicos fossem casas, tais cláusulas veiculariam meros objetos

74. MIRANDA, Francisco Cavalcanti Pontes de. **Tratado de Direito Privado**. Tomo IV, 2. ed. Rio de Janeiro: Editora Borsoi, 1954, p. 394.

de decoração, os quais poderiam ser retirados da casa sem prejuízo algum à sua estrutura.

O que constitui o ato jurídico são os seus elementos, isto é, tudo aquilo compõe a sua estrutura e a sua existência.[75] Os elementos são os tijolos do ato jurídico. O ordenamento jurídico, nesse sentido, estabelece alguns elementos como necessários para que o ato jurídico exista e seja de determinado tipo.[76]

A denominação de cada categoria na classificação dos elementos do ato jurídico é matéria extremamente controversa.[77] Pode-se, contudo, classificar os elementos do ato jurídico em três espécies: os *elementos gerais*, os *elementos categoriais* e os *elementos particulares*.

Os *elementos gerais* são comuns a todos os atos jurídicos, e podem ser intrínsecos (constitutivos) ou extrínsecos (pressupostos).[78] De um lado, todo ato jurídico possui uma determinada forma, um objeto, e é constituído em um contexto que lhe atribui juridicidade – *forma*, *objeto* e *circunstâncias negociais* são elementos gerais intrínsecos dos atos jurídicos. De outro lado, todo ato jurídico é constituído por alguém, em determinado momento e em certo lugar – *agente*, *tempo* e *lugar* são elementos gerais extrínsecos dos atos jurídicos.[79]

Os *elementos categoriais* caracterizam a natureza jurídica de cada tipo de negócio, e não decorrem da vontade das partes, mas sim do ordenamento jurídico.[80] De um lado, existem os *elementos categoriais essenciais* do ato jurídico, os quais servem para definir a natureza do ato jurídico e, portanto, são inderrogáveis (p. ex. a onerosidade na compra e venda); de outro lado, existem os elementos categoriais naturais do ato jurídico, os quais são derrogáveis (p. ex. a responsabilidade pelos vícios redibitórios, nos contratos comutativos).[81]

---

75. AMARAL, Francisco. **Direito Civil**: Introdução. 7. ed. Rio de Janeiro: Renovar, 2008, p. 410.

76. MIRANDA, Francisco Cavalcanti Pontes de. **Tratado de Direito Privado**. Tomo III, 4. ed. São Paulo: Editora Revista dos Tribunais, 1983, p. 321.

77. VENOSA, Sílvio de Salvo. **Direito civil**: parte geral. 17. ed. São Paulo: Atlas, 2017, p. 366.

78. AZEVEDO, Antônio Junqueira de. **Negócio Jurídico**: existência, validade e eficácia. 4. ed. São Paulo: Saraiva, 2002, p. 34.

79. AZEVEDO, Antônio Junqueira de. **Negócio Jurídico**: existência, validade e eficácia. 4. ed. São Paulo: Saraiva, 2002, p. 34.

80. AZEVEDO, Antônio Junqueira de. **Negócio Jurídico**: existência, validade e eficácia. 4. ed. São Paulo: Saraiva, 2002, p. 35.

81. AZEVEDO, Antônio Junqueira de. **Negócio Jurídico**: existência, validade e eficácia. 4. ed. São Paulo: Saraiva, 2002, p. 35.

Os *elementos particulares* são apostos no negócio jurídico por vontade das partes e, com isso, passam a ser seus elementos essenciais.[82] Exemplo de elementos particulares a condição, o termo e o encargo. Os *elementos particulares*, também chamados de *elementos acidentais*, tornam-se constitutivos do ato jurídico concretamente considerado.[83]

O ato jurídico concreto, portanto, corresponde à soma de todos os seus elementos, isto é, os seus *elementos gerais*, sem os quais nenhum ato jurídico existe, os seus *elementos categoriais*, os quais definem a qualificação e o regime jurídico do ato jurídico, e os seus *elementos particulares*, os quais integram o ato jurídico concreto em virtude da vontade das partes e, com isso, tornam-se seus elementos indissociáveis. A simulação, nesse sentido, está presente apenas nos atos jurídicos, ou – o que é dizer o mesmo – está presente nos elementos dos atos jurídicos (sejam eles *gerais*, *categorias* ou *particulares*), mas não está presente nas disposições e declarações constantes nos instrumentos particulares que não constituem o ato jurídico. O legislador, no *caput* do artigo 102 do Código Civil de 1916 (ou no §1º do artigo 167 do Código Civil de 2002), poderia ter feito alusão aos instrumentos negociais, prescrevendo que eles seriam simulados em razão da ocorrência de determinadas hipóteses, mas fez alusão, tão somente, à simulação no ato jurídico, de forma que as cláusulas do instrumento particular que não digam respeito aos elementos do ato jurídico não podem ensejar a sua simulação.

Mesmo no caso da *simulação temporal*, a qual foi elencada pelo inciso III do artigo 102 do Código Civil de 1916 (e pelo inciso III do § 1º do artigo 167 do Código Civil de 2002), por meio de uma referência expressa aos *instrumentos particulares antedatados ou pós-datados*, permanece inalterada a conclusão de que a simulação diz respeito aos elementos do negócio jurídico, e não aos instrumentos particulares. E a simulação, nesses casos, não é *no instrumento particular* – ela é *no ato jurídico*, ainda que decorrente de uma divergência entre a data real da constituição do ato jurídico e a data constante no instrumento particular. O instrumento particular, portanto, é apenas o meio pelo qual se constitui o ato jurídico que contém a simulação temporal.

---

82. AZEVEDO, Antônio Junqueira de. **Negócio Jurídico**: existência, validade e eficácia. 4. ed. São Paulo: Saraiva, 2002, p. 32.

83. ALVES, José Carlos Moreira. **Direito Romano**. 14 ed. Rio de Janeiro: Forense, 2008, p. 163.

Importante, portanto, diferenciar o que é a fonte do ato jurídico (escritura pública, instrumento particular, oral ou comportamento), do que é o próprio ato jurídico constituído a partir dessa fonte. Apenas os atos jurídicos podem ser simulados. Eventual falsidade decorrente da fonte do ato jurídico, mas que não corresponde a um dos seus elementos, não acarreta simulação.

As considerações anteriores permitem concluir que a simulação, por ter como objeto apenas os *atos jurídicos*, assim compreendidos os *atos lícitos que tenham por fim imediato adquirir, resguardar, transferir, modificar ou extinguir direitos*, não decorre de eventual falsidade nas fontes a partir das quais se constituem os atos jurídicos. Não há simulação, portanto, em decorrência de eventuais enunciados falsos decorrentes das fontes a partir das quais se constituem os atos jurídicos, mas que não tenham um papel na constituição desses atos jurídicos.

1.3.1.3. A simulação está presente nos atos jurídicos lícitos, e não nos atos ilícitos

Não há simulação em *atos ilícitos*, mas apenas nos atos jurídicos lícitos. Os atos ilícitos correspondem às condutas contrárias a normas que obrigam ou proíbem determinados comportamentos.[84] Conforme já referido, o artigo 81 do Código Civil de 1916 definiu o ato jurídico como um ato lícito, e o artigo 102 da mesma Lei limitou a simulação aos atos jurídicos; os artigos 167 §1º c/c 185 do Código Civil de 2002, da mesma forma, deixaram claro que a simulação ocorre apenas nos atos jurídicos lícitos.

É claro que os atos ilícitos são, em certo sentido, *jurídicos*, uma vez que, de um lado, o que os torna ilícitos é o ordenamento jurídico, e, de outro lado, os seus efeitos repercutem juridicamente. Mas afirmar que os atos ilícitos fazem parte do mundo jurídico não é o mesmo que incluir os atos ilícitos na categoria denominada como "atos jurídicos", a qual contempla, tão somente, os *atos lícitos*. Caio Mário da Silva Pereira, nesse sentido, é enfático ao afirmar que "é da mais absoluta obviedade que não poderia a lei civil destinar ao comportamento ilícito o requisito da validade", e que "quando, pois, o art. 185 manda que se apliquem analogicamente aos atos jurídicos lícitos as disposições relativas aos negócios jurídicos, não tem em vista, como jamais poderia ter, os atos ilícitos".[85]

84. ATIENZA, Manuel; MANERO, Juan Ruiz. **Ilícitos atípicos**. Madri: Trotta, 2000, p. 24.

85. PEREIRA, Caio Mário da Silva. **Instituições de direito civil**. V. 1, 30. ed. Atualizado por Maria Celina Bodin de Moraes. Rio de Janeiro: Forense, 2017, p. 522.

Sequer faria sentido, aliás, tonar nulo um ato que já teria como consequência uma penalidade própria, o que apenas beneficiaria o infrator.[86]

A simulação, naturalmente, torna o ato jurídico ilícito, uma vez que corresponde a um comportamento proibido, mas, nos termos do que dispõe o Código Civil, ela só é verificada em atos jurídicos que sejam, *prima facie*, lícitos. Essa constatação é importante por duas razões.

A primeira razão decorre da afirmação frequentemente formulada pela doutrina de que a elisão fiscal e a simulação se diferenciariam em razão dos meios adotados pelos contribuintes em cada situação: na elisão fiscal, os meios seriam lícitos; na simulação, os meios seriam ilícitos. Sampaio Dória afirma que os meios "na elisão são sempre lícitos; na simulação esconde-se, sob a habilidade maior ou menor do agente, sua ilicitude".[87] Hermes Marcelo Huck, por exemplo, afirma que a elisão fiscal lícita é realizada por meios lícitos, "ao passo que, na simulação, haverá sempre um ilícito oculto".[88] Renato Lopes Becho, igualmente, afirma que a simulação e a elisão se distinguem quanto à natureza dos meios: "elisão são lícitos, simulação esconde ilícito".[89] Tais afirmações, contudo, ou são equivocadas, ou são platitudes. De um lado, se tais afirmações pretendem sustentar que a simulação (efeito) pode ser inferida a partir da ilicitude dos atos jurídicos (causa), então elas são equivocadas, porque o próprio Código Civil limitou a ocorrência da simulação aos atos lícitos. De outro lado, se tais afirmações pretendem sustentar que a simulação (causa) gera a ilicitude do ato jurídico (efeito), então elas são platitudes, porque se trata de constatação incontroversa e que não contribui para a resolução de quaisquer problemas jurídicos.

A segunda razão pela qual a constatação de que a simulação está limitada aos atos jurídicos lícitos é de enorme repercussão prática: ela evidencia a falha no raciocínio de quem afirma que o abuso de direito seria uma causa da simulação, ou que determinada conduta, a qual configuraria um abuso de direito, teria sido a responsável por constituir um ato jurídico simulado. O Conselho Administrativo de Recursos Fiscais, por exemplo, já entendeu que em determinada situação

---

86. MELLO, Marcos Bernardes. **Teoria do fato jurídico**: plano da validade. 10. ed. São Paulo: Saraiva, 2010, p. 49.

87. DÓRIA, Antônio Ferreira Sampaio. **Elisão e Evasão Fiscal**. São Paulo: LAEL, 1971, p. 65.

88. HUCK, Hermes Marcelo. **Evasão e elisão**: rotas internacionais do planejamento tributário. São Paulo: Saraiva, 1997, p. 121.

89. BECHO, Renato Lopes. **Lições de direito tributário**. 3. ed. São Paulo: Saraiva, 2015, p. 532.

haveria um "abuso de direito dissimulatório"[90], e que um outro caso seria uma "hipótese de desconsideração de ato ou negócio jurídico simulado, realizado com abuso de forma ou com abuso de direito, nos termos previstos do Parágrafo Único do Art. 116 do CTN".[91]

Como se sabe, o abuso de direito é um ato jurídico ilícito. Essa ilicitude está expressamente prevista no artigo 187 do Código Civil de 2002.[92] Na vigência do Código Civil de 1916, ela era reconstruída a partir dos seus artigos 159 e 160, I.[93] Disso decorre que o ato jurídico constituído por meio de abuso de direito é ilícito e, desse modo, não pode ser a causa da simulação, já que a simulação pressupõe um ato jurídico lícito. Ressalte-se: não há problema algum em se afirmar que determinado ato jurídico é simulado, e que, mesmo que tal simulação não existisse ou que se considerasse o ato jurídico dissimulado, ele configuraria um abuso de direito. O problema está em se alegar que um coexiste com o outro, ou que um é a causa do outro: simulação e abuso de direito são como água e azeite, onde um está, o outro não está.

Quem quer qualificar determinado ato jurídico como ilícito, portanto, deve escolher sabiamente as suas armas. A alegação de abuso de direito e a alegação de simulação não devem ser utilizadas ao mesmo tempo, sob pena de tornarem inconsistente a fundamentação acerca da ilicitude do ato jurídico. Naturalmente, alguém pode *dizer* que a simulação em determinado caso decorre de um abuso de direito, sem que, na prática, a sua fundamentação acerca da ocorrência da simulação ocorra a partir da constatação de abuso de direito. Essa fundamentação até pode ser consistente, mas ela será, no mínimo, obscura.

As considerações anteriores permitem concluir que a simulação, por ter como objeto apenas os *atos jurídicos*, assim compreendidos os *atos lícitos que*

---

90. BRASIL. CARF. Acórdão nº 1401-006.790, 1ª Seção/4ª Câmara/1ª Turma Ordinária, rel. Cons. Daniel Ribeiro Silva, j. 18/10/2023.

91. BRASIL. CARF, Acórdão nº 2301-006.705, 2ª Seção/3ª Câmara/1ª Turma Ordinária, rel. Cons. Cleber Ferreira Nunes Leite, j. 04/12/2019.

92. Art. 187. Também comete ato ilícito o titular de um direito que, ao exercê-lo, excede manifestamente os limites impostos pelo seu fim econômico ou social, pela boa-fé ou pelos bons costumes.

93. BEVILAQUA, Clovis. **Theoria Geral do Direito Civil**. Atualizada por Achilles Bevilaqua. 4. ed. Rio de Janeiro: Editora Paulo de Azevedo Ltda, 1949, p. 354. Código Civil de 1916: "Art. 159. Aquele que, por ação ou omissão voluntária, negligência, ou imprudência, violar direito, ou causar prejuízo a outrem, fica obrigado a reparar o dano.

Art. 160. Não constituem atos ilícitos: I. Os praticados em legítima defesa ou no exercício regular de um direito reconhecido".

tenham por fim imediato adquirir, resguardar, transferir, modificar ou extinguir direitos, não está presente em atos ilícitos. Não há simulação, portanto, em atos jurídicos ilícitos, tais como aqueles constituídos por meio de abuso de direito.

1.3.1.4. A simulação está presente nos atos jurídicos que tenham por fim imediato transacionar direitos, e não nos atos jurídicos que tenham por fim imediato satisfazer obrigações legais

Em quarto lugar, não há simulação em *atos que tenham por fim imediato satisfazer uma obrigação legal*, mas sim em atos jurídicos que tenham por fim imediato adquirir, resguardar, transferir, modificar ou extinguir direitos. Isso significa que atos realizados no cumprimento de deveres legais, tais como a entrega de obrigações acessórias, não são passíveis de serem simuladas. A obrigação acessória, segundo o § 2º do artigo 113 do Código Tributário Nacional, "decorre da legislação tributária e tem por objeto as prestações, positivas ou negativas, nela previstas no interesse da arrecadação ou da fiscalização dos tributos". A transmissão de declarações tributárias pelo sujeito passivo e a emissão de notas fiscais, portanto, nada mais é do que o cumprimento de deveres legalmente estabelecidos, por meio do qual o sujeito passivo declara a ocorrência de determinados atos jurídicos.

Se, de um lado, os atos jurídicos que são objeto do cumprimento das obrigações acessórias têm como fim imediato a aquisição, o resguardo, a transferência, a modificação ou a extinção de direitos, de outro lado, o cumprimento das obrigações acessórias apenas declara a existência desses atos jurídicos. É verdade que a transmissão de determinadas declarações tem como efeito a constituição do crédito tributário – esse não é, contudo, o fim imediato da transmissão dessas declarações. O seu fim imediato é o cumprimento de um dever legalmente estabelecido, ainda que, mediatamente, isso possa repercutir na aquisição ou na extinção de determinados direitos.

Não bastasse isso, o cumprimento das obrigações acessórias que fazem surgir um crédito tributário, no que é chamado de lançamento por homologação, podem até constituir o crédito tributário, mas apenas declaram a existência da obrigação tributária que lhe dá origem. Daí a afirmação de Luís Eduardo Schoueri de que a constituição do crédito tributário não cria, por si só, um direito novo, tratando-se de uma mera roupagem nova de um direito preexistente.[94]

94. SCHOUERI, Luís Eduardo. **Direito Tributário**. 13. ed. São Paulo: Editora Saraiva, 2024, p. 695.

Vale ressaltar, nesse sentido, que Clóvis Bevilaqua define o *ato jurídico* como sendo "toda manifestação de vontade individual, a que a lei atribui o efeito de movimentar as relações jurídicas".[95] O cumprimento de um dever legalmente estabelecido, por certo, não corresponde a uma manifestação de vontade individual.

Um exemplo talvez ilustre melhor a questão. A Só Náutica Eireli sofreu uma autuação fiscal da Fiscalização Tributária do Estado de Santa Catarina, a qual constituiu crédito tributário de ICMS em virtude da suposta ocorrência de simulação na venda de barcos e lanchas pela empresa aos seus clientes.[96] Isso porque a Só Náutica Eireli emitia seus documentos fiscais contra os seus clientes na condição de prestadora do serviço de montagem das embarcações, e os fornecedores das peças dessas embarcações emitiam, contra esses mesmos clientes, documentos fiscais de venda das peças dessas embarcações, entregando-as à empresa para que ela realizasse a montagem dos barcos e das lanchas. Segundo o Estado de Santa Catarina, contudo, a Só Náutica Eireli seria uma revendedora das embarcações, e não uma prestadora de serviços, de forma que ela deveria ter recolhido o ICMS incidente sobre a saída das embarcações para os clientes finais.

O Tribunal de Justiça do Estado de Santa Catarina, ao analisar o caso, identificou que os instrumentos que amparavam o negócio jurídico realizado eram contratos de compra e venda entre a Só Náutica Eireli e os clientes finais, os quais previam, inclusive, a transferência da propriedade dessas peças dos fornecedores para a empresa, e só após a montagem das embarcações, a transferências dessas para os clientes finais. Com base nisso, o Tribunal de Justiça do Estado de Santa Catarina concluiu que a tese de que a Só Náutica Eireli seria uma prestadora de serviços de montagem, e não uma revendedora de embarcações, seria "frontalmente contrária ao disposto nos seus contratos de compra e venda", razão pela qual reputou ocorrida "simulação com a emissão de notas fiscais das fabricantes de peças diretamente aos clientes".

Embora o Tribunal de Justiça do Estado de Santa Catarina tenha acertado ao concluir que o caso Só Náutica Eireli envolvia uma revenda de embarcações, e não uma prestação de serviços de montagem, a decisão equivocou-se ao qualificá-lo como uma simulação. Isso porque as partes formalizaram um negócio

95. BEVILAQUA, Clovis. **Codigo Civil dos Estados Unidos do Brasil Commentado**. Edição histórica. Rio de Janeiro: Editora Rio, 1977, p. 327.

96. SANTA CATARINA. TJSC, Apelação Cível n. 0310923-95.2016.8.24.0005, 3ª Câmara de Direito Público, rel. Des. Ronei Danielli, j. 02/07/2019.

jurídico de compra e venda e agiram de acordo com os direitos e deveres estabelecidos por meio desse negócio jurídico, isto é, a Só Náutica Eireli efetivamente comprou peças e as utilizou como insumos para a construção de embarcações, as quais foram vendidas para os clientes finais, exatamente como estipularam os negócios jurídicos firmados. Uma coisa é a divergência entre o conteúdo do negócio jurídico e a realidade; outra coisa, muito distinta, é a divergência entre o declarado nos documentos fiscais e a realidade. Os documentos fiscais transmitidos pelo contribuinte, embora constituam provisoriamente o crédito tributário, não geram imediatamente a *aquisição*, o *resguardo*, a *transferência*, a *modificação* ou a *extinção* de direitos, tão somente declaram, em cumprimento a um dever legal (obrigação acessória), a existência de fatos e de atos jurídicos, os quais, estes sim, geram a *aquisição*, o *resguardo*, a *transferência*, a *modificação* ou a *extinção* de direitos.

Outro exemplo que costuma gerar uma certa confusão na jurisprudência é o dos prestadores de serviço que constituem estabelecimentos em municípios com uma alíquota reduzida de ISSQN, e passam a tributar suas receitas decorrentes da prestação de serviços nesses municípios, embora o verdadeiro estabelecimento prestador esteja localizado em um município com uma alíquota maior. O Tribunal de Justiça do Estado de São Paulo, por exemplo, deparou-se com um caso no qual uma empresa que prestava serviços de consultoria declarava o auferimento de tais receitas ao Município de Carapicuíba/SP, o qual tinha uma alíquota de 2% desse imposto. A Fiscalização do Município de São Paulo/SP, contudo, identificou que tais serviços estavam sendo prestados por meio do estabelecimento que tal empresa tinha no seu município (que tinha uma alíquota de 5% de ISSQN), razão pela qual constituiu crédito tributário de ISSQN contra a empresa.

O Tribunal de Justiça do Estado de São Paulo manteve o crédito tributário, por entender que houve "a demonstração da existência meramente formal do estabelecimento de Carapicuíba, que corrobora com a assertiva de simulação de estabelecimento fictício".[97] A divergência entre a informação constante nas obrigações acessórias (prestação dos serviços pelo estabelecimento de Carapicuíba/SP) e a realidade (prestação dos serviços pelo estabelecimento de São Paulo/SP), contudo, não corresponde a uma simulação, uma vez que as obrigações acessórias não têm como fim imediato a *aquisição*, o *resguardo*, a

97. SÃO PAULO. TJSP, 18ª Câmara de Direito Público, Apelação Cível nº 1055866-45.2022.8.26.0053, rel. Des. Ricardo Chimenti, j. 29/02/2024.

transferência, a *modificação* ou a *extinção* de direitos. Há, nesse caso, falsidade no cumprimento das obrigações acessórias, mas não simulação (conforme se verá no tópico 2.3.2).

Em suma: documentos fiscais não fazem parte dos *atos jurídicos lícitos* a que se referem o *caput* do artigo 102 do Código Civil de 1916 e o § 1º do artigo 167 do Código Civil de 2002. Por essa razão, os documentos fiscais que não retratam corretamente a realidade não são *simulados*: eles são *falsos*. Por ora, o importante é perceber que os documentos fiscais não são objeto de simulação.

As considerações anteriores permitem concluir que a simulação, por ter como objeto apenas os *atos jurídicos*, assim compreendidos os *atos lícitos que tenham por fim imediato adquirir, resguardar, transferir, modificar ou extinguir direitos*, não está presente em atos que tenham por fim imediato satisfazer uma obrigação legal. Não há simulação, portanto, em decorrência de falsidade no cumprimento de obrigações acessórias.

1.3.2. Primeira subclasse de simulação: simulação subjetiva (art. 102, I, CC/16; art. 167, § 1º, I, CC/02)

O inciso I do artigo 102 do Código Civil de 1916 (assim como o inciso I do §1º do artigo 167 do Código Civil) estabelece que são simulados os atos jurídicos que *aparentarem conferir ou transmitir direitos a pessoas diversas daquelas às quais realmente se conferem, ou transmitem*. Nessa subclasse de situações nas quais há simulação, está presente a chamada *simulação subjetiva* ou *interposição de terceiro*.

Percebe-se, desde já, que a simulação subjetiva envolve, pelo menos, três sujeitos: o interpoente, a pessoa interposta e o terceiro contraente, sendo que o vínculo ou a relação negocial se estabelece diretamente entre o interpoente e o terceiro contraente, sem a participação efetiva da pessoa interposta no negócio celebrado.[98] A esfera jurídica da pessoa interposta mantém-se alheia ao negócio jurídico celebrado entre o interpoente e o terceiro contraente.[99] Naturalmente,

---

98. MIRANDA, Custódio da Piedade Ubaldino. **A simulação no Direito Civil brasileiro:** um estudo comparativo entre os sistemas do revogado Código Civil de 1916 e o Código Civil em vigor de 2002. São Paulo: Marcial Pons, 2020, p. 152.

99. SANTOS, J. M de Carvalho. **Código Civil Brasileiro Interpretado**, v. II, 2. ed. Rio de Janeiro: Editor Freitas Bastos, 1938, p. 382; ANDRADE JÚNIOR, Luiz Carlos de. **A Simulação no Direito Civil**. São Paulo: Malheiros, 2016, p. 116.

para que tal situação ocorra, deve haver um entendimento entre todos os sujeitos da interposição, inclusive a pessoa interposta.[100]

Esse entendimento entre todos os sujeitos da interposição ocorre por meio de uma *fonte oculta* (escritura pública, instrumento particular, oral ou comportamento), a qual constitui um ato jurídico oculto que derroga as disposições do ato jurídico aparente (constituído a partir de uma fonte aparente) relativas ao sujeito a quem estão sendo conferidos os respectivos direitos. Essa *fonte oculta*, também chamado de "contracarta" no Código Civil Francês (*contre-lettre*)[101] e de "contradeclaração" no antigo Código Civil Italiano de 1865 (*contro-dichiarazioni*),[102] faz com que o negócio jurídico aparente entre o interpoente e a pessoa interposta seja pré-excluído – ele nunca chegou a existir realmente, porque o verdadeiro negócio jurídico, consubstanciado na *fonte oculta*, previu a transmissão direta dos direitos que são objeto do negócio jurídico do interpoente para o terceiro contratante. O que importa para a simulação subjetiva é que o efeito do ato jurídico verdadeiro seja a transmissão de direitos a pessoas diferentes daquelas às quais se aparenta transmitir. Esse ponto é da maior importância: o ato jurídico verdadeiro, reconstruído a partir da *fonte oculta*, transmite os direitos ao verdadeiro sujeito do negócio jurídico; é a interpretação isolada da *fonte aparente* que induz à conclusão equivocada de que existiria apenas um ato jurídico que transmite direitos a outro sujeito.

Verifica-se a ocorrência da simulação subjetiva, por exemplo, nos casos em que a venda de mercadorias importadas se dá diretamente entre o fornecedor estrangeiro (interpoente) e o terceiro contraente, mas há uma pessoa interposta que figura como adquirente no contrato de importação. Em casos como esse, diante da constatação de que os pagamentos e as negociações se deram diretamente entre fornecedor estrangeiro (interpoente) e o terceiro contraente, o Conselho Administrativo de Recursos Fiscais reputa ocorrida a simulação subjetiva.[103]

---

100. MIRANDA, Custódio da Piedade Ubaldino. **A simulação no Direito Civil brasileiro:** um estudo comparativo entre os sistemas do revogado Código Civil de 1916 e o Código Civil em vigor de 2002. São Paulo: Marcial Pons, 2020, p. 153; GAINO, Itamar. **A Simulação dos Negócios Jurídicos**. 2. ed. São Paulo: Saraiva, 2012, p. 86.

101. No original: "*Lorsque les parties ont conclu un contrat apparent qui dissimule un contrat occulte, ce dernier, appelé aussi contre-lettre, produit effet entre les parties. Il n'est pas opposable aux tiers, qui peuvent néanmoins s'en prévaloir*".

102. No original: "*Le contro-dichiarazioni fatte per privata scrittura non possono avere effetto che fra le parti contraenti ed i loro successori a titolo universale*".

103. BRASIL.CARF, 3ª Seção / 2ª Câmara / 1ª Turma Ordinária, Acórdão n. 3201-010.459, rel. Cons. Márcio Robson Costa, j. 25/04/2023.

Da mesma forma, há simulação subjetiva nos casos em que uma empresa (pessoa interposta) possui contratos de trabalho com determinados empregados (interpoentes), mas a relação de trabalho se dá entre esses empregados e outra empresa (terceiro contraente), havendo um contrato de prestação de serviços entre a pessoa interposta e o terceiro contraente – geralmente, nesses casos, a pessoa interposta e o terceiro contraente são do mesmo grupo, e a pessoa interposta é optante do Simples Nacional, de forma que a simulação subjetiva realizada gera uma redução das contribuições previdenciárias (e créditos de PIS e COFINS para o terceiro contraente). Diante dessas situações, o Conselho Administrativo de Recursos Fiscais reconhece a existência de simulação subjetiva, já tendo afirmado que: "Constatado pela fiscalização que a contratação de serviços ocorre de forma simulada, correto o enquadramento dos empregados na empresa a que estão materialmente vinculados".[104]

Importante observar, contudo, que pode haver a interposição real de uma pessoa na relação jurídica, hipótese na qual não há simulação. A interposição real ocorre quando o intermediário intervém no contrato como contratante de fato, tornando-se titular dos respectivos direitos, para depois fazer a transferência desses direitos ao terceiro.[105]

Um exemplo de interposição real é o "testa de ferro", que adquire obras de arte em um leilão para um comprador determinado que permanece oculto – o negócio que se concluiu entre o testa de ferro e o vendedor é querido por ambos e não é simulado, tendo o testa de ferro adquirido direitos e contraído obrigações. Haveria simulação subjetiva apenas se o testa de ferro não adquirisse em absoluto os direitos e nem assumisse obrigações em virtude do negócio, e esse negócio produzisse efeitos diretamente para o titular do mesmo.[106] Por isso é que Pontes de Miranda afirma que "os atos jurídicos ditos por 'testa-de-ferro' ou por 'homem de palha' não são simulados".[107]

Há uma grande confusão da jurisprudência e da doutrina, nesse sentido, em relação aos casos nos quais os ascendentes se utilizam de um intermediário para

---

104. BRASIL. CARF, 2ª Seção / 2ª Câmara / 1ª Turma Ordinária, Acórdão n. 2201-010.336, rel. Cons. Francisco Nogueira Guarita, j. 08/03/2023.

105. SANTOS, J. M de Carvalho. **Código Civil Brasileiro Interpretado**, v. II, 2. ed. Rio de Janeiro: Editor Freitas Bastos, 1938, p. 381.

106. LARENZ, Karl. **Derecho Civil: parte general**. Tradução de Miguel Izquierdo y Macías-Picavea. Madri: EDERSA, 1978, p. 502.

107. MIRANDA, Francisco Cavalcanti Pontes de. **Tratado de Direito Privado**. Tomo IV, 2. ed. Rio de Janeiro: Editora Borsoi, 1954, p. 378.

transmitir bens a um descendente sem o consentimento dos demais, o qual é exigido pelo artigo 496 do Código Civil.[108] O Superior Tribunal de Justiça, por exemplo, entendeu que haveria simulação em um caso no qual um ascendente transmitiu um imóvel para um intermediário, o qual, dois dias depois, transmitiu o imóvel para um descendente do anterior proprietário (sem a anuência dos demais), afirmando que haveria "negócio jurídico simulado, uma vez que a triangulação visa a dissimular o negócio existente entre ascendente e descendente".[109]

Ocorre que, em casos como esse, há uma interposição real, uma vez que há a efetiva transmissão de direitos para o intermediário, o qual, por sua vez, transmite esses direitos para o adquirente final. A simulação subjetiva, consoante já afirmado, requer que haja uma transmissão de direitos direta entre interpoente e terceiro contraente, com o intermediário exercendo um papel apenas aparente. Não se nega que, em casos como esse, nos quais os direitos transitam pela esfera jurídica do intermediário de forma efêmera para se "contornar" uma proibição legal, há possível fraude à lei, a qual, nos termos do artigo 166, VI, do Código Civil, corresponde a uma causa de nulidade do negócio jurídico (e será analisada mais adiante, no tópico 2.2.2).[110] Fraude à lei, contudo, não é simulação.

Essa constatação de que a interposição real, na qual há a efetiva transmissão de direitos para o intermediário (que, às vezes, os mantêm brevemente) e uma posterior transmissão deste para o adquirente final, é da maior importância para o Direito Tributário. Isso porque a Fiscalização Tributária, muitas vezes referendada por decisões administrativas e judiciais, tem considerado haver "simulação" na utilização das chamadas "empresas-veículo", notadamente nos casos em que uma subsidiária é constituída para adquirir outra sociedade, apurando ágio nessa aquisição. Após essa aquisição, a controlada incorpora a controladora (incorporação às avessas), possibilitando a dedução do ágio da base de cálculo do IRPJ e da CSLL. No acórdão n. 1402002.968, por exemplo, o CARF considerou que o contribuinte "utilizou-se da empresa veículo" fazendo com que "na incorporação às avessas pela SLC houvesse a confusão patrimo-

---

108. Art. 496. É anulável a venda de ascendente a descendente, salvo se os outros descendentes e o cônjuge do alienante expressamente houverem consentido.

Código Civil de 1916: Art. 1.132. Os ascendentes não podem vender aos descendentes, sem que os outros descendentes expressamente consintam.

109. BRASIL. STJ, REsp n. 999.921/PR, rel. Min. Luis Felipe Salomão, Quarta Turma, j. 14/06/2011.

110. Art. 166. É nulo o negócio jurídico quando: (...)

VI - tiver por objetivo fraudar lei imperativa.

nial necessária para fazer jus à amortização do ágio. Trata-se de procedimento arquitetado de forma artificial, simulada e dolosa".[111]

Outra situação envolvendo uma interposição real, mas que a Fiscalização Tributária considera haver simulação subjetiva, é relativa aos contribuintes (supostos interpoentes) que integralizam participações societárias em Fundos de Investimento em Participação (intermediários), os quais alienam tais ativos para o adquirente final sem a incidência de Imposto de Renda. O CARF, por exemplo, ratificou uma autuação fiscal lavrada nesses moldes, tendo afirmado que "excluindo o BERTIN FIP, por ter sido interposto em ato de simulação e sem motivo negocial, mas unicamente para obter vantagem na tributação", "a interposição do FIP no lugar da autuada tratou-se de manobra para evadir tributação de ganho de capital".[112]

Ora, tanto no caso da "empresa-veículo" para a dedução de ágio quanto no caso da alienação de participações societárias por meio de Fundos de Investimento em Participação, não há que falar em simulação subjetiva, uma vez que houve uma efetiva transmissão de direitos para o intermediário e uma posterior transmissão deste para o adquirente final. Se tais situações configuram fraude à lei ou se a presença de fraude à lei autoriza o lançamento de ofício, trata-se de outro assunto. O importante, por ora, é perceber que não há simulação nesses casos.

As considerações anteriores permitem concluir que a simulação subjetiva, subclasse de simulação prevista no inciso I do artigo 102 do Código Civil de 1916 (e no §1º do artigo 167 do Código Civil), corresponde a um vício decorrente da constituição de um ato jurídico oculto que altere a(s) parte(s) de um ato jurídico aparente. O ato jurídico que contém simulação subjetiva, portanto, é o ato jurídico aparente que tenha a(s) sua(s) parte(s) alterada(s) por um ato jurídico oculto.

1.3.3. Segunda subclasse de simulação: declaração, confissão, condição ou cláusula não verdadeira

O inciso II do artigo 102 do Código Civil de 1916 (assim como o inciso II do §1º do artigo 167 do Código Civil de 2002) estabelece que são simulados

---

111. BRASIL. CARF, Acórdão n.1402002.968, 1ª Seção/4ª Câmara/2ª Turma Ordinária, rel. Cons. Evandro Correa Dias, j. 13/03/2018.

112. BRASIL. CARF, Acórdão n. 1201¬001.640, 1ª Seção/2ª Câmara/1ª Turma Ordinária, rel. Cons. Eva Maria Los, j. 11/04/2017.

os negócios jurídicos que contiverem *declaração, confissão, condição ou cláusula não verdadeira*. Esse dispositivo, embora pareça simples, não tem sido adequadamente interpretado pela doutrina e pela jurisprudência. Para a sua correta compreensão, ele deve ser examinado de forma analítica. Em primeiro lugar, deve ser examinado o predicado comum às hipóteses nele elencadas (*não verdadeira*). Em segundo lugar, devem ser examinadas as quatro hipóteses por ele elencadas (*declaração, confissão, condição* e *cláusula*).

1.3.3.1. Não verdadeiras

O que é a verdade? Segundo o Evangelho de João, quando Pôncio Pilatos lhe fez essa pergunta, nem mesmo Jesus Cristo apresentou uma resposta. Inúmeros filósofos ao longo dos séculos têm tentado definir o conceito de verdade, apresentando as mais diversas teorias, dentre as quais a teoria da verdade como correspondência, verdade como coerência, pragmática, *tarskiana*, da identidade, deflacionista, minimalista, pluralista, funcionalista etc., cada uma delas com as suas diferentes versões.[113] Importantes estudos sobrc o tema sugerem que sequer há sentido em tentar se responder a essa pergunta.[114]

Felizmente, a tarefa de interpretar o artigo 102, II, do Código Civil de 1916 (e o artigo 167, §1º, II, do Código Civil de 2002) não requer uma resposta a essa pergunta (se é que é possível respondê-la). Isso porque a expressão "não verdadeira", nesse caso, corresponde a um predicado que visa adjetivar os quatro substantivos que lhe precedem na sentença (declaração, confissão, condição e cláusula). Disso decorre que, para reconstruir o significado desse dispositivo, não precisamos saber o que é a verdade, nem saber o que é verdadeiro, mas sim saber quais são os objetos capazes de serem verdadeiros.

Trata-se de uma distinção bastante relevante. Uma coisa é responder à difícil pergunta: o que é o azul? Imaginar-se explicando o que é o azul para alguém com deficiência visual dá uma dimensão do tamanho do desafio que é responder a essa pergunta. Outra coisa, distinta, é responder à pergunta: quais objetos são azuis? Essa pergunta é muito mais fácil de ser respondida, e o faríamos mediante a indicação do céu e do mar, embora fôssemos enfrentar alguns casos limítrofes, tais como um mar azul-esverdeado, ou um céu noturno com lua cheia. Por fim,

113. CHIASSONI, Pierluigi. Interpretación jurídica sin verdad. **Revista Brasileira de Filosofia**, São Paulo: Marcial Pons, v. 240. Jan-jun/2013, p. 96.

114. WILLIAMS, Bernard. **Truth and Truthfulness**: An Essay in Genealogy. Princeton: Princeton University Press, 2002, p. 63.

outra coisa, distinta das duas anteriores, é responder à pergunta: que objetos podem ser azuis? Aqui, responderíamos sem medo de errar: o céu, o mar, o carro, aquele carro branco (afinal, ele poderia ser pintado), o planeta Terra etc. Também responderíamos, sem medo de errar, os objetos que não podem ser azuis, por exemplo, o número 14 e o cheiro dos livros velhos.

Com a verdade ocorre o mesmo. É muito difícil responder o que é a verdade, mais fácil responder o que é verdadeiro e mais fácil ainda responder o que *pode* ser verdadeiro. Esse atributo de um objeto de poder ser verdadeiro ou falso é o que se chamada de *valor de verdade*. Retomando o exemplo anterior, podemos dizer que, assim como existem determinados objetos que têm a possibilidade de serem azuis (isto é, *podem* ser azuis, assim como *podem* ser de outras cores), existem determinados objetos que possuem valor de verdade (isto é, *podem* ser verdadeiros, assim como *podem* ser falsos).

Os objetos que podem ser verdadeiros, isto é, que possuem valor de verdade, são os enunciados, os quais são exprimidos por meio de sentenças.[115] De um lado, as sentenças são entidades abstratas, desprovidas de contexto; de outro lado, os enunciados decorrem do proferimento dessas frases em determinado contexto – o enunciado, portanto, é uma sentença em ação.[116] A sentença "estou com calor", por exemplo, proferida em um contexto no qual o falante e o interlocutor estão em uma sala fechada, pode exprimir, dentre outras coisas, um enunciado contendo um pedido para o interlocutor ("abra a janela").

Mas não é qualquer tipo de enunciado que possui valor de verdade, apenas os enunciados que pretendem corresponder a um fato do mundo são verdadeiros.[117] A existência de diferentes tipos de enunciados pode ser ilustrada por meio da diferença entre as leis da natureza e as leis do Estado. As leis da natureza são descritivas: ninguém as obedece, elas são verdadeiras ou falsas, a depender do que acontece da natureza; já as leis do Estado são prescritivas, elas pretendem influenciar o comportamento, e quando são descumpridas, não são falsas – a autoridade tenta corrigir o comportamento.[118] Descrições querem

---

115. WRIGHT, Georg Henrik von. **Norm and action**. Londres: Routledge & Kegan Paul, 1963, p. 18; LEVINSON, Stephen C. **Pragmatics**. Cambridge: Cambridge University Press, 1983, p. 176.

116. ÁVILA, Humberto. **Teoria da indeterminação no direito**. São Paulo: Malheiros/ Juspodivm, 2022, p. 21.

117. WRIGHT, Georg Henrik von. **Norm and action**. Londres: Routledge & Kegan Paul, 1963, p. 25.

118. WRIGHT, Georg Henrik von. **Norm and action**. Londres: Routledge & Kegan Paul, 1963, p. 3.

corresponder ao mundo; prescrições querem fazer o mundo corresponder às palavras.[119] A verdade e a falsidade, portanto, são atributos dos enunciados descritivos (proposições).[120]

O valor de verdade, portanto, é uma característica própria dos enunciados descritivos, de forma que apenas esses objetos podem ser adjetivados por ela. A interpretação da expressão "não verdadeira", nesse sentido, fornece um importante critério para a determinação do significado dos quatro substantivos (declaração, confissão, condição e cláusula) que lhe precedem no inciso II do artigo 102 do Código Civil de 1916 (e no inciso II do §1º do artigo 167 do Código Civil de 2002). Identificar se determinado enunciado, diante de um caso concreto, é verdadeiro ou falso, não é relevante neste momento – isso será relevante apenas para saber se há simulação naquele caso. Para a tarefa empreendida neste tópico, consistente na reconstrução, em abstrato, do conteúdo normativo do referido dispositivo legal, o importante é delimitar as significações possíveis dos substantivos para os quais a expressão "não verdadeira" serve de predicado.

As considerações anteriores permitem concluir que o inciso II do artigo 102 do Código Civil de 1916 (artigo 167, §1º, II, do Código Civil de 2002), ao empregar a expressão "não verdadeira" como um predicado de quatro substantivos (declaração, confissão, condição e cláusula), delimitou as significações possíveis desses substantivos aos objetos que possuem valor de verdade. Tais objetos, notadamente, correspondem aos enunciados descritivos, também chamados de proposições.

1.3.3.2. Declaração, confissão, condição e cláusula

Conforme conclui-se no tópico anterior, a expressão "não verdadeira", constante no inciso II do artigo 102 do Código Civil de 1916 (e do §1º do artigo 167 do Código Civil de 2002), corresponde a um predicado que pressupõe uma propriedade ao sujeito que ele predica. Essa propriedade é o valor de verdade, isto é, a possibilidade de ser verdadeiro ou falso. No caso do dispositivo em análise, são quatro os sujeitos predicados pela expressão "não verdadeira": a declaração, a confissão, a condição e a cláusula.

---

119. SEARLE, John R. **Expressão e Significado**: estudos da teoria dos atos de fala. Tradução de Ana Cecília G. A. de Camargo e Ana Luiza Marcondes Garcia. 2. ed. São Paulo: Martins Fontes, 2002, p. 5; ANSCOMBE, G. E. M. **Intention**. 2. ed. Havard University Press, Cambridge, 1957, p. 56.

120. COPI, Irving; M. COHEN, Carl; RODYCH, Victor. **Introduction to Logic**. 15. ed. Nova York: Routledge, 2019, p. 26.

De um lado, os termos "declaração" e "confissão" correspondem à substantivação de verbos ("declarar" e "confessar"). De outro lado, os termos "condição" e "cláusula" são substantivos "puros" (ao menos no sentido jurídico desses termos). Essa distinção, conforme se verá, exige uma análise separada da primeira parte do inciso II do artigo 102 do Código Civil de 1916 (o qual trata da declaração e da confissão) e da segunda parte desse mesmo dispositivo (o qual trata da condição e da cláusula).

1.3.3.2.1. Declaração e confissão

Os termos "declaração" e "confissão" correspondem à substantivação dos verbos "declarar" e "confessar". Tais verbos são transitivos, visto que ninguém simplesmente declara, mas sempre declara *algo* (p. ex. "ele declarou que está chovendo", "ele declarou que irá comparecer à festa" ou "ele declarou o congresso encerrado"); da mesma forma, ninguém simplesmente confessa, mas sim confessa *algo* (p. ex. "ele confessou que quebrou o vaso").[121] O significado de "declarar" é genérico, e pode performar três funções distintas (o significado do verbo "confessar", contudo, que nada mais é do que declarar algo sobre o seu próprio passado, pode performar apenas uma dessas funções).

Em primeiro lugar, o propósito de quem declara que "está chovendo", por exemplo, é que tal proposição corresponda a um estado de coisas existente no mundo (asserções sobre o mundo são chamadas de *proposições*). Ao fazer tal asserção, o falante se compromete com o fato de algo ser o caso, isto é, com a verdade da proposição, razão pela qual tais enunciados possuem valor de verdade (ou seja, podem ser verdadeiros ou falsos).[122] A declaração, nesses casos, tem uma função instrumental em relação ao que é comunicado.[123] O verbo "confessar", vale ressaltar, tem nessa função assertiva a sua única função, visto que o seu significado limita-se a exprimir uma proposição a respeito de algo do passado do falante (p. ex. "confesso que quebrei o vaso").

---

121. O significado religioso do verbo "confessar" pode ser considerado intransitivo, mas esse claramente não é o significado exprimido pelo legislador.

122. SEARLE, John R. **Expressão e Significado**: estudos da teoria dos atos de fala. Tradução de Ana Cecília G. A. de Camargo e Ana Luiza Marcondes Garcia. 2. ed. São Paulo: Martins Fontes, 2002, p. 19.

123. BETTI, Emilio. **Teoria Geral do Negócio Jurídico**. Tradução de Servanda Editora. Campinas: Servanda Editora, 2008, p. 37.

Em segundo lugar, o propósito de quem declara que "irá comparecer à festa", por exemplo, é se comprometer com alguma linha futura de ação.[124] Tal compromisso não pretende retratar o mundo, mas sim mudá-lo, de forma que tais declarações não possuem valor de verdade.[125]

Em terceiro lugar, o propósito de quem declara que "o congresso está encerrado", por exemplo, é fazer existir um estado de coisas ao declarar-se que ele existe.[126] A realização bem-sucedida desse tipo de declaração produz a correspondência entre o conteúdo proposicional da declaração ("o congresso está encerrado") com o mundo (o congresso passa a estar encerrado). Justamente por isso, tais declarações não possuem valor de verdade (isto é, não podem ser verdadeiras ou falsas), uma vez que a verdade das suas proposições depende, justamente, da realização da declaração. A declaração, nesses casos, constitui o conteúdo que lhe está ligado.[127] Nenhum falante competente da língua portuguesa diria que o presidente de um congresso acadêmico, ao declará-lo encerrado, disse algo verdadeiro – por meio dessa declaração ele simplesmente encerrou o congresso.

Para se determinar qual instanciação do significado geral de "declaração" foi empregada pelo legislador no inciso II do artigo 102 do Código Civil de 1916 e no inciso II do §1º do artigo 167 do Código Civil de 2002, deve-se interpretar conjuntamente com o termo "declaração" a locução que o adjetiva, qual seja, "não verdadeira". Conforme a lição de Ruy Barbosa Nogueira, "as palavras também devem ser tomadas em conexão com o texto, não é a palavra isolada que dará o sentido".[128]

É que as linguagens naturais, tais como o português, requerem uma interpretação interacionista dos significados das sentenças, isto é, os significados

---

124. SEARLE, John R. **Expressão e Significado**: estudos da teoria dos atos de fala. Tradução de Ana Cecília G. A. de Camargo e Ana Luiza Marcondes Garcia. 2. ed. São Paulo: Martins Fontes, 2002, p. 22.

125. SEARLE, John R. **Expressão e Significado**: estudos da teoria dos atos de fala. Tradução de Ana Cecília G. A. de Camargo e Ana Luiza Marcondes Garcia. 2. ed. São Paulo: Martins Fontes, 2002, p. 22.

126. SEARLE, John R. **Expressão e Significado**: estudos da teoria dos atos de fala. Tradução de Ana Cecília G. A. de Camargo e Ana Luiza Marcondes Garcia. 2. ed. São Paulo: Martins Fontes, 2002, p. 22.

127. BETTI, Emilio. **Teoria Geral do Negócio Jurídico**. Tradução de Servanda Editora. Campinas: Servanda Editora, 2008, p. 38.

128. NOGUEIRA, Ruy Barbosa. **Direito Financeiro** – Curso de Direito Tributário. 3. ed. São Paulo: José Bushatsky Editor, 1971, p. 73.

das palavras são influenciados pelos significados das demais palavras que constituem a sentença.[129] O verbo "pregar", por exemplo, tem um significado se for complementado por "um sermão"; tem um significado distinto, contudo, se for complementado por "um quadro". Da mesma forma, o verbo "quebrar" tem um significado se for complementado por "a perna"; tem outro, completamente distinto, se for complementado por "a empresa".

Essas constatações permitem concluir que as locuções adjetivas devem ser interpretadas em conjunto com o substantivo que elas pretendem qualificar, e não de forma isolada.[130] É dizer: para se interpretar corretamente o inciso II do artigo 102 do Código Civil de 1916 e o inciso II do §1º do artigo 167 do Código Civil de 2002, não se deve reconstruir o significado do termo "declaração" e o significado da expressão "não verdadeira". O que deve ser feito é a reconstrução do significado da expressão "declaração não verdadeira".

Estabelecida essa premissa, resulta evidente que a instanciação do significado geral de "declaração" que foi empregada pelo legislador ao definir o conceito de simulação é a que corresponde às *asserções*, isto é, declarações que pretendem corresponder a um estado de coisas existente no mundo, tais como "está chovendo" e "confesso que quebrei o vaso". Isso porque apenas nessa instanciação do significado de "declaração" o falante se compromete com o fato de algo ser o caso, isto é, com a verdade do conteúdo da sua *asserção* sobre o mundo – o que faz com que essa instanciação do significado de "declaração" seja a única que possui valor de verdade. Dito de outra forma: apenas as declarações que desempenham a função de *asserções* sobre o mundo, que são chamadas de *proposições*, podem ser "não verdadeiras", razão pela qual a expressão "declaração não verdadeira" não possui outro significado racionalmente possível no contexto de interpretação do inciso II do artigo 102 do Código Civil de 1916.

Em um caso analisado pelo Tribunal de Justiça do Estado do Ceará, por exemplo, um neto havia adquirido um imóvel dos seus avós, tendo formalizado o negócio jurídico de compra e venda por meio de escritura pública. Na escritura pública, constou a seguinte cláusula, na qual as partes declaravam o recebimento do preço por parte dos avós (vendedores):

---

129. COHEN, Jonathan L. How Is Conceptual Innovation Possible? **Erkenntnis**, vol. 25, n. 2, 1986, p. 221-238, p. 224.

130. ÁVILA, Humberto. A não Cumulatividade das Contribuições Sociais sobre a Receita. **Revista Direito Tributário Atual**, São Paulo, IBDT, n. 55, 2023, p. 133-175, p. 143.

> E, que por força desta escritura e na melhor forma de Direito, dizem os outorgantes que transferem desde já, por este instrumento, o imóvel acima descrito e caracterizado, como de fato transferido tem, ao OUTORGADO, pelo valor previamente convencionado de R$227.500,00 (DUZENTOS E VINTE E SETE MIL E QUINHENTOS REAIS), importância já recebida do comprador em moeda corrente e legal da qual dão plena e irrevogável quitação...

Ocorre que, analisando os autos, o Tribunal de Justiça do Estado do Ceará entendeu que o referido pagamento não teria sido comprovado, reputando-o inexistente. Em razão disso, considerou que o caso se subsumiria à "hipótese do inciso II do art. 167 acima transcrito, na medida em que o negócio jurídico de compra e venda firmado entre avô e neto se encontra eivado por declaração/cláusula não verdadeira".[131] Em resumo: ao constituir o negócio jurídico de compra e venda, as partes realizaram uma proposição falsa a respeito de um dos elementos do objeto do negócio jurídico (no caso, a realização da contraprestação), razão pela qual o negócio jurídico é simulado, recaindo no âmbito de incidência do inciso II do artigo 102 do Código Civil de 1916 e do inciso II do §1º do artigo 167 do Código Civil de 2002.

Mas nem sempre a identificação das proposições exprimidas pelas sentenças contidas nos atos jurídicos é simples. Algumas proposições não são formuladas de maneira expressa; elas são pressupostas por outros enunciados que decorrem expressamente de sentenças formuladas no âmbito do ato jurídico. No exemplo recém analisado, a sentença "A pagou X a B", contida na escritura pública, exprime indiretamente (por meio de pressuposição) a seguinte proposição: "A estava vivo no momento do pagamento". A relação de pressuposição entre os enunciados faz com que algumas proposições (tais como "A estava vivo no momento do pagamento") sejam enunciadas pelos falantes, ainda que elas não sejam expressamente formuladas. Isso porque a demonstração de que A não estava vivo no momento do pagamento, por exemplo, afetaria a verdade do enunciado expressamente formulado, já que A não poderia ter feito qualquer pagamento se não estivesse vivo.

Mesmo enunciados prescritivos, tais como o decorrente da sentença "o Rei da França deve ser deposto", contêm conteúdo proposicional – no caso do exemplo, há uma proposição pressuposta de que "há um Rei da França". Assim, ainda que o enunciado prescritivo decorrente da frase "o Rei da França deve ser deposto"

---

131. CEARÁ. TJCE, Apelação Cível n. 0005049-97.2019.8.06.0071, 2ª Câmara de Direito Privado, rel. Des. Maria de Fática de Melo Loureiro, j. 15/06/2022.

não tenha valor de verdade, ele pressupõe uma proposição, qual seja, "há um Rei da França", a qual, por sua vez, possui um valor de verdade (falso, no caso). É dizer: quem afirma de maneira séria que "o Rei da França deve ser deposto", assume um compromisso com a verdade da proposição "há um Rei da França".

Essas mesmas considerações podem ser feitas em relação às disposições negociais prescritivas (tais como as condições e as cláusulas). Embora elas não tenham, em si, valor de verdade, elas podem pressupor proposições a respeito do objeto dos atos jurídicos que, por sua vez, são verdadeiras ou falsas. Tome-se como exemplo o contrato de "vaca-papel", no qual um mútuo com cobrança de juros usurários é "garantido" por meio de um contrato no qual o devedor se obriga a cuidar do gado (inexistente) do credor, devendo devolvê-lo após o período de doze meses, sob pena do pagamento de "indenização" – o gado inexistente, por óbvio, jamais será devolvido, razão pela qual o devedor ficará sujeito ao pagamento da "indenização", que nada mais é do que o principal do mútuo acrescido de juros usurários. Ainda que a cláusula que estabelece a obrigação do devedor de cuidar do gado do credor não seja verdadeira ou falsa, ela pressupõe uma proposição (a existência do gado de propriedade do credor), e essa proposição possui valor de verdade. Em outras palavras: a cláusula que estabelece a obrigação de cuidar do gado pressupõe uma proposição a respeito da existência do gado. Em casos como esse, o Superior Tribunal de Justiça reconhece, corretamente, a existência de simulação quanto ao negócio jurídico de parceria pecuária, uma vez que a proposição a respeito da existência do gado não corresponde à realidade.[132]

Depreende-se do que foi dito que a hipótese de simulação prevista pela *primeira parte* do inciso II do artigo 102 do Código Civil de 1916 (e do inciso II do §1º do artigo 167 do Código Civil de 2002), isto é, a hipótese de *declarações e confissões não verdadeiras*, corresponde às *asserções explícitas ou pressupostas não verdadeiras sobre o mundo*. Como o conteúdo de uma asserção sobre o mundo, seja ela explícita ou pressuposta, é chamado de *proposição*, e a locução adjetiva *não verdadeira* pode ser substituída pelo adjetivo *falsa*, tal definição pode ser simplificada sobremaneira. Pode-se dizer, nesse sentido, que a primeira parte do inciso II do artigo 102 do Código Civil de 1916 (e do inciso II do §1º do artigo 167 do Código Civil de 2002) estabelece que há simulação nas situações em que um ato jurídico exprima uma proposição falsa.

---

132. BRASIL. STJ, REsp n. 441.903/SP, rel. Min. Nancy Andrighi, Terceira Turma, julgado em 10/2/2004.

As considerações anteriores permitem concluir que a simulação de declarações e confissões não verdadeiras, subclasse de simulação prevista na primeira parte do inciso II do artigo 102 do Código Civil de 1916 (e do §1º do artigo 167 do Código Civil), corresponde a um vício decorrente da enunciação de proposição falsa por meio de um ato jurídico. O ato jurídico que contém declarações e confissões não verdadeiras, portanto, é ato jurídico que exprime proposição(ões) falsa(s).

A simulação das declarações e confissões não verdadeiras pode ser subdividida quanto ao tipo de elemento do ato jurídico que exprime a proposição falsa. Com base nessa divisão, existem três subespécies de simulação que decorrem da primeira parte do inciso II do artigo 102 do Código Civil de 1916 (e do inciso II do §1º do artigo 167 do Código Civil de 2002): a *simulação de objeto*, a *simulação dos elementos categoriais essenciais (abuso de forma)* e a *simulação de lugar*.

a) *Simulação de objeto*

Os atos jurídicos possuem determinados objetos, os quais compreendem tanto a constituição, a modificação ou a extinção de relações jurídicas quanto a coisa ou o direito sobre o qual recai a relação jurídica.[133] O objeto do ato jurídico corresponde às vantagens patrimoniais ou extrapatrimoniais que interessam aos indivíduos.[134]

As fontes que contêm as cláusulas a partir das quais se reconstrói o objeto de um ato jurídico podem adotar uma linguagem prescritiva (p. ex. "A deve transferir a propriedade de X para B") ou descritiva (p. ex. "A é o proprietário de X"). Tais sentenças, independentemente da forma da linguagem adotada, podem exprimir enunciados descritivos (proposições) ou enunciados prescritivos, explícita ou implicitamente. Conforme já analisado, a simulação decorrente das declarações e confissões não verdadeiras diz respeito às proposições falsas exprimidas explícita ou implicitamente pelos atos jurídicos, de forma que, na simulação relativa ao objeto do ato jurídico, há uma proposição falsa exprimida explícita ou implicitamente (inclusive por meio de pressuposição) pelo seu objeto.

---

133. VENOSA, Sílvio de Salvo. **Direito civil**: parte geral. 17. ed. São Paulo: Atlas, 2017, p. 375.

134. GOMES, Orlando. **Introdução ao Direito Civil**. 20. ed. rev. atual. e aum. por Edvaldo Brito e Reginalda Paranhos Brito. Rio de Janeiro: Forense, 2010, p. 288.

A simulação de declarações e confissões relativas ao objeto do ato jurídico pode ser mais bem compreendida se dividirmos as proposições a respeito do objeto do ato jurídico de acordo com o tempo dos fatos que correspondem ao conteúdo da declaração. Pode-se fazer uma declaração quanto a fatos que ocorreram no *passado* (p. ex. "paguei o valor X"), quanto a fatos que estão ocorrendo no *presente* (p. ex. "devo o valor Y") ou quanto a fatos que irão ocorrer no *futuro* (p. ex. "irei pagar o valor Z").

Em primeiro lugar, quanto às declarações relativas a fatos que ocorreram no passado, não existem maiores dificuldades teóricas na constatação da ocorrência da simulação. No caso já analisado do avô e do neto, por exemplo, foi constituído um negócio jurídico de compra e venda por meio de escritura pública, a qual exprimiu uma proposição falsa a respeito da ocorrência de um prévio pagamento. As partes, portanto, constituíram o negócio jurídico da compra e venda e transmitiram a propriedade do vendedor para o comprador com base em uma proposição falsa, qual seja, a de que o pagamento da contraprestação ocorreu. Houve, nesse sentido, a constituição de ato jurídico que contém uma declaração não verdadeira, o que configura simulação.

Em segundo lugar, quanto às declarações relativas a situações fáticas que estão ocorrendo no presente, existe uma distinção que deve ser feita. O objeto do ato jurídico pode ser distinguido entre o objeto jurídico (também chamado de conteúdo ou de objeto imediato), que são os efeitos jurídicos pretendidos (p. ex. na compra e venda, a transferência da propriedade da coisa alienada, a obrigação do vendedor entregar a coisa e a obrigação do comprador pagar o preço) e o objeto material (também chamado de objeto mediato), que é aquilo sobre o que recaem os efeitos do ato jurídico (p. ex. na compra e venda, a coisa vendida).[135]

Os enunciados prescritivos que constituem o objeto jurídico (p. ex. "A deve pagar X a B") não possuem valor de verdade. Apenas os enunciados relativos ao objeto material exprimem proposições, as quais possuem valor de verdade e, portanto, podem ser falsas. No caso já analisado do contrato "vaca-papel", por exemplo, houve simulação do objeto material do negócio jurídico em virtude da falsidade da proposição relativa à existência do gado. O negócio jurídico continha uma proposição (pressuposta) a respeito da existência de um gado de propriedade do credor no momento da constituição do negócio jurídico (situação fática presente), e essa proposição era falsa. Em outras palavras: os referentes denotados

135. VENOSA, Sílvio de Salvo. **Direito civil**: parte geral. 17. ed. São Paulo: Atlas, 2017, p. 375; AMARAL, Francisco. **Direito Civil**: Introdução. 7. ed. Rio de Janeiro: Renovar, 2008, p. 420.

pela proposição (gado de propriedade do credor) não existiam. A simulação do objeto material, nesse sentido, sempre envolve referentes específicos.

Outra situação na qual houve simulação do objeto material do negócio jurídico foi em um negócio jurídico constituído entre uma controlada estrangeira e sua controladora brasileira, por meio do qual a controlada estrangeira se obrigava a empresar à controladora brasileira títulos específicos da dívida externa argentina, os "Argentine Global Bonds". Esses "Argentine Global Bonds" seriam vendidos à vista ao mercado interno brasileiro, e a controladora brasileira (mutuária dos títulos) teria um período para devolver os valores decorrentes da alienação à controlada estrangeira, durante o qual os utilizaria como capital de giro. A Receita Federal do Brasil considerou que tal negócio jurídico seria simulado, uma vez que os "Argentine Global Bonds" sequer existiriam, razão pela qual as remessas da controladora brasileira para a empresa controlada seriam sem causa, e deveriam ser submetidas à incidência do Imposto de Renda Retido na Fonte. O Conselho de Contribuintes, ao analisar o caso, constatou que "as informações obtidas junto ao governo argentino fazem prova da inexistência dos títulos", razão pela qual concluiu que "houve mera simulação de operações financeiras em princípio legítimas, para encobrir simples remessas para o exterior, sem incidência do Imposto de Renda correspondente".[136]

Seria diferente, contudo, caso no contrato "vaca-papel" ou no mútuo dos títulos argentinos houvesse sido constituída a simples obrigação de se cuidar de gado, ou de se emprestar títulos da dívida externa argentina, de forma genérica, sem referentes específicos. Nesses casos, as únicas proposições pressupostas (a existência de gado no mundo e a existência de títulos da dívida externa argentina no mundo) são verdadeiras. Vale ressaltar, nesse sentido, que a existência da coisa deve ser verificada no momento da eficácia do negócio jurídico, e não na sua formação, até porque é lícita a venda de coisas futuras ainda não existentes.[137] No caso em que o objeto material do negócio jurídico diz respeito a referentes específicos, está se exprimindo indiretamente uma proposição (a qual pode ser verdadeira ou falsa); no caso em que o objeto material não tem referentes específicos, há um simples compromisso (sem valor de verdade).

---

136. BRASIL. 1º CC, Acórdão nº 102-48.620, 2ª Câmara, rel. Cons. Antonio José Praga de Souza, j. 14/06/2007.

137. AMARAL, Francisco. **Direito Civil**: Introdução. 7. ed. Rio de Janeiro: Renovar, 2008, p. 420.

Em terceiro lugar, quanto às declarações relativas aos fatos do futuro, não há a enunciação de proposições, isto é, asserções sobre o mundo (ao menos não diretamente). Conforme já analisado, as declarações sobre fatos do futuro, que nada mais são do que promessas e ameaças, desempenham uma função *compromissiva*, isto é, pretendem comprometer o falante com alguma linha futura de ação.[138] Embora possam indiretamente implicar ou pressupor proposições (os quais possuem valor de verdade), os enunciados compromissivos não possuem valor de verdade – promessas e ameaças não são verdadeiras nem falsas, elas são apenas cumpridas ou descumpridas.

Disso decorre que as declarações relativas a fatos do futuro formuladas no âmbito de um negócio jurídico (p. ex. promessa de que "irei pagar o valor Z"), por dizerem respeito a enunciados compromissivos, não se tornam falsos pela posterior não correspondência do estado de coisas enunciado (pagamento do valor Z) com a realidade (não pagamento do valor Z). É dizer: o descumprimento da promessa formulada não resulta na falsidade da declaração "irei pagar o valor Z" e a consequente nulidade do negócio jurídico por simulação, mas sim no seu inadimplemento (e eventual resolução do contrato). Essas observações, embora pareçam triviais, possuem relevantes consequências práticas.

Em um caso de compra e venda analisado pelo Tribunal de Justiça do Estado de São Paulo, por exemplo, considerou-se a ausência da comprovação do pagamento do preço pelo comprador ensejaria a ocorrência de simulação, e o reconhecimento de uma doação dissimulada. De acordo com a decisão, "sem que tenha sido demonstrada a alienação, negócio jurídico do qual se mostra essencial o pagamento do valor do bem transmitido, só resta inferir tenha se tratado de doação".[139] Em um outro caso analisado pelo mesmo Tribunal, a Fiscalização Estadual considerou que um mútuo inadimplido, formalizado por meio de um instrumento particular, seria simulado, e que teria ocorrido uma doação dissimulada, razão pela qual efetuou o lançamento de ofício do Imposto de Transmissão Causa Mortis e Doação (ITCMD). Aquele Tribunal manteve a autuação fiscal, tendo afirmado que "é indispensável a demonstração de pa-

---

138. SEARLE, John R. **Expressão e Significado**: estudos da teoria dos atos de fala. Tradução de Ana Cecília G. A. de Camargo e Ana Luiza Marcondes Garcia. 2. ed. São Paulo: Martins Fontes, 2002, p. 22.

139. SÃO PAULO. TJSP, Apelação Cível nº 1027460-02.2019.8.26.0576, rel. Des. João Pazine Neto, 3ª Câmara de Direito Privado, j. 06/02/2024.

gamento das parcelas do empréstimo para comprovar a natureza da transação, mas a apelante também não apresentou recibos de quitação".[140]

Ocorre que a promessa do comprador de que o preço seria pago e a promessa do mutuário de que haveria a devolução do empréstimo no futuro não possuem valor de verdade, portanto, não têm como ser consideradas inverídicas, requisito para a existência da simulação objetiva. Afinal, a existência de uma obrigação vinculante decorrente de uma promessa não decorre de que a outra parte exija o seu cumprimento.[141] As declarações realizadas no negócio jurídico quanto ao passado e quanto ao presente foram verdadeiras, e delas não se infere a existência de liberalidade, elemento categorial essencial da doação, a qual, na lição do saudoso Paulo de Tarso Sanseverino, "caracteriza-se pela prática de um benefício desinteressado do doador em favor do donatário, sem a exigência de qualquer contraprestação equivalente".[142]

É certo que a posterior remissão da dívida, tácita ou expressa, pode vir a ser qualificada como um ato de liberalidade, o qual pode vir a ser considerado como uma doação. Isso não é o mesmo, contudo, do que qualificar o negócio jurídico do mútuo como sendo simulado. Não se nega que o comportamento das partes posterior à celebração do negócio jurídico deve ser considerado para a sua interpretação, tal como estabelecido pelo artigo 113, § 1º, I, do Código Civil.[143] O que se nega é que o comportamento posterior das partes forneça valor de verdade para uma declaração anterior dessas mesmas partes, caracterizando a simulação do negócio jurídico.

A inércia do credor diante do descumprimento contratual do devedor, vale referir, até pode ser um indício de que foi constituído um ato jurídico oculto que derrogou a obrigação do pagamento. Esse indício, conjugado com outros, pode formar a convicção do julgador de que houve simulação. Isso será aprofundado no tópico 3.1.4.2.1, alínea "j". Mas afirmar que a inércia do credor diante

---

140. SÃO PAULO. TJSP, Apelação Cível nº 0101587-08.2013.8.26.0100, rel. Des. Maria Olívia Alves, 6ª Câmara de Direito Público, j. 17/10/2016.

141. FRIED, Charles. **Contract as promise**. Cambridge: Harvard University Press, 1981, p. 41.

142. SANSEVERINO, Paulo de Tarso Vieira. Contratos Nominados II. *In*: REALE, Miguel. MARTINS-COSTA, Judith. (Coord.). **Estudos em homenagem ao Professor Miguel Reale**. São Paulo: Ed. Revista dos Tribunais, 2005, p. 64.

143. Art. 113. Os negócios jurídicos devem ser interpretados conforme a boa-fé e os usos do lugar de sua celebração.

§ 1º A interpretação do negócio jurídico deve lhe atribuir o sentido que:

I - for confirmado pelo comportamento das partes posterior à celebração do negócio.

do descumprimento contratual é um indício de simulação é completamente diferente do que afirmar que o simples descumprimento contratual do devedor caracteriza a simulação.

As considerações anteriores permitem concluir que a *simulação de objeto* é uma espécie de simulação de declaração não verdadeira, e decorre da enunciação, por um ato jurídico, de ao menos uma proposição falsa a respeito do seu objeto. O ato jurídico que contém *simulação de declarações não verdadeiras quanto ao objeto do ato jurídico*, portanto, é o ato jurídico que exprime ao menos uma proposição falsa a respeito do seu objeto. As proposições apenas podem ser exprimidas em relação a fatos do passado e em relação a fatos do presente; quanto aos fatos do futuro, é possível apenas realizar promessas, as quais não possuem valor de verdade, razão pela qual o seu descumprimento não caracteriza simulação.

b) *Simulação dos elementos categoriais essenciais (abuso de forma)*

Existe uma superstição segundo a qual dar uma faca de presente a alguém geraria o fim da amizade entre o presenteador e o presenteado. Para evitar essa triste consequência, criou-se uma solução engenhosa: o sujeito presenteado com uma faca deve entregar uma moeda ao presenteador – com isso, o ato de presentear/doar a faca se transforma num ato de "venda" da faca, e o que quer que fosse atuar para encerrar a amizade entre presenteador e presenteado deixa de fazê-lo, pois os fatos ali ocorridos (venda de uma faca) deixam de recair no âmbito de incidência da superstição (doações de facas).

Essa solução pode até fazer sentido no âmbito da superstição. No âmbito do Direito, contudo, existe uma instituição extralinguística que confere um sentido especial a enunciados como "A vendeu a faca para B" ou "A doou a faca para B".[144] Tomemos o termo "vender" como exemplo. Na linguagem jurídica, quando A e B afirmam que A irá *vender* a sua faca para B, A e B realizam, ao menos, três atos: (i) A e B *constituem* um negócio jurídico de compra e venda, (ii) A e B assumem um *compromisso* com a tradição da faca e com o adimplemento da contraprestação, e (iii) A e B exprimem uma proposição a respeito desse negócio, qual seja, a de que se trata de um negócio comutativo (as partes sabem a

144. HART, H. L. A. Definition and theory in jurisprudence. *In*: HART, H. L. A. **Essays in jurisprudence and philosophy**. Oxford: Clarendon Press, 1983, p. 26; SEARLE, John R. **Expressão e Significado**: estudos da teoria dos atos de fala. Tradução de Ana Cecília G. A. de Camargo e Ana Luiza Marcondes Garcia. 2. ed. São Paulo: Martins Fontes, 2002, p. 28.

extensão das suas vantagens e desvantagens) e oneroso (há um equilíbrio entre as prestações).

Essas duas características da compra e venda, quais sejam, a comutatividade e a onerosidade, são inferidas a partir de diversos dispositivos do Código Civil, tais como: (i) o artigo 481, que define a compra e venda como transferência de certa coisa em contraprestação ao pagamento de preço determinável em dinheiro;[145] (ii) o artigo 486, que permite fixação do preço da compra e venda à taxa de mercado ou de bolsa;[146] (iii) o artigo 488, que fixa o preço da compra e venda como o preço corrente das vendas habituais do vendedor, caso não tenha sido estabelecido preço;[147] (iv) o artigo 489, que torna a compra e venda nula caso o preço possa ser fixado exclusivamente por uma das partes;[148] (v) o artigo 157, que considerada anulável (por lesão) o negócio jurídico oneroso no qual uma das partes, por necessidade ou inexperiência, obriga-se a prestação manifestamente desproporcional ao valor da prestação oposta;[149] e o artigo 538, o qual qualifica como "doação" o negócio jurídico por meio do qual uma pessoa transfere, por liberalidade, bens e vantagens para outra.[150] Não se deve falar, portanto, em compra e venda que não seja comutativa e nem onerosa, isto é, em uma compra e venda na qual vantagem obtida pelo vendedor com o preço não corresponda à vantagem obtida pelo comprador com a coisa.[151]

Em outras palavras: de acordo com o significado jurídico do termo "vender", afirmar num contexto jurídico que se realizou uma venda sem onerosidade e sem comutatividade é um oxímoro. E quando se constitui negócio jurídico de

---

145. Art. 481. Pelo contrato de compra e venda, um dos contratantes se obriga a transferir o domínio de certa coisa, e o outro, a pagar-lhe certo preço em dinheiro.

146. Art. 486. Também se poderá deixar a fixação do preço à taxa de mercado ou de bolsa, em certo e determinado dia e lugar.

147. Art. 488. Convencionada a venda sem fixação de preço ou de critérios para a sua determinação, se não houver tabelamento oficial, entende-se que as partes se sujeitaram ao preço corrente nas vendas habituais do vendedor.

148. Art. 489. Nulo é o contrato de compra e venda, quando se deixa ao arbítrio exclusivo de uma das partes a fixação do preço.

149. Art. 157. Ocorre a lesão quando uma pessoa, sob premente necessidade, ou por inexperiência, se obriga a prestação manifestamente desproporcional ao valor da prestação oposta.

§ 1º Aprecia-se a desproporção das prestações segundo os valores vigentes ao tempo em que foi celebrado o negócio jurídico.

150. Art. 538. Considera-se doação o contrato em que uma pessoa, por liberalidade, transfere do seu patrimônio bens ou vantagens para o de outra.

. AZEVEDO JR., José Osório de Azevedo. Compra e Venda, Troca ou Permuta. *In*: REALE, Miguel; MARTINS-COSTA, Judith. (Coord.). **Estudos em homenagem ao Professor Miguel Reale**. São Paulo: Ed. Revista dos Tribunais, 2005, p. 22.

compra e venda por meio do qual uma faca que vale R$ 500,00 será vendida por R$ 0,10, as partes estão implicitamente exprimindo a proposição de que tal negócio é comutativo e oneroso. Essa proposição, contudo, é falsa.

Examinando o ordenamento jurídico italiano, Emilio Betti afirmou que "a determinação do conteúdo típico de um ato jurídico escapa à iniciativa individual e entra na competência da consciência social e da ordem jurídica" de modo que "a declaração possa desempenhar a função econômico-social tipicamente designada pelo seu nome (p. ex.: venda, mútuo, aceitação de herança)".[152] A afirmação do autor italiano, pelo menos para o contexto jurídico brasileiro, foi longe demais, mas a ideia de que o ordenamento jurídico atribui certos significados e efeitos normativos a determinados termos é pertinente. O ordenamento jurídico brasileiro não vincula os indivíduos aos efeitos típicos atribuídos pela Lei ao nome de cada ato jurídico, mas vincula os indivíduos ao significado atribuído pelo ordenamento jurídico a determinados termos empregados na constituição do ato jurídico – afinal, os efeitos dos atos jurídicos decorrem do emprego desses termos. Do ponto de vista dos indivíduos, constituir um ato jurídico se assemelha muito mais aos feitiços de *Harry Potter*, os quais variam de acordo com as palavras empregadas (p. ex. "*alohomora*" para abrir portas, "*expelliarmus*" para desarmar o adversário etc.), do que à visão de mundo de Humpty Dumpty, de *Alice no País das Maravilhas*, para quem as palavras utilizadas por ele significam exatamente o que ele queria que elas significassem.

Não se nega que o indivíduo tenha liberdade contratual, o que compreende a liberdade para determinar o conteúdo dos contratos e para concluir contratos atípicos.[153] Mas o indivíduo não tem a liberdade de atribuir os efeitos jurídicos decorrentes de uma compra e venda a um negócio jurídico que não seja comutativo e oneroso, uma vez que o ordenamento jurídico considera que tais elementos são essenciais para que um negócio jurídico seja considerado uma compra e venda. Trata-se, nesse sentido, de uma restrição jurídico-semântica, visto que o ordenamento jurídico estabelece que a presença de determinados elementos é necessária para que um negócio jurídico seja qualificado como uma "compra e venda", ou uma "doação" etc.

Constata-se que os atos jurídicos, portanto, possuem alguns elementos que fazem parte da sua essência – isto é, sem tais elementos, esses negócios

---

152. BETTI, Emilio. **Teoria Geral do Negócio Jurídico**. Tradução de Servanda Editora. Campinas: Servanda Editora, 2008, p. 232.

153. ROPPO, Enzo. **Manuale di Diritto Civile**. Roma: Editori Laterza, 1983, p. 200.

jurídicos não seriam o que são, assim como não chamaríamos de futebol um esporte praticado sem bola e sem gol. Esses elementos são chamados, na lição de Antônio Junqueira de Azevedo, de *elementos categoriais essenciais*, e são eles que definem cada categoria do negócio jurídico.[154] Em um contrato oneroso, por exemplo, há um elemento que deve estar presente para que o negócio jurídico seja considerado como tal: a prestação e a contraprestação, uma como a causa da outra; o acordo sobre o sinalagma genético, portanto, é um elemento categorial essencial dos contratos onerosos.[155] Pontes de Miranda, da mesma forma, reconhece que o ordenamento jurídico requer a presença de um conteúdo necessário no ato jurídico para que ele seja considerado de determinado tipo.[156]

Esses elementos categoriais essenciais, vale salientar, não decorrem de constatações fáticas a respeito de como os negócios jurídicos normalmente são feitos, nem dos efeitos típicos ou econômicos desses negócios jurídicos, mas sim de regras estabelecidas pelo próprio ordenamento jurídico. Conforme bem observado por Humberto Ávila, "não há substância econômica fora do direito que regula o patrimônio" uma vez que "a forma e a substância" dos atos jurídicos "são dadas pelo Direito Civil. Ele não é a roupa que veste o fato, ele é a própria substância jurídica do fato, porque se o Direito Civil não reconhece esse fato, ele não existe juridicamente.".[157]

A constituição de atos jurídicos por meio de proposições falsas a respeito dos seus elementos categoriais essenciais gera a *simulação dos elementos categoriais essenciais*, a qual também pode ser chamada de *abuso de forma*. O abuso de forma ocorre quando o indivíduo constitui um ato jurídico legalmente previsto, mas desnatura um dos seus elementos essenciais.[158] O nome é apropriado, já que nessa espécie de simulação as partes *abusam* da *forma* estipulada pela Lei para cada ato jurídico, exprimindo proposições falsas a respeito da configuração

---

154. AZEVEDO, Antônio Junqueira de. **Negócio Jurídico**: existência, validade e eficácia. 4. ed. São Paulo: Saraiva, 2002, p. 35.

155. AZEVEDO, Antônio Junqueira de. **Negócio Jurídico**: existência, validade e eficácia. 4. ed. São Paulo: Saraiva, 2002, p. 36.

156. MIRANDA, Francisco Cavalcanti Pontes de. **Tratado de Direito Privado**. Tomo III, 4. ed. São Paulo: Editora Revista dos Tribunais, 1983, p. 321.

157. ÁVILA, Humberto. **IRPJ e o contrato de permuta sob a perspectiva do planejamento tributário (parecer)**. Contribuições e Imposto sobre a Renda. São Paulo: Malheiros, 2015, p. 269.

158. ÁVILA, Humberto. **IRPJ e o contrato de permuta sob a perspectiva do planejamento tributário (parecer)**. Contribuições e Imposto sobre a Renda. São Paulo: Malheiros, 2015, p. 257.

dos elementos categoriais essenciais no caso concreto. Numa compra e venda simulada com uma doação dissimulada, as partes afirmam estarem constituindo negócio jurídico oneroso, quando estão constituindo negócio jurídico gratuito; em um mútuo simulado com uma doação dissimulada, as partes afirmam estarem constituindo negócio jurídico bilateral, quando estão constituindo negócio jurídico unilateral etc.

Aqui, é importante fazer uma distinção. Uma coisa é qualificar um ato jurídico de maneira inexata, nomeá-lo equivocadamente, tal como chamar de "compra e venda" um negócio jurídico por meio do qual se transferem bens de forma gratuita. Nesse caso, não há simulação, até porque o simples nome do instrumento negocial não constitui qualquer elemento essencial do ato jurídico. Outra coisa, muito distinta, é empregar certos termos na constituição de um ato jurídico que denotem uma categoria jurídica específica (tais como "vender", "doar", etc.), os quais acarretam efeitos jurídicos próprios. Não se deve esquecer, nesse sentido, que os termos empregados pelas partes, além de exprimirem certas proposições e as comprometerem com determinados comportamentos, também constituem a própria realidade que declaram existir – isto é, ao afirmar em um instrumento adequado que está "doando um bem", o indivíduo declara que a transmissão é gratuita (proposição), compromete-se a transmitir o bem (compromisso) e constitui um negócio jurídico de doação. Naturalmente, o importante é o que se *faz*, e não o que se *diz*; o problema, no caso do Direito, é que muito do que se *faz* decorre do que se *diz*.

Essa distinção é importante porque alguns autores, tais como Madeira e Andrade Júnior, sustentam que uma compra e venda a preço vil não corresponderia a uma simulação, mas sim a uma doação incorretamente qualificada, a qual seria irrelevante para a validade do negócio jurídico e não autorizaria "qualquer terceiro a pleitear tutela decorrente da sua incapacidade de reconhecer o óbvio, i.e., que uma compra e venda a preço vil não é compra e venda".[159] Realmente, uma simples nomeação errada (p. ex., no título do instrumento negocial) é irrelevante, e não corresponde a uma simulação. Mas uma compra e venda por meio de um preço vil é mais do que uma qualificação inexata: é a constituição de um ato jurídico, com natureza e efeitos específicos, por meio de proposições falsas. É claro que se as partes agirem de acordo com os efeitos jurídicos do ato

---

159. MADEIRA, Eduardo Santos Arruda; ANDRADE JÚNIOR. Luiz Carlos de. Caso Klabin: o "casa e separa" revisto à luz da "técnica da simulação". **Revista Atual de Direito Tributário**, São Paulo, Dialética, n. 28, 2012, p. 66.

jurídico dissimulado (p. ex. tratarem a compra e venda a preço vil como uma doação), não haverá qualquer pretensão de terceiros para postular a nulidade do ato jurídico simulado – até porque o ato jurídico dissimulado que lhe subsistiria seria juridicamente idêntico ao ato jurídico observado pelas partes. A inexistência de pretensão de terceiros para postular a nulidade do ato jurídico, contudo, não diz respeito ao conceito de simulação, mas sim à repercussão da simulação na esfera jurídica alheia.

Humberto Ávila, no mesmo sentido, considera que a desnaturação do preço, tal como ocorre na alienação por R$ 10.000,00 de um veículo que vale R$ 100.000,00, configura simulação.[160] Esse entendimento é compartilhado por várias decisões judiciais. O Tribunal de Justiça do Estado do Rio Grande do Sul, por exemplo, ao se deparar com uma autuação fiscal de ITCMD lavrada pelo Estado do Rio Grande do Sul em decorrência da venda de quotas de um pai para o seu filho por 20% do valor de mercado das quotas, manteve a autuação fiscal, por entender que a "insignificância do preço cobrado pelas quotas (...) evidencia a liberalidade com que se deu a transferência das quotas sociais", tendo concluído que "as partes ajustaram compra e venda, mas houve doação da maior parte das cotas".[161]

Outro bom exemplo de discussão envolvendo a simulação de elementos categoriais essenciais (abuso de forma) são as diversas autuações fiscais lavradas pela Receita Federal do Brasil contra arrendatários que realizavam contratos de "leasing" (arrendamento mercantil) por meio dos quais deveriam pagar valores expressivos nos primeiros anos do contrato, e a opção de compra do bem poderia ser exercida por um valor ínfimo (em um prazo inferior ao da vida útil do bem). Segundo a Receita Federal do Brasil, o negócio jurídico de arrendamento mercantil seria simulado, por abuso de forma, e teria ocorrido, na verdade, uma dissimulação de um negócio jurídico de venda mercantil, razão pela qual os valores correspondentes à contraprestação do arrendamento mercantil não seriam dedutíveis do lucro real (o valor do bem deveria ser deduzido por meio dos respectivos encargos de depreciação).

O Superior Tribunal de Justiça, ao analisar um desses casos, considerou que a estipulação de um preço simbólico para o exercício da opção de compra

---

160. ÁVILA, Humberto. Planejamento Tributário. **Revista de Direito Tributário**, São Paulo, Malheiros Editores, v. 98, 2006, p. 74-85, p. 83.

161. RIO GRANDE DO SUL.TJRS. Apelação/Remessa Necessária nº 51255927220218210001, 22ª Câmara Cível, rel. Des. Marilene Bonzanini, j. 06/04/2023.

"não altera a qualificação jurídica do mencionado contrato, porque não é de sua essência para a formação de sua estrutura", e transcreveu trecho de um parecer de Geraldo Ataliba que havia sido juntado aos autos:

> (...) Portanto, se a lei não confere, explícita ou implicitamente, a esse dado – grandeza do preço – relevância jurídica, para efeitos de qualificação do contrato de arrendamento mercantil, não se pode tomá-lo para fins de buscar caracterizar ou descaracterizar esse negócio jurídico; muito menos para "transmudá-lo" em compra e venda mercantil (que também, é no nosso direito positivo, contrato típico e, pois, corresponde a paradigma legal distinto do estruturado para o contrato de arrendamento mercantil), nem em qualquer espécie contratual.[162]

Conforme decidido pelo Superior Tribunal de Justiça, com base no parecer de Geraldo Ataliba, o ordenamento jurídico brasileiro não estabeleceu a maior onerosidade da opção de compra como um elemento essencial categorial do negócio jurídico de arrendamento mercantil. Em razão disso, as partes são livres para constituírem negócios jurídicos de arrendamento mercantil alocando o preço total da forma que melhor entenderem; a constituição de um negócio jurídico de arrendamento mercantil não compromete as partes com quaisquer relações de equivalência na fixação dos preços contratuais, razão pela qual a fixação de um valor reduzido para o exercício da opção de compra do bem (acompanhado de preços elevados como contraprestação ao arrendamento mercantil) não exprime uma proposição falsa.

De tudo o que foi exposto até aqui, pode-se concluir que a simulação dos elementos categoriais essenciais, também chamada de abuso de forma, ocorre nas hipóteses em que um ato jurídico exprime proposições falsas a respeito da configuração dos seus elementos categoriais essenciais no caso concreto. Um ato praticado com abuso de forma, portanto, é o ato jurídico constituído por meio de proposições falsas a respeito dos seus elementos categoriais essenciais.

A falta de compreensão de que a constituição dos atos jurídicos pressupõe proposições a respeito da configuração dos elementos categoriais essenciais no caso concreto gera uma série de dificuldades para os operadores do Direito. Essas dificuldades surgem porque, no abuso de forma, os enunciados que decorrem expressamente das sentenças que formalizam o ato jurídico são, em regra, compromissivos ("A irá vender a faca para B pelo valor de R$ 0,10"), não tendo valor de verdade; e as proposições expressas ("A vendeu a faca para B pelo valor

---

162. BRASIL. STJ, REsp nº 174.031/SC, Primeira Turma, rel. Min. José Delgado, j. 15/10/1998.

de R$ 0,10") são verdadeiras, uma vez que correspondem ao que é o caso, isto é, correspondem ao que ocorreu na realidade. Em suma: analisando-se apenas o que é dito expressamente, não há qualquer proposição falsa no abuso de forma.

Um exemplo da dificuldade que essa falta de compreensão pode gerar está justamente nos casos em que os enunciados relativos à fixação do preço são verdadeiros, embora pressuponham uma proposição falsa a respeito da existência de onerosidade no caso concreto. O seguinte caso ilustra bem essa situação. A Fiscalização Tributária do Estado de São Paulo lavrou autuação fiscal de ITCMD em relação a uma cessão onerosa de quotas sociais por um valor 25 vezes inferior ao seu valor de mercado. Segundo o Estado de São Paulo, a diferença entre o valor de mercado dessas quotas e o valor do preço pago corresponderia a uma doação, razão pela qual deveria sofrer a incidência do ITCMD.

O Tribunal de Justiça do Estado de São Paulo, ao se deparar com esse caso, decidiu cancelar a autuação fiscal. Segundo a decisão, o ordenamento jurídico não permitiria a "ingerência indevida da Administração Pública na valoração aleatória dos acordos privados, com o único intento de "criar" a ocorrência de fato imponível de tributo não verificado no mundo real". Além disso, segundo a decisão, a identificação do valor de mercado das quotas sociais seria relevante, apenas, para a determinação da base de cálculo do tributo (caso fosse incidente), mas não para "alterar a definição dos elementos materiais da hipótese de incidência (transmudar em doação a compra e venda)".[163]

A decisão do Tribunal de Justiça do Estado de São Paulo, como se vê, errou ao não perceber que as partes, para constituírem um negócio jurídico de cessão onerosa de quotas sociais, empregados certos termos dotados de um significado jurídico especial, exprimiram (ainda que de maneira implícita) a proposição de que aquele negócio jurídico era oneroso. Ocorre que, simultaneamente, ao estipularem um preço correspondente a quatro por cento do valor de mercado, as partes constituíram um negócio jurídico concreto não oneroso. A proposição a respeito da onerosidade do negócio jurídico, portanto, era falsa.

Tudo o que foi afirmado até aqui repousa em uma premissa que pode soar controversa: a de que enunciados tais como "este negócio jurídico é oneroso" são proposições. Com efeito, proposições a respeito da existência de onerosidade em um negócio jurídico são diferentes de proposições a respeito da existência de vacas em determinada fazenda, e embora a natureza fática da existência de

---

163. SÃO PAULO. TJSP, Apelação Cível nº 1021723-72.2020.8.26.0482, 4ª Câmara de Direito Público, rel. Des. Paulo Barcellos Gatti, j. 27/09/2021.

uma vaca e o valor de verdade da proposição correspondente seja evidente, o mesmo não ocorre com a natureza fática da onerosidade de um negócio jurídico e com o valor de verdade da proposição que assevera a sua existência. Isso porque a existência (ou a inexistência) de equivalência entre as prestações (que é o que caracteriza a onerosidade) não envolve apenas fatos brutos, mas também juízos de valor. Afinal, como se sabe, a fixação de preços depende, em regra, de juízos a respeito da oferta e da demanda sobre determinado bem ou serviço. E mais: essa equivalência entre as prestações decorre do próprio ato jurídico, isto é, trata-se do confronto entre uma proposição exprimida pelo ato jurídico e uma situação criada pelo próprio ato jurídico.

Ocorre que formular uma proposição sobre o conteúdo de um sistema que envolve juízos de valor não deixa de ser uma atividade descritiva, a qual possui valor de verdade.[164] Isto é, a descrição da existência (ou não) de equivalência entre as prestações de um negócio jurídico, ainda que faça alusão a um sistema subjetivamente construído, pode ser verdadeira ou falsa. Alchourron e Bulygin, nesse sentido, distinguem o uso primário de um predicado valorativo (tal como oneroso, gratuito etc.) do seu uso secundário: embora o uso primário do termo "oneroso", por exemplo, corresponda a um juízo de valor (avaliação da equivalência entre preço e coisa), o uso secundário desse mesmo termo corresponde a uma proposição (descrição de que o ato jurídico constituído tem certas propriedades que podem ser utilizadas como critérios de "oneroso").[165] As proposições que correspondem ao uso secundário de predicados valorativos são, em regra, mais vagas do que as proposições a respeito de fatos brutos – mas isso é só uma diferença de grau, e não de classe.[166]

Afirmações sobre a existência de algo são afirmações de fatos, e os fatos que só podem ser descritos dentro de uma ordem institucional são denominados fatos institucionais.[167] Os fatos institucionais são, justamente, os fatos que não

---

164. MACCORMICK, Neil. **Retórica e o Estado de Direito**. Tradução de Conrado Hübner Mendes e Marcos Paulo Veríssimo. Revisão Técnica de Cláudio Michelon Jr. Rio de Janeiro: Editora Elsevier, 2008, p. 83.

165. ALCHOURRÓN, Carlos; BULYGIN, Eugenio. Los limites de la lógica y el razonamiento juridico. *In*: ALCHOURRÓN, Carlos; BULYGIN, Eugenio. **Análisis lógico y Derecho**. Madri: Centro de Estudios Constitucionales, 1991, p. 316.

166. ALCHOURRÓN, Carlos; BULYGIN, Eugenio. Los limites de la lógica y el razonamiento juridico. *In*: ALCHOURRÓN, Carlos; BULYGIN, Eugenio. **Análisis lógico y Derecho**. Madri: Centro de Estudios Constitucionales, 1991, p. 316.

167. MACCORMICK, Neil. **Retórica e o Estado de Direito**. Tradução de Conrado Hübner Mendes e Marcos Paulo Veríssimo. Revisão Técnica de Cláudio Michelon Jr. Rio de Janeiro: Edi-

dependem apenas de certos eventos físicos, mas sim de uma interpretação desses eventos dentro de algum conjunto estável de normas.[168] No caso da simulação de elementos categoriais essenciais, esses fatos institucionais decorrem do próprio ato jurídico que os tem como objeto das suas proposições.

Esses fatos institucionais, ainda que façam sentido apenas em relação a determinado lugar e período, são independentes do que acreditamos enquanto indivíduos (p. ex., se A acredita que o preço X equivale ao bem Y), e isso é suficiente para lhes conferir valor de verdade.[169] Não por acaso, a existência desses fatos institucionais pode ser inferida a partir da constatação de que diversas escolhas e atitudes dos indivíduos e da sociedade são neles baseadas, de modo que uma postura metodológica que limite os enunciados descritivos à descrição de fatos brutos é insuficiente.[170] Tal postura metodológica limitada, a toda evidência, não explica o modo como empregamos a nossa linguagem, pois diríamos que o enunciado decorrente da sentença "uma Ferrari vale R$ 1.000,00" é falso, e não inválido. Pode-se até discordar da correção da relação de equivalência (alguém pode dizer que uma Ferrari vale, sim, R$ 1.000,00) – e aqui vem um ponto central –, mas se discordamos da relação de equivalência proposta, é porque estamos concordando que há uma relação de equivalência verdadeira.

Não se discorda que a equivalência no âmbito jurídico-econômico se manifesta concretamente de forma distinta do que na matemática (embora, idealmente, digam respeito à mesma coisa). Afirmar que determinado bem possui uma relação de equivalência com determinado preço não é uma ciência exata, e admite mais de uma resposta certa. Conforme observado por Hugo de Brito Machado Segundo e Raquel Cavalcanti Ramos Machado, a avaliação de fatos institucionais no âmbito do planejamento tributário normalmente situa-se numa zona de penumbra.[171] No entanto, admitir que a equivalência (e as consequen-

---

tora Elsevier, 2008, p. 85. Wróblewski denomina tais fatos de "fatos determinados avaliativamente" (WRÓBLEWSKI, Jerzy. **The Judicial Application of Law**. Dordrecht: Kluwer, 1992, p. 138).

168. MACCORMICK, Neil. **Retórica e o Estado de Direito**. Tradução de Conrado Hübner Mendes e Marcos Paulo Veríssimo. Revisão Técnica de Cláudio Michelon Jr. Rio de Janeiro: Editora Elsevier, 2008, p. 87.

169. HAACK, Susan. **Evidence Matters**: Science, Proof and Truth in the Law. Cambridge University Press: Cambridge, 2014, p. 309.

170. WEINBERGER, Ota. Facts and fact-descriptions: a logical and methodological reflection on a basic problem for the social sciences. *In:* MACCORMICK; Neil. WEINBERGER, Ota. **An institutional theory of law**. Dordrecht: Kluwer, 1986, p. 90.

171. SEGUNDO, Hugo de Brito Machado; MACHADO, Raquel Cavalcanti Ramos. Planejamento tributário. *In:* MACHADO, Hugo de Brito. **Planejamento Tributário**. São Paulo: Malheiros, 2016, p. 264.

tes noções de onerosidade, gratuidade etc.) envolve um *continuum*, no qual há incerteza sobre os seus limites, não é o mesmo que adotar um ceticismo quanto à existência de uma relação de equivalência.

Isso em nada afasta as afirmações anteriores, no sentido de que enunciados prescritivos, tais como as normas jurídicas, não possuem valor de verdade. Os fatos institucionais podem ser verdadeiros ou falsos, ainda que o sistema de regras que produza esses fatos institucionais não possua valor de verdade.[172]

As considerações anteriores permitem concluir que a simulação de elementos categoriais essenciais, também chamada de abuso de forma, é uma espécie de simulação de declaração não verdadeira e decorre da enunciação de proposição(ões) falsa(s) por meio de ato jurídico a respeito de ao menos um dos seus elementos categoriais essenciais. O ato jurídico que contém abuso de forma, portanto, é um ato jurídico que exprime proposição(ões) falsa(s) a respeito de ao menos um dos seus elementos categoriais essenciais.

c) *Simulação de lugar*

O lugar no qual o ato jurídico é constituído é um dos seus elementos essenciais. Com efeito, todo e qualquer ato jurídico deve ser constituído em algum lugar do espaço. Uma das funções que esse elemento essencial desempenha é a exata identificação do ato jurídico; não por acaso, há um costume de se incluir o lugar da constituição do ato jurídico nos instrumentos que o formalizam.[173]

Os atos jurídicos que exprimem uma proposição falsa a respeito do lugar em que foram constituídos são simulados. Afinal, nesses casos, há uma declaração não verdadeira a respeito do lugar de constituição do ato jurídico, conduta que é reconduzível ao inciso II do artigo 102 do Código Civil de 1916 (e do §1º do artigo 167 do Código Civil).

Apesar de a simulação de lugar ser possível, é difícil de imaginar alguma situação na qual ela terá repercussão prática. Isso porque o local de constituição do ato jurídico, em regra, não influencia no seu conteúdo, de modo que a desconsideração do local falso e a consideração do local verdadeiro não terá qualquer efeito concreto. Uma situação na qual uma eventual repercussão

---

172. MACCORMICK, Neil. **Retórica e o Estado de Direito**. Tradução de Conrado Hübner Mendes e Marcos Paulo Veríssimo. Revisão Técnica de Cláudio Michelon Jr. Rio de Janeiro: Editora Elsevier, 2008, p. 85.

173. AZEVEDO, Antônio Junqueira de. **Negócio Jurídico**: existência, validade e eficácia. 4. ed. São Paulo: Saraiva, 2002, p. 34.

prática da simulação de lugar seria possível é um ato jurídico cujo conteúdo normativo, por expressa disposição contratual ou por alguma circunstância específica, dependa dos usos do local da sua constituição. Essa situação poderia ocorrer porque o artigo 113 do Código Civil de 2002, como se sabe, dispõe que "os negócios jurídicos devem ser interpretados conforme a boa-fé e os usos do lugar de sua celebração". Nesse caso hipotético, a simulação de lugar poderia ter uma repercussão prática, uma vez que a desconsideração do lugar falso e a consideração do lugar verdadeiro de constituição do ato jurídico alteraria o seu conteúdo normativo.

Ressalte-se, aqui, que a simulação de lugar não se confunde com as situações nas quais um ou mais lugares desempenham um papel importante em relação ao objeto do ato jurídico. A simulação de lugar diz respeito, unicamente, ao local de constituição do ato jurídico, independentemente do seu conteúdo; se o ato jurídico exprime uma proposição falsa a respeito de um lugar relevante para o seu objeto (por exemplo, pressupõe que determinado estabelecimento está na cidade X, mas ele está na cidade Y), haverá simulação de objeto, mas não simulação de lugar.

A simulação de lugar tampouco se confunde com as situações nas quais determinado contribuinte se compromete contratualmente a prestar serviços para outro a partir de um estabelecimento no Município X (com alíquota baixa de ISSQN), mas presta tais serviços a partir do seu estabelecimento no Município Y, o qual possui uma alíquota superior de ISSQN. Sequer há simulação nessas situações, uma vez que não há qualquer proposição falsa, mas tão somente o descumprimento de uma promessa; não obstante o descumprimento dessa promessa quanto ao local do estabelecimento não esteja relacionado com o local da constituição do ato jurídico, mas sim com o local do cumprimento do seu objeto, de modo que inexista uma mínima relação desse tipo de situação com a simulação de lugar.

Embora a simulação de lugar não tenha, em regra, repercussão prática, ela pode acarretar uma consequência importante no âmbito tributário. Isso porque a presença de simulação no ato jurídico que fez surgir o fato gerador, independentemente de prejuízo direto para a Fazenda Pública, pode alterar a regra do prazo decadencial para a constituição do crédito tributário. Com efeito, tratando-se de um tributo sujeito a lançamento por homologação, no qual houve antecipação de parte do pagamento, o critério decisivo para a incidência do prazo decadencial do artigo 150, § 4º, do Código Tributário Nacional (mais curto) ou do prazo decadencial do artigo 173, I, do Código Tributário Nacional (mais longo) será a ocorrência de dolo, fraude ou simulação.[174]

Assim, havendo simulação de lugar na constituição de um ato jurídico, os tributos decorrentes dos fatos geradores surgidos a partir desse ato jurídico estarão sujeitos ao prazo decadencial do artigo 173, I, do Código Tributário Nacional (mais longo), ainda que tal simulação de lugar não tenha relação com os fatos geradores (isto é, ainda que os fatos geradores fossem surgir independentemente do local da constituição do ato jurídico). Isso porque o artigo 150, § 4º, do Código Tributário Nacional, ao vincular a incidência do prazo decadencial por ele previsto (mais curto) à inocorrência de dolo, fraude ou simulação, optou por condicioná-lo a características do ato jurídico que fez surgir o fato gerador (dolo, fraude ou simulação), sem quaisquer restrições relacionadas à relação entre essas características e a efetiva ocorrência do fato gerador. Um ato jurídico com simulação de lugar é um ato jurídico simulado; disso resulta que todos os fatos geradores dele decorrentes estarão sujeitos ao prazo decadencial do artigo 173, I, do Código Tributário Nacional.

As considerações anteriores permitem concluir que a simulação de lugar é uma espécie de simulação de declaração não verdadeira e decorre da enunciação de uma proposição falsa por meio de um ato jurídico a respeito do local da sua constituição. O ato jurídico que contém simulação de lugar, portanto, é um ato jurídico que exprime uma proposição falsa a respeito do local da sua constituição.

1.3.3.2.2. Condição e cláusula

As *condições* e as *cláusulas*, embora possam ter um conteúdo proposicional pressuposto, têm como principal função estabelecer normas, como, por exemplo, ao disporem que "o preço X deve ser pago" e que "deve haver a tradição de Y". Os enunciados prescritivos decorrentes das condições e das cláusulas

---

174. Art. 150. O lançamento por homologação, que ocorre quanto aos tributos cuja legislação atribua ao sujeito passivo o dever de antecipar o pagamento sem prévio exame da autoridade administrativa, opera-se pelo ato em que a referida autoridade, tomando conhecimento da atividade assim exercida pelo obrigado, expressamente a homologa. (...)

§ 4º Se a lei não fixar prazo a homologação, será ele de cinco anos, a contar da ocorrência do fato gerador; expirado esse prazo sem que a Fazenda Pública se tenha pronunciado, considera-se homologado o lançamento e definitivamente extinto o crédito, salvo se comprovada a ocorrência de dolo, fraude ou simulação. (...)

Art. 173. O direito de a Fazenda Pública constituir o crédito tributário extingue-se após 5 (cinco) anos, contados:

I - do primeiro dia do exercício seguinte àquele em que o lançamento poderia ter sido efetuado.

não pretendem descrever o mundo, mas sim mudá-lo, razão pela qual eles não são verdadeiros nem falsos.[175] Tais enunciados (e as cláusulas e condições que os formulam expressamente) podem ser válidos ou inválidos, razoáveis ou irrazoáveis, justos ou injustos – mas não possuem valor de verdade.[176] Como bem observado por Carnelutti, há uma distinção entre documentos narrativos e documentos normativos: enquanto aqueles são declarações de verdade, as quais podem ser mentirosas, estes são declarações de vontade, as quais não podem ser mentirosas, mas tão somente falsificadas.[177]

Cláusulas são elementos que integram uma fonte normativa constituída pelas partes (escritura pública, instrumento particular, oral ou por meio do comportamento); as condições são uma espécie de cláusula. Com efeito, o artigo 114 do Código Civil de 1916 (e o artigo 121 do Código Civil de 2002) estabelecem: "Considera-se condição a cláusula, que subordina o efeito do ato jurídico a evento futuro e incerto". Assim, ao se tratar de cláusula, trata-se, necessariamente, de condição.

Ocorre que o termo "*cláusula*" é ambíguo.[178] Ele pode tanto denotar uma *disposição que constitui o ato jurídico*, isto é, parte da fonte do ato jurídico (escritura pública, instrumento particular, oral ou comportamento), quanto pode denotar o *conteúdo* decorrente da interpretação dessa disposição (conteúdo, este, que pode ser tanto um enunciado descritivo quanto um enunciado normativo).[179] O *caput* do artigo 257 do Código Civil de 1916, por exemplo, empregou o termo "cláusula" com o significado de cláusula-constitutiva do ato jurídico: "Ter-se-á por não escrita a convenção, ou a cláusula: (...)". Afinal, apenas as disposições que são fontes para a constituição de atos jurídicos podem ser escritas – o conteúdo interpretativo reconstruído a partir delas não possui essa característica. Já o parágrafo único do artigo 1.158 do Código Civil de 1916 empregou o termo "cláusula" com o significado de *cláusula-conteúdo* (neste caso, um enunciado normativo), na medida em que fez alusão à sua vigência: "Não excederá de um ano esse prazo, nem cláusula vigorá senão entre

175. LEVINSON, Stephen C. **Pragmatics**. Cambridge: Cambridge University Press, 1983, p. 228.

176. WRIGHT, George Henrik von. Is There a Logic of Norms? *In*: AARNIO, Aulis; MACCORMICK, Neil. (Ed.). **Legal Reasoning**, v. I. Dartmouth: Aldershot, 1992, p. 383.

177. CARNELUTTI, Francesco. **Teoria del Falso**. Pádua: Dott. A. Milani, 1935, p. 157.

178. ÁVILA, Humberto. Teoria da indeterminação no direito. São Paulo: Malheiros/Juspodivm, 2022, p. 76.

179. ALMEIDA, Carlos Ferreira de. **Contratos**. Vol. 2. Coimbra: Almedina, 2007, p. 16.

os contratantes". Isso porque apenas os enunciados normativos decorrentes das disposições que constituem atos jurídicos podem estar ou não em vigência – as disposições que constituem tais enunciados não possuem essa característica. A mesma ambiguidade, naturalmente, está presente no termo "condição", que pode tanto denotar a *cláusula-constitutiva de ato jurídico* que estabeleceu a condição quanto a *cláusula-conteúdo* que corresponde à condição reconstruída interpretativamente.

De um lado, a interpretação de que o legislador empregou o termo "cláusula" com o significado de *cláusula-conteúdo* pode ser fundamentada no seguinte argumento: o inciso II do artigo 102 do Código Civil de 1916 (assim como o Código Civil de 2002) fez referência às cláusulas (e condições) *contidas no ato jurídico*, e não às cláusulas (e condições) *contidas no instrumento que formalizou o ato jurídico*, tampouco às cláusulas (e condições) *que constituíram o ato jurídico* (fontes do ato jurídico). A partir de tal constatação, pode-se argumentar que o legislador teria feito alusão à *cláusula-conteúdo*, visto que os atos jurídicos apenas *contêm* os conteúdos das cláusulas – logicamente, os atos jurídicos não contêm as disposições que os constituem, na verdade, eles decorrem delas (isto é, decorrem da interpretação das suas respectivas fontes).

De outro lado, a interpretação de que o legislador empregou o termo "cláusula" com o significado de *cláusulas-constitutiva de ato jurídico* pode ser fundamentada em três argumentos. Em primeiro lugar, conforme já constatado, as locuções adjetivas, tais como a locução "não verdadeira", devem ser interpretadas em conjunto com o substantivo que elas pretendem qualificar – no caso, "cláusula". Para se interpretar corretamente a segunda parte do inciso II do artigo 102 do Código Civil de 1916 (e do inciso II do §1º do artigo 167 do Código Civil de 2002), portanto, deve-se reconstruir o significado da expressão "cláusula não verdadeira", e não o significado de cada um dos seus termos de forma isolada.

Disso decorre que a interpretação do termo "cláusula" como correspondente à *cláusula-constitutiva de ato jurídico* é a única capaz de dotar de sentido a segunda parte do inciso II do artigo 102 do Código Civil de 1916 (e do inciso II do §1º do artigo 167 do Código Civil de 2002) – atribuir o significado de *cláusula-conteúdo* a essa disposição a tornaria inócua. É que se o *conteúdo* da cláusula for um *enunciado normativo*, tais enunciados não terão valor de verdade e, portanto, não poderão ser verdadeiros ou falsos; se o *conteúdo* da cláusula for um *enunciado descritivo*, a hipótese de simulação por "cláusula não verdadeira" seria expletiva, visto que tal situação já está abarcada pela hipótese de simulação decorrente da "declaração não verdadeira", constante no mesmo dispositivo.

Em segundo lugar, outro argumento que suporta a conclusão de que o termo "cláusula" contido na segunda parte do inciso II do artigo 102 do Código Civil de 1916 tem o significado de *cláusula-constitutiva de ato jurídico* é que esse era o significado de "cláusula" normalmente utilizado àquela época. A própria existência de um significado específico do termo "cláusula" correspondente a *cláusula-conteúdo* não era algo nítido em 1916, uma vez que os estudos doutrinários à época ainda não haviam evidenciado a distinção entre os *textos normativos* e as *normas*. Isso pode ser constatado a partir da leitura do Código Comercial de 1850, vigente à época da elaboração do Código Civil de 1916, que empregou o termo "cláusula" com o evidente significado de *cláusula--constitutiva de ato jurídico*:

> Art. 131 - Sendo necessário interpretar as cláusulas do contrato, a interpretação, além das regras sobreditas, será regulada sobre as seguintes bases: (...)
>
> Art. 133 - Omitindo-se na redação do contrato cláusulas necessárias à sua execução, deverá presumir-se que as partes se sujeitaram ao que é de uso e prática em tais casos entre os comerciantes, no lugar da execução do contrato.

O Código Comercial de 1850, como se vê, empregou o termo "cláusula" com o inequívoco significado de *cláusula-constitutiva de ato jurídico*. Afinal, são as *cláusulas-constitutivas de ato jurídico* que são objeto da interpretação regulada pelo artigo 131 (as *cláusulas-conteúdo* são o resultado dessa interpretação) e que podem ser objeto de redação em um contrato, tal como regulado pelo artigo 133.

Em terceiro lugar, a conclusão de que o termo "cláusula" corresponde a *cláusula-constitutiva de ato jurídico* pode ser inferida a partir da constatação de que o Código Civil de 1916 e o Código Civil de 2002, nas demais hipóteses em que se referiram a "cláusulas contidas", estavam se referindo às *cláusulas--constitutivas de ato jurídico*, e não às *cláusulas-conteúdo*, notadamente os artigos 1046, 1327 e 1747, parágrafo único, do Código Civil de 1916 e os artigos 683 e 1970, parágrafo único, do Código Civil de 2002:

> Código Civil de 1916
>
> Art. 1.046. Ainda que o compromisso contenha a cláusula <<sem recurso>> e pena convencional contra a parte insubmissa, terá esta o direito de recorrer para o tribunal superior, quer no de ter o arbitro excedido seus poderes. (...)
>
> Art. 1.327. Constituídos, para a mesma causa e pela mesma pessoa, dois ou mais procuradores, consideram-se nomeados para funcionar na falta um do outro, e pela ordem da nomeação, se não forem solidários. Mas a nomeação conjunta pode conter a cláusula de que um nada pratique sem os outros. (...)

Art. 1.747. A revogação do testamento pode ser total ou parcial.

Parágrafo único. Se a revogação for parcial, ou se o testamento posterior não contiver cláusula revogatória expressa, o anterior subsiste em tudo que não for contrário ao posterior.

Código Civil de 2002

Art. 683. Quando o mandato contiver a cláusula de irrevogabilidade e o mandante o revogar, pagará perdas e danos. (...)

Art. 1.970. A revogação do testamento pode ser total ou parcial.

Parágrafo único. Se parcial, ou se o testamento posterior não contiver cláusula revogatória expressa, o anterior subsiste em tudo que não for contrário ao posterior.

Ainda que se admita que o artigo 1327 do Código Civil de 1916 possa ter empregado a expressão "conter a cláusula" de maneira ambígua, os seus artigos 1046 e 1747, parágrafo único, empregaram-na inequivocamente com o significado de *cláusula-constitutiva de ato jurídico*. Os artigos 683 e 1970, parágrafo único, do Código Civil de 2002, da mesma forma, não admitem outra interpretação. Presume-se, nesse sentido, que o legislador optou por utilizar a mesma expressão na mesma Lei justamente para exprimir o mesmo significado.[180]

Os argumentos que suportam a conclusão de que o termo "cláusula" foi empregado na segunda parte do inciso II do artigo 102 do Código Civil de 1916 (e do inciso II do §1º do artigo 167 do Código Civil de 2002) com o significado de *cláusula-constitutiva de ato jurídico* devem prevalecer sobre o argumento que suporta a conclusão de que o termo "cláusula" teria sido empregado nesse mesmo dispositivo com o significado de *cláusula-conteúdo*. Isso porque, embora ambas as interpretações possam gerar inconsistências, aquelas decorrente da atribuição do significado de *cláusula-conteúdo*, que são a sua *inocuidade*, o seu *ineditismo* e a sua *incoerência* em relação às demais disposições da mesma Lei, são mais danosas aos ideias de cognoscibilidade e de calculabilidade (e, portanto, aos princípios do Estado de Direito da segurança jurídica) do que a inconsistência decorrente da atribuição do significado de *cláusula-constitutiva de ato jurídico*, que é uma singela inconsistência técnico-semântica (afinal, atos jurídicos não contêm cláusulas, eles decorrem delas).

Interpretar a expressão "ato jurídico" constante no *caput* do artigo 102 do Código Civil de 1916 (e no artigo 167 §1º do artigo 167 do Código Civil de 2002) como sendo a fonte que constitui o ato jurídico não é o ideal, mas é

---

180. SCALIA, Antonin; GARNER, Bryan A. **Reading Law**: the interpretation of legal texts. St. Paul: Thomson/West, 2012, p. 170.

melhor do que ter que ler a segunda parte do inciso II do artigo 102 do Código Civil de 1916 (e do inciso II do §1º do artigo 167 do Código Civil de 2002) e não reconstruir norma alguma (*inocuidade*), em virtude de um significado que não era empregado pelo legislador à época (*ineditismo*) e que não é sinônimo dos significados decorrentes do emprego de igual expressão na mesma Lei (*incoerência*). Entre uma interpretação que confere sentido a todas as disposições normativas interpretadas, e outra que não o confere, deve-se preferir a primeira.[181] Afinal, se a legislação tem o objetivo de afetar as pessoas, deve-se presumir que ela só tenha palavras que contribuam para esse objetivo.[182]

Mesmo para os que entendem que a referência do Código Civil às cláusulas (e condições) *contidas no ato jurídico* constituiria um argumento insuperável no sentido de que a simulação das condições e cláusulas não verdadeiras teria como objeto a *cláusula-conteúdo*, existe uma interpretação capaz de conciliar tal entendimento com a atribuição de um significado dotado de sentido à segunda parte do inciso II do artigo 102 do Código Civil de 1916 (e do inciso II do §1º do artigo 167 do Código Civil de 2002), isto é, um significado que não gere a inocuidade da norma. Essa interpretação atribui o predicado "não verdadeiro" à *existência* da prescrição, e não ao *conteúdo* da prescrição.

Afinal, a existência de diretivas incompatíveis sobre um mesmo objeto (uma decorrente do ato jurídico aparente e outra decorrente do ato jurídico oculto) geram uma antinomia.[183] Do ponto de vista hermenêutico, contudo, o "*contrato é um todo, uma totalidade de sentido*".[184] Assim, deve-se interpretar o ato jurídico de forma única, conjugando-se os elementos do ato jurídico aparente com os elementos do ato jurídico oculto. Pode-se dizer, nesse sentido, que a prescrição do ato jurídico aparente não *existe*, pois ela foi derrogada pela prescrição do ato jurídico oculto. E, embora o conteúdo das prescrições não tenha valor de verdade, a existência das prescrições é um fato, e as proposições a respeito da existência de uma prescrição (p. ex. "a cláusula X exprime a norma que constitui o ato jurídico") possuem valor de verdade.[185]

---

181. SCALIA, Antonin; GARNER, Bryan A. **Reading Law**: the interpretation of legal texts. St. Paul: Thomson/West, 2012, p. 177.

182. PECZENIK, Aleksander. **On Law and Reason**. 2. ed. Dordrecht: Springer, 2009, p. 313.

183. PERELMAN, Chaim. Les Antinomies en Droit. Essai de synthèse. *In*: PERELMAN, Chaim **Les Antinomies en Droit**. Bruxelas: Établissements Émile Bruylant, 1965, p. 393.

184. MARTINS-COSTA, Judith. **A boa-fé no Direito Privado**. 3 ed. São Paulo: Saraiva, 2024, p. 512.

185. WRIGHT, Georg Henrik von. **Norm and action**. Londres: Routledge & Kegan Paul, 1963, p. 106.

A fragilidade desse argumento está na incoerência que ela gera em relação à interpretação da simulação das declarações e confissões não verdadeiras. De um lado, no caso das cláusulas e das condições, o argumento gera o dever de verificar a existência da prescrição, e não o seu conteúdo; de outro lado, no caso das declarações e das confissões, o argumento gera o dever de verificar o conteúdo das descrições, e não a sua existência. Quanto a essa fragilidade, deve-se lembrar do que já foi dito: ter que criar uma distinção artificial entre a forma de interpretação da simulação das declarações e a simulação das cláusulas não é o ideal, mas é mais adequado e coerente do que ter que ler a segunda parte do inciso II do artigo 102 do Código Civil de 1916 (e do inciso II do §1º do artigo 167 do Código Civil de 2002) e não reconstruir norma alguma.

Feita essa breve digressão, pode-se concluir que a segunda parte do inciso II do artigo 102 do Código Civil de 1916 (e do inciso II do §1º do artigo 167 do Código Civil de 2002), portanto, diz respeito às *cláusulas-constitutivas de ato jurídico* não verdadeiras (falsas), isto é, às cláusulas *aparentes* (fonte aparente) que constituem o *ato jurídico aparente*, em oposição ao *ato jurídico oculto* (decorrente de fonte oculta) que modica os elementos essenciais do ato jurídico aparente. Nesses casos, o ato jurídico aparente é apenas parte do ato jurídico total.[186]

Da mesma forma que a simulação subjetiva, portanto, a simulação das condições e cláusulas não verdadeiras decorre de uma contraposição entre, de um lado, um *ato jurídico aparente* decorrente de uma *fonte aparente* e, de outro lado, um *ato jurídico oculto* decorrente de uma *fonte oculta* que, conforme visto anteriormente, pode ser chamada de "contracarta" (Código Civil Francês) ou de "contradeclaração" (Código Civil Italiano de 1865). Na simulação prevista pela segunda parte do inciso II do artigo 102 do Código Civil de 1916 (e do inciso II do §1º do artigo 167 do Código Civil de 2002), as prescrições do *ato jurídico oculto* conflitam com as prescrições do *ato jurídico aparente*, modificando-o (ou mesmo derrogando-o), seja porque determina essa modificação (ou derrogação) de maneira expressa, seja porque é posterior ao ato jurídico aparente. O ato jurídico oculto é, assim, logicamente sucessivo do ato jurídico aparente,

---

186. SANTOS, José Beleza dos. **A simulação em direito civil**. 2. ed. São Paulo: Lejus, 1999, p. 51.

invalidando-o ou revogando-o, ainda que cronologicamente ele possa ser anterior, contemporâneo ou posterior ao ato jurídico aparente.[187]

Quanto aos termos "aparente" e "oculto", cabe indagar-se: aparente para quem? E oculto para quem? No caso da simulação de cláusulas e condições não verdadeiras, leva-se em conta os *terceiros que tenham repercussões na sua esfera jurídica* em virtude do ato jurídico aparente e/ou do ato jurídico oculto, os quais podem ser chamados de *terceiros interessados*. O ato jurídico oculto ser de conhecimento de terceiros que não tenham interesse jurídico nos seus efeitos (tal como um parente ou um amigo) não faz com que tal ato jurídico deixa de ser oculto. É em relação aos terceiros interessados que o ato jurídico falso deve ser aparente e o ato jurídico verdadeiro deve ser oculto. Com isso, o ato jurídico aparente surte efeitos perante os terceiros interessados, ao passo que o ato jurídico oculto surte efeitos perante as partes.

O parâmetro para definir se um ato jurídico foi ocultado dos terceiros interessados é a boa-fé objetiva. De um lado, a conduta dos terceiros interessados deve ser avaliada com base na boa-fé objetiva.[188] Isso significa que, no caso concreto, deve ser analisado se o terceiro interessado *desconhecia* o ato jurídico verdadeiro porque ignorou o seu dever de *se* informar, ou se tal informação lhe foi ocultada. Afinal, a boa-fé objetiva supõe a informação sobre dados que o outro ignora e não está em condições de conhecer por si mesmo.[189] Um ato jurídico constituído por meio de escritura pública, por exemplo, não deve ser qualificado como um ato jurídico oculto, uma vez que a sua publicidade é presumida pela própria legislação.[190] De outro lado, a conduta das partes que constituem os atos jurídicos também deve ser avaliada com base na boa-fé objetiva. A boa-fé objetiva cria deveres laterais de conduta para as partes, dentre os quais está o dever de lealdade.[191] Disso decorre que, se as partes exteriorizam uma fonte a partir da qual se constitui um ato jurídico falso, e não informam a existência

---

187. DISTASO, Nicola. **La simulazione dei negozi giuridici**. Turim: Unione Tipografico – Editrice Torinese, 1960, p. 577.

188. DAGOT, Michel. **La simulation en droit privé**. Paris: LGDJ, p. 151.

189. MARTINS-COSTA, Judith. **A boa-fé no Direito Privado**. 3 ed. São Paulo: Saraiva, 2024, p. 621.

190. Lei nº 8935/94: Art. 1º Serviços notariais e de registro são os de organização técnica e administrativa destinados a garantir a publicidade, autenticidade, segurança e eficácia dos atos jurídicos.

191. STEINER, Renata C. **Descumprimento contratual: Boa-fé e Violação Positiva do Contrato**. São Paulo: Quartier Latin, 2014, p. 116.

de um outro ato jurídico que o altera ou o derroga, aquele primeiro ato jurídico deve ser considerado como sendo aparente, e este como sendo oculto.

Inúmeras condutas evidenciam a tentativa das partes de apresentar aos terceiros interessados um ato jurídico aparente e ocultar um ato jurídico oculto. No âmbito tributário, esse tipo de conduta costuma ser caracterizada pela *falsidade* no cumprimento das obrigações acessórias, o que ocorre, por exemplo, quando as partes informam, nas suas obrigações acessórias, que o preço de determinado negócio jurídico corresponde ao preço fixado no ato jurídico aparente, e ocultam a existência de um ato jurídico que fixou tal preço em valor superior. Em casos como esse, as partes exteriorizam à Fiscalização, que é uma terceira interessada, o ato jurídico aparente, e ocultam o ato jurídico real.

Não há ato jurídico oculto, contudo, quando o terceiro interessado o conhece, isto é, quando o terceiro interessado tem ciência do teor do ato jurídico real, ainda que uma das partes tenha tentado lhe ocultar essa informação.[192] Essa situação, no âmbito tributário, pode ser ilustrada por meio dos casos nos quais uma das partes declara, em suas obrigações acessórias, a existência do ato jurídico falso (aparente), mas a outra parte declara, nas suas obrigações acessórias, a existência do ato jurídico real. Nesse caso, a parte que declarou o ato jurídico aparente cometeu falsidade, mas não simulação, uma vez que não houve um ato jurídico ocultado do terceiro interessado. A falsidade e a sua diferença em relação à simulação são objeto do tópico 2.3.2.

Dificilmente a formalização dos atos jurídicos ocultos é identificada. Normalmente a sua identificação ocorre com base em presunções realizadas a partir de indícios, os quais permitem inferir a existência de um ato jurídico oculto. A natureza desse raciocínio inferencial e os indícios típicos da existência de um ato jurídico oculto são objeto do tópico 3.1.4.

As considerações anteriores permitem concluir que a simulação das condições e cláusulas não verdadeiras, subclasse de simulação prevista na segunda parte do inciso II do artigo 102 do Código Civil de 1916 (e do §1º do artigo 167 do Código Civil de 2002), corresponde a um vício decorrente da constituição de um ato jurídico oculto que altere um ato jurídico aparente. O ato jurídico que contém simulação das condições e cláusulas não verdadeiras, portanto, é o ato jurídico aparente que seja alterado por um ato jurídico oculto.

---

192. DAGOT, Michel. **La simulation en droit privé**. Paris: LGDJ, p. 210.

1.3.3.2.3. Diferenças entre a simulação das declarações e confissões não verdadeiras e a simulação das condições e cláusulas não verdadeiras

O inciso II do artigo 102 do Código Civil de 1916 (e do inciso II do §1º do artigo 167 do Código Civil de 2002) descreve duas subclasses de simulação completamente diferentes. Pontes de Miranda equivocou-se ao afirmar que "a referência a confissão, a condição e cláusula é explicitação; declaração, ou melhor, manifestação de vontade bastaria".[193]

De um lado, a subclasse de simulação descrita pela primeira parte do inciso II do artigo 102 do Código Civil de 1916 (e do inciso II do §1º do artigo 167 do Código Civil de 2002), a qual diz respeito às declarações (inclusive confissões) não verdadeiras, pode ser definida como um vício decorrente da enunciação de proposição falsa por meio de ato jurídico a respeito de ao menos um dos seus elementos essenciais. Ela decorre da divergência entre o conteúdo proposicional dos atos jurídicos e a realidade – uma divergência material, portanto, ainda que possa dizer respeito a elementos formais.

De outro lado, a subclasse de simulação descrita pela segunda parte do inciso II do artigo 102 do Código Civil de 1916 (e do inciso II do §1º do artigo 167 do Código Civil de 2002), a qual diz respeito às cláusulas (inclusive condições) não verdadeiras, pode ser definida como um vício decorrente da constituição de um ato jurídico oculto que altere ao menos um dos elementos essenciais de um ato jurídico aparente. Ela decorre da inconsistência entre as prescrições do ato jurídico aparente e as prescrições do ato jurídico oculto – uma inconsistência formal, portanto, ainda que possa ter impactos materiais.

A simulação das declarações não verdadeiras (o que compreende as confissões) e a simulação das cláusulas não verdadeiras (o que compreende as condições) possuem, ao menos, quatro diferenças: (i) elas diferem quanto ao tipo de objeto da simulação; (ii) quanto ao meio empregado para simular; (iii) quanto à quantidade mínima de fontes e de atos jurídicos envolvidos; e (iv) quanto à quantidade do ato jurídico real que é conhecida por terceiros.

Em primeiro lugar, a simulação das declarações não verdadeiras e a simulação das cláusulas não verdadeiras diferem quanto ao tipo de objeto da simulação (*o que* é simulado). De um lado, a simulação das declarações não verdadeiras

193. MIRANDA, Francisco Cavalcanti Pontes de. **Tratado de Direito Privado**. Tomo IV, 2. ed. Rio de Janeiro: Editora Borsoi, 1954, p. 388.

tem como objeto o conteúdo das proposições exprimidas pelo ato jurídico (p. ex. "O sujeito A pagou X ao sujeito B"). De outro lado, a simulação das cláusulas não verdadeiras tem como objeto a cláusula que integra o ato jurídico (p. ex. uma cláusula oculta que altere o preço do ato jurídico aparente).

Em segundo lugar, a simulação das declarações não verdadeiras e a simulação das cláusulas não verdadeiras diferem quanto ao meio empregado para simular (*como* simular). De um lado, a simulação das declarações verdadeiras envolve a constituição de um ato jurídico que exprime proposições falsas, isto é, a falsidade decorre da contraposição do conteúdo proposicional do ato jurídico com a realidade. É uma simulação *no* ato jurídico. De outro lado, a simulação das cláusulas não verdadeiras envolve uma fonte aparente a partir da qual se reconstrói ato jurídico que exprime proposições verdadeiras e enunciados prescritivos sem valor de verdade, mas que não correspondem às verdadeiras proposições e prescrições do ato jurídico real (constituído a partir de uma fonte oculta). É uma simulação *do* ato jurídico. Enquanto na simulação das declarações não verdadeiras há enunciados falsos, na simulação das cláusulas não verdadeiras há falsos enunciados.

Em terceiro lugar, a simulação das declarações não verdadeiras e a simulação das cláusulas não verdadeiras diferem quanto à quantidade mínima de fontes e de atos jurídicos envolvidos (*instrumentos* da simulação). De um lado, a simulação das declarações não verdadeiras requer, no mínimo, uma única fonte constitutiva de um único ato jurídico, visto que basta que tal ato jurídico exprima uma proposição falsa para que esteja configurada a simulação. De outro lado, a simulação das cláusulas não verdadeiras requer, no mínimo, duas fontes constitutivas de ato jurídicos e dois atos jurídicos, visto que a sua configuração depende da existência de uma fonte aparente que constitua um ato jurídico aparente, o qual seja modificado por uma fonte oculta que constitua um ato jurídico oculto.

Em quarto lugar, a simulação das declarações não verdadeiras e a simulação das cláusulas não verdadeiras diferem quanto à quantidade do ato jurídico real que é conhecida por terceiros (o *quanto* é simulado). De um lado, na simulação das declarações não verdadeiras o ato jurídico real é integralmente conhecido pelos terceiros interessados. De outro lado, na simulação de cláusulas não verdadeiras, o ato jurídico real é parcialmente conhecido pelos terceiros interessados.

A simulação das declarações não verdadeiras e a simulação das cláusulas não verdadeiras, embora diferentes, podem coexistir em relação ao mesmo ato jurídico. Basta imaginarmos um instrumento de compra e venda de um veículo específico que não seja de propriedade do vendedor (*simulação de declaração não verdadeira*), a qual é integrada por negócio jurídico oculto que estipula um preço superior ao que consta no instrumento de compra e venda (*simulação de cláusula não verdadeira*). Ou um instrumento de compra e venda com a fixação de um preço razoável que seja integrado por negócio jurídico oculto que altere o preço (*simulação de cláusula não verdadeira*), estabelecendo-o em patamar irrisório (*simulação de declaração não verdadeira*).

Essa coexistência entre as duas espécies de simulação é possível porque, para a simulação de cláusula não verdadeira, o que interessa é a existência de um ato jurídico reconstruído a partir de uma fonte oculta que seja inconsistente ou que altere um ato jurídico reconstruído a partir de uma fonte normativa aparente. Para a simulação de declaração não verdadeira, contudo, o que interessa são as proposições exprimidas pelo ato jurídico integralmente considerado (integrado pela interpretação conjunta da fonte aparente e da fonte oculta).

Portanto, as considerações vistas até aqui permitem concluir que o inciso II do artigo 102 do Código Civil de 1916 (e do inciso II do §1º do artigo 167 do Código Civil de 2002) descreve duas subclasses de simulação diferentes. A primeira parte do inciso II do artigo 102 do Código Civil de 1916 (e do inciso II do §1º do artigo 167 do Código Civil de 2002), a qual diz respeito às declarações e confissões não verdadeiras, descreve uma subclasse de simulação que ser definida como um vício decorrente da enunciação de proposição falsa por meio de ato jurídico – uma simulação decorrente de enunciados falsos, portanto. Já a segunda parte desse mesmo inciso (assim como do inciso II do §1º do artigo 167 do Código Civil de 2002), a qual diz respeito às confissões e cláusulas não verdadeiras, descreve uma subclasse de simulação que pode ser definida como um vício decorrente da constituição de um ato jurídico oculto que altere um ato jurídico aparente – uma simulação decorrente de falsos enunciados, portanto.

1.3.4. Terceira subclasse de simulação: simulação temporal

O inciso III do artigo 102 do Código Civil de 1916 (assim como o inciso III do §1º do artigo 167 do Código Civil de 2002) estabelece que são simulados os atos jurídicos cujos *instrumentos particulares forem antedatados, ou pós--datados*. Nessa subclasse de situações nas quais há simulação, está presente a chamada *simulação temporal*.

Nos casos de simulação temporal, os instrumentos particulares contêm uma data que não corresponde àquela na qual o ato jurídico que ele consubstancia foi constituído – uma data falsa (não verdadeira), portanto. Na simulação temporal, assim como na simulação de declarações e confissões não verdadeiras, há uma proposição falsa a respeito de um elemento essencial do ato jurídico. O tempo, nesse sentido, é um elemento essencial geral dos atos jurídicos.[194]

Na maioria dos casos, contudo, a divergência entre a data real da constituição do ato jurídico e a data constante no instrumento particular é completamente irrelevante – nesses casos, até há simulação relativa, mas a nulidade absoluta dela decorrente não altera o ato jurídico. Basta constatar que, diante de um instrumento particular de promessa de compra e venda datado de 15 de setembro de 2020, o qual diz respeito a um negócio jurídico constituído em 17 de setembro de 2020, há simulação temporal em razão do instrumento particular ser antedatado – ao se levar em conta a data dissimulada para fins de constituição do negócio jurídico, contudo, pode não surgir qualquer consequência prática (isso não afasta a ocorrência da simulação temporal, mas afasta a existência de pretensões dela decorrentes).

A maioria das simulações temporais ocorre em situações nos quais o devedor pretende se evadir da cobrança de débitos já existentes (tributários ou não), apresentando instrumentos particulares datados de antes da constituição da dívida que está sendo cobrada; tais instrumentos formalizam a constituição de outras dívidas ou de negócios jurídicos que transferem a propriedade dos seus ativos (geralmente tais instrumentos são firmados com partes relacionadas ao devedor). O Tribunal de Justiça do Estado de São Paulo, por exemplo, ao constatar que um instrumento de confissão de dívida foi antedatado, considerou que havia simulação temporal, tornando a confissão de dívida nula; com isso, garantiu-se a existência de patrimônio suficiente para quitar a dívida do credor que postulou judicialmente o reconhecimento da simulação.[195]

Mas, embora a maioria das simulações temporais ocorram em situações nas quais o devedor pretenda frustrar a cobrança das suas dívidas, existem casos nos quais há uma tentativa do sujeito passivo de extinguir o crédito tributário (e não apenas frustrar as tentativas de satisfazê-lo).

---

194. AZEVEDO, Antônio Junqueira de. **Negócio Jurídico**: existência, validade e eficácia. 4. ed. São Paulo: Saraiva, 2002, p. 32.

195. SÃO PAULO. TJSP, Apelação Cível 1014515-19.2020.8.26.0003, 8ª Câmara de Direito Privado, Rel. Des. Salles Rossi, j. 30/11/2022.

Um exemplo desse tipo de situação é o seguinte caso: uma empresa arrendou os seus ativos para uma outra, e cedeu o direito à parcela contingente dos valores decorrentes do contrato de arrendamento ao seu sócio, pelo valor de R$ 8.000.000,00. No ano de 2007, o arrendador (cedente) notificou a arrendatária (devedora) da cessão do crédito; no ano de 2008, a arrendatária (devedora) pagou a parcela contingente dos valores decorrentes do contrato de arrendamento diretamente ao sócio do arrendador (cedente). A autoridade fiscal, contudo, ao fiscalizar o exercício de 2007 do arrendador (cedente), não identificou o reconhecimento dos R$ 8.000.000,00 recebidos em decorrência da cessão do crédito ao seu sócio (e a sua consequente inclusão no lucro real), razão pela qual intimou o arrendador (cedente) para esclarecer essa situação.

O arrendador (cedente) atendeu à intimação da autoridade fiscal por meio da apresentação do *instrumento particular de cessão de crédito* firmado com o seu sócio, datado de 2004, explicando que o fato gerador havia ocorrido naquele exercício (já abrangido pela decadência). Por essa razão – afirmou o arrendador (cedente) – não haveria a incidência do IRPJ e da CSLL sobre os R$ 8.000.000,00 em 2007, uma vez que tais tributos teriam incidido em 2004.

A autoridade fiscal considerou que haveria *simulação temporal* naquele caso, uma vez que o *instrumento particular de cessão de crédito*, o qual dizia respeito a um negócio jurídico realizado em 2007, teria sido antedatado, para nele constasse o ano de 2004. Em razão disso, a autoridade fiscal constituiu crédito tributário de IRPJ e de CSLL em virtude do não pagamento desses tributos no ano de 2007. O Conselho Administrativo de Recursos Fiscais, ao analisar o caso, manteve a autuação fiscal, por considerar as escriturações contábeis do arrendador (cedente) e as notificações trocadas entre arrendador (cedente) e arrendatário (devedor), evidenciaram que o negócio jurídico de cessão de crédito foi realizado em 2007, razão pela qual o *instrumento particular de cessão de crédito* seria antedatado e, portanto, nulo.[196]

Outros exemplos de simulação temporal com o objetivo de extinguir o crédito tributário podem ser verificados em instrumentos particulares antedatados, com o objetivo de submeter o negócio jurídico ao regime jurídico anterior ao aumento da alíquota de determinado tributo; em instrumentos particulares pós-datados, para fazer com que a despesa incorrida por meio de determinado negócio jurídico seja reconhecida no exercício seguinte, e não no exercício cor-

196. BRASIL. CARF, Acórdão nº 1201.001.434, 1ª Seção/2ª Câmara/1ª Turma Ordinária, rel. Cons. Roberto Caparroz de Almeida, j. 05/05/2016.

reto, no qual já há prejuízo; em instrumentos particulares antedatados, para fazer com que a receita decorrente de determinado negócio jurídico seja reconhecida em exercício anterior, no qual há prejuízo etc. Ao realizar atos jurídicos com simulação temporal buscando a extinção (ou a redução) do crédito tributário, os sujeitos passivos o fazem, em regra, por meio da tentativa de usufruir de um regime jurídico que lhes seja mais favorável, anterior ou posterior ao momento no qual efetivamente ocorreu o fato gerador.

Importante referir, por fim, que o Código Civil deixa claro que apenas os instrumentos particulares podem ser objeto de simulação temporal, excluindo, com isso, a possibilidade de as escrituras públicas serem objeto dessa espécie de simulação. Como bem observado por Pontes de Miranda, "a antedada, ou pós-data, nas escrituras públicas e outros atos públicos, não é simulação; é falsidade; porque o oficial público, que tem fé pública, é que data o ato, e não o manifestante da vontade".[197]

As considerações anteriores permitem concluir que a simulação temporal, subclasse de simulação prevista no inciso III do artigo 102 do Código Civil de 1916 (e do §1º do artigo 167 do Código Civil), corresponde a um vício decorrente da enunciação de proposição(ões) falsa(s) a respeito do elemento temporal do ato jurídico por meio do instrumento que o formaliza. O ato jurídico que contém simulação temporal, portanto, é o ato jurídico sobre o qual o instrumento que o formaliza exprime proposição(ões) falsa(s) a respeito do seu elemento temporal.

1.3.5. O rol de subclasses de simulação do Código Civil é taxativo

Há quem sustente que o rol de subclasses de simulação do § 1º do artigo 167 do Código Civil de 2002 (idêntico ao rol elencado pelo artigo 102 do Código Civil de 1916) seria exemplificativo. O Conselho Administrativo de Recursos Fiscais, por exemplo, em um acórdão relatado pela Conselheira Ana Clarissa Masuko dos Santos Araújo, manifestou o entendimento de que "esse tipo de definição, denotativa ou por enumeração tende a ser incompleta, pois parte da premissa que haja um sujeito onisciente, que logre a esgotar a enumeração de todos os elementos de uma classe, o que não é possível, como na classe dos números".[198]

---

197. MIRANDA, Francisco Cavalcanti Pontes de. **Tratado de Direito Privado**. Tomo IV, 2. ed. Rio de Janeiro: Editora Borsoi, 1954, p. 391.

198. BRASIL.CARF, Acórdão n. 3201-001.889, 3ª Seção/2ª Câmara/1ª Turma Ordinária, rel. Cons. Ana Clarissa Masuko dos Santos Araújo, j. 25/02/2015.

Luiz Carlos de Andrade Júnior, da mesma forma, sustenta que o rol legal de subclasses de simulação seria exemplificativo. Segundo o autor, considerar esse rol como taxativo faria com que diversas situações semelhantes àquelas descritas na Lei não fossem consideradas simulação, o que "escandalizaria o senso comum":

> Dir-se-ia, nesta ordem de ideias, que o negócio cujo instrumento é antedatado ou pós-datado é simulado, mas que aquele cujo instrumento indica local de celebração diverso do real não o seria (pois o inciso III do § 1º do art. 167 nada menciona a respeito do lugar em que o negócio é concluído). Na mesma senda, afirmar-se-ia que o negócio que aparenta conferir ou transmitir direitos a pessoas diversas daquelas às quais realmente se conferem ou transmitem é simulado, mas o que cria semelhante aparência relativamente a deveres não o seria (pois o inciso I do § 1º do art. 167 alude apenas a direitos). Alegar-se-ia, ademais, que o negócio que contém condição "não verdadeira" é simulado, mas o que veicula termo ou encargo "não verdadeiro" não o seria (pois o inciso II do § 1º do art. 167 diferencia a condição das demais declarações, e menciona apenas aquela, enquanto elemento acidental do negócio jurídico). Tais formulações, com efeito, escandalizam o senso comum, pois não parece nada razoável estabelecer tratamentos tão díspares a hipóteses tão semelhantes.[199]

A lista do § 1º do artigo 167 do Código Civil de 2002, portanto, segundo o autor, serviria para "elucidar, de maneira exemplificativa, suas notas características".[200] Ocorre que a tese do acórdão relatado pela Conselheira Ana Clarissa Masuko dos Santos Araújo e a tese de Luiz Carlos de Andrade Júnior possuem premissas equivocadas, e são incompatíveis com o ordenamento jurídico.

A tese do acórdão relatado pela Conselheira Ana Clarissa Masuko dos Santos Araújo possui uma premissa equivocada por uma razão muito simples: ela estabelece uma relação necessária entre a definição denotativa e a enumeração de todos os objetos pertencentes a uma determinada classe. Enumerar todos os objetos de uma classe é, sem dúvida, uma forma de definição denotativa, mas não é a única. Pode-se, por exemplo, definir denotativamente o conceito de cachorro por meio da enumeração de todos os seus objetos ("cachorro é: Buster, Max, Marley etc."), o que seria uma tarefa extremamente trabalhosa, embora logicamente possível; pode-se, contudo, definir o conceito de cachorro

---

199. ANDRADE JÚNIOR, Luiz Carlos de. **A Simulação no Direito Civil**. São Paulo: Malheiros, 2016, p. 113.

200. ANDRADE JÚNIOR, Luiz Carlos de. **A Simulação no Direito Civil**. São Paulo: Malheiros, 2016, p. 114.

por meio da enumeração de todas as suas raças ("cachorro é: labrador, boxer, dachshund etc."), o que também seria uma tarefa difícil, mas bem mais factível do que a enumeração de todos os cachorros do mundo. Trata-se da definição denotativa por subclasse.[201]

Foi justamente essa a técnica utilizada pelo rol legal do Código Civil para definir o conceito de simulação: uma definição denotativa por subclasse. Longe de pretender enumerar todas as situações específicas nas quais há simulação, o § 1º do artigo 167 do Código Civil de 2002 e o artigo 102 do Código Civil de 1916 elencaram três subclasses de situações denotativas da ocorrência de simulação. A definição denotativa por subclasse, portanto, não "parte da premissa que haja um sujeito onisciente, que logre a esgotar a enumeração de todos os elementos de uma classe", ao contrário do afirmado pela tese do acórdão relatado pela Conselheira Ana Clarissa Masuko dos Santos Araújo.

Já a tese de Luiz Carlos de Andrade Júnior possui premissas equivocadas por duas razões. A primeira razão é que ela sustenta que o rol do § 1º do artigo 167 do Código Civil de 2002 seria exemplificativo com base nas consequências ruins que supostamente decorreriam da sua taxatividade, as quais "escandalizariam o senso comum" e seriam "nada razoáveis". Ocorre que, da constatação de que a taxatividade do rol do § 1º do artigo 167 do Código Civil de 2002 geraria uma norma "escandalosa" ou "irrazoável", não decorre a consequência de que tal rol deve ser exemplificativo. O raciocínio apresentado incorre na falácia da falsa dicotomia, por meio da qual duas únicas alternativas são apresentadas, como se não houvesse uma outra alternativa possível.[202] Diante da constatação de que a interpretação taxativa do rol do § 1º do artigo 167 do Código Civil de 2002 seria "escandalosa" ou "irrazoável", existem inúmeras outras alternativas possíveis além de considerá-lo exemplificativo: a norma resultante da interpretação taxativa pode ser considerada "ruim", mas válida; ou, ainda, tal norma pode ser considerada inconstitucional. Não é válido, portanto, o raciocínio segundo o qual, das supostas consequências "ruins" da taxatividade do § 1º do artigo 167 do Código Civil de 2002, decorreria que tal rol deve ser exemplificativo. O consequencialismo na interpretação jurídica, aliás, faz com que os intérpretes

---

201. COPI, Irving; M. COHEN, Carl; RODYCH, Victor. **Introduction to Logic**. 15. ed. Nova York: Routledge, 2019, p. 85.

202. HURLEY, Patrick J.; WATSON, Lori. **A Concise Introduction to Logic**. 13. ed. Boston: Cengage Learning, 2018, p. 170.

deixem de ser pautar pelo discurso objeto do Direito, e passem a considerar convicções pessoais a respeito do que deve ser feito no caso concreto.[203]

A segunda razão pela qual as premissas da tese de Luiz Carlos de Andrade Júnior são equivocadas é que as supostas consequências ruins que decorreriam da taxatividade do § 1º do artigo 167 do Código Civil de 2002 sequer são procedentes. Analisando as situações "irrazoáveis" descritas pelo autor, verifica-se que todas elas seriam qualificadas como simulação com base numa leitura taxativa do § 1º do artigo 167 do Código Civil de 2002: primeiro, o instrumento que indica o local de celebração diverso do real pode ser considerado simulado porque envolve uma declaração falsa; segundo, o negócio que aparenta transmitir deveres a pessoas diversas daquelas às quais realmente se transmitem é igualmente simulado, seja porque todo direito tem um dever correlato (o direito ao imóvel envolve o dever de pagar o preço, o direito de receber o preço envolve o dever de entregar o imóvel), razão pela qual a situação configuraria uma simulação subjetiva, seja porque uma declaração falsa quanto à pessoa a qual se transmitem deveres configuraria uma simulação objetiva; terceiro, termos e encargos são veiculados por meio de cláusulas contratuais, as quais estão expressamente mencionadas pelo inciso II do § 1º do artigo 167 do Código Civil de 2002. De qualquer forma, como se viu, as cláusulas, inclusive os termos e os encargos, não podem ser verdadeiros ou falsos, muito embora os fatos pressupostos e implicados por elas possam. Todos os exemplos dados pelo autor para ilustrar a "insuficiência" do § 1º do artigo 167 do Código Civil de 2002, portanto, estão abarcados pelas espécies de simulação elencadas por esse dispositivo.

Além das suas premissas serem equivocadas, as teses de que o rol do § 1º do artigo 167 do Código Civil de 2002 (e igualmente, o do artigo 102 do Código Civil de 1916) seria exemplificativo são incompatíveis com o ordenamento jurídico por três razões. A primeira razão é porque o *caput* do artigo 167 do Código Civil de 2002 ("Haverá simulação nos negócios jurídicos quando:") tem redação semelhante ao do *caput* do artigo 166 da mesma Lei ("É nulo o negócio jurídico quando:"), o qual, por sua vez, elenca um rol manifestamente taxativo. A interpretação sistemática do dispositivo, mais precisamente por meio

203. DIAS, Daniela Gueiros. **Consequencialismo Judicial no Direito Tributário Brasileiro**. São Paulo: IBDT, 2021, p. 193.

do argumento da constância terminológica, conduz à conclusão de que o rol do § 1º do artigo 167 do Código Civil de 2002 é taxativo.[204]

No caso do artigo 102 do Código Civil de 1916, a sua interpretação sistemática evidencia ainda mais a sua taxatividade. Isso porque o artigo 103 daquela Lei dispôs que "a simulação não se considerará defeito em qualquer dos casos do artigo antecedente, quando não houver intenção de prejudicar a terceiros, ou de violar disposição de lei". Houve, portanto, evidente limitação da simulação aos "casos do artigo antecedente", já que não faria sentido afastar a invalidade da simulação inocente apenas em relação àqueles casos, mas permiti-la em relação aos supostos demais casos de simulação não constantes no rol legal.

A segunda razão pela qual o rol do § 1º do artigo 167 do Código Civil de 2002 é taxativo é porque, quando o legislador quis elencar um rol exemplificativo naquela Lei, ele o fez de maneira expressa. No seu artigo 99, por exemplo, o legislador empregou a expressão "tais como", evidenciando a exemplificatividade do rol de bens públicos.[205] No Código Civil de 1916 ocorreu o mesmo: nas situações em que o legislador quis estabelecer um rol exemplificativo, ele empregou a expressão "tais como".[206] Disso decorre que a interpretação sistemática do dispositivo, reconstruída por meio do argumento da inconstância terminológica, leva à taxatividade do rol do § 1º do artigo 167 do Código Civil de 2002 e do artigo 102 do Código Civil de 1916.[207]

A terceira razão pela qual o citado o rol é taxativo decorre da eficácia interpretativa do princípio da segurança jurídica. O princípio da segurança jurídica

204. GUASTINI, Riccardo. **Interpretare e Argomentare**. Milão: Dott. A. Giuffrè, 2011, p. 299.

205. Art. 99. São bens públicos:

I - os de uso comum do povo, tais como rios, mares, estradas, ruas e praças;

II - os de uso especial, tais como edifícios ou terrenos destinados a serviço ou estabelecimento da administração federal, estadual, territorial ou municipal, inclusive os de suas autarquias; (...)

Art. 650. Goza dos direitos de autor, para os efeitos econômicos por este código assegurados, o editor de publicação composta de artigos ou trechos de autores diversos, reunidos num todo, ou distribuídos em séries, tais como jornais, revistas, dicionários, enciclopédias e seletas.

206. Art. 66. Os bens públicos são:

I. Os de uso comum do povo, tais como os mares, rios, estradas, ruas e praças.

II. Os de uso especial, tais como os edifícios ou terrenos aplicados a serviço ou estabelecimento federal, estadual ou municipal.

III. Os dominicais, isto é, os que constituem o patrimônio da União, dos Estados, ou Municípios, como objeto de direito pessoal, ou real de cada uma dessas entidades.

207. GUASTINI, Riccardo. **Interpretare e Argomentare**. Milão: Dott. A. Giuffrè, 2011, p. 299.

estabelece, dentre outras coisas, um estado ideal de cognoscibilidade (compreensão das normas) e de calculabilidade (capacidade de antecipar as consequências normativas dos seus atos).[208] Se as hipóteses de simulação do ato jurídico não fossem apenas as elencadas em Lei, o cidadão não conseguiria compreender quais são as hipóteses de simulação (déficit de cognoscibilidade), tampouco teria a capacidade de antecipar, com um razoável grau de certeza, quando um negócio jurídico seria simulado (déficit de calculabilidade). O princípio da segurança jurídica, portanto, determina que o rol do § 1º do artigo 167 do Código Civil de 2002 e do artigo 102 do Código Civil de 1916 seja interpretado de maneira taxativa.

A observância do princípio da segurança jurídica na interpretação desse rol legal é ainda mais importante quando se leva em conta a incorporação do conceito de simulação pelo Código Tributário Nacional. O tributo, como se sabe, restringe o direito fundamental de propriedade, razão pela o princípio da segurança jurídica exerce um papel ainda mais protetivo no Direito Tributário.[209] O princípio da legalidade tributária, da mesma forma, proíbe que o legislador empregue termos cuja indeterminação impeça o contribuinte de exercer plenamente a sua autonomia com base em lei.[210] Ora, se a Fiscalização pudesse efetuar lançamentos de ofício com base na constatação de simulação, e o conceito de simulação fosse altamente indeterminado, estaríamos diante de uma restrição ao direito fundamental de propriedade que violaria, de um lado, o princípio da segurança jurídica, e, de outro lado, o princípio da legalidade tributária.

Nesse sentido, Roque Antonio Carrazza já afirmou que o Código Civil elenca "hipóteses taxativas autorizadoras da desqualificação, por simulação, de atos ou negócios jurídicos".[211] Eduardo Domingos Bottallo também entendeu que "o dispositivo enumera taxativamente os defeitos do ato ou do negócio, que podem levar à caracterização da simulação".[212] Da mesma forma, o Ministro Ricardo

---

208. ÁVILA, Humberto. **Teoria da Segurança Jurídica**. 6. ed. São Paulo: Malheiros/Juspodivm, 2021, p. 287.

209. ÁVILA, Humberto. **Teoria da Segurança Jurídica**. 6. ed. São Paulo: Malheiros/Juspodivm, 2021, p. 301.

210. ÁVILA, Humberto. **Legalidade Tributária Material**. São Paulo: Malheiros/Juspodivm, 2022, p. 102.

211. CARRAZZA, Roque. **Curso de Direito Constitucional Tributário**. 33. ed. São Paulo: Malheiros/Juspodivm, 2021, p. 420.

212. BOTTALLO, Eduardo Domingos. Alguns reflexos do Código Civil no Direito Tributário. *In*: GRUPENMACHER, Betina (Coord.). **Direito Tributário e o novo Código Civil**. São Paulo: Quartier Latin, 2004, p. 187.

Lewandowski, no seu voto na Ação Direta de Inconstitucionalidade nº 2446, reconheceu que a simulação "ocorrerá, taxativamente, quando (...)", e passou a elencar as espécies do § 1º do artigo 167 do Código Civil.[213]

As considerações anteriores permitem concluir que as espécies de simulação foram elencadas de forma taxativa pelo § 1º do artigo 167 do Código Civil de 2002 e pelo artigo 102 do Código Civil de 1916. Essa conclusão é ainda mais persuasiva quando se trata da incorporação do conceito de "simulação" pelo Código Tributário Nacional.

1.3.6. Definição intensional do conceito de simulação a partir dos elementos comuns das subclasses elencadas pelo Código Civil

O exame analítico das subclasses de simulação elencadas pelo artigo 102 do Código Civil de 1916 (e do artigo 167, § 1º, do Código Civil de 2002) permite a identificação de determinados atributos comuns entre elas; ao sabermos os atributos compartilhados por (e apenas por) os objetos dessas subclasses de simulação, podemos utilizá-los como um critério para decidir se uma determinada situação é uma simulação.[214] O objetivo deste tópico é elencar esses atributos comuns das subclasses de simulação (chamados de intensão), já identificados nos tópicos pertinentes, e, assim, apresentar uma definição intensional do conceito de simulação.

O inciso I do artigo 102 do Código Civil de 1916 (e do § 1º do artigo 167 do Código Civil de 2002) define a subclasse de simulação chamada de simulação subjetiva (ou interposição de terceiro), que corresponde a um vício decorrente da constituição de um ato jurídico oculto que altere a(s) parte(s) de um ato jurídico aparente.

Já o inciso II do artigo 102 do Código Civil de 1916 (e do § 1º do artigo 167 do Código Civil de 2002) define duas subclasses de simulação. A primeira parte do dispositivo define a simulação de declarações e confissões não verdadeiras, a qual corresponde a um vício decorrente da enunciação deliberada de proposição(ões) falsa(s) a respeito de elemento(s) essencial(is) do ato jurídico por meio do próprio ato jurídico. A segunda parte define a simulação de condições e cláusulas não verdadeiras, a qual corresponde a um vício decorrente da

213. BRASIL. STF, ADI 2446, Rel. Min. Cármen Lúcia, Tribunal Pleno, julgado em 11/04/2022.

214. COPI, Irving; M. COHEN, Carl; RODYCH, Victor. **Introduction to Logic**. 15. ed. Nova York: Routledge, 2019, p. 82.

constituição de um ato jurídico oculto que altere o(s) elemento(s) essencial(is) de um ato jurídico aparente.

Por fim, o inciso III do artigo 102 do Código Civil de 1916 (e do § 1º do artigo 167 do Código Civil de 2002) define a subclasse de simulação chamada de simulação temporal, que corresponde a um vício decorrente da enunciação deliberada de proposição(ões) falsa(s) a respeito do elemento temporal do ato jurídico por meio do instrumento que o formaliza.

Como talvez já tenha ficado claro, essas definições das subclasses de simulação contêm algumas sobreposições: de um lado, a definição de simulação subjetiva está abrangida pela definição da simulação de condições e cláusulas não verdadeiras. De outro lado, a definição de simulação temporal está abrangida pela definição da simulação de declarações e confissões não verdadeiras. Não por acaso, há quem diga que o inciso II do artigo 102 do Código Civil de 1916 teria conceituado a "verdadeira" simulação, à qual a simulação subjetiva e a simulação temporal seriam meras equiparações.[215]

Vale ressaltar que a circunstância de a simulação temporal exigir que a proposição falsa (antedata ou pós-data) decorra de um instrumento particular, e não de outras fontes (tais como a oralidade ou uma escritura pública), não tem relevância para fins da sua compatibilidade com a definição da simulação de declarações e confissões não verdadeiras. E isso por duas razões. Primeiro, porque a antedata e a pós-data pressupõem um instrumento particular, já que é impossível antedatar ou pós-datar uma declaração oral por meio da própria declaração – e apenas por falsidade uma escritura pública seria lavrada com a data incorreta, já que quem a insere é o oficial público, e não as partes. Segundo – e esse é um aspecto bastante importante –, a definição da simulação de declarações e confissões não verdadeiras é mais ampla do que a definição da simulação temporal, abarcando, inclusive, eventuais simulações relacionadas ao elemento temporal que supostamente não tenham sido abrangidas pelo inciso III do artigo 102 do Código Civil de 1916 (e pelo inciso III do § 1º do artigo 167 do Código Civil de 2002).

Perceba-se, desde já, que a conclusão de que, por um lado, a simulação subjetiva está abarcada pela simulação de condições e cláusulas não verdadeiras e, por outro lado, a simulação temporal está abarcada pela simulação de declarações e confissões não verdadeiras, tem como consequência a identificação de

215. ESPINOLA, Eduardo; FILHO, Eduardo Espinola. **Introdução ao Estudo do Direito Civil**. Vol. I. Rio de Janeiro: Editora Freitas Bastos, 1939, p. 541.

dois conceitos intensionais de simulação. Um conceito de simulação (simulação das condições e cláusulas não verdadeiras) decorre da divergência entre as prescrições do ato jurídico aparente e as prescrições do ato jurídico oculto – uma inconsistência formal, portanto, ainda que possa ter impactos materiais. O outro conceito de simulação (simulação das declarações e confissões não verdadeiras) decorre da divergência entre o conteúdo proposicional dos atos jurídicos e a realidade – uma divergência material, portanto, ainda que possa dizer respeito a elementos formais. Disso tudo resulta que o Código Civil (e, consequentemente, o Código Tributário Nacional) exprime o conceito de simulação por meio da definição de duas espécies: uma *simulação formal* e uma *simulação material.*

A definição das duas espécies de simulação, contudo, não está completa. E isso porque elas, tal como apresentadas, são *sobreinclusivas*, uma vez que abarcam também as hipóteses de coação, de lesão, de erro e de dolo. Em todos esses vícios do ato jurídico podem ser exprimidas proposições falsas, e em todos esses vícios do ato jurídico podem ser constituídos atos jurídicos ocultos para alterar atos jurídicos aparentes.

A diferença entre a simulação, a coação, a lesão, o erro e o dolo será aprofundada no Capítulo 2. Por ora, basta constatar que é necessário distinguir a simulação dessas outras hipóteses de vício jurídico. É possível, é claro, incluir a frase "que não seja coação, lesão, erro ou dolo" ao fim da definição de simulação, mas isso tornaria a definição problemática, já que pressuporia a apreensão de outros quatro conceitos (conceitos de coação, lesão, erro ou dolo). Seria uma definição ruim, portanto.

Um elemento comum à lesão, ao erro e ao dolo é que a enunciação de proposições falsas e a constituição de um ato jurídico oculto decorrem de uma percepção equivocada da realidade de, ao menos, uma das partes. Na coação, tais condutas são realizadas com a percepção correta da realidade pela parte, mas não há a livre manifestação da vontade. Com base nessas observações, pode-se concluir que a simulação se diferencia de coação, lesão, erro e dolo porque nela as proposições falsas e os atos jurídicos ocultos são enunciados e constituídos de forma *deliberada*, assim compreendida a conduta realizada por ambas as partes com a ciência da realidade (sem uma percepção equivocada) e decorrente de uma reflexão interna (sem a ameaça externa). A deliberação presente na simulação, vale ressaltar, corresponde a uma deliberação interna das partes, não havendo a necessidade de que haja uma deliberação externa *entre* as partes (esse ponto será aprofundado no tópico 1.5.1.2).

A partir da inclusão da ideia da *deliberação* na definição das duas espécies de simulação identificadas a partir do artigo 102 do Código de Processo Civil de 1926 (e do artigo 167, §1º, do Código Civil de 2002), a simulação formal e a simulação material, pode-se apresentar, de forma conclusiva, o conceito de cada uma dessas espécies:

> A simulação formal é um vício decorrente da constituição de um ato jurídico oculto que deliberadamente altere um ato jurídico aparente. O ato jurídico que contém simulação formal, portanto, é o ato jurídico aparente deliberadamente alterado por um ato jurídico oculto. A simulação formal contém três elementos: (a) um ato jurídico aparente; (b) um ato jurídico oculto que altere um elemento essencial do ato jurídico aparente; e (c) uma deliberação interna (reflexão e ciência da realidade pelas partes).
>
> A simulação material é um vício decorrente da enunciação deliberada de proposição(ões) falsa(s) por meio de um ato jurídico. O ato jurídico que contém simulação material, portanto, é aquele que exprime deliberadamente proposição(ões) falsa(s). A simulação material contém três elementos: (a) um ato jurídico; (b) uma proposição falsa; e (c) uma deliberação interna (reflexão e ciência da realidade pelas partes).

Alguém pode notar que as definições acima apresentadas contêm uma elipse, na medida em que não é o ato jurídico oculto que deliberadamente altera o ato jurídico aparente, e tampouco é o ato jurídico que exprime deliberadamente uma proposição falsa: quem o faz são as partes que constituem os atos jurídicos. Essa elipse, contudo, deve ser mantida, e isso por quatro razões principais.

A primeira razão é que a ausência de menção às partes das definições não as obscurece, visto que todos compreendem que o ato jurídico não tem vontade própria, sendo o fruto da vontade das partes que o constituem. A segunda é que a ausência de menção às partes simplifica a definição, na medida em que reduz o número de termos empregados e de elementos referidos, sem prejudicar a sua clareza. A terceira razão é que a menção direta ao ato jurídico, e não às partes que o constituem, reforça um ponto muito importante da simulação: o ato jurídico consubstancia a vontade das partes signatárias, as quais se comprometem com os enunciados (descritivos e prescritivos) nele contidos.[216] Por fim, a quarta razão é que a menção ao ato jurídico evidencia a possibilidade de que o ato jurídico simulado possa ser um negócio jurídico unilateral (receptício ou não receptício) ou um ato jurídico *stricto sensu*, uma vez que pouco importa

---

216. SCHANE, Sanford. Contract Formation as a Speech Act. *In*: TIERSMA, Peter M; SOLAN, Lawrence M. (Ed.) **The Oxford Handbook of Language and Law**. Oxford: Oxford University Press, 2015, p. 108.

a quantidade de partes que o constituíram; o que importa é que o ato jurídico consubstancia a vontade comum e deliberada das partes (ou da parte).

Embora a simulação formal e a simulação material tenham elementos comuns, e ambas sejam vícios que acarretam a nulidade do ato jurídico, elas têm ao menos quatro diferenças (as mesmas diferenças entre a simulação de declarações não verdadeiras e a simulação de cláusulas não verdadeiras, conforme exposto no tópico 1.3.3.2.3):

1. a simulação formal diverge da simulação material, porque, enquanto aquela tem como objeto a cláusula que integra o ato jurídico, esta tem como objeto o conteúdo das proposições exprimidas pelo ato jurídico;
2. a simulação formal diverge da simulação material, porque, enquanto aquela envolve a apresentação de um ato jurídico que exprime proposições verdadeiras e enunciados prescritivos sem valor de verdade, esta envolve a constituição de um ato jurídico que exprime proposições falsas;
3. a simulação formal diverge da simulação material porque, enquanto aquela requer no mínimo duas fontes constitutivas de ato jurídicos e dois atos jurídicos, esta requer uma única fonte constitutiva de um único ato jurídico;
4. a simulação formal diverge da simulação material porque, enquanto naquela o ato jurídico real é parcialmente conhecido pelos terceiros interessados, nesta o ato jurídico real é integralmente conhecido pelos terceiros interessados.

Se fosse necessário resumir a distinção entre a simulação formal e a simulação material em uma frase, poderia ser dito que a simulação formal decorre de falsos enunciados, ao passo que a simulação material decorre de enunciados falsos.

As ilustrações abaixo demonstram a forma de configuração da simulação formal e a forma de configuração da simulação material:

Figura 1 – Simulação formal

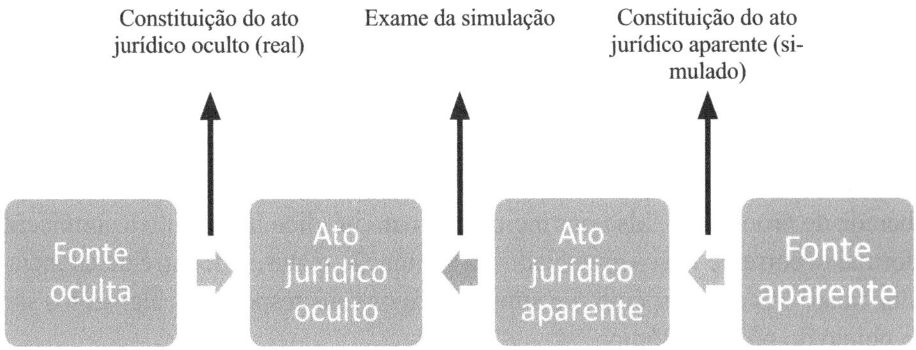

Fonte: elaborado pelo autor.

Figura 2 - Simulação material

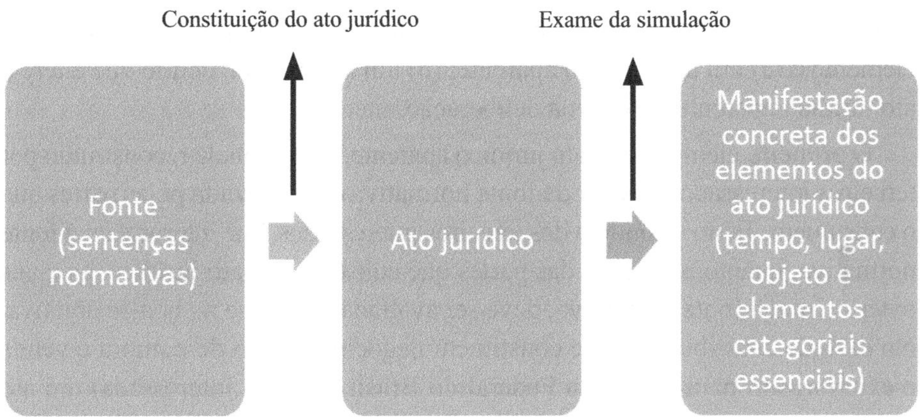

Fonte: elaborado pelo autor.

Num esforço para conciliar o conceito das duas espécies de simulação, pode-se dizer que a simulação é o vício decorrente da constituição de ato jurídico que deliberadamente exprima: (i) proposições falsas *e/ou* (ii) enunciados normativos ocultos que alterem enunciados normativos aparentes. O fato de as definições poderem ser formuladas de forma conjunta, no entanto, não afasta a circunstância de que se trata de duas definições diferentes, as quais, embora tenham elementos em comum e possam ser classificadas como espécies do mesmo gênero, dizem respeito a conceitos diferentes.

As considerações anteriores permitem concluir que o ordenamento jurídico brasileiro atribui o nome de "simulação" para duas espécies diferentes de vício do ato jurídico. De um lado, o artigo 102, I, e II, *segunda parte*, do Código Civil de 1916 (correspondente ao artigo 167, §1º, I e II, *segunda parte*, do Código Civil de 2002) estabelece a *simulação formal*, a qual corresponde à constituição de um ato jurídico oculto que deliberadamente altere um ato jurídico aparente. De outro lado, o artigo 102, II, *primeira parte*, e III, do Código Civil de 1916 (correspondente ao artigo 167, §1º, II, *primeira parte*, e III, do Código Civil de 2002) estabelece a *simulação material*, a qual corresponde à enunciação deliberada de proposição falsa por meio de um ato jurídico. Enquanto a simulação formal decorre de falsos enunciados, a simulação material decorre de enunciados falsos. As duas espécies de simulação e os seus respectivos elementos são o objeto do próximo tópico.

1.3.6.1. Conceito e elementos da simulação formal

A simulação formal é um vício decorrente da constituição de um ato jurídico oculto que deliberadamente altere um ato jurídico aparente. Ela contém três elementos: (a) um ato jurídico aparente; (b) um ato jurídico oculto que altere o ato jurídico aparente; e (c) uma deliberação interna.

O primeiro elemento é o ato jurídico aparente, que é aquele reconstruído por terceiros interessados a partir da fonte normativa exteriorizada pelas partes que o constituem. Tanto a conduta dos terceiros interessados, que interpretam a fonte normativa, quanto a conduta das partes que constituem o ato jurídico, as quais exteriorizam a fonte normativa, deve ser avaliada com base na boa-fé objetiva. No caso de contribuintes que constituem negócio jurídico de compra e venda e exteriorizam para a Receita Federal do Brasil (terceira interessada) um ato jurídico aparente e subprecificado (isto é, com um preço inferior ao do negócio jurídico real), o parâmetro da boa-fé objetiva, em regra, imputa a existência de um ato jurídico aparente (distinto do ato jurídico real) ao descumprimento do dever de informar das partes, e não a uma inobservância do terceiro interessado do dever de se informar.

O segundo elemento é o ato jurídico oculto, que é aquele que altera (ou revoga) o ato jurídico aparente sem o conhecimento dos terceiros interessados. Para que essa alteração (ou revogação) ocorra, o ato jurídico oculto deve ser constituído pelas mesmas partes do ato jurídico aparente.[217] Embora ele seja logicamente sucessivo ao ato jurídico aparente, cronologicamente ele pode ser

217. DEBOISSY, Florence. **La Simulation en Droit Fiscal**. Paris: LGDJ, 1997, p. 31.

anterior, contemporâneo ao posterior.[218] O parâmetro para identificar a existência de um ato jurídico oculto é a avaliação da conduta dos terceiros interessados e das partes com base na boa-fé objetiva. Somente assim será possível determinar se os terceiros interessados desconheciam o ato jurídico porque as partes o ocultaram ou se tal desconhecimento decorre de um descumprimento do seu dever de se informar – se os terceiros interessados desconheciam os termos de uma escritura pública, por exemplo, esse desconhecimento, em regra, não deve ser imputado à conduta das partes que a lavraram. A boa-fé objetiva supõe a informação sobre dados que o outro ignora e não está em condições de conhecer por si mesmo.[219]

Não há ato jurídico oculto nas situações em que o terceiro interessado tem conhecimento do ato jurídico real, ainda que uma das partes que o constituiu tenha tentado lhe esconder essa informação. Retomando o exemplo da compra e venda subprecificada, caso uma das partes informe à Receita Federal do Brasil (terceira interessada) o teor do ato jurídico aparente, mas a outra parte informe à Receita Federal do Brasil o teor do ato jurídico real, não há ato jurídico oculto e, portanto, não há simulação formal. Há, isso sim, falsidade, o que será objeto do tópico 2.3.2. O importante, aqui, é perceber que pouco importa a forma por meio da qual a Fiscalização Tributária foi informada da existência do ato jurídico real: por apenas uma das partes, por um terceiro ou, até mesmo, por meio de uma notificação extrafiscal – se a existência do ato jurídico real foi informada antes ou concomitantemente à constituição do crédito tributário, não há simulação, uma vez que não há ato jurídico oculto.[220]

Nas obrigações de trato sucessivo, tais como nas relações de trabalho e em alguns contratos de locação e de prestação de serviços, pode ocorrer o surgimento de um ato jurídico oculto em decorrência do comportamento concludente das partes. Isso porque, como se sabe, o comportamento concludente das partes, considerado como um "comportamento incompatível com a não aceitação", pode corresponder a uma manifestação tácita das partes, o qual deve ser avaliado com base na boa-fé objetiva.[221] Nesses casos, o comportamento concludente

---

218. DISTASO, Nicola. **La simulazione dei negozi giuridici**. Turim: Unione Tipografico – Editrice Torinese, 1960, p. 577.

219. MARTINS-COSTA, Judith. **A boa-fé no Direito Privado**. 3. ed. São Paulo: Saraiva, 2024, p. 621.

220. DEBOISSY, Florence. **La Simulation en Droit Fiscal**. Paris: LGDJ, 1997, p. 416.

221. MARTINS-COSTA, Judith. **A boa-fé no Direito Privado**. 3 ed. São Paulo: Saraiva, 2024, p. 573.

das partes é uma fonte de obrigações entre elas, as quais podem vir a constituir um ato jurídico oculto, caso sejam escondidas dos terceiros interessados. Em uma relação de trabalho, por exemplo, pode haver a alteração do empregador em decorrência do comportamento das partes; então, a ocultação do ato jurídico real (relação de trabalho entre o empregado e o novo empregador) dos terceiros interessados (p. ex. Receita Federal do Brasil) torna oculto o ato jurídico real.

Além disso, existem outros tipos de alteração no ato jurídico em decorrência do comportamento das partes somado ao transcurso do tempo. Um exemplo são as denominadas *supressio* (perda de um direito subjetivo como consequência de uma inatividade do titular) e *surrectio* (criação de um direito subjetivo como consequência da *supressio*).[222] Nesses casos, havendo uma alteração de posição subjetiva no ato jurídico, e sendo tal alteração ocultada dos terceiros interessados, considera-se que o ato jurídico real é oculto.

O terceiro elemento da simulação formal é uma deliberação das partes que constituíram o ato jurídico, isto é, as partes devem ter constituído o ato jurídico oculto que altera elementos essenciais do ato jurídico aparente cientes da realidade e em decorrência de uma reflexão interna. A necessidade de deliberação para a caracterização da simulação não decorre diretamente da sua definição pelo Código Civil, mas sim em razão da necessidade de diferenciar a simulação de outros vícios do negócio jurídico, notadamente o dolo, o erro e a coação. De um lado, em razão do dolo ou do erro, as partes podem constituir ato jurídico oculto que altere elementos essenciais de ato jurídico aparente, mas o fazem porque não têm ciência da realidade. De outro lado, na coação, as partes também podem constituir ato jurídico oculto que altere elementos essenciais de ato jurídico aparente, mas o fazem porque estão sob fundado temor de dano iminente e considerável, e não a partir de uma reflexão interna. Pode-se dizer, nesse sentido, que o termo "deliberadamente" foi empregado na definição de simulação formal com o significado de "sem dolo, erro ou coação".

Isso significa que o ato jurídico oculto pode ser viciado em razão da presença de dolo, erro ou coação, mas, nessa hipótese, tal ato jurídico não é constituído de forma deliberada. Nesses casos, não se deve falar de simulação, já que não há como um ato jurídico ser deliberado e não deliberado ao mesmo tempo.[223] Os

222. MARTINS-COSTA, Judith. **A boa-fé no Direito Privado**. 3 ed. São Paulo: Saraiva, 2024, p. 756.

223. CÁMARA, Héctor. **Simulación en los actos jurídicos**. 2. ed. Buenos Aires: Roque Depalma Editor, 1958, p. 178.

vícios do dolo, do erro e da coação podem ser sanados de duas formas: de um lado, o ato jurídico oculto pode ser anulado, hipótese na qual ele deixará de alterar o ato jurídico aparente e, portanto, não haverá simulação; de outro lado, o ato jurídico oculto pode ser confirmado, hipótese na qual, caso ele permaneça oculto e altere elementos essenciais do ato jurídico aparente, haverá simulação – mas aí já não haverá mais dolo, erro ou coação.

Vale ressaltar que a deliberação que constitui um elemento da simulação é a deliberação interna, isto é, não é uma deliberação externa entre as partes envolvidas. Para a simulação, basta que as partes tenham ciência da realidade e ajam a partir de uma reflexão interna, não havendo a necessidade de que uma parte tenha ciência acerca da deliberação da outra. A exigência de um acordo simulatório entre as partes, conforme se verá no tópico 1.5.1.2, não é um elemento da simulação.

A simulação formal pode ser classificada em duas espécies com base no elemento essencial sobre o qual recai a simulação: pode ocorrer em relação ao sujeito do ato jurídico ou em relação ao objeto do negócio jurídico.

Diante de tudo o que foi exposto, um conceito completo de simulação formal poderia ser formulado da seguinte forma: vício decorrente da existência de uma fonte normativa constituída por partes cientes da realidade e agindo sob livre e espontânea vontade a partir da qual elas reconstruam um ato jurídico desconhecido por terceiros interessados de boa-fé, o qual altere (ou revogue) um ato jurídico reconstruído pelos terceiros interessados de boa-fé a partir de uma fonte normativa aparente. Tal definição, contudo, é excessivamente longa e prolixa.

As considerações anteriores permitem concluir que a simulação formal é um vício decorrente da constituição de um ato jurídico oculto que deliberadamente altere (ou revogue) um ato jurídico aparente. O ato jurídico que contém simulação formal é o ato jurídico aparente que seja deliberadamente alterado por um ato jurídico oculto. A simulação formal contém três elementos: (a) um ato jurídico aparente; (b) um ato jurídico oculto que altere o ato jurídico aparente; e (c) uma deliberação interna.

1.3.6.2. Conceito e elementos da simulação material

A simulação material é um vício decorrente da enunciação deliberada de proposição(ões) falsa(s) por meio do próprio ato jurídico. Ela contém três elementos: (a) um ato jurídico; (b) uma proposição falsa; e (c) uma deliberação interna.

O primeiro elemento é o ato jurídico, assim compreendido o ato lícito que tenha por fim imediato adquirir, resguardar, transferir, modificar ou extinguir direitos. Isso significa que os instrumentos que constituem os atos jurídicos, os atos jurídicos ilícitos e os atos tenham por fim imediato o cumprimento de uma obrigação legal não são elementos da simulação.

O segundo elemento é a proposição falsa, isto é, uma asserção não verdadeira sobre o mundo. Essa proposição pode ser tanto explícita quanto implícita (inclusive pressuposta). Ressalte-se que a proposição deve ser exprimida pelo ato jurídico, e não pelo instrumento a partir do qual ele é reconstruído, o que afasta a possibilidade de eventuais sentenças contidas no instrumento, às quais exprimam proposições falsas, mas irrelevantes à constituição do ato jurídico, ensejem a sua nulidade.

O terceiro elemento da simulação material, da mesma forma que a simulação formal, é uma deliberação das partes que constituíram o ato jurídico, assim compreendida a conduta realizada mediante a ciência da realidade e a reflexão interna. Isso porque, diferentemente do dolo, do erro, da coação e da lesão, a simulação material não atinge a vontade em sua formação.[224] No dolo, a parte (ou as partes) pode exprimir uma proposição falsa porque foi enganada.[225] No erro, a parte (ou as partes) pode exprimir uma proposição falsa porque se engana substancialmente. Na lesão, a parte pode exprimir uma proposição falsa a respeito dos elementos categoriais essenciais do ato jurídico oneroso porque não tem condições de compreender adequadamente a realidade. Na coação, a parte pode exprimir uma proposição falsa em razão do fundado temor de dano iminente e considerável. Na simulação, contudo, as partes possuem uma representação correta da realidade e agem em decorrência de suas próprias convicções. O termo "deliberadamente", aqui, tem o significado de "sem dolo, erro, coação ou lesão".

Saliente-se que não há a necessidade de um acordo simulatório entre as partes, isto é, uma deliberação entre as partes acerca da proposição falsa (esse tema será aprofundado no tópico 1.5.1.2). Para que a simulação material ocorra, basta que as partes envolvidas tenham deliberado internamente acerca da constituição do ato jurídico que exprime a proposição falsa a respeito dos seus

---

224. GOMES, Orlando. **Introdução ao Direito Civil**. 20. ed. rev. atual. e aum. por Edvaldo Brito e Reginalda Paranhos Brito. Rio de Janeiro: Forense, 2010, p. 322.

225. BARRETO, Paulo Ayres. **Planejamento Tributário**: limites normativos. São Paulo: Noeses, 2016, p. 143.

elementos essenciais, isto é, basta que as partes estejam cientes da realidade e ajam espontaneamente.

A simulação material pode ser classificada em quatro espécies com base no elemento essencial sobre o qual recai a simulação: ela pode ocorrer em relação ao objeto do ato jurídico; em relação ao elemento essencial categorial do ato jurídico; em relação ao lugar da celebração do ato jurídico; e, finalmente, em relação ao tempo da celebração do ato jurídico.

Diante de tudo o que foi exposto, um conceito completo de simulação material poderia ser formulado da seguinte forma: vício decorrente da constituição de ato lícito que tenha por fim imediato adquirir, resguardar, transferir, modificar ou extinguir direitos jurídico por partes cientes da realidade e agindo sob livre e espontânea vontade que exprima enunciados descritivos não correspondentes a um estado de coisas no mundo. Tal definição, contudo, é excessivamente longa e prolixa.

As considerações anteriores permitem concluir que a simulação material é um vício decorrente da enunciação deliberada de proposições falsas por meio de ato jurídico. O ato jurídico que contém simulação material é ato jurídico que exprime deliberadamente proposição(ões) falsa(s). A simulação material contém três elementos: (a) um ato jurídico; (b) uma proposição falsa; e (c) uma deliberação interna.

1.4. Tese sobre o conceito de simulação no Direito Tributário

A simulação no Direito Tributário é o vício decorrente da constituição de ato jurídico que deliberadamente exprima: (i) proposições falsas *e/ou* (ii) enunciados normativos ocultos que alterem enunciados normativos aparentes. Existem, em verdade, duas simulações com dois conceitos diferentes no Direito Tributário: a simulação formal, a qual corresponde ao vício decorrente da constituição de um ato jurídico oculto que deliberadamente altere (ou revogue) um ato jurídico aparente; e a simulação material, a qual corresponde ao vício decorrente da enunciação deliberada de proposições falsas por meio de ato jurídico.

A simulação formal e a simulação material podem ser classificadas com base nos elementos do ato jurídico relacionados com a ocorrência da simulação. De um lado, a simulação formal pode dizer respeito aos sujeitos do ato jurídico (simulação subjetiva) e ao objeto do ato jurídico (simulação formal de objeto). De outro lado, a simulação material pode dizer respeito ao objeto do ato jurídico (simulação material de objeto), ao elemento categorial essencial do ato jurídico (abuso de forma), ao lugar do ato jurídico (simulação de lugar) ou ao tempo do ato jurídico (simulação temporal).

Tabela 1 – Classificação da simulação

Espécie de simulação	Fundamento legal	Subclasse elencada pelo Código Civil	Conceito	Subespécies de simulação
Simulação material	Artigo 102, II, primeira parte, do Código Civil de 1916, e artigo 167, § único, II, primeira parte, do Código Civil de 2002	Declaração e confissão não verdadeiras	Enunciação deliberada de proposições falsas por meio de ato jurídico	Simulação material de objeto
				Simulação de elemento categorial essencial (abuso de forma)
				Simulação de lugar
	Artigo 102, III, do Código Civil de 1916, e artigo 167, § único, III, do Código Civil de 2002	Instrumentos particulares antedatados ou pós-datados		Simulação temporal
Simulação formal	Artigo 102, II, segunda parte, do Código Civil de 1916, e artigo 167, § único, II, segunda parte, do Código Civil de 2002	Cláusula e condição não verdadeiras	Constituição de um ato jurídico oculto que deliberadamente altere (ou revogue) um ato jurídico aparente	Simulação formal de objeto
	Artigo 102, I, do Código Civil de 1916, e artigo 167, § único, I, do Código Civil de 2002	Aparentar conferir ou transmitir direitos a pessoas diversas daquelas às quais realmente se conferem, ou transmitem		Simulação subjetiva

Fonte: elaborado pelo autor.

1.5. Diferença entre os conceitos de simulação reconstruídos na presente obra e os conceitos de simulação apresentados pela doutrina brasileira

1.5.1. Conceitos de simulação apresentados pela doutrina brasileira

Os conceitos de simulação apresentados pela presente obra (e a própria ideia de que existem dois conceitos de simulação) divergem dos conceitos atualmente apresentados pela doutrina brasileira. Esses conceitos podem ser classificados em três grandes grupos.

Em primeiro lugar, existem os *conceitos subjetivos de simulação*, os quais vislumbram um elemento central para a configuração da simulação na divergência entre a vontade real e a vontade declarada das partes. Pontes de Miranda, nesse sentido, afirma que "em toda simulação há a divergência entre a exteriorização e a volição".[226] Clovis Bevilaqua, da mesma forma, afirma que "simulação é uma declaração enganosa da vontade, visando produzir efeito diverso do ostensivamente indicado".[227]

Os autores que adotam essa concepção subjetiva identificam, em regra, três elementos no conceito de simulação: (i) a divergência entre a "vontade real" e a "vontade declarada"; (ii) um acordo simulatório entre as partes; e (iii) a intenção de enganar terceiros. No âmbito do Direito Privado, por exemplo, autores como Moreira Alves,[228] Maria Helena Diniz,[229] Carlos Roberto Gonçalves,[230] Orlando

---

226. MIRANDA, Francisco Cavalcanti Pontes de. **Tratado de Direito Privado**. Tomo IV, 2. ed. Rio de Janeiro: Editora Borsoi, 1954, p. 376.

227. BEVILAQUA, Clovis. **Codigo Civil dos Estados Unidos do Brasil Commentado**. Edição histórica. Rio de Janeiro: Editora Rio, 1977, p. 353.

228. "Três são os requisitos da simulação. Para que haja a simulação, é preciso, primeiramente, que exista divergência entre a vontade interna e a vontade manifestada. A vontade interna na simulação absoluta, por exemplo, é aquela, no exemplo dado, de livrar uma parcela do nosso patrimônio da possibilidade de confisco. Já a vontade manifestada é a da aparente transferência do direito de propriedade daquilo que continua no nosso domínio. Em segundo lugar, é preciso que o acordo simulatório ocorra entre as partes, havendo, portanto, necessidade de um acordo. Conseqüentemente, ambas as partes sabem exatamente o que estão fazendo. Finalmente, esse negócio simulado há de ter por objetivo enganar terceiros estranhos a esse ato simulado" (ALVES, José Carlos Moreira. Figuras correlatas: abuso de forma, abuso de direito, dolo, negócios jurídicos simulados, fraude à lei, negócio indireto e dissimulação. *In*: SEMINÁRIO INTERNACIONAL SOBRE ELISÃO FISCAL. **Anais**. Brasília: Escola de Administração Fazendária - ESAF, 2002, p. 64).

229. "Assim a simulação apresenta os seguintes caracteres: a) é uma falsa declaração bilateral da vontade; b) a vontade exteriorizada diverge da interna ou real, não correspondendo à intenção das partes; c) é sempre concertada com a outra parte, sendo, portanto, intencional o desacordo entre a vontade interna e a declarada; d) é feita no sentido de iludir terceiro" (DINIZ, Maria Helena. **Curso de Direito Civil Brasileiro**: Teoria Geral do Direito Civil. Vol. 1. São Paulo: SaraivaJur, 2024, p. 532).

230. "É uma desconformidade consciente da declaração, realizada de comum acordo com a pessoa a quem se destina, com o objetivo de enganar terceiros ou fraudar a lei" (GONÇALVES, Carlos Roberto. **Direito Civil Brasileiro**. 18. ed., v. 1. São Paulo: Saraiva, 2020, p. 518).

Gomes,[231] Francisco Amaral,[232] Humberto Theodoro Júnior,[233] Serpa Lopes,[234] Silvio Rodrigues,[235] Silvio Venosa,[236] Washington de Barros Monteiro,[237] Gustavo Tepedino, Heloisa Helena Barboza e Maria Celina Bodin de Moraes[238] adotam esse conceito de simulação. Dentre os autores de Direito Tributário, esse conceito de simulação é adotado por Paulo de Barros Carvalho,[239] Roque

---

231. "A simulação existe quanto em um contrato se verifica, para enganar a terceiro, intencional divergência entre a vontade real e a vontade declarada pelas partes. Com a simulação, visa-se a alcançar fim contrário à lei" (GOMES, Orlando. **Introdução ao Direito Civil**. 20. ed. rev. atual. e aum. por Edvaldo Brito e Reginalda Paranhos Brito. Rio de Janeiro: Forense, 2010, p. 331).

232. "A simulação pressupõe três elementos: a) a divergência intencional entre a declaração e o efeito pretendido; b) acordo simulatório entre o declarante e o destinatário da declaração (declaratário); e c) objetivo de enganar terceiro" (AMARAL, Francisco. **Direito Civil**: Introdução. 7. ed. Rio de Janeiro: Renovar, 2008, p. 538).

233. "(...) a simulação invalidante tem de apresentar as seguintes características: a) divergência intencional, deliberada, entre a vontade e a manifestação; b) acordo simulatório entre as partes contratantes ou entre o declarante e o destinatário da declaração nos negócios unilaterais receptícios; c) o escopo de enganar terceiros, estranhos ao ato" (THEODORO JR., Humberto. **Comentários ao Novo Código Civil**, v. III, tomo I. Rio de Janeiro: Forense, 2003, p. 471).

234. LOPES, Miguel Maria de Serpa. **Curso de Direito Civil**, v. 1, 3 ed. Rio de Janeiro: Livraria Freitas Bastos, 1960, p. 447.

235. "Com efeito, para que ocorra a simulação faz-se necessária a presença dos seguintes requisitos: a) acordo entre os contratantes, que no mais das vezes se apresenta através de uma declaração bilateral da vontade; desconformidade consciente entre a vontade e a declaração, pois as partes não querem o negócio declarado, mas tão-somente fazê-lo aparecer como querido; c) propósito de enganar terceiros" (RODRIGUES, Silvio. **Direito Civil**, v. 1, 15. ed. São Paulo: Saraiva, 1985, p. 220-221).

236. "Voltando ao conceito podemos configurar a simulação quando existe divergência intencional entre a vontade e a declaração, emanada do acordo entre os contratantes, com o intuito de enganar terceiros" (VENOSA, Sílvio de Salvo. **Direito civil**: parte geral. 17. ed. São Paulo: Atlas, 2017, p. 513).

237. "A simulação apresenta-se com os característicos seguintes: a) em regra, é declaração bilateral da vontade; b) é sempre concertada com a outra parte, ou com as pessoas a quem ela se destina; c) não corresponde à intenção das partes; d) é feita no sentido de iludir terceiros" (MONTEIRO, Washington de Barros. **Curso de Direito Civil** – Parte Geral. 44. ed. São Paulo: Saraiva, 2012, p. 273).

238. "Neste sentido, costuma-se observar que a simulação demanda a confluência de três elementos: i) a divergência intencional entre vontade e declaração, ou melhor, entre o negócio aparente e os efeitos buscados; ii) um acordo simulatório entre os declarantes; e iii) o intuito de enganar terceiros" (TEPEDINO, Gustavo; BARBOZA, Heloisa Helena; MORAES, Maria Celina Bodin de. **Código Civil interpretado conforme a Constituição da República**. Rio de Janeiro: Renovar, 2004, p. 312).

239. "(...) a simulação é, em síntese, uma declaração enganosa da vontade, visando a produzir efeito diverso daquele que a declaração real da vontade acarretaria" (CARVALHO, Paulo de Barros. Planejamento tributário e a doutrina da prevalência da substância sobre a forma na definição dos efeitos tributários de um negócio jurídico. *In*: MACHADO, Hugo de Brito. **Planejamento Tributário**. São Paulo: Malheiros, 2016, p. 591).

Carrazza,[240] Alberto Xavier,[241] Hermes Marcelo Huck,[242] James Marins,[243] Ricardo Lodi Ribeiro,[244] Sampaio Dória[245] e Misabel Derzi.[246]

Em segundo lugar, existem os *conceitos objetivos de simulação*, os quais afastam a divergência entre a vontade real e a vontade declarada das partes como sendo um elemento do conceito de simulação. De um lado, autores como

240. "(...) a divergência entre a vontade e a declaração, fruto de acordo celebrado com o fito de enganar terceiros" (CARRAZZA, Roque. **Curso de Direito Constitucional Tributário**. 33. ed. Malheiros/Juspodivm, São Paulo, 2021, p. 420).

241. "A simulação é um caso de divergência entre a vontade (vontade real) e a declaração (vontade declarada), procedente de acordo entre o declarante e o declaratário e determinada pelo intuito de enganar terceiros" (XAVIER, Alberto. **Tipicidade da tributação, simulação e norma antielisiva**. São Paulo: Dialética, 2002, p. 52).

242. "(...) declaração de vontade irreal, emitida conscientemente, mediante acordo entre as partes, objetivando a aparência de um negócio jurídico que não existe ou que, se existe, é distinto daquele que efetivamente se realizou, com o fito de iludir terceiros. (...) Há um contraste entre a forma extrínseca do ato praticado e a vontade íntima (real) das partes que o praticam" (HUCK, Hermes Marcelo. **Evasão e elisão**: rotas internacionais do planejamento tributário. São Paulo: Saraiva, 1997, p. 118).

243. "A simulação é instituto de Direito Civil e compreende a realização de atos ou negócios jurídicos através de forma prescrita ou não defesa em lei, mas de modo que a vontade formalmente declarada no instrumento oculte deliberadamente a vontade real dos sujeitos da relação jurídica, desde que com a finalidade e prejudicar terceiros. (...) Na simulação absoluta dá-se um "acordo simulatório" em que do negócio simulado não se espera qualquer espécie de resultado jurídico" (MARINS, James. **Elisão tributária e sua regulação**. São Paulo: Dialética, 2002, p. 34).

244. "Na simulação, segundo Ferrara, há uma divergência, querida e deliberadamente produzida, entre a vontade e sua manifestação; um acordo simulatório entre as partes (ou entre o declarante e o destinatário da declaração); e o intuito de enganar a terceiro estranho" (RIBEIRO, Ricardo Lodi. **Temas de Direito Constitucional Tributário**. Rio de Janeiro: Editora Lumen Juris, 2009, p. 292).

245. "Em síntese: na simulação concorrem os seguintes elementos: (a) deformação consciente e desejada da declaração de vontade, (b) levada a efeito com o concurso da parte à qual se dirige e (c) tendo por objetivo induzir terceiros em engano, inclusive, do ponto de vista tributário, o próprio Estado" (DÓRIA, Antônio Ferreira Sampaio. **Elisão e Evasão Fiscal**. São Paulo: LAEL, 1971, p. 64).

246. "A simulação caracteriza-se pelo "intencional desacordo entre a vontade interna e declarada, no sentido de criar, aparentemente, um ato jurídico que, de fato, não existe, ou então oculta, sob determinada aparência, o ato realmente querido. (...)" Ela, em regra, pressupõe uma declaração bilateral de vontade, conluio entre as partes e visa a iludir e lesar terceiros ou a violar disposição de lei" (DERZI, Misabel de Abreu Machado. A Desconsideração dos Atos e Negócios Jurídicos Dissimulatórios, segundo a Lei Complementar nº 104, de 10 de janeiro de 2001. *In*: ROCHA, Valdir de Oliveira. [Coord.]. **O Planejamento Tributário e a Lei Complementar 104**. São Paulo: Dialética., 2001, p. 214).

Custódio da Piedade Ubaldino Miranda[247] e Luiz Carlos de Andrade Júnior[248] identificam dois elementos no conceito de simulação: (i) o acordo simulatório e (ii) a intenção de enganar terceiros. De outro lado, autores como Itamar Gaino[249] vislumbram no acordo simulatório o elemento distintivo da simulação.

Como se vê, os conceitos subjetivos e objetivos de simulação compartilham dois elementos (o acordo simulatório e a intenção de enganar terceiros), divergindo apenas quanto à necessidade da divergência entre a vontade real e a vontade declarada das partes para a configuração da simulação. Nenhum desses três elementos, contudo, possui base legal, e isso será demonstrado nos próximos tópicos.

Em terceiro lugar, existem os *conceitos causalistas de simulação*, que identificam na divergência entre a causa real e a causa típica do ato jurídico o elemento central da simulação. Autores como Heleno Tôrres,[250] Marco Aurélio Greco,[251]

247. "Viu-se que, dos elementos com que a doutrina tradicional conceitua a simulação, se sustem apenas o acordo simulatório, já que a intenção de enganar integra esse acordo, não tem autonomia" (MIRANDA, Custódio da Piedade Ubaldino. **A simulação no Direito Civil brasileiro:** um estudo comparativo entre os sistemas do revogado Código Civil de 1916 e o Código Civil em vigor de 2002. São Paulo: Marcial Pons, p. 104).

248. "Consiste no programa de autonomia privada pelo qual as partes articulam ações e omissões com o objetivo de criar a ilusão negocial, assim entendido o erro coletivo, objetivamente aferível, relativo à interpretação e/ou à qualificação do negócio jurídico" (ANDRADE JÚNIOR, Luiz Carlos de. **A Simulação no Direito Civil**. São Paulo: Malheiros, 2016, p. 83).

249. "(...) as partes, a pretexto de exercício da autonomia privada, criam normas jurídicas primárias que não correspondem à realidade, assim agindo conscientemente, ou seja, combinam dar ao negócio uma aparência diversa da realidade, podendo ou não haver, de modo oculto, outro negócio verdadeiramente querido, que é chamado negócio dissimulado" (GAINO, Itamar. **A Simulação dos Negócios Jurídicos**. 2. ed. São Paulo: Saraiva, 2012, p. 52).

250. "(...) a presença de duas normas jurídicas, postas pelas partes, com causas que se anulam no seu propósito negocial (simulação relativa), ou mesmo a formulação de um negócio sem causa (simulação absoluta) prestam-se perfeitamente como medida para a definição do que se pretende atribuir para o conceito de simulação" (TÔRRES, Heleno. **Direito tributário e direito privado**: autonomia privada, simulação, elusão tributária. São Paulo: Revista dos Tribunais, 2003, p. 309).

251. "Na medida em que a causa, vista dessa perspectiva, é que deve servir de critério para aferir a ocorrência de simulação, isto é a cabal demonstração que o próprio conceito de simulação precisa ser revisitado, pois não pode mais ser visto como vício da vontade. Ao revés, deve ser visto como vício do motivo ou da causa do negócio" (GRECO, Marco Aurélio. **Planejamento Tributário**. 4. ed. São Paulo: Quartier Latin, 2019, p. 285).

Marciano Seabra de Godoi[252] e Sérgio André Rocha[253] formulam conceitos causalistas de simulação. As concepções causalistas de simulação dependem do conceito de "causa do ato jurídico" de cada autor. Nenhum dos três conceitos ordinários de "causa do ato jurídico", contudo, é capaz de tornar o conceito causalista de simulação correto.

Passa-se a demonstrar o equívoco de cada um dos elementos identificados pela doutrina brasileira como requisitos necessários para a configuração da simulação. São eles: (i) a divergência entre a vontade e a declaração; (ii) o acordo simulatório; (iii) a intenção de enganar terceiros; e (iv) a divergência entre a "causa típica" e a "causa real".

1.5.1.1. Divergência entre vontade real e vontade declarada

A divergência entre vontade real e vontade declarada não é um elemento da simulação, e os autores que a consideram como um requisito para a configuração do conceito de simulação estão equivocados. Há uma razão singela para isso: o ordenamento jurídico brasileiro não elencou a divergência entre a vontade (enquanto intenção subjetiva) e a declaração como um elemento da simulação. Outros ordenamentos jurídicos, tais como o português, o fizeram, mas não o brasileiro.[254]

O Código Civil de 1916 e o Código Civil de 2002, aliás, quando quiserem estabelecer a intenção ou a vontade real como um elemento para a caracterização de determinada situação jurídica, o fizeram expressamente. O artigo 103 do Código Civil de 1916, por exemplo, empregou a intenção das partes como um critério para distinguir a simulação inocente da simulação invalidante: "A simulação não se considerará defeito em qualquer dos casos do artigo antecedente,

---

252. "(...) pois as partes usam determinada estrutura negocial (compra e venda) para atingir um resultado prático (doar um patrimônio) que não corresponde à causa típica do negócio posto em prática" (GODOI, Marciano Seabra. A Unilever e o Planejamento Tributário da Década. *In*: FARIA, Aline Cardoso de; GOMES, Marcus Lívio; ROCHA, Sérgio André [Org.]. **Planejamento Tributário sob a ótica do CARF**: análise de casos concretos. Rio de Janeiro: Lumen Juris, 2019, p. 329).

253. "(...) atos e negócios jurídicos explicitamente artificiais, praticados com distorção de sua causa típica com a finalidade exclusiva de economia tributária caracterizam atos e negócios jurídicos simulados" (ROCHA, Sérgio André. **Planejamento tributário e liberdade não simulada**: doutrina e situação pós ADI 2.446. 2. ed. Belo Horizonte: Casa do Direito, 2022, p. 165).

254. Código Civil português, artigo 240: "1. Se, por acordo entre declarante e declaratário, e no intuito de enganar terceiros, houver divergência entre a declaração negocial e a vontade real do declarante, o negócio diz-se simulado".

quando não houver intenção de prejudicar a terceiros, ou de violar disposição de lei". O Código Civil de 2002, da mesma forma, utilizou a vontade real como um critério para permitir a confirmação do negócio jurídico anulável por erro: "O erro não prejudica a validade do negócio jurídico quando a pessoa, a quem a manifestação de vontade se dirige, se oferecer para executá-la na conformidade da vontade real do manifestante" (artigo 144). A intenção, igualmente, foi utilizada como critério para a caracterização do dolo nos casos de omissão dolosa: "Nos negócios jurídicos bilaterais, o silêncio intencional de uma das partes a respeito de fato ou qualidade que a outra parte haja ignorado, constitui omissão dolosa, provando-se que sem ela o negócio não se teria celebrado" (artigo 147).

Se, em todos esses casos, os quais também envolvem vícios do ato jurídico, o legislador optou por empregar os termos "intenção" e "vontade real", e ao regular a simulação, o legislador optou por não empregar tais termos, é porque ele não quis incluir o significado deles decorrente como um elemento da simulação. Esse argumento, também chamado de "argumento da constância terminológica", é uma espécie de argumento sistemático, e parte da premissa de que o legislador emprega, na mesma Lei, termos iguais ou semelhantes quando quer exprimir significados iguais ou semelhantes, e termos diferentes quando quer exprimir significados diferentes.[255]

Mas alguém poderia sustentar a tese de que, embora o ordenamento jurídico brasileiro não tenha elencado expressamente a divergência entre vontade e declaração como um elemento da simulação, essa conclusão poderia ser alcançada a partir da constatação de que as declarações de vontade que consubstanciam os atos jurídicos exprimem proposições a respeito da vontade real, a qual seria um fato. Logo, se a vontade declarada (proposição) não tiver correspondência com a vontade real (fato), a proposição exprimida pela vontade declarada será falsa, tornando simulado o ato jurídico constituído por essa declaração. A vontade real, de acordo com essa tese, seria um fato, de forma que as declarações de vontade, por realizarem uma asserção sobre esse fato, teriam valor de verdade.

As declarações de vontade, contudo, não exprimem proposições sobre a vontade real dos declarantes. No âmbito dos atos jurídicos, elas não descrevem objetos; as declarações de vontade fazem existir um estado de coisas por

---

255. GUASTINI, Riccardo. **Interpretare e Argomentare**. Milão: Dott. A. Giuffrè, 2011, p. 299.

meio da declaração.[256] O importante não é o que o declarante *realmente* quer, mas sim como a sua declaração será compreendida.[257] Isso porque existe uma instituição extralinguística (no caso, o Direito) que, a depender da posição do falante e do ouvinte, confere um efeito especial a tais enunciados.[258] Conforme já afirmado, ao se declarar que "eu transmito o imóvel", não se está exprimindo uma proposição a respeito da transmissão do imóvel: está se transmitindo o imóvel. Tal declaração, enquanto constitutiva de um estado de coisas, sequer possui valor de verdade.

A declaração de vontade, no âmbito do Direito Civil brasileiro, é um evidente caso no qual não se pressupõe qualquer fato relativo à vontade real ou à verdadeira intenção do declarante. Ainda que o artigo 85 do Código Civil de 1916 e o artigo 112 do Código Civil de 2002 tenham determinado a prevalência da intenção do declarante na interpretação das declarações de vontade, eles o fizeram em relação à intenção consubstanciada na declaração de vontade, e não em relação à sua verdadeira intenção.[259] Moreira Alves, autor da Parte Geral do Código Civil de 2002, já afirmou que o objetivo da redação do artigo 112 foi "deixar bem explícito que a regra determina que se atenda à intenção consubstanciada na declaração, e não ao pensamento íntimo do declarante".[260]

Antônio Junqueira de Azevedo, nesse sentido, entende que: "A declaração, uma vez feita, desprende-se do *iter* volitivo; adquire autonomia, como a obra se solta de seu autor. É da declaração, e não da vontade, que surgem os efeitos".[261] Da mesma forma, Judith Martins-Costa afirma que a intenção relevante para a interpretação do negócio jurídico não é "a intenção como fato psicológico,

---

256. SEARLE, John R. **Expressão e Significado**: estudos da teoria dos atos de fala. Tradução de Ana Cecília G. A. de Camargo e Ana Luiza Marcondes Garcia. 2. ed. São Paulo: Martins Fontes, 2002, p. 22.

257. LARENZ, Karl. **Metodologia da Ciência do Direito**. Tradução de José Lamego. 7. ed. Lisboa: Fundação Calouste Gulbenkian, 2014, p. 421.

258. CARNELUTTI, Francesco. **Teoria del Falso**. Pádua: Dott. A. Milani, 1935, p. 141; SEARLE, John R. **Expressão e Significado**: estudos da teoria dos atos de fala. Tradução de Ana Cecília G. A. de Camargo e Ana Luiza Marcondes Garcia. 2. ed. São Paulo: Martins Fontes, 2002, p. 28.

259. Art. 85 do CC/16: "Nas declarações de vontade se atenderá mais à sua intenção que ao sentido literal da linguagem"; art. 112 do CC/02: "Nas declarações de vontade se atenderá mais à intenção nelas consubstanciada do que ao sentido literal da linguagem".

260. ALVES, José Carlos Moreira. **A parte geral do Projeto de Código Civil brasileiro (subsídios históricos para o novo Código Civil brasileiro)**. 2. ed. São Paulo: Saraiva, 2003, p. 108.

261. AZEVEDO, Antônio Junqueira de. **Negócio Jurídico**: existência, validade e eficácia. 4. ed. São Paulo: Saraiva, 2002, p. 85.

retida na interioridade do agente" mas sim "aquela expressada por meio de um comportamento socialmente reconhecível e racionalmente controlável, que é a manifestação declarativa (a declaração negocial)".[262]

Não é outro o entendimento de Francisco Amaral, para quem "o sistema do Código Civil de 2002, tomando como ponto de partida a declaração de vontade (na qual a intenção se substancia (...) optou pela concepção objetiva e, consequentemente, pela teoria da declaração".[263] O artigo 110 do Código Civil de 2002, aliás, ao estabelecer a irrelevância da reserva mental para a manifestação de vontade, evidencia a total inutilidade da identificação da "vontade real" (não manifestada) para o sucesso de uma declaração de vontade.[264]

Vale referir, nesse sentido, que a divergência entre a vontade real e a vontade declarada não é um elemento ontológico da simulação, como se fosse gramaticalmente incorreto se falar de simulação sem se falar em divergência da vontade real e da vontade declarada. Primeiro, conforme já visto no tópico 1.2, a simulação é um conceito normativo (o qual depende do ordenamento jurídico), e não um conceito ontológico (o qual independe do ordenamento jurídico). Segundo, nem mesmo no Direito Romano, no qual se tem notícia dos primeiros contornos do instituto da simulação, a divergência entre a vontade real e a vontade declarada era considerada um requisito para que um ato jurídico fosse simulado. A única razão necessária para que um ato jurídico fosse simulado, no Direito Romano, era que ele não correspondesse à realidade – no Digesto, as passagens que tratam do tema não invocam a falta de vontade das partes como uma causa para a sua nulidade.[265] A intenção dos contratantes apenas ganhou relevância para a caracterização da simulação com a chegada do Baixo Império.[266]

É claro que afirmar que a divergência entre a vontade real e a vontade declarada não é um elemento da simulação no ordenamento jurídico brasileiro não

262. MARTINS-COSTA, Judith. **A boa-fé no Direito Privado**. 3 ed. São Paulo: Saraiva, 2024, p. 510.

263. AMARAL, Francisco. **Direito Civil**: Introdução. 7. ed. Rio de Janeiro: Renovar, 2008, p. 395.

264. "Artigo 110: A manifestação de vontade subsiste ainda que o seu autor haja feito a reserva mental de não querer o que manifestou, salvo se dela o destinatário tinha conhecimento".

. MADRID, Germán Ovalle. Origen y evolución de la teoria de la simulación de los negocios jurídicos en derecho español. **Revista Derecho Público Iberoamericano**, n. 17, 2020, p. 219-250, p. 222.

266. MADRID, Germán Ovalle. Origen y evolución de la teoria de la simulación de los negocios jurídicos en derecho español. **Revista Derecho Público Iberoamericano**, n. 17, 2020, p. 219-250, p. 223.

é o mesmo que afirmar que não *pode* haver uma divergência entre a vontade real e a vontade declarada na simulação. Essa divergência, naturalmente, *pode* existir. O ponto é que um e-mail de um pai contendo uma confissão de que a sua vontade real ao fazer o mútuo para o filho era realizar uma doação, por exemplo, apenas comprova que a declaração de vontade consubstanciada no mútuo era insincera, e não que ela era falsa e, portanto, simulada. O problema da sinceridade é distinto do problema da verdade.[267] Em interessante ilustração, Oliver Holmes afirmou que a intenção de evadir a lei seria irrelevante, uma vez que o próprio sentido de existir uma linha que separa os atos lícitos dos ilícitos é que se pode aproximar dela, intencionalmente, o quanto se quiser, desde que essa linha não seja ultrapassada.[268] Quando se procura retratar a declaração de vontade no âmbito dos atos jurídicos como uma proposição sobre um fato, o qual seria a "vontade real", confunde-se a vontade do indivíduo com a sua sinceridade ao exprimir proposições.

A distinção entre a verdade de uma asserção e a sinceridade dessa asserção pode ser ilustrada por meio do seguinte exemplo: suponhamos que, em uma festa, o anfitrião faça a mesma pergunta a quatro convidados distintos: "você já foi a Firenze?". O primeiro convidado já foi a Firenze, e responde: "Sim, já fui". O segundo convidado não sabe que Florença é o nome em português da cidade de Firenze, e embora já tenha estado naquela cidade, ele acredita que apenas esteve em Florença, mas não em Firenze. De qualquer forma, para não parecer incivilizado, ele responde: "Sim, já fui". O terceiro convidado, embora nunca tenha ido a Firenze, já comprou uma passagem de trem para aquela cidade, tendo descido do trem na estação errada, em Bologna. Assim, embora ele nunca tenha estado em Firenze, ele acredita que já esteve, pois ele crê que o passeio que realizou naquela data tenha sido em Firenze (embora, na verdade, tenha sido em Bologna). Diante disso, ele responde da seguinte forma à pergunta do anfitrião: "Sim, eu fui". Finalmente, o quarto convidado nunca saiu do Brasil e não tem ideia do que seja ou de onde está Firenze. Tendo observado a resposta dos demais convidados, contudo, ele não quer ser visto como o único que não esteve em Firenze, de modo que responde: "Sim, eu fui".

Os quatro convidados exprimiram a mesma proposição ("eu estive em Firenze"), mas a verdade e a sinceridade da proposição de cada um foram dife-

267. PINHO, João Ricardo Dias de. **Negócio jurídico no direito tributário**: ensaio sobre uma teoria da simulação. São Paulo: Noeses, 2018, p. 85.

268. USA. Superior Oil Co. v. Mississippi ex Rel. Knox, 280 U.S. 390 (1930).

rentes. O primeiro convidado exprimiu uma proposição verdadeira e sincera. O segundo convidado exprimiu uma proposição verdadeira e insincera. O terceiro convidado exprimiu uma proposição falsa e sincera. Por fim, o quarto convidado exprimiu uma proposição falsa e insincera.

Geralmente, chamamos uma proposição falsa e sincera, tal como a do terceiro convidado, de um "engano", e uma proposição falsa e insincera, como a do quarto convidado, de uma "mentira". Tanto a pessoa que se equivoca quanto a pessoa que mente, contudo, exprimem proposições falsas, e é a falsidade das proposições que é relevante para a caracterização da simulação; da mesma forma, embora o segundo convidado tenha sido insincero (e, por isso, moralmente questionável), ele foi verdadeiro, e é apenas isso interessa quanto se trata de determinar a verdade ou a falsidade de proposições. A sinceridade não é um elemento necessário das asserções verdadeiras.[269]

Em suma: uma coisa é a verdade da declaração de vontade, outra coisa, muito distinta, é a sinceridade dessa declaração de vontade.[270] Para a formação do ato jurídico, o que importa é a declaração de vontade, sincera ou insincera, e para a configuração da simulação, o que importa é a falsidade da declaração de vontade, sincera ou insincera. A declaração de vontade não deve ser compreendida como uma declaração sobre um fato, qual seja, a "vontade real" do declarante, mas sim como um ato que produz, ele mesmo, a correspondência entre a proposição (p. ex. "eu declaro minha vontade de doar") e o mundo (p. ex. "eu tenho a vontade jurídica de doar").[271] Aliás, o que a expressão "autonomia privada" designa é justamente esse espaço de liberdade que os indivíduos comuns (ou seja, que não são autoridades) possuem para produzir regras jurídicas e atribuir efeitos jurídicos a certas condutas.[272]

Embora a falsidade e a insinceridade não tenham uma relação de causalidade ("a insinceridade gera a falsidade"), e nem uma relação de continência ("a falsidade é uma espécie de insinceridade"), elas têm uma relação probabilística. Entre um negócio jurídico constituído de forma sincera e um negócio jurídico

---

269. WILLIAMS, Bernard. **Truth and Truthfulness**: An Essay in Genealogy. Princeton: Princeton University Press, 2002, p. 73.

270. BACH, Kent. Speech Acts and Pragmatics. *In*: DEVITT, Michael. HANLEY, Richard. **The Blackwell Guide to the Philosophy of Language**. Oxford: Blackwell, 2006, p. 152.

271. SEARLE, John R. **Expressão e Significado**: estudos da teoria dos atos de fala. Tradução de Ana Cecília G. A. de Camargo e Ana Luiza Marcondes Garcia. 2. ed. São Paulo: Martins Fontes, 2002, p. 26.

272. ALMEIDA, Carlos Ferreira de. **Contratos**, v. 1, 4. ed. Coimbra: Almedina, 2008, p. 35.

constituído de forma insincera, é mais provável que este seja simulado do que aquele.

Basta pensar em dois mútuos formalizados com os mesmos valores e as mesmas condições: o primeiro foi constituído de forma sincera; o segundo foi constituído de forma insincera, pois a vontade das partes era realizar uma doação (isso pode ter sido comprovado, por exemplo, por uma troca de mensagens). Entre os dois mútuos, é mais provável que o segundo envolva um ato oculto neutralizando a obrigação de restituir do ato aparente. Afinal, as pessoas tendem a buscar a concretização dos seus objetivos. Trata-se de uma máxima da experiência, a qual conota regularidades comportamentais advindas da avaliação racional da ação humana.[273] Essa insinceridade das partes, contudo, não corresponde ao ato jurídico oculto em si, sendo um mero indício da sua existência, o qual deve ser conjugado com outros na análise do caso concreto, tais como, por exemplo, a inércia do credor diante do inadimplemento do mútuo e as declarações fiscais dos envolvidos. Isso será objeto do tópico 3.1.4.2.

A insinceridade é um indício de difícil comprovação, razão pela qual o artigo 446, I, do Código de Processo Civil, estabeleceu que: "É lícito à parte provar com testemunhas: nos contratos simulados, a divergência entre a vontade real e a vontade declarada". Dessa regra decorre que a prova testemunhal pode ser utilizada em qualquer circunstância para a prova da simulação, ainda que contra documento escrito.[274]

Tal previsão do Código de Processo Civil, vale ressaltar, estabelece a licitude de um meio de prova (testemunhal) em relação a um dos indícios (divergência entre vontade real e vontade declarada) que pode, em conjunto com outros indícios, configurar a existência de simulação. A interpretação de que o artigo 446, I, do Código de Processo Civil introduziu o elemento "divergência entre a vontade real e a vontade declarada" no conceito de simulação está equivocada por, ao menos, duas razões.

A primeira razão pela qual a interpretação está equivocada é que o artigo 446, I, do Código de Processo Civil não trata do conceito de simulação, mas sim do meio de comprovação de um dos seus indícios; afinal, trata-se de uma Lei

273. ÁVILA, Humberto. Teoria da prova: standards de prova e os critérios de solidez da inferência probatória. **Revista de Processo**, São Paulo, Thomson Reuters-Revista dos Tribunais, ano 43, v. 282. agosto/2018, p. 113-139, p. 133.

. MARINONI, Luiz Guilherme. ARENHART, Sérgio Cruz. MITIDIERO, Daniel. **Novo código de processo civil comentado**. São Paulo: Editora Revista dos Tribunais, 2015, p. 455.

sobre processo, e não de uma Lei sobre as relações materiais entre os indivíduos. O conceito de simulação do Código Civil e a regra do Código de Processo Civil, nesse sentido, são plenamente compatíveis: enquanto aquela define o que é simulação, esta estabelece a licitude de um dos meios de comprová-la. Conforme bem observado por Custódio Miranda, "não se pode ver em um dispositivo isolado da lei adjetiva, concernente à prova testemunhal, fundamento bastante para a construção de um conceito do fenômeno simulatório".[275]

A segunda razão pela qual o artigo 446, I, do Código de Processo Civil não introduziu o elemento "divergência entre a vontade real e a vontade declarada" no conceito de simulação é pertinente de uma forma específica para o Direito Tributário. Conforme já exposto no tópico 1.2, o Código Tributário Nacional incorporou o conceito de simulação do Código Civil de 1916, de forma que o nem Código de Processo Civil de 1973, nem o Código de Processo Civil de 2015, por serem leis ordinárias, poderiam tê-lo alterado.[276] Vale ressaltar, nesse sentido, que a Constituição Federal de 1967, vigente à época da edição do Código de Processo Civil de 1973, já previa a necessidade de Lei complementar para o estabelecimento de normas gerais em matéria tributária.[277]

Disso tudo se depreende que a "vontade real" das partes na constituição dos atos jurídicos é irrelevante para a caracterização da simulação, uma vez que o ordenamento jurídico brasileiro não considera a divergência entre "vontade real" e "vontade declarada" como um dos seus elementos constitutivos. Essa divergência entre a "vontade real" e a "vontade declarada", que também pode ser caracterizada como uma "vontade insincera", embora não seja um elemento necessário da simulação, pode ser considerada como um indício da sua ocorrência.

A demonstração de que a divergência entre a vontade real e a vontade declarada não é um elemento necessário da simulação possui diversas consequências práticas. A mais importante delas é que a comprovação dessa divergência deixa de ser um requisito para a configuração da simulação (embora possas ser um

---

275. MIRANDA, Custódio da Piedade Ubaldino. **A simulação no Direito Civil brasileiro:** um estudo comparativo entre os sistemas do revogado Código Civil de 1916 e o Código Civil em vigor de 2002. São Paulo: Marcial Pons, p. 52.

276. Código de Processo Civil de 1973:

Art. 404. É lícito à parte inocente provar com testemunhas:

I - nos contratos simulados, a divergência entre a vontade real e a vontade declarada.

277. Artigo 19 § 1º - Lei complementar estabelecerá normas gerais de direito tributário, disporá sobre os conflitos de competência tributária entre a União, os Estados, o Distrito Federal e os Municípios, e regulará as limitações constitucionais do poder tributário.

indício da sua ocorrência). Um exemplo pode deixar isso mais claro. Em caso analisado pelo Tribunal de Justiça do Estado de São Paulo, a Fiscalização do Estado de São Paulo havia lavrado uma autuação fiscal de ITCMD contra um contribuinte que havia vendido as quotas de uma sociedade pelo valor nominal de R$ 1.100.000,00.[278] Tais cotas, segundo a Fiscalização do Estado de São Paulo, tinham o valor de mercado correspondente a R$ 27.695.705,85, razão pela qual considerou-se que a venda teria sido simulada (uma simulação de elemento categorial essencial ou abuso de forma), e que teria ocorrido uma doação dissimulada. O Tribunal de Justiça do Estado de São Paulo cancelou a autuação fiscal, dentre outras razões, porque considerou que o Fisco não se desincumbiu do seu ônus de comprovar a efetiva intenção das partes em praticar um negócio jurídico simulado:

> A fim de comprovar a presumida simulação de compra e venda havida entre cedente e cessionária incumbia ao Fisco demonstrar que a vontade original das partes correspondia à efetiva transferência gratuita de quotas sociais entre si, valendo-se, para tanto, de critérios objetivos de determinação válida do que considerava o "preço justo", sem prejuízo do ônus de evidenciar a efetiva intenção dos agentes na prática do negócio simulado.

O Tribunal de Justiça do Estado de São Paulo, contudo, equivocou-se, e o fez porque considerou que a divergência entre a vontade e a declaração seria um requisito necessário para a configuração da simulação. Em casos de simulação do elemento categorial essencial (abuso de forma), os requisitos necessários e suficientes para a sua configuração são: (i) um ato jurídico, (ii) que deliberadamente (iii) exprima proposições falsas a respeito dos seus elementos categoriais essenciais.

As considerações anteriores permitem concluir que a divergência entre a "vontade real" e a "vontade declarada" não corresponde a um dos elementos necessários para a ocorrência da simulação. O ordenamento jurídico brasileiro não elenca a divergência entre a "vontade real" e a "vontade declarada" como um requisito para a configuração da simulação. Além disso, a "vontade real" não é o objeto do conteúdo proposicional da "vontade declarada", de forma que a insinceridade na declaração de vontade não exprime uma proposição falsa. Embora a insinceridade na declaração de vontade não seja um elemento necessário da simulação, ela é um indício da sua ocorrência.

---

278. SÃO PAULO. TJSP, Apelação Cível nº 1021723-72.2020.8.26.0482, 4ª Câmara de Direito Público, rel. Des. Paulo Barcellos Gatti, j. 27/09/2021.

1.5.1.2. Acordo simulatório

Os autores que defendem uma concepção subjetivista de simulação e os autores que defendem uma concepção objetivista de simulação entendem que o acordo simulatório seria um elemento do conceito de simulação. O acordo simulatório é definido por Francisco Amaral como o "conluio entre declarante e declaratário acerca da divergência entre o que se estipula e a efetiva relação jurídica que nasce".[279]

Existem, ao menos, duas razões pelas quais o acordo simulatório não é um elemento do conceito de simulação no ordenamento jurídico brasileiro. A primeira delas é que não há qualquer previsão legal acerca da necessidade de um acordo entre as partes para que haja simulação. Pontes de Miranda, nesse sentido, considerava que "a exigência de haver consentido o destinatário é sem assento em lei".[280] Outros ordenamentos jurídicos, tais como o português e o italiano, até previram a necessidade de um acordo entre as partes para que houvesse a simulação – isso não ocorreu, contudo, na definição de simulação no Código Civil brasileiro.[281]

Além disso, o próprio Código Civil, prevê a possibilidade de simulação em atos jurídicos unilaterais. Ao definir o conceito de simulação, o Código indicou expressamente, dentre as subclasses que compõem aquele conceito, as confissões não verdadeiras (artigo 102, II, do Código Civil de 1916 e artigo 167, §1º, II, do Código Civil de 2002).

Independentemente de confissões serem atos jurídicos *stricto sensu* ou negócios jurídicos unilaterais não recepticios, o fato é que são atos jurídicos *lato sensu* unilaterais, os quais independem da participação de outra parte para serem constituídos. Disso decorre que as confissões, de um lado, podem ser consideradas simuladas em razão de expressa disposição legal; de outro lado,

---

279. AMARAL, Francisco. **Direito Civil**: Introdução. 7. ed. Rio de Janeiro: Renovar, 2008, p. 539.

280. MIRANDA, Francisco Cavalcanti Pontes de. **Tratado de Direito Privado**. Tomo IV, 2. ed. Rio de Janeiro: Editora Borsoi, 1954, p. 381.

281. Código Civil português, artigo 240: "1. Se, por acordo entre declarante e declaratário, e no intuito de enganar terceiros, houver divergência entre a declaração negocial e a vontade real do declarante, o negócio diz-se simulado". Código Civil italiano, artigo 1414: "o contrato simulado não produz efeito entre as partes. Se as partes tiverem a intenção de celebrar um contrato diferente do aparente, o contrato disfarçado terá efeito entre elas, desde que os requisitos de substância e forma sejam atendidos. As disposições anteriores aplicam-se também aos atos unilaterais destinados a determinada pessoa, os quais são simulados por acordo entre o declarante e o destinatário".

podem ser constituídas unilateralmente, o que torna eventual acordo com outra parte prescindível para que a confissão seja considerada simulada. O acordo simulatório, portanto, não é um requisito para a configuração da simulação, já que há simulação em atos jurídicos *lato sensu* unilaterais, tais como a confissão.

Para que haja simulação, as partes devem estar cientes, isso sim, de que o ato jurídico constituído exprime proposições falsas (simulação material) ou altera ato jurídico aparente (simulação formal). Essa ciência, contudo, não necessita ser acordada, muito menos compartilhada. As partes podem jamais ter combinado a prática da simulação, e realizá-la mesmo assim.[282] Elas também podem, eventualmente, acordar que o ato jurídico irá exprimir uma proposição falsa (simulação material) ou que irá alterar um ato jurídico aparente (simulação formal), mas podem divergir em relação ao conteúdo dessa proposição e em relação ao conteúdo do ato jurídico real.

Disso tudo decorre que o acordo simulatório é um elemento contingente da simulação, que pode estar presente em diversos casos (até mesmo na maioria), mas, de acordo com o ordenamento jurídico brasileiro, não é um requisito para a sua configuração. O acordo simulatório, nesse sentido, não deve ser confundido com outros dois institutos, quais sejam, o acordo de vontades e o ato jurídico oculto.

Isso significa que qualquer negócio jurídico deve ser constituído por meio de um acordo de vontades, o qual corresponde ao mútuo consenso entre as partes.[283] O fato de determinado negócio jurídico ser simulado e ter sido constituído por meio de um acordo de vontades, contudo, não significa que esse acordo diga respeito ao conteúdo proposicional falso que é exprimido (simulação material) ou ao ato jurídico aparente que é secretamente alterado (simulação material). O fato de as partes quererem em conjunto a constituição do negócio jurídico não significa que elas querem em conjunto exprimir uma proposição falsa ou alterar um ato jurídico aparente (ainda que o queiram individualmente).

No entanto, o acordo simulatório, por vezes, é confundido com o ato jurídico oculto, como em uma das passagens de Orlando Gomes, na qual o autor afirma que "serve o acordo para tirar o valor jurídico do contrato, preparado outro contrato com conteúdo e causa diversa, e para a operar a substituição de uma

---

282. PUGLIESE, Giovanni. **La simulazione nei negozi giuridici**. Pádua: Casa Editrice Dott. Antonio Milani, 1938.

283. VENOSA, Sílvio de Salvo. **Direito civil**: parte geral. 17. ed. São Paulo: Atlas, 2017, p. 368.

parte".[284] Se a expressão "acordo simulatório" for empregada com o significado de "ato jurídico oculto", além de um problema terminológico, pois tal expressão estaria sendo empregada com um significado distinto do habitual, teríamos um problema de subinclusividade, uma vez que o ato jurídico oculto é um requisito para a configuração da simulação formal, mas não para a configuração da simulação material.

As considerações anteriores permitem concluir que o acordo simulatório é um elemento contingente, mas não necessário, da simulação. Em primeiro lugar, porque não há base legal no ordenamento jurídico brasileiro para se considerar o acordo simulatório como um requisito para a configuração da simulação; em segundo lugar, porque o Código Civil previu expressamente a possibilidade de um ato jurídico unilateral ser simulado, o que afasta o acordo simulatório como requisito necessário para a ocorrência de simulação.

1.5.1.3. Intenção de enganar terceiros

Os autores que defendem uma concepção subjetivista de simulação e a maioria dos autores que defendem uma concepção objetivista de simulação elencam a intenção de enganar terceiros como um dos elementos da simulação. Carvalho de Santos, nesse sentido, afirma que "o escopo de enganar é elemento integrante do acto simulado".[285] A classificação da simulação como "vício social", inclusive, é atribuída a esse suposto objetivo de iludir terceiros.[286] A intenção de enganar terceiros, contudo, não é um elemento necessário da simulação, e isso decorre de ao menos duas razões: não há qualquer previsão legal nesse sentido e ,além disso, a análise do Código Civil de 1916 evidencia que o ordenamento jurídico brasileiro jamais pretendeu elencar a intenção de enganar terceiro como um elemento necessário da simulação.

Em primeiro lugar, o ordenamento jurídico brasileiro não elencou a intenção de enganar terceiros como um elemento da simulação. O Código Civil português, por exemplo, estabeleceu o "intuito de enganar terceiros" como um

---

284. GOMES, Orlando. **Introdução ao Direito Civil**. 20. ed. rev. atual. e aum. por Edvaldo Brito e Reginalda Paranhos Brito. Rio de Janeiro: Forense, 2010, p. 332.

285. SANTOS, J. M de Carvalho. **Código Civil Brasileiro Interpretado**, v. II, 2. ed. Rio de Janeiro: Editor Freitas Bastos, 1938, p. 380.

286. GONÇALVES, Carlos Roberto. **Direito Civil Brasileiro**. 18. ed., v. 1. São Paulo: Saraiva, 2020, p. 519.

requisito necessário para a simulação.[287] Se o legislador brasileiro, ao contrário do legislador português, optou por não incluir tal elemento no conceito de simulação, não cabe ao intérprete fazê-lo.

Em segundo lugar, pode-se depreender que a intenção de enganar terceiros não é um elemento da simulação a partir do que dispunha o Código Civil de 1916, cujo conceito de simulação foi mantido pelo Código Civil de 2002. O Código Civil de 1916, ao elencar a intenção de prejudicar terceiro ou de violar disposição de lei como o elemento que diferenciava a simulação invalidante da simulação inocente, acabou por reconhecer que tal elemento não faz parte do conceito de simulação (afinal, a simulação inocente também é uma simulação). Nesse sentido, o artigo 103 do Código Civil de 1916 considerava que: "a simulação não se considerará defeito em qualquer dos casos do artigo antecedente, quando não houver intenção de prejudicar a terceiros, ou de violar disposição de lei". O artigo 104 do Código Civil de 1916, por sua vez, estabelecia que: "Tendo havido intuito de prejudicar a terceiros, ou infringir preceito de lei, nada poderão alegar, ou requerer os contraentes em juízo quanto à simulação do ato, em litígio de um contra o outro, ou contra terceiros".

Do simples fato de que o que diferenciava a "simulação inocente" da "simulação invalidante" era a intenção de prejudicar terceiros, já se pode depreender que tal intenção é um elemento contingente, mas não necessário, da simulação. Afinal, simulação inocente também é simulação – ela apenas não tinha como efeito gerar a nulidade do ato jurídico na vigência do Código Civil de 1916. O Código Civil de 2002 extinguiu a distinção entre a "simulação inocente" e a "simulação invalidante", tornando nulos todos os atos jurídicos simulados, com ou sem a intenção de enganar terceiro, mantendo o conceito de simulação do Código Civil de 1916.

A intenção de enganar terceiros é uma razão bastante comum para se praticar a simulação, estando presente na maioria dos atos jurídicos simulados. Trata-se, contudo, de elemento contingente, mas não necessário, da simulação. Pode ser que um pai, por exemplo, dê o seu veículo de presente para o seu filho, e o faça por meio de uma venda por um valor sabidamente irrisório, apenas para facilitar a transferência, sem qualquer intenção de prejudicar alguém. Se houve ou não a intenção de enganar a Fiscalização Tributária e obstruir a sua pretensão relativa ao ITCMD, incidente sobre as doações, não importa. Há simulação.

---

287. Código Civil português, artigo 240: "1. Se, por acordo entre declarante e declaratário, e no intuito de enganar terceiros, houver divergência entre a declaração negocial e a vontade real do declarante, o negócio diz-se simulado".

As considerações anteriores permitem concluir que a intenção de enganar terceiros não é um elemento necessário para a configuração da simulação no ordenamento jurídico brasileiro. Em primeiro lugar, porque o ordenamento jurídico brasileiro, diferentemente de outros ordenamentos jurídicos, não elencou a intenção de enganar terceiros como um requisito necessário do conceito de simulação. Em segundo lugar, porque o Código Civil de 1916 excluiu expressamente a intenção de enganar terceiros do conceito de simulação, e tal conceito foi mantido pelo Código Civil de 2002.

1.5.1.4. Divergência entre a causa real e a causa aparente (ou a causa típica)

Os autores que defendem uma concepção causalista sustentam que a simulação decorreria de uma divergência entre a causa real do ato jurídico e a sua causa real ou, ainda, uma divergência entre a causa real e a causa típica estabelecida pelo ordenamento jurídico para esse ato jurídico. Existe uma grande dificuldade em se compreender os fundamentos dessa concepção, e isso se deve, em grande parte, à polissemia do termo "causa", o qual é empregado para denotar distintos significados – muitas vezes, em um mesmo texto.[288] A bem da verdade, sequer há uniformidade em relação às diferentes denominações empregadas para denotar os possíveis significados de causa. Denominações como "causa final", "causa mediata", "causa imediata", "causa subjetiva", "causa objetiva" e "causa eficiente" são utilizadas de maneira intercambiável, sobreposta e confusa.

Por essa razão, este trabalho estipulou três expressões para designar três significados diferentes do termo "causa", as quais não necessariamente são as mesmas utilizadas pelos próprios autores analisados:

1. serão denominados de "causa subjetiva" os motivos das partes para a constituição do ato jurídico; a denominação "causa subjetiva" é adequada, porque os motivos para a constituição de um ato jurídico são relacionados aos sujeitos que o constituem.
2. será denominada de "causa objetiva" a função designada pelo ordenamento jurídico para o ato jurídico; a denominação "causa objetiva" é adequada, porque a função de um ato jurídico corresponde ao seu objeto.
3. será denominada de "causa final" o propósito negocial das partes com a constituição do ato jurídico; a denominação "causa final" é adequada,

---

288. SILVA, Rômulo Cristiano Coutinho da. **Planejamento Tributário e Segurança Jurídica**. São Paulo: Quartier Latin, 2019, p. 94.

porque o proposito negocial de um ato jurídico corresponde à sua finalidade jurídica.

Nenhum desses significados de causa é capaz de tornar correta a concepção causalista do conceito de simulação.

1.5.1.4.1. Divergência entre causa subjetiva real e causa subjetiva aparente

Existem autores que sustentam que há simulação nas hipóteses em que a *causa subjetiva real* do ato jurídico diverge da sua causa subjetiva aparente. A causa subjetiva corresponde às finalidades concretas perseguida pelas partes, isto é, aos *motivos* das partes para a constituição do ato jurídico[289]. Ela se relaciona com a ideia de *intenção*, e é a resposta para a pergunta: "*por que* você constituiu este negócio jurídico?" Diante de um negócio jurídico de compra e venda de um imóvel, por exemplo, o comprador poderia responder: "Minha causa subjetiva para a constituição desse negócio jurídico foi a de ter um imóvel mais amplo para fixar a minha residência".

Marco Aurélio Greco adota uma concepção causalista de simulação com base em uma noção de causa subjetiva. Para o autor, a causa *"é que deve servir de critério para aferir a ocorrência de simulação", a qual deve ser vista como um "vício do motivo ou da causa do negócio".*[290] O "motivo", segundo o autor, corresponde à "razão justificadora e informadora da operação", à "razão suficiente", sendo "exterior e antecedente ao ato", de forma que não seria "motivo algo que procure justificar o "ato pelo ato", devendo ser "um verdadeiro "motivo" e não um simples pretexto".[291] A simulação, nesse sentido, decorreria de uma divergência entre o "motivo real" e o "motivo aparente" do ato jurídico.[292] O autor, contudo, não esclarece o que seria um "motivo aparente" de um ato jurídico, isto é, o que seria a sua causa subjetiva aparente.

A identificação do que seria esse "motivo aparente" pode ser feita por meio da leitura de outro trecho da obra do autor, na qual ele apresenta a figura do

---

289. CLEMENTE, Joan-Francesc Pont. **La simulación en la nueva LGT**. Madri: Marcial Ponts, 2006, p. 120.

290. GRECO, Marco Aurélio. **Planejamento Tributário**. 4. ed. São Paulo: Quartier Latin, 2019, p. 285.

291. GRECO, Marco Aurélio. **Planejamento Tributário**. 4. ed. São Paulo: Quartier Latin, 2019, p. 285.

292. GRECO, Marco Aurélio. **Planejamento Tributário**. 4. ed. São Paulo: Quartier Latin, 2019, p. 283.

"ato jurídico abusivo", o qual seria ineficaz perante o Fisco.[293] Ele decorreria de ausência de um motivo (causa subjetiva) predominantemente extratributário para a constituição do ato jurídico:

> Não nego a existência da liberdade de o contribuinte se auto-organizar; afirmo apenas que seu exercício é dependente de uma razão extratributária, econômica, empresarial, familiar, etc. que seja a causa fundamental do negócio e que o justifique.[294]
>
> para afastar a caracterização do abuso é preciso em caráter exclusivo ou predominante existir um motivo extratributário.[295]
>
> Sublinhe-se, também, que motivo não é pretexto.[296]
>
> Então, planejamento tributário aparece depois do motivo porque na medida em que existe motivo, ocorre um corte e é preciso verificar se há ou não abuso em função de o motivo ser real, pertinente e suficiente; isto tudo aliado à congruência do ato em relação à finalidade visada.[297]

De acordo com a tese de Marco Aurélio Greco, portanto, atos jurídicos sem um motivo (causa subjetiva) preponderante extratributário seriam abusivos, portanto, ineficazes – dito de outra forma, somente seriam eficazes os atos jurídicos com motivos (causa subjetiva) preponderantemente extratributários. A partir daí, pode-se depreender que o autor, ao conceituar a simulação como um vício da causa, decorrente de uma divergência entre o "motivo real" e o "motivo aparente" do ato jurídico, entende por "motivo aparente" o motivo extratributário que legitimaria o ato jurídico, e por "motivo real" a "verdadeira razão" que teria levado as partes a constituírem o ato jurídico. O próprio autor, nesse sentido, admite que "o debate do motivo é relevante para afastar a configuração do abuso, e pode também afastar eventuais hipóteses de fraude à lei e simulação".[298]

---

293. GRECO, Marco Aurélio. **Planejamento Tributário**. 4. ed. São Paulo: Quartier Latin, 2019, p. 235.

294. GRECO, Marco Aurélio. **Planejamento Tributário**. 4. ed. São Paulo: Quartier Latin, 2019, p. 224.

295. GRECO, Marco Aurélio. **Planejamento Tributário**. 4. ed. São Paulo: Quartier Latin, 2019, p. 243.

296. GRECO, Marco Aurélio. **Planejamento Tributário**. 4. ed. São Paulo: Quartier Latin, 2019, p. 244.

297. GRECO, Marco Aurélio. **Planejamento Tributário**. 4. ed. São Paulo: Quartier Latin, 2019, p. 247.

298. GRECO, Marco Aurélio. **Planejamento Tributário**. 4. ed. São Paulo: Quartier Latin, 2019, p. 247.

Vale ressaltar que, assim como não esclarece o que seria o "motivo aparente" do ato jurídico, o autor tampouco explica qual seria a relação entre essa figura do "ato jurídico abusivo" e a simulação. Depreende-se, contudo, que a tese do autor permite a ocorrência de seis situações distintas:

Tabela 2 – Tese de Marco Aurélio Greco

Situação	Motivo (causa subjetiva) real	Motivo (causa subjetiva) aparente	Consequência jurídica
1	Tributário	Extratributário	Simulação + Abuso
2	Tributário	Tributário	Abuso
3	Extratributário	Tributário	Simulação
4	Extratributário	Extratributário	Ato jurídico lícito
5	Extratributário A	Extratributário B	Simulação
6	Tributário X	Tributário Y	Simulação + Abuso

Fonte: elaborado pelo autor, com base em Greco (2019).

O conceito causalista de simulação com base em uma concepção subjetiva de causa é improcedente por, ao menos, quatro razões.

Em primeiro lugar, nada permite inferir que o ordenamento jurídico brasileiro tenha definido o conceito de simulação a partir da ideia de causa ou de motivo. O artigo 102 do Código Civil de 1916 e o artigo 167 do Código Civil de 2002 não elencaram a causa como um parâmetro para a identificação da ocorrência de simulação. O Código Civil brasileiro, aliás, até fez referência ao motivo do ato jurídico, mas não para definir o conceito de simulação. Ele considerou o motivo do ato jurídico relevante em duas situações.

De um lado, no seu artigo 140, dispôs que o motivo falso vicia a declaração de vontade nas hipóteses em que for expresso como razão determinante. Tal hipótese não corresponde à simulação (definida em outro dispositivo) e não abrange hipóteses expressamente definidas no Código Civil como simulatórias, tais como a simulação temporal. Com efeito, para haver simulação temporal, de acordo com o Código Civil, não é necessário que o ato jurídico seja constituído com a apresentação de uma razão determinante; basta que haja a antedata e a pós-data de instrumentos particulares.

De outro lado, o Código Civil, no seu artigo 166, III, estabeleceu a nulidade dos atos jurídicos que possuam um motivo ilícito como determinante, comum a ambas as partes, para a sua constituição.[299] Tal hipótese não guarda relação com a simulação. Não se deve confundir o resultado da simulação, que é a ilicitude do ato jurídico, com a existência de um motivo ilícito para a constituição do ato jurídico. A simulação não é um motivo (anterior ao ato jurídico), é um resultado (decorrente do ato jurídico). Economizar tributos, sim, é um motivo, e um motivo ilícito para Marco Aurélio Greco. Mas a tese que sustenta a suposta ilicitude desse motivo não guarda relação com o conceito de simulação do autor (divergência entre motivo real e motivo aparente), mas sim com a sua teoria a respeito dos "atos jurídicos abusivos". A situação 2 da tabela anterior ilustra isso: de acordo com Marco Aurélio Greco, a existência de um motivo preponderantemente tributário para a constituição do ato jurídico, por si só, já o tornaria abusivo, independentemente da divergência entre o motivo real e o motivo aparente para a constituição desse ato jurídico.

Em segundo lugar, o conceito causalista de simulação com base em uma concepção subjetiva confunde a causa subjetiva (motivo) do ato jurídico com a causa subjetiva (motivo) da simulação. Tome-se como exemplo dois contribuintes que constituíram um negócio jurídico de compra e venda de insumos, e pós-dataram o instrumento negocial em razão do interesse de ambas as partes de alocar as respectivas despesas e receitas no exercício seguinte. Trata-se de um caso clássico de simulação temporal, expressamente previsto no Código Civil (artigo 102, III, do Código Civil de 1916 e artigo 167, § 1º, do Código Civil de 2002), mas que não envolve uma divergência entre o motivo real e o motivo aparente do ato jurídico (o motivo real e aparente é o comércio de insumos), mas sim uma divergência entre o elemento temporal do ato jurídico e a realidade.

Em terceiro lugar, o conceito causalista de simulação com base em uma concepção subjetiva abrange situações evidentemente protegidas pelo direito à liberdade contratual e à autonomia privada. A situação 5 da tabela, com base nesse conceito, seria uma simulação (ainda que sem qualquer pretensão da Fiscalização Tributária). Trata-se de uma situação na qual há uma divergência entre um motivo extratributário real e um motivo extratributário aparente, tal como na situação em que alguém apresenta como motivo para comprar uma casa o seu desejo de nela morar, mas o motivo real da aquisição da casa é o

299. Art. 140. O falso motivo só vicia a declaração de vontade quando expresso como razão determinante. (...)

Art. 166. É nulo o negócio jurídico quando: (...)

III - o motivo determinante, comum a ambas as partes, for ilícito.

adquirente dá-la de presente para o seu filho. A completa irrelevância da causa subjetiva (motivo) para a aquisição da casa e o direito à liberdade contratual e à autonomia privada impedem que o ato jurídico seja considerado simulado, ainda que haja uma divergência entre o motivo real e o motivo aparente para a aquisição da casa.

Em quarto lugar, o conceito causalista de simulação baseado em uma concepção subjetiva de causa viola o princípio da segurança jurídica. Esse princípio exige, dentre outras coisas, a promoção de um estado ideal de cognoscibilidade (capacidade do indivíduo de compreender as normas) e de calculabilidade (capacidade do indivíduo de antecipar as consequências normativas dos seus atos).[300] Tal princípio, inerente a todo o sistema jurídico brasileiro, atua de forma ainda mais intensa em relação às normas tributárias que geram a restrição de propriedade e da liberdade do indivíduo, como é o caso da regra da simulação.

O conceito causalista de simulação baseado em uma concepção subjetiva de causa não é compatível com o princípio da segurança jurídica. De um lado, porque tal conceito não é reconstruído a partir das disposições do Código Civil (nem de qualquer outra lei), o que faz com o que o indivíduo não consiga conhecer tal conceito a partir da leitura da legislação (déficit de cognoscibilidade). De outro lado, porque tal conceito não permite ao indivíduo saber, com razoável grau de certeza, as hipóteses nas quais o ato jurídico que constituiu será considerado simulado (déficit de calculabilidade). O que é um motivo real? Como ele pode ser identificado? O que é um motivo aparente? Como definir o que é um motivo aparente? Para haver simulação, basta que uma das partes tenha um motivo real distinto do motivo aparente ou as duas partes devem tê-lo? Elas devem compartilhar o mesmo motivo real e/ou o mesmo motivo aparente? A inexistência de respostas para essas perguntas, as quais evidenciam a subjetividade na aplicação do conceito, demonstram que o conceito causalista de simulação baseado em uma concepção subjetiva de causa viola o princípio da segurança jurídica.

As considerações anteriores permitem concluir que a causa subjetiva não é um elemento do conceito de simulação, de modo que o conceito causalista de simulação com base em uma concepção subjetiva é improcedente, por quatro razões: (i) tal conceito não encontra amparo no ordenamento jurídico, o qual optou por definir a simulação sem aludir à causa (ou ao motivo) dos atos jurí-

---

300. ÁVILA, Humberto. **Teoria da Segurança Jurídica**. 6. ed. São Paulo: Malheiros/Juspodivm, 2021, p. 286.

dicos; (ii) ele confunde a causa subjetiva (motivo) do ato jurídico com a causa subjetiva (motivo) da simulação; (iii) abrange situações evidentemente protegidas pelo direito à liberdade contratual e à autonomia privada; e (iv) viola o princípio da segurança jurídica.

1.5.1.4.2. Divergência entre duas causas objetivas

Existem autores que sustentam que há simulação nas hipóteses em que há divergência entre duas *causas objetivas* de atos jurídicos. A causa objetiva corresponde ao objeto do negócio jurídico. É a função econômico-social que o ordenamento jurídico atribuiu a cada ato jurídico; no caso da compra e venda, por exemplo, é a permuta da coisa pelo preço.[301] É com base nessa concepção de causa que Sílvio Venosa afirma: "Embora semanticamente não haja aproximação, juridicamente os conceitos de causa e objeto muito se aproximam".[302] A causa objetiva se relaciona com a ideia de *função*, e é a resposta para a pergunta: "*o que* este ato jurídico realizou?". Diante de um negócio jurídico de compra e venda de um imóvel, por exemplo, a resposta seria: "A causa objetiva deste ato jurídico foi trocar um bem imóvel por dinheiro".

Heleno Tôrres adota uma concepção causalista de simulação com base em uma noção de causa objetiva. De acordo com o autor, a causa corresponderia ao objeto do ato jurídico, e haveria simulação nas hipóteses em que a causa de um ato jurídico fosse anulada por outro ato jurídico, ou nas hipóteses em que um ato jurídico não tivesse causa:

> No contrato de venda e compra, a causa é o intuito de entregar um bem recebendo um preço correspondente. Caso seja um bem por outro, a causa já individualiza um outro contrato, o de permuta; e se não há intuito de obter o pagamento do preço, mas apenas atribuir um bem a outrem, aumentando o patrimônio deste, a causa já impõe outra qualificação, o de um contrato de doação.[303]
>
> a presença de duas normas jurídicas, postas pelas partes, com causas que se anulam no seu propósito negocial (simulação relativa), ou mesmo a formulação de um negócio sem causa (simulação absoluta) prestam-se perfeitamente como medida para a definição do que se pretende atribuir para o conceito de simulação. Assim, a relação simulatória rege-se por duas normas jurídicas distintas, a que cria

301. ALVES, José Carlos Moreira. **Direito Romano**. 14 ed. Rio de Janeiro: Forense, 2008, p. 159.

302. VENOSA, Sílvio de Salvo. **Direito civil**: parte geral. 17. ed. São Paulo: Atlas, 2017, p. 378.

303. TÔRRES, Heleno. **Direito tributário e direito privado**: autonomia privada, simulação, elusão tributária. São Paulo: Revista dos Tribunais, 2003, p. 143.

o negócio simulado (i) e aquela que estabelece o "pacto simulatório" (ii), variando segundo a modalidade de composição do ato simulado.[304]

A causa objetiva, vista como a função de cada ato jurídico (ou, ainda, como o seu objeto), desempenha um papel relevante no sistema jurídico. Ela permite a identificação de cada tipo de ato jurídico, com a consequente atribuição dos seus respectivos efeitos.[305] A partir da identificação de que a causa objetiva de um negócio jurídico é a permuta de coisa por preço, por exemplo, pode-se atribuir a tal negócio jurídico o regime jurídico da compra e venda.

A definição da simulação com base na ausência de causa ou na divergência entre as causas objetivas, contudo, é improcedente. Isso porque, embora ela descreva adequadamente situações nas quais há simulação, ela não descreve *todas* as situações nas quais há simulação. Trata-se de um conceito subinclusivo.

Tal conceito de simulação abrange apenas duas subespécies de simulação: a divergência entre as causas objetivas (ou a divergência de objetos) pode ser verificada nos casos em que há *simulação formal de objeto*, a qual ocorre nas situações em que um ato jurídico oculto altera o objeto de um ato jurídico aparente; a *simulação material de objeto* pode ser verificada nos casos em que um ato jurídico exprime uma proposição falsa a respeito do seu objeto. Todas as demais hipóteses de simulação, contudo, não podem ser reconduzidas a tal conceito.

De um lado, nos casos de simulação subjetiva, não há uma divergência de causas, mas sim uma divergência de sujeitos do ato jurídico (a causa objetiva permanece inalterada). De outro lado, nos casos de simulação temporal, de simulação de lugar e de simulação de elemento categorial essencial (abuso de forma), não só a causa objetiva indicada permanece inalterada, como sequer há outra norma que possa alterá-la.

As considerações anteriores permitem concluir que a concepção causalista de simulação com base em uma noção de causa objetiva, segundo a qual a simulação ocorreria nas hipóteses em que houvesse uma divergência de causas ou a

---

304. TÔRRES, Heleno. **Direito tributário e direito privado**: autonomia privada, simulação, elusão tributária. São Paulo: Revista dos Tribunais, 2003, p. 309; TÔRRES, Heleno. Teoria da Simulação de Atos e Negócios Jurídicos. *In*: AZEVEDO, Antonio Junqueira de; TÔRRES, Heleno Taveira; CARBONE, Paolo. (Coord.) **Princípios do Novo Código Civil Brasileiro e Outros Temas** – Homenagem a Tullio Ascarelli. São Paulo: Quartier Latin, 2008, p. 300.

305. GOMES, Orlando. **Introdução ao Direito Civil**. 20. ed. rev. atual. e aum. por Edvaldo Brito e Reginalda Paranhos Brito. Rio de Janeiro: Forense, 2010, p. 294.

inexistência de causa, é improcedente. Tal conceito de simulação é subinclusivo, uma vez que abrange apenas as hipóteses de simulação formal de objeto e de simulação material de objeto, mas exclui as hipóteses de simulação subjetiva, de simulação temporal, de simulação de lugar e de simulação de elemento categorial essencial (abuso de forma).

1.5.1.4.3. Divergência entre a causa final real e a causa final típica

Existem autores que sustentam que há simulação nas hipóteses em que a *causa final* do ato jurídico diverge da sua causa final típica. A causa final corresponde ao objetivo jurídico, ou à finalidade jurídica, que as partes pretendem atingir com o ato jurídico. De acordo com essa concepção de causa, o ato jurídico não é um fim em si mesmo, e se realiza tendo em vista um determinado fim, que é a sua causa.[306] A causa seria "o propósito, a razão de ser, a finalidade prática que se persegue com a prática de determinado negócio jurídico".[307] Ela se relaciona com a ideia de propósito ("*purpose*") e de objetivo ("*goal*"), e é a resposta para a pergunta: "*para que* você fez este ato jurídico?". Diante de um negócio jurídico de compra e venda de um imóvel, por exemplo, a resposta poderia ser: "A causa final deste ato jurídico é a aquisição da propriedade do imóvel pelo comprador".

Marciano Seabra de Godoi e Sérgio André Rocha adotam um conceito causalista de simulação com base em uma concepção finalista de causa. Marciano Seabra de Godoi afirma que a simulação decorreria da divergência entre a causa final do ato jurídico concreto e a causa final típica daquele ato jurídico:

> o decisivo é até que ponto há ou não correspondência entre a formalização contratual adotada e a concreta realidade empresarial subjacente; em outras palavras, o decisivo é a correspondência ou desencontro total entre a causa típica das novas formalizações contratuais adotadas e a causa concreta efetivamente presente nessas novas relações.[308]

---

306. AMARAL, Francisco. **Direito Civil**: Introdução. 7. ed. Rio de Janeiro: Renovar, 2008, p. 440.

307. GODOI, Marciano Seabra de. Caso Unilever. Desmembramento do objeto social e sua atribuição a outras pessoas jurídicas, tendo como único motivo a redução de tributos. Uso e abuso desta antiga forma de planejamento tributário, à luz dos possíveis conceitos de simulação. *In*: GODOI, Marciano Seabra de. ROCHA, Sérgio André. **Planejamento tributário: limites e desafios concretos**. Belo Horizonte; São Paulo: D'Plácido, 2020, p. 296.

308. GODOI, Marciano Seabra. A Unilever e o Planejamento Tributário da Década. *In*: FARIA, Aline Cardoso de; GOMES, Marcus Lívio; ROCHA, Sérgio André (Org.). **Planejamento**

Sérgio André Rocha também afirma que a simulação decorreria da divergência entre a causa final do ato jurídico concreto e a causa final típica daquele ato jurídico, mas adiciona a ausência de motivação extratributária como um elemento do conceito de simulação:

> atos e negócios jurídicos explicitamente artificiais, praticados com distorção de sua causa típica com a finalidade exclusiva de economia tributária caracterizam atos e negócios jurídicos simulados.[309]
>
> nos casos de artificialidade evidente – deturpação da causa típica ou negócio jurídico – em que se verifique a ausência completa de motivação extratributária e esteja latente o abuso de formas do direito privado com a única finalidade de economia tributária, nossa posição firme é a de que tais atos podem ser desconsiderados e requalificados para fins fiscais, sendo caracterizados como simulados.[310]

O Conselho Administrativo de Recursos Fiscais, da mesma forma, já adotou o conceito causalista de simulação, com base em uma concepção finalista de causa, para reputar ocorrida uma simulação em um caso concreto. Ao analisar a constituição de uma sociedade em conta de participação na qual os sócios ocultos exerciam o seu objeto social, aquele tribunal administrativo, partindo da premissa de que "na causa típica de uma SCP estão presentes o fortalecimento do empreendimento do sócio ostensivo, enquanto tal, com os investimentos feitos pelo(s) sócio(s) oculto(s)", concluiu que "a SCP em questão não é uma sociedade em conta de participação, ou seja, a SCP é simulada".[311] Ou seja: de acordo com a decisão, haveria simulação porque a causa final da sociedade em conta de participação do caso concreto divergiria da causa típica das sociedades em conta de participação, que seria o fortalecimento do empreendimento do sócio ostensivo.

A análise da causa final do ato jurídico possui duas funções importantes no ordenamento jurídico brasileiro. De um lado, a análise da causa final do ato jurídico, isto é, da finalidade jurídica que as partes pretendem obter, pode ser um elemento importante na interpretação de cláusulas contratuais, notadamente em

---

Tributário sob a ótica do CARF: análise de casos concretos. Rio de Janeiro: Lumen Juris, 2019, p. 343.

309. ROCHA, Sérgio André. **Planejamento tributário e liberdade não simulada**: doutrina e situação pós ADI 2.446. 2. ed. Belo Horizonte: Casa do Direito, 2022, p. 165.

310. ROCHA, Sérgio André. **Planejamento Tributário na Obra de Marco Aurélio Greco**. Rio de Janeiro: Lumen Juris, 2019, p. 98.

311. BRASIL. CARF, Acórdão n. 1103-001.052, 1ª Seção/1ª Câmara/3ª Turma Ordinária, rel. Cons. Marcos Takata, j. 07/05/2014.

decorrência do *standard* da boa-fé objetiva.[312] De outro lado, a identificação de que a causa final do ato jurídico é ilícita, isto é, de que as partes desejam obter uma finalidade ilícita com o ato jurídico, exclui a proteção jurídica a tais atos, tornando-os inválidos.[313]

Para todas as demais hipóteses, tais como a identificação da ocorrência de simulação, a causa final dos atos jurídicos é completamente irrelevante para o ordenamento jurídico. Nada impede, nesse sentido, que um ato jurídico tenha uma causa final distinta da sua causa típica – essa é justamente, a hipótese do negócio jurídico indireto, que será objeto do tópico 2.1.3.1.

Por ora, o importante é perceber que o conceito causalista de simulação baseado em uma concepção finalista, segundo o qual a simulação decorre de uma divergência entre a causa final e a causa final típica do ato jurídico, é improcedente. E isso por, ao menos, três razões.

Em primeiro lugar, o ordenamento jurídico brasileiro não definiu o conceito de simulação com base na ideia de causa ou de finalidade. O artigo 102 do Código Civil de 1916 e o artigo 167 do Código Civil de 2002 não as elencam como um requisito para a configuração da simulação. O Código Civil brasileiro como um todo, aliás, é considerado não causalista.[314] Se o legislador não considera a causa como um elemento relevante para os atos jurídicos, de modo geral, e não a elencou como um requisito para a simulação, de modo particular, não cabe ao intérprete fazê-lo.

Em segundo lugar, ao contrário do que afirmam os autores que sustentam um conceito causalista de simulação baseado em uma concepção finalista, a divergência entre a causa final concreta de um ato jurídico e a sua causa final típica não acarreta a simulação. Na verdade, essa é a definição de negócio jurídico indireto, o qual corresponde a um negócio jurídico típico que é constituído pelas partes para a obtenção diverso do fim para o qual tal negócio jurídico foi criado.[315] Se essa finalidade atípica for lícita, não há que se cogitar da ilicitude

312. MARTINS-COSTA, Judith. **A boa-fé no Direito Privado**. 3 ed. São Paulo: Saraiva, 2024, p. 528.

313. GOMES, Orlando. **Introdução ao Direito Civil**. 20. ed. rev. atual. e aum. por Edvaldo Brito e Reginalda Paranhos Brito. Rio de Janeiro: Forense, 2010, p. 292.

314. PEREIRA, Caio Mário da Silva. **Instituições de direito civil**. V. 1, 30 ed. Atualizado por Maria Celina Bodin de Moraes. Rio de Janeiro: Forense, 2017, p. 412.

315. ALVES, José Carlos Moreira. Figuras correlatas: abuso de forma, abuso de direito, dolo, negócios jurídicos simulados, fraude à lei, negócio indireto e dissimulação. *In*: SEMINÁRIO INTERNACIONAL SOBRE ELISÃO FISCAL. **Anais**. Brasília: Escola de Administração Fazendária - ESAF, 2002, p. 67; GOMES, Orlando. **Introdução ao Direito Civil**. 20. ed. rev. atual. e aum. por Edvaldo Brito e Reginalda Paranhos Brito. Rio de Janeiro: Forense, 2010, p. 278.

do negócio jurídico indireto.[316] A diferença entre a simulação e o negócio jurídico indireto será analisada no tópico 2.1.3.1.

Em terceiro lugar, o conceito causalista de simulação baseado em uma concepção finalista de causa viola o princípio da segurança jurídica. Conforme já afirmado, o princípio da segurança jurídica exige, dentre outras coisas, um estado ideal de cognoscibilidade (compreensão das normas) e de calculabilidade (capacidade de antecipar as consequências normativas dos seus atos).[317] Se a "causa típica" dos atos jurídicos, expressão com elevado grau de vagueza, tivesse que ser identificada para que se pudesse saber se um negócio jurídico é simulado, o cidadão não conseguiria compreender adequadamente as hipóteses legais de simulação (déficit de cognoscibilidade) e não poderia antecipar, com um razoável grau de certeza, quando um negócio jurídico seria simulado (déficit de calculabilidade).

Afinal, como se identifica uma causa típica? O que é uma causa típica? A causa típica corresponde às consequências que normalmente ocorrem em decorrência da constituição de um ato jurídico ou corresponde às consequências normativas previstas pelo ordenamento jurídico? Qual seria a causa típica de um negócio jurídico atípico? A resposta para essas perguntas permanece em aberto, o que evidencia a ausência de cognoscibilidade e de calculabilidade decorrente da adoção de um conceito causalista de simulação com base em uma concepção finalista.

Essas constatações ganham importância quando se trata de definir o conceito de simulação incorporado pelo Código Tributário Nacional. Vale referir, nesse sentido, que tanto Marciano Seabra de Godoi quanto Sérgio André Rocha, os quais sustentam o conceito causalista de simulação com base em uma concepção finalista, também sustentam a tese de que o Código Tributário Nacional possuiria um conceito próprio de simulação, não relacionado com àquele do Código Civil. O suposto conceito casualista de simulação com base em uma

---

316. FERRAZ JÚNIOR, Tércio Sampaio. Simulação e negócio jurídico indireto: no direito tributário e à luz do novo Código Civil. **Revista Fórum de Direito Tributário**, n. 48, 2010, pp. 9-26, p. 19; BARRETO, Paulo Ayres. **Planejamento tributário**: limites normativos. São Paulo: Noeses, 2016, p. 147.

317. ÁVILA, Humberto. **Teoria da Segurança Jurídica**. 6. ed. São Paulo: Malheiros/Juspodivm, 2021, p. 287.

concepção finalista, portanto, segundo esses autores, decorreria do próprio Código Tributário Nacional.

Ocorre que a segurança jurídica atua de forma ainda mais intensa em relação às normas tributárias que geram a restrição de propriedade e da liberdade do indivíduo, como é o caso da regra da simulação. Isto é, a regra da simulação, no âmbito do Direito Tributário, deve ser ainda mais cognoscível e calculável do que a média. É que se a Fiscalização Tributária pudesse efetuar lançamentos de ofício com base na constatação de divergência entre a "causa típica" e a "causa real" do ato jurídico, haveria uma restrição aos direitos fundamentais de propriedade e de liberdade com base em uma expressão com elevado grau de vagueza, o que, naturalmente, impediria que o contribuinte planejasse sua conduta com um razoável grau de segurança quanto ao conteúdo do Direito e às consequências normativas dos seus atos. O princípio da legalidade tributária material, da mesma forma, exige que as regras tributárias cumpram adequadamente sua função de orientar a conduta do contribuinte quanto à incidência dos tributos.[318] Esse princípio é violado ao se considerar a divergência entre a causa final concreta e a causa final típica de um ato jurídico como um elemento apto a ensejar a simulação e, portanto, a simulação.

Importante ressaltar, nesse sentido, que uma coisa é sustentar que o Direito Tributário possui um conceito próprio de simulação, sem fundamento no Direito Privado – é o que fazem Heleno Tôrres, Marciano Seabra de Godoi e Sérgio André Rocha, conforme analisado no tópico 1.2. Outra coisa, muito distinta, é sustentar que o conceito de simulação no Direito Tributário corresponde àquele do Direito Privado, mas que tal conceito, no âmbito tributário, pode ser conformado por alguns princípios específicos, tais como o princípio da segurança jurídico-tributária e o princípio da legalidade tributária, os quais exigem um grau ainda maior de cognoscibilidade e de calculabilidade normativa do que o ordinário. Disso decorre que, mesmo que se entendesse que o Código Civil possui um conceito causalista de simulação (o que não possui), e que o Código Tributário Nacional deve incorporar os conceitos do Direito Privado (o que, de fato, deve), ainda assim o Direito Tributário não teria incorporado um conceito causalista de simulação, visto que tal conceito é incompatível com as exigências decorrentes do princípio da segurança jurídica e do princípio da legalidade tributária.

---

318. ÁVILA, Humberto. **Legalidade Tributária Material**. São Paulo: Malheiros/Juspodivm, 2022, p. 101.

As considerações anteriores permitem concluir que o conceito causalista de simulação com base em uma concepção de causa final, segundo o qual a simulação ocorreria nas hipóteses em que houvesse uma divergência entre a causa final concreta do ato jurídico e a sua causa final típica, é improcedente. Em primeiro lugar, porque o ordenamento jurídico brasileiro não definiu o conceito de simulação com base na ideia de causa ou de finalidade, tampouco adotou uma concepção causalista do negócio jurídico. Em segundo lugar a divergência entre a causa final concreta e a causa final típica gera o chamado negócio jurídico indireto, o qual corresponde a um ato jurídico lícito. Em terceiro lugar, o conceito causalista de simulação com base em uma concepção de causa final violaria o princípio da segurança jurídica e, no âmbito tributário, o princípio da legalidade tributária.

1.5.2. Repercussões práticas da adoção do conceito de simulação reconstruído por esta obra

Além de respeitar o que foi democraticamente estabelecido, a adoção do conceito de simulação reconstruído por esta obra (simulação formal e simulação material) apresenta uma série de vantagens práticas em comparação aos conceitos de simulação apresentados pela doutrina e acatados pela jurisprudência. Essas vantagens, naturalmente, não justificam a adoção do conceito; trata-se de um benefício colateral, que merece ser registrado. Elas dizem respeito à organização das controvérsias envolvendo a ocorrência de simulação, à maior objetividade dos requisitos necessários para a sua configuração e à redução da pertinência de argumentos elevadamente subjetivos.

Em primeiro lugar, a adoção do conceito de simulação reconstruído por esta obra apresenta vantagens em relação à organização das controvérsias. Isso porque a demonstração de que existem, na verdade, dois conceitos de simulação exprimidos pelo ordenamento jurídico (simulação formal e simulação material), evidencia que algumas controvérsias são meramente aparentes, já que as partes estão se referindo a conceitos distintos de simulação. É o que ocorre, por exemplo, nos casos em que uma parte alega a ocorrência de simulação subjetiva (espécie de simulação formal), e a outra parte contesta tal alegação afirmando que o ato jurídico exprimiu proposições verdadeiras (o que infirma a ocorrência de simulação material). Da mesma forma, não há uma verdadeira controvérsia nos casos em que se rechaça a alegação de que houve abuso de forma (espécie de simulação material) afirmando-se que as partes não ocultaram o ato jurídico (o que infirma a ocorrência de simulação formal).

Em segundo lugar, a adoção do conceito de simulação reconstruído por esta tese apresenta vantagens decorrentes da maior objetividade dos requisitos necessários para a sua configuração. A configuração de requisitos tais como o da "divergência entre a vontade real e a vontade declarada", da "divergência da causa subjetiva e da causa real" ou do "acordo simulatório" possuem uma elevada carga de subjetividade e uma notória dificuldade probatória. Já a configuração dos conceitos de simulação material e de simulação formal depende do cumprimento de requisitos mais objetivos e que, por isso mesmo, permitem um maior controle do raciocínio probatório e conferem maior segurança jurídica.

Em terceiro lugar, a adoção do conceito de simulação reconstruído por esta obra apresenta vantagens relacionadas à redução da pertinência de argumentos elevadamente subjetivos. É que a compreensão de que existem dois conceitos de simulação (simulação formal e simulação material), compostos por elementos objetivos e definidos pelo ordenamento jurídico, torna impertinente o emprego de argumentos relacionados à eficácia de princípios como o da capacidade contributiva ou o da solidariedade. O debate, com isso, torna-se mais objetivo.

As considerações anteriores permitem concluir que o conceito de simulação reconstruído por esta obra (simulação formal e simulação material) apresenta vantagens práticas em relação aos conceitos atualmente adotados pela doutrina e pela jurisprudência. Tais vantagens não justificam a adoção daquele conceito, mas são um benefício colateral. Dentre elas, pode-se destacar a melhor organização das controvérsias, a maior objetividade dos requisitos necessários para a configuração da simulação e a redução da pertinência de argumentos elevadamente subjetivos.

1.6. Excurso: a citação de autores estrangeiros e a xenofilia acrítica

Este breve excurso se faz necessário porque muitos dos equívocos cometidos pela doutrina brasileira em relação ao conceito de simulação decorrem de uma *xenofilia acrítica*, isto é, de uma incorporação irrefletida de conceitos de autores estrangeiros na interpretação do ordenamento jurídico brasileiro. O fenômeno da xenofilia acrítica não é novo. Ainda que sem lhe atribuir esse nome, Alfredo Becker já havia identificado a sua existência, ao perceber que o fascínio do jurista brasileiro pela doutrina alemã era tanto que ele a recebe "como a verdade científica que não admite prova em contrário, salvo se escrita por outro alemão, de preferência em letras góticas".[319]

---

319. BECKER, Alfredo. **Carnaval Tributário**. 2. ed. São Paulo: Lejus, 2004, p. 111.

No tema da simulação, o autor estrangeiro mais citado é, sem sobra de dúvidas, o italiano Francesco Ferrara, que lançou a primeira edição da obra *Della simulazione dei negozi giuridici* em 1909. Roque Antonio Carrazza, por exemplo, fundamenta o seu influente conceito de simulação na obra do italiano Francesco Ferrara: "Como bem o percebeu Francesco Ferrara, em preciosa monografia, para que a simulação se verifique é mister haja: a) divergência intencional entre a vontade e a declaração; b) *pactum simulationis* (pacto simulatório); e c) propósito de enganar terceiros".[320]

Hermes Marcelo Huck, da mesma forma, afirma que "Ferrara, em sua monografia sobre o tema, distingue três características da simulação", e passa a elencar os três elementos da simulação identificados pelo autor italiano, utilizando-os como base para a sua definição de simulação relativa ao ordenamento jurídico brasileiro.[321] Silvio Rodrigues,[322] Sacha Calmon,[323] Ricardo Lodi Ribeiro,[324] Sampaio Dória[325] e Alberto Xavier[326] são outros exemplos de autores que fundamentaram expressamente os conceitos de simulação apresentados na obra de Francesco Ferrara.

Ricardo Lobo Torres fundamenta o conceito de simulação no Código Tributário Nacional na obra de outro italiano muito citado na doutrina brasileira, contemporâneo à Francesco Ferrara: "Explica Roberto de Ruggiero que na simulação ocorre a desconformidade consciente e querida da declaração com a vontade, mas é preordenada com a parte à qual a declaração se dirige e acordado com ela, a fim de enganar terceiros".[327] Ao analisarmos a obra de Roberto de

---

320. CARRAZZA, Roque. **Curso de Direito Constitucional Tributário**. 33. ed. Malheiros/Juspodivm, São Paulo, 2021, p. 420.

321. HUCK, Hermes Marcelo. **Evasão e elisão**: rotas internacionais do planejamento tributário. São Paulo: Saraiva, 1997, p. 118.

322. RODRIGUES, Silvio. **Direito Civil**, v. 1, 15. ed. São Paulo: Saraiva, 1985, p. 221.

323. COÊLHO, Sacha Calmon Navarro. Considerações acerca do planejamento tributário no Brasil. *In*: MACHADO, Hugo de Brito. **Planejamento Tributário**. São Paulo: Malheiros, 2016, p. 645.

324. RIBEIRO, Ricardo Lodi. **Temas de Direito Constitucional Tributário**. Rio de Janeiro: Editora Lumen Juris, 2009, p. 292.

325. DÓRIA, Antônio Ferreira Sampaio. **Elisão e Evasão Fiscal**. São Paulo: LAEL, 1971, p. 64.

326. XAVIER, Alberto. **Tipicidade da tributação, simulação e norma antielisiva**. São Paulo: Dialética, 2002, p. 53.

327. TORRES, Ricardo Lobo. **Normas de interpretação e integração do direito tributário**. 4. ed. Rio de Janeiro: Renovar, 2006, p. 254.

Ruggiero, contudo, verifica-se que, no trecho referido por Ricardo Lobo Torres, aquele autor estava citando Francesco Ferrara.[328]

Importante verificar, portanto, qual era o objeto de estudo de Francesco Ferrara, para analisarmos a pertinência das conclusões daquele autor a respeito do conceito de simulação para o ordenamento jurídico brasileiro. O objeto de análise de Francesco Ferrara era o Código Civil do Reino da Itália, editado em 1865, o qual não apresentava uma definição de simulação, limitando-se a estabelecer, em seu artigo 1319, que "as contra-declarações feitas em um contrato privado só podem ter efeito entre as partes contratantes e seus sucessores universais".[329]

Diante da ausência de uma definição do conceito de "simulação", portanto, Francesco Ferrara pretendeu fundamentar um instrumento jurídico, que ele chamou de "simulação", o qual tornava nulos determinados atos jurídicos. Segundo Ferrara, a investigação da relação entre a vontade e a declaração, embora analisada incidentalmente pelas teorias da simulação, seria fundamental para o estudo do tema.[330] Esse instrumento jurídico, portanto, foi fundamentado com base na própria concepção de negócio jurídico do autor – no caso, uma concepção subjetiva, de forma que a divergência entre a vontade real e a vontade declarada assumiu um papel central na teoria de Francesco Ferrara.[331]

E, mesmo em relação ao Código Civil do Reino da Itália de 1865, o conceito de simulação de Francesco Ferrara não é isento de críticas pela doutrina italiana. Giovanni Pugliese, por exemplo, criticou-o, considerando que o propósito de enganar seria supérfluo à identificação da simulação.[332] Além disso, segundo o autor, Francesco Ferrara estaria equivocado ao vislumbrar no acordo simulatório um elemento indissociável da intenção de enganar terceiros, uma vez que as partes poderiam compartilhar tal intenção, sem que tenham combinado nada sobre o

---

328. RUGGIERO, Roberto de. **Instituições de Direito Civil**, v. 1, 6. ed. Tradução de Ary dos Santos. São Paulo: Saraiva, 1957, p. 278.

329. No original: "*Le contro-dichiarazioni fatte per privata scrittura non possono avere effetto che fra le parti contraenti ed i loro successori a titolo universale*".

330. FERRARA, Francesco. **Della Simulazione dei Negozi Giuridici**. 5. ed. Roma: Athanaeum, 1922, p. 1.

331. AURICCHIO, Alberto. **A simulação no negócio jurídico**. Tradução de Fernando de Miranda. Coimbra: Coimbra Editora, 1964, p. 13.

332. PUGLIESE, Giovanni. **La simulazione nei negozi giuridici**. Pádua: Casa Editrice Dott. Antonio Milani, 1938, p. 28.

assunto.[333] Giuseppe Messina, da mesma forma, criticou a pertinência da tese de Francesco Ferrara em relação ao Código Civil italiano de 1865, por considerar que ela se fundamenta em um resumo de parte da doutrina alemã do *ius commune* a respeito da divergência entre a intenção e a declaração no negócio jurídico.[334]

O Código Civil do Reino da Itália de 1865, aliás, foi revogado pelo Código Civil italiano de 1942. Por essa razão, Francesco Messineo considera que a doutrina sobre simulação elaborada sob a vigência do Código Civil de 1865 não tem muita utilidade, sendo mais adequada a pesquisa em relação aos autores que escreveram sobre a simulação sob as regras do Código Civil de 1942.[335] Conforme bem observado por esse autor, a análise de investigações de juristas de renome sobre a simulação "deve ter em conta a circunstância que, em última análise, deve prevalecer, o que dita especificamente um direito positivo específico: no nosso caso, o direito italiano".[336] Alberto Auricchio, da mesma forma, considera que, para a definição do conceito de simulação no ordenamento jurídico italiano, deve-se ter integral atenção em relação aos artigos 1414-1417 do Código Civil italiano de 1942.[337]

Com isso não se quer dizer que as críticas formuladas contra a tese de Francesco Ferrara estão necessariamente corretas, nem que as ideias daquele autor sejam, atualmente, inúteis para o Direito italiano ou para o Direito brasileiro. O que se quer demonstrar é que o conceito de simulação de Francesco Ferrara: (i) foi formulado com base em um ordenamento jurídico estrangeiro do século retrasado, revogado há mais de 80 anos, o qual não continha uma definição de simulação; (ii) teve a sua compatibilidade com o ordenamento jurídico contestada por autores daquela jurisdição; e (iii) tem a sua pertinência em relação ao atual ordenamento jurídico italiano igualmente contestada por autores daquela jurisdição. No Brasil, contudo, tal conceito é citado como se decorresse das Sagradas Escrituras; como se a aplicabilidade ao Direito brasileiro de uma teoria

333. PUGLIESE, Giovanni. **La simulazione nei negozi giuridici**. Pádua: Casa Editrice Dott. Antonio Milani, 1938, p. 24.

334. MESSINA, Giuseppe. La Simulazione assoluta. *In*: MESSINA, Giuseppe. **Scritti Giuridici**. Tomo V. Milão: Dott. A. Giuffre Editore, 1948, p. 71.

335. MESSINEO, Francesco. **Il contrato in genere**. Tomo II. Milão: Dott. A. Giuffre Editore, 1972, p. 550.

336. MESSINEO, Francesco. **Il contrato in genere**. Tomo II. Milão: Dott. A. Giuffre Editore, 1972, p. 559.

337. AURICCHIO, Alberto. **A simulação no negócio jurídico**. Tradução de Fernando de Miranda. Coimbra: Coimbra Editora, 1964, p. 37.

controversa formulada a partir do Código Civil do Reino da Itália de 1865 fosse algo óbvio, que não dependesse de maiores reflexões.

Os *conceitos causalistas de simulação*, da mesma forma, foram fortemente influenciados pela xenofilia acrítica. Heleno Tôrres, por exemplo, fundamenta o seu conceito de simulação, em grande medida, na obra do italiano Emilio Betti:

> Nesse diapasão, entendia Betti que a simulação consistiria numa discrepância entre a causa típica do negócio aparente e a intenção prática perseguida in concreto. Assim, pode-se perfeitamente encontrar funções ilícitas no exercício de autonomia privada, numa flagrante incompatibilidade com a causa. Partindo de tal formulação, baseada na divergência de causas, e ajeitando-a segundo uma visão normativista, temos que a presença de duas normas jurídicas, postas pelas partes, com causas que se anulam no seu propósito negocial (simulação relativa), ou mesmo a formulação de um negócio sem causa (simulação absoluta) prestam-se perfeitamente como medida para a definição do que se pretende atribuir para o conceito de simulação.[338]

Marciano Seabra de Godoi, igualmente, fundamenta expressamente o seu conceito causalista de simulação, dentre outros autores, em Emilio Betti.[339] Para o autor italiano, há simulação quando os contratantes "estabelecem um regulamento de interesses diverso daquele que pretendem observar nas suas relações, procurando atingir, através do negócio, um escopo (dissimulado) divergente da sua causa típica".[340] O conceito de simulação de Emilio Betti, contudo, é impertinente para a definição do conceito de simulação no ordenamento jurídico brasileiro, e isso por ao menos duas razões.

Em primeiro lugar, o objeto da obra de Emilio Betti era o conceito de simulação reconstruído a partir do Código Civil italiano de 1942, o qual definiu indiretamente o conceito de simulação no artigo 1414, ao tratar dos seus efeitos: "o contrato simulado não produz efeito entre as partes. Se as partes tiverem a intenção de celebrar um contrato diferente do aparente, o contrato disfarçado terá efeito entre elas, desde que os requisitos de substância e forma sejam atendidos".[341] Trata-se, evidentemente, de um dispositivo sobremaneira distin-

---

338. TÔRRES, Heleno. **Direito tributário e direito privado**: autonomia privada, simulação, elusão tributária. São Paulo: Revista dos Tribunais, 2003, p. 309.

339. GODOI, Marciano Seabra de. Planejamento tributário. *In*: MACHADO, Hugo de Brito. **Planejamento Tributário**. São Paulo: Malheiros, 2016, p. 465 e ss.

340. BETTI, Emilio. **Teoria Geral do Negócio Jurídico**. Tradução de Servanda Editora. Campinas: Servanda Editora, 2008, p. 566.

341. No original: "*Il contratto simulato non produce effetto tra le parti. Se le parti hanno voluto concludere un contratto diverso da quello apparente, ha effetto tra esse il contratto dissimulato, purche' ne sussistano i requisiti di sostanza e di forma*".

to do artigo 102 do Código Civil de 1916 e do artigo 167 do Código Civil de 2002, os quais definiram diretamente o conceito de simulação no ordenamento jurídico brasileiro. A importação das conclusões de Emilio Betti em relação ao conceito de simulação do ordenamento jurídico italiano para o conceito de simulação do ordenamento jurídico brasileiro, portanto, deve ser realizada de forma crítica e criteriosa.

Em segundo lugar, independentemente da definição indireta de simulação do Código Civil italiano de 1942, Emilio Betti reconstruiu o conceito de simulação com base em fundamentos completamente incompatíveis com o ordenamento jurídico brasileiro. De um lado, a causa dos atos jurídicos exerce um papel diferente no ordenamento jurídico italiano do que no ordenamento jurídico brasileiro. O Código Civil italiano atribui uma importância significativa à causa do ato jurídico, a elencando como um requisito dos contratos;[342] já o Código Civil brasileiro não adotou a mesma postura, sendo classificado por muitos autores como não causalista.[343]

De outro lado, os princípios e as razões que levaram Emilio Betti a atribuir importância jurídica à causa típica dos atos jurídicos, elencando a divergência entre a causa concreta de um ato jurídico e a sua causa típica como um elemento da simulação, são incompatíveis com o ordenamento jurídico brasileiro. O autor definiu a causa da seguinte forma:

> E nessa investigação é necessário utilizar, especialmente no ambiente da sociedade moderna, um grau de sensibilidade social, de que o velho individualismo dos juristas não tinha a menor ideia. Só assim, examinada a estrutura – forma e conteúdo (o como e o quê) – do negócio, pode resultar frutuoso estudar-lhe a função (o porquê). Essa função, que em terminologia técnica, legitimada pela tradição, se denomina a "causa", ou seja, a razão do negócio.[344]

A concepção de "causa do negócio jurídico" para Emilio Betti, como se vê, guarda forte relação com um ideal de restrição da liberdade individual e da autonomia privada, entendendo que tais direitos devem ser exercícios no limite

---

342. Art. 1325. *Indicazione dei requisiti.*
I requisiti del contratto sono: (...)
2) la causa.

343. PEREIRA, Caio Mário da Silva. **Instituições de direito civil.** V. 1, 30. ed. Atualizado por Maria Celina Bodin de Moraes. Rio de Janeiro: Forense, 2017, p. 412.

344. BETTI, Emilio. **Teoria Geral do Negócio Jurídico**. Tradução de Servanda Editora. Campinas: Servanda Editora, 2008, p. 251.

da função social que lhes foi atribuída pelo ordenamento jurídico. Isso fica mais claro a partir da leitura dos seguintes trechos da mesma obra:

> Tal como os direitos subjetivos, também os poderes de autonomia, efetivamente, não devem ser exercidos em oposição com a função social a que são destinados: o instrumento da autonomia privada, colocado à disposição dos indivíduos, não deve ser desviado do seu destino.[345]
>
> O direito – e já antes do direito, a consciência social - aprova e protege a autonomia privada, não na medida em que segue o capricho momentâneo, mas naquela em que persegue um objetivo e típico interesse para a modificação do estado de fato e se dirige a funções sociais dignas de tutela.[346]

Essa restrição ao individualismo e à autonomia privada, somada à promoção da coletividade e da "consciência social", é justamente o que fundamenta a ideia de causa dos atos jurídicos, definida pelo autor como a função econômico-social dos atos jurídicos, isto é, a função de interesse social da autonomia privada.[347] Para Emilio Betti, a divergência entre a causa típica do ato jurídico e a sua causa real, a qual acarretaria a simulação, não seria "uma coisa absoluta e exteriormente verificável, mas é, antes, o produto, essencialmente relativo, de uma avaliação contingente e dependente das concepções dominantes na consciência social".[348] Tais valores, vale salientar, nada mais eram do que um reflexo dos ideais do governo italiano à época da edição do Código Civil, em 1942 – os quais, definitivamente, não são valores compatíveis com o ordenamento jurídico brasileiro.

Como se vê, a xenofilia acrítica em relação ao conceito causalista de simulação de Emilio Betti produz resultados incompatíveis com o ordenamento jurídico brasileiro. O mesmo ocorre com a xenofilia acrítica relativamente às obras sobre simulação de autores espanhóis, tal como a obra de Federico de Castro y Bravo, muito citada por Marciano Seabra de Godói.[349]

Federico de Castro y Bravo, de fato, sustenta um conceito causalista de simulação, afirmando que a simulação resulta da causa do ato jurídico ser

---

345. BETTI, Emilio. **Teoria Geral do Negócio Jurídico**. Tradução de Servanda Editora. Campinas: Servanda Editora, 2008, p. 252.

346. BETTI, Emilio. **Teoria Geral do Negócio Jurídico**. Tradução de Servanda Editora. Campinas: Servanda Editora, 2008, p. 262.

347. BETTI, Emilio. **Teoria Geral do Negócio Jurídico**. Tradução de Servanda Editora. Campinas: Servanda Editora, 2008, p. 264.

348. BETTI, Emilio. **Teoria Geral do Negócio Jurídico**. Tradução de Servanda Editora. Campinas: Servanda Editora, 2008, p. 564.

349. GODOI, Marciano Seabra de. Planejamento tributário. *In*: MACHADO, Hugo de Brito. **Planejamento Tributário**. São Paulo: Malheiros, 2016, p. 465 e ss.

mentirosa ou falsa.[350] O espanhol, contudo, também faz outras considerações que esclarecem o contexto dessa afirmação. De um lado, o autor ressalta que não se deve esquecer que o "problema da causa" é um problema de direito positivo, cuja solução depende de cada sistema jurídico.[351] Importante observar, nesse sentido, que no artigo 1274 do Código Civil espanhol, diferentemente do Código Civil brasileiro, há uma definição do conceito de causa.[352] Essa definição adota uma concepção objetiva de causa, isto é, considera a noção de causa como correspondente ao objeto do ato jurídico.

De outro lado, o autor explica que, diante da inexistência de uma definição expressa de simulação no Código Civil espanhol, as regras gerais do conceito de simulação devem ser estabelecidas a partir do artigo 1276.[353] Tal artigo dispõe que "a expressão de uma causa falsa nos contratos dará lugar à sua nulidade, se não for provado que eles estavam fundados em outra verdadeira e lícita".[354] Ora, tendo em vista a definição de causa do Código Civil espanhol, pode-se dizer que tal dispositivo corresponde à ideia de simulação de objeto no ordenamento jurídico brasileiro (tanto formal quanto material), mas não abarca diversas outras hipóteses de simulação (simulação subjetiva, simulação de elemento categorial essencial, simulação de lugar e simulação temporal). Disso decorre que o conceito de simulação do Código Civil espanhol, que é o objeto de estudos de Federico de Castro y Bravo, não é um elemento adequado para a reconstrução de um conceito de simulação no ordenamento jurídico brasileiro.

Com essas considerações, não se quer afirmar que o estudo de autores estrangeiros seja inútil. O que se afirma é, tão somente, que a doutrina sobre simulação formulada a partir do Código Civil italiano e do Código Civil espanhol tem pertinência, em regra, para a definição do conceito de simulação na Itália e na Espanha. Tal doutrina, sem dúvida, *pode* ser pertinente para o

---

350. BRAVO, Federico de Castro y. **El negocio juridico**. Madri: Editorial Civitas, 1985, p. 336.

351. BRAVO, Federico de Castro y. **El negocio juridico**. Madri: Editorial Civitas, 1985, p. 173.

352. Código Civil espanhol. *Artículo 1274. En los contratos onerosos se entiende por causa, para cada parte contratante, la prestación o promesa de una cosa o servicio por la otra parte; en los remuneratorios, el servicio o beneficio que se remunera, y en los de pura beneficencia, la mera liberalidad del bienhechor.*

353. BRAVO, Federico de Castro y. **El negocio juridico**. Madri: Editorial Civitas, 1985, p. 335.

354. *Artículo 1276. La expresión de una causa falsa en los contratos dará lugar a la nulidad, si no se probase que estaban fundados en otra verdadera y lícita.*

Direito brasileiro, mas essa pertinência depende de uma justificativa. É que a incorporação de proposições da doutrina estrangeira pela doutrina nacional do Direito Tributário constitui uma "metalinguagem de segundo grau, isto é, uma descrição doutrinária obtida a partir de outra descrição doutrinária tendente à explicação de um sistema jurídico estrangeiro".[355] Não se deve, nesse sentido, simplesmente importar conceitos jurídicos de outros países para aplicá-los sem uma análise crítica das diferenças entre o ordenamento jurídico do país de origem e o ordenamento jurídico brasileiro.[356]

Conforme bem observou Humberto Ávila, quem quer estudar o Direito brasileiro deve começar a sua pesquisa pelo ordenamento jurídico brasileiro, e não pelo ordenamento alemão, italiano, ou francês, apresentando conclusões que supostamente são corroboradas pelo ordenamento jurídico brasileiro.[357] O Ministro Sepúlveda Pertence, no mesmo sentido, fez uma singela, mas importante observação em um caso analisado pelo Supremo Tribunal Federal, o qual envolvia a competência para a edição de medidas provisórias: as obras de juristas italianos tem uma importância muito limitada para a interpretação da Constituição Federal brasileira.[358] Afinal, a doutrina italiana tem como objeto o ordenamento jurídico italiano, razão pela qual elas permitem conclusões válidas a respeito do Direito italiano, e não sobre o Direito brasileiro.[359]

No caso da simulação, tais observações são ainda mais pertinentes, visto que se trata de tema que reconhecidamente possui "um elevado grau de emancipação dentro de cada ordenamento jurídico" e "autonomia dogmática".[360] Fala-se, nesse sentido, de uma tendência de "atomização das nulidades", isto é, já não é mais possível a elaboração, tal como se fez no século XIX, de um esquema

---

355. BORGES, José Souto Maior. **Obrigação tributária (uma introdução metodológica)**. 3. ed. São Paulo: Malheiros, 2015, p. 32.

356. OLIVEIRA, Ricardo Mariz de. Norma Geral Antielusão. **Revista Direito Tributário Atual**, São Paulo, IBDT/Dialética, n. 25, 2011, p. 133.

357. ÁVILA, Humberto. Limites à Tributação com Base na Solidariedade Social. *In*: GRECO, Marco Aurélio; GODOI, Marciano Seabra de. (Coord.). **Solidariedade Social e Tributação**. São Paulo: Dialética, 2005, p. 81.

358. BRASIL. STF, ADI n. 293/DF, Tribunal Pleno, rel. Min. Celso de Mello, j. 06/06/1990.

359. ÁVILA, Humberto. Limites à Tributação com Base na Solidariedade Social. *In*: GRECO, Marco Aurélio. GODOI, Marciano Seabra de. (Coord.). **Solidariedade Social e Tributação**. São Paulo: Dialética, 2005, p. 82.

360. CORDEIRO, A. Barreto Menezes. **Da Simulação no Direito Civil**. 3. ed. Coimbra, Almedina, 2021, p. 33.

racional e sistemático das nulidades.[361] Em outras palavras: a simulação não é um objeto externo, que pode ser reconduzido a um conceito universal e ontológico; a simulação é um conceito normativo definido de forma específica por cada ordenamento jurídico. Na famosa peça de Shakespeare, Julieta observa corretamente que uma rosa, com qualquer outro nome, teria o mesmo perfume – ela estaria errada se dissesse que qualquer flor, tendo o nome de rosa, teria o mesmo perfume. O que é chamado de simulação na Itália na vigência do Código Civil de 1865 é uma coisa; o que é chamado de simulação na Itália na vigência do Código Civil de 1942 é outra, assim como é outra coisa o que chamam de simulação na Espanha e, obviamente, o que deve ser chamado de simulação no Brasil.

Pode-se traçar, aqui, um paralelo entre o que se sustenta a respeito do conceito de simulação e o que Souto Maior Borges afirmou a respeito do conceito de "obrigação". De acordo com aquele autor, "simplesmente, não há atributos "essenciais" da obrigação – e que assim o fossem porque vinculantes para o direito positivo. Ao contrário, atributos da obrigação são os que estiverem contemplados em norma construída como obrigacional", razão pela qual "a patrimonialidade será ou não um requisito da obrigação, conforme esteja pressuposta ou não em norma de direito obrigacional".[362] Com a simulação, ocorre o mesmo: não existem atributos essenciais da simulação que vinculem o direito positivo. Proposições doutrinárias que não têm o ordenamento jurídico brasileiro como fundamento para a reconstrução do conceito de simulação, tais como a doutrina estrangeira sobre o tema, são impertinentes para a definição do conceito de simulação no Direito brasileiro.

As considerações anteriores permitem concluir que a xenofilia acrítica produz resultados desastrosos relativamente à reconstrução do conceito de simulação no ordenamento jurídico brasileiro. A citação de autores estrangeiros sem uma reflexão a respeito dos seus objetos de estudo faz com que elementos da simulação previstos por outros ordenamentos jurídicos sejam considerados como requisitos para a configuração da simulação no Brasil.

---

361. AMARAL, Francisco. **Direito Civil**: Introdução. 7. ed. Rio de Janeiro: Renovar, 2008, p. 526; MELLO, Marcos Bernardes. **Teoria do fato jurídico**: plano da validade. 10. ed. São Paulo: Saraiva, 2010, p. 44.

362. BORGES, José Souto Maior. **Obrigação tributária (uma introdução metodológica)**. 3. ed. São Paulo: Malheiros, 2015, p. 41.

1.7. Conceito de dissimulação no Direito Tributário

1.7.1. O termo "dissimulação" no Código Tributário Nacional

O Código Tributário Nacional estabeleceu, por meio do parágrafo único do seu artigo 116, que os atos e negócios jurídicos praticados com a finalidade de *dissimular* a ocorrência do fato gerador deveriam ser desconsiderados, observados os procedimentos a serem estabelecidos por meio de lei ordinária:

> Art. 116, § único. A autoridade administrativa poderá desconsiderar atos ou negócios jurídicos praticados com a finalidade de dissimular a ocorrência do fato gerador do tributo ou a natureza dos elementos constitutivos da obrigação tributária, observados os procedimentos a serem estabelecidos em lei ordinária.

Até o presente momento, não foi editada a referida lei ordinária. Nesse sentido, o Supremo Tribunal Federal já afirmou, ao analisar a constitucionalidade do parágrafo único do seu artigo 116 do Código Tributário Nacional, que "a plena eficácia da norma depende de lei ordinária para estabelecer procedimentos a serem seguidos".[363] Assim, entendimentos formulados anteriormente à referida decisão, tais como os de Marcus Abraham e Ricardo Lodi Ribeiro, para quem a norma reconstruída por meio do parágrafo único do seu artigo 116 do Código Tributário Nacional seria aplicável mesmo antes da edição da referida lei ordinária, foram rechaçados pelo Supremo Tribunal Federal – embora já o fossem pela simples leitura do referido dispositivo.[364]

De qualquer forma, é fundamental determinar o significado do termo "dissimulação" e o conteúdo normativo do parágrafo único do seu artigo 116 do Código Tributário Nacional. Isso permite que, de um lado, seja possível identificar as situações nas quais a autoridade administrativa, diante da ausência de lei ordinária, não tem competência para desconsiderar atos ou negócios jurídicos; de outro lado, sejam estabelecidos os limites para o escopo de incidência de eventual lei ordinária a ser estabelecida. Há, nesse sentido, controvérsia a respeito: (a) dos fundamentos do conceito de dissimulação ("quais os critérios para a atribuição de significado ao termo "dissimulação"?); (b) do conteúdo

---

363. BRASIL. STF, ADI 2446, Rel. Min. Cármen Lúcia, Tribunal Pleno, julgado em 11/04/2022.

364. ABRAHAM, Marcus. Os 10 anos da Norma Geral Antielisiva e as Cláusulas do Propósito Negocial e da Substância sobre a Forma Presentes no Direito Brasileiro. **Revista Dialética de Direito Tributário**, São Paulo, Dialética, n. 192, 2011, p. 82; RIBEIRO, Ricardo Lodi. **Temas de Direito Constitucional Tributário**. Rio de Janeiro: Editora Lumen Juris, 2009, p. 303.

do conceito de dissimulação ("o que significa o termo "dissimulação?"); (c) do conteúdo normativo do parágrafo único do artigo 116 do Código Tributário Nacional ("qual é a norma que deve ser reconstruída a partir do parágrafo único do artigo 116 do Código Tributário Nacional?"); e (d) da decisão do Supremo Tribunal Federal a respeito do conteúdo normativo do parágrafo único do artigo 116 do Código Tributário Nacional na Ação Direta de Inconstitucionalidade nº 2446 ("qual é a norma que o Supremo Tribunal Federal reconstruiu a partir do parágrafo único do artigo 116 do Código Tributário Nacional?"). Essas controvérsias são os objetos dos próximos tópicos.

1.7.2. Fundamentos do conceito de dissimulação no Direito Tributário

Antes de atribuir um significado ao termo "dissimulação", o intérprete deve decidir o critério que fundamentará essa interpretação. Alguns autores entendem que o termo "dissimulação", constante no parágrafo único do artigo 116 do Código Tributário Nacional, possui um significado próprio, não relacionado com o significado desse termo no Direito Privado. Já outros entendem que esse mesmo termo não possui um significado próprio, tendo incorporado o significado de "dissimulação" no Direito Privado.

Os autores que entendem que o termo "dissimulação", constante no parágrafo único do artigo 116 do Código Tributário Nacional, possui um significado próprio podem ser divididos em duas correntes: aquela que entende que os critérios para a interpretação desse termo decorrem da legislação estrangeira e aquela que entende que o mesmo termo deve ser interpretado com base no significado comum da palavra, e não com base no seu significado técnico, decorrente da legislação do Direito Privado.

A primeira corrente que entende que o termo "dissimulação" possui um significado próprio afirma que os fundamentos para a sua interpretação decorrem da legislação estrangeira. Ricardo Lobo Torres, por exemplo, entende que o termo "dissimular" deve ser interpretado à luz da legislação francesa, já que "a legislação brasileira, diante de vários modelos estrangeiros de melhor qualidade, preferiu optar pela solução francesa".[365] Ainda, segundo Ricardo Lobo Torres, "o importante, no momento da recepção da norma estrangeira, é não escamotear

365. TORRES, Ricardo Lobo. **Normas de interpretação e integração do direito tributário**. 4. ed. Rio de Janeiro: Renovar, 2006, p. 256.

a sua origem, evitando-se a tentativa de cuidar dos dispositivos como se foram regras tupiniquins".[366]

A segunda corrente que entende que o termo "dissimulação" possui um significado próprio afirma que o parágrafo único do artigo 116 do Código Tributário Nacional o empregou com o seu significado vernacular. Nesse sentido, Marco Aurélio Greco afirma que deve ser atribuído o significado vernacular a esse termo, o qual corresponderia a "ocultar ou encobrir com astúcia; disfarçar; não dar a perceber; calar; fingir; atenuar o efeito de; tornar pouco sensível ou notável; proceder com fingimento, hipocrisia; ter reserva; não revelar os seus sentimentos ou desígnios; esconder-se", as quais seriam acepções "muito mais amplas do que a da simulação, máxime no seu sentido jurídico específico".[367] Ricardo Lodi Ribeiro, da mesma forma, afirma que "o vocábulo dissimulação engloba também condutas como encobrir, ocultar, disfarçar ou atenuar os efeitos de algum fato, em fazer parecer real o que não é – traduzindo-se na expressão verbal do abuso de direito".[368] Sérgio André Rocha, igualmente, afirma que, afirma que "o verbo "dissimular" no parágrafo único do artigo 116 do CTN foi nitidamente utilizado em sentido vernacular, como sinônimo de ocultar, esconder".[369]

Em contrapartida, existem autores que sustentam que o termo "dissimulação", constante no parágrafo único do artigo 116 do Código Tributário Nacional, incorporou o significado desse termo no Direito Privado. Paulo Ayres Barreto, por exemplo, afirma que "neste caso, como o legislador tributário alude a temas consolidados na legislação civil, é nela que vamos buscar as respectivas significações".[370] Alberto Xavier, da mesma forma, entende que o "parágrafo único do art. 116 do Código Tributário Nacional refere-se à figura da simulação".[371]

---

366. TORRES, Ricardo Lobo. **Normas de interpretação e integração do direito tributário**. 4. ed. Rio de Janeiro: Renovar, 2006, p. 243.

367. GRECO, Marco Aurélio. **Planejamento Tributário**. 4. ed. São Paulo: Quartier Latin, 2019, p. 558.

368. RIBEIRO, Ricardo Lodi. **Temas de Direito Constitucional Tributário**. Rio de Janeiro: Editora Lumen Juris, 2009, p. 301.

369. ROCHA, Sérgio André. Para que serve o parágrafo único do artigo 116 do CTN afinal? *In*: GODOI, Marciano Seabra de; ROCHA, Sérgio André. **Planejamento tributário:** limites e desafios concretos. Belo Horizonte; São Paulo: D'Plácido, 2020, p. 502.

370. BARRETO, Paulo Ayres. **Planejamento tributário**: limites normativos. São Paulo: Noeses, 2016, p. 205.

371. XAVIER, Alberto. **Tipicidade da tributação, simulação e norma antielisiva**. São Paulo: Dialética, 2002, p. 52.

O termo "dissimulação" no Direito Privado, constante no parágrafo único do artigo 116 do Código Tributário Nacional, incorporou o significado desse termo no Direito Privado, e isso por ao menos três razões.

Em primeiro lugar, é manifestamente improcedente a tese de Ricardo Lobo Torres, segundo a qual a interpretação do parágrafo único do artigo 116 do Código Tributário Nacional deveria ocorrer à luz do modelo francês, e não como se fosse uma "regra tupiniquim". Felizmente ou infelizmente, o parágrafo único do artigo 116 do Código Tributário Nacional é uma regra tupiniquim, e ainda que tivesse "adotado o modelo francês", afirmação para a qual falta suporte empírico, ela foi aprovada por um parlamento tupiniquim, à luz da nossa singular Constituição tupiniquim e inserida no Código Tributário Nacional tupiniquim. Disso resulta que temos que nos resignar com a sua interpretação à luz do ordenamento jurídico brasileiro – um inafastável regime jurídico tupiniquim, portanto.

Apenas para evidenciar a improcedência da tese, leia-se o artigo 64 do *Livre des Procedures Fiscales*, o qual supostamente teria inspirado o parágrafo único do artigo 116 do Código Tributário Nacional. Esse dispositivo tinha a seguinte redação de 1987 até 2004: "Não podem ser opostos à administração tributária os atos que dissimulem o verdadeiro conteúdo de um contrato ou de uma convenção por meio de cláusulas:", e passa a elencar três tipos de cláusulas que não poderiam ser opostos à administração tributária, quais seja, as que reduzam os tributos sobre a propriedade; as que ocultem a realização ou a transferência de lucros ou de rendimentos; e as que permitam evitar o pagamento de tributos sobre as operações realizadas em execução de um contrato ou acordo.[372] Esse artigo 64 do *Livre des Procedures Fiscales* estava inserido em uma seção denominada "procedimento de abuso de direito tributário". A doutrina europeia afirma que, da leitura desse artigo, depreende-se que "o abuso de direito é uma dissimulação jurídica".[373]

---

372. No original: "*Ne peuvent être opposés à l'administration des impôts les actes qui dissimulent la portée véritable d'un contrat ou d'une convention à l'aide de clauses:*

a) Qui donnent ouverture à des droits d'enregistrement ou à une taxe de publicité foncière moins élevés;

b) Ou qui déguisent soit une réalisation, soit un transfert de bénéfices ou de revenus;

c) Ou qui permettent d'éviter, en totalité ou en partie, le paiement des taxes sur le chiffre d'affaires correspondant aux opérations effectuées en exécution d'un contrat ou d'une convention."

373. MALHERBE, Jacques. O Abuso de Direito. Uma Análise no Direito Comparado. Tradução de Luis Flávio Neto. **Revista Direito Tributário Atual**, São Paulo, Dialética, n. 22, 2008, p. 37.

O contexto normativo do referido dispositivo é completamente distinto do parágrafo único do artigo 116 do Código Tributário Nacional. De um lado, o dispositivo foi francês foi incluído em uma seção da Lei relativa aos casos de abuso de direito, o que não ocorreu no Código Tributário Nacional (que sequer menciona tal dispositivo) – se o legislador brasileiro tivesse adotado o "modelo francês", era de se esperar que houvesse, ao menos, uma referência no Código Tributário Nacional à suposta abrangência normativa dos casos de abuso de direito. De outro lado, o termo "*dissimulation*" era empregado em outros dispositivos do próprio *Livre des Procedures Fiscales* com o seu significado vernacular, qual seja, o de "ocultar, esconder",[374] e não possuía uma definição técnica relacionada à simulação no Código Civil. Diferentemente, no caso brasileiro, o Código Civil definiu o termo "dissimulação" de forma técnica, e o Código Tributário Nacional não atribuiu um significado próprio a esse termo.

Não obstante as evidentes diferenças entre o "modelo francês" e o parágrafo único do artigo 116 do Código Tributário Nacional, existe mais um argumento que impede a consideração daquele modelo estrangeiro como o fundamento para a interpretação do parágrafo único do artigo 116 do Código Tributário Nacional. Os princípios da segurança jurídica e da legalidade tributária, ao estabelecerem um estado ideal de elevada cognoscibilidade quanto ao ordenamento jurídico vigente e de elevada calculabilidade quanto às consequências normativas dos atos de disposição da liberdade e da propriedade, exigem que, na interpretação de regras tributárias, os critérios para essa reconstrução normativa decorram do próprio ordenamento jurídico. Interpretar o parágrafo único do artigo 116 do Código Tributário Nacional com base na legislação francesa naturalmente viola os princípios da segurança jurídica e da legalidade tributária, uma vez que corresponde à utilização de critérios externos ao ordenamento jurídico para a reconstrução normativa e, assim, impede o contribuinte de conhecer adequadamente a norma jurídica aplicável e antever com um razoável grau de certeza as consequências normativas dos seus atos.

Em segundo lugar, é improcedente a tese segundo a qual a interpretação do parágrafo único do artigo 116 do Código Tributário Nacional deve fundamentar-

---

374. Por exemplo, no artigo 55: "*Sous réserve des dispositions de l'article L56, lorsque l'administration des impôts constate une insuffisance, une inexactitude, une omission ou une dissimulation dans les éléments servant de base au calcul des impôts, droits, taxes, redevances ou sommes quelconques dues en vertu du code général des impôts, les redressements correspondants sont effectués suivant la procédure de redressement contradictoire définie aux articles L57 à L61 A*".

-se no significado vernacular do termo "dissimulação", o qual corresponde a "ocultar, esconder". Não é incomum que o legislador empregue termos carentes de uma definição legislativa, hipótese na qual, muitas vezes, deve ser atribuído o significado vernacular a tais termos.

No entanto, se já existe uma definição legislativa do termo empregado pelo legislador, presume-se que tal termo foi empregado com o significado que lhe foi atribuído pela definição existente. É que há uma presunção de sinonímia no ordenamento jurídico, a qual decorre do argumento de que o legislador emprega as mesmas palavras com os mesmos significados.[375] Os vários ramos do Direito não são compartimentos estanques, mas partes de um único sistema jurídico, de forma que, salvo disposição expressa em contrário, os mesmos termos possuem os mesmos significados.[376] Essa presunção é ainda mais evidente em relação aos termos empregados pelo legislador tributário e que já foram definidos no Direito Privado, uma vez que, nesses casos, o artigo 109 do Código Tributário Nacional determina expressamente a incorporação dos significados do Direito Privado pela legislação tributária.

Nesse sentido, o parágrafo único do artigo 248 do Código Civil de 1916, vigente à época da edição da Lei Complementar nº 104/2001 (que incluiu o parágrafo único do artigo 116 no Código Tributário Nacional), continha uma definição implícita do termo "dissimular". Isso porque tal dispositivo estabelecia que: "Êste direito prevalece, esteja ou não a mulher em companhia do marido, e ainda que a doação se dissimule em venda ou outro contrato". O conteúdo dessa definição será objeto do próximo tópico, mas pode-se, desde já, perceber que o termo "dissimular", ao ser incluído no Código Tributário Nacional, não era carente de significado normativo. Sérgio André Rocha, portanto, equivoca-se ao afirmar que o Direito Civil não teria um conceito normativo de dissimulação, mas sim um "mero conceito doutrinário".[377]

O conceito de "dissimulação" do Código Civil de 1916, vale referir, foi mantido e evidenciado pelo Código Civil de 2002.[378] Conforme já afirmado, contudo,

---

375. GUASTINI, Riccardo. **Interpretare e Argomentare**. Milão: Dott. A. Giuffrè, 2011, p. 299.

376. BECKER, Alfredo. **Teoria Geral do Direito Tributário**. 7. ed. São Paulo: Noeses, 2018, p. 129.

377. ROCHA, Sérgio André. Para que serve o parágrafo único do artigo 116 do CTN afinal? *In*: GODOI, Marciano Seabra de; ROCHA, Sérgio André. **Planejamento tributário:** limites e desafios concretos. Belo Horizonte; São Paulo: D´Plácido, 2020, p. 502.

378. Art. 167. É nulo o negócio jurídico simulado, mas subsistirá o que se dissimulou, se válido for na substância e na forma.

a posterior alteração no Código Civil de conceitos incorporados pelo Código Tributário Nacional não altera tais conceitos no âmbito tributário. Isso porque há uma reserva constitucional de lei complementar para o estabelecimento de normas gerais em matéria tributária, e as alterações do Código Civil são promovidas por meio de lei ordinária. Ademais, o estado ideal de confiabilidade promovido pelo princípio da segurança jurídica exige estabilidade no sistema tributário, o que é incompatível com a alteração dos conceitos do Código Tributário Nacional por meio de leis ordinárias. Daí a conclusão de que o parágrafo único do artigo 116 do Código Tributário Nacional incorporou o conceito normativo de "dissimulação" do Código Civil de 1916, pouco importando a posterior edição do Código Civil de 2002.

Isso tudo não significa que o significado normativo de um termo não possa corresponder ao seu significado vernacular. O que se afirma é que, havendo um prévio uso normativo de determinado termo na legislação, o emprego desse mesmo termo em uma posterior legislação tributária não pode ignorar esse prévio uso normativo, seja tal uso correspondente ao uso comum (vernacular) ou a um uso técnico.

Em terceiro lugar, ainda que não existisse uma presunção de sinonímia do ordenamento jurídico, e que o fundamento do conceito de simulação não fosse o parágrafo único do artigo 248 do Código Civil de 1916, o termo "dissimulação" do parágrafo único do artigo 116 no Código Tributário Nacional teria o significado de "simulação relativa", tal como lhe atribui a doutrina do Direito Privado. Isso porque o princípio da segurança jurídica estabelece a prevalência dos significados técnico-jurídicos na interpretação de regras tributárias.

Conforme bem observado por Fernando Rechia, o princípio da segurança jurídica atribui prevalência aos significados técnico-jurídicos em detrimento dos significados decorrentes do uso comum na interpretação de regras tributárias que restringem os direitos de propriedade do indivíduo, já que aqueles significados possuem, em regra, contornos mais precisos e definidos.[379] Assim, ainda que o parágrafo único do artigo 116 do Código Tributário Nacional não tivesse incorporado o significado de "dissimular" do Código Civil, ele teria incorporado o uso técnico desse termo. Esse significado específico, aliás, é reconhecido há

---

379. RECHIA, Fernando Mariath. **Interpretação das competências tributárias**: teorias da interpretação, técnicas de argumentação e critérios de preferência entre argumentos. São Paulo: Thomson Reuters Brasil, 2023, p. 182.

décadas pela doutrina e pela jurisprudência.[380] No caso do termo "dissimulação", conforme se verá no próximo tópico, o uso técnico do termo coincide com a definição do Código Civil de 1916.

E, dentre as diferentes possibilidades de uso técnico de um termo, o artigo 109 do Código Tributário Nacional deixou claro qual deve prevalecer na interpretação de regras tributárias: o uso técnico decorrente dos princípios gerais de Direito Privado. Quando as categorias de Direito Privado são referidas na lei tributária, mas não são por ela alterados, tais categorias são incorporadas pelo Direito Tributário sem alteração e de forma vinculante.[381]

Marco Aurélio Greco, nesse sentido, ignora completamente a existência do artigo 109 do Código Tributário Nacional ao afirmar que "o ordenamento positivo brasileiro utiliza o verbo "dissimular" em sentido que não equivale a "simulação", fazendo referência ao artigo 1º da Lei nº 9.613/98 (Lei sobre lavagem de dinheiro), "no qual a conduta criminosa é dissimular objetos, locais, origens etc., e não vontades ou motivos, como uma interpretação civilística do termo poderia apontar".[382] Pouco importa que existam outros usos técnicos e/ou legislativos do termo "dissimular": o artigo 109 do Código Tributário Nacional atribui prevalência aos usos técnicos e às definições legislativas do Direito Privado.

As considerações anteriores permitem concluir que o termo "dissimular", constante no parágrafo único do artigo 116 do Código Tributário Nacional, incorporou o significado atribuído a esse termo pelo Código Civil, não tendo um significado próprio. Em primeiro lugar porque a tese que sustenta que o fundamento do conceito de "dissimulação" corresponderia à legislação francesa é manifestamente improcedente. Em segundo lugar, o termo "dissimular" incorporou o conceito normativo de "dissimulação" vigente à época, qual seja, o do parágrafo único do artigo 248 do Código Civil de 1916. Em terceiro lugar, os significados técnicos têm prevalência sobre os significados comuns na interpretação de regras tributárias, e o significado técnico de "dissimular" coincide com o significado desse termo no Código Civil.

---

380. BARRETO, Paulo Ayres. **Planejamento tributário**: limites normativos. São Paulo: Noeses, 2016, p. 205.

381. NOGUEIRA, Ruy Barbosa. **Curso de Direito Tributário**. 14. ed. São Paulo: Saraiva, 1995, p. 104.

382. GRECO, Marco Aurélio. **Planejamento Tributário**. 4. ed. São Paulo: Quartier Latin, 2019, p. 558.

1.7.3. Conceito de dissimulação no Código Civil de 1916

Conforme analisado no tópico anterior, o Código Tributário Nacional incorporou o significado do termo "dissimular" do Código Civil de 1916, isto é, o Código Civil de 1916 corresponde ao fundamento da significação do termo "dissimular", tal como ele foi empregado no Código Tributário Nacional. Neste tópico, determinar-se-á o conteúdo desse significado. O Código Civil de 1916 empregou o termo "dissimular" em uma variação reflexiva ("se dissimule") no parágrafo único do seu artigo 248. Ele está relacionado com os incisos III e IV do mesmo artigo:

> Art. 248. A mulher casada pode livremente: (...)
>
> III - Anular as fianças ou doações feitas pelo marido com infração do disposto nos números III e IV do art. 285;
>
> IV - Reivindicar os bens comuns, móveis ou imóveis, doados ou transferidos pelo marido à concubina (art. 1.177). (...)
>
> Parágrafo único. Êste direito prevalece, esteja ou não a mulher em companhia do marido, e ainda que a doação se dissimule em venda ou outro contrato;

O parágrafo único do artigo 248 do Código Civil de 1916 pretendia garantir o direito de propriedade das esposas em relação à meação, impedindo que doações "encobertas" por atos jurídicos onerosos simulados realizados pelos maridos o afetasse. Os atos jurídicos verdadeiramente onerosos realizados pelos maridos eram válidos. O problema todo era realizar um ato jurídico com a aparência de ser oneroso, mas que, na verdade, fosse uma doação. O uso normativo do termo "dissimulação" no Código Civil de 1916 dizia respeito ao ato jurídico verdadeiro (doação) que é encoberto pelo ato jurídico simulado (ato jurídico oneroso).

A relação da dissimulação com a simulação, portanto, vai muito além da própria raiz comum dessas palavras ("simul"). A dissimulação pressupõe a simulação, já que, para haver um ato jurídico verdadeiro e encoberto (ato jurídico dissimulado), deve haver um ato jurídico que o tenha encoberto (ato jurídico simulado). A dissimulação, nesse sentido, é uma espécie do gênero "simulação", a qual está presente nas hipóteses em que a simulação encobre os elementos de um ato jurídico (simulação relativa) – na outra espécie do gênero "simulação", chamada de simulação absoluta, a simulação não encobre um outro ato jurídico, pois, uma vez afastada a simulação, não há qualquer ato jurídico subsistente.

O uso normativo de dissimular não corresponde apenas a "ocultar" ou a "esconder". Aliás, se o legislador quisesse simplesmente exprimir esse sentido, ele poderia ter empregado o termo "ocultar" no parágrafo único do artigo 248 do Código Civil de 1916, tal como fez em outras sete oportunidades na mesma Lei.[383] Conforme já afirmado, se o legislador optou por empregar um termo diferente na mesma Lei é porque ele quis que tal termo tivesse um significado diferente.[384] Ao escolher o termo "dissimular", e não "ocultar", o legislador quis utilizar um termo que denotasse um tipo especial de "ocultação", qual seja, a ocultação de um ou mais elementos de um ato jurídico por meio do próprio ato jurídico (simulação material) ou por meio de outro ato jurídico (simulação formal). A dissimulação pode ser definida, portanto, como a ocultação de um ou mais elementos de um ato jurídico por meio do próprio ato jurídico ou por meio de um outro ato jurídico. O ato jurídico dissimulado é o ato jurídico subsistente após a desconsideração do ato jurídico simulado.

A definição legislativa de "dissimulação" formulada pelo Código Civil de 1916 e incorporada pelo Código Tributário Nacional corresponde ao uso técnico desse termo pela doutrina do Direito Privado, a qual também compreendia a dissimulação como uma espécie de simulação (simulação relativa). Pontes de Miranda, nesse sentido, entendia que havia simulação relativa "quando se simula ato para se dissimular, ou simplesmente dissimulando-se outro ato jurídico".[385] Orlando Gomes, da mesma forma, considerava haver simulação relativa "quando ao lado do negócio simulado há um contrato dissimulado que disfarça sua verdadeira causa e seu conteúdo".[386]

---

383. Art. 155. O menor, entre dezesseis e vinte e um anos, não pode, para se eximir de uma obrigação, invocar a sua idade, se dolosamente a ocultou, inquirido pela outra parte, ou se, no ato de se obrigar, espontaneamente se declarou maior. (...) Art. 178, § 4º, I. A mesma ação do parágrafo anterior, se o marido se achava ausente, ou lhe ocultaram o nascimento; contado o prazo do dia de sua volta à casa conjugal, no primeiro caso, e da data do conhecimento do fato, no segundo. (...) Art. 607. O depósito antigo de moeda ou coisas preciosas, enterrado, ou oculto, de cujo dono não haja memória, se alguém casualmente o achar em prédio alheio, dividir-se-á por igual entre o proprietário e o inventor. (...) Art. 1.101. A coisa recebida em virtude de contrato comutativo pode ser enjeitada por vícios ou defeitos ocultos, que a tornem imprópria ao uso a que é destinada, ou lhe diminuam o valor. (...) Art. 1.104. A responsabilidade do alienante subsiste ainda que a coisa pereça em poder do alienatório, se parecer por vício oculto, já existente ao tempo da tradição. (...) Art. 1.138. Nas coisas vendidas conjuntamente, o defeito oculto de uma não autoriza a rejeição de todas. (...) Art. 1.783. Se não se restituírem os bens sonegados, por já os não ter o sonegador em seu poder, pagará ele a importância dos valores, que ocultou, mais as perdas e danos.

384. GUASTINI, Riccardo. **Interpretare e Argomentare**. Milão: Dott. A. Giuffrè, 2011, p. 299.

385. MIRANDA, Francisco Cavalcanti Pontes de. **Tratado de Direito Privado**. Tomo IV, 2. ed. Rio de Janeiro: Editora Borsoi, 1954, p. 375.

386. GOMES, Orlando. **Introdução ao Direito Civil**. 20. ed. rev. atual. e aum. por Edvaldo Brito e Reginalda Paranhos Brito. Rio de Janeiro: Forense, 2010, p. 332.

Ainda que o parágrafo único do artigo 116 do Código Tributário Nacional tenha incorporado o significado de "dissimulação" do Código Civil de 1916, independentemente da edição do Código Civil de 2002, importante referir que o novo Código Civil não alterou aquele significado. Pelo contrário, deixou-o ainda mais explícito, conforme se percebe a partir da leitura do *caput* do artigo 167 do Código Civil de 2002: "É nulo o negócio jurídico simulado, mas subsistirá o que se dissimulou, se válido for na substância e na forma".

O *caput* do artigo 167 do Código Civil de 2002 é muito claro em considerar o negócio jurídico "que se dissimulou" como aquele subsistente após a desconsideração do ato jurídico simulado, tal como a definição realizada a partir do Código Civil de 1916. Não por acaso, Carlos Roberto Gonçalves afirma que a primeira parte do *caput* do artigo 167 do Código Civil de 2002 diz respeito à simulação absoluta e a segunda parte desse mesmo artigo diz respeito à simulação relativa.[387]

As considerações anteriores permitem concluir que a dissimulação é uma espécie do gênero "simulação", e o termo "dissimular" no parágrafo único do artigo 116 do Código Tributário Nacional tem o significado de ocultar um ou mais elementos de um ato jurídico por meio do próprio ato jurídico (simulação material) ou por meio de outro ato jurídico (simulação formal). Há uma "camuflagem" do ato jurídico dissimulado.[388] O ato jurídico dissimulado, portanto, é o ato jurídico subsistente após a desconsideração do ato jurídico simulado.

1.7.4. Conteúdo normativo do parágrafo único do artigo 116 do Código Tributário Nacional

O conteúdo normativo do parágrafo único do artigo 116 do Código Tributário Nacional não se esgota com a definição do termo "dissimular". Esse dispositivo deve ser analisado integralmente para a reconstrução da norma por ele exprimida:

> Art. 116. Salvo disposição de lei em contrário, considera-se ocorrido o fato gerador e existentes os seus efeitos:

---

387. GONÇALVES, Carlos Roberto. **Direito Civil Brasileiro**. 18. ed., v. 1. São Paulo: Saraiva, 2020, p. 520.

388. ÁVILA, Humberto. A prestação de serviços personalíssimos por pessoas jurídicas e sua tributação: o uso e abuso do Direito de criar pessoas jurídicas e o poder de desconsiderá-las. **Grandes Questões Atuais do Direito Tributário**, São Paulo, Dialética, v. 17, 2013, p. 132-151, p. 136.

> I - tratando-se de situação de fato, desde o momento em que o se verifiquem as circunstâncias materiais necessárias a que produza os efeitos que normalmente lhe são próprios;
>
> II - tratando-se de situação jurídica, desde o momento em que esteja definitivamente constituída, nos têrmos de direito aplicável.
>
> Parágrafo único. A autoridade administrativa poderá desconsiderar atos ou negócios jurídicos praticados com a finalidade de dissimular a ocorrência do fato gerador do tributo ou a natureza dos elementos constitutivos da obrigação tributária, observados os procedimentos a serem estabelecidos em lei ordinária.

A interpretação do parágrafo único em conjunto com o *caput* e os incisos do artigo 116 do Código Tributário Nacional é fundamental. Afinal, os parágrafos de uma lei dizem respeito aos aspectos complementares do artigo que integram. O artigo 11, III, "b" e "c", da Lei Complementar nº 95/98, inclusive, é muito claro em consignar o caráter complementar dos parágrafos em relação à norma reconstruída a partir do *caput* e dos incisos do dispositivo.[389]

A partir dessa constatação, percebe-se que o parágrafo único do artigo 116 do Código Tributário Nacional, ao se referir a "atos ou negócios jurídicos praticados com a finalidade de dissimular a ocorrência do fato gerador do tributo ou a natureza dos elementos constitutivos da obrigação tributária", contém uma elipse. Isso porque, ao lermos tal dispositivo em conjunto com o restante do artigo 116, percebe-se que tais atos ou negócios jurídicos não dissimulam diretamente a ocorrência do fato gerador (ou da natureza da obrigação tributária); o que eles dissimulam é a situação jurídica que, uma vez constituída, faz surgir o fato gerador (e, consequentemente, a obrigação tributária).

Afinal, de um lado, "dissimular" significa ocultar um ou mais elementos de um ato jurídico por meio do próprio ato jurídico ou por meio de outro ato jurídico aparente, o que pressupõe a existência de um ato jurídico simulado e de um ato jurídico dissimulado; de outro lado, o inciso II do artigo 116 do Código Tributário Nacional é muito claro em estabelecer que o fato gerador ocorre desde o momento em que a situação jurídica correspondente esteja definitivamente constituída. O que o parágrafo único do artigo 116 do Código Tributário

---

389. Art. 11. As disposições normativas serão redigidas com clareza, precisão e ordem lógica, observadas, para esse propósito, as seguintes normas: (...)

III - para a obtenção de ordem lógica: (...)

b) restringir o conteúdo de cada artigo da lei a um único assunto ou princípio;

c) expressar por meio dos parágrafos os aspectos complementares à norma enunciada no caput do artigo e as exceções à regra por este estabelecida.

Nacional estabelece, portanto, é que a autoridade administrativa deve desconsiderar os atos jurídicos simulados que ocultem elementos de atos jurídicos dissimulados, os quais são situações jurídicas suficientes para a ocorrência do fato gerador – desde que, é claro, haja a edição da lei ordinária estabelecendo os procedimentos para tanto.

Disso decorre que a norma reconstruída a partir do parágrafo único do artigo 116 do Código Tributário Nacional não deve ser qualificada como sendo, primeiro, uma "norma antielisiva"; segundo, uma "norma antiabuso"; terceiro, uma "norma antielusiva".

Primeiro, a norma reconstruída a partir do parágrafo único do artigo 116 do Código Tributário Nacional não deve ser qualificada como uma "norma antielisiva". A elisão fiscal corresponde a uma modalidade válida de evitar o surgimento da obrigação tributária.[390] Uma norma antielisão, portanto, permite às autoridades administrativas ultrapassarem os limites da hipótese de incidência tributária para alcançar situações nela não previstas.[391] A norma reconstruída a partir do parágrafo único do artigo 116 do Código Tributário Nacional permite a desconsideração dos atos jurídicos simulados e a tributação dos atos jurídicos dissimulados, os quais, por recaírem dentro dos limites da hipótese de incidência tributária, fazem surgir o fato gerador; não se trata, portanto, de uma norma antielisiva.

Segundo, a norma reconstruída a partir do parágrafo único do artigo 116 do Código Tributário Nacional não deve ser qualificada como uma "norma antiabusiva". O termo "abuso" é atribuído a diversas categorias jurídicas; no âmbito do planejamento tributário, fala-se no abuso de direito e no abuso de formas. Uma norma antiabuso, portanto, corresponde a uma norma que permite às autoridades administrativas a desconsideração de atos jurídicos constituídos por meio de abuso de direito ou por meio de abuso de forma. A norma reconstruída a partir do parágrafo único do artigo 116 do Código Tributário Nacional permite a desconsideração dos atos jurídicos simulados, inclusive por meio de abuso de formas (que é uma espécie de simulação, notadamente a simulação de elementos categoriais essenciais), mas não abrange os atos jurídicos constituídos com abuso de direito; não se trata, portanto, de uma norma antiabusiva.

---

390. DÓRIA, Antônio Ferreira Sampaio. **Elisão e Evasão Fiscal**. São Paulo. São Paulo: LAEL, 1971, p. 23.

391. MACHADO, Hugo de Brito. Elisão e evasão de tributos. *In*: YAMASHITA, Douglas. (Coord.). **Planejamento tributário à luz da jurisprudência**. São Paulo: Lex Editora, 2007, p. 105.

Terceiro, a norma reconstruída a partir do parágrafo único do artigo 116 do Código Tributário Nacional não deve ser qualificada como uma "norma antielusiva". A elusão fiscal corresponde à conduta do contribuinte que modifica e distorce artificiosamente as formas dos atos jurídicos (por meio de fraude à lei ou por meio de abuso de direito, por exemplo) com o objetivo de obter um regime tributário mais benéfico, ainda que tal regime tenha sido criado para atingir outras situações.[392] Uma norma antielusão, portanto, permite às autoridades administrativas desconsiderarem os atos jurídicos constituídos por meio de elusão ou aplicarem o regime jurídico-tributário eludido.[393] A norma reconstruída a partir do parágrafo único do artigo 116 do Código Tributário Nacional permite a desconsideração dos atos jurídicos simulados, desde que ocorrido o fato gerador, o qual decorre da constituição do ato jurídico dissimulado. Essa situação não abrange, naturalmente, as hipóteses nas quais o contribuinte impede a ocorrência do fato gerador, ainda que por meio de atos jurídicos artificiais; não se trata, portanto, de uma norma antielusiva.

Essas categorias são confusas, sobrepõem-se e não são empregadas com uniformidade pela doutrina. De qualquer forma, o importante é perceber que nenhuma delas é adequada para qualificar o conteúdo da norma reconstruída a partir do parágrafo único do artigo 116 do Código Tributário Nacional. A simples leitura desse dispositivo evidencia que ele não permite a reconstrução de uma norma antielisiva, mas sim de uma norma limitada às hipóteses de simulação e de dissimulação.[394] O que essa norma estabelece é a desconsideração dos efeitos tributários do ato simulado e a consideração dos efeitos tributários do ato dissimulado.[395] Caso se queira qualificá-la, portanto, a melhor denominação seria "norma antissimulação".[396]

---

392. GODOI, Marciano Seabra de. Planejamento tributário. *In*: MACHADO, Hugo de Brito. **Planejamento Tributário**. São Paulo: Malheiros, 2016, p. 479.

393. NOVOA, César García. **La Cláusula Antielusiva en la Nueva Ley General Tributaria**. Madri: Marcial Pons, 2004, p. 259.

394. MOREIRA, André Mendes. O planejamento tributário sob a ótica do Código Tributário Nacional. *In*: GODOI, Marciano Seabra de; ROCHA, Sérgio André. **Planejamento tributário**: limites e desafios concretos. Belo Horizonte; São Paulo: D'Plácido, 2020, p. 85.

395. OLIVEIRA, Ricardo Mariz de. A simulação no Código Tributário Nacional e na prática. **Revista de Direito Tributário Atual**, São Paulo, Dialética, n. 23, 2012, 569; XAVIER, Alberto. **Tipicidade da tributação, simulação e norma antielisiva**. São Paulo: Dialética, 2002, p. 70.

396. COSTA, Regina Helena. **Curso de direito tributário:** Constituição e Código Tributário Nacional. 6. ed. São Paulo: Saraiva, 2016, p. 208.

As considerações anteriores permitem concluir que o parágrafo único do artigo 116 do Código Tributário Nacional determina que as autoridades administrativas devem desconsiderar os atos jurídicos simulados que ocultem elementos de atos jurídicos dissimulados. Tal norma não corresponde a uma "norma antielisão", nem a uma "norma antiabuso" e tampouco a "norma antielusão". Ela é uma "norma antissimulação". Para que a norma reconstruída a partir desse dispositivo tenha eficácia, deve ser editada a lei ordinária estabelecendo os respectivos procedimentos.

1.7.5. Críticas à tese da "norma antissimulação" e as razões pelas quais elas são improcedentes

A restrição da abrangência da norma do parágrafo único do artigo 116 do Código Tributário Nacional aos casos de simulação relativa (sendo, portanto, uma "norma antissimulação") é alvo de inúmeras críticas. Desde a inclusão do parágrafo único do artigo 116 no Código Tributário Nacional por meio da Lei Complementar nº 104/2001, debateu-se se a norma reconstruída a partir daquele dispositivo seria aplicável, tão somente, aos casos de simulação relativa, ou se constituiria verdadeira norma geral antielisiva, antiabusiva ou antielusiva, a qual permitiria a desconsideração de atos jurídicos com base em abuso de direito, fraude à lei, interpretação econômica, eficácia positiva da capacidade contributiva etc.

Ricardo Lobo Torres, por exemplo, sustentava que "a dissimulação prevista na LC nº 104/01 refere-se apenas à hipótese de incidência ou ao fato gerador abstrato, o que caracteriza a elisão e jamais a simulação".[397] Marco Aurélio Greco afirma que "a inclusão do parágrafo único ao artigo 116 do CTN tornou a figura da elisão uma categoria tributária não dependente das patologias", o que permitiria a análise da conformidade à capacidade contributiva de negócios jurídicos que "não padeçam de qualquer vício".[398] Heleno Tôrres considera que o parágrafo único do artigo 116 do Código Tributário Nacional permite a reconstrução de uma "norma geral antielusiva"[399], opinião compartilhada por

397. TORRES, Ricardo Lobo. **Normas de Interpretação e Integração do Direito Tributário**. 4. ed. Rio de Janeiro: Renovar, 2006, p. 256.

398. GRECO, Marco Aurélio. **Planejamento Tributário**. 4. ed. São Paulo: Quartier Latin, 2019, p. 562.

399. TÔRRES, Heleno. **Direito tributário e direito privado**: autonomia privada, simulação, elusão tributária. São Paulo: Revista dos Tribunais, 2003, p. 361.

Sérgio André Rocha[400] e por Marciano Seabra de Godoi[401], ainda que este último a denomine de "norma geral antiabusiva". André Folloni considera que tal dispositivo permite a reconstrução de uma "norma geral antiabusiva", mas a denomina de "norma geral antielisiva".[402]

Os autores que sustentam que o parágrafo único do artigo 116 do Código Tributário Nacional deve ser interpretado de forma a permitir a reconstrução de uma norma aplicável a mais situações do que apenas a simulação relativa (ou seja, uma norma antielisiva, antiabusiva ou antielusiva) fundamentam-se em três argumentos:

1. a Exposição de Motivos da Lei Complementar nº 104/2001, a qual incluiu o parágrafo único do artigo 116 no Código Tributário Nacional, permitiria concluir que a intenção do legislador foi a inclusão de uma norma antielisiva (ou antiabusiva, ou antielusiva) no ordenamento jurídico;
2. não faria sentido uma alteração legislativa para incluir uma norma expletiva no ordenamento jurídico, uma vez que que a competência para a desconsideração de atos jurídicos simulados já decorreria do artigo 149, VII, do Código Tributário Nacional;
3. se o legislador empregou um termo diferente ("dissimulação") daquele já constante na lei ("simulação"), é porque quis lhe atribuir um significado diferente, pois, caso quisesse atribuir o mesmo significado, teria empregado o termo já existente.

Os três argumentos são improcedentes.

Em primeiro lugar, afirma-se que o parágrafo único do artigo 116 do Código Tributário Nacional abrangeria mais situações do que a simulação relativa em virtude da Exposição de Motivos da Lei Complementar nº 104/2001, a qual incluiu o referido dispositivo no ordenamento jurídico. Com efeito, tal Expo-

---

400. ROCHA, Sérgio André. Para que serve o parágrafo único do artigo 116 do CTN afinal? *In*: GODOI, Marciano Seabra de; ROCHA, Sérgio André. **Planejamento tributário:** limites e desafios concretos. Belo Horizonte; São Paulo: D´Plácido, 2020, p. 504.

401. GODOI, Marciano Seabra de. Exercício de Compreensão Crítica do Acórdão do Supremo Tribunal Federal na Ação Direta de Inconstitucionalidade n. 2.446 (2022) e de suas Consequências Práticas sobre o Planejamento Tributário no Direito Brasileiro. **Revista Direito Tributário Atual**, São Paulo, IBDT, n. 52. Ano 40, 2022, p. 465-485, p. 470.

402. FOLLONI, André. Planejamento Tributário e Norma Antielisiva no Direito Brasileiro. *In*: MACHADO, Hugo de Brito. **Planejamento Tributário**. São Paulo: Malheiros, 2016, p. 86.

sição de Motivos dispôs expressamente que o objetivo da alteração legislativa era permitir às autoridades administrativas desconsiderarem atos jurídicos "praticados com finalidade de elisão" e, assim, criar um "instrumento eficaz para o combate aos procedimentos de planejamento tributário praticados com abuso de forma ou de direito":

> A inclusão do parágrafo único ao art. 116 faz-se necessária para estabelecer, no âmbito da legislação brasileira, norma que permita à autoridade tributária desconsiderar atos ou negócios jurídicos praticados com finalidade de elisão, constituindo - se, dessa forma, em instrumento eficaz para o combate aos procedimentos de planejamento tributário praticados com abuso de forma ou de direito.

O teor dessa Exposição de Motivos é utilizado como um argumento genético, isto é, um argumento acerca da intenção do legislador de criar uma norma mais ampla do que uma "norma antissimulação". Sérgio André Rocha, por exemplo, afirma que a Exposição de Motivos "evidencia que o que se buscava era inovar no ordenamento jurídico, criando novos instrumentos para o controle do planejamento tributário nos casos de abuso de forma jurídica e abuso de direito".[403] André Folloni, igualmente, entende que a Exposição de Motivos seria uma evidência de que "o Poder Legislativo utilizou o termo "dissimulação" como referido a comportamentos de elisão tributária".[404] Tal argumento é improcedente, e há duas razões para isso.

A primeira é que não está clara a intenção do legislador ao aprovar a Lei Complementar nº 104/2001. De um lado porque a Exposição de Motivos, datada de 6 de outubro de 1999, não foi redigida pelo Poder Legislativo, mas sim pelo Ministro da Fazenda, Sr. Pedro Malan. O seu conteúdo, portanto, nada diz a respeito sobre a intenção dos legisladores. A intenção dos legisladores ao aprovarem a Lei Complementar nº 104/2001, aliás, pode ser mais bem relacionada a outra mensagem atribuída ao Sr. Pedro Malan, notadamente a sua constatação de que "no Brasil, até o passado é incerto".

De outro lado, existem evidências de que os debates legislativos a respeito do tema foram bastante confusos, o que afasta a pretensão de se identificar uma suposta intenção do legislador de criar uma "norma geral antielisão". Conforme

---

403. ROCHA, Sérgio André. Para que serve o parágrafo único do artigo 116 do CTN afinal? *In*: GODOI, Marciano Seabra de; ROCHA, Sérgio André. **Planejamento tributário:** limites e desafios concretos. Belo Horizonte; São Paulo: D'Plácido, 2020, p. 502.

404. FOLLONI, André. Planejamento Tributário e Norma Antielisiva no Direito Brasileiro. *In*: MACHADO, Hugo de Brito. **Planejamento Tributário**. São Paulo: Malheiros, 2016, p. 84.

bem observado por Pedro Adamy, existem diversos documentos produzidos ao longo do processo legislativo, os quais possuem natureza, função e características diversas, a partir dos quais se pode inferir a vontade do legislador.[405]

O então Deputado Federal Eduardo Paes, por exemplo, afirmou no Plenário da Câmara dos Deputados que "há enorme diferença entre elisão fiscal e sonegação", uma vez que "na elisão fiscal, o que se faz, por vias legais, é não se dissimular para que não ocorra o fato gerador" e o que o projeto pretenderia seria "dar um instrumento à Receita Federal para que, identificando qualquer ato ou negócio jurídico buscando dissimular a ocorrência do fato gerador, ele possa anulá-los".[406] O parecer emitido pela Comissão de Assuntos Econômicos do Senado Federal, da mesma forma, afirmou que o parágrafo único do artigo 116 do Código Tributário Nacional permitiria "à autoridade fiscal trazer para as malhas da tributação as operações efetuadas com vício de simulação", àquilo que "em direito se denomina abuso de forma jurídica". Ainda, segundo o parecer, "a descaracterização do ato jurídico por vício de simulação não é novidade no direito pátrio", uma vez que o "Código Civil sempre abrigou, em seus arts. 102 a 105, a nulidade de atos jurídicos praticados com vício de simulação".[407]

Tais fragmentos do debate legislativo demonstram que, para (pelo menos) alguns parlamentares, havia a compreensão e a intenção de se aprovar uma "norma antissimulação", diferentemente do que consta na Exposição de Motivos elaborada pelo Ministro da Fazenda. Da constatação de que, de um lado, a Exposição de Motivos não retrata a intenção dos legisladores, e que, de outro lado, o debate legislativo não permite inferir que havia uma intenção dos legisladores de se aprovar uma "norma antielisiva", pode-se concluir que a intenção do legislador, ao aprovar a Lei Complementar nº 104/2001, não está clara.

A segunda razão pela qual o argumento é improcedente é porque o papel da intenção do legislador na interpretação jurídica é bastante restrito.[408] O princípio

---

405. ADAMY, Pedro. **Vontade do Legislador**: contributo para a compreensão do argumento genético e da intenção do legislador. Tese (Doutorado em Direito) – Faculdade de Direito, Universidade de São Paulo, 2022, p. 165.

406. *Apud* TROIANELLI, Gabriel. O Parágrafo Único do Artigo 116 do Código Tributário Nacional como Limitador do poder da Administração. *In*: ROCHA, Valdir de Oliveira (Coord.) **O Planejamento Tributário e a Lei Complementar 104**. São Paulo: Dialética, 2001, p. 89.

407. *Apud* TROIANELLI, Gabriel. O Parágrafo Único do Artigo 116 do Código Tributário Nacional como Limitador do poder da Administração. *In*: ROCHA, Valdir de Oliveira. (Coord.). **O Planejamento Tributário e a Lei Complementar 104**. São Paulo: Dialética, 2001, p. 95.

408. BARBERIS, Mauro. **Diritto in evoluzione**. Un manuale? Turim: G. Giappichelli Editore, 2022, p. 231.

da segurança jurídica estabelece um ideal de cognoscibilidade, o que exige que as normas jurídicas possam ser adequadamente compreendidas pelos indivíduos; a publicidade das disposições normativas, nesse sentido, é um dos comportamentos que devem ser adotados pelo Estado para que os indivíduos possam saber da existência dessas disposições e, com isso, possam conhecer as normas delas decorrentes.[409] Interpretar as disposições normativas com base em argumentos genéticos, os quais decorrem de fontes estranhas às fontes devidamente publicadas e conhecidas por todos, viola o princípio da segurança jurídica, uma vez que obriga os indivíduos a conhecerem uma norma reconstruída com base em critérios ocultos.[410]

Além disso, os argumentos genéticos possuem diminuta relevância porque eles não decorrem da força vinculativa do Poder Legislativo, não sendo reconduzíveis ao Estado Democrático de Direito.[411] O que foi aprovado democraticamente é o que está escrito na Lei, e não o que os legisladores quiseram que estivesse escrito.[412] A competência para editar uma Lei Complementar é do Congresso Nacional, e não dos indivíduos que a compõem; por essa razão, a motivação dos parlamentares é irrelevante – ainda mais no caso da Lei Complementar nº 104/2001, da qual sequer se evidências da motivação dos legisladores, mas tão somente da Exposição de Motivos do Ministro da Fazenda.[413]

Disso tudo resulta que o emprego de argumentos genéticos relacionados à Exposição de Motivos da Lei Complementar nº 104/2001 não é suficiente para suportar a afirmação de que o parágrafo único do artigo 116 do Código Tributário Nacional abrangeria mais situações do que a simulação relativa, porque a intenção do legislador nesse caso não está clara e também porque essa mesma intenção é, em regra, irrelevante, não tendo prevalência sobre argumentos linguísticos.

Em segundo lugar, afirma-se também que não faria sentido uma alteração legislativa para incluir uma norma expletiva no ordenamento jurídico, uma

---

409. ÁVILA, Humberto. **Teoria da Segurança Jurídica**. 6. ed. São Paulo: Malheiros/Juspodivm, 2021, p. 318.

410. RECHIA, Fernando Mariath. **Interpretação das competências tributárias**: teorias da interpretação, técnicas de argumentação e critérios de preferência entre argumentos. São Paulo: Thomson Reuters Brasil, 2023, p. 170.

411. ÁVILA, Humberto. Argumentação jurídica e a imunidade do livro eletrônico. **Revista de Direito Tributário**, n. 79, São Paulo, Malheiros, 2001, p. 179.

412. SCHAUER, Frederick. **Thinking like a lawyer**. Cambridge: Harvard University Press, 2009, p. 160.

413. ANDRADE, Leonardo Aguirra. **Planejamento tributário**. São Paulo: Quartier Latin, 2016, p. 176.

vez que que a competência para a desconsideração de atos jurídicos simulados já decorreria do artigo 149, VII, do Código Tributário Nacional. André Folloni, nesse sentido, afirma que "se dissimular é simular, então a introdução dessa regra nova no Código Tributário Nacional não tem nenhum significado prático"[414] e que seria "irrazoável supor que o Poder Legislativo modificou para nada modificar".[415] Para Paulo Rosenblatt, igualmente, não haveria lógica em pressupor uma alteração legislativa com a intenção de "apenas repetir ou enfatizar uma norma antievasiva ou anti-simulação que já era prevista desde a redação original do código".[416] Sérgio André Rocha, da mesma forma, afirma que "não se pode deixar de observar ser até certo ponto absurdo sugerir que foi editada uma Lei Complementar cuja finalidade precípua seria nada alterar, manter tudo como já era antes".[417]

Tal argumento é improcedente por duas razões: primeiro, se o legislador quis aprovar uma norma inovadora, mas aprovou uma norma expletiva, não cabe ao intérprete ignorar o texto aprovado para fazer valer a intenção do legislador. Segundo, a norma reconstruída a partir do parágrafo único do artigo 116 do Código Tributário Nacional não é expletiva; ao contrário, é uma regra extremamente pertinente.

Primeiro, se o legislador quis atribuir competência às autoridades administrativas para combater a elisão fiscal, mas acabou lhes atribuindo uma competência que eles já tinham (desconsiderar atos jurídicos simulados), pode-se lamentar, criticar ou até mesmo comemorar; o que não se deve fazer, contudo, é tentar, por meio da interpretação, consertar aquilo que se julga ser um equívoco do legislador. Em suma: se o propósito do legislador era criar uma norma geral antielisão, pode-se dizer que ele teve uma grande infelicidade, pois se confundiu e aprovou uma norma antissimulação.[418]

Não se está afirmando, com isso, que os argumentos relacionados à presunção de que as normas possuem algum significado são irrelevantes. Em casos nos

---

414. FOLLONI, André. Planejamento Tributário e Norma Antielisiva no Direito Brasileiro. *In*: MACHADO, Hugo de Brito. **Planejamento Tributário**. São Paulo: Malheiros, 2016, p. 83.

415. FOLLONI, André. Planejamento Tributário e Norma Antielisiva no Direito Brasileiro. *In*: MACHADO, Hugo de Brito. **Planejamento Tributário**. São Paulo: Malheiros, 2016, p. 84.

416. ROSENBLATT, Paulo. **Normas gerais antielisivas**: planejamento tributário e padrões comparativos de política fiscal. Rio de Janeiro: Lumen Juris, 2024, p. 197.

417. ROCHA, Sérgio André. Para que serve o parágrafo único do artigo 116 do CTN afinal? *In*: GODOI, Marciano Seabra de; ROCHA, Sérgio André. **Planejamento tributário:** limites e desafios concretos. Belo Horizonte; São Paulo: D´Plácido, 2020, p. 501.

418. MARINS, James. **Elisão tributária e sua regulação.** São Paulo: Dialética, 2002, p. 57.

quais não se tem certeza acerca do significado do texto normativo aprovado ou em casos nos quais a interpretação literal desse texto normativo não resulta em qualquer norma, tais argumentos podem ser muito pertinentes para interpretação do texto normativo. No caso do parágrafo único do artigo 116 do Código Tributário Nacional, contudo, o seu significado normativo é claro, e corresponde a uma norma antissimulação – se tal norma é expletiva, não importa: foi o que o legislador aprovou.

Segundo, a norma reconstruída a partir do parágrafo único do artigo 116 do Código Tributário Nacional, na verdade, não é expletiva; ao contrário, trata-se de uma regra extremamente pertinente. Isso porque a desconsideração dos atos jurídicos simulados e a consideração dos efeitos tributários dos atos jurídicos dissimulados gera uma série de situações controversas que demandam soluções – importante, portanto, que os procedimentos para a realização de tais atos sejam regulados por meio de lei, tal como o parágrafo único do artigo 116 do Código Tributário Nacional, de forma inovadora, exigiu.

Algo que, por exemplo, deve ser regulado pela lei ordinária a ser editada são as consequências da desconsideração do ato jurídico simulado e da consideração do ato jurídico dissimulado quanto aos tributos pagos em decorrência do ato jurídico simulado. Embora a compensação de tributos da mesma espécie seja realizada, o Conselho Administrativo de Recursos Fiscais, atualmente, entende que "a autoridade lançadora não pode, de ofício, promover à restituição ou compensação de tributos pagos na empresa quando reclassifica as receitas da pessoa jurídica para rendimentos de pessoa física".[419]

Tal situação é problemática porque determinar que o contribuinte busque a restituição administrativa e/ou judicial dos tributos pagos em decorrência do ato jurídico simulado pode ser incompatível com a pretensão de cancelamento do lançamento fiscal, ainda mais se forem considerados, de um lado, os prazos prescricionais para a repetição do indébito e, de outro lado, a morosidade dos processos administrativos e judiciais. O nível de complexidade dessa situação aumenta quando os tributos decorrentes do ato jurídico simulado foram pagos para um ente federativo, mas os tributos decorrentes do ato jurídico dissimulado são exigidos por outro ente federativo; é o que ocorre, por exemplo, nas situações em que as autoridades administrativas estaduais reputam simulada de-

419. BRASIL.CARF, Acórdão nº 2301-011.048, 2ª Seção de Julgamento/3ª Câmara/1ª Turma Ordinária, rel. Cons. Vanessa Kaeda Bulara de Andrade, j. 05/03/2024.

terminada compra e venda, sobre a qual se pagou ITBI ao Município, e exigem o pagamento de ITCMD ao Estado em razão da suposta doação dissimulada.

Em terceiro lugar, afirma-se que, ao empregar um termo diferente ("dissimulação") daquele já constante na lei ("simulação"), o legislador quis atribuir um significado diferente, pois, caso quisesse atribuir o mesmo significado, teria empregado o termo já existente. Trata-se do argumento da inconstância terminológica, segundo o qual se presume que legislador emprega as mesmas palavras com os mesmos significados, e palavras diferentes com significados diferentes.[420]

André Folloni, por exemplo, atribui grande relevância à constatação de que o legislador "usou deliberadamente uma palavra diferente quando poderia ter utilizado o termo "simulação", já presente no Código Tributário Nacional".[421] Marco Aurélio Greco, igualmente, afirma que "o CTN, em várias oportunidades, contempla a figura da simulação, o que indica que, ao prever, no parágrafo único do artigo 116, a hipótese de "dissimulação", está fazendo-o em sentido diverso daquele".[422]

O argumento é improcedente, uma vez que repousa em uma premissa equivocada, qual seja, a de que interpretar o parágrafo único do artigo 116 do Código Tributário Nacional como uma norma antissimulação exigiria considerar os termos "simulação" e "dissimulação" como sinônimos. Conforme já demonstrado, a "dissimulação" é uma espécie do gênero "simulação"; o termo "dissimulação" é sinônimo da expressão "simulação relativa", a qual não foi empregada pelo legislador no Código Tributário Nacional. O argumento da constância terminológica, a bem da verdade, induz à conclusão contrária obtida pelos autores: se o Código Civil empregou o termo "dissimulação" com o significado de "simulação relativa", por que o legislador empregaria esse mesmo termo no Código Tributário Nacional com um significado diferente?

As considerações anteriores permitem concluir que o parágrafo único do artigo 116 do Código Tributário Nacional não veicula uma norma geral antielisiva, antiabusiva ou antielusiva. Em primeiro lugar porque o argumento genético empregado para suportar a existência de uma norma geral antielisiva,

---

420. GUASTINI, Riccardo. **Interpretare e Argomentare**. Milão: Dott. A. Giuffrè, 2011, p. 299.

421. FOLLONI, André. Planejamento Tributário e Norma Antielisiva no Direito Brasileiro. *In*: MACHADO, Hugo de Brito. **Planejamento Tributário**. São Paulo: Malheiros, 2016, p. 84.

422. GRECO, Marco Aurélio. **Planejamento Tributário**. 4. ed. São Paulo: Quartier Latin, 2019, p. 559.

antiabusiva ou antielusiva é improcedente, já que a intenção do legislador, ao aprovar a Lei Complementar nº 104/2001, não está clara, e também porque argumentos genéticos possuem uma baixa relevância. Em segundo lugar, o argumento de que seria irrazoável a aprovação de uma norma antissimulação expletiva é improcedente, de um lado porque não cabe ao intérprete corrigir eventual equívoco do legislador nas situações em que o texto normativo é claro, de outro lado, porque a norma antissimulação decorrente do parágrafo único do artigo 116 do Código Tributário Nacional não é expletiva. Em terceiro lugar porque o emprego do argumento da inconstância terminológica para suportar a conclusão de que o parágrafo único do artigo 116 do Código Tributário Nacional não veicula uma norma antissimulação fundamenta-se em uma premissa equivocada, qual seja, a de que a norma antissimulação pressuporia uma sinonímia entre os termos "dissimulação" e "simulação".

1.7.6. A decisão do Supremo Tribunal Federal na Ação Direta de Inconstitucionalidade nº 2446

O Supremo Tribunal Federal pacificou a controvérsia a respeito do conteúdo normativo do parágrafo único do artigo 116 do Código Tributário Nacional ao decidir a Ação Direta de Inconstitucionalidade nº 2446, deixando claro que tal dispositivo não permite a reconstrução de uma norma geral antielisiva (ou antiabusiva, ou antielusiva); o que ele permite é o estabelecimento de procedimentos para o lançamento fiscal relativo ao ato jurídico dissimulado, conforme se depreende do voto da Ministra Relatora Cármen Lúcia:

> De se anotar que elisão fiscal difere da evasão fiscal. Enquanto na primeira há diminuição lícita dos valores tributários devidos pois o contribuinte evita relação jurídica que faria nascer obrigação tributária, na segunda, o contribuinte atua de forma a ocultar fato gerador materializado para omitir-se ao pagamento da obrigação tributária devida.
>
> A despeito dos alegados motivos que resultaram na inclusão do parágrafo único ao art. 116 do CTN, a denominação "norma antielisão" é de ser tida como inapropriada, cuidando o dispositivo de questão de norma de combate à evasão fiscal.[423]

Ao considerar que o parágrafo único do artigo 116 do Código Tributário Nacional veicularia uma norma antievasão, e que na evasão o contribuinte oculta o fato gerador já ocorrido, a Ministra Relatora Cármen Lúcia evidenciou que

423. BRASIL. STF, ADI 2446, Rel. Min. Cármen Lúcia, Tribunal Pleno, julgado em 11/04/2022.

o conteúdo normativo daquele dispositivo abrange a dissimulação, mas não a elusão fiscal (que abrange as hipóteses de fraude à lei e de abuso de direito). Isso porque, na constituição do ato jurídico dissimulado, o fato gerador efetivamente ocorre, nos termos do artigo 116, II, do Código Tributário Nacional, mas ele é encoberto pelo ato jurídico simulado.[424] Na elusão fiscal, contudo, por definição, impede-se a ocorrência do fato gerador por meio de condutas tais como a fraude à lei e o abuso de direito, e tal fato gerador só é reputado ocorrido mediante a desconsideração dessas condutas.

Em suma: de um lado, a dissimulação pressupõe a ocorrência do fato gerador; de outro lado, a elusão fiscal (que compreende as condutas de fraude à lei e abuso de direito) pressupõe a inocorrência do fato gerador. Ao afirmar que a norma do parágrafo único do artigo 116 do Código Tributário Nacional diz respeito aos fatos geradores já ocorridos, portanto, a Ministra Relatora Cármen Lúcia afastou a possibilidade de ela abranger os atos elusivos, isto é, os atos realizados por meio de fraude à lei ou por meio de abuso de direito.

Nem todos, contudo, interpretam a decisão do Supremo Tribunal Federal dessa forma. Marciano Seabra de Godoi entende que "a orientação senão decidida, pelo menos sinalizada" pelo acórdão da Ação Direta de Inconstitucionalidade nº 2446 seria a de que a norma reconstruída a partir do parágrafo único do artigo 116 do Código Tributário Nacional abrangeria "além dos atos simulados, os comportamentos em fraude à lei, abuso de forma ou abuso de direito".[425]

O argumento de Marciano Seabra de Godoi, em resumo, é que o voto da Ministra Relatora Cármen Lúcia não forneceria "razoável segurança sobre o sentido prático da afirmação de que a norma do art. 116, parágrafo único, do CTN combate a evasão fiscal".[426] Em razão dessa falta de segurança do teor do voto da Ministra Relatora, o autor analisa os outros dois votos escritos que foram apresentados, quais seja, o do Ministro Ricardo Lewandowski (acompanhado pelo Ministro Alexandre de Moraes) e o do Ministro Dias Toffoli. Esses dois

---

424. AMARO, Luciano. **Direito tributário brasileiro.** 24 ed. São Paulo: Saraiva, 2021, p. 268.

425. GODOI, Marciano Seabra de. Exercício de Compreensão Crítica do Acórdão do Supremo Tribunal Federal na Ação Direta de Inconstitucionalidade n. 2.446 (2022) e de suas Consequências Práticas sobre o Planejamento Tributário no Direito Brasileiro. **Revista Direito Tributário Atual**, São Paulo, IBDT, n. 52. Ano 40, 2022, p. 465-485, p. 474.

426. GODOI, Marciano Seabra de. Exercício de Compreensão Crítica do Acórdão do Supremo Tribunal Federal na Ação Direta de Inconstitucionalidade n. 2.446 (2022) e de suas Consequências Práticas sobre o Planejamento Tributário no Direito Brasileiro. **Revista Direito Tributário Atual**, São Paulo, IBDT, n. 52. Ano 40, 2022, p. 465-485, p. 473.

votos, vale ressaltar, acompanharam o voto da Ministra relatora em relação à decisão sobre a constitucionalidade do parágrafo único do artigo 116 do Código Tributário Nacional; os demais sete Ministros apenas aderiram ao voto da Ministra Relatora, sem apresentar voto escrito.

De acordo com Marciano Seabra de Godoi, o voto do Ministro Ricardo Lewandowski seria muito claro em compreender a fraude à lei, o abuso de forma e o abuso de Direito como modalidades de evasão fiscal, já que citou trecho de obra doutrinária de Sacha Calmon Navarro Coêlho em que o autor afirma que tais vícios estariam abrangidos pelo âmbito de aplicação do parágrafo único do artigo 116 do Código Tributário Nacional.[427] O autor entende que o Ministro Dias Toffoli teria acompanhado esse posicionamento, visto que o Ministro afirmou não divergir do voto do Ministro Ricardo Lewandowski "quanto aos adjetivos atribuídos à medida a que se refere o dispositivo questionado e a suas consequências".[428] De outro lado, porque o Ministro Dias Toffoli, em seu voto, "faz menção às informações prestadas pela Presidência da República", tendo reproduzido "a afirmação de que "dissimular abrange o simular, mas tem maior amplitude do que esse, podendo abranger, em tese, hipóteses de abuso de direito, fraude à lei e utilização de negócios indiretos", e no seu voto o Ministro "não questiona tal assertiva, parecendo apoiar não somente esta, mas também as demais alegações da Presidência da República".[429]

A partir da premissa de que apenas o voto do Ministro Ricardo Lewandowski teria sido claro quanto ao significado de "evasão fiscal" para fins de aplicação do parágrafo único do artigo 116 do Código Tributário Nacional, o autor conclui que o suposto entendimento daquele voto, no sentido de que a evasão fiscal compreenderia a fraude à lei e o abuso de formas, corresponderia à orientação sinalizada pelo acórdão da Ação Direta de Inconstitucionalidade nº 2446:

---

427. GODOI, Marciano Seabra de. Exercício de Compreensão Crítica do Acórdão do Supremo Tribunal Federal na Ação Direta de Inconstitucionalidade n. 2.446 (2022) e de suas Consequências Práticas sobre o Planejamento Tributário no Direito Brasileiro. **Revista Direito Tributário Atual**, São Paulo, IBDT, n. 52. Ano 40, 2022, p. 465-485, p. 473.

428. GODOI, Marciano Seabra de. Exercício de Compreensão Crítica do Acórdão do Supremo Tribunal Federal na Ação Direta de Inconstitucionalidade n. 2.446 (2022) e de suas Consequências Práticas sobre o Planejamento Tributário no Direito Brasileiro. **Revista Direito Tributário Atual**, São Paulo, IBDT, n. 52. Ano 40, 2022, p. 465-4852, p. 473.

429. GODOI, Marciano Seabra de. Exercício de Compreensão Crítica do Acórdão do Supremo Tribunal Federal na Ação Direta de Inconstitucionalidade n. 2.446 (2022) e de suas Consequências Práticas sobre o Planejamento Tributário no Direito Brasileiro. **Revista Direito Tributário Atual**, São Paulo, IBDT, n. 52. Ano 40, 2022, p. 465-485, p. 474.

> Portanto, dos três votos escritos do acórdão, um deles manifestou clareza sobre o que se deve entender por evasão fiscal para fins de aplicação do art. 116, parágrafo único, do CTN, incluindo expressamente neste campo os comportamentos em fraude à lei, abuso de forma ou abuso de direito. Como nos outros dois votos não há nada que indique uma divergência explícita ou implícita a esse entendimento, creio que o mais correto é considerar que essa é a orientação senão decidida, pelo menos sinalizada pelo acórdão da ADI n. 2.446: no campo da evasão fiscal combatida pelo art. 116, parágrafo único, do CTN encontram-se, além dos atos simulados, os comportamentos em fraude à lei, abuso de forma ou abuso de direito.[430]

Não se discorda da conclusão do autor de que o acórdão da Ação Direta de Inconstitucionalidade nº 2446 considerou que a norma do parágrafo único do artigo 116 do Código Tributário Nacional abrange as hipóteses de abuso de forma, já que tais situações constituem uma espécie de simulação, a qual pode ser denominada de simulação de elemento categorial essencial. A interpretação que Marciano de Seabra Godoi fez desse acórdão quanto à abrangência da fraude à lei e ao abuso de direito pelo conceito de evasão fiscal, contudo, está equivocada por, ao menos, quatro razões.

Em primeiro lugar, o voto da Ministra Relatora Cármen Lúcia é claro em estabelecer o que entende por evasão fiscal, bem como é claro ao não incluir a fraude à lei e o abuso de direito no âmbito desse conceito. Conforme já referido, a Ministra Relatora Cármen Lúcia afirmou expressamente que a norma do parágrafo único do artigo 116 do Código Tributário Nacional abrangeria apenas as situações nas quais o fato gerador já tivesse ocorrido. Nas hipóteses de dissimulação, o fato gerador ocorre, mas é "camuflado" pelo ato jurídico simulado. Já nas hipóteses de elusão fiscal, evita-se o fato gerador em virtude do emprego de atos tais como a fraude à lei ou o abuso de direito. Aliás, o próprio Marciano Seabra de Godoi define a elusão fiscal como a "conduta em que o contribuinte modifica e distorce artificiosamente as formas jurídicas de sua atuação com o objetivo de se colocar fora do alcance de uma norma tributária".[431]

Não restam dúvidas, portanto, de que o voto da Ministra Relatora Cármen Lúcia, ao limitar a abrangência da norma do parágrafo único do artigo 116 do Código Tributário Nacional às hipóteses de evasão, e ao afirmar que na evasão

---

430. GODOI, Marciano Seabra de. Exercício de Compreensão Crítica do Acórdão do Supremo Tribunal Federal na Ação Direta de Inconstitucionalidade n. 2.446 (2022) e de suas Consequências Práticas sobre o Planejamento Tributário no Direito Brasileiro. **Revista Direito Tributário Atual**, São Paulo, IBDT, n. 52. Ano 40, 2022, p. 465-485, p. 474.

431. GODOI, Marciano Seabra de. Planejamento tributário. *In*: MACHADO, Hugo de Brito. **Planejamento Tributário**. São Paulo: Malheiros, 2016, p. 479.

o fato gerador ocorre, mas é ocultado, considerou que a dissimulação seria uma hipótese de evasão, mas que a fraude à lei e o abuso de direito não o seriam. E tal voto foi acompanhado integralmente por sete Ministros, razão pela qual a análise dos votos dos Ministros Ricardo Lewandowski (acompanhado pelo Ministro Alexandre de Moraes) e pelo Ministro Dias Toffoli sequer seria necessária para a adequada compreensão da *ratio decidendi* do precedente.

Em segundo lugar, ao contrário do afirmado por Marciano Seabra de Godoi, o voto do Ministro Ricardo Lewandowski não apresentou clareza sobre o significado da expressão "evasão fiscal" para fins de aplicação do parágrafo único do artigo 116 do Código Tributário Nacional. Se, de um lado, é verdade que o voto do Ministro Ricardo Lewandowski transcreveu um trecho de uma obra doutrinária de Sacha Calmon Navarro Coêlho que inclui expressamente a fraude à lei e o abuso de direito no âmbito de aplicação da norma reconstruída a partir daquele artigo, de outro lado, também é verdade que o voto do Ministro Ricardo Lewandowski afirmou expressamente, em duas oportunidades, que o âmbito de aplicação dessa norma seriam as hipóteses de simulação (o que exclui as hipóteses de fraude à lei e de abuso de Direito).

Na página 20 do acórdão, logo antes da referida citação de Sacha Calmon Navarro Coêlho, o Ministro Ricardo Lewandowski afirma expressamente que o parágrafo único do art. 116 do Código Tributário Nacional visava "coibir a simulação da conduta que avilta a licitude do fato ocorrido e não a regular prática de planejamento tributário". Ademais – e para que não se diga que o Ministro Ricardo Lewandowski empregou o termo "simulação" com um significado distinto daquele do Direito Privado –, ele afirmou na página 22 do acórdão, após transcrever o artigo 167 do Código Civil de 2002, que "na aplicação do parágrafo único do art. 116 do CTN, entendo que devem ser levadas em consideração, obrigatoriamente, as hipóteses supratranscritas para expungir os atos e negócios jurídicos simulados", e citou Roque Antonio Carrazza para consignar que "a simulação, em rigor, é uma só, não havendo porque distinguir, como fazem alguns, a civil da fiscal". Não é correto afirmar, portanto, que o voto do Ministro Ricardo Lewandowski teria sido claro em incluir os comportamentos de fraude à lei e de abuso de Direito no campo de incidência do parágrafo único do artigo 116 do Código Tributário Nacional.

Em terceiro lugar, a interpretação do voto do Ministro Dias Toffoli realizada por Marciano Seabra de Godoi, que reconstrói a inclusão da fraude à lei e do abuso de Direito no campo de incidência do parágrafo único do artigo 116 do Código Tributário Nacional, não parece ser a mais adequada. De um lado, porque, do fato de que o Ministro Dias Toffoli tenha afirmado, em relação ao voto do Ministro Ricardo Lewandowski, que "não se diverge quanto aos adjetivos atribuídos à medida a que se refere o dispositivo questionado e a suas consequências", não se conclui a adesão a tal interpretação. Tal interpretação, segundo a qual o parágrafo único do artigo 116 do Código Tributário Nacional abrangeria as hipóteses de fraude à lei e de abuso de Direito, é incompatível com a integralidade do voto do Ministro Ricardo Lewandowski, que em duas oportunidades considerou que tal norma abrangeria as hipóteses de simulação.

Além disso, os "adjetivos" atribuídos pelo Ministro Ricardo Lewandowski e referendados pelo Ministro Dias Toffoli dizem respeito ao fato de a desconsideração do ato jurídico ser medida *extrema* e de consequências *gravosas*, conforme se depreende da sentença imediatamente anterior à que o Ministro Dias Toffoli afirma não divergir dos adjetivos atribuídos: "Destaque-se que Sua Excelência apontou ser extrema a medida mencionada nesse dispositivo e de gravosas consequências e mencionou normas do Código Civil prevendo a necessidade de a nulidade de negócio jurídico simulado ser pronunciada por juiz" (p. 32). Tais adjetivos, portanto, não têm relação com o conteúdo normativo do parágrafo único do artigo 116 do Código Tributário Nacional.

De outro lado, o voto do Ministro Dias Toffoli não incluiu a fraude à lei e o abuso de Direito no campo de incidência do parágrafo único do artigo 116 do Código Tributário Nacional pela simples "menção às informações prestadas pela Presidência da República", as quais continham a afirmação de que "dissimular abrange o simular, mas tem maior amplitude do que esse, podendo abranger, em tese, hipóteses de abuso de direito, fraude à lei e utilização de negócios indiretos". Ao reproduzir tal afirmação, na página 29 do acórdão, o voto do Ministro Dias Toffoli estava apenas relatando as alegações contidas na manifestação da Presidência da República, mais especificamente descrevendo a doutrina de Marco Aurélio Greco, que havia sido citada naquela manifestação.

Assim como o Ministro Dias Toffoli relatou as alegações da Presidência da República, ele também relatou as alegações da Confederação Nacional do Comércio (p. 27), do Senado Federal (p. 29) e da Advocacia-Geral da União (p. 30). Trata-se de uma mera descrição, a partir do qual não se depreende a *ratio decidendi* observada pelo voto. Disso tudo decorre que é incorreto afirmar que o voto do Ministro Dias Toffoli teria incluído os comportamentos de fraude à lei e de abuso de Direito no campo de incidência do parágrafo único do artigo 116 do Código Tributário Nacional.

Por fim, em quarto lugar, mesmo que o voto da Ministra Relatora não tivesse sido claro quanto ao âmbito de aplicação do parágrafo único do artigo 116 do Código Tributário Nacional (o que foi), e mesmo que os votos dos Ministros Ricardo Lewandowski e Dias Toffoli tivessem manifestado o entendimento de que as hipóteses de fraude à lei e de abuso de Direito estejam abrangidas pela norma reconstruída a partir daquele dispositivo (o que não manifestaram), ainda assim a conclusão de que tal entendimento seria a "orientação senão decidida, pelo menos sinalizada pelo acórdão da ADI nº 2.446" estaria equivocada. Não é assim que se interpreta uma decisão colegiada.

Em uma decisão colegiada, a *ratio decidendi* corresponde às razões (ou à razão) que foram compartilhadas pela maioria dos julgadores. Se o juiz A decidiu em certo sentido pelas razões X, Y e Z, o juiz B decidiu no mesmo sentido pelas razões P, Q e X, e o juiz C decidiu no mesmo sentido pela razão W, então a *ratio decidendi* da decisão é X, que é a única razão compartilhada pela maioria dos juízes.[432] Na decisão da Ação Direta de Inconstitucionalidade nº 2446, as razões compartilhadas pela maioria dos julgadores (a *ratio decidendi*, portanto) são aquelas apresentadas pela Ministra Relatora Cármen Lúcia, às quais receberam a adesão da maioria do colegiado, e não as razões apresentadas pelo Ministro Ricardo Lewandowski ou pelo Ministro Dias Toffoli.

Disso resulta que, mesmo que o voto da Ministra Relatora Cármen Lúcia tivesse sido obscuro, e os votos dos Ministros Ricardo Lewandowski e Dias Toffoli tivessem sido claros, o resultado da decisão seria um precedente obscuro, e não um precedente cuja *ratio decidendi* seria composta por supostos entendimentos de votos minoritários. A maioria dos integrantes do colegiado aderiu às razões da Ministra Cármen Lúcia, sejam elas quais forem, e não às razões apresentadas pelos Ministros Ricardo Lewandowski e Dias Toffoli, sejam elas quais forem. Determinar o voto da maioria dos julgadores com base no entendimento da minoria dos julgadores é incorrer na falácia da composição, por meio da qual se transfere equivocadamente ao todo uma conclusão relativa a uma parte desse todo.[433]

Para se determinar o voto da maioria dos julgadores do colegiado e, assim, identificar a *ratio decidendi* do precedente, deve-se agir como no provérbio

---

432. SCHAUER, Frederick. **Thinking like a lawyer**. Cambridge: Harvard University Press, 2009, p. 53.

433. HURLEY, Patrick J.; WATSON, Lori. **A Concise Introduction to Logic**. 13. ed. Boston: Cengage Learning, 2018, p. 176.

bíblico: "diga-me com quem andas que te direi quem és". Os votos de todos os Ministros (inclusive os Ministros Ricardo Lewandowski e Dias Toffoli) "andaram" com o voto da Ministra Relatora, então é esse voto o que eles são. Essa decisão pode ser criticada, mas deve ser observada, não cabendo ao intérprete aderir à paródia do provérbio bíblico formulada pelo Barão de Itararé: "diga-me com quem andas que te direi se vou contigo".

Disso tudo se conclui que a tese de Marciano Seabra de Godoi, segundo a qual a "orientação senão decidida, pelo menos sinalizada pelo acórdão da ADI n. 2.446" determinaria a inclusão da fraude à lei e a do abuso de direito no âmbito de incidência da norma reconstruída a partir do parágrafo único do artigo 116 do Código Tributário Nacional, é improcedente. Em primeiro lugar, porque o voto da Ministra Relatora Cármen Lúcia, acompanhado no mérito por todos os demais julgadores, foi claro em estabelecer que a norma reconstruída a partir do parágrafo único do artigo 116 do Código Tributário Nacional seria limitada aos casos de evasão fiscal, e que fraude à lei e abuso de direito não seriam casos de evasão fiscal. Em segundo lugar, o voto do Ministro Ricardo Lewandowski, ao contrário do que o autor sustenta, não foi claro. Em terceiro lugar, a interpretação do voto do Ministro Dias Toffoli realizada pelo autor é inadequada. Por fim, em quarto lugar o autor não adotou um método válido para a interpretação de uma decisão colegiada.

As considerações anteriores permitem concluir que o acórdão da Ação Direta de Inconstitucionalidade nº 2446 manifestou o entendimento de que o parágrafo único do artigo 116 do Código Tributário Nacional não permite a reconstrução de uma norma geral antielisiva (ou antiabusiva, ou antielusiva); ele abrange, tão somente, os atos simulados que encobrem atos dissimulados. Tal entendimento deve ser observado na edição da lei ordinária que vier a regular a incidência do parágrafo único do artigo 116 do Código Tributário Nacional.

1.7.7. As duas fases do exame do ato jurídico dissimulado

Os conceitos podem ser classificados de inúmeras formas. O conceito de cachorro, por exemplo, pode ser dividido por raças (labrador, dachshund, Border Collie etc.), por tamanhos (grande, médio ou pequeno), por nacionalidade (brasileiros, alemães, ingleses etc.), e de diversas outras maneiras. O mesmo ocorre com o conceito de simulação. No tópico 1.3.6, a simulação foi classificada com base nos seus dois conceitos intensionais (simulação formal e simulação material), com base no seu fundamento legal, com base na subclasse elencada pelo Código Civil e com base nos elementos do ato jurídico relacionados à simulação.

Conforme visto nos tópicos anteriores, há, ainda, uma outra classificação possível do conceito de simulação, a qual é extremamente relevante para o Direito Tributário. É a classificação da simulação entre as situações nas quais, uma vez anulado o ato jurídico simulado, percebe-se que nenhum ato jurídico foi realmente praticado (simulação absoluta) e as situações nas quais, uma vez desconsiderado o ato jurídico simulado, percebe-se que foi praticado um ato jurídico distinto daquele que é aparente (simulação relativa ou dissimulação). Trata-se de uma classificação com base naquilo que remanesce após a desconsideração do ato jurídico simulado. A dissimulação, portanto, corresponde a uma espécie do gênero simulação, e ocorre nas hipóteses em que, após a desconsideração do ato jurídico simulado, há um ato jurídico dissimulado. Essa relação hierárquica entre o gênero "simulação" e a espécie "dissimulação" pode ser retratada da seguinte maneira:

Figura 3 – Relação hierárquica entre o gênero "simulação" e a espécie "dissimulação"

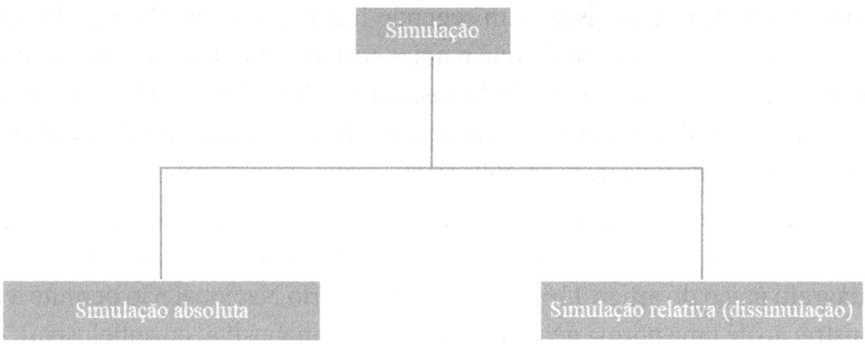

Fonte: elaborada pelo autor.

Mas não há apenas uma relação hierárquica entre a simulação e a dissimulação (simulação relativa), na qual a simulação é gênero e a dissimulação é espécie. Há também uma relação *condicional* entre a simulação e a dissimulação, no sentido de que a simulação é condição necessária, mas não suficiente, para a ocorrência da dissimulação. A dissimulação, vale referir, pressupõe a simulação. Sem simulação, não há dissimulação; com simulação, *pode* haver dissimulação. O conceito de "ato jurídico dissimulado", nesse sentido, contém dois requisitos para a sua configuração: primeiro, a existência de simulação; segundo, a presença dos requisitos necessários e suficientes para a constituição de um ato jurídico.

O conceito de "ato jurídico dissimulado" deve ser usado de forma semelhante ao conceito de "sombra". A sombra corresponde à ausência de luz (e pode ser classificado como uma espécie do gênero "ausência de luz"), mas essa característica, embora constitua a sua própria natureza, não é suficiente para configuração do conceito de "sombra". Não entramos em um quarto com a luz apagada e dizemos há sombra nele. Apesar da sombra ser uma ausência de luz, o conceito de "sombra" requer a presença de outros dois elementos: uma luz e um obstáculo a essa luz. Com o conceito de "ato jurídico dissimulado" dá-se o mesmo. O ato jurídico dissimulado corresponde à presença dos seus elementos essenciais, mas o conceito de "ato jurídico dissimulado" requer mais do que a presença desses elementos: para a sua configuração, deve haver também um ato jurídico simulado e a sua desconstituição. Diversos outros conceitos jurídicos funcionam de forma semelhante ao conceito de "ato jurídico dissimulado", tal como o conceito de viúvo, que intrinsecamente é idêntico ao conceito de solteiro (ausência de casamento), mas se diferencia justamente por pressupor um elemento adicional (ausência de casamento + casamento extinto por morte do cônjuge).

O exame da ocorrência da simulação, portanto, deve ser analiticamente dividido em dois momentos. No primeiro momento, deve ser verificado se há um ato jurídico oculto que deliberadamente altere um ato jurídico aparente (simulação formal), ou se há um ato jurídico que exprima deliberadamente ao menos uma proposição falsa (simulação material). Se alguma dessas situações tiver ocorrido, há simulação.

Se, e somente se, houver simulação, passa-se ao segundo momento do exame, no qual se verifica, após a desconsideração do ato jurídico simulado, se existe algum ato jurídico constituído pelas partes. De um lado, quando não se identifica a existência de qualquer ato jurídico, considera-se que houve *simulação absoluta*; de outro lado, quando se identifica a existência de um ato jurídico, considera-se que houve *simulação relativa*, também chamada de *dissimulação*.[434] Esse segundo momento do exame da simulação, portanto, envolve a eventual identificação de um ato jurídico dissimulado, por meio da identificação dos seus elementos essenciais e, uma vez presentes tais elementos, deve ser identificada a presença dos elementos categoriais essenciais do ato jurídico, para que se possa qualificá-lo corretamente.

434. MIRANDA, Francisco Cavalcanti Pontes de. **Tratado de Direito Privado**. Tomo IV, 2 ed. Rio de Janeiro: Editora Borsoi, 1954, p. 375.

A existência de dois momentos analiticamente distintos na análise da simulação pode ser inferida, inclusive, a partir da leitura do *caput* do artigo 167 do Código Civil, o qual é claro em determinar que: "É nulo o negócio jurídico simulado, mas subsistirá o que se dissimulou, se válido for na substância e na forma". Em outras palavras: a simulação, embora seja uma, compreende um mecanismo que a divide em duas fases.[435] A segunda fase (identificação do ato jurídico dissimulado) não tem nada a ver com a nulidade decorrente da primeira fase (ato jurídico simulado).[436] Conforme a lição de Paulo Ayres Barreto, "a Fiscalização deve comprovar dois fatos diferentes: primeiro, a inexistência do negócio jurídico aparente; segundo, a existência do negócio jurídico simulado".[437]

Aqui torna-se útil evocar a lição de Jaap Hage quanto à existência de "regras de entrada", as quais estabelecem os eventos que fazem a presença de algumas situações adquirirem um determinado *status jurídico*, e "regras de sápida", as quais estabelecem os eventos que fazem algumas situações perderem um determinado *status jurídico*.[438] Pode-se dizer, nesse sentido, que a primeira fase do exame da simulação corresponde a uma "regra de saída" em relação ao *status* do ato jurídico, uma vez que, por meio da identificação da presença de simulação, o ato jurídico perderá o seu *status*; a segunda fase do exame da simulação, contudo, corresponde a uma "regra de entrada" para o ato jurídico dissimulado, o qual vai adquirir um determinado *status* jurídico a depender dos seus elementos categoriais essenciais. Paulo Arthur Koury, nesse sentido, considera que a simulação corresponde a um critério de requalificação, justamente porque supera a qualificação do ato jurídico inicialmente realizada.[439]

---

435. MESSINEO, Francesco. **Il contrato in genere**. Tomo II. Milão: Dott. A. Giuffre Editore, 1972, p. 558.

436. MCNAUGHTON, Charles William. **Elisão e norma antielisiva**: completabilidade e sistema tributário. São Paulo: Noeses, 2014, p. 184.

437. BARRETO, Paulo Ayres. **Planejamento tributário**: limites normativos. São Paulo: Noeses, 2016, p. 144.

438. HAGE, Jaap. Building the World of Law. **Legisprudence**, v. 3, n. 1, 2007, p. 359-379, p. 377.

439. KOURY, Paulo Arthur Cavalcante. **Forma e Substância no Direito Tributário**. São Paulo: IBDT, 2021, p. 241.

Esse exame de duas fases pode ser representado pela seguinte tabela:

Tabela 3 – Fases do exame da simulação

<table>
<tr><th colspan="4">1ª fase</th><th colspan="3">2ª fase</th></tr>
<tr><td rowspan="2">Ato jurídico</td><td>Presença dos três elementos da simulação formal</td><td rowspan="2">Simulação</td><td rowspan="2">Nulidade e/ ou desconsideração do ato jurídico</td><td>Ausência de elementos essenciais de atos jurídicos</td><td>Inexistência de ato jurídico</td><td>Simulação absoluta</td></tr>
<tr><td>Presença dos três elementos da simulação material</td><td>Presença de elementos essenciais de atos jurídicos</td><td>Existência de ato jurídico (chamado de ato jurídico dissimulado)</td><td>Simulação relativa (dissimulação)</td></tr>
</table>

Fonte: elaborado pelo autor.

Há, nesse sentido, além de uma relação de hierarquia entre a simulação (gênero) e a dissimulação (espécie), uma relação de condicionalidade entre a simulação e a dissimulação na qual aquela é requisito necessário (mas não suficiente) da ocorrência desta. A constatação de que o exame da simulação deve ser dividido em dois momentos, sendo um o pressuposto do outro, possui uma consequência relevante: a hipótese a ser comprovada para que um ato jurídico seja considerado simulado não é o fato de que ele contém os elementos essenciais de outro negócio jurídico, mas sim que ele está oculto e deliberadamente altere um ato jurídico aparente (simulação formal) ou que ele deliberadamente exprima ao menos uma proposição falsa (simulação material). Isto é, um ato jurídico não é simulado *porque* ele contém os elementos essenciais de outro ato jurídico, o qual, supostamente, seria o ato jurídico dissimulado. A identificação do ato jurídico dissimulado só deve ocorrer *após* a constatação de que há simulação.

Essa consequência decorrente da divisão do exame da simulação em dois momentos, a qual consiste na necessidade de primeiro, identificar a existência de simulação, e, segundo, se e somente se for identificada a simulação, verificar a existência de uma dissimulação, acarreta duas importantes repercussões práticas.

Em primeiro lugar, a demonstração de que um ato jurídico contém os elementos essenciais de outro ato jurídico, desacompanhada da demonstração da presença dos elementos caracterizados da simulação (formal ou material), não importa na ocorrência de simulação. Nos já analisados casos dos contratos de "leasing" (arrendamento mercantil), por exemplo, os quais eram considerados simulados pela Receita Federal do Brasil em virtude da forma de alocação do preço total do contrato, a simples identificação de onerosidade nas parcelas iniciais do contrato e a transferência de propriedade da coisa ao final desse contrato não é suficiente para caracterizar a simulação do negócio jurídico. Isso porque a onerosidade e a transferência de propriedade da coisa, embora sejam elementos essenciais da compra e venda, não são incompatíveis com os contratos de "leasing". Afirmar que tais contratos seriam simulados *porque* seriam, na verdade, contratos de compra e venda, é uma inversão da ordem do exame da simulação. Essa situação é ainda mais grave quando se utilizam critérios ilegais para se identificar o ato jurídico dissimulado e, a partir daí, inverter a ordem do exame da simulação, tais como os critérios da consideração econômica, do propósito negocial e da substância sobre a forma.

Em segundo lugar, outra repercussão prática importante da divisão do exame da simulação em dois momentos se dá em relação à interpretação de negócios jurídicos por meio do emprego do critério das "operações estruturadas em sequência" ("*step transactions*"), na qual há uma evidente inversão da ordem do exame. O critério das "operações estruturadas em sequência", importado do Direito norte-americano e carente de base legal no ordenamento jurídico brasileiro, estipula que, diante de uma sequência de atos jurídicos relacionados, constituídos com um curto período entre eles, tais atos devem ser considerados como um único ato jurídico. O seguinte trecho de uma decisão do Tribunal de Apelações do 6º Circuito norte-americano ilustra bem a utilização do critério das "operações estruturadas em sequência" na qualificação de negócios jurídicos, para fins tributários, naquela jurisdição: "se a essência da transação for a aquisição de uma propriedade, ela deve ser analisada como um todo, e etapas fortemente relacionadas não devem ser separadas por decisão do contribuinte ou da autoridade fiscal".[440]

Marco Aurélio Greco entende que o critério das "operações estruturas em sequência" é aplicável no âmbito do ordenamento jurídico brasileiro, afirmando que, diante de uma reorganização societária que reduza a carga tributária, a postura adequada é aquela que "visualiza o conjunto assim formado e busca determinar o enquadramento que este, globalmente considerado, deve ter perante o ordenamento tributário brasileiro", de forma que, para o autor, "ao invés de analisar cada fotografia (etapa) é importante analisar o filme (conjunto delas).

440. No original: "(...) *where the essential nature of a transaction is the acquisition of property, it will be viewed as a whole, and closely related steps will not be separated either at the instance of the taxpayer or the taxing authority*" [USA. Commissioner of Internal Rev. v. Ashland Oil & R. Co., 99 F.2d 588 (6th Cir. 1938)].

Mais do que um evento (etapa) é importante interpretar a estória (conjunto)".[441] Johnson Barbosa Nogueira, da mesma forma, afirma que se deve analisar o ato jurídico "considerado dentro de uma totalidade sucessiva em que se integra" o que permitiria perceber, em alguns casos, "que a estrutura lógico-jurídica utilizada não é compreensiva do seu sentido, mesmo que não se enxergue uma das formas de simulação no ato focalizado".[442] Em outras palavras: diante de "operações estruturadas em sequência", o intérprete deveria qualificá-las como um único ato jurídico, com base no objetivo global final dessa série de atos jurídicos. Esse objetivo global final recebe diversos nomes na doutrina brasileira; na maioria das vezes é chamado de *propósito negocial* ou de *causa* (conforme se viu no tópico 1.5.1.4.3, a ideia de propósito negocial corresponde a um dos significados possíveis de causa, a *causa final*).

Um exemplo do emprego do critério das "operações estruturadas em sequência" para a identificação de simulação ocorreu na decisão do Conselho Administrativo de Recursos Fiscais no chamado "caso Klabin".[443] Naquele caso, em apertada síntese, a Klabin subscreveu dois aumentos de capital na Riocell, integralizando-os por meio de bens, direitos e obrigações relativos à sua unidade industrial de Guaíba/RS. Na mesma época, a Riocell emitiu debêntures, as quais foram adquiridas pela Klabin por meio da dação dos bens móveis relativos à sua unidade industrial de Guaíba/RS. Alguns meses depois, a Aracruz subscreveu e integralizou um aumento de capital na Riocell com ágio, o que permitiu à Riocell contabilizar parte desses recursos como reserva de capital. Dois dias depois, a Riocell formalizou dois negócios jurídicos com a Klabin: primeiro, adquiriu suas próprias ações (mantendo-as em tesouraria e posteriormente cancelando-as); segundo, resgatou as debêntures que havia emitido. As duas operações foram quitadas em dinheiro.

A Receita Federal do Brasil lavrou autuação fiscal, constituindo crédito tributário de IRPJ e de CSLL, por entender que esses atos jurídicos realizados em sequência teriam sido simulados e que, na verdade, a Klabin teria alienado as suas ações da Riocell para a Aracruz, o que ensejaria a apuração de ganho de capital. O Conselho Administrativo de Recursos Fiscais, por maioria, manteve

---

441. GRECO, Marco Aurélio. **Planejamento Tributário**. 4. ed. São Paulo: Quartier Latin, 2019, p. 467.

442. NOGUEIRA, Johnson Barbosa. **A Interpretação Econômica no Direito Tributário**. São Paulo: Editora Resenha Tributária, 1982, p. 120.

443. BRASIL. CARF, Acórdão n. 1401-000.155, 1ª Seção / 4ª Câmara / 1ª Turma Ordinária, rel. Cons. Alexandre Antonio Alkmin Teixeira, j. 28/01/2010.

a autuação fiscal, decidindo que a natureza do negócio jurídico deve ser identificada a partir da "sua causalidade, ainda que esta causalidade seja verificada na sucessão de vários negócios intermediários sem causa, na estruturação das chamadas step transactions". Segundo a decisão, "o objeto da tributação será o negócio jurídico causal, e não necessariamente o negócio jurídico formal, principalmente quando a forma adotada não reflete a causa de sua utilização", razão pela qual "a sequência de alterações societárias (forma) não altera a substância do negócio efetivamente realizado, que materialmente foi de compra e venda de participação societária". Com base nessas considerações, a maioria dos julgadores concluiu que teria havido a "simulação de contratos formais que encerram, na verdade, a alienação triangulada de ações e participações societárias".

A decisão do Conselho Administrativo de Recursos Fiscais no "caso Klabin", contudo, está equivocada, e uma das principais razões desse equívoco é justamente a inversão da ordem do exame da simulação. Por meio do critério das "operações estruturadas em sequência", a decisão do Conselho Administrativo de Recursos Fiscais identificou, inicialmente, a existência de um negócio jurídico supostamente dissimulado (compra e venda de ações), e, a partir dessa identificação desse suposto negócio jurídico dissimulado, considerou como simulados os atos jurídicos que haviam sido constituídos. A ordem do exame da simulação, contudo, deve ocorrer justamente ao contrário: havendo simulação (*formal* ou *material*), passa-se ao exame da eventual existência de um ato jurídico dissimulado.

O raciocínio da decisão contém a sua conclusão em sua premissa, pois para identificar um negócio jurídico "global", deve-se desconsiderar os atos jurídicos "meio" que foram constituídos; mas para se desconsiderar os atos jurídicos "meio" que foram constituídos, deve haver um negócio jurídico "global". Aliás, o emprego de tal raciocínio *necessariamente* acarreta a identificação de simulação em operações realizadas sequencialmente. Isso porque, se procedermos ao emprego da interpretação com base no critério das "operações estruturadas em sequência", sempre teremos duas possibilidades: de um lado, podemos identificar um "propósito negocial" ou uma "causa final" no negócio jurídico "global", hipótese na qual haveria dissimulação e, portanto, simulação; de outro lado, poderíamos não identificar um "propósito negocial" ou uma "causa final" no negócio jurídico "global", hipótese na qual haveria simulação absoluta e, portanto, simulação. Não há escapatória.

O emprego do critério das "operações estruturadas em sequência" para a identificação da simulação dos atos jurídicos "meio", portanto, incorre na petição de princípio (*begging the question*), pois a conclusão de que há simulação decorre da premissa de que o ato jurídico deve ser globalmente considerado, e a conclusão de que o ato jurídico deve ser globalmente considerado decorre da premissa de que há simulação. Trata-se de um raciocínio circular, como se fosse um cachorro perseguindo o próprio rabo.

O equívoco do raciocínio que emprega o critério das "operações estruturadas em sequência" para a identificação da simulação pode ser evidenciado ao se retomar a metáfora envolvendo o conceito de "sombra". Afirmar que a presença de determinados elementos essenciais enseja a identificação de um ato jurídico dissimulado, do que decorreria a simulação, é como afirmar que a presença de escuridão em um quarto enseja a identificação de uma sombra, do que decorreria que algo está obstruindo a luz daquele quarto. Nem toda escuridão é uma sombra (a luz do quarto pode estar desligada), assim como nem sempre a identificação de elementos necessários para a constituição de um ato jurídico corresponde à identificação de um ato jurídico (eles podem coincidir e/ou estarem contidos pelo ato jurídico constituído pelas partes, sem qualquer simulação).

Vale ressaltar que a investigação da existência de um propósito negocial ou de uma causa final do ato jurídico, por si só, também é problemática, ainda mais se combinada com o emprego do critério das "operações estruturadas em sequência. A análise da ilegalidade da utilização do critério do propósito negocial ou da causa final do ato jurídico para a identificação da simulação será objeto do tópico 3.3.2. Mas o que se quer mostrar aqui é que, independentemente do critério utilizado para se qualificar o "ato jurídico global", o simples emprego do critério das "operações estruturadas em sequência" como um meio de identificar a ocorrência de simulação ignora a ordem estabelecida pelo Código Civil para o seu exame, e conduz os intérpretes a decisões equivocadas, tais como a do "caso Klabin".

As considerações anteriores permitem concluir que o exame da ocorrência da simulação deve ser analiticamente dividido em dois momentos. No primeiro momento, deve ser verificado se há um ato jurídico oculto que deliberadamente altere um ato jurídico aparente (simulação formal), ou se há um ato jurídico que exprima deliberadamente ao menos uma proposição falsa (simulação material). Se alguma dessas situações tiver ocorrido, há simulação. Se, e somente se, houver simulação, passa-se ao segundo momento do exame, no qual se verifica se, após a desconsideração do ato jurídico simulado, existe algum ato jurídico constituído pelas partes. De um lado, quando não se identifica a existência de qualquer ato jurídico, considera-se que houve *simulação absoluta*; de outro lado, quando se identifica a existência de um ato jurídico, considera-se que houve *dissimulação*. Disso decorre que a hipótese a ser comprovada para que um ato jurídico seja considerado simulado não é que estejam presentes os elementos categoriais essenciais de outro negócio jurídico, mas sim que estejam presentes os elementos caracterizados da simulação (formal ou material).

1.7.8. Síntese conclusiva a respeito do conceito de dissimulação no Direito Tributário

A *dissimulação*, também chamada de simulação relativa, corresponde à subsistência de um ato jurídico (chamado de dissimulado) após a desconsideração de um ato jurídico simulado. O parágrafo único do artigo 116 do Código Tributário Nacional, nesse sentido, contém uma regra antissimulação, a qual permite à Fiscalização Tributária desconsiderar os atos jurídicos simulados e considerar os atos jurídicos dissimulados. Tal dispositivo não permite a reconstrução de uma norma geral antielisiva, antiabusiva ou antielusiva. Esse é, inclusive, o entendimento do Supremo Tribunal Federal, manifestado na decisão da Ação Direta de Inconstitucionalidade nº 2446.

O exame da ocorrência da simulação deve ser dividido em dois momentos. No primeiro momento, deve ser verificado se há simulação. Se houver simulação, passa-se ao segundo momento do exame, no qual se verifica se, após a desconsideração do ato jurídico simulado, existe algum ato jurídico constituído pelas partes. Quando se identifica a existência de um ato jurídico, considera-se que houve *dissimulação*. Afirmar que houve simulação *porque* há um negócio jurídico dissimulado é uma inversão da ordem do exame da simulação.

1.8. Síntese conclusiva do Capítulo 1

O Código Tributário Nacional incorporou a definição de simulação do Código Civil de 1916. Tal definição permite a reconstrução de dois conceitos de simulação: de um lado, o conceito de simulação formal, que abarca as situações nas quais um ato jurídico oculto altera deliberadamente um ato jurídico aparente; de outro lado, o conceito de simulação material, que abarca as situações nas quais um ato jurídico exprime deliberadamente ao menos uma proposição falsa.

O exame da ocorrência da simulação deve ser dividido em dois momentos. No primeiro momento, deve-se verificar se há simulação (formal ou material). Se, e somente se, houver simulação, passa-se ao segundo momento do exame, no qual se verifica se, após a desconsideração do ato jurídico simulado, existe algum ato jurídico constituído pelas partes. Quando se identifica a existência de um ato jurídico, considera-se que houve *dissimulação* (também chamada de simulação relativa). O parágrafo único do artigo 116 do Código Tributário Nacional contém uma regra antissimulação, que permite à Fiscalização Tributária desconsiderar os atos jurídicos simulados e considerar os atos jurídicos dissimulados.

Capítulo 2

Simulação e figuras afins

"Le monde ne marche que par le malentendu. C'est par le malentendu universel que tout le monde s'accorde. Car si, par malheur, on se comprenait, on ne pourrait jamais s'accorder"
(Charles Baudelaire, "Fusées, Mon coeur mis à nu et autres fragments posthumes", Paris, Gallimard, 2016, p. 117)

2.1. Categorias de Direito Privado

2.1.1. Vícios do ato jurídico incorporados pelo Código Tributário Nacional como hipóteses de lançamento de ofício

2.1.1.1. Dolo (artigo 149, VII, do Código Tributário Nacional)

2.1.1.1.1. Conceito de dolo

O dolo é, ao lado da fraude e da simulação, uma das hipóteses previstas pelo artigo 149, VII, do Código Tributário Nacional para a realização de lançamento de ofício por parte da autoridade administrativa. Além disso, o Código Tributário Nacional estipulou que o dolo, assim como a fraude e a simulação, possui um regime jurídico específico quanto ao termo inicial do prazo decadencial e quanto à concessão de moratórias e de anistias.[1]

---

1. Art. 150. (...) § 4º Se a lei não fixar prazo a homologação, será ele de cinco anos, a contar da ocorrência do fato gerador; expirado esse prazo sem que a Fazenda Pública se tenha pronunciado, considera-se homologado o lançamento e definitivamente extinto o crédito, salvo se comprovada a ocorrência de dolo, fraude ou simulação. (...)

Conforme já demonstrado no tópico 1.2, da presunção de sinonímia do ordenamento jurídico e dos princípios da segurança jurídica e da legalidade decorre que, ao empregar determinados conceitos jurídicos sem defini-los, o Código Tributário Nacional incorporou os significados normativos desses conceitos vigentes à época. No caso do dolo, contudo, havia dois conceitos normativos vigentes à época da edição do Código Tributário Nacional: o do Código Penal e o do Código Civil de 1916.

De um lado, o Código Penal estabeleceu em seu artigo 18, I, que "Diz-se o crime: doloso, quando o agente quis o resultado ou assumiu o risco de produzi-lo". O resultado referido pelo dispositivo, por óbvio, é ilícito, visto que se trata de um crime. O dolo foi definido pelo Código Penal, portanto, como a intenção de obter um resultado ilícito (ou assumir o risco de produzi-lo, no caso do dolo eventual). O Conselho Administrativo de Recursos Fiscais já atribuiu esse significado ao termo "dolo" constante no Código Tributário Nacional, ao afirmar que "havendo dolo na conduta do sujeito passivo, a contagem do prazo decadencial regese pelo artigo 173, inciso I, do Código Tributário Nacional CTN".[2] Fábio Bozza, da mesma forma, entende que "na conjuntura do CTN (...) a referência ao dolo não parece estar associada ao vício presente numa relação privada", mas sim "ao ardil praticado pelo contribuinte ou por outra pessoa com o intuito de enganar o próprio Fisco, induzindo-o à prática ou à abstenção de um ato administrativo".[3]

De outro lado, o Código Civil de 1916, embora não tenha definido o conceito de dolo de forma direta, permite ao intérprete inferir tal conceito a partir das suas disposições. Isso porque, ao definir "omissão dolosa" como sendo o

---

Art. 154. (...) Parágrafo único. A moratória não aproveita aos casos de dolo, fraude ou simulação do sujeito passivo ou do terceiro em benefício daquele. (...)

Art. 173. O direito de a Fazenda Pública constituir o crédito tributário extingue-se após 5 (cinco) anos, contados:

I - do primeiro dia do exercício seguinte àquele em que o lançamento poderia ter sido efetuado. (...)

Art. 180. A anistia abrange exclusivamente as infrações cometidas anteriormente à vigência da lei que a concede, não se aplicando:

I - aos atos qualificados em lei como crimes ou contravenções e aos que, mesmo sem essa qualificação, sejam praticados com dolo, fraude ou simulação pelo sujeito passivo ou por terceiro em benefício daquele.

2. BRASIL. CARF, Acórdão nº 1402003.814, 1ª Seção/4ª Câmara/2ª Turma Ordinária, rel. Cons. Leonardo Luis Pagano Gonçalves, j. 20/03/2019.

3. BOZZA, Fábio Piovesan. **Planejamento Tributário e Autonomia Privada**. São Paulo: Quartier Latin, 2015, p. 200.

"silêncio intencional de uma das partes a respeito de fato ou qualidade que a outra parte haja ignorado, (...) provando-se que sem ela se não teria celebrado o contrato", o artigo 94 do Código Civil de 1916 (análogo ao artigo 147 do Código Civil de 2002) permite a conclusão de que o dolo corresponde ao vício do ato jurídico decorrente do emprego de "maquinações feitas com o propósito de obter uma declaração de vontade que não seria emitida se o declarante não fosse enganado. É a provocação intencional de um erro".[4] No dolo, uma das partes é induzida em erro, de forma a constituir ato jurídico que não teria constituído caso tivesse uma percepção correta da realidade.[5] Por isso é que se diz que o erro e o dolo são muito parecidos, com a diferença de que no erro, a parte se engana sozinha; no dolo, o equívoco é provocado por alguém.[6]

Existem ao menos duas razões que conduzem à conclusão de que o Código Tributário Nacional incorporou o conceito de dolo do Código Civil de 1916, correspondente a um vício do ato jurídico, e não o conceito de dolo do Código Penal, o qual diz respeito a uma conduta que visa à obtenção de um resultado ilícito. A primeira é que o Código Tributário Nacional incluiu o dolo no mesmo inciso que a simulação, a qual corresponde, inegavelmente, a um vício do ato jurídico. Ao assim fazê-lo, o Código Tributário Nacional permite inferir que o significado desses termos tenha algo em comum, uma vez que o emprego de argumentos sistemáticos suporta a conclusão de que a inclusão desses termos no mesmo dispositivo reflete alguma semelhança entre eles.[7]

A segunda razão é que, entre um conceito de Direito Penal e um conceito de Direito Privado, o Código Tributário Nacional incorpora, em regra, o conceito de Direito Privado. Isso porque são os conceitos de Direito Privado que definem as situações jurídicas presuntivas de riqueza. A toda evidência, uma conduta dolosa (com o significado do Direito Penal) não pressupõe, em regra, uma situação que denota a auferimento de riquezas (p. ex. homicídio, lesão etc.); o ato jurídico com a presença de dolo (significado do Direito Privado), contudo, pressupõe um ato jurídico por meio do qual se adquiriu, resguardou, transfe-

4. GOMES, Orlando. **Introdução ao Direito Civil**. 20. ed. rev. atual. e aum. por Edvaldo Brito e Reginalda Paranhos Brito. Rio de Janeiro: Forense, 2010, p. 327.

5. BEVILAQUA, Clovis. **Codigo Civil dos Estados Unidos do Brasil Commentado**. Edição histórica. Rio de Janeiro: Editora Rio, 1977, p. 341; BARRETO, Paulo Ayres. **Planejamento tributário**: limites normativos. São Paulo: Noeses, 2016, p. 145; VENOSA, Sílvio de Salvo. **Direito civil**: parte geral. 17. ed. São Paulo: Atlas, 2017, p. 408.

6. GONÇALVES, Carlos Roberto. **Direito Civil Brasileiro**. 18 ed., v. 1. São Paulo: Saraiva, 2020, p. 447.

7. PECZENIK, Aleksander. **On Law and Reason**. 2. ed. Dordrecht: Springer, 2009, p. 315.

riu, modificou ou extinguiu direitos. Não por acaso, o artigo 109 do Código Tributário Nacional fez alusão, tão somente, aos conceitos de Direito Privado empregados na legislação tributária (e não aos conceitos de Direito Penal).[8]

O Código Tributário Nacional, portanto, incorporou o conceito de dolo do Código Civil de 1916, o qual corresponde ao vício do ato jurídico decorrente do engano intencionalmente causado em uma das partes com a finalidade de que ela constituísse um ato jurídico.

2.1.1.1.2. Diferenças entre o dolo e a simulação

O dolo e a simulação possuem duas semelhanças. Em primeiro lugar, no âmbito do Direito Civil, tanto o dolo quanto a simulação são vícios do ato jurídico, os quais repercutem na sua validade. Em segundo lugar, tanto o dolo quanto a simulação possuem o mesmo regime específico estabelecido pelo Código Tributário Nacional, o qual envolve a possibilidade de realização de lançamento de ofício, um termo inicial especial para o prazo decadencial e a vedação à concessão de moratórias e de anistias.

O dolo e a simulação, contudo, possuem cinco diferenças. Em primeiro lugar, no âmbito do Direito Civil, o dolo é um vício da vontade que torna o ato jurídico anulável, ao passo que a simulação é um vício social que torna o ato jurídico nulo (no Código Civil de 1916 ambos eram causa de anulabilidade do ato jurídico). Em segundo lugar, o dolo pressupõe que, ao menos, uma das partes tenham uma compreensão equivocada da realidade, ao passo que a simulação tem como um dos seus elementos a ciência da realidade por todas as partes. Por isso é que se diz que, no dolo, uma das partes é enganada pela outra (ou por terceiro), enquanto na simulação, nenhuma das partes é enganada.[9]

Em terceiro lugar, a simulação tem como requisito necessário à sua configuração a presença de proposições falsas exprimidas pelo ato jurídico ou a presença de enunciados normativos falsos derrogados por um ato jurídico oculto; no dolo, tais elementos são contingentes, mas não necessários. Em quarto lugar, o dolo tem como requisito necessário à sua configuração a intenção de prejudicar uma das partes do ato jurídico; na simulação, tal elemento é contingente.

---

8. Art. 109. Os princípios gerais de direito privado utilizam-se para pesquisa da definição, do conteúdo e do alcance de seus institutos, conceitos e formas, mas não para definição dos respectivos efeitos tributários.

9. MONTEIRO, Washington de Barros. **Curso de Direito Civil** – Parte Geral. 44. ed. São Paulo: Saraiva, 2012, p. 274.

Por fim, em quinto lugar, a simulação e o dolo podem ter um regime jurídico diferente no âmbito do Direito Tributário, a depender do resultado da desconstituição do ato jurídico viciado. De um lado, se a desconstituição do ato jurídico simulado pela autoridade administrativa não ensejar a identificação de qualquer ato jurídico subsistente, o regime jurídico aplicável é o mesmo do dolo. De outro lado, se a desconstituição do ato jurídico simulado pela autoridade administrativa ensejar a identificação de um ato jurídico subsistente (ato jurídico dissimulado), o regime jurídico aplicável à simulação será distinto daquele aplicável ao dolo, uma vez que estará sujeito à incidência do parágrafo único do artigo 116 do Código Tributário Nacional (a ser regulado por lei ordinária).

As considerações anteriores permitem concluir que o dolo e a simulação, embora tenham algumas semelhanças, possuem diversas diferenças.

2.1.1.2. Fraude (artigo 149, VII, do Código Tributário Nacional)

2.1.1.2.1. Conceito de fraude

O Código Tributário Nacional, em seu artigo 149, VII, elencou a fraude como uma das hipóteses para a realização de lançamento de ofício por parte da autoridade administrativa, assim como o dolo e a simulação. Essas três situações (dolo, fraude e simulação) possuem, ademais, um regime jurídico-tributário específico em relação ao termo inicial do prazo decadencial (artigo 150, § 4º, c/c artigo 173, I) e à concessão de moratórias e de anistias.[10]

---

10. Art. 150. (...) § 4º Se a lei não fixar prazo a homologação, será ele de cinco anos, a contar da ocorrência do fato gerador; expirado esse prazo sem que a Fazenda Pública se tenha pronunciado, considera-se homologado o lançamento e definitivamente extinto o crédito, salvo se comprovada a ocorrência de dolo, fraude ou simulação. (...)

Art. 154. (...) Parágrafo único. A moratória não aproveita aos casos de dolo, fraude ou simulação do sujeito passivo ou do terceiro em benefício daquele. (...)

Art. 173. O direito de a Fazenda Pública constituir o crédito tributário extingue-se após 5 (cinco) anos, contados:

I - do primeiro dia do exercício seguinte àquele em que o lançamento poderia ter sido efetuado. (...)

Art. 180. A anistia abrange exclusivamente as infrações cometidas anteriormente à vigência da lei que a concede, não se aplicando:

I - aos atos qualificados em lei como crimes ou contravenções e aos que, mesmo sem essa qualificação, sejam praticados com dolo, fraude ou simulação pelo sujeito passivo ou por terceiro em benefício daquele.

O termo "fraude" exprime um significado que contém um elevado grau de genericidade, isto é, trata-se de um significado muito amplo, que pode ser aplicado indiscriminadamente a uma variedade de casos.[11] Pode-se dizer, por exemplo, que o escritório de investimentos de Bernie Madoff era uma fraude, que ele próprio era uma fraude, que ele fraudou documentos e que ele foi condenado por fraude – o termo "fraude" possui um significado específico em cada uma dessas situações.

O Código Tributário Nacional, contudo, ao empregar o termo "fraude", incorporou um significado específico desse termo: o conceito normativo de "fraude" vigente à época da sua edição. Essa conclusão, conforme demonstrado no tópico 1.2, decorre da presunção de sinonímia do ordenamento jurídico e dos princípios da segurança jurídica e da legalidade. Ocorre que o ordenamento jurídico empregava o termo "fraude" com quatro significados diferentes à época da edição do Código Tributário Nacional: (i) o de "fraude fiscal" (Lei nº 4.502/64), (ii) o de "fraude civil" (Código Civil de 1916), (iii) o de "fraude à lei" (doutrina e jurisprudência) e (iv) o significado vernacular de fraude (em diversas leis, tais como o Código Civil de 1916 e o Código Penal).

Em primeiro lugar, o artigo 72 da Lei nº 4.502/64, "fraude fiscal" é a conduta dolosa "tendente a impedir ou retardar, total ou parcialmente, a ocorrência do fato gerador da obrigação tributária principal", ou ainda a "excluir ou modificar as suas características essenciais", tendo como resultado "reduzir o montante do impôsto devido a evitar ou diferir o seu pagamento".[12] A referida Lei tratava do Imposto de Consumo, e o cometimento de fraude fiscal era uma das circunstâncias agravantes da multa decorrente do não pagamento daquele tributo.[13] Tratava-se, portanto, de um conceito com uma aplicação bastante

---

11. ÁVILA, Humberto. **Teoria da indeterminação no direito**. São Paulo: Malheiros/Juspodivm, 2022, p. 36.

12. "Fraude é tôda ação ou omissão dolosa tendente a impedir ou retardar, total ou parcialmente, a ocorrência do fato gerador da obrigação tributária principal, ou a excluir ou modificar as suas características essenciais, de modo a reduzir o montante do impôsto devido a evitar ou diferir o seu pagamento".

13. Art. 68. Na fixação da pena de multa, a autoridade atenderá ao conjunto de circunstâncias atenuantes e agravantes constantes do processo.

§ 1º São circunstâncias agravantes, quando não constituam ou qualifiquem a infração:

I - a sonegação, a fraude e o conluio.

limitada, uma vez que configurava uma das circunstâncias agravantes da multa de um imposto específico.

Em segundo lugar, o Código Civil de 1916, por meio de diversos artigos, definiu indiretamente o conceito de "fraude civil". Isso porque aquela Lei, ainda que não tenha definido diretamente o conceito de "fraude", definiu o conceito de "fraude a credores", que é uma das espécies de fraude civil. A fraude a credores foi estabelecida pelos artigos 106 a 113 do Código Civil de 1916, e corresponde a todo o ato prejudicial ao credor, por tornar o devedor insolvente ou ter sido praticado em estado de insolvência.[14] O direito de livre disposição do devedor esbarra na barreira representada pelo interesse dos credores.[15] Ela se caracteriza pelo propósito de prejudicar terceiros, os quais, no caso da fraude a credores, são os próprios credores – trata-se, nesse sentido, de uma diminuição maliciosa do patrimônio.[16]

O Código Civil de 1916 tratou em diversos dispositivos das regras comuns aplicáveis aos vícios do ato jurídico, denominando "fraude a credores" simplesmente como "fraude". O artigo 147, II, por exemplo, estabeleceu que: "É anulável o ato jurídico: Por vício resultante de erro, dolo, coação, simulação, ou fraude (art. 86 a 113)"; o artigo 178, § 9º, V, 'b', tratou da prescrição nos casos de "erro, dolo, simulação ou fraude"; o artigo 1555 dispôs que: "a discussão entre os credores pode versar, quer sobre a preferência entre eles disputada, quer sobre a nulidade, simulação, fraude, ou falsidade das dívidas e contratos".

O conceito de fraude civil, contudo, não se limita à fraude a credores. Se assim fosse, o complemento "a credores" seria redundante, de forma que se pode presumir que, se o legislador incluiu tal complemento, é porque pretendeu lhe utilizar para delimitar o significado normativo reconstruído a partir daquele dispositivo. Por isso é que Clóvis Bevilaqua afirma, em relação ao artigo 106 do Código Civil de 1916, que a fraude é "o artifício malicioso para prejudicar terceiro, de persona *ad personam*; mas aqui se trata, especialmente, da fraude contra os credores".[17]

---

14. BEVILAQUA, Clovis. **Codigo Civil dos Estados Unidos do Brasil Commentado**. Edição histórica. Rio de Janeiro: Editora Rio, 1977, p. 358.

15. RODRIGUES, Silvio. **Direito Civil**, v. 1, 15. ed. São Paulo: Saraiva, 1985, p. 228.

16. GOMES, Orlando. **Introdução ao Direito Civil**. 20. ed. rev. atual. e aum. por Edvaldo Brito e Reginalda Paranhos Brito. Rio de Janeiro: Forense, 2010, p. 333.

17. BEVILAQUA, Clovis. **Theoria Geral do Direito Civil**. Atualizada por Achilles Bevilaqua. 4. ed. Rio de Janeiro: Editora Paulo de Azevedo Ltda, 1949, p. 290.

A partir da definição indireta do conceito de "fraude civil" realizada pelo Código Civil de 1916, podem-se identificar dois requisitos para a sua configuração. Primeiro, a fraude civil deve envolver a constituição de um ato jurídico de forma maliciosa para prejudicar terceiros; se este terceiro for um credor, haverá fraude a credores, uma das espécies de fraude civil. Segundo, o ato jurídico malicioso deve ser ostensivo, isto é, não deve ser oculto. Conforme observado por Clóvis Bevilaqua, "na fraude não há engano, nem o ato se mascara com outro, há, simplesmente, o intuito de prejudicar terceiro, ou o Estado".[18] Eventualmente, uma fraude pode estar "encoberta" por uma simulação, isto é, após a desconsideração da simulação, identifica-se um ato jurídico dissimulado fraudulento – mas, nesse caso, só haverá fraude após o ato jurídico oculto (dissimulado) se tornar o ato jurídico ostensivo. O conceito de fraude civil no Código Civil de 1916, portanto, pode ser definido como o *ato jurídico ostensivo constituído de forma maliciosa para prejudicar terceiros*.

Em terceiro lugar, a doutrina e a jurisprudência à época da edição do Código Tributário Nacional já reconheciam a existência do instituto da "fraude à lei" no ordenamento jurídico, embora tal causa de nulidade do ato jurídico tenha sido expressamente incorporada apenas quando da edição do Código Civil de 2002.[19] A fraude à lei será objeto do tópico 2.2.2; por ora, pode-se antecipar a fraude à lei corresponde à obtenção de consequências proibidas por meio do exercício de um poder normativo lícito.

Em quarto lugar, o ordenamento jurídico empregou, diversas vezes, o termo "fraude" com o seu significado vernacular, qual seja: "qualquer ato ardiloso, enganoso, de má-fé, com o intuito de lesar ou ludibriar outrem, ou de não cumprir com determinado dever".[20] O Código Penal, por exemplo, estabelece que uma das hipóteses de qualificação do furto é o seu cometimento "mediante fraude, escalada ou destreza" (artigo 155, § 4º, II) e o seu capítulo VI é intitulado: "Do estelionato e outras fraudes". O Código Civil de 1916, da mesma, também empregou o termo "fraude" para exprimir o seu significado vernacular, relacionado

---

18. BEVILAQUA, Clovis. **Theoria Geral do Direito Civil**. Atualizada por Achilles Bevilaqua. 4. ed. Rio de Janeiro: Editora Paulo de Azevedo Ltda, 1949, p. 291.

19. MIRANDA, Francisco Cavalcanti Pontes de. **Tratado de Direito Privado**. Tomo IV, 2 ed. Rio de Janeiro: Editora Borsoi, 1954, p. 379; BRASIL. STF, Recurso Extraordinário nº 55679, rel. Min. Cândido Motta, Primeira Turma, j. 07/05/1964; STF, Agravo de Instrumento nº 9068, rel. Min. Orozimbo Nonato, j. 17/04/1942.

20. HOUAISS. Antônio; VILLAR, Mauro de Salles. **Dicionário Houaiss da Língua Portuguesa**. Rio de Janeiro: Objetiva, 2001, p. 1388.

a um ato enganoso (não necessariamente um ato jurídico). O fez no artigo 670, por exemplo, ao tratar da "obra impressa com fraude"; da mesma forma, utilizou o termo "fraude" com o seu significado vernacular no artigo 1595, ao tratar dos herdeiros que, por meio de fraude, inibem o testador de dispor livremente sobre os seus bens.[21] Pode-se dizer, nesse sentido, que nas hipóteses em que o Código Civil de 1916 empregou o termo "fraude" em conjunto com outros vícios do ato jurídico, tal como no artigo 147, II, no artigo 178, § 9º, V, 'b' e no artigo 1555, ele exprimiu o significado de "fraude civil" (*ato jurídico ostensivo constituído de forma maliciosa para prejudicar terceiros*); nas demais hipóteses em que o Código Civil de 1916 empregou o termo "fraude", tais como no artigo 670 e no artigo 1595, ele exprimiu o significado vernacular de "fraude" (*ato enganoso*).

O Código Tributário Nacional incorporou o significado de fraude do Código Civil de 1916 ("fraude civil"), e não os demais conceitos de fraude ("fraude fiscal", "fraude à lei" e significado vernacular). Isso por seis razões principais.

Em primeiro lugar, o Código Tributário Nacional incluiu a hipótese de lançamento de ofício em decorrência de fraude no mesmo inciso do artigo 149 do que o lançamento de ofício em virtude de simulação, a qual corresponde a um vício do ato jurídico. Se o legislador agrupou tais conceitos no mesmo dispositivo, é porque lhes atribuiu alguma semelhança. Quando algumas palavras estão associadas em um contexto que sugere que elas tenham algo em comum, elas devem ter interpretadas de forma a terem um significado que as torne similares.[22] Dentre os quatro significados de "fraude" existentes no ordenamento jurídico, apenas o de "fraude civil" corresponde a um vício do ato jurídico e, portanto, tem algo em comum com o significado de simulação. Aliás, com base no mesmo argumento, pode-se concluir que, se o legislador quisesse ter atribuído ao termo "fraude" o conceito de fraude fiscal, o teria inserido no inciso IV do artigo 149, que trata das infrações tributárias.

---

21. Art. 670. Quem vender ou expuser à venda ou à leitura pública e remunerada uma obra impressa com fraude, será solidariamente responsável, com o editor, nos termos do artigo antecedente; e, se a obra for estampada no estrangeiro, responderá como editor o vendedor, ou o expositor. (...)

Art. 1.595. São excluídos da sucessão (arts. 1.708, n. IV, e 1.741 a 1.745), os herdeiros, ou legatários: (...)

III - Que, por violência ou fraude, a inibiram de livremente dispor dos seus bens em testamento ou codicilo, ou lhe obstaram a execução dos atos de última vontade.

22. SCALIA, Antonin; GARNER, Bryan A. **Reading Law**: the interpretation of legal texts. St. Paul: Thomson/West, 2012, p. 195.

Em segundo lugar, porque o artigo 109 do Código Tributário Nacional, ao estabelecer que "os princípios gerais de direito privado utilizam-se para pesquisa da definição, do conteúdo e do alcance de seus institutos, conceitos e formas", indica que o Direito Tributário, como regra geral, incorpora as definições do Direito Privado. Apenas a "fraude civil" pode ser qualificada como uma "definição de Direito Privado". Isso porque: (i) a definição de fraude fiscal foi formulada na Lei nº 4.502/64, a qual trata exclusivamente do Imposto sobre Consumo, de forma que não corresponde a uma definição de Direito Privado e tampouco a uma definição geral do Direito Tributário; (ii) a fraude à lei não é um instituto de Direito Privado, mas sim uma hipótese de incidência de um postulado normativo, o qual decorre da ideia de coerência do ordenamento jurídico; (iii) o significado vernacular de fraude não diz respeito a um instituto jurídico, sendo utilizado pela legislação como um sinônimo de "ato enganoso".

Em terceiro lugar, porque o artigo 185 do Código Tributário Nacional, que trata das garantias e privilégios do crédito tributário, inegavelmente empregou uma variação do termo "fraude" com o significado de "fraude civil": "Presume-se fraudulenta a alienação ou oneração de bens ou rendas, ou seu começo, por sujeito passivo em débito para com a Fazenda Pública, por crédito tributário regularmente inscrito como dívida ativa". Não se deve presumir que o legislador empregou o termo "fraude" em diferentes partes do Código Tributário Nacional com significados diferentes, mas sim com o mesmo significado.[23]

Não se ignora que o inciso IX do artigo 149 do Código Tributário Nacional empregou o termo "fraude" com o seu significado vernacular, ao permitir o lançamento fiscal "quando se comprove que, no lançamento anterior, ocorreu fraude ou falta funcional da autoridade que o efetuou, ou omissão, pela mesma autoridade, de ato ou formalidade especial". Mas esse dispositivo, em vez de infirmar a conclusão de que o termo "fraude" no inciso VII possui o significado de "fraude civil", apenas a reforça. É que se o inciso VII tivesse emprego o termo "fraude" com o seu significado vernacular, assim como o inciso IX, este último dispositivo seria desnecessário, já que o inciso VII já prevê a hipótese do "terceiro que age com fraude".

Em quarto lugar, se considerássemos que o Código Tributário Nacional incorporou o significado de "fraude fiscal" da Lei nº 4.502/64, a fraude do inciso VII do artigo 149 do Código Tributário Nacional teria o mesmo signifi-

---

23. PECZENIK, Aleksander. **On Law and Reason**. 2. ed. Dordrecht: Springer, 2009, p. 312.

cado que a "falsidade" do inciso IV do mesmo artigo.[24] Isso porque a fraude fiscal ocorre nas hipóteses em que o sujeito passivo oculta da Fiscalização Tributária, por meio de um ato positivo, o surgimento da obrigação tributária.[25] A falsidade, da mesma forma, decorre da inclusão de elementos falsos nas declarações realizadas à Fiscalização Tributária. Como se sabe, uma premissa básica da interpretação jurídica é que o emprego de termos distintos na mesma Lei tem como objetivo exprimir significados distintos.[26] E não só: entender que o Código Tributário Nacional incorporou o significado de "fraude fiscal" da Lei nº 4.502/64 resultaria na incoerente conclusão de que os incisos IV e VII do seu artigo 149 tratam da mesma hipótese, mas atribuem regimes jurídicos diferentes (com efeito, as regras de decadência, por exemplo, são distintas para as hipóteses de fraude e para as hipóteses de falsidade).

Em quinto lugar, embora o instituto da fraude à lei fosse reconhecido pela doutrina e pela jurisprudência como parte do ordenamento jurídico brasileiro, ele ainda não havia sido expressamente incorporado pela legislação quando da edição do Código Tributário Nacional. Essa incorporação veio a ocorrer apenas quando da edição do Código Civil de 2002. Não se pode dizer, portanto, que havia uma definição razoavelmente estabelecida de "fraude à lei" à qual o legislador pudesse ter feito referência, em 1966, por meio do termo "fraude".

Em sexto lugar, na interpretação de regras tributárias, o significado técnico de um termo deve prevalecer sobre o seu significado vernacular. É que se um termo empregado pela legislação tem um significado técnico já estabelecido, e existem razões pelas quais o significado normativo desse termo deva ser especialmente preciso e definido, esse significado técnico deve ser o seu significado normativo.[27] Os significados técnicos são, normalmente, mais precisos e definidos, razão pela qual são privilegiados pelo princípio da segurança jurídica na interpretação de regras que restringem os direitos dos indivíduos.[28] O sig-

---

24. Art. 149. O lançamento é efetuado e revisto de ofício pela autoridade administrativa nos seguintes casos: (...)

IV - quando se comprove falsidade, erro ou omissão quanto a qualquer elemento definido na legislação tributária como sendo de declaração obrigatória.

25. HALPERIN, Eduardo Kowarick. **Multa Qualificada no Direito Tributário**. São Paulo: IBDT, 2021, p. 84.

26. PECZENIK, Aleksander. **On Law and Reason**. 2. ed. Dordrecht: Springer, 2009, p. 313.

27. PECZENIK, Aleksander. **On Law and Reason**. 2. ed. Dordrecht: Springer, 2009, p. 314.

28. RECHIA, Fernando Mariath. **Interpretação das competências tributárias**: teorias da interpretação, técnicas de argumentação e critérios de preferência entre argumentos. São Paulo: Thomson Reuters Brasil, 2023, p. 182.

nificado vernacular de fraude é altamente genérico, razão pela qual o princípio da segurança jurídica impõe que o emprego desse termo no Código Tributário Nacional denote um significado técnico do termo, tal como o de "fraude civil".

O Código Tributário Nacional, portanto, incorporou o conceito de fraude do Código Civil de 1916 ("fraude civil"), o qual corresponde ao ato jurídico ostensivo realizado de forma maliciosa para prejudicar terceiros. Disso decorre que a Fiscalização Tributária pode desconsiderar os efeitos tributários dos atos jurídicos ostensivos constituídos maliciosamente para prejudicar terceiros (artigo 149, VII, do Código Tributário Nacional), os fatos geradores decorrentes desses atos jurídicos possuem regra especiais de decadência (artigo 150, § 4º, c/c artigo 173, I, do Código Tributário Nacional) e quanto à concessão de moratórias e de anistias (artigos 154, parágrafo único, e 180, I, do Código Tributário Nacional).

Isso significa, por exemplo, que se a Fiscalização Tributária de um Município verificar que a alienação de um determinado bem corresponde a uma fraude a credores (particulares ou públicos), ela pode desconsiderar os efeitos dessa alienação para fins tributários (mediante a fundamentação adequada), exigindo o IPTU do alienante.

Não se deve confundir, contudo, ato jurídico ostensivo realizado para prejudicar terceiros (inclusive a Fazenda Pública), o qual corresponde à "fraude civil", com o ato jurídico ostensivo realizado para evitar a ocorrência do fato gerador, o qual corresponde a um ato lícito de elisão fiscal. Evitar a ocorrência do fato gerador não gera qualquer prejuízo à Fazenda Pública, já que ela jamais obteve o direito ao tributo correspondente, não havendo como falar em um dano ao seu patrimônio.[29]

2.1.1.2.2. Diferenças entre a fraude e a simulação

A fraude e a simulação possuem duas semelhanças. Em primeiro lugar, no âmbito do Direito Civil, tanto a fraude quanto a simulação são vícios do ato jurídico. Em segundo lugar, a fraude e a simulação possuem o mesmo regime específico estabelecido pelo Código Tributário Nacional, o qual envolve a possibilidade de realização de lançamento de ofício, um termo inicial especial para o prazo decadencial e a vedação à concessão de moratórias e de anistias. No entanto, a fraude e a simulação possuem três diferenças principais.

29. BECKER, Alfredo. **Teoria Geral do Direito Tributário**. 7. ed. São Paulo: Noeses, 2018, p. 154.

A primeira delas é que a fraude tem como um dos seus elementos a intenção de prejudicar terceiros. Na simulação, a intenção de prejudicar terceiros é contingente, mas não é um requisito necessário para a sua ocorrência. Conforme demonstrado no tópico 1.5.1.3, a chamada "simulação inocente" é justamente a simulação na qual não há a intenção de prejudicar terceiros.

Em determinadas situações, um ato jurídico pode padecer de simulação material e, concomitantemente, de fraude (pois há a intencionalidade de prejudicar terceiros, tais como a Fiscalização Tributária). Nesse caso, há o que pode ser chamado de *simulação fraudulenta*, a qual envolve a ocorrência de dois vícios distintos, de forma simultânea, no mesmo ato jurídico. Uma compra e venda a preço vil, por exemplo, pode corresponder a uma simulação fraudulenta, caso se comprove que a sua onerosidade é falsa (simulação de elemento categorial essencial) e que essa falsidade foi realizada com a intenção de prejudicar a Fazenda Pública (fraude). Da mesma forma, a alienação de um imóvel por meio de instrumento antedatado para prejudicar credores corresponde a uma simulação fraudulenta, pois há simulação temporal e, concomitantemente, fraude. A simulação fraudulenta, naturalmente, só pode ocorrer nos casos de simulação material (a qual envolve apenas atos jurídicos ostensivos), uma vez que, nos casos de simulação formal, o ato jurídico real está oculto, e um dos requisitos para a ocorrência de fraude é que o ato jurídico seja ostensivo.

A segunda diferença consiste no fato de que a fraude tem como um dos seus elementos a ostensividade, isto é, o ato jurídico constituído é verdadeiro, embora seja realizado para prejudicar terceiro.[30] Na simulação, contudo, os atos jurídicos envolvem falsidade, seja porque exprimem proposições falsas (simulação material), seja porque apresentam falsos enunciados (simulação formal). É possível, contudo, que em um caso de simulação formal, identifique-se que o ato jurídico dissimulado seja fraudulento. Nesse caso, embora não haja a simultaneidade analítica na ocorrência da simulação formal e da fraude (não havendo, portanto, simulação fraudulenta), há uma simulação que, uma vez afastada, evidencia a presença de fraude.

Por fim, a terceira diferença é que a simulação e a fraude podem ter um regime jurídico diferente no âmbito do Direito Tributário, a depender do resultado da desconsideração dos efeitos do ato jurídico viciado. De um lado, se a desconsideração dos efeitos do ato jurídico simulado pela autoridade adminis-

30. BEVILAQUA, Clovis. **Theoria Geral do Direito Civil**. Atualizada por Achilles Bevilaqua. 4. ed. Rio de Janeiro: Editora Paulo de Azevedo Ltda, 1949, p. 291.

trativa não ensejar a identificação de qualquer ato jurídico subsistente, o regime jurídico aplicável é o mesmo da fraude. De outro lado, se a desconsideração dos efeitos do ato jurídico simulado pela autoridade administrativa ensejar a identificação de um ato jurídico subsistente (ato jurídico dissimulado), o regime jurídico aplicável à simulação será distinto daquele aplicável ao dolo, uma vez que estará sujeito à incidência do parágrafo único do artigo 116 do Código Tributário Nacional, o qual ainda não foi regulado por lei ordinária.

A identificação das diferenças entre a simulação e a fraude, além de contribuírem para a definição dos respectivos conceitos, abarca uma outra consequência importante. Uma vez constatado que a simulação e a fraude são vícios diferentes, que possuem elementos diferentes e podem incidir de forma diferente, resta evidenciado que o lançamento fiscal deve individualizar o suposto vício cometido pelo sujeito passivo, sendo vedada a desconstituição de ato jurídico com base em fundamentação vaga acerca da suposta ocorrência de "fraude ou simulação". Não é incomum, nesse sentido, encontrar decisões do Conselho Administrativo de Recursos Fiscais nas quais se entendeu que "restou demonstrado nos autos a ocultação do real adquirente, mediante fraude ou simulação".[31]

Os lançamentos fiscais e as decisões administrativas que não individualizam o suposto vício cometido pelo sujeito passivo, tais como esses que aludem à ocorrência de "fraude ou simulação", são nulos, dado que violam o artigo 142 do Código Tributário Nacional, o qual estabelece que o lançamento fiscal deve determinar a matéria tributável.[32] Também porque violam os princípios do contraditório e da ampla defesa, reconstruídos a partir do inciso LV do artigo 5º da Constituição Federal, os quais exigem que o contribuinte compreenda adequadamente as razões pelas quais o lançamento de ofício foi realizado.[33]

---

31. BRASIL.CARF, Acórdão nº 9303007.338, 3ª Turma da CSRF, rel. Cons. Demes Brito, j. 15/08/2018.

32. Art. 142. Compete privativamente à autoridade administrativa constituir o crédito tributário pelo lançamento, assim entendido o procedimento administrativo tendente a verificar a ocorrência do fato gerador da obrigação correspondente, determinar a matéria tributável, calcular o montante do tributo devido, identificar o sujeito passivo e, sendo caso, propor a aplicação da penalidade cabível.

33. Art. 5º Todos são iguais perante a lei, sem distinção de qualquer natureza, garantindo-se aos brasileiros e aos estrangeiros residentes no País a inviolabilidade do direito à vida, à liberdade, à igualdade, à segurança e à propriedade, nos termos seguintes: (...)

LV - aos litigantes, em processo judicial ou administrativo, e aos acusados em geral são assegurados o contraditório e ampla defesa, com os meios e recursos a ela inerentes.

As considerações anteriores permitem concluir que a fraude e a simulação são vícios do negócio jurídicos distintos, os quais possuem diferentes hipóteses de configuração. A ocorrência de fraude ou de simulação deve ser devidamente individualizada e fundamentada pela autoridade administrativa no âmbito do lançamento fiscal, sob pena de nulidade.

2.1.2. Vícios do ato jurídico que não foram incorporados pelo Código Tributário Nacional como hipóteses de lançamento de ofício

2.1.2.1. Erro (artigo 138 do Código Civil)

2.1.2.1.1. Conceito de erro

O erro é um vício do ato jurídico previsto nos artigos 138 a 144 do Código Civil de 2002. Há erro no ato jurídico quando uma das partes possui uma noção falsa a respeito de um dos elementos do ato jurídico.[34] Ao ter uma noção inexata ou incompleta da realidade, a parte emite a vontade de modo diverso do que manifestaria, se dela tivesse conhecimento.[35]

O seguinte exemplo pode ilustrar melhor o conceito de erro. Um indivíduo adquiriu um terreno para nele construir a sua casa. Ao solicitar um licenciamento para a realização da obra, ele descobriu que o terreno estava situado em uma reserva indígena, informação que não constava na matrícula do imóvel. Diante disso, o indivíduo postulou judicialmente a anulação do negócio jurídico de compra e venda do imóvel, uma vez que ele terá sido constituído em razão de um erro substancial da sua parte. O Tribunal de Justiça do Estado de São Paulo, ao analisar o caso, concluiu "que o autor incorreu em erro substancial, passível de anulação".[36]

2.1.2.1.2. Diferenças entre o erro e a simulação

O erro e a simulação são vícios do ato jurídico, mas têm ao menos cinco diferenças:

---

34. AMARAL, Francisco. **Direito Civil**: Introdução. 7. ed. Rio de Janeiro: Renovar, 2008, p. 508.

35. GOMES, Orlando. **Introdução ao Direito Civil**. 20. ed. rev. atual. e aum. por Edvaldo Brito e Reginalda Paranhos Brito. Rio de Janeiro: Forense, 20100, p. 325.

36. SÃO PAULO. TJSP, Apelação Cível nº 1012184-59.2022.8.26.0564, 9ª Câmara de Direito Privado, rel. Des. Wilson Lisboa Ribeiro, j. 26/04/2024.

1. Para o Direito Privado, o erro é um vício da vontade que torna o ato jurídico anulável, e a simulação é um vício social que torna o ato jurídico nulo (no Código Civil de 1916 ambos eram causa de anulabilidade do ato jurídico);
2. O erro pressupõe que ao menos uma das partes tenham uma compreensão equivocada da realidade, ao passo que a simulação tem como um dos seus elementos a ciência da realidade por todas as partes;
3. A simulação tem como um dos seus elementos necessários a presença de proposições falsas exprimidas pelo ato jurídico ou a presença de enunciados normativos falsos derrogados por um ato jurídico oculto; no erro, a presença desses elementos é contingente, mas não necessária à sua configuração;
4. O erro tem como requisito necessário que a falsa representação da realidade não tenha decorrido de uma conduta maliciosa da outra parte ou de terceiros (caso haja essa conduta, se trataria de dolo, e não de simulação), isto é, no erro, o agente engana-se sozinho[37]; na simulação, a conduta maliciosa para enganar a parte pode ou não estar presente (trata-se de um elemento contingente, mas não necessário);
5. O Código Tributário Nacional elencou a simulação na constituição de ato jurídico como uma hipótese que autoriza a realização de lançamento de ofício, mas não fez o mesmo com o erro na constituição do ato jurídico.

Vale referir, nesse sentido, que o artigo 149, IV, do Código Tributário Nacional, ao permitir o lançamento de ofício "quando se comprove falsidade, erro ou omissão quanto a qualquer elemento definido na legislação tributária como sendo de declaração obrigatória", não está se referindo ao conceito de erro como vício do ato jurídico, e sim ao erro (sinônimo de "equívoco") no preenchimento de obrigações acessórias. De um lado, porque tal dispositivo restringe expressamente a sua incidência aos erros relativos a elementos que devem ser declarados, o que não faria sentido caso o seu objeto fosse um vício do ato jurídico, mas é coerente com o emprego do termo "erro" com o significado de "equívoco". De outro lado, porque o termo "erro" foi incluído no inciso IV do artigo 149 do Código Tributário Nacional, ao lado de outras hipóteses que não são vícios do ato jurídico (falsidade e omissão), ao passo que outro inciso do mesmo artigo,

37. GONÇALVES, Carlos Roberto. **Direito Civil Brasileiro**. 18. ed., v. 1. São Paulo: Saraiva, 2020, p. 431.

o VII, contempla os vícios dos atos jurídicos, o que permite inferir que, caso o legislador tivesse se referido ao erro como vício do ato jurídico, o teria inserido no inciso VII, e não no inciso IV.

As considerações anteriores permitem concluir que o erro e a simulação, embora sejam ambos vícios do ato jurídico, possuem diversas diferenças.

2.1.2.2. Coação (artigo 151 do Código Civil)

2.1.2.2.1. Conceito de coação

A coação é um vício do ato jurídico e está prevista pelos artigos 151 a 155 do Código Civil de 2002. Ela corresponde a qualquer pressão física ou moral exercida sobre a pessoa, os bens ou a honra de um indivíduo para obrigá-lo a constituir um ato jurídico.[38]

Em um caso no qual a autora comprovou que desistiu de um imóvel em razão das ameaças sofridas pelo ex-companheiro, o Tribunal de Justiça do Estado de São Paulo considerou que houve coação, anulando o "negócio jurídico da desistência da coautora, pois referido negócio estava viciado desde a sua origem, visto que a declaração de vontade manifestada pela autora não refletia um querer voluntário".[39]

2.1.2.2.2. Diferenças entre a coação e a simulação

A simulação e a coação correspondem a vícios do ato jurídico, e têm como semelhança a ciência da realidade pelas partes envolvidas. Mas a simulação e a coação possuem ao menos três diferenças.

1. A coação, no Direito Privado, é um vício da vontade que torna o ato jurídico anulável, e a simulação torna o ato jurídico nulo, sendo considerada um vício social;
2. Na coação, a parte coagida tem ciência da realidade, mas é forçada a manifestar uma determinada vontade; na simulação, contudo, as manifestações de vontade ocorrem de forma deliberada, sem a presença de quaisquer ameaças externas;

---

38. DINIZ, Maria Helena. **Curso de Direito Civil Brasileiro**: Teoria Geral do Direito Civil. Vol. 1. São Paulo: SaraivaJur, 2024, p. 517.

39. SÃO PAULO. TJSP, Apelação Cível nº 1001916-92.2022.8.26.0483, 7ª Câmara de Direito Público, rel. Des. Mônica Serrano, j. 06/11/2023.

3. A coação não foi prevista pelo Código Tributário Nacional como uma causa para o lançamento de ofício, ao contrário da simulação.

As considerações anteriores permitem concluir que a coação e a simulação, embora tenham semelhanças, possuem diversas diferenças.

2.1.2.3. Lesão (artigo 157 do Código Civil)

2.1.2.3.1. Conceito de lesão

A lesão é um vício do negócio jurídico previsto no artigo 157 do Código Civil de 2002. Há lesão no negócio jurídico quando uma das partes, por necessidade ou inexperiência, compromete-se com uma prestação economicamente desproporcional à prestação oposta. Em suma: a parte mais fraca recebe menos do que dá.[40] Essa desproporção deve ser manifesta e deve ocorrer no momento da constituição do negócio jurídico, ainda que seja verificada apenas no momento da sua execução.[41]

Um exemplo de lesão pode ser verificado no caso de uma senhora, com baixo grau de instrução e pouco conhecimento na área imobiliária, que permutou o seu imóvel por outro de igual valor, tendo assumido, contudo, o financiamento do imóvel recebido, equivalente a aproximadamente 70% do seu valor. Ao analisar esse caso, o Tribunal de Justiça do Estado de São Paulo entendeu que "não há dúvida de que a requerente se comprometeu a arcar com uma prestação manifestamente desproporcional à devida pela parte contrária, o que, somado à sua inexperiência, faz incidir o instituto da lesão".[42]

2.1.2.3.2. Diferenças entre a lesão e a simulação

A lesão e a simulação são vícios do ato jurídico, e, especialmente no caso da simulação de elemento categorial essencial (abuso de forma), elas podem ter algumas semelhanças. Com efeito, tanto na lesão quanto no abuso de forma

---

40. AMARAL, Francisco. **Direito Civil**: Introdução. 7. ed. Rio de Janeiro: Renovar, 2008, p. 518; MONTEIRO, Washington de Barros. **Curso de Direito Civil** – Parte Geral. 44. ed. São Paulo: Saraiva, 2012, p. 270.

41. GOMES, Orlando. **Introdução ao Direito Civil**. 20. ed. rev. atual. e aum. por Edvaldo Brito e Reginalda Paranhos Brito. Rio de Janeiro: Forense, 2010, p. 334; GONÇALVES, Carlos Roberto. **Direito Civil Brasileiro**. 18. ed., v. 1. São Paulo: Saraiva, 2020, p. 474.

42. SÃO PAULO. TJSP, Apelação Cível nº 1014440-43.2018.8.26.0037, 3ª Câmara de Direito Privado, rel. Des. Schmitt Corrêa, j. 18/12/2023.

relativo ao preço, há um negócio jurídico com uma prestação manifestamente desproporcional à contraprestação. A lesão e a simulação, contudo, possuem quatro diferenças.

1. No âmbito do Direito Privado, a lesão é um vício da vontade que torna o ato jurídico anulável, já a simulação é um vício social que torna o ato jurídico nulo;
2. A lesão ocorre apenas nos negócios jurídicos onerosos, ao passo que a simulação pode ocorrer em qualquer ato jurídico;
3. A lesão pressupõe que uma das partes esteja em uma situação de premente necessidade ou de inexperiência, a qual a impede de manifestar sua vontade de maneira adequada.[43] Na simulação, contudo, pressupõe-se que o ato jurídico foi constituído de forma deliberada, isto é, com a compreensão adequada da realidade por todas as partes;
4. A lesão não foi elencada pelo Código Tributário Nacional como uma hipótese de lançamento de ofício pela autoridade administrativa; a simulação, contudo, o foi.

As considerações anteriores permitem concluir que a lesão e a simulação, embora tenham algumas semelhanças, são vícios do ato jurídico completamente distintos.

2.1.3. Atos jurídicos lícitos

2.1.3.1. Negócio jurídico indireto

2.1.3.1.1. Conceito de negócio jurídico indireto

O negócio jurídico indireto corresponde a um negócio jurídico típico que é constituído pelas partes para a obtenção diverso de fim para o qual tal negócio jurídico foi criado.[44] Trata-se de uma manifestação lícita da de liberdade de

---

43. VENOSA, Sílvio de Salvo. **Direito civil**: parte geral. 17. ed. São Paulo: Atlas, 2017, p. 435.

44. ALVES, José Carlos Moreira. Figuras correlatas: abuso de forma, abuso de direito, dolo, negócios jurídicos simulados, fraude à lei, negócio indireto e dissimulação. *In*: SEMINÁRIO INTERNACIONAL SOBRE ELISÃO FISCAL. **Anais**. Brasília: Escola de Administração Fazendária - ESAF, 2002, p. 67; GOMES, Orlando. **Introdução ao Direito Civil**. 20. ed. rev. atual. e aum. por Edvaldo Brito e Reginalda Paranhos Brito. Rio de Janeiro: Forense, 2010, p. 278.

inciativa.[45] Ele é composto por três elementos: (i) a constituição de um negócio jurídico típico; (ii) o atingimento de uma finalidade (causa final) atípica por meio desse negócio jurídico; e (iii) a licitude dessa finalidade atípica.[46] A rigor, o negócio jurídico indireto não corresponde a uma categoria autônoma do negócio jurídico, tratando-se, apenas, de uma denominação que pode ser atribuída a qualquer negócio jurídico típico.[47]

O cheque, por exemplo, tem como finalidade típica emitir uma ordem de pagamento à vista. Utiliza-se, contudo, o cheque "pré-datado" para garantir o cumprimento de determinada obrigação; trata-se de um negócio jurídico indireto.[48] Isso porque: (i) emitiu-se um cheque (ato jurídico típico); (ii) para garantir o cumprimento de uma obrigação (finalidade atípica); e (iii) tal finalidade é lícita.

Na fraude à lei, assim como no negócio jurídico indireto, pode haver a constituição de um ato jurídico típico para o atingimento de uma finalidade atípica. Na fraude à lei, contudo, o ato jurídico constituído produz um resultado que, indiretamente, gera consequências proibidas, de forma que se atinge uma finalidade ilícita, diferentemente do negócio jurídico indireto. A fraude à lei será objeto do tópico 2.2.2.

No âmbito tributário, o negócio jurídico indireto pode ser um instrumento de elisão fiscal, pois ele permite a obtenção de uma finalidade equivalente à de um negócio jurídico típico, evitando, contudo, o fato gerador que dele decorreria.[49] E não há qualquer ilicitude em se obter o mesmo efeito econômico de um negócio jurídico típico por meio de um caminho alternativo, tal como um negócio jurídico indireto, o qual represente um menor ônus fiscal.[50]

---

45. FERRAZ JÚNIOR, Tércio Sampaio. Simulação e negócio jurídico indireto: no direito tributário e à luz do novo Código Civil. **Revista Fórum de Direito Tributário**, n. 48, 2010, pp. 9-26, p. 18.

46. BARRETO, Paulo Ayres. **Planejamento tributário**: limites normativos. São Paulo: Noeses, 2016, p. 147; FERRAZ JÚNIOR, Tércio Sampaio. Simulação e negócio jurídico indireto: no direito tributário e à luz do novo Código Civil. **Revista Fórum de Direito Tributário**, n. 48, 2010, pp. 9-26, p. 19.

47. RIBAS, Pedro Henrique Garzon. **Negócio jurídico indireto**: definição e sua (in)aplicabilidade em matéria tributária. Dissertação (Mestrado em Direito) - Faculdade de Direito, Universidade de São Paulo, 2019, p. 60.

48. GAINO, Itamar. **A Simulação dos Negócios Jurídicos**. 2. ed. São Paulo: Saraiva, 2012, p. 68.

49. SILVA, Rômulo Cristiano Coutinho da. **Planejamento Tributário e Segurança Jurídica**. São Paulo: Quartier Latin, 2019, p. 104.

50. BECKER, Alfredo. **Teoria Geral do Direito Tributário**. 7. ed. São Paulo: Noeses, 2018, p. 144.

No já referido "caso Klabin", por exemplo, a Klabin integralizou aumentos de capital na Riocell e adquiriu debêntures dessa empresa por meio da dação de ativos relacionados a uma determinada unidade industrial. Posteriormente, a Riocell readquiriu as suas próprias ações da Klabin e resgatou as debêntures que havia emitido – ambas as operações quitadas em dinheiro. Trata-se de uma operação muitas vezes denominada como "casa-e-separa", por meio da qual um contribuinte integraliza ativos em uma sociedade e, posteriormente, tal sociedade reduz capital por meio da versão de outros ativos (em regra, dinheiro) para esse contribuinte.

A Klabin e a Riocell obtiveram uma finalidade lícita (transferência dos ativos para a Riocell e do dinheiro para a Klabin) por meios atípicos, visto que não a atingiram por meio de um negócio jurídico direto de compra e venda de ativos, o que ensejaria a apuração de ganho de capital, mas sim por meio de um negócio jurídico indireto que envolveu subscrições de aumentos de capital, emissão de debêntures e recompra de ações, fiscalmente mais vantajoso. João Francisco Bianco, em seu voto vencido no acórdão nº 1401-000.155, o qual analisou o "Caso Klabin" no âmbito do Conselho Administrativo de Recursos Fiscais, corretamente qualificou a operação como lícita, pois envolveria um negócio jurídico indireto, observando que "a situação em exame nestes autos causa-me um certo desconforto, pois é flagrante a falta de isonomia entre os regimes tributários aplicáveis aos negócios jurídicos diretos e indiretos. Mas como julgador, tenho por função aplicar a lei e não corrigi-la".[51] Com efeito, os negócios jurídicos indiretos, embora lícitos, podem gerar situações indesejáveis no âmbito tributário. Cabe ao Poder Legislativo, e jamais ao intérprete, encontrar as soluções para tais situações.

2.1.3.1.2. Diferenças entre o negócio jurídico indireto e a simulação

A simulação e o negócio jurídico indireto possuem, ao menos, três diferenças.

1. A simulação e o negócio jurídico indireto correspondem a categorias jurídicas completamente diferentes. De um lado, a simulação é um vício do ato jurídico, decorrente da sua constituição por meio de proposições falsas ou da apresentação de falsos enunciados normativos, o que o torna nulo. De outro lado, o negócio jurídico indireto é uma classificação sem

51. BRASIL. CARF, Acórdão n. 1401-000.155, 1ª Seção / 4ª Câmara / 1ª Turma Ordinária, rel. Cons. Alexandre Antonio Alkmin Teixeira, j. 28/01/2010.

relevância jurídica atribuída a determinadas manifestações da autonomia privada, por meio das quais os negócios jurídicos são constituídos com uma finalidade jurídica (causa final) distinta daquela que lhe é típica – tal classificação tem como única finalidade evidenciar a licitude *prima facie* do negócio jurídico (o qual pode, naturalmente, ser viciado, inclusive por meio da simulação). Um negócio jurídico indireto, inclusive, pode ser simulado;

2. Em conexão com a diferença demonstrada no parágrafo anterior, a ocorrência de simulação é uma hipótese de realização de lançamento de ofício pela autoridade administrativa; o negócio jurídico indireto, contudo, até por ser um ato jurídico lícito, não deve ser desconsiderado pela fiscalização tributária. Conforme bem ilustrado por João Francisco Bianco, em seu voto vencido no acórdão nº 1401-000.155 ("Caso Klabin"), no âmbito do Conselho Administrativo de Recursos Fiscais: "(...) não há simulação porque todas as cláusulas do negócio jurídico realizado são verdadeiras. Não há simulação na adoção da entrada e saída de sócios da sociedade, mas sim puro e simples negócio jurídico indireto".[52] Não havendo simulação, mas apenas negócio jurídico indireto, a autoridade administrativa não deve desconsiderar os atos jurídicos constituídos pelo contribuinte;

3. O negócio jurídico indireto e a simulação diferem quanto aos seus requisitos de configuração. De um lado, a ocorrência do negócio jurídico indireto depende da existência: (i) da constituição de um negócio jurídico típico; (ii) da pretensão das partes de se atingir uma finalidade atípica por meio desse negócio jurídico; e (iii) da licitude dessa finalidade atípica. De outro lado, a ocorrência de simulação depende da existência de: (i) um ato jurídico aparente; (ii) um ato jurídico oculto que altere o ato jurídico aparente; e (iii) uma deliberação interna (simulação formal) ou da existência de: (i) um ato jurídico; (ii) uma proposição falsa; e (iii) uma deliberação interna (simulação material). Enquanto no negócio jurídico indireto todos os atos são verdadeiros, na simulação há uma divergência entre a aparência dos atos jurídicos e a realidade.[53]

---

52. BRASIL. CARF, Acórdão n. 1401-000.155, 1ª Seção / 4ª Câmara / 1ª Turma Ordinária, rel. Cons. Alexandre Antonio Alkmin Teixeira, j. 28/01/2010.

53. GUTIERREZ, Miguel Delgado. **Planejamento Tributário**: Elisão e Evasão Fiscal. São Paulo: Quartier Latin, 2006, p. 161.

As considerações anteriores permitem concluir que o negócio jurídico indireto e a simulação são completamente distintos: diferem quanto à sua categoria jurídica, quanto aos seus efeitos tributários e quanto aos seus requisitos de configuração.

2.1.3.2. Negócio jurídico fiduciário

2.1.3.2.1. Conceito de negócio jurídico fiduciário

O negócio jurídico fiduciário é muito semelhante ao negócio jurídico indireto, uma vez que envolve a constituição de negócios jurídicos típicos (em regra, a transferência de propriedade e a obrigação de restituí-la) para se atingir a finalidade atípica de garantir uma dívida. Em suma: transfere-se a propriedade para constituir-se uma garantia.[54] O negócio jurídico fiduciário pode ser dividido em duas fases: na primeira, o direito é transmitido; na segunda, cumpre-se a obrigação do fiduciário de restituir o que recebeu.[55] Da mesma forma que o negócio jurídico indireto, o negócio jurídico fiduciário não corresponde a uma categoria dos negócios jurídicos, mas a uma denominação que lhes pode ser atribuída.

O negócio jurídico fiduciário pode ser qualificado como uma espécie de negócio jurídico indireto, mas ele possui três requisitos próprios. Em primeiro lugar, os negócios jurídicos fiduciários devem ter a finalidade específica de garantia, ao passo que os negócios jurídicos indiretos podem ter qualquer finalidade (inclusive a de garantia). Em segundo lugar, o negócio jurídico fiduciário envolve, necessariamente, pelo menos dois negócios jurídicos, em especial a transferência de um direito ao fiduciário e a constituição de uma obrigação do fiduciário de restituir o bem, ao passo que a denominação de negócio jurídico indireto pode corresponder a um único negócio jurídico. Em terceiro lugar, o negócio jurídico fiduciário requer que o fiduciante deposite, efetivamente, a sua confiança no fiduciário, o qual sempre poderá vender o bem a terceiros (sem que o fiduciante tenha o direito de reivindicá-lo) ou mantê-lo para si, respondendo

---

54. ALVES, José Carlos Moreira. Figuras correlatas: abuso de forma, abuso de direito, dolo, negócios jurídicos simulados, fraude à lei, negócio indireto e dissimulação. *In*: SEMINÁRIO INTERNACIONAL SOBRE ELISÃO FISCAL. **Anais**. Brasília: Escola de Administração Fazendária - ESAF, 2002, p. 66.

55. GOMES, Orlando. **Introdução ao Direito Civil**. 20. ed. rev. atual. e aum. por Edvaldo Brito e Reginalda Paranhos Brito. Rio de Janeiro: Forense, 2010, p. 274.

perante o fiduciante pelo descumprimento da obrigação de restituí-lo; esse elemento da confiança é estranho ao negócio jurídico indireto.[56]

Disso isso, pode-se afirmar que o negócio jurídico fiduciário é composto por dois elementos: (i) um negócio jurídico que transmite um direito; (ii) um negócio jurídico que estabelece a obrigação de restituir esse direito.[57] O negócio jurídico fiduciário, da mesma forma que o negócio jurídico indireto, é perfeitamente lícito, tratando-se de uma manifestação de autonomia privada diante da necessidade de agilizar a atividade comercial, a qual provoca a evolução de novas formas jurídicas.[58]

2.1.3.2.2. Diferenças entre o negócio jurídico fiduciário e a simulação

Os negócios jurídicos fiduciários, possuem, ao menos, três diferenças em relação aos negócios jurídicos simulados.

1. A simulação e o negócio jurídico fiduciário pertencem a categorias jurídicas diferentes. A simulação é um vício do ato jurídico, o qual envolve proposições falsas e enunciados normativos falsos. O negócio jurídico fiduciário, contudo, é uma denominação de determinados negócio lícito, que não apresente, em regra, qualquer discrepância com a realidade.[59] Ele é apenas um meio atípico para se obter a finalidade de obtenção de garantia. Nada impede, aliás, que um negócio jurídico fiduciário seja simulado;
2. A simulação e o negócio jurídico fiduciário diferem porque a simulação é uma hipótese de realização de lançamento de ofício pela autoridade administrativa; o negócio jurídico fiduciário, por ser um ato jurídico lícito, não permite a sua desconsideração e o lançamento de ofício. No negócio jurídico fiduciário, ao contrário da simulação, os atos são verdadeiros;[60]

---

56. GOMES, Orlando. **Introdução ao Direito Civil**. 20. ed. rev. atual. e aum. por Edvaldo Brito e Reginalda Paranhos Brito. Rio de Janeiro: Forense, 2010, p. 278.

57. GOMES, Orlando. **Introdução ao Direito Civil**. 20. ed. rev. atual. e aum. por Edvaldo Brito e Reginalda Paranhos Brito. Rio de Janeiro: Forense, 2010, p. 276.

58. CLEMENTE, Joan-Francesc Pont. **La simulación en la nueva LGT**. Madri: Marcial Ponts, 2006, p. 105.

59. SANTOS, J. M de Carvalho. **Código Civil Brasileiro Interpretado**, v. II, 2. ed. Rio de Janeiro: Editor Freitas Bastos, 1938, p. 385; MELLO, Marcos Bernardes. **Teoria do fato jurídico**: plano da validade. 10. ed. São Paulo: Saraiva, 2010, p. 168.

60. XAVIER, Alberto. **Tipicidade da tributação, simulação e norma antielisiva**. São Paulo: Dialética, 2002, p. 67.

3. Em terceiro lugar, o negócio jurídico fiduciário e a simulação diferem quanto aos seus requisitos de configuração. De um lado, a ocorrência do negócio jurídico fiduciário depende da existência de: (i) um negócio jurídico que transmite um direito; e (ii) um negócio jurídico que estabelece a obrigação de restituir esse direito. De outro lado, a ocorrência de simulação depende da existência de: (i) um ato jurídico aparente; (ii) um ato jurídico oculto que altere o ato jurídico aparente; e (iii) uma deliberação interna (simulação formal) ou da existência de: (i) um ato jurídico; (ii) uma proposição falsa; e (iii) uma deliberação interna (simulação material).

As considerações anteriores permitem concluir que o negócio jurídico fiduciário e a simulação são completamente distintos: diferem quanto à sua categoria jurídica, quanto aos seus efeitos tributários e quanto aos seus requisitos de configuração.

2.1.3.3. Reserva mental (artigo 110 do Código Civil)

2.1.3.3.1. Conceito de reserva mental

A reserva mental é um conceito previsto no artigo 110 do Código Civil, nos seguintes termos: "a manifestação de vontade subsiste ainda que o seu autor haja feito a reserva mental de não querer o que manifestou, salvo se dela o destinatário tinha conhecimento". A reserva mental corresponde à contrariedade subjetiva e interna da parte em relação à sua manifestação de vontade objetiva e externa. Ela é irrelevante para a existência, para a validade, para a eficácia ou para o propósito de adimplir os negócios jurídicos: simplesmente não entra no mundo jurídico.[61] Conforme a lição de Pontes de Miranda, a reserva mental "é ineficaz, porque não está no mundo jurídico: não é".[62]

Se o destinatário tiver conhecimento dessa contrariedade subjetiva e interna da parte em relação à manifestação de vontade, ela deixa de ser uma reserva mental, e passa a integrar a manifestação de vontade. Comunicar a reserva mental a um terceiro não a torna relevante – apenas a comunicação ao desti-

---

61. MIRANDA, Francisco Cavalcanti Pontes de. **Tratado de Direito Privado**. Tomo IV, 2. ed. Rio de Janeiro: Editora Borsoi, 1954, p. 412.

62. MIRANDA, Francisco Cavalcanti Pontes de. **Tratado de Direito Privado**. Tomo IV, 2. ed. Rio de Janeiro: Editora Borsoi, 1954, p. 413.

natário da contrariedade quanto aos efeitos da manifestação de vontade possui relevância jurídica.[63]

Em um caso analisado pelo Tribunal de Justiça do Estado de São Paulo, um devedor buscava a inexigibilidade dos títulos executivos detidos pelo credor, pois alegava que as mensagens nas quais assumiu a responsabilidade pelo pagamento dos títulos não foram enviadas com essa intenção. Decidiu-se que "esta intenção/perspectiva da autora, caracterizada como "reserva mental", não é suficiente para embasar a procedência da ação" e que "deve-se proteger o sujeito de boa-fé do negócio jurídico, para que este não saia prejudicado por conta da atitude do apelante, que realizou o negócio com intenção verdadeiramente diversa da externada".[64]

2.1.3.3.2. Diferenças entre a reserva mental e a simulação

As diferenças entre a reserva mental e a simulação são evidentes, sendo a mais importante delas a irrelevância jurídica da reserva mental, em oposição à definição da simulação como uma das causas de nulidade dos atos jurídicos (permitindo à Fiscalização Tributária desconsiderar os seus efeitos). Mas alguns autores afirmam que, quando a reserva mental de uma das partes do negócio jurídico se torna conhecida da outra, deixa de haver reserva mental, e passa a haver simulação.[65]

A tese é improcedente, sendo uma decorrência lógica da equivocada premissa segundo a qual a simulação envolveria, de um lado, uma divergência entre a "vontade real" e a "vontade declarada" e, de outro lado, um acordo simulatório entre as partes. Com base nessa premissa equivocada, resulta inevitável concluir que, quando uma parte sabe da divergência entre a "vontade real" e a "vontade declarada" da outra parte, e deseja prosseguir com a constituição do negócio

---

63. LARENZ, Karl. **Derecho Civil: parte general**. Tradução de Miguel Izquierdo y Macías-Picavea. Madri: EDERSA, 1978, p. 496; GOMES, Orlando. **Introdução ao Direito Civil**. 20. ed. rev. atual. e aum. por Edvaldo Brito e Reginalda Paranhos Brito. Rio de Janeiro: Forense, 2010, p. 333.

64. SÃO PAULO. TJSP, Apelação Cível nº 1035535-48.2021.8.26.0224, 24ª Câmara de Direito Privado, rel. Des. Claudia Carneiro Calbucci Renaux, j. 14/03/2024.

65. ALVES, José Carlos Moreira. Figuras correlatas: abuso de forma, abuso de direito, dolo, negócios jurídicos simulados, fraude à lei, negócio indireto e dissimulação. *In*: SEMINÁRIO INTERNACIONAL SOBRE ELISÃO FISCAL. **Anais**. Brasília: Escola de Administração Fazendária - ESAF, 2002, p. 65; VENOSA, Sílvio de Salvo. **Direito civil**: parte geral. 17. ed. São Paulo: Atlas, 2017, p. 340; GOMES, Orlando. **Introdução ao Direito Civil**. 20. ed. rev. atual. e aum. por Edvaldo Brito e Reginalda Paranhos Brito. Rio de Janeiro: Forense, 2010, p. 333.

jurídico, há um acordo entre as partes para constituir um negócio jurídico que manifesta uma vontade distinta da "vontade real" – haveria, portanto, simulação (sendo certo que a maioria dos autores agrega um terceiro requisito à configuração da simulação, qual seja, a intenção de prejudicar terceiros).

Conforme já demonstrado no tópico 1.5, contudo, a premissa de que a simulação decorre, de um lado, de uma divergência entre a "vontade real" e a "vontade declarada" e, de outro lado, de um acordo simulatório, é improcedente. De um lado, porque a divergência entre a "vontade real" e a "vontade declarada", diferentemente do que ocorreu em outros ordenamentos jurídicos, não foi elencada pelo Código Civil como um requisito para a configuração da simulação (embora a "vontade real" tenha sido considerada relevante para outras situações); além disso, a declaração de vontade manifestada em um negócio jurídico não tem como função jurídica corresponder a uma proposição sobre a "vontade real", mas sim mudar o mundo por meio da linguagem, isto é, criar uma norma para guiar os comportamentos. De outro lado, porque não há previsão legal acerca do acordo simulatório como um requisito para a configuração da simulação – pelo contrário, o próprio Código Civil elencou expressamente a confissão, ato unilateral (e, portanto, sem outra parte envolvida para se firmar um acordo), como passível de ser simulado.

As considerações anteriores permitem concluir que a reserva mental e a simulação são completamente distintas, sendo equivocado sustentar que a reserva mental, quando é conhecida da outra parte, gera a simulação.

2.2. Categorias de Metodologia Jurídica

2.2.1. Abuso de direito

2.2.1.1. Conceito de abuso de direito

Os atos jurídicos realizados com abuso de direito são ilícitos. Atualmente, o abuso de direito está previsto no artigo 187 do Código Civil de 2002, o qual estabelece que: "também comete ato ilícito o titular de um direito que, ao exercê-lo, excede manifestamente os limites impostos pelo seu fim econômico ou social, pela boa-fé ou pelos bons costumes". Esse dispositivo estabelece, em suma, que o ilícito civil, definido pelo artigo 186 como a conduta dolosa (ou culposa) que gera um dano, também ocorre nas situações em que a conduta não é dolosa (ou culposa), mas é realizada no exercício de um direito, gerando um dano injustificado a terceiros, isto é, um dano não justificado pelo exercício regular do direito; o exercício regular de um direito, conforme estabelece o artigo 188, I, do Código Civil, não corresponde a um ato ilícito, ainda que cause danos a terceiros.[66] Na vigência do Código Civil de 1916, entendia-se que o abuso de direito tinha fundamento legal no artigo 159.[67]

O abuso de direito decorre do exercício de um direito subjetivo, correspondendo a uma conduta, *prima facie*, permitida.[68] Mas esse direito subjetivo, decorrente de uma regra permissiva de conduta, é exercido pelo agente sem a devida consideração à finalidade dessa regra permissiva, causando um dano injustificado a terceiro.[69] A teoria do abuso de direito atua de forma a limitar tal direito subjetivo.[70] São três, portanto, os elementos do abuso de direito: (i) existência de uma regra permissiva da conduta "A"; (ii) um dano a terceiros causado pela conduta "A"; (iii) a inexistência de uma justificativa para esse dano, uma vez que o direito decorrente da regra permissiva foi exercido em desacordo com as finalidades para as quais ele foi instituído.[71]

Três observações são importantes. Primeiro, quanto ao elemento "i", referente à existência de uma regra permissiva, deve-se ressaltar que, se a conduta fosse proibida pelo ordenamento jurídico, não haveria que falar em abuso de direito, mas sim em um ilícito decorrente de uma violação normativa direta. Segundo, quanto ao elemento "ii", referente à existência de um dano causado pela conduta "A", é necessário que tal dano já não seja proibido pelo ordenamento jurídico; caso contrário, também não haveria que falar em abuso de direito, mas sim em violação direta ao ordenamento jurídico.

Terceiro, quanto ao elemento "iii", referente à inexistência de uma justificativa para o dano, a sua imprescindibilidade decorre da constatação de que diversos danos a terceiros são causados pelo exercício de condutas permitidas

---

66. Art. 188. Não constituem atos ilícitos:

I - os praticados em legítima defesa ou no exercício regular de um direito reconhecido;

67. Art. 159. Aquele que, por ação ou omissão voluntária, negligência, ou imprudência, violar direito, ou causar prejuízo a outrem, fica obrigado a reparar o dano. A verificação da culpa e a avaliação da responsabilidade regulam-se pelo disposto neste Código, arts. 1.518 a 1.532 e 1.537 a 1.553.

68. ATIENZA, Manuel; MANERO, Juan Ruiz. **Ilícitos atípicos**. Madri: Trotta, 2000, p. 38.

69. GONÇALVES, Carlos Roberto. **Direito Civil Brasileiro**. 18. ed., v. 1. São Paulo: Saraiva, 2020, p. 543; ATIENZA, Manuel; MANERO, Juan Ruiz. **Ilícitos atípicos**. Madri: Trotta, 2000, p. 57.

70. PIROVANO, Antoine. L'abus de droit dans la doctrine et la jurisprudence françaises. *In*: ROTONDI, Mario. **Inchieste di Diritto Comparato – L'abus de droit**. V. 7. Pádua: CEDAM, 1979, p. 319.

71. ATIENZA, Manuel; MANERO, Juan Ruiz. **Ilícitos atípicos**. Madri: Trotta, 2000, p. 57.

pelo ordenamento jurídico. A resilição regular de um contrato com um fornecedor, por exemplo, é uma conduta permitida pelo ordenamento jurídico, e pode, mesmo assim, gerar danos ao fornecedor; um pedido de divórcio, da mesma forma, é uma conduta lícita, a qual pode, contudo, gerar danos (inclusive morais) ao outro cônjuge. Tais danos, contudo, são justificados, uma vez que foram causados por indivíduos que estavam exercendo os seus direitos de forma regular.[72] Para que haja um abuso de direito e, portanto, um ato ilícito, os danos causados pelo exercício de um direito devem ser injustificados, o que ocorre nas hipóteses em que o exercício desse direito ocorre de forma irregular, isto é, sem a observância de finalidades constitucionalmente protegidas.

A seguinte tabela ilustra melhor os elementos do abuso de direito nas hipóteses em que uma conduta é exercida com base em uma regra permissiva:

Tabela 4 – Abuso de direito

Exercício do direito decorrente da regra permissiva	Existência de danos a terceiros	Licitude da conduta
Regular	Não	Lícita
Regular	Sim	Lícita
Irregular	Não	Lícita
Irregular	Sim	Ilícita (abuso de direito)

Fonte: elaborado pelo autor.

Em um caso analisado pelo Superior Tribunal de Justiça, por exemplo, concedeu-se uma indenização por danos morais a um aluno de instituição universitária que encerrou um dos seus cursos abruptamente. De acordo com o acórdão, ainda que fosse "direito da entidade educacional extinguir o curso superior por ausência de quórum", o seu exercício deveria "ater-se aos limites impostos pela ordem jurídica, especialmente o balizamento traçado pelo princípio da boa-fé objetiva" – no caso concreto, de acordo com a decisão, os fatos evidenciariam "a plena incidência da norma prevista no artigo 187 do Código Civil, pois houve excesso manifesto na forma como se deu o exercício do direito de extinção do curso".[73] O Superior Tribunal de Justiça decidiu, portanto, que o dano moral do aluno foi causado pelo exercício de um direito subjetivo

72. Art. 188. Não constituem atos ilícitos:

I - os praticados em legítima defesa ou no exercício regular de um direito reconhecido.

73. BRASIL. STJ, REsp n. 1.341.135/SP, rel. Min. Paulo de Tarso Sanseverino, Terceira Turma, j. 14/10/2014.

da instituição universitária, decorrente de uma regra que a permitia encerrar os seus cursos – até aqui não haveria que falar em abuso de direito; tal direito, contudo, foi exercido de maneira irregular, uma vez que o curso foi encerrado abruptamente, sem qualquer justificativa, razão pela qual restou configurado o abuso de direito.

A verdade é que os ordenamentos jurídicos, em regra, não necessitam de uma previsão legal expressa para que o conceito de abuso de direito seja aplicável.[74] Isso porque ele decorre da necessidade de se atribuir uma coerência ao sistema jurídico, em especial à dimensão diretiva do Direito e aos valores que tal dimensão pretende promover.[75] Seria axiologicamente incoerente admitir que um mesmo sistema jurídico promove determinados valores que impedem a ocorrência de um dano e, ao mesmo tempo, permite que esse dano seja causado. Por isso, a situação que enseja a ocorrência do abuso de direito pode ser reconduzida à ideia de lacuna axiológica. Há uma lacuna axiológica nas situações em que, embora haja uma regra aplicável *prima facie* (tal como uma regra permissiva), pode-se supor (com base em outros elementos do ordenamento jurídico) que o legislador criou tal regra sem levar em conta uma propriedade relevante para o caso em questão, e que se a tivesse considerado, a solução para o caso seria diferente.[76] Daí que a alteração do status deôntico da conduta (de permitida para proibida) é uma consequência da constatação de que a regra permissiva *prima facie* aplicável é incoerente com os valores do respectivo sistema jurídico.[77]

Pode-se dizer, nesse sentido, a atribuição de coerência do ordenamento jurídico depende, em parte, da reconstrução de um postulado normativo, assim compreendido o tipo de norma imediatamente metódica que institui os critérios de aplicação de outras normas situadas no plano do objeto da aplicação (são também chamados de metanormas).[78] Esse postulado normativo específico, que pode ser chamado de *postulado do abuso de direito*, estrutura a aplicação das

---

74. PERERA, Ángel Carrasco. **Tratado del abuso de derecho y del fraude de ley**. Pamplona: Thomson Reuters, 2016, p. 75.

75. ATIENZA, Manuel; MANERO, Juan Ruiz. La derrotabilidad y los limites del positivismo jurídico. **Revista de Pensamiento jurídico**, Teoría & Derecho, v. 5, 2009, p. 102-117, p. 109.

76. ALCHOURRÓN, Carlos E. **Sistemas normativos**. 2 ed. Buenos Aires: Editorial Astrea, 2012, p. 156.

77. ATIENZA, Manuel; MANERO, Juan Ruiz. La derrotabilidad y los limites del positivismo jurídico. **Revista de Pensamiento jurídico**, Teoría & Derecho, v. 5, 2009, p. 102-117, p. 108.

78. ÁVILA, Humberto. **Teoria dos princípios**: da definição à aplicação dos princípios jurídicos. 22. ed. São Paulo: Malheiros/Juspodivm, 2024, p. 170.

regras permissivas de conduta, derrotando-as nos casos em que elas, *prima facie*, incidem (pois o caso concreto recai no âmbito da regra permissiva reconstruída literalmente), mas são superadas pela constatação de que a conduta gerou danos injustificados a terceiros. Além de ser um corolário da ideia de coerência do ordenamento jurídico, tal postulado do abuso de direito fundamenta-se no sobreprincípio do Estado de Direito, o qual proíbe que a tutela dos direitos seja utilizada como um instrumento para a violação de direitos, e nos princípios da propriedade e da liberdade, os quais proíbe, de modo geral, que terceiros tenham suas propriedades e liberdades restringidas de forma injustificada.

2.2.1.2. Abuso de direito no Direito Tributário

Da constatação de que o postulado normativo do abuso de direito não depende de previsão legal específica, pode-se depreender que não há nada intrínseco ao conceito de abuso de direito que impeça a sua aplicação no âmbito do Direito Tributário. Ocorre que o objeto do direito possui um papel fundamental na determinação da aplicabilidade ou não do abuso de direito.[79] E os elementos necessários à configuração do abuso de direito não estão presentes nas situações em que se evita a ocorrência do fato gerador em virtude da constituição de um ato jurídico. Isso por, ao menos, quatro razões.

Em primeiro lugar, não há abuso de direito nas situações em que a constituição de um ato jurídico impede a ocorrência do fato gerador, visto que o abuso de direito pressupõe a existência de danos ou prejuízos a direitos de terceiros. No caso do ato jurídico que evita a ocorrência do fato gerador, a Fazenda Pública nunca chegou a ter o direito a receber o tributo que deixou de ser pago, uma vez que não ocorreu o fato gerador – nesses casos, portanto, a Fazenda Pública não sofre qualquer dano, já que nunca teve qualquer direito.[80] Não existe um direito da Fazenda Pública, ou um "direito da coletividade", de receber o tributo antes da ocorrência do fato gerador.[81]

---

79. PIROVANO, Antoine. L'abus de droit dans la doctrine et la jurisprudence françaises. *In*: ROTONDI, Mario. **Inchieste di Diritto Comparato – L'abus de droit**. V. 7. Pádua: CEDAM, 1979, p. 319.

80. BECKER, Alfredo. **Teoria Geral do Direito Tributário**. 7. ed. São Paulo: Noeses, 2018, p. 154.

81. SCHOUERI, Luís Eduardo. Planejamento Tributário: Limites à Norma Antiabuso. **Revista Direito Tributário Atual**, São Paulo, Dialética, n. 24, 2010, p. 348; LEÃO, Martha Toribio. **O Direito Fundamental de Economizar Tributos** – Entre legalidade, liberdade e solidariedade. 2. ed. São Paulo: Malheiros/Juspodivm, 2023, p. 246.

Isso porque, como já referido, o Direito Tributário funciona como um direito de sobreposição: antes de nascer, ele reconhece a autonomia dos cidadãos, e aguarda o exercício dessa autonomia para tributá-los.[82] Disso decorre que, se a autonomia privada for exercida de forma a evitar o "nascimento" do fato gerador da regra de incidência tributária, não haverá fundamento jurídico para a pretensão da Fazenda Pública. Afirmar que um ato jurídico é abusivo porque, se não fosse ele, ocorreria o fato gerador, é uma evidente petição de princípio, pois o ato jurídico só deve ser considerado abusivo se ocorrer o fato gerador (que faz nascer a pretensão da Fazenda Pública).

Por isso é que Douglas Yamashita se equivoca quando afirma que, no famoso "caso Grendene", o contribuinte teria abusado do seu direito ao constituir diversas pessoas jurídicas que optaram pelo regime do Lucro Presumido.[83] Naquele caso, os sócios da Grendene constituíram oito sociedades comerciais que adquiriam os produtos da Grendene e os revendiam; por se tratarem de oito sociedades de menor porte, elas puderam optar pelo regime do Lucro Presumido, o que gerou uma substancial economia tributária em relação à estrutura societária anterior, por meio da qual a Grendene, obrigada ao Lucro Real, vendia diretamente as suas mercadorias.[84] Independentemente da melhor solução para aquele caso, o certo é que não houve abuso de direito.

Naquele caso, a constituição de diversas pessoas jurídicas, as quais cumpriam com os requisitos legais para exercer a opção pelo regime do Lucro Presumido, fez com que se *evitasse* a ocorrência do fato gerador decorrente da apuração dos respectivos tributos pelo regime do Lucro Real. A Fazenda Pública, portanto, não possuía qualquer direito ao recebimento desses tributos, razão pela qual não havia que se falar em dano, requisito essencial para a configuração do abuso de direito. Tal situação até pode ser indesejável, mas ela deve ser combatida por meio de regras antielisivas específicas, e não por meio de uma aplicação equivocada do postulado do abuso de direito.

Há, contudo, quem entenda que a configuração do abuso de direito prescindiria da ocorrência do dano. Existem dois tipos de tese a esse respeito.

---

82. CAMPOS, Diogo Leite de; ANDRADE, João Costa. **Autonomia contratual e direito tributário:** a norma Geral anti-elisão. Coimbra: Almedina, 2008, p. 52.

83. YAMASHITA, Douglas. **Elisão e Evasão de Tributos**. São Paulo: Lex Editora, 2005, p. 200.

84. BRASIL. TFR, Apelação Cível nº 115.478, 6ª Turma, rel. Min. Américo Luz, j. 18/02/1987.

A primeira tese, denominada de "tese específica", sustenta que o Código Civil estabeleceria que a caracterização do abuso de direito no prescinde da ocorrência de danos a terceiros, bastando a presença do desvio da finalidade do direito subjetivo exercido. Bruno Miragem entende que "o artigo 187 do Código Civil, ao prever o abuso do direito, o faz independentemente da caracterização de dano como elemento complemente do ilícito ali indicado".[85] Leonardo Aguirra de Andrade, da mesma forma, entende que "a concepção de abuso do direito, acolhida pelo Direito Privado brasileiro, deixou de ser dependente da caracterização de dano".[86] De acordo com o autor, o abuso de direito decorreria da inobservância, "pelos particulares, dos fins econômicos e sociais dos atos e negócios jurídicos, com efeitos fiscais, por eles praticados", de forma que "mesmo antes da ocorrência do fato gerador, o contribuinte está limitado no seu exercício de sua postura perante o Fisco".[87] No quadro ilustrativo do tópico anterior, a respeito dos elementos do abuso de direito, constou que condutas que exercem irregularmente os direitos decorrentes de regras permissivas de conduta, mas que não geram danos, são lícitas; para Bruno Miragem e para Leandro Aguirra de Andrade, tal constatação estaria equivocada, uma vez que tais condutas configurariam abuso de direito e, portanto, seriam ilícitas.

Tais autores entendem, em suma, que existiriam duas espécies paralelas de ilícitos civis definidas pelo Código Civil: a primeira decorreria do artigo 186, que teria como requisitos necessários e suficientes a (i) conduta dolosa (ou culposa) e a (ii) ocorrência de dano, e corresponderia ao "ilícito civil geral"; a segunda decorreria do artigo 187, que teria como único requisito necessário e suficiente o exercício irregular de um direito, e corresponderia ao "abuso de direito".[88] A interpretação formulada pela "tese específica", contudo, é improcedente, e isso porque ela é incompatível com a natureza das regras permissivas e, além disso, viola a segurança jurídica.

85. MIRAGEM, Bruno. **Abuso do direito:** ilicitude objetiva e limite ao exercício das prerrogativas jurídicas no direito privado. 2. ed. São Paulo: Editora Revista dos Tribunais, 2013, p. 134.

86. ANDRADE, Leonardo Aguirra de. **Planejamento tributário**. São Paulo: Quartier Latin, 2016, p. 225.

87. ANDRADE, Leonardo Aguirra de. **Planejamento tributário**. São Paulo: Quartier Latin, 2016, p. 226-227.

88. Art. 186. Aquele que, por ação ou omissão voluntária, negligência ou imprudência, violar direito e causar dano a outrem, ainda que exclusivamente moral, comete ato ilícito.

Art. 187. Também comete ato ilícito o titular de um direito que, ao exercê-lo, excede manifestamente os limites impostos pelo seu fim econômico ou social, pela boa-fé ou pelos bons costumes.

De um lado, a "tese específica" é incompatível com a natureza das regras permissivas. Embora as regras tenham uma justificativa para a sua instituição, elas devem ser consideradas importantes por si só, e não como uma janela transparente para a sua justificativa.[89] É a opacidade das regras quanto às suas justificativas que permitem a coordenação de ações conjuntas de indivíduos, ainda que tais indivíduos possam discordar a respeito das justificativas para a existência das regras.[90] As regras permissivas de conduta, nesse sentido, têm como finalidade proteger o direito de exercício da respectiva conduta de qualquer interferência restritiva, inclusive daquelas fundamentadas nos supostos valores que justificariam o exercício dessa conduta. Tais regras, ao protegerem as permissões de exercício de determinadas condutas, criam um dever de não as impedir.[91]

É certo que a aplicação do postulado do abuso de direito envolve a superação de uma regra permissiva, isto é, embora determinada conduta seja, *prima facie*, permitida por uma regra, tal regra é superada no caso concreto, tornando a conduta proibida. O ponto-chave, aqui, é identificar que hipóteses podem ensejar a superação de uma regra permissiva de constituição de atos jurídicos em um caso concreto. Tais hipóteses devem ser extremamente persuasivas; afinal, aplicar as normas reconstruídas a partir dos textos jurídicos, ainda que o seu resultado seja indesejável, é um componente central do Estado de Direito e da democracia.[92]

Disso decorre que as razões para a superação de regras devem estar relacionadas com a promoção do Estado de Direito e da democracia em ainda maior grau do que a sua aparente restrição - isso ocorre nas situações em que o resultado da aplicação de uma norma for claramente incompatível com o propósito do Poder Legislativo ao editá-la.[93] Nesses casos, a aplicação de uma rega, ao invés de promover o Estado de Direito e a democracia, acaba restringindo tais estados ideais. Daí a conclusão de que as regras só devem ser superadas se houver uma incompatibilidade entre a solução do caso concreto e a finalidade

---

89. SCHAUER, Frederick. **Thinking like a lawyer**. Cambridge: Harvard University Press, 2009, p. 18.

90. RAZ, Joseph. **Between Authority and Interpretation**: On the Theory of Law and Practical Reason. Oxford: Oxford University Press, 2009, p. 219.

91. BAYÓN, Juan Carlos. Sobre el principio de prohibición y las condiciones de verdad de las proposiciones normativas. *In*: BULYGIN, Eugenio (ed.). **El libro de los permisos**. Madri: Marcial Pons, 2019, p. 175.

92. SCHAUER, Frederick. **Thinking like a lawyer**. Cambridge: Harvard University Press, 2009, p. 165.

93. SCHAUER, Frederick. **Thinking like a lawyer**. Cambridge: Harvard University Press, 2009, p. 166.

subjacente de uma regra, isto é, uma discrepância entre a hipótese descrita pela regra e o que a sua finalidade exige.[94]

Ao afirmar que o abuso de direito poderia ocorrer sem a existência de danos a terceiros, a "tese específica" sustenta que a superação da regra permissiva de conduta não dependeria de um elemento externo (danos a terceiros), mas sim de uma mera incompatibilidade entre o resultado da constituição do ato jurídico concreto e a finalidade da regra que permitiu a sua constituição. Mais adiante será demonstrado que, mesmo nessa hipótese, as regras permissivas de constituição de atos jurídicos dificilmente poderiam ser superadas, já que têm como finalidade a promoção da livre iniciativa e da autonomia privada – valores quase sempre compatíveis com a constituição de atos jurídicos em concreto. O ponto central é que, independentemente da finalidade que se atribua às regras permissivas de constituição de atos jurídicos, a "tese específica" acaba por transformá-las em princípios, uma vez que a solução do caso concreto não mais depende da correspondência entre a conduta e a hipótese normativa (regra), mas sim da correlação entre os efeitos da conduta e um estado ideal de coisas (princípio).

De acordo com a visão da "tese específica", por exemplo, uma compra e venda apenas será lícita se promover os valores subjacentes à regra que permite a constituição da compra e venda – seja lá eles quais forem. Não bastaria que o indivíduo se orientasse pelas regras permissivas de constituição de atos jurídicos de compra e venda, havendo a necessidade de que ele se orientasse pelos valores supostamente por elas promovidos. O indivíduo, portanto, deveria orientar a constituição de uma compra e venda com base na avaliação da correlação entre os efeitos da sua conduta e o estado de coisas promovido pelos valores subjacentes à compra e venda – é dizer: deveria orientar a sua conduta com base em um princípio.[95]

Não há problema algum em se regular determinadas condutas por meio de princípios. Há problema, contudo, quando o intérprete ignora que o legislador optou por regular determinadas condutas por meio de regras, e pretende avaliá-las com base em princípios. A "tese específica", ao transformar o exame do abuso de direito em um exame de compatibilidade entre a finalidade do ato jurídico concreto e a suposta finalidade da regra permissiva da sua constituição,

---

94. ÁVILA, Humberto. **Teoria dos princípios**: da definição à aplicação dos princípios jurídicos. 22. ed. São Paulo: Malheiros/Juspodivm, 2024, p. 151.

95. ÁVILA, Humberto. **Teoria dos princípios**: da definição à aplicação dos princípios jurídicos. 22. ed. São Paulo: Malheiros/Juspodivm, 2024, p. 107.

ignora a opção do legislador por regular tais condutas por meio de regras, já que as transforma em princípios.

A natureza jurídica das regras permissivas é restaurada, contudo, ao se considerar que o limite para o seu exercício não são os supostos valores que lhe são subjacentes, mas sim a propriedade e a autonomia privada de terceiros. As regras permissivas devem ser aplicadas independentemente dos valores que lhes são subjacentes. A simples realização da sua hipótese normativa basta para a sua incidência. É apenas no caso de a conduta causar um dano a terceiro que a investigação do modo de exercício do direito em concreto será importante: caso tenha sido regular, o dano é justificado; caso tenha sido irregular, o dano será injustificado, havendo abuso de direito.

Por isso é que a própria concepção de abuso de direito, isto é, de que determinadas condutas que são *prima facie* lícitas podem ser, na verdade, ilícitas, depende de que algum dano a terceiro tenha sido causado em decorrência dessa conduta. Afinal, as regras que permitem a constituição de atos jurídicos, as quais fazem parte do conteúdo essencial do direito de propriedade e são uma condição necessária para o exercício da autonomia privada, só devem ser derrotadas por razões relacionadas à proteção da própria autonomia privada.[96] Sem a ocorrência de danos a terceiros, não há razão normativa que possa fundamentar a restrição ao direito de propriedade e à autonomia privada do indivíduo. Não por acaso, as hipóteses de desapropriação de imóveis, nas quais há uma restrição ao direito de propriedade do indivíduo independentemente da ocorrência de danos a terceiros, tiveram que ser constitucionalmente previstas.[97]

De outro lado, a "tese específica", de acordo com a qual o dano não seria um requisito para a configuração do abuso de direito, é incompatível com a segurança jurídica. As regras só devem ser superadas se dessa superação não decorrer uma expressiva insegurança jurídica.[98] Ocorre que, da perspectiva do indivíduo, a aplicação do postulado do abuso de direito para superar uma regra

96. ATIENZA, Manuel; MANERO, Juan Ruiz. **Ilícitos atípicos**. Madri: Trotta, 2000, p. 55.

97. Art. 5º Todos são iguais perante a lei, sem distinção de qualquer natureza, garantindo-se aos brasileiros e aos estrangeiros residentes no País a inviolabilidade do direito à vida, à liberdade, à igualdade, à segurança e à propriedade, nos termos seguintes: (...)

XXIV - a lei estabelecerá o procedimento para desapropriação por necessidade ou utilidade pública, ou por interesse social, mediante justa e prévia indenização em dinheiro, ressalvados os casos previstos nesta Constituição.

98. ÁVILA, Humberto. **Teoria dos princípios**: da definição à aplicação dos princípios jurídicos. 22. ed. São Paulo: Malheiros/Juspodivm, 2024, p. 151.

permissiva de constituição de ato jurídico e, com isso, tornar proibida a sua conduta, causa uma expressiva insegurança jurídica. Afinal, determinar o fim social e econômico de um direito subjetivo é uma tarefa que envolve um elevado grau de subjetividade do intérprete, e que acaba por reduzir a importância das regras editadas pelo Poder Legislativo para conferir calculabilidade ao contribuinte.[99] Trata-se, nesse sentido, de uma mudança retroativa do status deôntico da conduta, de *permitida* para *proibida*. Em relação ao indivíduo que exerceu seu direito confiando na regra permissiva, sempre haverá uma expressiva insegurança jurídica decorrente da aplicação do postulado do abuso de direito.

A situação se altera, contudo, quando se percebe que a superação da regra permissiva não decorre, tão somente da inobservância do fim econômico e social do direito exercido, mas principalmente dos danos que o exercício irregular daquela regra permissiva causou. Isso porque, nesse caso, a restrição à confiança que o indivíduo depositou na regra permissiva pode ser justificada pela confiança que os terceiros depositaram na proteção aos seus respectivos direitos de propriedade e às suas autonomias privadas. É dizer: o déficit de segurança jurídica em relação ao indivíduo é justificado pela promoção, em maior medida, da segurança jurídica em relação aos terceiros.

A "tese específica", portanto, ao afastar o dano como um dos elementos essenciais à configuração do abuso de direito, ignora, de um lado, a dimensão normativa das regras permissivas, e viola, de outro lado, o princípio da segurança jurídica. Não por acaso, a doutrina e a jurisprudência majoritárias continuam a considerar que a configuração do abuso de direito requer a presença de danos a terceiros. Caio Mário da Silva Pereira entende, por exemplo, que "abusa de seu direito aquele que leva o seu exercício ao extremo de convertê-lo em prejuízo para outrem".[100] O Superior Tribunal de Justiça, por sua vez, já afirmou que há abuso de direito "quando o agente, atuando dentro das prerrogativas que o ordenamento jurídico lhe confere, não observa a função social do direito subjetivo e, ao exercitá-lo, desconsideradamente, ocasiona prejuízo a outrem".[101] A conclusão de que a existência de danos a terceiros é um requisito do abuso de direito é fundamental para se perceber que os atos jurídicos que evitam a

99. BECKER, Alfredo. **Teoria Geral do Direito Tributário**. 7. ed. São Paulo: Noeses, 2018, p. 156.

100. PEREIRA, Caio Mário da Silva. **Instituições de direito civil**. V. 1, 30. ed. Atualizado por Maria Celina Bodin de Moraes. Rio de Janeiro: Forense, 2017, p. 537.

101. BRASIL. STJ, REsp n. 1.842.613/SP, rel. Min. Luis Felipe Salomão, Quarta Turma, j. 22/3/2022.

ocorrência do fato gerador não configuram abuso de direito, uma vez que, nesses casos, não há qualquer direito da Fazenda Pública que possa ser prejudicado.

Ressalte-se que é natural que um indivíduo crie expectativa quanto à aquisição de direitos em virtude do exercício da autonomia privada de um outro indivíduo. Um comerciante tem a expectativa de adquirir o direito de receber o preço pela venda da coisa, caso o consumidor decida exercer o seu direito de comprá-la. Um banco tem a expectativa de adquirir o direito de receber juros pela realização de um mútuo, caso o cliente decida exercer o seu direito de tomá-lo. Da mesma forma, a Fazenda Pública tem a expectativa de adquirir o direito de receber um tributo pela ocorrência do fato gerador, caso o contribuinte decida exercer o seu direito de constituir a situação jurídica que enseja a sua ocorrência. A frustração dessas expectativas, longe de gerar qualquer dano ou prejuízo aos envolvidos, é uma manifestação natural da autonomia privada. Dentro desse espaço de autonomia privada, no qual prejuízos e danos não são gerados, o indivíduo tem o direito de tomar decisões e perseguir os seus próprios interesses, sem ter que se preocupar com as eventuais repercussões dessas decisões em relação aos interesses de terceiros.[102]

A segunda tese, que pode ser denominada de "tese ampla", sustenta que os ilícitos civis, de modo geral (gênero do qual o abuso de direito é espécie), prescindem da ocorrência de dano. Trata-se, portanto, de uma crítica mais geral, a qual pretende rechaçar a ideia de que o dano é um requisito necessário para a configuração do ilícito civil. Luiz Guilherme Marinoni, nesse sentido, sustenta que o dano não seria um elemento do conceito de ato ilícito civil, mas sim a sua consequência eventual.[103] Isso seria evidenciado, segundo o autor, pela possibilidade de concessão de uma tutela inibitória do ilícito, a qual seria fundamentada na existência de regras que pretendem, justamente, evitar danos ou prejuízos a determinados direitos fundamentais – as regras de proteção ao meio ambiente e aos consumidores seriam bons exemplos.[104] O parágrafo único do artigo 497 do Código de Processo Civil, nesse sentido, estabelece que: "Para a concessão da tutela específica destinada a inibir a prática, a reiteração ou a continuação de um ilícito, ou a sua remoção, é irrelevante a demonstração da ocorrência de dano ou da existência de culpa ou dolo".

---

102. ATIENZA, Manuel; MANERO, Juan Ruiz. **Ilícitos atípicos**. Madri: Trotta, 2000, p. 55.

103. MARINONI, Luiz Guilherme. **Teoria geral do processo**. 5. ed. São Paulo: Editora Revista dos Tribunais, 2011, p. 254.

104. MARINONI, Luiz Guilherme. **Teoria geral do processo**. 5. ed. São Paulo: Editora Revista dos Tribunais, 2011, p. 255.

Ocorre que existe uma ambiguidade polissêmica na expressão "ato ilícito", que é empregada, normalmente, com dois significados, um mais amplo e outro mais específico. O significado mais amplo de "ato ilícito" corresponde a qualquer conduta contrária ao ordenamento jurídico. Orlando Gomes, nesse sentido, afirma que "à ação contrária ao Direito denomina-se, *lato sensu*, ato ilícito".[105] Francisco Amaral, da mesma forma, afirma que os atos ilícitos são "ações humanas que o ordenamento condena e sanciona".[106] Manuel Atienza e Juan Ruiz Manero exprimem esse mesmo sentido ao afirmarem que "os atos ilícitos correspondem às condutas contrárias a normas que obrigam ou proíbem determinados comportamentos".[107]

Entretanto, a expressão "ato ilícito" também é utilizada para exprimir um significado mais restrito, isto é, para denotar uma espécie específica de atos ilícitos. São os chamados "atos ilícitos de Direito Privado", ou ilícitos civis, os quais correspondem às condutas que descumprem normas estabelecidas pela legislação do Direito Privado. Essa espécie de atos ilícitos é especial porque o Direito Privado geralmente não estabelece regras que *obrigam* ou *proíbem* condutas, mas sim regras que *permitem* determinadas condutas. É dizer: o Direito Privado não *obriga* os indivíduos a comprarem bens (tal como o Direito Tributário os obriga a pagarem tributos), nem os *proíbe* de comprá-los (tal como o Direito Penal os proíbe de matar); o Direito Privado apenas *permite*, por exemplo, a transferência de um direito de propriedade sobre um bem em troca de um pagamento.

Mas o Código Civil estabeleceu uma regra proibitiva geral no seu artigo 186, prescrevendo que "aquele que, por ação ou omissão voluntária, negligência ou imprudência, violar direito e causar dano a outrem, ainda que exclusivamente moral, comete ato ilícito". Em outras palavras: de acordo com o artigo 186, independentemente de uma conduta ser especificamente proibida, existe uma proibição geral de causar danos a terceiros por meio de condutas dolosas ou culposas; tais condutas, portanto, são ilícitas. Orlando Gomes se refere a esse significado quando afirma que "ato ilícito é, assim, a ação ou omissão culposa com a qual se infringe, direta e imediatamente, um preceito jurídico de Direito

105. GOMES, Orlando. **Introdução ao Direito Civil**. 20. ed. rev. atual. e aum. por Edvaldo Brito e Reginalda Paranhos Brito. Rio de Janeiro: Forense, 2010, p. 377.

106. AMARAL, Francisco. **Direito Civil**: Introdução. 7. ed. Rio de Janeiro: Renovar, 2008, p. 551.

107. ATIENZA, Manuel; MANERO, Juan Ruiz. **Ilícitos atípicos**. Madri: Trotta, 2000, p. 24.

Privado, causando-se dano a outrem".[108] Francisco Amaral, igualmente, afirma, com base nesse significado mais específico, que "ato ilícito é o ato praticado com infração de um dever legal ou contratual, de que resulta dano para outrem".[109] O artigo 187 do Código Civil, conforme já referido, estabelece que a proibição geral de causar danos a terceiros não é aplicável apenas às condutas dolosas ou culposas, mas também às condutas baseadas em regras permissivas, exercidas irregularmente, naquilo que é chamado de abuso de direito.

Essas considerações a respeito da ambiguidade da expressão "ato ilícito" permitem perceber que Marinoni cometeu três falácias ao sustentar que o ilícito civil prescindiria da ocorrência do dano, o que seria evidenciado, segundo aquele autor, pela possibilidade de concessão de tutelas que inibem determinadas condutas, ainda que elas não tenham causado quaisquer danos.

Primeiro, Marinoni incorreu na falácia da divisão. A falácia da divisão é cometida quando a conclusão de um argumento depende da transferência equivocada de um atributo do todo para as suas partes.[110] Marinoni se insurge quanto à constatação de que "o elemento dano (...) vem sendo exigido como um componente essencial para a configuração do ilícito civil" e exemplifica tal constatação por meio de uma citação de Orlando Gomes, na qual aquele autor afirma que "o ilícito civil só adquire substantividade se é fato danoso".[111] Ocorre que para contestar a afirmação de que o dano é um elemento do ilícito civil (espécie de dano), Marinoni tece argumentos a respeito do ilícito geral, notadamente ao empregar argumentos como "a prática de ato contrário a uma norma de proteção, ainda que não traga dano, exige uma forma de tutela jurisdicional do direito".[112]

A exclusão de um requisito para a definição do conceito de um gênero, contudo, não implica a exclusão desse requisito para a definição do conceito de uma das suas espécies. Ter manchas pretas em uma pelagem branca é um requisito do conceito de "dálmata" (espécie), mas não é um requisito do conceito

---

108. GOMES, Orlando. **Introdução ao Direito Civil**. 20. ed. rev. atual. e aum. por Edvaldo Brito e Reginalda Paranhos Brito. Rio de Janeiro: Forense, 2010, p. 378.

109. AMARAL, Francisco. **Direito Civil**: Introdução. 7. ed. Rio de Janeiro: Renovar, 2008, p. 552.

110. HURLEY, Patrick J.; WATSON, Lori. **A Concise Introduction to Logic**. 13. ed. Boston: Cengage Learning, 2018, p. 178.

111. MARINONI, Luiz Guilherme. **Teoria geral do processo**. 5. ed. São Paulo: Editora Revista dos Tribunais, 2011, p. 254.

112. MARINONI, Luiz Guilherme. **Teoria geral do processo**. 5. ed. São Paulo: Editora Revista dos Tribunais, 2011, p. 256.

de "cachorro" (gênero). Na verdade, é uma característica necessária das espécies serem menos abstratas (e, portanto, mais concretas) do que os gêneros aos quais elas pertencem.[113] Disso decorre que argumentos tendentes a demonstrar que o dano não é um requisito para a definição do conceito de ato ilícito (gênero) não implica, necessariamente, a exclusão desse requisito do conceito de ilícito civil (espécie).

Segundo, Marinoni incorreu na falácia da *ignoratio elenchi*. A falácia da *ignoratio elenchi* é cometida quando um argumento não prova a conclusão que deveria provar e, em vez disso, prova alguma conclusão não pertinente.[114] Ao comprovar que a tutela inibitória deve ser concedida em diversos casos nos quais não há dano, Marinoni não comprovou que o dano não é um elemento do ilícito civil, mas sim que o Poder Judiciário deve impedir a ocorrência do dano que caracteriza o ilícito civil, em vez de simplesmente determinar a sua reparação.

Esses exemplos apresentados pelo autor, os quais envolvem a concessão das tutelas inibitórias *após* o exercício da conduta, mas *antes* da ocorrência do dano, não evidenciam uma separação conceitual entre o ilícito e o dano. Na verdade, ocorre o contrário: tais casos demonstram que a configuração de ilicitude civil (inclusive por meio de abuso de direito) e o dever de inibi-la decorrem da possibilidade de que a conduta venha a gerar um dano. Afinal, se o ordenamento jurídico pode obrigar a reparação de um dano injustificado, então com mais razão ele pode impedir que esse dano ocorra. Se nesses casos ainda não há ilícito, mas só um perigo de ocorrência do ilícito, ou se o dano potencial já é suficiente para a caracterização do ilícito, pouco importa. O importante é perceber que o dano faz sim, ao contrário do que afirma Marinoni, parte do conceito de ilícito civil, e, como tal, é parte indissociável do conceito de abuso de direito.

Terceiro, Marinoni incorreu na falácia do equívoco. A falácia do equívoco é cometida quando uma palavra é empregada de maneira ambígua, assumindo diferentes significados no decorrer da argumentação.[115] Nesse sentido, o autor empregou o termo "ilícito" para denotar tanto o ilícito geral (comportamento contrário ao ordenamento jurídico) quanto o ilícito civil (conduta dolosa, culposa ou em exercício irregular de direito que causa danos a terceiros).

---

113. KELLEY, David; HUTCHINS, Debby. **The Art of Reasoning.** An Introduction to Logic. 5. ed. Nova York: W.W. Norton & Company, 2021, p. 5.

114. WALTON, Douglas N. **Lógica informal**: manual de argumentação crítica. Tradução de Ana Lúcia R. Franco. 2 ed. São Paulo: Editora WMF Martins Fontes, 2012, p. 83.

115. WALTON, Douglas N. **Lógica informal**: manual de argumentação crítica. Tradução de Ana Lúcia R. Franco. 2 ed. São Paulo: Editora WMF Martins Fontes, 2012, p. 351.

Bruno Miragem, além de ter defendido a "tese específica" (segundo a qual o dano não seria um elemento do abuso de direito), também sustentou a "tese ampla", isto é, a tese de que os ilícitos civis, gênero do qual o abuso de direito é espécie, prescindem do dano. E o faz de maneira semelhante à Marinoni, invocando exemplos de situações nas quais haveria um ilícito (inclusive abuso de direito), mas não haveria dano. O principal exemplo fornecido por Bruno Miragem corresponde às hipóteses nas quais há um desequilíbrio contratual: "as hipóteses de cláusulas que violem o equilíbrio das partes do contrato, no exercício de direitos e deveres visando à satisfação de seus legítimos interesses, consideram-se cláusulas abusivas", ou, ainda, segundo o autor, "quando estas não sejam em si abusivas, o modo como sejam exercidas podem determinar sua abusividade (p. ex. um credor que abusa do exercício do direito de cobrar seu crédito)".[116] A constatação de que existem casos nos quais haveria um ilícito mesmo sem a ocorrência de dano, de acordo com Bruno Miragem, permitiria inferir que a compreensão de que o dano seria um elemento do conceito de ilícito civil poderia ser "facilmente afastada".[117]

O raciocínio de Bruno Miragem incorre em falácias muito semelhantes ao de Marinoni. Fundamentalmente, ele confunde o ilícito geral com o ilícito civil, bem como confunde a possibilidade de concessão de tutela inibitória, decorrente do perigo de dano, com a prescindibilidade do dano para a ocorrência do ilícito civil.

De um lado, se Bruno Miragem se refere às hipóteses de desequilíbrio contratual nas relações consumeristas, a ilicitude daí decorrente corresponde a um ilícito geral, isto é, a um comportamento contrário ao ordenamento jurídico, o qual independe de qualquer dano. Isso porque o artigo 51 do Código de Defesa do Consumidor estabeleceu dezenas de hipóteses nas quais a simples inclusão de cláusulas contratuais com determinado conteúdo gera ilicitude.[118] A constatação de que o descumprimento de uma norma jurídica gera ilicitude, contudo, nada diz a respeito do dano ser ou não um requisito para a configuração do ilícito civil ou do abuso de direito.

---

116. MIRAGEM, Bruno. **Abuso do direito:** ilicitude objetiva e limite ao exercício das prerrogativas jurídicas no direito privado. 2. ed. São Paulo: Editora Revista dos Tribunais, 2013, p. 134.

117. MIRAGEM, Bruno. **Abuso do direito:** ilicitude objetiva e limite ao exercício das prerrogativas jurídicas no direito privado. 2. ed. São Paulo: Editora Revista dos Tribunais, 2013, p. 133.

118. Art. 51. São nulas de pleno direito, entre outras, as cláusulas contratuais relativas ao fornecimento de produtos e serviços que: (...).

De outro lado, se Bruno Miragem se refere às hipóteses de desequilíbrio contratual nas relações regidas pelo Código Civil, a possibilidade de concessão de tutela inibitória antes da ocorrência de qualquer dano deve ser fundamentada, justamente, no perigo de que tal dano venha a ocorrer. Tanto é assim, que o próprio exemplo concreto fornecido pelo autor ("um credor que abusa do exercício do direito de cobrar seu crédito") diz respeito a um dano já ocorrido, ou, ao menos, que está na iminência de ocorrer.

O dano, portanto, é um requisito necessário para a configuração do ato ilícito civil, o qual corresponde ao ato doloso, culposo ou em exercício irregular de um direito que viola a proibição geral de causar danos a terceiros. Nem mesmo a impropriedade cometida pelo artigo 927 do Código Civil, cuja redação pressupõe uma separação conceitual entre ilícito e dano, altera tal circunstância, uma vez que tal dispositivo não trata da definição de ato ilícito, mas sim da obrigação de reparar o dano.[119]

Da improcedência da "tese específica" e da improcedência da "tese geral", pode-se concluir que o dano é um requisito necessário para a configuração do abuso de direito. Apenas se houver danos a terceiros, que não estejam justificados pelo exercício regular de um direito subjetivo do indivíduo causador do dano, estará configurado o abuso de direito, com a consequente superação da regra permissiva e a proibição da conduta que causou o dano. Por essa razão, não há abuso de direito nas situações em que um fato gerador deixa de ocorrer em virtude da constituição de um ato jurídico, uma vez que, como o fato gerador não ocorreu, a Fazenda Pública sequer chegou a ter algum direito que pudesse ter sido prejudicado e, com isso, pudesse ter sofrido um dano.

Em segundo lugar, o abuso de direito não deve ser empregado como um fundamento para a incidência tributária porque evitar a ocorrência do fato gerador não é uma finalidade incompatível com as regras que permitem a constituição de atos jurídicos e tampouco com o exercício do direito subjetivo de constituí-los. Em outras palavras: constituir atos jurídicos com a finalidade de evitar a ocorrência do fato gerador é um exercício regular de direito. Isso vale tanto para os atos jurídicos constituídos com base em regras específica quanto para os atos jurídicos atípicos constituídos com base na regra geral estabelecida pelo artigo 425 do Código Civil.[120]

---

119. Art. 927. Aquele que, por ato ilícito (arts. 186 e 187), causar dano a outrem, fica obrigado a repará-lo.

120. Art. 425. É lícito às partes estipular contratos atípicos, observadas as normas gerais fixadas neste Código.

Como se sabe, a configuração do abuso de direito pressupõe que a conduta do indivíduo tenha sido exercida com base em uma regra permissiva, mas que a finalidade dessa regra tenha sido desconsiderada pelo indivíduo que exerceu a conduta, tornado irregular o exercício do direito. O Conselho Administrativo de Recursos Fiscais já entendeu, por exemplo, que a emissão de debêntures para os próprios acionistas, com o "evidente propósito de sua realização estar vinculado única e exclusivamente à economia no pagamento de tributos" configuraria abuso de direito, pois "os atos praticados pela Recorrente ao utilizar-se do instituto das debêntures de forma abusiva não podem ser levados ao Fisco como justificativa para redução de tributos (artigo 187 do Código Civil)".[121] Marco Aurélio Greco, da mesma forma, afirma que "se o objetivo predominante for a redução da carga tributária, ter-se-á um caso de abusividade geradora de ineficácia perante o Fisco".[122]

Ocorre que as regras permissivas de constituição de atos jurídicos (p. ex. a regra que permite a emissão de debêntures) não têm uma finalidade incompatível com a obtenção de economia tributária. O ordenamento jurídico, ao regular a constituição de atos jurídicos por meio de regras permissivas específicas, optou por proteger o exercício da autonomia privada, a qual é concretizada por meio da livre disposição dos indivíduos acerca da sua liberdade e da sua propriedade. Tais regras não possuem finalidades específicas: elas são justificadas pelo valor constitucional da livre iniciativa, o qual é promovido pela indiretamente pela criação de um espaço normativo no qual a autonomia privada é garantida.[123] Esse é o "fim econômico ou social" do direito subjetivo de constituir atos jurídicos, ao qual alude o artigo 187 do Código Civil. Em outras palavras: a finalidade das regras permissivas de constituição de atos jurídicos não é arrecadar tributos para a Fazenda Pública, mas sim a promoção de valores relacionados à autonomia privada. Aliás, se assim não fosse, o ordenamento jurídico teria previsto formatos únicos e padronizados para que os indivíduos

121. BRASIL.CARF, Acórdão n. 1402-006.710, 1ª Seção/4ª Câmara/2ª Turma Ordinária, rel. Cons. Ricardo Piza Di Giovanni, j. 23/01/2024.

122. GRECO, Marco Aurélio. **Planejamento Tributário**. 4. ed. São Paulo: Quartier Latin, 2019, p. 221.

123. Art. 1º A República Federativa do Brasil, formada pela união indissolúvel dos Estados e Municípios e do Distrito Federal, constitui-se em Estado Democrático de Direito e tem como fundamentos: (...)

IV - os valores sociais do trabalho e da livre iniciativa; (...)

Art. 170. A ordem econômica, fundada na valorização do trabalho humano e na livre iniciativa, tem por fim assegurar a todos existência digna, conforme os ditames da justiça social (...).

transacionassem os seus direitos, em vez de ter lhes concedido ampla liberdade para que o fizessem da forma melhor entendessem, respeitados alguns limites expressamente estabelecidos.

Por essa razão, é improcedente a tese de Marco Aurélio Greco, para quem os atos jurídicos teriam uma finalidade específica, cuja inobservância configuraria um abuso (que, para o autor, seria uma categoria mais ampla que o abuso de direito). Para o autor, o abuso decorreria da "distorção do perfil objetivo" do ato jurídico, o que poderia ser verificado mediante dois critérios: de um lado, a reiteração e a amplitude do exercício do direito (por exemplo, sucessivas incorporações seriam, em regra, abusivas); de outro lado, a inexistência de um motivo extratributário.[124] A incorporação, por exemplo, teria como finalidade permitir "que duas pessoas jurídicas reúnam seus patrimônios e atividades econômicas para reduzir custos, otimizar desempenho e assim por diante", razão pela qual, segundo o autor, "o instrumento da incorporação começa a ficar incompatível com a realidade se é sucessivamente utilizado" e a "incorporadora não trazia nenhum empreendimento subjacente sendo mera casca que se tornou interessante porque tinha o prejuízo fiscal".[125]

Ocorre que, ao contrário do que sustenta Marco Aurélio Greco, o direito subjetivo de constituir atos jurídicos não está relacionado com finalidades específicas verificadas em cada espécie de ato jurídico, mas sim com a finalidade mais ampla de promover e proteger a livre iniciativa e a autonomia privada. De um lado, porque o ordenamento jurídico não vincula os atos jurídicos às finalidades pretendidas pelos contraentes, mas sim à forma por eles empregada. De outro lado, porque se cada ato jurídico tivesse uma finalidade específica que devesse ser observada, não haveria como se identificar a ocorrência do abuso de direito nos atos jurídicos atípicos, expressamente permitidos pelo artigo 425 do Código Civil.[126] Esse artigo evidencia que a finalidade da permissão de constituição dos atos jurídicos é a proteção da livre iniciativa e da autonomia privada, e não o atingimento de certas finalidades econômicas estanques e pré-estabelecidas.

Isso não significa, naturalmente, que o direito subjetivo de constituir atos jurídicos não possa ser exercido de forma incompatível com a finalidade da re-

---

124. GRECO, Marco Aurélio. **Planejamento Tributário**. 4. ed. São Paulo: Quartier Latin, 2019, p. 242.

125. GRECO, Marco Aurélio. **Planejamento Tributário**. 4. ed. São Paulo: Quartier Latin, 2019, p. 241.

126. Art. 425. É lícito às partes estipular contratos atípicos, observadas as normas gerais fixadas neste Código.

gra permissiva que lhes fundamenta, notadamente a proteção da livre iniciativa e da autonomia privada. No entanto, constituir um ato jurídico com a finalidade de evitar a ocorrência do fato gerador e, assim, obter economia tributária, não é incompatível com a autonomia privada que é promovida pelas regras permissivas de constituição de atos jurídicos. Vale ressaltar, nesse sentido, que abusar de um direito não é o mesmo que exercê-lo de uma maneira que se entenda incorreta, inusual ou desaconselhável.[127]

Em terceiro lugar, a aplicação do postulado do abuso de direito não deve fundamentar a ocorrência do fato gerador, porque a consequência da sua aplicação não é a desconsideração do ato jurídico abusivo, mas sim a sua ilicitude. Disso decorre que, para fins de incidência da regra tributária, não existem consequências decorrentes do reconhecimento da abusividade de determinado ato jurídico, uma vez que o artigo 118, I, do Código Tributário Nacional estabelece que "A definição legal do fato gerador é interpretada abstraindo-se: da validade jurídica dos atos efetivamente praticados pelos contribuintes, responsáveis, ou terceiros, bem como da natureza do seu objeto ou dos seus efeitos".

Leonardo Aguirra de Andrade entende que os "atos e negócios jurídicos realizados em descompasso com os fins econômicos e sociais devem ser qualificados de acordo com a sua verdadeira finalidade".[128] Mas o Código Civil não prevê um "fato substitutivo" nos casos de abuso de direito, tampouco a possibilidade da sua requalificação jurídica; o que ele prevê é a ilicitude desses atos – o que não impacta na sua tributação.[129]

Retomando o exemplo do caso analisado pelo Superior Tribunal de Justiça, no qual se considerou que houve abuso de direito na extinção abrupta de um curso por uma instituição universitária, a consequência do reconhecimento do abuso de direito não foi considerar a extinção desse curso como inválida ou como ineficaz, mas sim como ilícita.[130] Para fins tributários, a existência ou não de abuso de direito é irrelevante: a Fiscalização Tributária jamais poderia desconsiderar a extinção do curso, tributando-o como se ele ainda estivesse aberto.

---

127. FORKOSCH, Morris D. Abus du droit under the doctrine and jurisprudence in the United States. *In*: ROTONDI, Mario. **Inchieste di Diritto Comparato** – L'abus de droit, v. 7. Pádua: CEDAM, 1979, p. 145.

128. ANDRADE, Leonardo Aguirra de. Planejamento tributário. São Paulo: Quartier Latin, 2016, p. 230.

129. SCHOUERI, Luís Eduardo. Planejamento Tributário: Limites à Norma Antiabuso. **Revista Direito Tributário Atual**, São Paulo, Dialética, n. 24, 2010, p. 349.

130. BRASIL. STJ, REsp n. 1.341.135/SP, rel. Min. Paulo de Tarso Sanseverino, Terceira Turma, j. 14/10/2014.

Em quarto lugar, a aplicação do postulado do abuso de direito para desconsiderar atos jurídicos e gerar a ocorrência do fato gerador violaria os princípios da segurança jurídica e da legalidade tributária. Isso porque a aplicação do postulado do abuso de direito, a qual envolve um exame da finalidade da regra permissiva da conduta e da coerência da sua aplicação com os valores do respectivo sistema jurídico, tornaria a hipótese da regra de incidência tributária altamente indeterminada. Marco Aurélio Greco, nesse sentido, admite que "o abuso é em geral detectado quando incomoda, o que envolve sensibilidade. Tanto o conceito de fraude à lei como o de abuso apresentam inegável carga subjetiva".[131]

Os princípios da segurança jurídica e da legalidade, contudo, atuam de forma especialmente protetiva no Direito Tributário. De um lado, o estado ideal de cognoscibilidade (compreensão das normas) e de calculabilidade (capacidade de antecipar as consequências normativas dos seus atos) promovido pelo princípio da segurança jurídica é ainda mais rígido no Direito Tributário.[132] De outro lado, o princípio da legalidade tributária proíbe que o legislador empregue termos cuja indeterminação impeça o contribuinte de exercer plenamente a sua autonomia com base em lei.[133]

Disso resulta que as regras que ensejam a incidência de tributos devem conter termos que exprimam significados determinados e explícitos, sob pena de inconstitucionalidade.[134] Aplicar o postulado do abuso de direito para derrotar as regras permissivas de constituição de atos jurídicos e, assim, fazer incidir as regras de incidência tributária, seria criar hipóteses de incidência tributária com significados indeterminados e implícitos – exatamente o contrário daquilo que é prescrito pelos princípios da segurança jurídica e da legalidade tributária. A superação de regras permissivas, não se deve esquecer, depende de que os

---

131. GRECO, Marco Aurélio. **Planejamento Tributário**. 4. ed. São Paulo: Quartier Latin, 2019, p. 240.

132. ÁVILA, Humberto. **Teoria da Segurança Jurídica**. 6. ed. São Paulo: Malheiros/Juspodivm, 2021, p. 287; MARTINS, Ives Gandra da Silva; MARONE, José Ruben. Elisão e evasão de tributos – estudo de casos. *In*: YAMASHITA, Douglas. (Coord.). **Planejamento tributário à luz da jurisprudência**. São Paulo: Lex Editora, 2007, p. 146.

133. ÁVILA, Humberto. **Legalidade Tributária Material**. São Paulo: Malheiros/Juspodivm, 2022, p. 102.

134. ÁVILA, Humberto. **Legalidade Tributária Material**. São Paulo: Malheiros/Juspodivm, 2022, p. 91.

princípios que fundamentam a sua superação possuam prevalência em relação aos princípios institucionais que fundamentam a observância das regras.[135]

As considerações anteriores permitem concluir que os elementos necessários à configuração do abuso de direito não estão presentes nas situações em que se evita a ocorrência do fato gerador em virtude da constituição de um ato jurídico.

2.2.1.3. Diferenças entre o abuso de direito e a simulação

Ainda que o postulado do abuso de direito não seja aplicável para desconsiderar os atos jurídicos e, dessa maneira, fazer surgir o fato gerador, há muita confusão entre o abuso de direito e a simulação. O Conselho Administrativo de Recursos Fiscais, por exemplo, já afirmou que a licitude isolada e formal de determinados atos jurídicos "não garante a legitimidade do conjunto de operações, quando restar comprovado o abuso de direito", uma vez que haveria a "a intenção de dissimular a ocorrência de fato gerador de IRPF".[136] É verdade que tanto a presença do abuso de direito quanto a presença da simulação tornam os atos jurídicos ilícitos e independem da intenção dos agentes envolvidos. Mas as semelhanças param por aí. O abuso de direito e a simulação possuem, ao menos, quatro diferenças principais.

A primeira diferença é que o abuso de direito e a simulação diferem quanto ao tipo de consequência normativa que decorre da sua configuração. De um lado, da configuração do abuso de direito decorre a incidência de um postulado normativo, o qual derrota a regra permissiva de conduta que era, *prima facie*, aplicável. De outro lado, da configuração da simulação decorre a incidência de uma regra, a qual, no âmbito cível, permite que o Poder Judiciário anule o ato jurídico simulado; no âmbito tributário, permite que a autoridade administrativa desconsidere os efeitos do ato jurídico simulado.

A segunda diferença consiste no fato de que o abuso de direito e a simulação distinguem-se quanto às suas hipóteses de configuração. A ocorrência do abuso de direito depende da: (i) existência de uma regra permissiva da conduta "A"; (ii) inexistência de um dano a terceiro causado pela conduta "A"; (iii) a inexistência de uma justificativa para esse dano, uma vez que o direito decorrente da regra permissiva foi exercido em desacordo com as finalidades para as quais

---

135. ATIENZA, Manuel; MANERO, Juan Ruiz. La derrotabilidad y los limites del positivismo jurídico. **Revista de Pensamiento jurídico**, Teoría & Derecho, v. 5, 2009, p. 102-117, p. 113.

136. BRASIL. CARF, Acórdão n. 2301-011.267, 2ª Seção/3ª Câmara/1ª Turma Ordinária, rel. Cons. Flavia Lilian Selmer Dias, j. 07/05/2024.

ele foi instituído. Já a ocorrência de simulação depende da existência de: (i) um ato jurídico aparente; (ii) um ato jurídico oculto que altere o ato jurídico aparente; e (iii) uma deliberação interna (simulação formal) ou da existência de: (i) um ato jurídico; (ii) uma proposição falsa; e (iii) uma deliberação interna (simulação material).

A terceira diferença é que o abuso de direito e a simulação divergem quanto ao tipo de exame realizado para identificar a sua ocorrência. De um lado, o exame do abuso de direito confronta o resultado do exercício de uma conduta (dano a terceiro) com a justificativa para o exercício dessa conduta. De outro lado, para o exame da simulação a existência de dano e a justificativa da conduta são irrelevantes, o importante é o confronto entre a aparência normativa e a realidade.

Por fim, a quarta diferença é quanto à possibilidade jurídica de serem alegados pela Fazenda Pública para derrotar as regras permissivas de constituição de atos jurídicos e, com isso, constituir o crédito tributário. A ocorrência de abuso de direito não deve ser alegada pela Fazenda Pública porque, se a constituição do ato jurídico supostamente abusivo evitou a ocorrência do fato gerador, então não há qualquer violação a direito da Fazenda Pública que possa fundamentar o abuso de direito. Enquanto isso, a ocorrência de simulação pode ser alegada pela Fazenda Pública porque o artigo 149, VII, do Código Tributário Nacional prevê expressamente a constituição do crédito tributário em relação ao fato gerador que surgiu em virtude do ato jurídico real, uma vez afastados os efeitos do ato jurídico simulado.

Ressalte-se, ainda, que o abuso de direito não é apenas diferente da simulação: tais figuras são incompatíveis no mesmo ato jurídico, como se fossem água e azeite. Isso porque a simulação somente ocorre nos atos jurídicos lícitos, de forma que o ato jurídico constituído por meio de abuso de direito, o qual é ilícito, não pode ser simulado. A simulação, portanto, não pode ser vista como um meio ordinário de combate àquilo que se considera abusivo, pois trata-se de uma ferramenta do Direito Civil para descobrir a realidade quando ela está oculta.[137]

As considerações anteriores permitem concluir que o abuso de direito e a simulação são duas causas de ilicitude do ato jurídico completamente distintas.

---

137. CLEMENTE, Joan-Francesc Pont. **La simulación en la nueva LGT**. Madri: Marcial Ponts, 2006, p. 191.

2.2.2. Fraude à lei

2.2.2.1. Conceito de fraude à lei

A fraude à lei é causa de nulidade do ato jurídico, tal como estabelecido pelo artigo 166, VII, do Código Civil de 2002.[138] Mesmo na vigência do Código Civil de 1916, o qual não tinha uma previsão expressa acerca da nulidade dos atos jurídicos constituídos em fraude à lei, tais atos jurídicos eram considerados nulos. O Superior Tribunal de Justiça, nesse sentido, possui diversas decisões reconhecendo a existência de fraude à lei na vigência do Código Civil de 1916.[139]

Na fraude à lei, o indivíduo exerce um poder normativo para a obtenção de um determinado resultado "R", do qual decorrem certas consequências "C"; as consequências "C" são proibidas por uma regra imperativa, de forma que os princípios que fundamentam essa proibição, ponderados com os princípios que fundamentam o poder normativo, integram analogicamente a lacuna normativa existente em relação ao resultado "R", proibindo-o.[140] Na fraude à lei nada é oculto; os atos jurídicos são verdadeiros e válidos.[141]

Um bom exemplo de fraude à lei é o emprego do negócio jurídico de compra e venda com cláusula de retrovenda para, indiretamente, obter-se um empréstimo com pacto comissório. Como se sabe, o ordenamento jurídico brasileiro proíbe o pacto comissório, isto é, proíbe o acordo que estabeleça a transferência automática para o credor da coisa dada em garantia se a dívida não for paga no vencimento.[142] Algumas pessoas, contudo, para contornar essa proibição, constituem negócios jurídicos de compra e venda de imóveis com cláusula de retrovenda, na qual a diferença entre o preço da aquisição originária e o preço de retrovenda corresponde aos juros que incidiram sobre o mútuo. Isso faz com que, se o vendedor originário do imóvel (devedor) não readquirir o imóvel no

---

138. Art. 166. É nulo o negócio jurídico quando:

VI - tiver por objetivo fraudar lei imperativa.

139. BRASIL. STJ, REsp n. 1.773.884/TO, rel. Min. Paulo de Tarso Sanseverino, Terceira Turma, j. 19/10/2021; BRASIL. STJ, REsp n. 718.044/RS, rel. Min. Raul Araújo, Quarta Turma, j. 18/11/2014.

140. ATIENZA, Manuel; MANERO, Juan Ruiz. **Ilícitos atípicos**. Madri: Trotta, 2000, p. 73.

141. CLARI, María Luisa Carrasquer. **El problema del fraude a la ley en el Derecho Tributario**. Valência: Tirant Monografias, 2002, p. 111.

142. Art. 1.365. É nula a cláusula que autoriza o proprietário fiduciário a ficar com a coisa alienada em garantia, se a dívida não for paga no vencimento. (...)

Art. 1.428. É nula a cláusula que autoriza o credor pignoratício, anticrético ou hipotecário a ficar com o objeto da garantia, se a dívida não for paga no vencimento.

prazo estabelecido, o comprador originário (credor) irá obter a propriedade e a posse do imóvel, sem quaisquer procedimentos adicionais. Em outras palavras: os indivíduos, por meio de um poder normativo (de constituir de negócios jurídicos de compra e venda com pacto de retrovenda), obtêm um resultado, *prima facie*, permitido (transferência do imóvel para o comprador e possibilidade de recompra pelo devedor), mas que gera consequências proibidas (transferência automática de bem em decorrência da ausência de pagamento do valor no prazo).

Em um caso como esse, o Tribunal de Justiça do Estado de São Paulo entendeu que "a compra e venda entabulada visou, única e exclusivamente, garantir empréstimo (...) burlando, assim, expressa proibição legal", tendo reconhecido a ocorrência de fraude à lei.[143] Aquela decisão reconheceu, portanto, que da ponderação dos princípios que fundamentam o exercício do poder normativo de constituir um ato jurídico (tais como a autonomia privada e a livre iniciativa) com os princípios que fundamentam a proibição da transferência automática de bens para o credor (tais como o devido processo legal e a proteção ao devedor), decorreria uma aplicação analógica da regra proibitiva da constituição do pacto comissório, a qual deveria proibir, igualmente, àquela constituição de negócio jurídico de compra e venda com cláusula de retrovenda.

Em resumo, são quatro os elementos da fraude à lei: (i) o exercício de um poder normativo decorrente de uma regra constitutiva, o qual produz um resultado "R"; (ii) o resultado "R" gera as consequências "C"; (iii) as consequências "C" são proibidas por uma regra imperativa; (iv) a ponderação dos princípios que fundamentam a proibição de "C" com os princípios que fundamentam a constituição de "R" gera, analogicamente, a proibição de "R" pela regra imperativa. Algumas observações adicionais quanto a esses elementos são importantes.

Primeiro, quanto ao elemento "i", referente à existência de uma regra que permita a produção do resultado "R", deve-se ressaltar que, se o resultado "R" fosse proibido, haveria violação normativa direta, não havendo por que se falar em fraude à lei. Na fraude à lei, a violação é indireta, visto que o resultado "R" é, *prima facie*, permitido. A inobservância da norma imperativa (obrigações ou proibições) é obtida por meio da observância de outras normas.[144] Segundo, quanto ao elemento "ii", referente às consequências "C" geradas pelo resultado

---

143. SÃO PAULO. TJSP, Apelação Cível nº 0019109-69.2010.8.26.0577, 3ª Câmara de Direito Privado, rel. Des. Egidio Giacoia, j. 28/01/2014.

144. CUNHA DE SÁ, Fernando Augusto. **Abuso do direito**. 2ª reimpressão da edição de 1973. Coimbra: Almedina, 2005, p. 532.

"R", deve-se observar que tais consequências podem ser tanto convencionais quanto causais: de um lado, as consequências convencionais correspondem à incidência de outras normas, tais como aquelas relativas ao direito de propriedade no caso da compra e venda com cláusula de retrovenda; de outro lado, as consequências causais decorrem diretamente do resultado "R", tais como a manutenção do bem vendido pelo comprador original, caso não haja o pagamento do preço pela retrovenda.

Terceiro, quanto ao elemento "iii", referente à proibição das consequências "C" por uma regra imperativa, ressalte-se que apenas as proibições e as obrigações constituem regras imperativas.[145] As regras imperativas de proibição proíbem condutas diretamente (p. ex. "proibido pisar na grama"), ao passo que as regras imperativas de obrigação proíbem condutas indiretamente (p. ex. "é obrigatório caminhar na calçada" proíbe, indiretamente, pisar na grama). As regras permissivas não correspondem a regras imperativas, e não proíbem quaisquer condutas (ainda que diversos tipos de regra, tais como as regras de competência, possam ter uma dimensão permissiva – "o Município pode instituir imposto sobre propriedade territorial urbana" – e uma dimensão proibitiva – "o Município está proibido de instituir imposto sobre propriedades que não sejam urbanas"). Condutas contrárias a permissões não são ilícitas, apenas não geram efeitos.[146] Quarto, quanto ao elemento "iv", referente à aplicação analógica da regra imperativa ao resultado "R", deve-se ressaltar que tal analogia cria uma regra proibitiva, já que a regra original proibia apenas a obtenção direta das consequências "C", e não a obtenção do resultado "R", que gera indiretamente as consequências "C".[147]

Da mesma forma que o abuso de direito, pode-se dizer que a fraude à lei independe de uma previsão normativa específica, já que corresponde a um mecanismo para assegurar a coerência valorativa do ordenamento jurídico.[148] Na maioria dos casos, seria incoerente o ordenamento jurídico proibir uma determinada consequência e, ao mesmo tempo, permitir que essa consequência fosse obtida indiretamente. Nos casos de fraude à lei, há uma lacuna axiológica

---

145. NOVOA, César García. **La Cláusula Antielusiva en la Nueva Ley General Tributaria**. Madri: Marcial Pons, 2004, p. 42.

146. ATIENZA, Manuel; MANERO, Juan Ruiz. **Ilícitos atípicos**. Madri: Trotta, 2000, p. 24.

147. ATIENZA, Manuel; MANERO, Juan Ruiz. **Ilícitos atípicos**. Madri: Trotta, 2000, p. 76.

148. PERERA, Ángel Carrasco. **Tratado del abuso de derecho y del fraude de ley**. Pamplona: Thomson Reuters, 2016, p. 352.; ATIENZA, Manuel; MANERO, Juan Ruiz. **Ilícitos atípicos**. Madri: Trotta, 2000, p. 67.

em relação à obtenção indireta da consequência proibida, a qual é preenchida, analogicamente, por meio da proibição existente quanto à obtenção direta dessa consequência.

Pode-se falar, portanto, em um *postulado normativo da fraude à lei*, o qual decorre da necessidade de se atribuir coerência valorativa ao ordenamento jurídico. Esse postulado estrutura a aplicação analógica de regras imperativas a casos que, *prima facie*, estariam fora do seu âmbito de incidência, já que as consequências proibidas pelas regras imperativas foram obtidas indiretamente. A aplicação do postulado normativo da fraude à lei depende da prevalência dos princípios que fundamentam a regra imperativa sobre os princípios que fundamentam o poder normativo do indivíduo que gerou as consequências proibidas pela regra imperativa.

2.2.2.2. Fraude à lei no Direito Tributário

Da constatação de que a ilicitude da fraude à lei decorre da violação indireta da norma inobservada (e não de uma norma específica que trate da fraude à lei), e que a fraude à lei corresponde à obtenção de consequências proibidas por meio do exercício de condutas, *prima facie*, permitidas, percebe-se que não há nada no conceito de fraude à lei que impeça a sua aplicação às normas tributárias. A verdade, contudo, é que a aplicação da fraude à lei no âmbito tributário é extremamente limitada. Não em razão do conceito de fraude à lei, mas em razão da natureza das regras de incidência tributária, as quais não lhe oferecem condições de aplicabilidade. E isso por três razões principais.

Em primeiro lugar, porque a constituição de atos jurídicos de forma a evitar a ocorrência do fato gerador não gera, nem mesmo indiretamente, consequências proibidas pelas regras de incidência tributária. A regra de incidência tributária apenas estabelece a obrigação de pagar o tributo após a ocorrência do fato gerador. Não há uma proibição de obtenção de determinadas consequências econômicas sem o pagamento do tributo; há uma proibição da realização do fato gerador sem o pagamento do tributo. Na clássica lição de Albert Hensel, "a ordem – você tem que pagar impostos – está sempre condicionada pela sentença: se você atingir a situação jurídica (não: se você almejar um efeito econômico específico!)."[149]

---

149. HUCK, Hermes Marcelo. **Evasão e elisão**: rotas internacionais do planejamento tributário. São Paulo: Saraiva, 1997, p. 148.

Um bom exemplo para ilustrar a inaplicabilidade da fraude à lei em relação às regras de incidência tributária são as denominadas "operações casa-e-separa". Numa dessas operações, os acionistas de uma sociedade aprovaram o seu aumento de capital, o qual foi subscrito e integralizado, com ágio, por um terceiro. Meses depois, a sociedade reduziu substancialmente o seu capital, vertendo os seus ativos para os acionistas originários – um dos quais se retirou completamente da sociedade. A Fiscalização Tributária lavrou autuação fiscal contra esse contribuinte, exigindo o pagamento dos tributos incidentes sobre o ganho de capital decorrente da alienação das ações, por entender que tal alienação teria ocorrido por meio de uma "operação casa-e-separa", isto é, por meio de uma integralização de ativos pelo suposto adquirente ("casa") e de uma posterior cisão com a versão de tais ativos para o suposto vendedor ("separa"). O Conselho Administrativo de Recursos Fiscais decidiu manter a autuação fiscal, por entender que se trataria "de negócio jurídico indireto, mas que no caso não pode ser oponível ao fisco para fins apenas de economia de tributos, por fraudar a lei do imposto de renda que comanda a tributação do ganho de capital na alienação".[150]

Ocorre que no caso analisado não houve, em momento algum, uma situação jurídica que pudesse fazer surgir a ocorrência do fato gerador. O fato gerador foi evitado por meio da constituição de um negócio jurídico indireto – essa foi, aliás, a provável intenção das partes envolvidas. De qualquer forma, o resultado decorrente desse negócio jurídico indireto não foi o "não pagamento do tributo", mas sim a "não realização do fato gerador". Por isso é que Tércio Ferraz Sampaio entende que qualificar como fraude à lei tributária uma situação na qual se evita o surgimento do fato gerador é "colocar o carro antes dos bois".[151] Ao se evitar o fato gerador, o contribuinte se move fora do âmbito da norma supostamente defraudada.[152] E não existe regra imperativa que obrigue o contribuinte a incorrer no fato jurídico tributário.[153]

---

150. BRASIL.CARF, Acórdão n. 1401-000.582, 1ª Seção/4ª Câmara/1ª Turma Ordinária, rel. Cons. Antonio Bezerra Neto, j. 29/06/2011.

151. FERRAZ JÚNIOR, Tércio Sampaio. Simulação e negócio jurídico indireto: no direito tributário e à luz do novo Código Civil. **Revista Fórum de Direito Tributário**, n. 48, 2010, pp. 9-26, p. 21.

152. NOVOA, César García. **La Cláusula Antielusiva en la Nueva Ley General Tributaria**. Madri: Marcial Pons, 2004, p. 91.

153. LEÃO, Martha Toribio. **O Direito Fundamental de Economizar Tributos** – Entre legalidade, liberdade e solidariedade. 2. ed. São Paulo: Malheiros/Juspodivm, 2023, p. 249; SCHOUERI, Luís Eduardo. Planejamento Tributário: Limites à Norma Antiabuso. **Revista**

Por isso é que Marciano Seabra de Godoi comete um equívoco quando afirma, em tom crítico, que "todos os civilistas que estudaram o negócio jurídico indireto ou fiduciário aceitavam que, se o negócio é efetuado para esquivar normas cogentes, haverá fraude à lei", mas que "os tributaristas adeptos do ultraformalismo não admitem (ao contrário da maioria dos civilistas) a figura da fraude à lei tributária".[154] As regras de incidência tributária são diferentes das regras imperativas do Direito Privado, e essa circunstância não deve ser ignorada pelos intérpretes, sejam eles "ultraformalistas" ou "ultrasubjetivistas". Transformar uma conclusão a respeito de um tipo específico de normas (Direito Privado) em uma regra geral a respeito de todas as normas imperativas é cometer a falácia da generalização apressada.[155]

A constituição de negócios jurídicos indiretos, os quais evitam a ocorrência do fato gerador, até podem ser indesejável, mas deve ser combatida por meio de regras elisivas específicas, e não por meio da aplicação equivocada do postulado da fraude à lei. Adotar comportamentos que gerem uma menor carga tributária é perfeitamente lícito – aliás, a própria aceitação da existência de uma finalidade extrafiscal da tributação pressupõe que a tributação induz comportamentos.[156]

As regras de incidência tributária, portanto não possuem condições de aplicabilidade do postulado da fraude à lei, visto que a constituição de atos jurídicos para evitar a ocorrência do fato gerador não acarreta as consequências proibidas pelas regras de incidência tributária.

Em segundo lugar, a fraude à lei tem sua aplicação restringida no Direito Tributário pois ela envolve a integração de lacunas por meio de analogia, o que é proibido para fazer incidir as regras de incidência tributária. A proibição do emprego de analogia para ampliar a incidência tributária decorre, de um lado,

---

Direito Tributário Atual, São Paulo, Dialética, n. 24, 2010, p. 355; SOUZA, Hamilton Dias de. FUNARO, Hugo. A insuficiência de densidade normativa da "norma antielisão" (art. 116, parágrafo único, do Código Tributário Nacional). In: Revista Dialética de Direito Tributário. n. 146. Editora Dialética, São Paulo, 2007, p. 67.

154. GODOI, Marciano Seabra de. Dois Conceitos de Simulação e suas Consequências para os Limites da Elisão Fiscal. *In*: ROCHA, Valdir de Oliveira. **Grandes Questões Atuais do Direito Tributário**, v. 11. São Paulo: Dialética, 2007, p. 282.

155. HURLEY, Patrick J.; WATSON, Lori. **A Concise Introduction to Logic**. 13. ed. Boston: Cengage Learning, 2018, p. 151.

156. BECKER, Alfredo. **Teoria Geral do Direito Tributário**. 7. ed. São Paulo: Noeses, 2018, p. 147.

do princípio da legalidade tributária[157], e, de outro, da regra estabelecida pelo § 1º do artigo 108 do Código Tributário Nacional, o qual dispõe que "o emprêgo da analogia não poderá resultar na exigência de tributo não previsto em lei".

Por essa razão, mesmo regras imperativas que não determinem diretamente a incidência tributária, mas que, indiretamente, acarretem a incidência de tributos, são imprestáveis à aplicação do *postulado da fraude à lei*. Tome-se, como exemplo, a proibição estabelecida pelo artigo 33 do Decreto-Lei nº 2.341/87, o qual dispõe que: "a pessoa jurídica sucessora por incorporação, fusão ou cisão não poderá compensar prejuízos fiscais da sucedida". Para evitar tal proibição, diversos contribuintes realizam a chamada "incorporação às avessas", por meio da qual a sociedade controlada, que tem prejuízos fiscais (e, muitas vezes, sequer é operacional), incorpora a sociedade controladora, a qual é operacional e tem tributos a pagar – a sucedida, nesse caso, é a antiga controladora, de forma que a sua sucessora (antiga controlada) pode utilizar os seus prejuízos fiscais para compensar os tributos a pagar em decorrência das receitas obtidas pela operação da sucedida (antiga controladora). O Conselho Administrativo de Recursos Fiscais, por exemplo, ao analisar um desses casos, considerou que a incorporação teria sido "feita com o único intuito de fraudar norma proibitiva disposta no artigo 33 do Decreto-lei nº 2.341/1987".[158]

Ocorre que, nesse caso, a configuração da fraude à lei depende de uma aplicação analógica da proibição decorrente da regra do artigo 33 do Decreto-Lei nº 2.341/87. Embora aquela regra proíba a compensação de prejuízos fiscais da sucedida pela sucessora, tal aplicação analógica cria uma regra proibitiva da compensação de prejuízos fiscais da sucessora pela sucedida – notadamente, nos casos em que a sucessora não era operacional e compensa os seus prejuízos fiscais com os tributos incidentes sobre a operação que era da sucedida. Tal regra proibitiva criada por analogia, entretanto, resulta na incidência de tributos, uma vez que amplia a base de cálculo do IRPJ e da CSLL. No âmbito tributário, contudo, proíbe-se o emprego de analogia para exigir tributos e, de modo mais amplo, para restringir direitos dos contribuintes.[159]

---

157. GIANNINI, A. D. **Istituzioni di Diritto Tributario**. 9. ed. Milão: Dott. A. Giuffrè, 1965, p. 44.

158. BRASIL.CARF, Acórdão nº 1102-001.239, 1ª Seção/1ª Câmara/2ª Turma Ordinária, rel. Cons. João Otávio Oppermann Thomé, j. 25/11/2014.

159. DIAS, Daniela Gueiros. Analogia no Direito Tributário Brasileiro. **Revista Direito Tributário Atual**, São Paulo, IBDT, n. 42, ano 37, 2019, p. 210-236, p. 226.

O postulado da fraude à lei, portanto, não é aplicável nos casos em que haja uma ampliação da incidência tributária, ainda que por meio da aplicação analógica de uma regra que não determine diretamente a incidência de tributos. Isso porque o emprego de analogia para a exigência de tributos é proibido pelo ordenamento jurídico brasileiro.

Em terceiro lugar, a aplicação do postulado da fraude à lei às regras de incidência tributária viola o princípio da segurança jurídica. O postulado da fraude à lei, como já referido, exige a ponderação entre os princípios que fundamentam a consequência proibida e os princípios que fundamentam o poder normativo que permite, indiretamente, a obtenção da consequência proibida. Disso decorre que, se a fraude à lei fosse aplicável às regras de incidência tributária, o contribuinte teria que realizar uma ponderação de princípios antes de constituir um negócio jurídico indireto, pois só assim saberia se o fato gerador iria ocorrer.

Ocorre que um sistema jurídico-tributário que orienta a conduta dos contribuintes por meio de princípios é incompatível com o princípio da segurança jurídica, visto que seria ininteligível.[160] O contribuinte deve poder saber previamente ao exercício da sua conduta, com razoável grau de calculabilidade, as consequências normativas dos seus atos, o que não ocorreria caso tais consequências decorressem de uma ponderação de princípios.

E, mesmo que se realizasse tal ponderação, sequer haveria conflito entre os princípios que fundamentam o poder normativo dos contribuintes para constituir atos jurídicos, inclusive com o objetivo de evitar a ocorrência do fato gerador, e os princípios que fundamentam a incidência tributária. De um lado, as regras permissivas da constituição de atos jurídicos são fundamentadas pelos princípios da livre iniciativa e da autonomia privada. De outro lado, as regras de incidência tributária são fundamentadas pelas regras constitucionais de competência tributária, as quais, ao limitarem o poder estatal e conferirem maior cognoscibilidade e calculabilidade ao ordenamento jurídico, promovem o princípio da segurança jurídica e do Estado de Direito. A atribuição de competência por meio de regras, vale ressaltar, afasta as ilações de que o fundamento do poder de tributar corresponderia a princípios tais como a igualdade e a solidariedade social.[161] Os princípios da livre iniciativa, da autonomia privada, da segurança

---

160. ÁVILA, Humberto. **Teoria da Segurança Jurídica**. 6. ed. São Paulo: Malheiros/ Juspodivm, 2021, p. 360.

161. ÁVILA, Humberto. Limites à Tributação com Base na Solidariedade Social. *In*: GRECO, Marco Aurélio. GODOI, Marciano Seabra de. (Coord.). **Solidariedade Social e Tributação**. São Paulo: Dialética, 2005, p. 71.

jurídica e do Estado de Direito apontam todos na mesma direção: a observância das regras e a proteção da liberdade do indivíduo.

As considerações anteriores permitem concluir que o postulado da fraude à lei tem uma aplicação muito restrita no âmbito do Direito Tributário, sendo inaplicável em relação às regras de incidência tributária. Em primeiro lugar, porque a constituição de atos jurídicos, de forma a evitar a ocorrência do fato gerador, não gera, nem mesmo indiretamente, consequências proibidas pelas regras de incidência tributária. Em segundo lugar, porque a fraude à lei envolve o emprego de analogia, o que é proibido para fazer incidir as regras de incidência tributária. Em terceiro lugar, porque a aplicação do postulado da fraude à lei às regras de incidência tributária viola o princípio da segurança jurídica.

2.2.2.3. Diferenças entre a fraude à lei e a simulação

Em que pese sejam institutos completamente diferentes, há enorme confusão entre a fraude à lei e a simulação. Suas únicas semelhanças consistem em serem situações que tornam os atos jurídicos ilícitos e que prescindem da intenção dos agentes para ocorrerem. De resto, a fraude à lei e a simulação possuem, ao menos, quatro diferenças principais.

A primeira delas é que a fraude à lei e a simulação são diferentes quanto ao tipo de consequência normativa que decorre da sua configuração. De um lado, a configuração da fraude à lei enseja a incidência de um postulado normativo, o qual estabelece a aplicação analógica de uma regra proibitiva que seria, *prima facie*, inaplicável. De outro lado, a configuração da simulação enseja a incidência de uma regra, a qual, no âmbito cível, permite que o Poder Judiciário anule o ato jurídico simulado; no âmbito tributário, permite que a autoridade administrativa desconsidere os efeitos do ato jurídico simulado.

A segunda diferença entre a fraude à lei e a simulação se dá quanto às suas hipóteses de configuração. De um lado, a ocorrência da fraude à lei depende: (i) do exercício de um poder normativo decorrente de uma regra constitutiva, o qual produz um resultado "R"; (ii) do resultado "R" gera as consequências "C"; (iii) as consequências "C" são proibidas por uma regra imperativa; (iv) da ponderação dos princípios que fundamentam a proibição de "C" com os princípios que fundamentam a constituição de "R" gera-se, analogicamente, a proibição de "R" pela regra imperativa. De outro lado, a ocorrência de simulação depende: (i) de um ato jurídico aparente; (ii) de um ato jurídico oculto que altere o ato jurídico aparente; e (iii) de uma deliberação interna (simulação formal) ou: (i) de um ato jurídico; (ii) de uma proposição falsa; e (iii) de uma deliberação interna (simulação material).

A terceira diferença entre a fraude à lei e a simulação é quanto ao tipo de exame realizado para identificar a sua ocorrência. De um lado, o exame da fraude à lei confronta o resultado do exercício de uma conduta (resultado e consequências) com as consequências proibidas por determinada norma imperativa. De outro lado, para o exame da simulação, o resultado a conduta é irrelevante, o importante é o confronto entre a aparência normativa e a realidade. Na fraude à lei, há violação indireta da lei. A violação de lei, contudo, não é elemento integrativo do conceito de simulação.[162]

Por fim, a quarta diferença entre a fraude à lei e a simulação diz respeito à possibilidade jurídica de serem alegados pela Fazenda Pública para constituir o crédito tributário. De um lado, a ocorrência de fraude à lei não deve ser alegada pela Fazenda Pública porque evitar a ocorrência do fato gerador não é uma consequência proibida por qualquer norma, e a aplicação analógica de proibições é vedada para exigir tributos. De outro lado, a ocorrência de simulação pode ser alegada pela Fazenda Pública porque o artigo 149, VII, do Código Tributário Nacional prevê expressamente a constituição do crédito tributário em relação ao fato gerador que surgiu em virtude do ato jurídico real, uma vez afastados os efeitos do ato jurídico simulado.

A percepção das diferenças entre a fraude à lei e a simulação evidencia alguns equívocos que têm sido cometidos pela jurisprudência. No caso já analisado, em que o Tribunal de Justiça do Estado de São Paulo reconheceu a fraude à lei para burlar a proibição do pacto comissório, afirmou-se também que "as partes celebraram negócio jurídico simulado (compra e venda) visando esconder o verdadeiro negócio jurídico dissimulado (garantia real de empréstimo com pacto comissório)".[163] Há, aqui, uma confusão. A compra e venda com cláusula de retrovenda foi constituída sem qualquer enunciado falso ou falso enunciado, não havendo, portanto, simulação. O problema daquele ato jurídico não está na sua constituição, mas sim nas consequências geradas pelos seus resultados, as quais são proibidas. Não é que a compra e venda com cláusula de retrovenda, na verdade, corresponderia a um mútuo com pacto comissório;

---

162. MELLO, Marcos Bernardes. **Teoria do fato jurídico**: plano da validade. 10. ed. São Paulo: Saraiva, 2010, p. 169.

163. SÃO PAULO. TJSP, Apelação Cível nº 0019109-69.2010.8.26.0577, 3ª Câmara de Direito Privado, rel. Des. Egidio Giacoia, j. 28/01/2014.

o que ocorreu foi que a compra e venda com cláusula de retrovenda gerou uma consequência proibida pela mesma regra que proíbe o mútuo com pacto comissório. Utilizando-se de uma metáfora, se o irmão mais velho ganhou uma viagem dos pais, o fato de o irmão mais novo ganhar a mesma viagem de presente não significa que ele, na verdade, é o irmão mais velho, mas apenas que ele merece o mesmo tratamento.

Outra situação na qual há uma confusão entre o que é fraude à lei e o que é simulação são os já analisados casos de "incorporação às avessas". A "incorporação às avessas" para a utilização de prejuízos fiscais é, muitas vezes, qualificada como uma simulação pela Fiscalização Tributária, e não como uma fraude à lei. Nesses casos, em vez de afirmar que o contribuinte obteve, indiretamente, consequências proibidas pelo ordenamento jurídico, a Fiscalização Tributária afirma que, na verdade, não houve incorporação da empresa superavitária pela empresa deficitária (incorporação às avessas), mas sim da empresa deficitária pela empresa superavitária, de forma que a proibição de utilização dos prejuízos fiscais do artigo 33 do Decreto-Lei nº 2.341/87 deveria ser diretamente aplicada.

Em determinado caso, por exemplo, o Conselho Administrativo de Recursos Fiscais considerou que determinada "incorporação às avessas" não configuraria uma fraude à lei, mas sim uma simulação, visto que teria ficado evidenciado que "a empresa robusta, com superávit, é que incorporou a outra, aliás, extremamente deficitária" e que "o negócio que efetivamente ocorreu não é aquele formalmente realizado. (...) Mascarou-se, com efeito, a realidade".[164] Nesses casos, não há simulação, mas sim eventual responsabilidade por sucessão. De qualquer forma, o importante, aqui, não é discutir se há ou não simulação nesses casos. O importante é demonstrar que a "incorporação reversa" para a utilização de prejuízos fiscais é impugnada pela Fiscalização Tributária por meio de alegações diferentes, os quais pressupõem hipóteses diferentes e, por isso, devem ser enfrentadas com argumentos diferentes.

De um lado, a Fiscalização Tributária pode alegar a ocorrência de fraude à lei, uma vez que a consequência proibida pelo artigo 33 do Decreto-Lei nº 2.341/87 teria sido indiretamente obtida, o que ensejaria a aplicação analógica daquela proibição. Essa alegação deve ser enfrentada, dentre outros argumentos, por meio da alusão à proibição do emprego de analogia para ampliar a incidência de tributos. De outro lado, a Fiscalização Tributária pode alegar a ocorrência

164. BRASIL. CARF, Acórdão nº 9101003.008, 1ª Turma da CSRF, rel. Cons. Adriana Gomes Rêgo, j. 08/08/2017.

de simulação, uma vez que, na verdade, a sucedida seria a sucessora e a sucessora seria a sucedida, o que ensejaria a violação direta à proibição do artigo 33 do Decreto-Lei nº 2.341/87. Essa alegação deve ser enfrentada, dentre outros argumentos, por meio da demonstração de que a "incorporação reversa" foi constituída com a observância de todos os requisitos estabelecidos no Código Civil, de forma que não está configurada a simulação.

O que não se deve fazer é confundir a fraude à lei com a simulação, tal como a situação retratada por uma decisão do Conselho Administrativo de Recursos Fiscais, na qual a "operação foi considerada pela Autoridade Fiscal como simulada" uma vez que a compensação dos prejuízos fiscais "seria o único objetivo da operação societária realizada. Desta forma, estaria o contribuinte violando, indiretamente, as normas que vedam a compensação de prejuízos fiscais".[165] Ora, ou há simulação, e o problema está na falsidade do ato jurídico, ou há fraude à lei, e o problema está na violação indireta das normas que vedam a compensação de prejuízos fiscais. Essa confusão de fundamentos gera, por si só, a nulidade da autuação fiscal, por violação ao artigo 142 do Código Tributário Nacional, o qual estabelece que o lançamento fiscal deve determinar a matéria tributável, e aos princípios do contraditório e da ampla defesa, reconstruídos a partir do inciso LV do artigo 5º da Constituição Federal.

As considerações anteriores permitem concluir que a fraude à lei e a simulação são institutos completamente distintos, e que não devem ser confundidos.

2.3. Categorias de Direito Tributário

2.3.1. Sonegação e fraude fiscal (artigos 71 e 72 da Lei nº 4.502/64)

2.3.1.1. Conceito de sonegação e de fraude fiscal

A sonegação e a fraude fiscal são hipóteses de qualificação da multa de ofício, tal como estabelecido pelo artigo 44 § 1º, da Lei nº 9430/96, em conjunto com as definições estipuladas pelos artigos 71 e 72 da Lei nº 4.502/64.[166] De um lado, a sonegação pode ser definida como conduta intencional tendente a

---

165. BRASIL. CARF, Acórdão n. 1401001.059, 1ª Seção/4ª Câmara/1ª Turma, rel. Cons. Alexandre Antonio Alkmim Teixeira, j. 09/10/2013.

166. Art. 71. Sonegação é tôda ação ou omissão dolosa tendente a impedir ou retardar, total ou parcialmente, o conhecimento por parte da autoridade fazendária:

I - da ocorrência do fato gerador da obrigação tributária principal, sua natureza ou circunstâncias materiais;

ocultar a ocorrência do fato gerador da autoridade fazendária,[167] De outro lado, a fraude fiscal pode ser definida como a conduta intencional tendente a ocultar características essenciais do fato gerador da autoridade fazendária.[168]

Na sonegação, o sujeito passivo simplesmente omite a ocorrência do fato gerador; na fraude fiscal, o sujeito passivo modifica informa a ocorrência do fato gerador, mas modificando as suas características essenciais. A diferença entre a sonegação e a fraude pode ser ilustrada por meio da metáfora do sujeito que deseja comparecer a uma festa para a qual ele não foi convidado.[169] De um lado, ele pode entrar na festa pela porta dos fundos, sem que os seguranças (a "fiscalização") tenham ciência do que ocorreu – aqui há a "sonegação". De outro lado, ele pode entrar na festa se apresentando para os seguranças com o nome de algum convidado, fazendo com que os seguranças acreditem que houve o ingresso de um convidado, quando, na realidade, algo distinto ocorreu – aqui há a "fraude".

Um exemplo de sonegação pode ser encontrado em um caso analisado pelo Conselho Administrativo de Recursos Fiscais, no qual um contribuinte não informou em seus documentos fiscais "os reais montantes da receita auferida" e "conscientemente ofereceu à tributação valores muito menores do que os realmente auferidos e escriturados em livro caixa", razão pela qual se entendeu que não haveria "simples inadimplemento de obrigação tributária, mas tentativa dolosa de sonegação, ao subtrair do Fisco o conhecimento de fatos geradores".[170] Pode-se encontrar um exemplo de fraude em outro caso analisado pelo Conselho Administrativo de Recursos Fiscais, no qual o sujeito passivo, que "tinha conhecimento dos valores praticados", importou um veículo

---

II - das condições pessoais de contribuinte, suscetíveis de afetar a obrigação tributária principal ou o crédito tributário correspondente.

Art. 72. Fraude é tôda ação ou omissão dolosa tendente a impedir ou retardar, total ou parcialmente, a ocorrência do fato gerador da obrigação tributária principal, ou a excluir ou modificar as suas características essenciais, de modo a reduzir o montante do impôsto devido a evitar ou diferir o seu pagamento.

167. HALPERIN, Eduardo Kowarick. **Multa Qualificada no Direito Tributário**. São Paulo: IBDT, 2021, p. 77.

168. HALPERIN, Eduardo Kowarick. **Multa Qualificada no Direito Tributário**. São Paulo: IBDT, 2021, p. 84.

169. HALPERIN, Eduardo Kowarick. Três Inconstitucionalidades da Multa Qualificada: Aplicação às Pessoas Jurídicas, Agravamento e Reincidência. *In*: SILVA, Paulo Roberto Coimbra. **Controvérsias Atuais no Direito Tributário Sancionador**. Belo Horizonte: Arraes, 2024, p. 132.

170. BRASIL. CARF, Acórdão n. 1302-007.147, 1ª Seção/3ª Câmara/2ª Turma Ordinária, rel. Cons. Wilson Kazumi Nakayama, j. 13/06/2024.

"com o registro da declaração de importação em valor inferior ao efetivamente praticado na operação", isto é, a ocorrência do fato gerador foi informada com uma modificação no seu aspecto quantitativo, razão pela qual se entendeu que teria havido a prática de fraude fiscal.[171]

2.3.1.2. Diferenças entre a sonegação, a fraude fiscal e a simulação

Os atos jurídicos *podem* ser simulados e, concomitantemente, ensejarem a ocorrência de sonegação ou de fraude fiscal (principalmente fraude fiscal). Em uma situação na qual as partes, dolosamente, apresentam à Fiscalização Tributária um ato jurídico aparente, ocultando o ato jurídico real, há tanto simulação formal quanto fraude fiscal. A sonegação e a fraude fiscal, contudo, não se confundem com a simulação, uma vez que possuem objetos, consequências e requisitos de configuração distintos.

O objeto da sonegação e da fraude fiscal é distinto do objeto da simulação, já que as primeiras têm como objeto a conduta do indivíduo, investigando se houve o cumprimento dos deveres de informação à Fiscalização Tributária. Enquanto isso, a simulação tem como objeto o ato jurídico, investigando se ele foi constituído por meio de proposições falsas ou de falsos enunciados.

As consequências da sonegação e da fraude fiscal são distintas da consequência da simulação. De um lado, a configuração da sonegação ou da fraude fiscal tem como consequência a incidência da multa de ofício qualificada, o que atrai a incidência do regime jurídico próprio das punições.[172] De outro lado, a configuração da simulação tem como consequência a nulidade do ato jurídico simulado no âmbito civil, e a sua ineficácia no âmbito tributário.

Os requisitos para a configuração da sonegação e da fraude fiscal são distintos dos requisitos para a configuração da simulação. A configuração da sonegação e da fraude fiscal possuem como requisitos necessária o dolo e a falta de recolhimento do tributo; na simulação, contudo, o elemento intencional e os danos a terceiros são contingentes, mas não necessários. Além disso, a sonegação e a fraude fiscal decorrem de uma divergência entre a realidade e as informações declaradas nos documentos fiscais; na simulação, todavia, a divergência se dá entre as proposições do ato jurídico e a realidade (simulação

---

171. BRASIL. CARF, Acórdão n. 3001-000.904, 3ª Seção/1ª Turma Extraordinária, rel. Cons. Marcos Roberto da Silva, j. 15/08/2019.

172. HALPERIN, Eduardo Kowarick. **Multa Qualificada no Direito Tributário**. São Paulo: IBDT, 2021, p. 133.

material) ou entre os enunciados do ato jurídico aparente e os enunciados do ato jurídico real (simulação formal).[173] A sonegação e a fraude fiscal, nesse sentido, são muito mais próximas da falsidade do que da simulação.

Há, no entanto, confusão na doutrina e na jurisprudência acerca da diferença entre sonegação, fraude fiscal e simulação. Sérgio André Rocha, por exemplo, já afirmou que em determinados casos seria aplicável "a multa qualificada de 150%, já que configuram simulação".[174] Da mesma forma, não é incomum encontrar decisões do Conselho Administrativo de Recursos Fiscais que confundem os requisitos para a qualificação da multa de ofício com os vícios do ato jurídico que, de acordo com o Código Tributário Nacional, permitem o lançamento de ofício pela autoridade administrativa, tais como a do Acórdão nº 2301-011.055: "Para caracterização dos artigos 71 a 73, da Lei 4.502/64, o fisco deve apontar os elementos que podem caracterizar o ilícito tributário, diante de ocorrência de dolo, simulação ou conluio".[175] Essa confusão faz com que algumas decisões do Conselho Administrativo de Recursos Fiscais considerem que a configuração da simulação, por si só, acarretaria a imposição da multa qualificada, sem verificar adequadamente a ocorrência da sonegação ou da fraude fiscal, tal como na decisão do acórdão n. 2301-011.054: "O argumento do recorrente é a inexistência da simulação, todavia, concluindo-se pela sua existência, a aplicação da multa qualificada, nos termos da legislação é uma decorrência lógica (...)".[176] O Tribunal Regional Federal da 1ª Região, com base na mesma lógica, entendeu que não haveria simulação em determinado caso, porque houve "a retirada da multa de 150% – aplicada nos casos em estão presente dolo, fraude ou simulação – na tramitação administrativa do auto de infração no CARF".[177]

---

173. DÓRIA, Antônio Ferreira Sampaio. **Elisão e Evasão Fiscal**. São Paulo. São Paulo: LAEL, 1971, p. 70; XAVIER, Alberto. **Tipicidade da tributação, simulação e norma antielisiva**. São Paulo: Dialética, 2002, p. 82.

174. ROCHA, Sérgio André. Para que serve o parágrafo único do artigo 116 do CTN afinal? *In*: GODOI, Marciano Seabra de; ROCHA, Sérgio André. **Planejamento tributário:** limites e desafios concretos. Belo Horizonte; São Paulo: D´Plácido, 2020, p. 509.

175. BRASIL. CARF, Acórdão n. 2301-011.055, 2ª Seção/3ª Câmara/1ª Turma Ordinária, rel. Cons. Wesley Rocha, j. 05/03/2024.

176. BRASIL.CARF, Acórdão n. 2301-011.054, 2ª Seção /3ª Câmara /1ª Turma Ordinária, rel. Cons. Flavia Lilian Selmer Dias, j. 06/03/2024.

177. BRASIL.TRF da 1ª Região, Apelação Cível nº 0004251-85.2016.4.01.9199, 8ª Turma, rel. Des. Fed. Maria do Carmo Cardoso, j. 20/02/2017.

Ainda que, na maioria dos casos em que haja simulação, o sujeito passivo também incorra na prática de sonegação ou, especialmente, de fraude fiscal, isso não significa que haja uma implicação lógica entre a ocorrência de simulação e a caracterização da sonegação ou da fraude fiscal, de forma que a constatação da simulação tornasse prescindível a fundamentação da ocorrência da sonegação ou da fraude fiscal. A sonegação e a fraude fiscal possuem requisitos e regime jurídico próprios, e a sua caracterização deve ser objeto de fundamentação específica, sob pena da nulidade do lançamento fiscal ou da decisão (administrativa ou judicial) que deixar de fazê-la. O Conselho Administrativo de Recursos Fiscais, nesse sentido, já cancelou a imposição de multa qualificada ao constatar que "a autuação fiscal concluiu que a emissão de debêntures em questão foi simulada e que tal fato, por si só, autorizaria a qualificação da multa de ofício".[178]

As considerações anteriores permitem concluir que a sonegação e a fraude fiscal, de um lado, e a simulação, de outro, possuem algumas semelhanças e podem coexistir em um mesmo ato jurídico, mas são institutos completamente diferentes, em especial quanto aos seus objetos, as suas consequências e os seus requisitos de configuração.

2.3.2. Falsidade (artigo 149, IV, do Código Tributário Nacional)

2.3.2.1. Conceito de falsidade

O artigo 149, IV, do Código Tributário Nacional estabelece que o lançamento tributário pode ser efetuado e revisto de ofício pela autoridade administrativa quando se comprove "falsidade, erro ou omissão quanto a qualquer elemento definido na legislação tributária como sendo de declaração obrigatória". A partir da leitura desse dispositivo, pode-se chegar a duas conclusões a respeito do seu significado:

1. ele está circunscrito às informações preenchidas no cumprimento de obrigações acessórias ("elementos definidos na legislação tributária como de declaração obrigatória");

178. BRASIL. CARF, Acórdão nº 9101-002.189, 1ª Turma da CSRF, rel. Cons. Livia de Carli Germano, j. 21/01/2016.

2. o significado de "falsidade" envolve, necessariamente, uma conduta intencional - caso contrário, não haveria distinção entre a falsidade e o erro, também referido pelo mesmo dispositivo.

A falsidade referida pelo artigo 149, IV, do Código Tributário Nacional, nesse sentido, pode ser definida como a *inserção intencional de informações falsas em documentos fiscais*. A ocorrência da falsidade depende de presença de três elementos: (i) preenchimento de documentos fiscais obrigatórios (cumprimento de obrigações acessórias); (ii) inserção de informações falsas (proposições falsas); e (iii) intencionalidade.

A falsidade pode ser classificada em falsidade material, que envolve uma falsificação do documento, e falsidade ideológica, que exprime uma proposição falsa.[179] Aquela trata da forma do documento; esta trata do seu conteúdo.[180] A falsidade do artigo 149, IV, do Código Tributário Nacional diz respeito à falsidade ideológica, visto que envolve a inserção de proposições falsas em documentos fiscais.

Importante ressaltar que apenas os documentos fiscais podem ser objeto da falsidade constante no artigo 149, IV, do Código Tributário Nacional. A inserção de uma data errada pelo tabelião em uma escritura pública, por exemplo, não configura a falsidade referida por aquele dispositivo.

Um caso clássico de falsidade é o subfaturamento, isto é, a inserção de valores de venda inferiores aos reais nos documentos fiscais (o que, em regra, resulta na caracterização de sonegação para fins de aplicação de sanções). A Fiscalização do Estado de São Paulo, por exemplo, considerou que determinado contribuinte havia cometido falsidade, pois encontrou evidências (planilhas internas nos computadores do contribuinte) de que os seus valores reais de venda seriam superiores àqueles informados nas notas fiscais emitidas e nas Guias de Informação e Apuração do ICMS (GIA). O Tribunal de Justiça do Estado de São Paulo cancelou a autuação fiscal, por entender que uma simples planilha não seria suficiente para comprovar a hipótese de falsidade prevista pelo artigo 149, IV, do Código Tributário Nacional.[181]

---

179. CARNELUTTI, Francesco. **Teoria del Falso**. Pádua: Dott. A. Milani, 1935, p. 157.

180. FERRARA, Francesco. **Della Simulazione dei Negozi Giuridici**. 5. ed. Roma: Athanaeum, 1922, p. 88.

181. SÃO PAULO. TJSP, Apelação Cível nº 0100990-59.2008.8.26.0053, 8ª Câmara de Direito Público, rel. Des. Manoel Ribeiro, j. 27/08/2014.

2.3.2.2. Diferenças entre a falsidade e a simulação

A distinção entre a falsidade e a simulação é, talvez, uma das mais difíceis de se determinar; elas são completamente diferentes em abstrato, mas bastante semelhantes em concreto. Com efeito, em abstrato, falsidade e simulação se distinguem porque aquela é uma falsidade em um documento e esta é um vício do ato jurídico.[182] A ocorrência da falsidade do artigo 149, IV, do Código Tributário Nacional depende da presença do (i) preenchimento de documentos fiscais obrigatórios (cumprimento de obrigações acessórias); da (ii) inserção de informações falsas (proposições falsas); e de (iii) intencionalidade. Já a ocorrência de simulação depende: (i) de um ato jurídico aparente; (ii) de um ato jurídico oculto que altere o ato jurídico aparente; e (iii) de uma deliberação interna (simulação formal) ou: (i) de um ato jurídico; (ii) de uma proposição falsa; e (iii) de uma deliberação interna (simulação material).

Diante de um caso concreto, contudo, a identificação das diferenças entre a simulação e falsidade não é tão fácil, embora seja muito relevante. A relevância da distinção entre simulação e falsidade decorre da constatação de que, mesmo que ambas as hipóteses autorizem a autoridade fiscal a realizar o lançamento de ofício, a sua diferenciação possui duas consequências práticas importantes.

Primeiro, a diferenciação entre simulação e falsidade possui uma consequência prática em relação ao exercício do direito de defesa pelo contribuinte autuado, uma vez que a simulação e a falsidade, por serem situações distintas, devem ser refutadas por meio de alegações distintas. Segundo, a diferenciação entre simulação e falsidade possui uma consequência prática em relação ao regime jurídico-tributário aplicável quanto à concessão de moratórias, anistias e, de forma mais relevante, quanto ao termo inicial do prazo decadencial para o lançamento de ofício.[183] De um lado, a simulação enseja a aplicação da regra

---

182. CORDEIRO, A. Barreto Menezes. **Da Simulação no Direito Civil**. 3. ed. Coimbra, Almedina, 2021, p. 153; XAVIER, Alberto. **Tipicidade da tributação, simulação e norma antielisiva**. São Paulo: Dialética, 2002, p. 80; SANTOS, José Beleza dos. **A simulação em direito civil**. 2. ed. São Paulo: Lejus, 1999, p. 74.

183. Art. 150. (...) § 4º Se a lei não fixar prazo a homologação, será ele de cinco anos, a contar da ocorrência do fato gerador; expirado esse prazo sem que a Fazenda Pública se tenha pronunciado, considera-se homologado o lançamento e definitivamente extinto o crédito, salvo se comprovada a ocorrência de dolo, fraude ou simulação. (...)

Art. 154. (...) Parágrafo único. A moratória não aproveita aos casos de dolo, fraude ou simulação do sujeito passivo ou do terceiro em benefício daquele. (...)

Art. 173. O direito de a Fazenda Pública constituir o crédito tributário extingue-se após 5 (cinco) anos, contados:

geral em relação ao termo inicial do prazo decadencial, prevista no artigo 173, I, do Código Tributário Nacional; de outro, a falsidade pode ensejar a aplicação da regra geral em relação ao termo inicial do prazo decadencial, prevista no artigo 150, § 4º, do Código Tributário Nacional, desde que seja relativa a tributo sujeito a lançamento por homologação e haja antecipação do seu pagamento.

A relevância prática da distinção entre simulação e fraude pode ser observada no seguinte caso. Um casal doou ações de uma empresa para o seu filho, pelo valor declarado de R$ 700.000,00, em 11 de outubro 2007. Um mês depois, o filho alienou essas ações para terceiros por R$ 33.000.000,00. Em dezembro de 2012, a Fiscalização Tributária do Estado de São Paulo considerou que a doação teria sido simulada, visto que o valor declarado da doação não corresponderia ao valor venal do bem doado, razão pela qual constituiu crédito tributário de ITCMD contra o donatário. O Tribunal de Justiça do Estado de São Paulo, ao analisar o caso, considerou que "o Fisco foi induzido em erro por falha na declaração, e não no negócio jurídico", de forma que não haveria "como considerar que tenha havido simulação", já que o instrumento de doação "foi formalizado em estrita correlação com o que se operou no mundo dos fatos".[184] Tendo havido falsidade, e não simulação, o termo inicial do prazo decadencial daquele caso passou a ser aquele do artigo 150, § 4º, do Código Tributário Nacional, o que ensejou a decadência do crédito tributário.

Nem sempre, contudo, a Fiscalização Tributária e a jurisprudência compreendem, adequadamente, a diferença entre simulação e falsidade. Um tipo de situação que costuma gerar confusão é a dos prestadores de serviço que constituem estabelecimentos em municípios com uma alíquota reduzida de ISSQN, e passam a tributar suas receitas decorrentes da prestação de serviços nesses municípios, embora o verdadeiro estabelecimento prestador esteja loca-

---

I - do primeiro dia do exercício seguinte àquele em que o lançamento poderia ter sido efetuado. (...)

Art. 180. A anistia abrange exclusivamente as infrações cometidas anteriormente à vigência da lei que a concede, não se aplicando:

I - aos atos qualificados em lei como crimes ou contravenções e aos que, mesmo sem essa qualificação, sejam praticados com dolo, fraude ou simulação pelo sujeito passivo ou por terceiro em benefício daquele.

184. SÃO PAULO. TJSP, Apelação Cível nº 4019030-48.2013.8.26.0114, 9ª Câmara de Direito Público, rel. Des. José Maria Câmara Junior, j. 01/07/2015.

lizado em um município com uma alíquota maior. A Fiscalização Tributária e a jurisprudência, geralmente, entendem que esses casos configuram simulação.[185]

Nesses casos, contudo, os contratos de prestação de serviço geralmente são firmados com o estabelecimento que existe apenas "formalmente" no município com a alíquota reduzida de ISSQN, isto é, o estabelecimento que não presta os serviços, e que apenas emite as notas fiscais. Tal situação, contudo, não corresponde a uma simulação, uma vez que o cumprimento da obrigação de fazer por um estabelecimento distinto do contratado até pode caracterizar um descumprimento contratual, mas é incapaz de tornar falsa uma promessa realizada no passado (a qual sequer possui valor de verdade). O que há, nesses casos, é a falsidade no cumprimento das obrigações acessórias, notadamente ao se informar que o município no qual houve a prestação do serviço é distinto daquele no qual tal prestação efetivamente ocorreu (o que, da perspectiva do município no qual a prestação do serviço efetivamente ocorreu, pode ser encarado como uma omissão, também prevista pelo inciso IV do artigo 149 do Código Tributário Nacional).

A chave para a correta compreensão da distinção entre a simulação e a falsidade é perceber que elas ocorrem em dois níveis diferentes. Enquanto a simulação diz respeito aos enunciados que constituem o ato jurídico, a falsidade diz respeito às proposições inseridas nos documentos fiscais, as quais podem ter como objeto, inclusive, os atos jurídicos. Em casos como o da compra e venda a preço vil, por exemplo, há apenas simulação, uma vez que as informações inseridas nos documentos fiscais correspondem aos termos verdadeiros do negócio jurídico. Já em casos como o dos prestadores de serviço que recolhem o ISSQN para um município distinto do qual se situa o estabelecimento prestador, há, em regra, apenas falsidade (ou omissão).

Nada impede, contudo, que um lançamento fiscal seja fundamentado na ocorrência de simulação (ato jurídico constituído por meio de proposições falsas e/ou falsos enunciados) e, concomitantemente, na ocorrência de falsidade (inserção intencional de informação falsa em documento fiscal – caso não haja a intenção, há erro, o que acarreta os mesmos efeitos). A ocorrência de simulação e, concomitantemente, de falsidade, pode ser separada em três grupos de casos.

O primeiro grupo de casos é aquele nos quais há simulação de elemento categorial essencial, isto é, nos quais há abuso de forma. Nesses casos, em regra,

185. SÃO PAULO. TJSP, 18ª Câmara de Direito Público, Apelação Cível nº 1055866-45.2022.8.26.0053, rel. Des. Ricardo Chimenti, j. 29/02/2024.

não há falsidade, e tampouco erro, já que todas as informações inseridas nos documentos fiscais exprimem proposições verdadeiras a respeito do ato jurídico (valores, prazos, condições etc.).[186] A proposição falsa exprimida pelo ato jurídico e que acarreta o abuso de forma diz respeito aos elementos categoriais essenciais do ato jurídico, os quais, geralmente, não necessitam ser informados em documentos fiscais.

O segundo grupo de casos é composto pelas outras espécies de simulação material, notadamente a simulação material de objeto, a simulação de lugar e a simulação temporal. Nesses casos, havendo simulação, *pode* haver falsidade (ou erro), a depender do tipo de informação solicitada pelo documento fiscal. Isso porque, nesses casos, o contribuinte insere nos documentos fiscais uma informação que exprime uma proposição verdadeira a respeito do ato jurídico constituído, a qual corresponde, contudo, a uma proposição falsa a respeito da realidade retratada pelo ato jurídico. Em uma simulação temporal, por exemplo, o contribuinte irá inserir no documento fiscal a data do instrumento que constituiu o ato jurídico, mas não a data verdadeira na qual o ato jurídico foi constituído. A falsidade da proposição exprimida pelas informações inseridas no documento fiscal, portanto, dependem de que tipo de informações são solicitadas: de um lado, se forem informações a respeito do ato jurídico, não haverá falsidade (e tampouco erro); de outro lado, se forem informações a respeito dos fatos brutos, haverá falsidade (ou erro).

O terceiro grupo de casos envolve as situações nas quais há simulação formal, isto é, a simulação subjetiva e a simulação formal de objeto. Na simulação formal, um ato jurídico oculto altera, deliberadamente, um ato jurídico aparente. Nos casos de simulação formal com repercussão tributária, o ato aparente em geral é apresentado à Fiscalização Tributária por meio do preenchimento de documentos fiscais, isto é, por meio de uma inserção de informações falsas ou equivocadas no cumprimento de obrigações acessórias. Na simulação formal, portanto, pode-se dizer que, em regra, há concomitantemente falsidade (se for comprovada a intenção) ou erro (se não for comprovada a intenção).

Percebe-se, portanto, que a simulação e a falsidade podem ocorrer de forma isolada, assim como podem ocorrer concomitantemente. Geralmente, nos casos de abuso de forma, não há falsidade; nos demais casos de simulação material, pode haver falsidade; nos casos de simulação formal, há falsidade.

---

186. TÔRRES, Heleno. **Direito tributário e direito privado**: autonomia privada, simulação, elusão tributária. São Paulo: Revista dos Tribunais, 2003, p. 320.

As considerações anteriores permitem concluir que a falsidade e a simulação são institutos diferentes que acarretem regimes jurídicos diferentes, mas que, por ocorrerem em planos diferentes, podem ocorrer concomitantemente.

2.4. Síntese conclusiva do Capítulo 2

A simulação se distingue dos demais vícios do ato jurídico, dos atos lícitos, das categorias que ensejam a incidência de postulados normativos (abuso de direito e fraude à lei) e das infrações tributárias, tanto as que acarretam a ineficácia do ato jurídico (falsidade, omissão e erro) quanto as que acarretam a imposição de multas qualificadas (sonegação, fraude e conluio). Pode-se, com base nessas constatações, formular um breve glossário contendo os termos analisados neste capítulo:

Tabela 5 – Glossário de termos apresentados no capítulo 2

Termo	**Dispositivo legal**	**Significado normativo**	**Consequência jurídica**
Abuso de direito	CC, art. 187.	Conduta permitida *prima facie* que causa um dano injustificado a terceiros.	Civil: ilicitude do ato jurídico. Tributário: eficácia do ato ilícito.
Coação	CC, art. 151.	Pressão exercida sobre indivíduo para obrigá-lo a constituir ato jurídico.	Civil: anulabilidade do ato jurídico. Tributário: eficácia do ato ilícito.
Conluio	Lei nº 4.502/64, art. 73.	Sonegação ou fraude fiscal cometidas por dois ou mais indivíduos.	Imposição de multa qualificada.
Dissimulação	CTN, art. 116, parágrafo único.	Subsistência de um ato jurídico após a desconsideração de um ato jurídico simulado.	Civil: invalidade do ato jurídico simulado e validade do ato jurídico dissimulado. Tributário: ineficácia do ato jurídico simulado e eficácia do ato jurídico dissimulado.
Dolo	CP, art. 18, I.	Intenção de obter um resultado ilícito.	Depende da conduta exercida com o dolo.
	CTN, art. 149, VII.	Distorção da realidade para que a parte constitua ato jurídico.	Civil: anulabilidade do ato jurídico. Tributário: ineficácia do ato jurídico.

Termo	Dispositivo legal	Significado normativo	Consequência jurídica
Erro	CC, art. 138.	Noção falsa a respeito de um dos elementos do ato jurídico.	Civil: anulabilidade do ato jurídico. Tributário: eficácia do ato ilícito.
	CTN, art. 149, IV.	Inserção não intencional de informações falsas em documentos fiscais.	Ineficácia.
Falsidade	CTN, art. 149, IV.	Inserção intencional de informações falsas em documentos fiscais.	Ineficácia.
Fraude	Lei nº 4.502/64, art. 72.	Conduta intencional tendente a ocultar características essenciais do fato gerador da autoridade fazendária (fraude fiscal).	Imposição de multa qualificada.
	CTN, art. 149, VII.	Ato jurídico ostensivo constituído de forma maliciosa para prejudicar terceiros (fraude civil).	Civil: anulabilidade do ato jurídico. Tributário: ineficácia do ato jurídico.
	CC, art. 166, VII.	Obtenção indireta de consequências proibidas por meio do exercício de um poder normativo que gera resultados permitidos (fraude à lei).	Civil: nulidade do ato jurídico. Tributário: eficácia do ato jurídico.
	CTN, art. 149, IX.	Ato enganoso (significado vernacular).	Ineficácia.
Lesão	CC, art. 157.	Parte que constituiu ato jurídico economicamente desproporcional em virtude de necessidade ou inexperiência.	Civil: anulabilidade do ato jurídico. Tributário: eficácia do ato ilícito.
Negócio jurídico fiduciário	–	Negócio jurídico que transmite um direito relacionado a um negócio jurídico que estabelece a obrigação de restituir esse direito.	Validade e eficácia do ato jurídico.
Negócio jurídico indireto	–	Negócio jurídico típico que é constituído pelas partes para a obtenção diverso de fim para o qual tal negócio jurídico foi criado	Validade e eficácia do ato jurídico.

Termo	Dispositivo legal	Significado normativo	Consequência jurídica
Omissão	CTN, art. 149, IV.	Omissão de informações obrigatórias em documentos fiscais.	Ineficácia.
Reserva mental	CC, art. 110.	Contrariedade subjetiva e interna da parte em relação à sua manifestação de vontade.	Nenhuma.
Simulação	CTN, art. 149, VII.	Constituição de um ato jurídico oculto que deliberadamente altere um ato jurídico aparente (simulação formal).	Civil: nulidade do ato jurídico. Tributário: ineficácia do ato jurídico.
		Enunciação deliberada de proposição falsa por meio de um ato jurídico (simulação material).	
Sonegação	Lei nº 4.502/64, art. 71.	Conduta intencional tendente a ocultar a ocorrência do fato gerador da autoridade fazendária.	Imposição de multa qualificada.

Fonte: elaborado pelo autor.

A tabela a seguir ilustra as categorias a que pertencem cada um dos institutos analisados, bem como os seus níveis de atuação e as suas relações:

Tabela 6 – Categorias dos institutos apresentados no capítulo 2

	Existência do ato jurídico	**Validade (vícios elencados pelo Código Civil + postulados normativos)**	**Eficácia tributária da qualificação do ato jurídico (art. 149, VII, CTN)**	**Infrações tributárias de deveres anexos (art. 149, IV, CTN)**	**Hipóteses de multa qualificada (art. 44, § 1º, Lei nº 9.430/96)**
		Inválido	**Ineficaz**		
Fatos brutos (inclusive reserva mental)	Compra e venda	Simulação (inclusive dissimulação)	Simulação (inclusive dissimulação)		
	Doação	Dolo	Dolo	**Ineficaz**	
	Mútuo	Fraude civil a credores	Fraude civil	Falsidade	Sonegação
	Demais negócios jurídicos típicos		**Eficaz** Erro na declaração de vontade Lesão Coação Abuso de direito Fraude à lei	Omissão	Fraude fiscal
	Negócio jurídico atípico			Erro no preenchimento de documentos fiscais	Conluio
	Negócio jurídico indireto	Erro na declaração de vontade Lesão			
	Negócio jurídico fiduciário	Coação Abuso de direito Fraude à lei			

Fonte: elaborado pelo autor.

SEGUNDA PARTE:
APLICAÇÃO DO CONCEITO DE SIMULAÇÃO

CAPÍTULO 3

Identificação do ato jurídico simulado

"Jamais diga uma mentira que não possa provar"
(Millôr Fernandes)

"You can fool some of the people all of the time, and all of the people some of the time, but you can not fool all of the people all of the time"
(Atribuída a Abraham Lincoln)

3.1. Comprovação da simulação

3.1.1. Ônus da prova na alegação de simulação

Como regra geral, cabe ao autor das alegações comprová-las.[1] Essa regra geral é aplicável aos casos nos quais se alega a ocorrência de simulação. O autor da alegação de simulação deve comprovar a ocorrência dos fatos a partir dos quais se pode inferir que determinado ato jurídico foi simulado. Isso significa que o autor de uma alegação de simulação deve se desincumbir do seguinte ônus: (i) identificar o ato jurídico supostamente simulado; (ii) descrever os fatos que permitem inferir a ocorrência da simulação; (iii) comprovar a existência dos fatos que permitem inferir a ocorrência da simulação; (iv) indicar os fundamentos legais que dão suporte à qualificação do ato jurídico como simulado; (v) apresentar o raciocínio que conecta os fatos comprovados à qualificação do ato jurídico como simulado.

---

1. Código de Processo Civil:
Art. 373. O ônus da prova incumbe:
I - ao autor, quanto ao fato constitutivo de seu direito.

Nos lançamentos tributários fundamentados na ocorrência de simulação, cabe à Fiscalização Tributária o ônus de comprová-la, e tal comprovação deve ser realizada no momento da formalização do lançamento. Em primeiro lugar, porque o artigo 142 do Código Tributário Nacional estabelece que, ao constituir o crédito tributário pelo lançamento, a autoridade administrativa deve "verificar a ocorrência do fato gerador da obrigação correspondente" e "determinar a matéria tributável". Em segundo lugar, porque o artigo 149, VII, do Código Tributário Nacional estabelece que o lançamento de ofício pode ser realizado "quando se comprove que o sujeito passivo, ou terceiro em benefício daquele, agiu com (...) simulação". Em terceiro lugar, porque o artigo 9º do Decreto nº 70.235/72, que trata do processo administrativo fiscal federal, mas é aplicável supletivamente às legislações de diversos outros entes federativos, dispõe que os instrumentos que formalizam os lançamentos tributários "deverão estar instruídos com todos os termos, depoimentos, laudos e demais elementos de prova indispensáveis à comprovação do ilícito".

Da leitura desses dispositivos, percebe-se que o ordenamento jurídico não só imputou à Fiscalização Tributária o ônus de comprovar a ocorrência da simulação, como também estabeleceu que tal comprovação deve ocorrer em um momento específico, qual seja, o da formalização do lançamento tributário. Essa conclusão é reforçada pelo artigo 146 do Código Tributário Nacional, que proíbe expressamente a modificação dos critérios jurídicos adotados em um lançamento tributário já formalizado.[2] A constatação de que cabe à Fiscalização Tributária comprovar a ocorrência da simulação no momento da formalização do lançamento tributário, embora pareça trivial, é relevante por duas razões: esclarece os limites da lide a respeito das controvérsias envolvendo a simulação e delimita o conteúdo da chamada "presunção de legitimidade do ato administrativo".

Em primeiro lugar, a constatação de que cabe à Fiscalização Tributária comprovar a ocorrência da simulação no momento da formalização do lançamento tributário esclarece os limites da lide nos litígios administrativos e judiciais que tenham como objeto lançamentos tributários que tenham sido fundamentados na ocorrência de simulação. A controvérsia administrativa ou judicial não deve girar em torno da ocorrência (ou não) da simulação; o que se deve discutir é se:

---

2. Art. 146. A modificação introduzida, de ofício ou em conseqüência de decisão administrativa ou judicial, nos critérios jurídicos adotados pela autoridade administrativa no exercício do lançamento sòmente pode ser efetivada, em relação a um mesmo sujeito passivo, quanto a fato gerador ocorrido posteriormente à sua introdução.

(i) pode-se inferir a ocorrência de simulação a partir dos fatos alegados na formalização do lançamento tributário; e (ii) os fatos alegados foram devidamente comprovados pela formalização do lançamento tributário.

Com efeito, uma vez formalizado o lançamento fiscal, ele se vincula aos fatos que descreveu e às provas que apresentou. De um lado, a formalização do lançamento tributário se vincula aos fatos que descreveu, de forma que outros fatos e indícios da ocorrência de simulação não devem ser considerados para a qualificação de um ato jurídico como simulado. Isso significa que, mesmo que determinado indício seja decisivo para a comprovação da ocorrência de simulação, ele só deverá ser considerado se tiver sido descrito pela formalização do lançamento tributário. Disso decorre que, por exemplo, se o julgador (administrativo ou judicial) entender que a péssima situação financeira do adquirente seria um indício decisivo para determinar se houve simulação, mas tal indício não tenha sido mencionado pela formalização do lançamento fiscal, então ele não deve determinar o esclarecimento de tal fato, mas sim decidir que a hipótese de simulação não restou comprovada.

De outro lado, a formalização do lançamento tributário se vincula às provas que apresentou, de forma que outras provas não devem ser apresentadas ou produzidas em momentos posteriores. Isso significa que, mesmo que a produção de determinada prova possa ser decisiva para demonstrar a ocorrência de um fato alegado pela Fiscalização Tributária, ela não deve ser produzida após a formalização do lançamento tributário – a Fiscalização Tributária pode, por óbvio, produzir provas a respeito de eventuais fatos impeditivos, modificativos ou extintivos do seu direito que tenham sido alegados pelo contribuinte. Disso decorre que, por exemplo, se o julgador (administrativo ou judicial) não está convencido de que o adquirente não teria condições financeiras para adimplir com o negócio jurídico, e considera tal indício fundamental para a configuração da simulação, então ele não deve determinar a produção de provas a esse respeito, mas sim decidir que a hipótese de simulação não restou comprovada.

Em última análise, o contribuinte não necessita comprovar que não houve simulação. Para que o lançamento tributário seja cancelado, basta que o contribuinte demonstre que a Fiscalização Tributária não se desincumbiu do seu ônus, isto é, que os fatos alegados e que as provas apresentadas no momento da formalização do lançamento tributário são insuficientes para se reputar ocorrida a simulação. Em outras palavras: o contribuinte não tem o ônus de mostrar que os fatos ocorreram de forma distinta da que foi alegada pela Fiscalização

Tributária, ele pode se limitar a demostrar que a tese do lançamento tributário não é sólida.[3]

Em segundo lugar, a constatação de que cabe à Fiscalização Tributária comprovar a ocorrência da simulação no momento da formalização do lançamento tributário delimita os limites da chamada "presunção de legitimidade do ato administrativo". Há vasta jurisprudência acerca da existência de uma presunção de legitimidade do ato administrativo, a qual atribuiria ao contribuinte o ônus de comprovar a inocorrência dos fatos descritos no ato que formalizou do lançamento tributário. De acordo com essa concepção, os fatos descritos pelos atos administrativos de formalização de lançamentos tributários deveriam ser reputados *prima facie* verdadeiros.[4] O Conselho Administrativo de Recursos Fiscais, por exemplo, já afirmou que são "presumidos como verdadeiros os fatos alegados pela Administração, até a prova sem sentido diverso".[5]

Essa concepção é equivocada. É certo que os atos administrativos possuem uma presunção de legitimidade. Não por acaso, a Administração Pública não necessita recorrer ao Poder Judiciário para que os seus atos tenham efeitos e vinculem os administrados.[6] Isso não afasta, contudo, a circunstância de que os atos administrativos devem ser motivados e, no caso dos atos administrativos de formalização de lançamento tributário, devem observar as regras de motivação e fundamentação estabelecidas pelos artigos 142 e 149, VII, do Código Tributário Nacional e 9º do Decreto nº 70.235/72. Tais regras, como se viu, impõem à Fiscalização Tributária o ônus de comprovar a ocorrência dos fatos alegados nas formalizações de lançamentos tributários.

Disso decorre que a presunção de legitimidade dos atos administrativos depende do cumprimento do devido processo legal por parte da Administração Pública, isto é, depende, dentre outas coisas, do cumprimento do seu ônus de comprovar as suas alegações.[7] Conforme bem observado por Marçal Justen

3. TUZET, Giovanni. **Filosofia della prova giuridica**. Turim: G. Giappichelli Editore, 2013, p. 161.

4. KOURY, Paulo Arthur Cavalcante. Contra as Máximas de Presunção de Legitimidade do Crédito Tributário e do Livre Convencimento do Julgador. **Revista Direito Tributário Atual**., São Paulo: IBDT, n. 51, 2022, p. 329.

5. BRASIL. CARF, Acórdão nº 2302-002.489, 2ª Seção/3ª Câmara/2ª Turma Ordinária, rel. Cons. Arlindo da Costa e Silva, j. 15/05/2013.

6. JUSTEN FILHO, Marçal. **Curso de direito administrativo**. 11 ed. São Paulo: Editora Revista dos Tribunais, 2015, p. 398.

7. JUSTEN FILHO, Marçal. **Curso de direito administrativo**. 11 ed. São Paulo: Editora Revista dos Tribunais, 2015, p. 397.

Filho, a Administração Pública não deve "afirmar, de modo unilateral e destituído de fundamento, que um fato aconteceu e pretender invocar uma presunção favorável a si, remetendo ao particular o ônus de provar o contrário".[8]

No caso específico dos atos administrativos que formalizam lançamentos tributários, essas considerações permitem concluir que a simples descrição de fatos pela autoridade administrativa não os torna verdadeiros. A presunção de legitimidade dos lançamentos tributários depende do cumprimento do ônus imposto pelos artigos 142 e 149, VII, do Código Tributário Nacional e 9º do Decreto nº 70.235/72, isto é, depende da comprovação da ocorrência dos fatos por ele descritos. Conforme já decidido pelo Conselho Administrativo de Recursos Fiscais, em decisão relatada por Sávio Salomão de Almeida Nóbrega, "o lançamento deve estar lastreado em provas do acontecimento que dá ensejo ao pagamento do tributo", razão pela qual a Fiscalização Tributária tem "um dever jurídico de investigação ou encargo da prova no que diz com a comprovação da ocorrência do fato tal qual descrito abstratamente na norma superior".[9]

Não há, portanto, uma inversão do ônus da prova decorrente da presunção de legitimidade dos lançamentos tributários, a qual atribuiria ao contribuinte o ônus de comprovar a inocorrência dos fatos nele descritos. O que se atribui ao contribuinte é o *ônus de produção probatória* para rechaçar os fatos alegados e comprovados pelo ato que formalizou o lançamento tributário. Importante, aqui, dividir o conceito de ônus da prova em *ônus de persuasão* e *ônus de produção probatória*: de um lado, o *ônus de persuasão* é atribuído de maneira fixa a uma das partes (em regra, ao autor) e corresponde ao dever de convencer ao julgador de que os fatos alegados são verdadeiros; de outro lado, o *ônus de produção probatória* é atribuído de maneira dinâmica às partes ao longo do julgamento e corresponde ao dever de comprovar a ocorrência (ou a inocorrência) de algum fato específico.[10]

No caso dos atos administrativos que formalizam lançamentos tributários, o *ônus de persuasão* jamais é invertido, sendo da Fiscalização Tributária o ônus de convencer os julgadores (administrativos e judiciais) de que as provas apresentadas são suficientes para a comprovação dos fatos alegados. O *ônus*

---

8. JUSTEN FILHO, Marçal. **Curso de direito administrativo**. 11 ed. São Paulo: Editora Revista dos Tribunais, 2015, p. 398.

9. BRASIL. CARF, Acórdão nº 1302-006.814, 1ª Seção/3ª Câmara/2ª Turma Ordinária, rel. Cons. Sávio Salomão de Almeida Nóbrega, j. 22/06/2023.

10. WALTON, Douglas N. **Burden of proof, presumption and argumentation**. Nova York: Cambridge University Press, 2014, p. 52

da produção probatória tampouco é invertido: ele é apenas atribuído ao contribuinte para rechaçar ou contextualizar os fatos específicos comprovados pela Fiscalização Tributária. Mas nada disso afasta a possibilidade de o contribuinte alegar que os fatos comprovados pela Fiscalização Tributária são insuficientes para o cumprimento do seu ônus de persuasão, isto é, ainda que os fatos comprovados pela Fiscalização Tributária sejam verdadeiros, eles não permitem inferir a ocorrência da hipótese alegada – tal como, por exemplo, a simulação.

Deve-se ressaltar, aqui, que a simulação não é um fato, mas sim uma qualificação jurídica atribuída a determinados atos jurídicos, a qual depende da ocorrência de alguns fatos. Essa constatação é importante porque, mesmo que se presumisse que os fatos descritos no ato que formaliza o lançamento fiscal fossem verdadeiros, isso não importaria a presunção de ocorrência da simulação – o contribuinte ainda poderia alegar que tais fatos não permitem inferi-la.

As considerações anteriores permitem concluir que a Fiscalização Tributária tem o ônus de comprovar a ocorrência da simulação no momento da formalização do lançamento tributário. Em primeiro lugar, isso significa que o contribuinte não necessita comprovar a inocorrência da simulação; para cancelar o lançamento tributário, basta que ele demonstre que fatos alegados e que as provas apresentadas pela Fiscalização Tributária no momento da formalização do lançamento tributário são insuficientes para configurar a simulação. Em segundo lugar, isso significa que não existe uma inversão do ônus da prova em decorrência da presunção de legitimidade do lançamento tributário; cabe à Fiscalização Tributária o ônus de persuadir o julgador (administrativo ou judicial) de que as provas constantes no ato que formalizou o lançamento tributário são suficientes para se reputar ocorrida a simulação.

3.1.2. Standard *probatório para a caracterização da simulação*

Uma prova é sólida e robusta se as inferências que relacionam o meio de prova à hipótese que se quer comprovar são suficientemente fortes.[11] Saber se tais inferência são fortes o bastante para reputar a hipótese como comprovada, contudo, é questão diversa, e diz respeito ao *standard* probatório exigido para o caso. O *standard* probatório corresponde ao nível de confiança que o con-

11. ÁVILA, Humberto. Teoria da prova: standards de prova e os critérios de solidez da inferência probatória. **Revista de Processo**, São Paulo, Thomson Reuters-Revista dos Tribunais, ano 43, v. 282. agosto/2018, p. 113-139, p. 122.

junto probatório deve fornecer para que uma hipótese seja considerada como comprovada.[12]

Em casos que envolvem direitos disponíveis e patrimoniais, tais como o Direito Civil, entende-se que o *standard* exigido para que uma hipótese seja considerada comprovada é o da preponderância de provas (ou prova convincente), isto é, basta que uma hipótese tenha mais probabilidade de ser considerada verdadeira do que o contrário.[13] Afinal, nesses casos, há paridade entre as partes envolvidas e as consequências da decisão não envolvem restrições relevantes a direitos fundamentais. As discussões sobre a simulação na esfera civil, portanto, permite que as respectivas hipóteses sejam comprovadas por meio de uma mera preponderância de provas.

No âmbito do Direito Tributário, contudo, o *standard* probatório ordinário para os lançamentos fiscais realizados pelas autoridades administrativas deve ser mais elevado, uma vez que há maior restrição de propriedade e de liberdade, bem como uma assimetria entre a Fiscalização Tributária e o contribuinte. Tem-se, aqui, o chamado *standard* da prova clara e convincente, o qual exige uma comprovação da hipótese que seja abrangente quantos aos fatos alegados e tenha um forte grau de corroboração.[14] Veja-se que é possível, ao menos teoricamente, que uma situação jurídica, mesmo que tenha incorporado a definição da legislação de Direito Civil, seja considerada comprovada para fins civis, mas que não o seja para fins tributários, uma vez que o *standard* probatório do Direito Tributário é mais elevado do que aquele do Direito Civil.

Ocorre que a legislação tributária brasileira, em geral, vincula a realização do lançamento de ofício à imposição de uma sanção. É dizer: o ordenamento jurídico estabeleceu uma indissociabilidade entre o lançamento de ofício e a imposição de uma multa. Exceto nas hipóteses descritas pelo artigo 100 do Código Tributário Nacional, não há, em regra, a possibilidade legal de se realizar um lançamento de ofício sem a imposição de multa.[15] Jules Queiroz observa que,

---

12. HAACK, Susan. **Evidence Matters**: Science, Proof and Truth in the Law. Cambridge University Press: Cambridge, 2014, p. 56.

13. ÁVILA, Humberto. Teoria da prova: standards de prova e os critérios de solidez da inferência probatória. **Revista de Processo**, São Paulo, Thomson Reuters-Revista dos Tribunais, ano 43, v. 282. agosto/2018, p. 113-139, p. 118.

14. SILVA, Jules Michelet Pereira Queiroz e. **Standards de Prova no Direito Tributário**. São Paulo: IBDT, 2022, p. 197.

15. Art. 100. São normas complementares das leis, dos tratados e das convenções internacionais e dos decretos:

I - os atos normativos expedidos pelas autoridades administrativas;

em razão dessa circunstância contingente, os lançamentos de ofício que sejam vinculados à imposição de penalidades ficam sujeitos ao *standard* probatório aplicável às sanções, já que, nesse caso, o mesmo conjunto probatório deve fundamentar tanto a exigência do tributo quanto a imposição de uma sanção.[16] Trata-se do chamado *standard* da prova acima de qualquer dúvida razoável, mais elevado do que aquele que seria aplicável, em regra, aos lançamentos tributários, qual seja, o *standard* da prova clara e convincente.

O *standard* da prova acima de qualquer dúvida razoável exige que a hipótese de culpa deve integrar os meios de prova de forma coerente e as hipóteses de inocência plausíveis devem ser refutadas.[17] Ele é aplicável aos casos nos quais se prefere pagar o preço de absolver um condenado do que pagar o preço de condenar um inocente.[18] A incidência do *standard* da prova acima de qualquer dúvida razoável aos casos de aplicação de sanções tributárias pode ser fundamentada, de um lado, na natureza penal dessas sanções, as quais têm como finalidade a restrição punitiva da propriedade e da liberdade do indivíduo, e, de outro lado, no artigo 112 do Código Tributário Nacional, o que estabelece que as dúvidas acerca de controvérsias envolvendo sanções tributárias devem ser resolvidas de forma favorável ao acusado.[19]

II - as decisões dos órgãos singulares ou coletivos de jurisdição administrativa, a que a lei atribua eficácia normativa;

III - as práticas reiteradamente observadas pelas autoridades administrativas;

IV - os convênios que entre si celebrem a União, os Estados, o Distrito Federal e os Municípios.

Parágrafo único. A observância das normas referidas neste artigo exclui a imposição de penalidades, a cobrança de juros de mora e a atualização do valor monetário da base de cálculo do tributo.

16. SILVA, Jules Michelet Pereira Queiroz e. **Standards de Prova no Direito Tributário**. São Paulo: IBDT, 2022, p. 251.

17. BELTRÁN, Jordi Ferrer. **La Valoración Racional de la Prueba**. Madri: Marcial Pons, 2007, p. 147.

18. TUZET, Giovanni. **Filosofia della prova giuridica**. Turim: G. Giappichelli Editore, 2013, p. 105.

19. Art. 112. A lei tributária que define infrações, ou lhe comina penalidades, interpreta-se da maneira mais favorável ao acusado, em caso de dúvida quanto:

I - à capitulação legal do fato;

II - à natureza ou às circunstâncias materiais do fato, ou à natureza ou extensão dos seus efeitos;

III - à autoria, imputabilidade, ou punibilidade;

IV - à natureza da penalidade aplicável, ou à sua graduação.

Os lançamentos fiscais fundamentados na ocorrência de simulação fazem parte desses casos nos quais a legislação, em geral, vincula a realização do lançamento à imposição de uma multa. Disso decorre que, nos casos de lançamento de ofício fundamentados na ocorrência de simulação, as autoridades administrativas devem apresentar um conjunto probatório que satisfaça o *standard* da prova acima de qualquer dúvida razoável.

A exigência do *standard* da prova acima de qualquer dúvida razoável para a comprovação da simulação no âmbito tributário, vale salientar, é meramente contingente, e decorre da opção da legislação por vincular o lançamento de ofício à imposição de uma sanção. Isso não impede, por exemplo, que os julgadores administrativos ou judiciais venham a considerar que apenas o *standard* da prova clara e convincente tenha sido atingido pelo lançamento fiscal, cancelando, assim, tão somente a multa aplicada.

Além disso, nos demais casos em que haja uma controvérsia a respeito da ocorrência de simulação no âmbito tributário, os quais não envolvam um lançamento de ofício, o *standard* que deve ser observado é o ordinário, qual seja, o da prova clara e convincente. Caso um contribuinte, por exemplo, ajuíze uma ação contra a Fazenda Pública postulando a declaração da inexistência de relação jurídico-tributária em decorrência do negócio jurídico que constituiu, depositando o valor controverso em juízo, eventual contestação da Fazenda Pública que alegue a ocorrência de simulação nesse negócio jurídico estará sujeita ao *standard* da prova clara e convincente, e não *standard* da prova acima de qualquer dúvida razoável. Afinal, nesse caso, o reconhecimento da simulação não estaria vinculado à imposição de uma sanção.

As considerações anteriores permitem concluir que o *standard* probatório exigido para a comprovação da simulação no âmbito civil é o da preponderância de provas; no âmbito tributário, é o da prova clara e convincente, embora nos casos de lançamento de ofício seja exigido, contingencialmente, um *standard* da prova acima de qualquer dúvida razoável, já que a legislação vincula, em regra, a realização do lançamento de ofício à imposição de uma sanção.

3.1.3. Comprovação da simulação material

3.1.3.1. Comprovação da simulação de lugar, da simulação de tempo e da simulação material de objeto

3.1.3.1.1. Hipótese a ser comprovada para caracterizar a simulação de lugar, a simulação de tempo e a simulação material de objeto

A simulação de lugar, a simulação temporal e a simulação material de objeto possuem hipóteses de comprovação semelhantes, visto que todas dizem respeito à enunciação deliberada de proposições falsas sobre fatos brutos. Na simulação de lugar, a hipótese a ser comprovada é que as partes, deliberadamente, constituíram ato jurídico que exprime uma proposição falsa sobre o local da sua constituição. Na simulação temporal, a hipótese a ser comprovada é que as partes, deliberadamente, constituíram ato jurídico que exprime uma proposição falsa sobre o momento da sua constituição. Na simulação material de objeto, a hipótese a ser comprovada é que as partes, deliberadamente, constituíram ato jurídico que exprime uma proposição falsa a respeito do seu objeto. Os critérios para a comprovação dessas três espécies de simulação, portanto, podem ser analisados conjuntamente.

Um aspecto importante da hipótese a ser comprovada nos casos de simulação de lugar, a simulação temporal e a simulação material de objeto é que a circunstância das proposições falsas terem sido exprimidas *deliberadamente* pelas partes deve ser presumida, não necessitando de comprovação específica (embora nada impeça que tal comprovação seja apresentada). Isso porque, conforme afirmado no tópico 1.3.6, o requisito de que as partes tenham constituído o ato jurídico oculto *deliberadamente* na simulação não decorre diretamente da sua definição pelo Código Civil, mas sim da necessidade de diferenciar a simulação de outros vícios do negócio jurídico, notadamente o dolo, o erro, a lesão e a coação. No dolo, no erro e na lesão, exprime-se uma proposição falsa sem o conhecimento da realidade; na coação, exprime-se uma proposição falsa sem qualquer reflexão interna. Em suma: ao se afirmar que na simulação material as partes devem exprimir uma proposição falsa deliberadamente, se quer dizer que tal proposição deve ser exprimida com ciência da realidade e em decorrência de uma reflexão interna, isto é, sem dolo, erro, lesão ou coação. O termo "deliberadamente", portanto, é empregado com o significado de "sem dolo, erro, lesão ou coação".

Imputar a quem alega a ocorrência de simulação o ônus de comprovar que tais proposições foram deliberadas seria presumir a ocorrência de vícios no ato jurídico. E vícios do consentimento não se presumem. Não obstante, a presunção de que o ato jurídico foi constituído deliberadamente pode ser afastada, hipótese na qual eventual lançamento fiscal fundamentado unicamente na ocorrência de simulação dever ser anulado.

As considerações anteriores permitem concluir que na simulação de lugar, na simulação temporal e na simulação material de objeto, a hipótese a ser comprovada diz respeito à falsidade das proposições exprimidas por meio do ato jurídico. A circunstância dessas proposições terem sido exprimidas deliberadamente deve ser presumida, embora admita prova em contrário.

3.1.3.1.2. Meios de prova para caracterizar a simulação de lugar, a simulação de tempo e a simulação material de objeto

Na simulação de lugar, na simulação temporal e na simulação material de objeto, a comprovação da falsidade das proposições exprimidas por meio do ato jurídico (hipótese) pode se dar por meio de uma prova direta. Isso porque a verdade das proposições sobre fatos brutos, em regra, pode ser verificada por meio da correspondência da crença formulada por meio da proposição com os fatos do mundo, no que é chamado de teoria da verdade como correspondência.[20] Os critérios para a verificação da verdade das proposições sobre fatos brutos, portanto, estão no mundo externo; em outras palavras: são os aspectos da experiência que fornecerem critérios para identificar a verdade.[21]

Na simulação de lugar, a proposição de que o ato jurídico foi constituído em determinado local pode ser rechaçada, por exemplo, por meio de um vídeo que demonstre a constituição do ato jurídico em local diverso. Nesse caso, há uma prova direta da hipótese de que há falsidade na proposição a respeito do local da constituição do ato jurídico. Ressalte-se, contudo, que para se produzir uma prova direta a respeito da simulação de lugar, não basta verificar que as partes não estão no local indicado como sendo o do ato jurídico, nem obter declarações de que as partes não são conhecidas naquele local. Isso só comprova que as partes não estão mais naquele local, mas não afasta a possibilidade de elas lá estarem quando da constituição do ato jurídico. A prova direta da simulação de lugar decorre de testemunhos relacionados ao período no qual o ato jurídico foi constituído, tais como os que afirmam que a atual atividade econômica exercida naquele local (distinta da que é objeto do ato jurídico supostamente simulado) já era realizada à época da constituição do ato jurídico.[22]

---

20. PECZENIK, Aleksander. **On Law and Reason**. 2. ed. Dordrecht: Springer, 2009, p. 148.

21. CHIASSONI, Pierluigi. Interpretación jurídica sin verdad. **Revista Brasileira de Filosofia**, São Paulo, Marcial Pons, v. 240. Jan-jun/2013, p. 99.

22. RIVIERA, Jennifer Lorena Villamil. La valoración probatoria para desvirtuar configuraciones formales en el Derecho tributario. Análisis jurisprudencial del caso chatarreros. **Revista de Derecho Fiscal**, n. 16. jan-jun/2020, p. 119-145, p. 135.

Na simulação de tempo, a proposição de que o ato jurídico foi constituído em determinado momento pode ser rechaçada, por exemplo, por meio de testemunhas que tenham presenciado a constituição do ato jurídico em momento diverso. A força da prova testemunhas nesses casos é questão diversa; o importante aqui é perceber que a hipótese da simulação temporal pode ser diretamente comprovada.

Na simulação material de objeto, a inexistência do objeto material do negócio jurídico também pode ser comprovada diretamente. No caso em que uma controlada estrangeira constituiu negócio jurídico com a sua controladora brasileira, tendo como objeto títulos específicos da dívida externa argentina ("Argentine Global Bonds"), o Conselho de Contribuintes manteve a autuação fiscal que considerou ter havido simulação naquele negócio jurídico. De acordo com a decisão do Conselho de Contribuintes, "as informações obtidas junto ao governo argentino fazem prova da inexistência dos títulos", de forma que seria "mais do que razoável a conclusão a que chegou a fiscalização, fundada em provas diretas, de que houve mera simulação de operações financeiras".[23]

Ainda em relação à simulação material de objeto, a proposição de que um pagamento foi realizado em determinada conta bancária pode ser rechaçada, por exemplo, por meio do extrato da referida conta, no qual não conste tal pagamento. Trata-se de prova direta da hipótese de que há falsidade na proposição de que ocorreu o pagamento. Vale ressaltar, contudo, que na simulação material de objeto dificilmente são exprimidas proposições a respeito de um pagamento em alguma conta bancária específica, razão pela qual a prova direta desse fato negativo (ausência de pagamento) é incomum.

Existem casos nos quais a comprovação direta das hipóteses de simulação de lugar, de simulação temporal e de simulação material de objeto não é possível. Tais hipóteses podem ser comprovadas indiretamente, por meio de indícios.[24] A partir da comprovação da ocorrência de determinados indícios, pode-se, por meio de inferências (tais como aquelas fundamentadas em máximas da experiência), concluir pela comprovação da hipótese principal. O Superior Tribunal de Justiça, nesse sentido, já afirmou que diante da dificuldade em se comprovar a ocorrência da simulação, "é facultado ao julgador valer-se das regras de expe-

23. BRASIL. 1º CC, Acórdão nº 102-48.620, 2ª Câmara, rel. Cons. Antonio José Praga de Souza, j. 14/06/2007.

24. GARCÍA, Manuel Albaladejo. **La simulación**. Madri: Edisofer, 2005, p. 204.

riência, bem como de indícios existentes no processo para considerar presente o vício que invalida o negócio jurídico".[25]

O raciocínio inferencial que transforma a comprovação de uma série de indícios na comprovação de uma hipótese decorre da percepção de que todos os eventos podem ser explicados racionalmente. Da premissa de que os indícios X, Y e Z foram comprovados, pode-se inferir se tais indícios são coerentes com a hipótese H. Esse teste para verificar se a hipótese H ocorreu decorre da ideia de *coerência narrativa*, e consiste em comparar, de um lado, o grau de coerência entre os indícios comprovados (X, Y e Z) e a ocorrência da hipótese H, e, de outro lado, o grau de coerência entre os indícios comprovados (X, Y e Z) e a não ocorrência da hipótese H.[26] A atribuição de sentido a uma narrativa depende de que a sua sequência dos eventos seja coerente em relação ao seu final.[27]

Uma empresa credora, por exemplo, cedeu um crédito ao seu sócio pelo valor de R$ 8.000.000,00, tendo notificado a devedora dessa cessão em 2007. A autoridade fiscal, contudo, não identificou o reconhecimento desses R$ 8.000.000,00 pela empresa credora no exercício de 2007 (e a sua consequente inclusão no lucro real), razão pela qual a intimou para esclarecer a situação. A empresa credora apresentou um instrumento particular de cessão de crédito, datado de 2004, alegando que o fato gerador havia ocorrido naquele exercício (já abrangido pela decadência).

A autoridade fiscal considerou que haveria simulação temporal naquele caso, uma vez que o instrumento particular de cessão de crédito dizia respeito a um negócio jurídico constituído em 2007, mas que afirmava ter ocorrido em 2004. O Conselho Administrativo de Recursos Fiscais manteve a autuação fiscal, tendo considerado que a proposição a respeito do tempo do negócio jurídico seria falsa com base em quatro indícios principais: (i) o instrumento particular de cessão de crédito datado de 2004 não foi objeto de registro público e tampouco de reconhecimento de firma em cartório; (ii) as declarações fiscais originais da empresa credora e do sócio relativas ao exercício de 2004 não referiram a cessão do crédito, a qual veio a ser informada apenas após a transmissão de declaração

---

25. BRASIL. STJ, Recurso Especial nº 1620702/SP, rel. Min. Ricardo Villas Bôas Cueva, Terceira Turma, j. 22/11/2016.

26. MACCORMICK, Neil. **Retórica e o Estado de Direito**. Tradução de Conrado Hübner Mendes e Marcos Paulo Veríssimo. Revisão Técnica de Cláudio Michelon Jr. Rio de Janeiro: Editora Elsevier, 2008, p. 294.

27. WILLIAMS, Bernard. **Truth and Truthfulness**: An Essay in Genealogy. Princeton: Princeton University Press, 2002, p. 233.

retificadora, em 2007; (iii) a empresa credora firmou termos aditivos com a devedora em 2006, sem sequer mencionar a cessão do crédito ao seu sócio; (iv) o registro contábil do recebimento dos valores pela empresa credora em 2004 veio a ocorrer apenas em 2007.[28]

O Conselho Administrativo de Recursos Fiscais inferiu a ocorrência de simulação temporal naquele caso com base em máximas da experiência e presunções. É incomum que transações envolvendo valores elevados não tenham qualquer registro oficial acerca da sua data de assinatura, assim como, normalmente, as alterações patrimoniais são registradas tempestivamente na contabilidade, assim como são informadas tempestivamente pelas pessoas jurídicas e pelas pessoas físicas à Fiscalização Tributária. Além disso, se a empresa credora firmou um aditivo com a devedora, presume-se que ela seja a titular do crédito naquela data. A hipótese que mais guarda coerência com tais indícios é que a data do negócio jurídico informada pelo contribuinte não seja verdadeira, e que tenha havido uma simulação temporal.

Em outro caso, um negócio jurídico foi constituído por meio de escritura pública, o qual exprimia a proposição de que um neto havia realizado um pagamento ao seu avô em contrapartida à aquisição de um imóvel. O Tribunal de Justiça do Estado do Ceará considerou que tal negócio jurídico corresponderia a uma simulação material de objeto, uma vez que o pagamento não teria ocorrido. Aquele Tribunal concluiu que a proposição a respeito do pagamento seria falsa com base em quatro indícios principais: (i) ausência de comprovante do pagamento; (ii) o adquirente não possuía conta bancária; (iii) o adquirente não tinha meios econômicos para adquirir o imóvel; (iv) a relação familiar entre o adquirente e o alienante explicaria a conduta do alienante de afirmar falsamente ter recebido um pagamento do seu neto.[29]

A inferência da decisão do Tribunal de Justiça do Estado do Ceará de que houve simulação material de objeto naquele caso pode ser explicada com base em máximas da experiência. A partir da observação da conduta humana regular (máximas da experiência), pode-se inferir que é muito raro que alguém efetue um pagamento de um imóvel em dinheiro, e mais raro ainda que tal pagamento não fosse objeto de qualquer comprovante. Não por acaso, o Tribunal de Justiça

---

28. BRASIL. CARF, Acórdão nº 1201.001.434, 1ª Seção/2ª Câmara/1ª Turma Ordinária, rel. Cons. Roberto Caparroz de Almeida, j. 05/05/2016.

29. CEARÁ. TJCE, Apelação Cível nº 0005049-97.2019.8.06.0071, 2ª Câmara de Direito Privado, rel. Des. Maria de Fática de Melo Loureiro, j. 15/06/2022.

do Estado de São Paulo, ao analisar um caso semelhante, indagou-se: "Como os requeridos não teriam qualquer prova do pagamento? A escritura de compra e venda refere que o preço, ao tempo da lavratura da escritura, já haveria sido pago, mas a assertiva, indemonstrada, cai no vazio".[30] Sabe-se, também, que as relações familiares, frequentemente, ensejam atos de liberalidade de patrimônio de ascendentes para descendentes. Além disso, ter dinheiro para adquirir um imóvel (efeito) pressupõe que tal dinheiro tenha sido ganho pelo adquirente (causa). A hipótese mais coerente com a ocorrência de todos esses indícios é que o pagamento, na verdade, não foi realizado, tendo ocorrido a simulação material de objeto.

As considerações anteriores permitem concluir que as hipóteses de ocorrência da simulação de lugar, da simulação temporal e da simulação material de objeto, as quais envolvem a falsidade de proposições a respeito de fatos brutos, podem ser comprovadas tanto diretamente quanto indiretamente.

3.1.3.2. Comprovação da simulação de elementos categoriais essenciais (abuso de forma)

3.1.3.2.1. Hipótese a ser comprovada para caracterizar a simulação de elementos categoriais essenciais (abuso de forma)

Para caracterizar a simulação de elemento categorial essencial (abuso de forma), a hipótese a ser comprovada é que o ato jurídico tenha exprimido deliberadamente uma proposição falsa a respeito dos seus elementos categoriais essenciais. Conforme já analisado no tópico 1.3.3.2.1, alínea "b", as proposições a respeito dos elementos categoriais essenciais do ato jurídico pretendem descrever fatos institucionais, isto é, fatos que só podem ser descritos dentro de uma ordem institucional.[31] Esses fatos institucionais, tais como a onerosidade ou a liberalidade, envolvem tanto fatos brutos (p. ex. o pagamento de um preço e a entrega de uma coisa) quanto juízos de valor a respeito desses fatos brutos (p. ex. a onerosidade desse negócio). As proposições a respeito de fatos institu-

30. SÃO PAULO. TJSP, Apelação Cível nº 1004515-76.2020.8.26.0320, 6ª Câmara de Direito Privado, rel. Des. Vito Guglielmi, j. 14/05/2021.

31. MACCORMICK, Neil. **Retórica e o Estado de Direito**. Tradução de Conrado Hübner Mendes e Marcos Paulo Veríssimo. Revisão Técnica de Cláudio Michelon Jr. Rio de Janeiro: Editora Elsevier, 2008, p. 85. Wroblesky denomina tais fatos de "fatos determinados avaliativamente" (WRÓBLEWSKI, Jerzy. **The Judicial Application of Law**. Dordrecht: Kluwer, 1992, p. 138).

cionais são mais vagas do que as proposições sobre fatos brutos, mas nem por isso deixam de ter valor de verdade.[32]

A melhor maneira de aprofundar a análise acerca da hipótese a ser comprovada no abuso de forma é por meio de um exemplo paradigmático. A maioria dos casos de abuso de forma envolve uma proposição falsa a respeito da onerosidade do negócio jurídico; é o que ocorre, por exemplo, nos negócios jurídicos de compra e venda nos quais o preço é fixado em um valor muito baixo, a ponto de tornar-se falsa a proposição a respeito da existência de onerosidade. Conforme já referido, ao constituírem um negócio jurídico de compra e venda, as partes, além de se comprometerem a entregar um bem em troca de um pagamento, exprimem (ainda que implicitamente) a proposição de que se trata de um negócio oneroso. Compra e venda sem onerosidade é um oxímoro, tal como a expressão "silêncio ensurdecedor".

Um aspecto importante, e geralmente negligenciado, é que empregar o termo "onerosidade" para denotar o elemento categorial essencial oposto à gratuidade envolve uma elipse. Quando se afirma que a compra e venda deve ter "onerosidade", omite-se que essa onerosidade deve ser relativa às prestações de ambas as partes. Afinal, nos negócios jurídicos gratuitos, tais como na doação, também há onerosidade, embora ela diga respeito a apenas uma das partes. Da mesma forma, quando se fala em "onerosidade excessiva", não se quer dizer que há um excesso do elemento categorial essencial "onerosidade", mas sim que há excesso de onerosidade na prestação de uma das partes, razão pela qual a onerosidade excessiva do respectivo negócio jurídico eliminou a sua onerosidade. O que retira o aparente paradoxo da afirmação anterior é perceber que a afirmação "a onerosidade excessiva eliminou a onerosidade" deve ser compreendida como "a onerosidade excessiva da prestação de uma das partes eliminou a onerosidade relativa às prestações de ambas as partes".

Daí que a ideia de reciprocidade e equilíbrio é fundamental para a onerosidade.[33] Só há onerosidade em ambas as prestações de um negócio jurídico se elas forem recíprocas, isto é, mutuamente correspondentes, e se forem equilibradas,

---

32. ALCHOURRÓN, Carlos; BULYGIN, Eugenio. Los limites de la lógica y el razonamiento juridico. *In*: ALCHOURRÓN, Carlos; BULYGIN, Eugenio. **Análisis lógico y Derecho**. Madri: Centro de Estudios Constitucionales, 1991, p. 316.

33. GONÇALVES, Carlos Roberto. **Direito Civil Brasileiro**. 9. ed., v. 3. São Paulo: Saraiva, 2012, p. 219; ALVES, José Carlos Moreira. Direito Romano. 14 ed. Rio de Janeiro: Forense, 2008, p. 161; PEREIRA, Caio Mário da Silva. **Instituições de direito civil**. V. 1, 30. ed. Atualizado por Maria Celina Bodin de Moraes. Rio de Janeiro: Forense, 2017, p. 403.

isto é, economicamente equivalentes. Na medida em que essa reciprocidade e esse equilíbrio deixarem de existir, apenas uma das prestações será onerosa. Quanto a esse ponto, o direito norte-americano fornece uma ideia útil, no chamado "critério do benefício", segundo o qual se presume que, em contratos onerosos, uma parte deve realmente querer a prestação da outra parte.[34] Não é que seja necessário um equilíbrio absoluto entre as prestações para que um negócio jurídico seja considerado oneroso. Mas, conforme bem observado por César García Novoa, uma coisa é não ser necessário um equilíbrio absoluto entre as prestações, e outra é que qualquer preço simbólico ou irrisório, seja considerado contraprestação.[35]

Não se deve confundir essa reciprocidade e esse equilíbrio que deve haver entre as prestações de todos os negócios jurídicos onerosos com a comutatividade, que é uma característica de alguns negócios jurídicos onerosos (tais como a compra e venda), os quais possuem uma relação causal entre as vantagens obtidas com o negócio jurídico e o sacrifício realizado por meio da prestação.[36] Aos negócios jurídicos onerosos comutativos opõem-se os negócios jurídicos onerosos aleatórios, nos quais, igualmente, deve haver reciprocidade e equilíbrio entre o prêmio e o risco segurado, mas o pagamento da indenização não possui um nexo causal direto com a prestação (prêmio), já que depende da ocorrência de um evento futuro e incerto (sinistro).

Ainda que se defina o significado do termo "onerosidade" como a reciprocidade e o equilíbrio nas prestações de ambas as partes em um negócio jurídico, isso não afasta a sua vagueza. Com efeito, o significado do termo "onerosidade" é portador de vagueza unidimensional, já que ele enseja dúvidas quanto à sua aplicação a casos-limite em razão de uma dimensão saliente.[37] Conseguimos imaginar facilmente um negócio jurídico oneroso – no entanto, se formos, pouco a pouco, reduzindo o preço a ser pago por uma das partes, teremos dúvidas

34. SCHANE, Sanford. Contract Formation as a Speech Act. *In*: TIERSMA, Peter M; SOLAN, Lawrence M. (Ed.) **The Oxford Handbook of Language and Law**. Oxford: Oxford University Press, 2015, p. 111.

35. NOVOA, César García. **La Cláusula Antielusiva en la Nueva Ley General Tributaria**. Madri: Marcial Pons, 2004, p. 156.

36. AAMARAL, Francisco. **Direito Civil**: Introdução. 7. ed. Rio de Janeiro: Renovar, 2008, p. 403; GOMES, Orlando. **Introdução ao Direito Civil**. 20. ed. rev. atual. e aum. por Edvaldo Brito e Reginalda Paranhos Brito. Rio de Janeiro: Forense, 2010, p. 272.

37. ÁVILA, Humberto. **Teoria da indeterminação no direito**. São Paulo: Malheiros/Juspodivm, 2022, p. 41.

acerca de quando deixará de haver a onerosidade. A linha que demarca a divisão entre um negócio jurídico oneroso e um negócio jurídico gratuito não é clara.

Importante ressaltar, contudo, que nem todos os casos de indeterminação linguística correspondem a casos de indeterminação normativa, já que só há violação do dever de determinação normativa, o qual decorre dos princípios da legalidade e da segurança jurídica, nas situações em que o indivíduo não possa orientar adequadamente a sua conduta com base no ordenamento jurídico.[38] E, no caso da hipótese de comprovação da falsidade das proposições sobre a onerosidade do negócio jurídico, existem dois tipos de fatores que delimitam o seu significado normativo e permitem que os indivíduos possam orientar a sua conduta com base nela. De um lado, existem fatores normativos, visto que algumas outras normas do ordenamento jurídico implicam um significado normativo de onerosidade no negócio jurídico. De outro lado, existem fatores metodológicos, visto que alguns princípios do ordenamento jurídico delimitam o significado de onerosidade para fins de configuração do abuso de forma.

De um lado, existem fatores decorrentes do ordenamento jurídico que delimitam o significado normativo de "onerosidade" no contrato de compra e venda. O parágrafo único do artigo 891 do Código de Processo Civil define como vil o preço inferior à metade do valor de mercado de um bem, impedindo a sua aceitação em leilão judicial.[39] Dessa disposição, nada se infere a respeito das compras e vendas realizadas por um preço *inferior* à metade do valor de mercado do bem – o preço é vil e o lance correspondente não deve ser aceito em um leilão público, mas o ordenamento jurídico não rechaça a possibilidade de que um lance inferior a metade do valor de mercado do bem seja, envolve, ainda assim, uma onerosidade. A disposição, contudo, permite inferir que lances envolvendo preços *superiores* a metade do valor de mercado do bem possuem onerosidade, visto que o ordenamento jurídico os admite para fins de arrematação de bens em leilões públicos. Em suma: o parágrafo único do artigo 891 do Código de Processo Civil não diz nada sobre a onerosidade de preços inferiores à metade do valor de mercado do bem, mas reconhece, implicitamente, a onerosidade de preços superiores a metade do valor de mercado do bem.

---

38. ÁVILA, Humberto. **Legalidade Tributária Material**. São Paulo: Malheiros/Juspodivm, 2022, p. 45.

39. Art. 891. Não será aceito lance que ofereça preço vil.

Parágrafo único. Considera-se vil o preço inferior ao mínimo estipulado pelo juiz e constante do edital, e, não tendo sido fixado preço mínimo, considera-se vil o preço inferior a cinquenta por cento do valor da avaliação.

Essa conclusão pode ser reforçada pela constatação de que o ordenamento jurídico, de modo geral, reconhece como natureza jurídica preponderante de um negócio jurídico aquilo que for responsável por mais da metade do seu valor econômico. Nas transações em que a prestação envolve a entrega de um bem, e a contraprestação envolve a entrega de outro bem e de dinheiro, entende-se que natureza do negócio jurídico dependerá do que representar o maior valor na contraprestação: se for o bem, haverá uma permuta com torna; se for o dinheiro, haverá uma compra e venda com dação em pagamento de parcela do preço.[40] A aplicação da mesma lógica aos negócios jurídicos de compra e venda conduz à conclusão de que se a contraprestação representar mais da metade do valor econômico do bem transacionado, o negócio jurídico mantém a sua natureza de compra e venda.

De outro lado, existem fatores metodológicos decorrentes dos princípios da segurança jurídica e da livre iniciativa que delimitam o significado normativo de "onerosidade" no contrato de compra e venda. O princípio da segurança jurídica exige que os indivíduos tenham uma elevada capacidade de calcular os efeitos jurídicos decorrentes das suas condutas;[41] o princípio da livre iniciativa exige que se respeite o âmbito normativo de autonomia privada do indivíduo. Disso decorre que há uma presunção relativa da validade das formas escolhidas pelas partes para a constituição dos seus atos jurídicos. Essa constatação é fundamental para a demarcação do limite que separa a onerosidade da gratuidade. Se houver um *mínimo* de reciprocidade e um *mínimo* de equilíbrio entre as prestações de um contrato de compra e venda, privilegia-se a forma escolhida pelas partes e considera-se que há onerosidade, em observância às exigências decorrentes da segurança jurídica e da livre iniciativa.

A partir disso, pode-se concluir que a hipótese que deve ser comprovada para caracterizar o abuso de forma em um negócio jurídico de compra e venda é que uma das prestações corresponde a, pelo menos, o dobro do valor da outra, e não há uma mínima reciprocidade ou um mínimo equilíbrio entre elas. Tal hipótese envolve a cumulação de dois elementos, um elemento quantitativo (uma prestação deve corresponder a, pelo menos, o dobro do valor da outra)

---

40. MIRANDA, Francisco Cavalcanti Pontes de. **Tratado de Direito Privado**. Tomo XXXIX, 2. ed. Rio de Janeiro: Editora Borsoi, 1962, p. 35; GONÇALVES, Carlos Roberto. **Direito Civil Brasileiro**. 9. ed., v. 3. São Paulo: Saraiva, 2012, p. 272.

41. ÁVILA, Humberto. **Teoria da Segurança Jurídica**. 6. ed. São Paulo: Malheiros/Juspodivm, 2021, p. 287.

e um elemento valorativo (não deve haver uma mínima reciprocidade ou um mínimo equilíbrio entre as prestações).

A hipótese que deve ser comprovada para demonstrar a falsidade da proposição acerca da onerosidade da compra e venda permanece vaga, mas a adição de fatores normativos e metodológicos para a reconstrução do seu significado normativo reduz a sua vagueza, e permite que ela oriente a conduta dos indivíduos. A circunstância de tal hipótese envolver juízos de valor, vale ressaltar, não faz com que os enunciados formulados para a comprovar deixem de ser descritivos.[42]

Essa análise realizada a respeito do significado normativo da "onerosidade" pode ser formulada em relação aos demais elementos categoriais essenciais do ordenamento jurídico. Embora a maioria padeça de vagueza, existem fatores normativos e metodológicos que podem reduzir essa vagueza e delimitar de maneira mais precisa o seu significado normativo.

Deve-se ressaltar, por fim, que há uma presunção de que as proposições falsas a respeito do elemento categorial essencial foram exprimidas deliberadamente, isto é, foram exprimidas sem dolo, erro, lesão ou coação. Essa presunção, contudo, não é absoluta; podem ser apresentadas provas de que houve algum vício de consentimento naquele caso, de forma a afastar a ocorrência de simulação.

As considerações anteriores permitem concluir que a hipótese a ser comprovada nos casos de simulação de elemento categorial essencial (abuso de forma) é que o ato jurídico exprimiu uma proposição falsa a respeito de um dos seus elementos categoriais essenciais, sendo presumido que tal proposição foi exprimida deliberadamente. Os elementos categoriais essenciais, em regra, correspondem a fatos institucionais, os quais possuem significados vagos. Alguns fatores normativos e metodológicos, contudo, reduzem essa vagueza e delimitam com maior precisão o seu significado normativo e a hipótese que deve ser comprovada para fins de caracterização do abuso de forma. Na compra e venda que exprime uma proposição falsa a respeito da onerosidade do negócio jurídico, por exemplo, a hipótese a ser comprovada para a configuração do abuso de forma é que uma das prestações corresponde a, pelo menos, o dobro do valor da outra, e não há uma mínima reciprocidade ou um mínimo equilíbrio entre elas.

42. BELTRÁN, Jordi Ferrer. **Prueba y verdad en el derecho**. 2. ed. Madri: Marcial Pons, 2005, p. 52.

3.1.3.2.2. Meios de prova para caracterizar a simulação de elementos categoriais essenciais (abuso de forma)

Para que se repute ocorrido o abuso de forma, deve-se comprovar a hipótese de que o ato jurídico exprimiu uma proposição falsa a respeito de um dos seus elementos categoriais essenciais. Retomando o exemplo paradigmático utilizado no tópico anterior, o qual envolve uma proposição falsa a respeito da onerosidade de uma compra e venda, tem-se que a hipótese a ser comprovada é que uma das prestações corresponde a, pelo menos, o dobro do valor da outra, e não há uma mínima reciprocidade ou um mínimo equilíbrio entre elas.

A comprovação dessa hipótese envolve a análise de dois fatos institucionais. Em primeiro lugar, a verificação da ocorrência de onerosidade no negócio jurídico envolve a análise do valor de mercado do bem transacionado. Esse valor pode ser tanto aferido por meio de uma prova técnica quanto por meio de outros elementos que permitam a sua determinação, tais como as presunções decorrentes da fixação da base de cálculo dos tributos sobre a propriedade. Essa análise do valor de mercado é importante não só para verificar se o preço fixado na realidade é coerente com a existência de uma mínima reciprocidade e de um mínimo equilíbrio, mas também porque o próprio ordenamento jurídico reconhece a onerosidade das transações nas quais o preço seja superior a metade do valor do bem.

Exemplo desse tipo de análise é a que foi realizada no caso de um imóvel rural que foi objeto de uma compra e venda pelo valor de R$ 410.368,78. A Fiscalização Tributária do Estado de São Paulo, contudo, considerou que o negócio jurídico de compra e venda conteria simulação de *elemento categorial essencial* (abuso de forma). Isso porque o preço fixado pelas partes representaria apenas 1,9% do valor de mercado do imóvel apurado pelo Instituto de Economia Agrícola (R$ 21.092.028,08), o que evidenciaria a ausência de onerosidade no negócio jurídico de compra e venda – simulado, portanto – e a presença de liberalidade, ensejando a identificação de uma doação dissimulada e a constituição de crédito tributário de ITCMD. O Tribunal de Justiça do Estado de São Paulo, ao analisar o caso, considerou que o valor de mercado correto do imóvel corresponderia àquele indicado na Declaração do Imposto sobre a Propriedade Territorial Rural (R$ 12.556.366,95); mesmo assim, entendeu que ainda haveria uma diferença relevante entre o preço fixado pelas partes e o valor de mercado do imóvel, o que configuraria a ausência de onerosidade, portanto, a ocorrência de simulação de elemento categorial essencial (abuso de forma). Nas palavras do acórdão do Tribunal de Justiça do Estado de São Paulo: "Não houve abatimento de 10, 20 ou 40% no preço, mas sim um "desconto" de aproximadamente 96,7% se considerado o valor de referência das fazendas para fins de ITR".[43]

O mesmo tipo de análise, contudo, pode evidenciar que o negócio foi realizado com base em valores de mercado. Uma empresa firmava um contrato de locação de veículos com os seus empregados, remunerando-os pela utilização de seus veículos próprios no exercício do trabalho. A Receita Federal do Brasil, contudo, considerou que tal locação seria, na verdade, um salário indireto, lavrando autuação fiscal para exigir contribuições previdenciárias sobre esse montante. O Conselho Administrativo de Recursos Fiscais, ao analisar o caso, decidiu cancelar a autuação fiscal, por constatar que os valores pagos pela locação dos veículos correspondiam aos valores de mercado (similares aos valores cobrados por locadoras), os quais eram, inclusive, diferenciados com base no tipo do veículo locado (modelo, ano etc.), mas jamais com base na função exercida pelo empregado.[44] O contrato de locação dos veículos, portanto, observava uma mínima reciprocidade e um mínimo equilíbrio entre as prestações, razão pela qual havia onerosidade para ambas as partes.

Não se pode esquecer, contudo, que o valor de mercado presume um pagamento à vista, e os negócios jurídicos podem ser constituídos por meio de diferentes condições. Essa circunstância deve ser levada em conta, de forma a ajustar o valor de mercado do bem para as condições nas quais o negócio jurídico foi estipulado. Não há onerosidade em uma compra e venda na qual o preço corresponde ao valor de mercado do bem, mas o pagamento pode ser parcelado, por exemplo, em 100 anos.

Em segundo lugar, a verificação da ocorrência de onerosidade no negócio jurídico envolve a análise das circunstâncias pessoais das partes envolvidas. Muitas vezes, por exemplo, as partes podem preferir alienar um bem por um preço muito abaixo do valor de mercado para vendê-lo rapidamente, em virtude de alguma necessidade premente de utilização dos recursos.[45] O Superior Tribunal de Justiça, nesse sentido, já reconheceu que, além do valor de mercado, existem "outras circunstâncias igualmente relevantes e legítimas para a deter-

---

43. SÃO PAULO. TJSP, Apelação Cível n. 1010461-16.2019.8.26.0077, 2ª Câmara de Direito Público, rel. Des. Vera Angrisani, j. 04/12/2020.

44. BRASIL. CARF, Acórdão nº 2401004.917, 2ª Seção/4ª Câmara/1ª Turma Ordinária, rel. Cons. Carlos Alexandre Tortato, j. 04/07/2017.

45. GONÇALVES, Carlos Roberto. **Direito Civil Brasileiro**. 9. ed., v. 3. São Paulo: Saraiva, 2012, p. 225.

minação do real valor da coisa", tais como "os interesses pessoais do vendedor (necessidade da venda para despesas urgentes, mudança de investimentos, etc.)" e os "do comprador (escassez do imóvel na região, proximidade com o trabalho e/ou com familiares, etc.)".[46]

Disso decorre que, em um caso concreto, mesmo uma compra e venda realizada por um preço inferior à metade do valor de mercado do bem pode, eventualmente, ser onerosa, caso as circunstâncias do caso concreto denotem ter havido uma mínima reciprocidade e um mínimo equilíbrio. Naturalmente, quanto mais distante do valor de mercado for o preço fixado para a compra e venda, maior o ônus argumentativo para se demonstrar a existência de uma mínima reciprocidade e de um mínimo equilíbrio nas prestações do caso concreto.

Dentre os fatores que compõem as circunstâncias pessoais das partes, a existência de uma relação familiar ou de amizade entre elas é um indício que, aliado a uma precificação muito inferior ao valor de mercado, denota a ausência de onerosidade no negócio jurídico. Afinal, entre pessoas que compartilham um laço afetivo, a fixação de um preço muito inferior ao valor de mercado costuma significar que houve uma liberalidade de uma das partes, e não uma reciprocidade e um equilíbrio entre as prestações. O contrário também é verdadeiro: inexistindo laços afetivos entre as partes, infere-se que, a princípio, não haveria razão para que o preço fixado não representasse a reciprocidade e o equilíbrio daquele negócio à luz das circunstâncias particulares do caso.

Em um determinado caso, por exemplo, um indivíduo alienou para a sua nora um imóvel avaliado em R$ 310.000,00, mas fixou o preço em R$ 120.000,00. O Tribunal de Justiça do Estado de São Paulo, ao analisar o caso, considerou que teria havido simulação, uma vez que "a alienação por preço vil a familiares constitui indício relevante de simulação".[47] Se as circunstâncias particulares do caso fossem outras, isto é, se não houvesse um laço afetivo entre as partes, talvez fosse possível justificar a existência de uma mínima reciprocidade e de um mínimo equilíbrio na fixação do preço em aproximadamente 40% do valor de mercado do bem.

A comprovação da ocorrência da hipótese de ocorrência do abuso de forma é particularmente complexa, seja porque a hipótese é mais vaga do que o habitual,

---

46. BRASIL. STJ, REsp n. 1.937.821/SP, rel. Min. Gurgel de Faria, Primeira Seção, j. 24/2/2022.

47. SÃO PAULO. TJSP, Apelação Cível nº 1030995-46.2018.8.26.0002, rel. Des. Marcus Vinicius Rios Gonçalves, 6ª Câmara de Direito Privado, j. 12/07/2023.

seja porque os meios que a comprovam dependem sobremaneira de juízos de valor. Não se pode esquecer, nesse sentido, que o *standard* probatório possui um papel importante na determinação da comprovação da hipótese de simulação.

As considerações anteriores permitem concluir diversos meios de prova podem ser empregados para comprovar a hipótese de que o ato jurídico exprimiu uma proposição falsa a respeito de um dos seus elementos categoriais essenciais. No caso específico dos atos jurídicos que exprimem uma proposição falsa acerca da sua onerosidade, a hipótese a ser comprovada é que uma das prestações corresponde a, pelo menos, o dobro do valor da outra, e não há uma mínima reciprocidade ou um mínimo equilíbrio entre elas. Para comprová-la, deve-se analisar dois fatos institucionais: (i) o valor de mercado do bem transacionado e (ii) as circunstâncias particulares das partes envolvidas.

3.1.4. Critérios para a comprovação da simulação formal

3.1.4.1. Hipótese a ser comprovada para caracterizar a simulação formal

Na simulação formal, subclasse da simulação que abrange a simulação subjetiva e a simulação formal de objeto, a hipótese a ser comprovada é que as partes constituíram um ato jurídico oculto que altera o ato jurídico aparente. Esse ato jurídico oculto também pode ser chamado de *contradeclaração*.

A Receita Federal do Brasil considerou que teria havido uma simulação subjetiva na alienação de ações por uma pessoa física, já que a verdadeira alienante seria a proprietária anterior das ações, uma pessoa jurídica da qual o alienante pessoa física era sócio, que havia lhe transferido tais ações por meio de uma redução de capital a valor contábil. Trata-se da típica situação na qual uma pessoa jurídica reduz o seu capital e transmite seus ativos aos sócios pelo valor contábil (sem tributação), e as pessoas físicas, subsequentemente, alienam tais ativos, arcando com uma tributação inferior do que a que incidiria caso a alienação fosse realizada pela pessoa jurídica. O Conselho Administrativo de Recursos Fiscais cancelou a autuação fiscal, tendo o voto da Conselheira Lívia de Carli Germano bem observado que, para a comprovação da simulação, deveria haver indícios de que "o negócio foi primeiramente pactuado pela pessoa jurídica (partes, preço e quantidade), para só então ter havido a redução de capital e entrega da participação societária para a pessoa física".[48] Em outras

---

48. BRASIL. CARF, Acórdão nº 9101-004.709, 1ª Turma da CSRF, rel. Cons. Cristiane Silva Costa, j. 17/01/2020.

palavras: a Receita Federal do Brasil alegou que teria havido simulação, mas não apresentou quaisquer indícios que permitiriam inferir a ocorrência da sua hipótese, qual seja, a de que um ato oculto entre a pessoa jurídica (antiga proprietária das ações) e o adquirente teria neutralizado o negócio jurídico aparente entre o sócio pessoa física e o adquirente.

A hipótese de que existe um ato jurídico oculto que altera o ato jurídico aparente pressupõe, naturalmente, que o ato jurídico oculto tenha sido constituído validamente. Afinal, um ato jurídico inválido é incapaz de alterar o ato jurídico aparente, razão pela qual não configura simulação.

De acordo com o artigo 104 do Código Civil, a validade do ato jurídico requer o cumprimento de três requisitos: primeiro, que os agentes sejam capazes; segundo, que o objeto seja lícito, possível, determinado ou determinável; e terceiro, que a forma legal tenha sido observada.[49] O cumprimento do primeiro requisito, relativo à capacidade dos agentes, é pressuposto pela hipótese que se pretende provar; se os agentes fossem incapazes, o ato jurídico aparente sequer seria válido, e não haveria que falar em simulação.

Com o segundo requisito, relativo à licitude, possibilidade e determinabilidade do objeto do ato jurídico oculto, ocorre o mesmo: o seu cumprimento também é pressuposto pela hipótese que se pretende provar. O objeto do ato jurídico oculto é a alteração do ato jurídico aparente – um objeto lícito, possível e determinado. Não se deve confundir o objeto do ato jurídico oculto, que é a alteração do ato jurídico aparente, com o objeto do ato jurídico real (decorrente da alteração do ato jurídico aparente), o qual pode, eventualmente, ser ilícito, impossível ou indeterminado. Ainda que o conteúdo do instrumento que constituiu o ato jurídico oculto possa corresponder, integralmente, ao ato jurídico real, deve-se separar o que é a alteração (ato jurídico oculto) do que é o resultado da alteração (ato jurídico real).

Em relação ao terceiro requisito, o qual diz respeito à observância da forma legal, deve-se levar em conta que o ato jurídico oculto deve ter sido constituído por meio de uma forma suficiente para a alteração do ato jurídico aparente. Se a forma por meio da qual se constituiu ato jurídico oculto não for suficiente

---

49. Art. 104. A validade do negócio jurídico requer:

I - agente capaz;

II - objeto lícito, possível, determinado ou determinável;

III - forma prescrita ou não defesa em lei.

para alterar o ato jurídico aparente, o ato jurídico oculto é inválido, portanto, não há simulação.

Essa constatação é particularmente importante para os casos nos quais o ato jurídico aparente foi constituído por meio de escritura pública (por obrigação legal[50] ou por opção das partes[51]). O Superior Tribunal de Justiça, ao analisar um caso no qual se constituiu uma doação pura e simples por meio de uma escritura pública e, posteriormente, inclui-se um encargo a essa doação por meio de um instrumento particular, concluiu que "o encargo supostamente estabelecido à empresa donatária no referido instrumento particular não subsiste": De acordo com a decisão daquele Tribunal, o encargo, "além de não ter sido reiterado, também, no instrumento público, porquanto indispensável à concretização da respectiva doação (art. 108 do CC), conflita com a disposição explícita de ser a doação pura e simples".[52]

É como se a escritura pública formasse uma espécie de "escudo" sobre o ato jurídico aparente. Por um lado, os atos jurídicos constituídos por meio de instrumentos particulares não têm a capacidade de alterar os atos jurídicos constituídos por meio de escritura pública. Por outro lado, caso um ato jurídico constituído por meio de escritura pública seja alterado por outro ato jurídico constituído por meio de escritura pública, não há como se qualificar esse ato jurídico como "oculto", já que a sua publicidade é presumida pela própria legislação.[53] Daí a conclusão de que os atos jurídicos constituídos por meio de escritura pública não podem ser objeto de simulação formal, mas tão somente de simulação material.

Todas essas observações quanto à forma do ato jurídico oculto não afastam a constatação de que, nas obrigações de trato sucessivo, pode haver uma alteração do ato jurídico aparente em decorrência do comportamento concludente das partes. Nesses casos, o comportamento concludente das partes é uma fonte

50. Código Civil: Art. 107. A validade da declaração de vontade não dependerá de forma especial, senão quando a lei expressamente a exigir.

Art. 108. Não dispondo a lei em contrário, a escritura pública é essencial à validade dos negócios jurídicos que visem à constituição, transferência, modificação ou renúncia de direitos reais sobre imóveis de valor superior a trinta vezes o maior salário-mínimo vigente no País.

51. Código Civil: Art. 109. No negócio jurídico celebrado com a cláusula de não valer sem instrumento público, este é da substância do ato.

52. BRASIL. STJ, REsp n. 1.938.997/MS, rel. Min. Marco Aurélio Bellizze, Terceira Turma, j. 28/09/2021.

53. Lei nº 8935/94: Art. 1º Serviços notariais e de registro são os de organização técnica e administrativa destinados a garantir a publicidade, autenticidade, segurança e eficácia dos atos jurídicos.

de obrigações entre elas, as quais podem vir a constituir um ato jurídico oculto. Em um contrato de prestação de serviços, por exemplo, pode haver a alteração do estabelecimento prestador em decorrência do comportamento das partes – isso ocorre nas situações em que o tomador do serviço tem ciência de que o estabelecimento que está prestando os serviços não é aquele que consta no negócio jurídico, mas demonstra aceitar essa circunstância, perdendo o direito de invocá-la perante o prestador dos serviços (*supressio*). Nesses casos, a ocultação do ato jurídico real (serviços prestados pelo estabelecimento do Município X) dos terceiros interessados (p. ex. Fiscalização Tributária do Município X) torna oculto o ato jurídico real.

A hipótese que deve ser comprovada para que se repute ocorrida a simulação formal, portanto, envolve a comprovação da existência de um ato jurídico oculto válido, afinal, um ato jurídico inválido não seria capaz de alterar o ato jurídico aparente. A depender da forma adotada pelas partes para a constituição do ato jurídico aparente, isso pode ter repercussões na própria possibilidade jurídica de haver simulação, em especial nos casos de constituição do ato jurídico aparente por meio de escritura pública.

Uma vez comprovado que existe um ato jurídico oculto *prima facie* válido que alterou o ato jurídico aparente, presume-se que ele foi constituído *deliberadamente* pelas partes, isto é, que o ato jurídico oculto foi constituído por partes cientes da realidade e em decorrência de uma reflexão interna. Isso porque, como se viu no tópico 1.3.6, o requisito de que as partes tenham constituído o ato jurídico oculto *deliberadamente* na simulação não decorre diretamente da sua definição pelo Código Civil, mas sim em razão da necessidade de diferenciar a simulação de outros vícios do negócio jurídico, notadamente o dolo, o erro e a coação. No dolo e no erro, as partes podem constituir ato jurídico oculto que altere elementos um ato jurídico aparente, mas o fazem porque não têm ciência da realidade; na coação, as partes também podem constituir ato jurídico oculto que altere ato jurídico aparente, mas o fazem porque estão sob fundado temor de dano iminente e considerável, e não a partir de uma reflexão interna. Em suma: ao se afirmar que na simulação formal as partes devem constituir o ato jurídico oculto deliberadamente, quer-se dizer que tal ato jurídico não deve ter sido constituído mediante dolo, erro ou coação. O termo "deliberadamente", aqui, é empregado com o significado de "sem dolo, erro ou coação".

Como se sabe, os vícios do ato jurídico não se presumem, até porque essa presunção violaria a interpretação dos negócios jurídicos conforme a boa-fé objetiva, nos termos do artigo 113 do Código Civil.[54] Uma vez comprovada a existência de um ato jurídico *prima facie* válido, portanto, presume-se que tal ato jurídico tenha sido constituído deliberadamente, isto é, sem dolo, erro ou coação (e sem os demais vícios do ato jurídico). Tal presunção, naturalmente, pode vir a afastada, mediante a comprovação de que o ato jurídico oculto foi constituído de maneira inválida. Em um caso no qual a Fiscalização Tributária, por exemplo, tenha realizado lançamento fiscal fundamentado na ocorrência de simulação formal, cabe à Fiscalização Tributária o ônus de comprovar a existência de um ato jurídico oculto que seja, *prima facie*, válido; cabe ao contribuinte autuado o ônus de comprovar a ocorrência de um vício no ato jurídico oculto ou alguma outra causa para a sua invalidade.

Não se desconhece que o artigo 118, I, do Código Tributário Nacional estabelece que a invalidade do ato jurídico não impede a ocorrência do fato gerador, [55] mas seria um equívoco reconstruir uma norma a partir desse dispositivo que reconhecesse a possibilidade de atos jurídicos inválidos alterarem atos jurídicos válidos para fins de caracterização da simulação no âmbito tributário. O que o artigo 118, I, do Código Tributário Nacional prevê é que atos jurídicos inválidos devem ser tributados (e no tópico 4.1.3 será analisada a consequência dessa previsão legal para a tributação dos atos jurídicos dissimulados). Isso em nada altera, contudo, a constatação de que um ato jurídico inválido não é capaz de alterar um outro ato jurídico, razão pela qual, nesses casos, não há simulação – o ato jurídico válido subsiste inalterado, e o ato jurídico inválido deve ser encarado, com o perdão pela metáfora, como uma espécie de alma penada, que vaga perdida pelo mundo jurídico.

As considerações anteriores permitem concluir que a hipótese que deve ser comprovada para a configuração da simulação formal é que um ato jurídico oculto alterou um ato jurídico aparente. Para que tal alteração ocorra, o ato jurídico deve ser válido, e essa constatação possui especial importância para os casos nos quais o ato jurídico aparente foi constituído por meio de escritura pública, já que um suposto ato jurídico oculto não seria suficiente para alterá-lo, razão pela qual, nesses casos, não se deve falar em simulação formal.

---

54. Art. 113. Os negócios jurídicos devem ser interpretados conforme a boa-fé e os usos do lugar de sua celebração.

55. Art. 118. A definição legal do fato gerador é interpretada abstraindo-se:

I - da validade jurídica dos atos efetivamente praticados pelos contribuintes, responsáveis, ou terceiros, bem como da natureza do seu objeto ou dos seus efeitos.

3.1.4.2. Meios de prova para caracterizar a simulação formal

A comprovação da ocorrência de simulação formal por meio de provas diretas é muito rara. As confissões são incomuns e as provas testemunhais dificilmente são conclusivas. Até pode-se imaginar uma situação hipotética na qual o instrumento que constituiu o ato jurídico oculto seja encontrado, por exemplo, na residência de uma das partes, em decorrência do cumprimento de um mandado de busca e apreensão. No entanto, embora a prova direta seja teoricamente possível, na prática as partes tendem a dificultar ao máximo a produção de provas diretas nesses casos.[56]

Diante da dificuldade de se produzir provas diretas acerca da ocorrência de simulação formal, tal hipótese costuma ser comprovada por meio de provas indiretas, isto é, por meio de indícios.[57] Os indícios, também chamados de provas circunstanciais, são meios de prova indiretos para a comprovação da hipótese principal.[58] A partir da comprovação da ocorrência de determinados indícios, pode-se, por meio de inferências, concluir pela comprovação da hipótese principal. Essas inferências podem ser realizadas por meio de máximas da experiência, presunções e definições.[59]

As máximas da experiência são o resultado de uma série finita de observações a respeito do mundo.[60] É uma máxima da experiência, por exemplo, que os pagamentos decorrentes de negócios jurídicos que envolvem valores elevados costumam ser realizados por meio de transferências bancárias. As máximas de experiência são, igualmente, fundamentais para a avaliação da correlação causal entre determinados acontecimentos (causa e efeito).[61] O artigo 375 do Código

---

56. FERRAGUT, Maria Rita. **Presunções no Direito Tributário**. 2. ed. São Paulo: Quartier Latin, 2005, p. 194.

57. SABATÉ, Luis Muñoz. **La prueba de la simulación**. Barcelona: Editorial Hispano Europea, 1972, p. 184; VELOSO, Alberto Júnior. **Simulação**: aspectos gerais e diferenciados à luz do Código Civil. 2 ed. Curitiba: Juruá, 2011, p. 183.

58. TARUFFO, Michele. **La prueba**. Tradução de Laura Manríquez e Jordi Ferrer Beltrán. Madri: Marcial Pons, 2008, p. 104.

59. ÁVILA, Humberto. Teoria da prova: standards de prova e os critérios de solidez da inferência probatória. **Revista de Processo**, São Paulo, Thomson Reuters-Revista dos Tribunais, ano 43, v. 282. agosto/2018, p. 113-139, p. 133.

60. TARUFFO, Michele. **Contribución al estudio de las máximas de experiencia**. Tradução de Perfecto Andrés Ibáñez. Madri: Marcial Pons, 2023, p. 32.

61. ÁVILA, Humberto. Teoria da prova: standards de prova e os critérios de solidez da inferência probatória. **Revista de Processo**, São Paulo, Thomson Reuters-Revista dos Tribunais, ano 43, v. 282. agosto/2018, p. 113-139, p. 134.

de Processo Civil prevê expressamente o emprego das máximas de experiência para a justificação de decisões judiciais.[62]

As presunções são fatos que devem ser considerados comprovados em virtude de uma disposição legal.[63] O artigo 42 da Lei nº 9.430/96, por exemplo, estabelece a presunção relativa (admite prova em contrário) de que os valores depositados em contas bancárias correspondem a receitas tributáveis.[64]

As definições esclarecem os limites de um conceito, indicando as propriedades necessárias e suficientes para um objeto ser nele incluído.[65] O artigo 538 do Código Civil por exemplo, estipulou uma definição do conceito de doação ao estabelecer que: "Considera-se doação o contrato em que uma pessoa, por liberalidade, transfere do seu patrimônio bens ou vantagens para o de outra". Em um raciocínio probatório inferencial, tais definições devem ser levadas em conta para fins de se considerar determinado fato como comprovado.

Com base em máximas da experiência, presunções e definições, e partindo da premissa de que todos os eventos podem ser explicados racionalmente, a comprovação dos indícios X, Y e Z permite que se conclua pela ocorrência (ou não) da hipótese H. A hipótese H será considerada verdadeira se pertencer a um conjunto coerente de proposições.[66] Aqui entra em cena o já referido teste da *coerência narrativa*, o qual compara, de um lado, o grau de coerência entre os indícios comprovados (X, Y e Z) e a ocorrência da hipótese H, e, de outro lado, o grau de coerência entre os indícios comprovados (X, Y e Z) e a não ocorrência da hipótese H.[67]

---

62. Art. 375. O juiz aplicará as regras de experiência comum subministradas pela observação do que ordinariamente acontece e, ainda, as regras de experiência técnica, ressalvado, quanto a estas, o exame pericial.

63. BARRETO, Aires F; GIARDINO, Cléber. Presunções no Direito Tributário. *In*: MARTINS, Ives Gandra da Silva. **Caderno de Pesquisas Tributárias nº 9**. Tema: Elisão e evasão fiscal. São Paulo: Editora Resenha Tributária e Centro de Estudos de Extensão Universitária, 1984, p. 195.

64. Lei nº 9430/96 Art. 42. Caracterizam-se também omissão de receita ou de rendimento os valores creditados em conta de depósito ou de investimento mantida junto a instituição financeira, em relação aos quais o titular, pessoa física ou jurídica, regularmente intimado, não comprove, mediante documentação hábil e idônea, a origem dos recursos utilizados nessas operações.

65. ÁVILA, Humberto. **Competências Tributárias**. São Paulo: Malheiros Editores, 2018, p. 41.

66. PECZENIK, Aleksander. **On Law and Reason**. 2. ed. Dordrecht: Springer, 2009, p. 148.

67. MACCORMICK, Neil. **Retórica e o Estado de Direito**. Tradução de Conrado Hübner Mendes e Marcos Paulo Veríssimo. Revisão Técnica de Cláudio Michelon Jr. Rio de Janeiro: Editora Elsevier, 2008, p. 294.

Em uma discussão a respeito da ocorrência de uma simulação formal em um negócio jurídico de compra e venda, por exemplo, dificilmente será produzida alguma prova direta a respeito da existência de um ato jurídico oculto, mas podem ser comprovados alguns indícios, tais como: (i) o adquirente não tinha recursos para adquirir o bem, (ii) tal bem permaneceu na posse do vendedor e (iii) o adquirente não estava familiarizado com os termos do negócio constituído). Com base nesses indícios, pode-se inferir, a depender dos demais elementos do caso, que a hipótese de que havia um ato jurídico oculto que neutralizou a compra e venda é mais coerente com os indícios comprovados do que qualquer outra hipótese alternativa. Cada indício comprovado altera a probabilidade de que a hipótese principal seja verdadeira.[68] Não há como, contudo, formular uma regra que estabeleça exatamente a quantidade e a espécie de indícios que devem ser apresentados para que a hipótese de simulação seja considerada comprovada.[69]

É claro que a coerência de uma narrativa não a torna, necessariamente, verdadeira. Afinal, uma coisa são as boas narrativas, outra coisa, muito distinta, são as narrativas verdadeiras.[70] Em qualquer narrativa, a seleção dos fatos que a compõem, bem como a exclusão de fatos considerados irrelevantes, são decisivos para a sua coerência.[71] Por isso que, nas narrativas jurídicas, as quais têm como finalidade comprovar a ocorrência de um fato, todos os indícios relevantes (contra e a favor da hipótese) devem ser devidamente considerados.[72]

As considerações anteriores permitem concluir que a hipótese de configuração da simulação formal dificilmente é comprovada por meio de provas diretas. A simulação formal, em regra, é comprovada por meio de indícios. Nos próximos tópicos, serão analisados alguns dos inícios mais comuns de ocorrência da simulação formal, bem como alguns dos indícios mais comuns de que não houve uma simulação formal (indícios negativos).

68. SCHAUER, Frederick. **The proof**: uses of evidence in law, politics, and everything else. Cambridge: Harvard University Press, 2022, p. 31.

69. SANTOS, José Beleza dos. **A simulação em direito civil**. 2. ed. São Paulo: Lejus, 1999, p. 444.

70. TARUFFO, Michele. **Simplemente la verdad**. Tradução de Daniela Accatino Scagliotti. Madri: Marcial Pons, 2010, p. 82.

71. WILLIAMS, Bernard. **Truth and Truthfulness**: An Essay in Genealogy. Princeton: Princeton University Press, 2002, p. 243.

72. ÁVILA, Humberto. Teoria da prova: standards de prova e os critérios de solidez da inferência probatória. **Revista de Processo**, São Paulo, Thomson Reuters-Revista dos Tribunais, ano 43, v. 282. agosto/2018, p. 113-139, p. 129.

3.1.4.2.1. Alguns indícios de ocorrência da simulação formal

a) *Falta de condições de alguma das partes para a realização do objeto do ato jurídico aparente*

A falta de condições de alguma das partes para a realização do objeto do ato jurídico aparente é um indício de que um ato jurídico oculto foi constituído para neutralizar a exigência da realização de alguma das prestações. Essa constatação é válida tanto para as prestações que envolvem pagamento (por exemplo, um adquirente que não tem recursos financeiros) quanto para os demais tipos de prestações (por exemplo, uma prestação de serviços na qual o prestador não tenha condições técnicas de realizá-lo). Isso porque é uma máxima da experiência que os indivíduos não se comprometem com o que, sabidamente, não poderão cumprir, e, mais ainda, não se espera de outra parte que ela vá cumprir algo que se sabe que não pode cumprir.

Em um caso analisado pelo Tribunal de Justiça do Estado de São Paulo, analisava-se a ocorrência de simulação na aquisição de um imóvel. De acordo com a decisão, um dos principais indícios de que teria havido simulação naquele caso foi que "não há nenhum outro elemento probatório apto a sequer inferir a potencialidade financeira para a aquisição dos imóveis", o que tornaria "nítida a simulação na transferência dos bens".[73] A falta de recursos do adquirente para adquirir um imóvel é um indício de que não houve pagamento, e a falta de pagamento, embora não configure simulação, é um indício de que as partes podem ter neutralizado a sua exigência por meio de um ato jurídico oculto.

Muitas das observações aplicáveis à prova do pagamento valem para a prova dos demais tipos de prestação, já que o dinheiro não deixa de ser a entrega de uma coisa.[74] A Receita Federal do Brasil considerou que haveria simulação subjetiva na venda de grãos de café de empresas atacadistas para uma produtora de cafés solúveis, pois o negócio jurídico que teria sido realmente constituído corresponderia à venda direta dos grãos de café dos produtores pessoas físicas para a produtora de cafés solúveis – a interposição das empresas atacadistas por meio de atos jurídicos aparente teria como finalidade a geração de créditos de PIS e de COFINS. O Conselho Administrativo de Recursos Fiscais, ao analisar o caso, entendeu que um dos indícios da ocorrência de simulação seria a

---

73. SÃO PAULO. TJSP, Apelação Cível nº 4003528-87.2013.8.26.0302, 2ª Câmara Reservada de Direito Empresarial, rel. Des. Natan Zelinschi de Arruda, j. 20/02/2024.

74. SABATÉ, Luis Muñoz. **La prueba de la prestación mercantil**. Barcelona: Editorial Hispano Europea, 1974, p. 11.

ausência de estrutura adequada por parte das empresas atacadistas, já que "sem a existência de depósitos, funcionários, maquinário e qualquer logística, tais empresas não tinham a menor condição de transacionar tão grande quantidade de café em grão, até porque não tinham um grão do produto para venda".[75] A ausência de condições de uma das partes para cumprir o objeto do negócio jurídico não configura, por si só, a ocorrência de simulação, mas é um indício de que o objeto do negócio jurídico está sendo cumprido por outro sujeito, numa simulação subjetiva constituída por meio de um ato jurídico oculto.

Conclui-se, portanto, que a falta de condições de alguma das partes para a realização do objeto do ato jurídico, isto é, pagamentos e outros tipos de prestações, é um indício de ocorrência de simulação formal. Pode-se inferir que, nesses casos, um ato jurídico oculto foi constituído para neutralizar a exigência da realização de alguma das prestações, já que os indivíduos não costumam se comprometer com o que não irão cumprir, e muito menos comprometem-se com outras partes que não irão cumprir o que prometeram.

b) *Movimentação bancária incompatível com o ato jurídico aparente*

As transações financeiras normalmente são realizadas por meio de transferências bancárias. A força dessa máxima da experiência é tanto maior quanto maior for o valor transferido. Por isso, uma movimentação bancária incompatível com os valores estabelecidos no ato jurídico aparente é um indício de que foi constituído um ato jurídico oculto que alterou os valores constantes no ato jurídico aparente.

O Tribunal Regional Federal da 4ª Região, por exemplo, analisou um caso no qual a Receita Federal do Brasil glosou determinadas despesas decorrentes da contratação de serviços de corretagem, por entender que tal negócio jurídico teria sido simulado. De acordo com a decisão daquele Tribunal, "a administração tributária logrou êxito em demonstrar uma série de indícios de que houve simulação do negócio jurídico", sendo um deles a constatação de que um procurador da prestadora dos serviços "logo após o depósito dos valores na conta (...) sacou-os em benefício próprio", de modo que "referidos valores não ingressaram o patrimônio" da prestadora dos serviços de corretagem.[76] A incompatibilidade

75. BRASIL. CARF, Acórdão n. 3302-007.736, 3ª Seção/3ª Câmara/2ª Turma Ordinária, rel. Cons. Denise Madalena Green, j. 19/11/2019.

76. BRASIL. TRF da 4ª Região, Segunda Turma, Apelação Cível nº 5007632-22.2015.4.04.7112, rel. Des. Fed. Roberto Fernandes Júnior, j. 15/06/2021.

das movimentações bancárias com os termos do negócio jurídico aparente é um indício de que diferentes termos foram constituídos por meio de um ato jurídico oculto, configurando uma simulação formal, já que os indivíduos costumam observar os termos estabelecidos nos atos jurídicos que os vinculam.

Importante ressaltar que a incompatibilidade das movimentações bancárias com o ato jurídico aparente também pode desencadear a presunção de que os valores depositados na conta bancária correspondem a receitas tributáveis. Isso porque o artigo 42 da Lei nº 9.430/96 estabelece a presunção relativa de que os valores depositados em contas bancárias correspondem a receitas tributáveis.[77] A presunção de que determinados valores correspondem a receitas tributáveis é um indício relevante para a comprovação da simulação, já que a hipótese a ser comprovada deve guardar coerência com a proposição de que tais valores correspondem a receitas tributáveis.

Conclui-se, portanto, que a incompatibilidade das movimentações bancárias com o ato jurídico aparente é um indício de ocorrência de simulação formal. Pode-se inferir que, nesses casos, um ato jurídico oculto foi constituído para conformar a obrigação de pagar às transações evidenciadas pelos extratos bancários, já que os indivíduos só costumam observar os termos estabelecidos pelos atos jurídicos que realmente os vinculam. A incompatibilidade das movimentações bancárias com o ato jurídico aparente, além disso, pode desencadear a presunção de que os valores depositados na conta bancária correspondem a receitas tributáveis.

c) *Registros contábeis incompatíveis com o ato jurídico aparente*

A incompatibilidade dos registros contábeis com o ato jurídico aparente pode ser um indício de que tais registros correspondem ao ato jurídico real, constituído por meio do ato oculto. Essa inferência repousa em duas máximas da experiência: de um lado, nas situações que os indivíduos mentem, eles têm como objetivo obter benefícios, e não prejuízos; de outro lado, as mentiras têm "perna curta", isto é, costumam deixar evidências de que não correspondem à realidade. Isso permite inferir que, se os registros contábeis evidenciam o recebimento de valores ou a realização de operações que são incompatíveis com o

77. Lei nº 9430/96 Art. 42. Caracterizam-se também omissão de receita ou de rendimento os valores creditados em conta de depósito ou de investimento mantida junto a instituição financeira, em relação aos quais o titular, pessoa física ou jurídica, regularmente intimado, não comprove, mediante documentação hábil e idônea, a origem dos recursos utilizados nessas operações.

ato jurídico aparente, trata-se de uma evidência de que o ato jurídico aparente não corresponde à realidade, já que a empresa, em princípio, não teria feito lançamentos contábeis incorretos em seu próprio desfavor (isto é, a mentira está no ato jurídico aparente, e não nos registros contábeis). De acordo com essa inferência, os registros contábeis corresponderiam à realidade, e seriam uma decorrência de um "descuido" da empresa que constituiu o ato jurídico aparente.

Essa inferência foi, inclusive, alçada à condição de presunção pelo artigo 226 do Código Civil, o qual estabelece que: "Os livros e fichas dos empresários e sociedades provam contra as pessoas a que pertencem, e, em seu favor, quando, escriturados sem vício extrínseco ou intrínseco, forem confirmados por outros subsídios". É dizer: os registros contábeis que favorecem as respectivas empresas dependem de outros subsídios para terem valor probatório; os registros contábeis que as desfavorecem, contudo, são presumidos pela legislação como verdadeiros. Por essa razão, são indícios importantes para comprovar que o ato jurídico aparente foi alterado por um ato jurídico oculto para constituir um negócio jurídico compatível com os registros contábeis realizados.

Pode acontecer, naturalmente, da incompatibilidade entre os registros contábeis e o ato jurídico decorrer de algum erro na contabilidade, e não porque houve simulação. Nesse caso, contudo, a presunção de veracidade dos registros contábeis desfavoráveis faz com que caiba à empresa comprovar o erro da sua contabilidade. O Conselho Administrativo de Recursos Fiscais, nesse sentido, ao constatar, em determinado caso, que "a autoridade fiscal usou a informação constante da escrita contábil do contribuinte e por ela mesma produzida", concluiu que "os registros contábeis e as declarações firmadas pela contribuinte concorrem como provas do seu teor e do que informam, a não ser que ela demonstra sua incorreção".[78]

Deve ser feita, contudo, uma ressalva em relação à utilização dos registros contábeis como um indício da ocorrência da simulação. Em alguns casos, uma aparente incompatibilidade entre os registros contábeis e determinado ato jurídico pode ser, na verdade, um reflexo da seguinte circunstância: a contabilidade observa critérios próprios, os quais refletem aspectos econômicos, ao passo que o Direito observa critérios jurídicos, mais influenciados por aspectos formais. A contabilidade privilegia a "essência econômica" dos atos jurídicos em de-

78. BRASIL. CARF, Acórdão nº 3401002.710, 3ª Seção/4ª Câmara/1ª Turma Ordinária, rel. Cons. Eloy Eros da Silva Nogueira, j. 19/09/2014.

trimento da sua forma jurídica.[79] O mesmo fato pode ser descrito de formas diferentes pela contabilidade e pelo Direito, e isso não significa que haja uma incompatibilidade, mas sim uma diferença de critérios para qualificá-lo.

Conclui-se, portanto, que a incompatibilidade dos registros contábeis com o ato jurídico aparente pode ser um indício de simulação formal. Há uma presunção de que os registros contábeis desfavoráveis à respectiva empresa são verdadeiros, o que permite inferir que tais registros refletem o ato jurídico real, decorrente de uma alteração do ato jurídico aparente promovida por um ato jurídico oculto.

d) *Declarações fiscais incompatíveis com o ato jurídico aparente*

Da mesma forma que em relação aos registros contábeis, a incompatibilidade das declarações fiscais com o ato jurídico aparente pode ser um indício de que as declarações fiscais retrataram o ato jurídico real, constituído por meio do ato oculto, razão pela qual há simulação. Isso porque, nos casos em que a declaração fiscal retratar uma situação mais desfavorável ao contribuinte do que aquela retratada no ato jurídico aparente, pode-se inferir que o ato jurídico real foi retratado pela declaração fiscal, e não pelo ato jurídico aparente, já que, em regra, os indivíduos mentem para se beneficiar, e não para se prejudicar.

As situações nas quais as declarações fiscais são mais desfavoráveis ao contribuinte do que os ato jurídicos aparentes, isto é, nas quais se pode inferir que as declarações fiscais são verdadeiras, e o ato jurídico aparente é simulado, não costumam gerar maiores discussões no âmbito tributário. É que o preenchimento correto das declarações fiscais, em regra, faz com que a Fiscalização Tributária não tenha qualquer pretensão de ver reconhecida a simulação, já que são as declarações fiscais que constituem os créditos tributários.

Existem, contudo, dois tipos de situações nas quais as declarações fiscais podem ser indícios úteis para a comprovação da simulação. Em primeiro lugar, as declarações fiscais podem ser indícios úteis nos casos de simulação formal que não geram repercussão tributária, já que os indivíduos que praticaram a simulação podem ter optado por transmitir as declarações fiscais com informações verdadeiras para evitar a prática de falsidade (e, eventualmente, sonegação ou

79. OLIVEIRA, Ricardo Mariz de. **Fundamentos do imposto de renda (2020)**. São Paulo: IBDT, 2020, p. 58.

fraude), ainda que apresentem aos demais terceiros interessados um ato jurídico aparente.

Em segundo lugar, as declarações fiscais originais podem ser indícios úteis para a comprovação da simulação nos casos em que tais declarações foram retificadas. Nesse caso, infere-se que a declaração fiscal original retratava, por "descuido" do contribuinte, o ato jurídico verdadeiro, e que tal "descuido" foi posteriormente corrigido por meio de uma retificação da declaração. Em um caso no qual o Tribunal de Justiça do Estado de São Paulo analisava se dois contratos de mútuo correspondiam a atos jurídicos aparentes, e os respectivos atos jurídicos reais seriam doações, entendeu-se que um dos indícios de que teria havido simulação foi que na declaração original do Imposto de Renda de 2013 do suposto mutuário constou o recebimento de duas doações; contudo, "em 28/05/2015 (...), apresentou declaração retificadora alterando a classificação da entrada do crédito de doação para empréstimo. O engano levou mais de dois anos para ser percebido".[80]

A incompatibilidade entre as declarações fiscais (originais ou retificadoras) e o ato jurídico aparente naturalmente não pode ser considerada como um indício suficiente para comprovar a simulação.[81] Deve haver outros indícios que corroborem a hipótese de simulação. Em um caso no qual a Fiscalização Estadual de São Paulo considerou que uma declaração original de Imposto de Renda, na qual constou o recebimento de uma doação (posteriormente retificada para constar um mútuo), seria um indício suficiente para a comprovação da simulação, o Tribunal de Justiça do Estado de São Paulo afastou tal inferência. De acordo com a decisão, "o lançamento do tributo se deu, exclusivamente, com base na Declaração de Imposto de Renda do (...) contribuinte, no qual ele mesmo sustentou ter havido erro, conforme comumente ocorre e como efetivamente demonstrou".[82]

Conclui-se, portanto, que a incompatibilidade entre as declarações fiscais e o ato jurídico aparente pode ser um indício de simulação formal. Esse indício, ainda que deva ser corroborado por outros, pode ser particularmente útil para

---

80. SÃO PAULO. TJSP, Apelação Cível nº 1015646-55.2018.8.26.0114, 5ª Câmara de Direito Público, rel. Des. Fermino Magnani Filho, j. 06/07/2020.

81. RIVIERA, Jennifer Lorena Villamil. La valoración probatoria para desvirtuar configuraciones formales en el Derecho tributario. Análisis jurisprudencial del caso chatarreros. **Revista de Derecho Fiscal**, n. 16. jan-jun/2020, p. 119-145, p. 136.

82. SÃO PAULO. TJSP, Apelação Cível n. 1013829-12.2018.8.26.0451, rel. Des. Silvia Meirelles, 6ª Câmara de Direito Público, j. 06/05/2024.

comprovar a ocorrência de simulação nos casos que não envolvem repercussões tributárias e nos casos em que houve a retificação das declarações fiscais originais (as quais eram desfavoráveis ao contribuinte).

e) *Antecedentes dos sujeitos envolvidos*

Os antecedentes das partes podem ser um indício da ocorrência de simulação formal. Conforme bem observado por Schauer, não adianta nada dizer à sua seguradora que os seus acidentes de trânsito do passado não demonstram como será o seu comportamento como motorista no futuro: olhamos para os comportamentos passados para decidir em quem confiar no futuro, e julgamos que é mais provável que determinado ato tenha sido cometido por quem já cometeu o mesmo ato no passado.[83]

Da mesma forma, a circunstância de um indivíduo constituir habitualmente atos jurídicos simulados e ter condutas antijurídicas é um indício de que, no caso em análise, houve simulação.[84] Tal indício, saliente-se, tem a sua força probatória dependente da semelhança de circunstâncias entre os atos antecedentes e a hipótese que se pretende comprovar.

Conclui-se, portanto, que antecedentes das partes podem ser um indício da ocorrência de simulação formal. Se, em determinado caso, já existem outros indícios da ocorrência de simulação formal, a circunstância de que as partes já constituíram outros negócios jurídicos simulados em circunstâncias semelhantes é um indício relevante para se reputar a simulação como ocorrida.

f) *Ausência de garantias idôneas para o credor*

A ausência de garantias idôneas ao credor é um indício de simulação formal do negócio jurídico. Isso porque os indivíduos, em regra, são avessos ao risco e procuram se precaver contra a possibilidade de inadimplemento da outra parte – a força dessa máxima da experiência é tanto maior quanto maior for o valor do débito. Se um negócio jurídico que estabelece uma obrigação de pagar valores elevados não estabelece garantias para o credor, pode-se inferir que o risco do credor foi mitigado de outra maneira, notadamente por meio de um ato jurídico

83. SCHAUER, Frederick. **The proof**: uses of evidence in law, politics, and everything else. Cambridge: Harvard University Press, 2022, p. 207.

84. SANTOS, José Beleza dos. **A simulação em direito civil**. 2. ed. São Paulo: Lejus, 1999, p. 445; SABATÉ, Luis Muñoz. **La prueba de la simulación**. Barcelona: Editorial Hispano Europea, 1972, p. 260.

oculto que neutralizou a obrigação de pagamento ou estabelecer alguma outra forma de garantia.

A Receita Federal do Brasil glosou as perdas registadas por determinado contribuinte com operações flexíveis de dólar, por entender que tais operações corresponderiam a simulações subjetivas, nas quais a outra parte do negócio jurídico seria uma mera pessoa interposta, e os terceiros contraentes (verdadeiras partes) seriam indivíduos relacionados ao contribuinte que sofreu as supostas perdas. O Conselho de Contribuintes, ao analisar o caso, entendeu que um dos indícios de ocorrência de simulação seria a ausência de garantia nas operações flexíveis de dólar, já que a pessoa interposta não teria condições financeiras de arcar com eventual perda e seria "por demais improvável que a recorrente não soubesse disso e corresse risco de crédito, se verdadeira a operação, cujos montantes eram vultosos".[85] Em outras palavras: do indício de que a outra parte não tinha condições financeiras de arcar com eventual perda e que a operação foi realizada sem garantia, a decisão inferiu, com base na máxima da experiência segundo a qual os indivíduos são avessos ao risco, que tal risco foi mitigado de outra forma – no caso, a hipótese que se reputou comprovada é que o risco sequer existiu, porque o terceiro contraente seria relacionado ao contribuinte autuado.

Conclui-se, portanto, que a ausência de garantias idôneas ao credor é um indício de ocorrência de simulação formal. Pode-se inferir que, se o ato jurídico aparente apresenta um risco de inadimplemento muito elevado para uma das partes, é porque tal risco foi mitigado por meio de um ato jurídico oculto.

g) *Situação fática do bem transacionado incompatível com o ato jurídico aparente*

A ausência de alteração da situação fática do bem transacionado pode ser um indício de simulação. Nessas situações, há uma desarmonia entre o ato jurídico aparentemente realizado e a situação de fato, como se tal ato não tivesse sido constituído.[86] As partes continuam a se comportar como antes.[87] Os atos jurídicos são constituídos, em regra, para alterar a situação fática ou econômica

85. BRASIL. 1º CC, Acórdão nº 101-95.168, 1ª Câmara, rel. Cons. Caio Marcos Cândido, j. 12/09/2005.

86. SANTOS, José Beleza dos. **A simulação em direito civil**. 2. ed. São Paulo: Lejus, 1999, p. 448.

87. FERRARA, Francesco. **Della Simulazione dei Negozi Giuridici**. 5. ed. Roma: Athanaeum, 1922, p. 330.

do seu objeto material. Nas situações em que isso não ocorre, pode-se inferir que um ato jurídico oculto neutralizou o ato jurídico aparente, e tal ato jurídico aparente não passa de uma simulação.

De acordo com a Receita Federal do Brasil, em relatório de ação fiscal transcrito por decisão do Conselho Administrativo de Recursos Fiscais, um dos indícios de simulação da compra e venda de um imóvel foi que os adquirentes "autorizaram os vendedores a continuar usufruindo do imóvel por mais de um ano, sem qualquer ônus, e ainda alegam pagamento antecipado da compra".[88] Ora, não é comum que as partes se comportem como se os negócios jurídicos não tivessem ocorrido – é mais provável, nesses casos, que tal comportamento esteja observando o negócio jurídico verdadeiro, o qual decorre de um ato oculto. Um indício de simulação, nesse sentido, é o desinteresse do (aparente) adquirente pelo bem adquirido.[89]

Conclui-se, portanto, que a ausência de alteração da situação fática do bem transacionado pode ser um indício de simulação. Pode-se inferir que, se as partes se comportam como se o ato jurídico aparente não tivesse ocorrido, é porque o ato jurídico real, decorrente de um ato oculto, respalda tal comportamento.

h) *Ignorância de uma das partes do negócio jurídico aparente acerca das suas circunstâncias*

As partes envolvidas em negócios jurídicos normalmente sabem as circunstâncias inerentes a tais negócios jurídicos. Se uma das partes não tem o conhecimento de tais circunstâncias, pode-se inferir que o negócio jurídico foi constituído, na verdade, com outra pessoa, havendo simulação subjetiva. A melhor forma de comprovar tal indício, isto é, o desconhecimento das circunstâncias inerentes ao negócio jurídico, é por meio do interrogatório das partes.[90]

Em um caso analisado pelo Conselho Administrativo de Recursos Fiscais, entendeu-se que haveria simulação subjetiva, e um dos indícios que permitiu tal conclusão foi a constatação de que seria inverossímil que o contribuinte (pessoa jurídica interposta), "que realiza negócios vultosos, em compras da ordem

88. BRASIL. CARF, Acórdão n. 9202-009.842, 2ª Turma da Câmara Superior, rel. Cons. Mário Pereira de Pinho Filho, j. 27/08/2021.

89. JUNOY, Joan Picó. Los indicios en la prueba de la simulación contractual. **InDret**. Revista para el Análisis del Derecho, Barcelona, n. 3, julho/2017, p. 14.

90. SABATÉ, Luis Muñoz. **La prueba de la simulación**. Barcelona: Editorial Hispano Europea, 1972, p. 393.

de milhões de reais, não tenha qualquer conhecimento sobre a estrutura das empresas em relação às quais está adquirindo seus insumos".[91] As partes, em regra, conhecem as circunstâncias inerentes aos negócios jurídicos que constituíram, já que a execução do seu objeto exige tal conhecimento. Normalmente, quanto mais relevante for o valor envolvido no negócio jurídico, mais as partes dominam as suas circunstâncias. Se uma parte não domina as circunstâncias necessárias para a execução do objeto de um negócio jurídico, pode-se inferir que tal negócio jurídico foi constituído com outra pessoa, que realmente o executa, havendo simulação subjetiva.

Conclui-se, portanto, que a ignorância de uma das partes quanto às circunstâncias do ato jurídico pode ser um indício de simulação. Pode-se inferir que, se uma das partes não conhece as circunstâncias inerentes ao ato jurídico, então o ato jurídico real foi constituído com outra pessoa.

i) *Insinceridade das partes quanto à declaração de vontade*

A insinceridade das partes quanto à declaração de vontade formulada para constituir um ato jurídico pode ser um indício de simulação formal. Ainda que a insinceridade (divergência entre a vontade real e a vontade declarada) não seja um elemento do conceito de simulação, ela indica o conteúdo da vontade real das partes, e é uma máxima da experiência que os indivíduos tendem a buscar a concretização dos seus objetivos.

Identificar a vontade real das partes, contudo, não é uma tarefa fácil. Os indivíduos costumam manifestá-la apenas em contextos privados. Em regra, a comprovação da vontade real das partes depende da análise do conteúdo de e-mails ou de mensagens de texto, nos quais o indivíduo tenha sentido a segurança necessária para manifestar a sua vontade de forma sincera.

Além disso, o artigo 446, I, do Código de Processo Civil, estabeleceu expressamente que a insinceridade das declarações de vontade na simulação pode ser comprovada por meio de prova testemunhal.[92] Trata-se, portanto, de um meio de prova admissível para esse tipo de situação. O seu valor probatório, contudo, depende do fato que foi objeto do testemunho.

---

91. BRASIL.CARF, Acórdão n. 3402-010.298, 3ª Seção/4ª Câmara/2ª Turma, rel. Cons. Lázaro Antônio Souza Soares, j. 23/03/2023.

92. Art. 446. É lícito à parte provar com testemunhas:

I - nos contratos simulados, a divergência entre a vontade real e a vontade declarada.

De um lado, a prova testemunhal pode tratar diretamente da sinceridade das partes ao constituírem o ato jurídico, como, por exemplo, uma testemunha que afirme ter visto o credor afirmar ao devedor, quando da constituição do mútuo, que não queria a devolução do valor. Nesse caso, a prova testemunhal tem um valor relevante, pois trata-se de um indício de que as partes buscaram (anteriormente ou posteriormente) a concretização do objetivo de realizar uma doação.

De outro lado, a prova testemunhal pode tratar indiretamente da sinceridade das partes ao constituírem o ato jurídico, como, por exemplo, uma testemunha que afirme ter ouvido da esposa do credor que ele, na verdade, queria fazer uma doação ao devedor. Nesse caso, a prova testemunhal tem um valor muito baixo, pois não está diretamente relacionado com o objeto do testemunho – trata-se do chamado "*hearsay*", isto é, "ouvi dizer". O valor desse tipo de prova testemunhal é baixo, porque a cadeia que separa o testemunho da hipótese que se pretende provar é longa, e a cada passo da cadeia aumenta a possibilidade de algum erro.[93] Exatamente como ocorre na brincadeira do "telefone sem fio".

Conclui-se, portanto, que insinceridade das partes quanto à declaração de vontade formulada para constituir um ato jurídico pode ser um indício de simulação formal. Isso porque os indivíduos tendem a buscar a concretização dos seus objetivos.

j) *Inércia diante do descumprimento contratual do devedor*

A inércia do credor diante do descumprimento de um negócio jurídico pelo devedor é um indício de simulação formal. O descumprimento contratual, vale salientar, abrange tanto as hipóteses de inadimplemento absoluto (impossibilidade imputável ao devedor ou perda de interesse do credor diante da mora) quanto as hipóteses de mora.[94] Isso porque os indivíduos não costumam abrir mão, altruisticamente, da sua propriedade. Salvo situações muito específicas, não é comum que os indivíduos deixem passar muito tempo sem cobrar os seus créditos ou, ao menos, sem reclamá-los, já que essa inércia pode resultar na perda dos créditos, em virtude da pela prescrição.[95] Da constatação de que o credor está inerente diante do descumprimento contratual, portanto, pode-se

93. SCHAUER, Frederick. **The proof**: uses of evidence in law, politics, and everything else. Cambridge: Harvard University Press, 2022, p. 88.

94. STEINER, Renata C. **Descumprimento contratual: Boa-fé e Violação Positiva do Contrato**. São Paulo: Quartier Latin, 2014, p. 149.

95. SABATÉ, Luis Muñoz. **La prueba de la prestación mercantil**. Barcelona: Editorial Hispano Europea, 1974, p. 156.

inferir que tal comportamento está fundamentado em um ato jurídico oculto, o qual excluiu a obrigação de pagamento decorrente do ato jurídico aparente.

O Tribunal de Justiça do Estado de São Paulo considerou que um negócio jurídico de mútuo seria simulado, e um dos indícios que suportou essa conclusão foi que não houve "o pagamento do débito e cobrança por parte do mutuante, mesmo depois de decorridos mais de 10 anos de contratação, o que evidencia a existência de doação".[96] A passibilidade do credor, nesse sentido, seria uma consequência natural da constituição do ato jurídico oculto pelas partes.[97]

Não se deve confundir, contudo, o simples descumprimento contratual do devedor com a inércia do credor diante desse descumprimento. O Tribunal de Justiça do Estado de São Paulo, no entanto, possui diversas decisões considerando o simples descumprimento contratual do devedor como um indício relevante para a caracterização da simulação em casos de mútuo. Em um caso, por exemplo, entendeu que a simulação decorreria, principalmente, da constatação de que "não há nenhum comprovante de transferência, nenhum recibo, cheque ou boleto" que demonstrasse a devolução do valor emprestado.[98] Em outro caso, um elemento determinante para se considerar o mútuo como simulado foi a inexistência da "efetivação de quaisquer pagamentos, como seria de rigor, considerada a natureza do contrato de mútuo".[99]

O simples descumprimento contratual do devedor, entretanto, é um indício de força muito limitada, já que pode ocorrer por inúmeros motivos e não denota a participação do credor em um ato jurídico oculto. É a inércia do credor diante do descumprimento contratual que permite inferir a existência de um ato jurídico oculto que neutralizou a obrigação de pagar do devedor.

Conclui-se, portanto, que a inércia do credor diante do descumprimento contratual pode ser um indício de simulação formal. Do desinteresse do credor em recuperar a sua propriedade pode-se inferir que existe um ato jurídico oculto que tenha excluído a obrigação de pagamento decorrente do ato jurídico aparente.

---

96. SÃO PAULO. TJSP, Apelação Cível nº 8000316-15.2012.8.26.0014, rel. Des. Moreira de Carvalho, 9ª Câmara de Direito Público, j. 26/09/2018.

97. SABATÉ, Luis Muñoz. **La prueba de la simulación**. Barcelona: Editorial Hispano Europea, 1972, p. 386.

98. SÃO PAULO.TJSP, Apelação Cível nº 1015646-55.2018.8.26.0114, 5ª Câmara de Direito Público, rel. Des. Fermino Magnani Filho, j. 06/07/2020.

99. SÃO PAULO. TJSP, Apelação Cível nº 1001461-77.2019.8.26.0081, 5ª Câmara de Direito Público, rel. Des. Heloísa Mimessi, j. 02/12/2019.

3.1.4.2.2. Alguns indícios de não ocorrência da simulação formal (indícios negativos)

a) *Ausência de uma causa simulandi razoável*

A *causa simulandi* corresponde ao motivo determinante que levou as partes a constituírem uma simulação.[100] Trata-se do ponto de partida da hipótese simulatória, a base sobre a qual se constrói o "edifício da prova".[101] Pode-se alegar, por exemplo, que a alienação de um imóvel correspondeu a uma simulação formal, a qual foi neutralizada por um ato jurídico oculto, e que a *causa simulandi* dessa simulação seria ocultar o imóvel de possíveis credores.

A existência de uma *causa simulandi* não é, em si, um indício da ocorrência de simulação, mas sim uma premissa necessária da alegação de simulação com base em provas indiretas. Nas situações em que não há prova direta da existência do ato oculto, a alegação de simulação envolve um raciocínio abdutivo. O raciocínio abdutivo parte da premissa de que determinados fatos existem para concluir pela adoção de uma hipótese com eles coerente.[102] A indicação de uma *causa simulandi*, nesse sentido, é uma mera condição de inteligibilidade da hipótese de simulação, já que ela precisa ser coerente com os indícios comprovados e com a máxima da experiência segundo a qual os indivíduos agem motivadamente. Se não se demonstrar o porquê da simulação, a conclusão pela hipótese da sua ocorrência perde força.[103]

A *causa simulandi*, nesse sentido, sequer necessita ser comprovada, já que é apenas um motivo abstrato que atribui coerência ao conjunto probatório formado por indícios. Ela não funciona como os indícios da ocorrência de simulação formal, tais como a *falta de condições das partes para a realização do objeto* ou a *ausência de garantias para o credor*. Esses indícios funcionam como pesos em uma gangorra, os quais determinam a altura e o lado para qual ela cairá. A *causa simulandi* funciona como as leis da física, as quais explicam por que um dos lados da gangorra está mais baixo do que outro. Assim como a existência

---

100. SANTOS, José Beleza dos. **A simulação em direito civil**. 2. ed. São Paulo: Lejus, 1999, p. 443.

101. FERRARA, Francesco. **Della Simulazione dei Negozi Giuridici**. 5. ed. Roma: Athanaeum, 1922, p. 326.

102. PEIRCE, Charles S. **Semiótica**. Tradução de José Teixeira Coelho Neto. 4. ed. São Paulo: Perspectiva, 2017, p. 30.

103. SANTOS, José Beleza dos. **A simulação em direito civil**. 2. ed. São Paulo: Lejus, 1999, p. 444; FERNANDEZ, Maria Caracaba. **La simulación em los negócios jurídicos**. Barcelona: Libreria Bosch, 1986, p. 134.

da gangorra pressupõe as leis da física, a existência do raciocínio abdutivo para fins de comprovação da simulação pressupõe a *causa simulandi*.

Naturalmente, pode-se atribuir uma *causa simulandi* a qualquer situação. Mesmo na eventual identificação de um ato jurídico oculto (prova direta) que comprove a ocorrência de uma simulação inocente aparentemente sem sentido, podemos apontar a confusão ou a insanidade das partes como a *causa simulandi*. Nesse caso, contudo, sequer seria necessária a identificação da *causa simulandi* para a comprovação da simulação, já que ela teria sido diretamente comprovada pelo ato jurídico oculto, e a força da prova direta compensaria a falta de uma *causa simulandi* razoável. Em contextos ordinários, nos quais existem apenas indícios, a situação é distinta: apenas uma *causa simulandi* razoável é coerente com a hipótese de simulação.

Existem diversos indícios, no entanto, que são incompatíveis com uma *causa simulandi* razoável, isto é, que infirmam a premissa de que a simulação foi constituída em virtude de um motivo racional. Nos já referidos contratos de "vaca-papel", por exemplo, há um negócio jurídico simulado por meio do qual o tomador contrata o prestador para cuidar do seu gado. O gado, contudo, é inexistente, o que necessariamente enseja o pagamento de uma indenização pelo prestador do serviço em virtude da ausência de devolução do gado – há, em suma, um mútuo dissimulado (em regra, com juros usurários), e a indenização corresponde ao principal do mútuo acrescido dos juros. Em um caso como esse, a comprovação da boa situação financeira do prestador dos serviços é um indício incompatível com uma *causa simulandi* razoável, já que a necessidade de recursos pelo prestador dos serviços é o que torna a hipótese da simulação coerente.

Nas simulações com repercussões tributárias, há sempre uma *causa simulandi* pressuposta pela própria pretensão da Fazenda Pública, que é o não pagamento de tributos. É dizer: uma *causa simulandi* razoável para constituir uma simulação é evitar a tributação, e a falta de recolhimento do respectivo tributo é, justamente, o que fundamenta a pretensão da Fazenda Pública em ver comprovada a hipótese de simulação. Disso decorre que, nas simulações com repercussões tributárias, um indício negativo de ocorrência da simulação, isto é, um indício de que não houve simulação, é a demonstração de que a suposta simulação não gerou vantagens tributárias, ou que vantagem tributária decorrente da suposta simulação poderia ser obtida por outros meios.

O Conselho de Contribuintes analisou um lançamento fiscal que considerou ter havido uma simulação subjetiva em determinado negócio jurídico, cuja *causa simulandi* seria gerar despesas dedutíveis ao contribuinte autuado. O voto vencido do Conselheiro Mário Junqueira Franco Júnior afastou a caracterização da simulação, pois observou que "apesar de todos os indícios reunidos pelos autuantes", não se apontou "o verdadeiro beneficiário dos ganhos", e não seria "admissível supor que alguém suporte despesa apenas com o fito de aproveitar a redução do ônus tributário que a sua escrituração implica, haja vista que este, de per si, é significativamente menor que aquela".[104] Não haveria, portanto, uma *causa simulandi* razoável para justificar a hipótese de simulação sustentada pelo lançamento fiscal.

Em outra situação, a Receita Federal do Brasil entendeu que haveria simulação na constituição de denominadas "empresas-veículo" para a aquisição de uma outra empresa com ágio, a qual, subsequentemente, realizou uma incorporação reversa das "empresas-veículo" e passou a amortizar tal ágio da sua base de cálculo do Imposto de Renda da Pessoa Jurídica e da Contribuição Social sobre o Lucro Líquido. O verdadeiro negócio jurídico ocorrido, segundo a Receita Federal do Brasil, seria a aquisição da empresa com ágio pelas controladoras das "empresas-veículo", de forma que o ágio deveria estar registrado nas controladoras, e não nas "empresas-veículo". A *causa simulandi* corresponderia à possibilidade de realizar a incorporação reversa e aproveitamento do ágio. Com base nesse raciocínio, foi glosada a amortização do ágio pela empresa adquirida, a qual incorporou as "empresas-veículo", já que tal ágio jamais deveria ter sido registrado por essas empresas.

O Conselho Administrativo de Recursos Fiscais, ao analisar o caso, considerou que a configuração da simulação pressuporia que "o ato dissimulado seja tributariamente mais oneroso do que o ato simulado, pois, se assim não for, pode até ser simulação, mas não terá qualquer efeito nas relações tributárias". Naquele caso, contudo, a aquisição direta pelas controladoras (suposto ato simulado) "poderia gerar o aproveitamento do ágio, desde que houvesse a incorporação dessas pessoas jurídicas pela recorrente, logo o dito ato dissimulado não seria mais oneroso que o ato simulado". A suposta *causa simulandi* relativa ao aproveitamento do ágio, portanto, "demonstrou-se frágil para justificar a desconsideração dos atos por elas praticados, ao verificarmos que não havia

---

104. BRASIL. 1º CC, Acórdão nº 101-95.168, 1ª Câmara, rel. Cons. Caio Marcos Cândido, j. 12/09/2005.

obstáculos na legislação tributária para que o mesmo resultado fosse obtido sem a utilização das ditas empresas-veículos".[105]

Conclui-se, portanto, que os indícios incompatíveis com uma *causa simulandi* razoável permitem inferir que não houve simulação. Isso porque a existência de uma *causa simulandi* razoável é uma premissa da própria alegação de simulação, já que os indivíduos, em regra, agem em virtude de motivos racionais.

b) *Vínculos econômicos ou de afeto entre as partes*

A existência de vínculos econômicos ou de afeto entre as partes é tida, em regra, como um indício de simulação. De acordo com essa linha de raciocínio, os aparentes devedores de negócios jurídicos simulados prefeririam ter, como aparentes credores, indivíduos em quem confiam, de forma a evitar o exercício dos poderes decorrentes do negócio jurídico aparente.[106] Por isso, afirma-se que o afeto é um dos elementos mais característicos da presunção de simulação.[107]

Esse raciocínio é muito empregado na análise de mútuos realizados entre familiares, os quais, muitas vezes, são considerados simulados, identificando-se a ocorrência de uma suposta doação dissimulada. Francesco Ferrara, nesse sentido, afirmou que "um dos sinais que não faltam nas doações mascaradas é o de se realizarem entre pessoas estreitadas por vínculos de sangue, de amizade ou ternura".[108] O Tribunal de Justiça do Estado do Rio Grande do Sul, com base no mesmo raciocínio, considerou que a circunstância de um mútuo ter sido realizado entre pai e filho seria um indício de simulação, tendo afirmado que o conjunto probatório apresentado não daria "segurança sobre a existência do alegado empréstimo, ainda mais se tratando de parentes tão próximos."[109]

Considerar o vínculo econômico ou afetivo entre partes como um indício de simulação é compatível com a hipótese de simulação material, a qual envolve a comprovação de que foram exprimidas proposições falsas por meio do ato jurídico. Isso porque o negócio jurídico é um empreendimento conjunto das partes,

---

105. BRASIL. CARF, Acórdão n. 1302001.980, 1ª Seção/3ª Câmara/2ª Turma Ordinária, rel. Cons. Alberto Pinto Souza Junior, j. 14/09/2016.

106. SANTOS, José Beleza dos. **A simulação em direito civil**. 2. ed. São Paulo: Lejus, 1999, p. 446; FERNANDEZ, Maria Caracaba. **La simulación em los negocios jurídicos**. Barcelona: Libreria Bosch, 1986, p. 136.

107. SABATÉ, Luis Muñoz. **La prueba de la simulación**. Barcelona: Editorial Hispano Europea, 1972, p. 244.

108. FERRARA, Francesco. **Della Simulazione dei Negozi Giuridici**. 5. ed. Roma: Athanaeum, 1922, p. 332.

109. RIO GRANDE DO SUL. TJRS, Apelação Cível, nº 50032317220168210019, 22ª Câmara Cível, rel. Des. Liselena Schifino Robles Ribeiro, j. 21/09/2023.

e constituir um negócio jurídico que exprima uma proposição falsa exige uma certa cumplicidade. O vínculo econômico ou afetivo entre as partes é um indício ainda mais forte de simulação material nos casos em que a *causa simulandi* envolve beneficiar uma das partes, tal como no instrumento de compra e venda entre pai e filho que reconhece a realização de um pagamento que nunca ocorreu, o que dissimula uma doação e permite que esse filho receba uma herança maior e evite o pagamento do ITCMD. Em regra, quando os indivíduos mentem, o fazem para beneficiarem a si próprios ou às pessoas com quem têm vínculos.

No caso da simulação formal, contudo, o raciocínio é inverso. A hipótese que deve ser comprovada para a configuração da simulação formal é que as partes constituíram um ato jurídico oculto para alterar o ato jurídico aparente. O mútuo aparente, por exemplo, teria a obrigação de devolução do valor neutralizada por um ato jurídico oculto, que o transformaria numa doação. Ocorre que, se há confiança entre as partes, não há a necessidade de constituição de um ato jurídico oculto para evitar o exercício dos poderes decorrentes do ato jurídico aparente – que se torna, na ausência de um ato jurídico oculto, um ato jurídico real. Quanto maior o vínculo entre as partes, maior a confiança entre elas, portanto, menor a probabilidade que elas tenham constituído um ato jurídico oculto para se prevenir juridicamente contra o exercício dos poderes decorrentes do ato jurídico aparente.

O filho que constitui um negócio jurídico de mútuo com o pai sabe que não precisa devolver o valor emprestado – ou melhor, confia que o valor não lhe será cobrado. Mas, juridicamente, o mútuo existe, é válido e é eficaz, e, sendo inadimplido, a cobrança do valor pelo pai pode ocorrer. Conforme bem observado por Menezes Cordeiro, no aspecto moral o acordo de cavalheiros pode ser até mais vinculante do que um acordo jurídico, uma vez que ele é sempre cumprido, independentemente das circunstâncias (o acordo jurídico admite exceções), mas, mesmo assim, não é Direito.[110] Em suma: embora as quebras de confiança e as traições relacionadas a vínculos de afeto sejam moralmente terríveis – Rei Lear, na famosa peça de Shakespeare, diz que "as presas de uma víbora não doem mais que a ingratidão de um filho" – tais condutas não envolvem o descumprimento de um dever jurídico.

Aliás, a experiência mostra que a confiança que uma parte deposita na outra é inversamente proporcional ao cuidado que ela terá para evitar uma conduta

---

110. CORDEIRO, António Menezes. **Tratado de Direito Civil**, v. 2, 5. ed. Parte geral: negócio jurídico. Coimbra: Almedina, 2021, p. 306.

indesejada no âmbito de um negócio jurídico. Essa confiança, na maioria das vezes, demonstra ser justificada, mas sempre pode vir a ser traída. A contraprestação do negócio jurídico pode vir a ser exigida, e não há argumento moral que afaste a licitude da cobrança, já que o negócio jurídico constituído, conforme já referido, é existente, válido e eficaz.

Com tudo isso, quer-se dizer que nas situações em que se alega a ocorrência de simulação formal, notadamente a simulação formal de objeto e a simulação subjetiva, a existência de um vínculo econômico ou afetivo entre as partes é um indício de que não há simulação, isto é, um indício negativo de simulação. O vínculo sugere confiança, e a confiança entre as partes é um indício de que elas não constituíram um ato jurídico oculto, já que não temem o exercício do poder estabelecido por meio do ato jurídico aparente.

Nada disso afasta, naturalmente, a possibilidade de alteração dos direitos e deveres envolvidos do negócio jurídico em virtude do comportamento das partes, decorrente da função hermenêutica da boa-fé objetiva.[111] Mas uma coisa é a confiança que se tem no comportamento concludente da outra parte, a qual justifica uma alteração na relação jurídica; outra coisa, muito distinta, é a confiança de que, mesmo sem qualquer alteração na relação jurídica, os poderes dela decorrentes não serão exercidos.

As relações jurídicas entre partes com vínculos econômicas ou afetivos envolvem circunstâncias especiais. Justamente por isso, exigem regras especiais. As regras de distribuição disfarçada de lucros, de preços de transferência e de dedução de benefícios indiretos (*fringe benefits*), por exemplo, são regras que partem da premissa de que transações entre partes vinculadas envolvem circunstâncias especiais, portanto, devem ser avaliadas com base em regras especiais. Com a simulação ocorre o mesmo: a aplicação da regra geral a situações especiais pode gerar resultados indesejados, tais como a ausência de base legal para cobrar o ITCMD de um mútuo inadimplido entre pai e filho. Esses resultados normativos indesejados devem ser combatidos pelo Poder Legislativo, e não pelo intérprete.

Conclui-se, portanto, que a existência de um vínculo econômico ou afetivo entre as partes é um indício de que não há simulação. Isso porque a confiança existente entre as partes é um indício de que elas não constituíram um ato jurídico oculto para neutralizar os efeitos do ato jurídico aparente.

---

111. MARTINS-COSTA, Judith. **A boa-fé no Direito Privado**. 3 ed. São Paulo: Saraiva, 2024, p. 573.

3.1.5. Síntese conclusiva a respeito da comprovação da simulação

Cabe à Fiscalização Tributária o ônus de comprovar a ocorrência da simulação no momento da formalização do lançamento tributário. Essa comprovação deve satisfazer o *standard* probatório da prova clara e convincente – no ordenamento jurídico brasileiro, contudo, a realização do lançamento de ofício é vinculada à imposição de uma sanção, razão pela qual, contingencialmente, a Fiscalização Tributária deve observar o *standard* probatório da prova acima de qualquer dúvida razoável.

No caso da simulação de lugar, da simulação temporal e da simulação material de objeto, a hipótese a ser comprovada diz respeito à falsidade das proposições exprimidas por meio do ato jurídico. Existem diversos meios de prova que permitem comprovar a ocorrência dessas espécies de simulação tanto diretamente quanto indiretamente.

No caso da simulação de elemento categorial essencial (abuso de forma), a hipótese a ser comprovada é que o ato jurídico exprimiu uma proposição falsa a respeito de um dos seus elementos categoriais essenciais. No caso do elemento da "onerosidade", por exemplo, a hipótese a ser comprovada para a configuração do abuso de forma é que uma das prestações corresponde a, pelo menos, o dobro do valor da outra, e não há uma mínima reciprocidade ou um mínimo equilíbrio entre elas. Para comprová-la, deve-se analisar dois fatos institucionais: (i) o valor de mercado do bem transacionado e (ii) as circunstâncias particulares das partes envolvidas.

No caso da simulação formal (simulação formal de objeto e simulação subjetiva), a hipótese que deve ser comprovada para a configuração da simulação formal é que um ato jurídico oculto alterou um ato jurídico aparente. A simulação formal dificilmente é comprovada por meio de provas diretas, e geralmente depende de inferências realizadas a partir de indícios.

3.2. Possibilidade de configuração da simulação em atos jurídicos específicos

3.2.1. Emissão de título de crédito

O título de crédito é o "documento necessário ao exercício do direito literal e autônomo nele contido".[112] Daí já se percebe que é uma impropriedade tratar

112. Código Civil: Art. 887. O título de crédito, documento necessário ao exercício do direito literal e autônomo nele contido, somente produz efeito quando preencha os requisitos da lei.

da simulação nos títulos de crédito, visto que, conforme analisado no tópico 1.3.1.2, só há simulação nos atos jurídicos, e não nos instrumentos que o constituem. No ordenamento jurídico brasileiro, são previstas inúmeras espécies de títulos de crédito, tais como a letra de câmbio, a nota promissória, a duplicada e o cheque. Tais espécies, muitas vezes, possuem regras específicas, o que dificulta qualquer proposição geral a respeito dos títulos de créditos. Pode-se dizer, contudo, que todos os títulos de crédito correspondem a documentos escritos e formais, assinados pelo devedor, a partir dos quais se pode identificar o direito de crédito consignado.[113] A emissão do título de crédito, portanto, constitui um ato jurídico unilateral, por meio da qual se reconhece a existência de uma relação de crédito.[114]

A doutrina diverge quanto às características fundamentais dos atos jurídicos constituídos pelos títulos de crédito. De modo geral, pode-se dizer que eles possuem duas características principais: em primeiro lugar, a *autonomia*; em segundo lugar, a *literalidade*.

Em primeiro lugar, os atos jurídicos constituídos por meio dos títulos de crédito são *autônomos,* isto é, as obrigações dele decorrentes não se vinculam a quaisquer outras, nem mesmo às relacionadas ao eventual ato jurídico principal que ensejou a emissão do título de crédito.[115] A autonomia do ato jurídico é o que permite a circularização dos títulos de crédito, pois fornece segurança ao terceiro de boa-fé de que o descumprimento da relação fundamental não pode ser alegado pelo emitente para inadimplir a sua obrigação. Se alguém adquire um veículo mediante a emissão de uma nota promissória, por exemplo, e o vendedor do veículo a endossar para terceiro, o adquirente não pode alegar um vício redibitório no veículo para deixar de pagar ao terceiro.[116]

Os atos jurídicos constituídos por meio dos títulos de créditos podem ser *autônomos* de duas formas distintas: de um lado, podem ser *abstratos*; de outro lado, podem ser *causais*. De um lado, a *abstração* decorre da desvinculação entre o ato jurídico constituído pelo título de crédito e o ato jurídico que deu

113. ASCARELLI, Tullio. **Teoría General de los Títulos de Crédito**. Tradução de René Cacheaux Sanabria. Santiago: Ediciones Olejnik, 2020, p. 42.

114. GONÇALVES, Carlos Roberto. **Direito Civil Brasileiro**. 9. ed., v. 3. São Paulo: Saraiva, 2012, p. 629.

115. MARTINS, Fran. **Títulos de crédito**. 14 ed. Atualizado por Joaquim Penalva Santos. Rio de Janeiro: Forense, 2008, p. 10.

116. GONÇALVES, Carlos Roberto. **Direito Civil Brasileiro**. 9. ed., v. 3. São Paulo: Saraiva, 2012, p. 629.

origem à emissão do título de crédito.[117] Essa abstração pode ocorrer tanto quando da emissão do título de crédito quanto em decorrência da sua posterior circularização. Havendo abstração, a nulidade ou o descumprimento da relação fundamental que deu origem à emissão do título de crédito não afetam o ato jurídico dele decorrente.

De outro lado, a *causalidade* decorre da vinculação entre o título de crédito e a relação fundamental que lhe deu origem.[118] Essa causalidade depende de que o título de crédito tenha sido emitindo fazendo alusão à sua causa, e que não tenha sido transferido a terceiros de boa-fé. Havendo causalidade, a nulidade ou o descumprimento da relação fundamental que deu origem à emissão do título de crédito tornam nulo o ato jurídico dele decorrente.

Isso significa que, havendo simulação na relação fundamental, isto é, no ato jurídico que deu origem à emissão do título de crédito, duas situações podem ocorrer. De um lado, se o ato jurídico decorrente do título de crédito for abstrato, a obrigação de pagar do emitente não será afetada. A simulação da relação fundamental não tem qualquer relevância nas hipóteses em que o título de crédito for originalmente abstrato ou for transferido a terceiros de boa-fé.[119] De outro lado, se o ato jurídico decorrente do título de crédito for causal, a obrigação de pagar do emitente será nula. Essa nulidade do ato jurídico causal, contudo, decorre da sua vinculação à validade da relação fundamental, e não da sua aquisição do caráter simulado da relação que lhe deu origem – mesmo que causal, o ato jurídico decorrente do título de crédito permanece sendo autônomo.

Em segundo lugar, os atos jurídicos constituídos por meio dos títulos de crédito são *literais,* isto é, o ato jurídico dele decorrente é disciplinado exclusivamente pelo teor do documento.[120] Tudo o que consta no título de crédito possui valor, e tudo o que não está é irrelevante.[121] A característica da *literalidade*

---

117. MARTINS, Fran. **Títulos de crédito**. 14 ed. Atualizado por Joaquim Penalva Santos. Rio de Janeiro: Forense, 2008, p. 11.

118. GONÇALVES, Carlos Roberto. **Direito Civil Brasileiro**. 9. ed., v. 3. São Paulo: Saraiva, 2012, p. 629.

119. SANTOS, José Beleza dos. **A simulação em direito civil**. 2. ed. São Paulo: Lejus, 1999, p. 117; GAINO, Itamar. **A Simulação dos Negócios Jurídicos**. 2. ed. São Paulo: Saraiva, 2012, p. 169.

120. ASCARELLI, Tullio. **Teoría General de los Títulos de Crédito**. Tradução de René Cacheaux Sanabria. Santiago: Ediciones Olejnik, 2020, p. 68.

121. MARTINS, Fran. **Títulos de crédito**. 14 ed. Atualizado por Joaquim Penalva Santos. Rio de Janeiro: Forense, 2008, p. 9.

é determinante para rechaçar a possibilidade de configuração da maior parte das subespécies de simulação nos atos jurídicos decorrentes dos títulos de crédito.

De um lado, os atos jurídicos constituídos por meio de títulos de crédito não podem ser objeto de simulação formal, a qual ocorre nas situações em que um ato jurídico oculto que altere um ato jurídico aparente. Isso porque a característica da *literalidade* faz com que os atos jurídicos ocultos, isto é, atos externos ao título de crédito, não tenham qualquer relevância. Disso decorre que, ou a alteração no ato jurídico decorrente do título de crédito consta no próprio documento, hipótese em que não será oculta; ou a alteração no ato jurídico decorrente do título de crédito não consta no próprio documento (oculta ou não), hipótese em que não irá, efetivamente, alterar o ato jurídico aparente. De qualquer forma, em nenhuma das duas hipóteses há simulação formal.

De outro lado, os atos jurídicos constituídos por meio de títulos de crédito podem ser objeto de algumas subespécies de simulação material, a qual ocorre nas situações em que um ato jurídico exprime proposições falsas. Os atos jurídicos constituídos por meio de títulos de crédito não podem ser objeto da simulação material de objeto, tampouco da simulação de elemento categorial (abuso de forma); podem ser, contudo, objeto da simulação de lugar e da simulação temporal.

Primeiro, os atos jurídicos constituídos por meio de títulos de crédito não podem ser objeto da simulação material de objeto, porque os títulos de crédito são instrumentos que constituem uma relação de crédito a partir de uma manifestação de vontade.[122] A criação dessa relação de crédito não depende da verdade de qualquer proposição, isto é, não depende de que alguma asserção sobre o mundo seja verdadeira – basta a literalidade das manifestações de vontade constantes no título de crédito. Mesmo nos atos jurídicos causais, a relação de crédito, em si, é autônoma, de forma que quaisquer proposições acerca da relação fundamental não acarretam a sua simulação (ainda que o vínculo causal possa acarretar a sua nulidade).

A Receita Federal do Brasil, contudo, já entendeu haver simulação na emissão de notas promissórias vinculadas ao implemento de condições suspensivas, as quais foram registradas contabilmente como um ativo antes do implemento das referidas condições, o que gerou uma série de efeitos tributários. Ao analisar o caso, o voto vencido do Conselheiro Gustavo Guimarães da Fonseca bem observou que "o contribuinte (...) errou ao consignar o valor das obrigações

---

122. ASCARELLI, Tullio. **Teoría General de los Títulos de Crédito**. Tradução de René Cacheaux Sanabria. Santiago: Ediciones Olejnik, 2020, p. 83.

em conta de ativo", entretanto, "não incorreu em tais infrações por meio de simulação (...), mas por erro de avaliação das consequências advindas das notas promissórias emitidas".[123] É dizer: as notas promissórias foram adequadamente emitidas, razão pela qual não há que falar em simulação do ato jurídico dela decorrente; se as notas promissórias foram contabilizadas de forma equivocada, trata-se de outra discussão, não relacionada à ocorrência de simulação.

Da mesma forma, equivoca-se Itamar Gaino ao afirmar que há simulação na hipótese de uma parte emitir um título de crédito em favor de outra, de sua confiança, com a finalidade de prejudicar seus credores.[124] Nesse caso, há fraude, mas não simulação: o título de crédito, por si só, cria a relação de crédito, a qual existe, tão somente, em decorrência da manifestação da vontade da parte. A manifestação de vontade não descreve a existência de uma dívida, ela cria a dívida.

Segundo, os atos jurídicos constituídos por meio de títulos de crédito não podem ser objeto da simulação de elemento categorial essencial (abuso de forma), porque a observância das formalidades legais é considerada como o principal elemento para que um documento seja considerado um título de crédito.[125] Por um lado, tais formalidades fazem com que os indivíduos não tenham autonomia para emitir um título de crédito válido que desnature um elemento categorial essencial do ato jurídico correspondente; por outro lado, a natureza jurídica dos atos jurídicos constituídos por meio de títulos de crédito não pressupõe a existência de fatos institucionais que possam ser desnaturados (tais como a onerosidade). A literalidade das manifestações de vontade constantes no título de crédito é suficiente para a configuração da natureza jurídica do ato jurídico dele decorrente.

Terceiro, os atos jurídicos constituídos por meio de títulos de crédito podem ser objeto da simulação de lugar, porque o título de crédito pode referir um local de emissão distinto do local no qual ele foi realmente emitido. Em razão da característica da literalidade, pressupõe-se que o local indicado como de emissão do título de crédito corresponda ao local de constituição do ato jurídico correspondente. No entanto, a proposição falsa a respeito do local de emissão

---

123. BRASIL. CARF, Acórdão nº 1302-002.322, 1ª Seção/3ª Câmara/2ª Turma Ordinária, rel. Cons. Paulo Henrique Silva Figueiredo, j. 26/07/2017.

124. GAINO, Itamar. **A Simulação dos Negócios Jurídicos**. 2. ed. São Paulo: Saraiva, 2012, p. 168.

125. MARTINS, Fran. **Títulos de crédito**. 14 ed. Atualizado por Joaquim Penalva Santos. Rio de Janeiro: Forense, 2008, p. 13.

do título de crédito e, consequentemente, de constituição do ato jurídico, não possui, em regra, relevância prática.

Quarto, os atos jurídicos constituídos por meio de títulos de crédito podem ser objeto da simulação temporal, pois o título de crédito pode ser antedatado ou pós-datado em relação à verdadeira data na qual ele foi emitido, o que configura a simulação temporal. A característica da literalidade faz com que a data constante como de emissão do título de crédito seja considerada como a data na qual o ato jurídico correspondente foi constituído. Em relação ao cheque, especificamente, há a previsão legal da possibilidade de pós datá-lo, isto é, de informar uma data de emissão posterior à real.[126] Provavelmente, essa possibilidade decorre da circunstância de que o vencimento do cheque já está pré-estabelecido por lei (30 ou 60 dias), razão pela qual a pós-data é a única forma de flexibilizar os prazos para pagamento mediante a utilização do cheque.

Quanto aos demais títulos de crédito, contudo, a pós-data configura simulação temporal, assim como a antedata configura simulação temporal em relação ao cheque e a todos os demais títulos de crédito. Em alguns casos, é verdade, tal simulação pode não ter repercussões práticas. Em outros casos, contudo, a simulação temporal pode ser relevante: basta imaginar a emissão de um título de crédito no qual conste, simuladamente, data anterior à constituição de outras dívidas pelo emissor. Nesse caso, além de simulação temporal, haveria fraude.

Percebe-se, portanto, que a literalidade que caracteriza os atos jurídicos decorrentes dos títulos de crédito restringe a possibilidade de configuração da simulação. De um lado, a literalidade impede a ocorrência da simulação formal, já os atos jurídicos ocultos, isto é, os atos externos aos títulos de crédito, não são relevantes. De outro lado, a literalidade restringe a ocorrência da simulação material às hipóteses de simulação de lugar e de simulação temporal, as quais, em regra, não possuem maiores repercussões práticas. Não é que os atos jurídicos decorrentes dos títulos de crédito não possam ser simulados, tal como afirma Luiz Carlos de Andrade Júnior.[127] Mas eles dificilmente o são, e raramente tal simulação será relevante.

As considerações anteriores permitem concluir que os atos jurídicos constituídos por meio dos títulos de crédito são *autônomos* e *literais*. De um lado,

---

126. Lei 7.357/85: Art. 32 (...) Parágrafo único - O cheque apresentado para pagamento antes do dia indicado como data de emissão é pagável no dia da apresentação.

127. ANDRADE JÚNIOR, Luiz Carlos de. **A Simulação no Direito Civil**. São Paulo: Malheiros, 2016, p. 183.

a autonomia faz com que a simulação da relação fundamental não torne simulado o ato jurídico decorrente do título de crédito a ela relacionado, ainda que possa o tornar nulo. De outro lado, a literalidade faz com que os atos jurídicos decorrentes dos títulos de crédito possam ser objeto tão somente de simulação de lugar e de simulação temporal, as quais, geralmente, não possuem relevância.

3.2.2. Constituição de sociedade personificada

A sociedade adquire personalidade jurídica mediante o registro do seu ato de constituição (contrato social ou estatuto) no Registro Civil ou na Junta Comercial. A constituição de uma sociedade personificada, de um lado, não pode ser objeto de simulação formal (*ato jurídico oculto que altera ato jurídico aparente*); de outro lado, pode ser objeto de algumas subespécies de simulação material (*ato jurídico que exprime proposição falsa*).

A constituição de uma sociedade personificada não pode ser objeto de simulação formal porque a alteração do ato jurídico aparente (contrato social ou estatuto inscrito no Registro Civil ou na Junta Comercial) depende de uma alteração que deve, igualmente, ser objeto de registro público.[128] Disso decorre que a alteração do ato jurídico aparente jamais será oculta, razão pela qual não há que falar em simulação formal na constituição de uma sociedade. Afinal, se o ato jurídico for oculto, ele não terá irá alterar o ato jurídico aparente.

A partir dessas constatações, pode-se perceber o equívoco de quem afirma haver uma simulação subjetiva nos casos em que um dos sócios é um "laranja", o qual seria uma pessoa interposta do "sócio de fato". O sócio "laranja" normalmente é caracterizado pela presença de três elementos: (i) contribuição com o capital social por meio da integralização de bens e direitos de um terceiro (o sócio de fato); (ii) os poderes relativos à sociedade são exercidos pelo sócio de fato, normalmente por meio de um instrumento de mandato outorgado pelo sócio "laranja"; (iii) os lucros obtidos pela sociedade são repassados ao sócio de fato. Tal situação corresponderia a uma simulação, porque o verdadeiro sócio seria o sócio de fato, e não o sócio "laranja".[129] O Conselho Administrativo de

---

128. Código Civil. Art. 998. Nos trinta dias subseqüentes à sua constituição, a sociedade deverá requerer a inscrição do contrato social no Registro Civil das Pessoas Jurídicas do local de sua sede. (...) Art. 999. (...) Parágrafo único. Qualquer modificação do contrato social será averbada, cumprindo-se as formalidades previstas no artigo antecedente.

129. POIDOMANI, Isabella. **A simulação através de sociedades empresárias**. Rio de Janeiro: Lumen Juris, 2019, p. 150.

Recursos Fiscais, nesse sentido, já afirmou que, diante de uma situação na qual havia um sócio "laranja", seria "aplicável a norma do artigo 124, I, tendo em vista a ocorrência de simulação" e que, "tratando-se de simulação relativa deve ser afastado o negócio jurídico aparente e tributado o negócio jurídico real".[130]

É certo que um sócio de fato pode ser, eventualmente, responsável solidário pelos tributos devidos pelo sócio "laranja", em virtude do que dispõe o artigo 124, I, do Código Tributário Nacional[131] – ainda que o raciocínio da decisão, segundo o qual a suposta ocorrência de simulação ensejaria a incidência desse dispositivo, careça de base legal. Não se nega, ainda, que o sócio de fato possa vir a ser responsabilizado pelos débitos da pessoa jurídica na hipótese em que agir, na condição de mandatário, com excesso de poderes ou infração à lei, nos termos do artigo 135, II, do Código Tributário Nacional.[132]

Mas nada disso autoriza a conclusão de que a existência de um sócio "laranja" configuraria uma simulação subjetiva, já que eventuais instrumentos particulares e comportamentos concludentes do sócio de fato não alteram o ato jurídico de constituição da sociedade. Apenas o "laranja" é sócio. Juridicamente, o chamado sócio de fato não participa da sociedade, ainda que possa ser responsabilizado pela sua conduta e por eventuais instrumentos particulares constituídos com o "laranja" ou com a própria sociedade.

O Conselho Administrativo de Recursos Fiscais, em uma outra decisão, observou corretamente tal circunstância ao rechaçar o argumento do contribuinte autuado de que os pagamentos efetuados por uma sociedade personificada a seus sócios de fato corresponderiam a distribuições de lucro. A decisão daquele Tribunal afirmou que "uma vez pactuado o contrato de sociedade, essa passa a ser regida por esse instrumento formal" e que "admitir a existência e a distribuição de lucros a sócios de fato corresponderia a consentir que o contrato social poderia ser descumprido".[133]

---

130. BRASIL.CARF, Acórdão nº 1402-006.576, 1ª Seção/4ª Câmara/2ª Turma Ordinária, rel. Cons. Junia Roberta Gouveia Sampaio, j. 16/08/2023.

131. Art. 124. São solidàriamente obrigadas:

I - as pessoas que tenham interêsse comum na situação que constitua o fato gerador da obrigação principal.

132. Art. 135. São pessoalmente responsáveis pelos créditos correspondentes a obrigações tributárias resultantes de atos praticados com excesso de podêres ou infração de lei, contrato social ou estatutos: (...)

II - os mandatários, prepostos e empregados.

133. BRASIL. CARF, Acórdão nº 2301-005.705, 2ª Seção/3ª Câmara/1ª Turma Ordinária, rel. Cons. Marcelo Freitas de Souza Costa, j. 04/10/2018.

Ademais, o ato jurídico de constituição de uma sociedade personificada pode ser objeto de algumas subespécies de simulação material. Pode haver, por exemplo, simulação absoluta decorrente de uma simulação de elemento categorial essencial (abuso de forma), nas hipóteses em que haja abuso dos elementos categoriais essenciais da *contribuição para o capital social* e da *partilha dos resultados*, de forma que o contrato de sociedade se torna, na verdade, um contrato de prestação de serviços entre os sócios. Trata-se de hipótese extremamente rara. Da mesma forma, pode haver simulação relativa decorrente de uma simulação temporal ou de lugar, nas hipóteses em que a data ou o local constante no contrato social forem falsos – não há, contudo, relevância prática nesse tipo de simulação, já que as assinaturas devem ser reconhecidas em cartório e o local e a data importantes para a sociedade personificada são os que constam no seu registro público.

Com a exceção dessas hipóteses, extremamente raras e irrelevantes, a constituição de uma sociedade não pode ser objeto de simulação material, a qual decorre de uma proposição falsa exprimida por meio do ato jurídico. Isso porque a constituição de uma sociedade não depende de que determinadas proposições sejam verdadeiras, mas sim de que as partes se comprometam com uma linha de ação futura, tal como contribuir com o capital social ou partilhar os resultados do exercício da atividade econômica da sociedade. Esse compromisso público das partes, por meio do instrumento adequado, exerce duas funções: primeiro, exerce a função de comprometer as partes com um comportamento futuro (por exemplo, obrigação de integralizar o capital social); segundo, exerce a função de fazer existir um estado de coisas e mudar a realidade, pois, do simples compromisso assumido pelas partes, o ordenamento jurídico atribui uma consequência específica, qual seja, a constituição de uma sociedade. A constituição de uma sociedade não depende do mundo como ele é, mas sim do que as partes se comprometem a fazer, e a aquisição de personalidade jurídica depende de que esses compromissos sejam levados a registro público.

O artigo 981, nesse sentido, estabelece que: "Celebram contrato de sociedade as pessoas que reciprocamente se obrigam a contribuir, com bens ou serviços, para o exercício de atividade econômica e a partilha, entre si, dos resultados". A sociedade personificada existe, é válida e produz efeitos em decorrência do registro público de uma simples manifestação de vontade das partes, que assumem obrigações relativas ao exercício de uma atividade econômica e à partilha dos seus frutos. Nas palavras de Caio Mário da Silva Pereira, "o processo genético das pessoas jurídicas de direito privado (...) vai alojar-se na vontade humana, seja autônoma ou heterônoma, em manifestação conforme às prescrições legais".[134]

Tais considerações são relevantes porque a Fiscalização Tributária, em diversas situações, supõe que o ato de constituição de uma sociedade envolva mais do que um simples compromisso das partes, e utiliza outros critérios para reputar ocorrida uma simulação absoluta na constituição da sociedade personificada. Quatro dessas situações podem ser destacadas: em primeiro lugar, na constituição das chamadas "empresas-veículo"; em segundo lugar, na constituição de sociedades para a alienação de ativos com uma menor carga tributária; em terceiro lugar, na constituição de pessoas jurídicas para a prestação de serviços personalíssimos, no que é chamado de "pejotização"; em quarto lugar, na constituição de pessoas jurídicas nas quais, supostamente, não há *affectio societatis*.

Em primeiro lugar, a Fiscalização Tributária afirma haver simulação absoluta na constituição de sociedades que seriam meras "empresas-veículo". A sociedade controladora da "empresa-veículo", em regra, aporta os recursos necessários para que a "empresa-veículo" possa adquirir a sociedade-alvo – aquisição esta que irá gerar o registro de um ágio na contabilidade da "empresa-veículo". Subsequentemente, a sociedade-alvo incorpora a "empresa-veículo", e passa a amortizar o ágio registrado da base de cálculo do seu Imposto de Renda da Pessoa Jurídica e da Contribuição Social sobre o Lucro Líquido, tornando-se uma controlada direta da sociedade-controladora.

Em casos como esse, a Fiscalização Tributária entende que a "empresa-veículo" corresponderia a uma sociedade simulada, a qual não permitiria o aproveitamento do ágio após a sua incorporação. O Conselho Administrativo de Recursos Fiscais manteve uma autuação fiscal lavrada sob esse fundamento, afirmando que: "não se admite (...) a amortização de ágio gerado quando comprovado que foi fruto de operações artificialmente engendradas, mediante prática de simulação, valendo-se de empresa veículo inexistente de fato".[135]

Ocorre que, conforme já referido, a constituição de uma sociedade personificada depende do simples ato de levar a registro público o instrumento que consubstancia a vontade de constituí-la, seja ela empresa-veículo ou não. Essas manifestações de vontade, decorrentes de compromissos assumidos pelas partes,

---

134. PEREIRA, Caio Mário da Silva. **Instituições de direito civil**. V. 1, 30. ed. Atualizado por Maria Celina Bodin de Moraes. Rio de Janeiro: Forense, 2017, p. 289.

135. BRASIL. CARF, Acórdão nº 1201-003.201, 1ª Seção/2ª Câmara/1ª Turma Ordinária, rel. Cons. Allan Marcel Warwar Teixeira, j. 16/10/2019.

não possuem valor de verdade, razão pela qual não são falsas, portanto, não acarretam a ocorrência de simulação. Não há qualquer exigência legal de que uma sociedade seja constituída com algum objeto específico. Pelo contrário: o artigo 2º da Lei das Sociedades por Ações é claro em estabelecer que "pode ser objeto da companhia qualquer empresa de fim lucrativo, não contrário à lei, à ordem pública e aos bons costumes", e o seu parágrafo 3º dispõe que "a companhia pode ter por objeto participar de outras sociedades" e que tal participação, ainda que não prevista nos seus atos constitutivos, pode ser um meio para "beneficiar-se de incentivos fiscais". Por essa razão, o Superior Tribunal de Justiça, ao se deparar com um caso no qual a Fiscalização Tributária afirmava que determinada "empresa-veículo" seria uma simulação, já que teria sido constituída apenas para permitir a amortização de um ágio, entendeu que: "não há proibição legal para que uma sociedade empresária seja criada como "veículo" para facilitar a realização de um negócio jurídico".[136] Pode-se criticar a utilização de uma "empresa-veículo" de inúmeras formas, mas a ausência de simulação absoluta na sua constituição não deve ser contestada.

Em segundo lugar, a Fiscalização Tributária afirma haver simulação na constituição de sociedades que tenham como objeto social a alienação de ativos (geralmente, imóveis), as quais são optantes pelo regime do Lucro Presumido. Isso porque tais sociedades, segundo a Fiscalização Tributária, não exerceriam quaisquer atividades econômicas, tendo sido constituídas com o único objetivo de reduzir a carga tributária incidente sobre a alienação dos ativos que foram integralizados nela.

Uma sociedade industrial submetida ao regime do Lucro Real, por exemplo, decidiu realizar uma cisão parcial, vertendo seus imóveis para a nova sociedade, a qual tinha como objeto a atividade de compra e venda de imóveis e era optante do regime do Lucro Presumido. A Fiscalização Tributária considerou que a constituição da nova sociedade seria uma simulação, entendimento ratificado pelo Conselho Administrativo de Recursos Fiscais, cuja decisão referiu que a criação da nova sociedade por meio da cisão seria "uma simulação, um fato aparente, pois ali não houve a organização de fatores de produção com vistas ao desempenho de suas funções e à obtenção de lucro".[137]

---

136. BRASIL. STJ, REsp n. 2.026.473/SC, Primeira Turma, rel. Min. Gurgel de Faria, j. 5/9/2023.

137. BRASIL. CARF, Acórdão n. 2402-012.257, 2ª Seção/4ª Câmara/2ª Turma Ordinária, rel. Cons. Rodrigo Duarte Firmino, j. 04/10/23.

Ocorre que, conforme já referido, a constituição de uma sociedade não depende da "organização de fatores de produção de produção com vistas ao desempenho de suas funções e à obtenção de lucro". A constituição de uma sociedade depende tão somente da manifestação de vontade de determinados indivíduos, consubstanciada em um contrato social devidamente registrado. Naturalmente, pode haver um abuso da personalidade jurídica, ou uma confusão patrimonial, o que enseja a possibilidade da desconsideração judicial da personalidade jurídica, nos termos do artigo 50 do Código Civil.[138] No entanto, trata-se de hipótese diversa da simulação. E, mais importante, a constituição de uma sociedade com o objetivo de exercer uma atividade econômica de forma menos onerosa não configura simulação, abuso de personalidade jurídica ou confusão patrimonial.

O Tribunal Regional Federal da 4ª Região, nesse sentido, considerou que não há simulação na constituição de uma pessoa jurídica que aliena imóveis e tributa a receita correspondente por meio do regime do Lucro Presumido, ainda que tal pessoa jurídica tenha resultado de uma cisão de uma sociedade submetida ao regime do Lucro Real, que tenha vertido seus imóveis para a nova sociedade. De acordo com a decisão daquele Tribunal, "não existe simulação. Há perfeita correspondência da substância das operações com as formas que foram adotadas para a sua realização", já que a pessoa jurídica submetida ao regime do Lucro Presumido "é pessoa jurídica efetivamente existente e que praticou os negócios jurídicos, sendo irrelevantes as constatações do Fisco acerca do pequeno número de funcionários ou até mesmo do local em que estaria estabelecida a sociedade".[139] Nada impede, vale salientar, que a sociedade constitua negócios jurídicos simulados, como seria, por exemplo, a hipótese de uma simulação subjetiva, na qual a sociedade submetida ao regime do Lucro Presumido seria uma mera pessoa interposta, e o negócio jurídico fosse constituído diretamente entre a pessoa jurídica submetida ao Lucro Real e o adquirente do imóvel. Mas trata-se de hipótese completamente distinta da simulação absoluta da própria constituição da sociedade.

---

138. Art. 50. Em caso de abuso da personalidade jurídica, caracterizado pelo desvio de finalidade ou pela confusão patrimonial, pode o juiz, a requerimento da parte, ou do Ministério Público quando lhe couber intervir no processo, desconsiderá-la para que os efeitos de certas e determinadas relações de obrigações sejam estendidos aos bens particulares de administradores ou de sócios da pessoa jurídica beneficiados direta ou indiretamente pelo abuso.

139. BRASIL. TRF da 4ª Região, Apelação nº 5009900-93.2017.4.04.7107, 2ª Turma, rel. Des. Fed. Rômulo Pizzolatti, j. 11/12/2019.

Em terceiro lugar, a Fiscalização Tributária afirma haver simulação na constituição de sociedades que tenham como objeto social a prestação de serviços personalíssimos, naquilo que é chamado, muitas vezes, de "pejotização". Isso porque, segundo a Fiscalização Tributária, tais sociedades seriam constituídas com a única finalidade de evitar a formação de um vínculo de emprego (e os respectivos ônus trabalhistas, previdenciários e tributários) entre o tomador dos serviços e os sócios das sociedades prestadoras dos serviços. A Fiscalização Tributária, por exemplo, considerou que uma sociedade prestadora de serviços médicos para um hospital seria simulada, e o que existiria, na realidade, seria uma relação de trabalho entre os médicos sócios dessa sociedade e o hospital. O Conselho Administrativo de Recursos Fiscais concordou com a Fiscalização Tributária, tendo afirmado que "se constatou ato de simular a existência de empresas jurídicas interpostas e dissimular a existência das relações pessoais de trabalho".[140]

Não há, contudo, simulação na constituição de pessoas jurídicas para a prestação de serviços personalíssimos. Pouco importa que a prestação dos serviços pela sociedade, nesses casos, seja materialmente idêntica à que seria resultante da contratação de uma pessoa física específica. O simples fato de ter sido constituída uma sociedade para prestar tais serviços torna a situação formalmente distinta, o que acarreta efeitos jurídicos próprios. Todas as sociedades são, em certa medida, instrumentais e fictícias.[141] Conforme já afirmado, não se discorda que, nessas hipóteses, possa surgir, com o tempo, uma simulação subjetiva, mediante a constituição de uma relação de emprego entre o sócio da pessoa jurídica e o tomador dos serviços; tampouco se rechaça a possibilidade de restar configurada uma hipótese de desconsideração judicial da personalidade jurídica, nos termos do artigo 50 do Código Civil. Tais situações, contudo, não se confundem com a simulação absoluta da existência da sociedade prestadora de serviços. Se a sociedade foi regularmente constituída, o ordenamento jurídico determina que os rendimentos obtidos pela prestação dos serviços pertençam a ela, e não ao seu sócio.[142]

---

140. BRASIL. CARF, Acórdão nº 2202-008.762, 2ª Seção/2ªCâmara/2ª Turma Ordinária, rel. Cons. Martin da Silva Gesto, j. 07/10/2021.

141. NOVOA, César García. Simulación y delito contra la Hacienda Pública (a propósito de la sentencia de la Audiencia Provincial de Madrid en el caso Xabi Alonso). **Revista de Contabilidad y Tributación**, CEF, n. 444, 2020, p. 89-118, p. 104.

142. ÁVILA, Humberto. A prestação de serviços personalíssimos por pessoas jurídicas e sua tributação: o uso e abuso do Direito de criar pessoas jurídicas e o poder de desconsiderá-las. **Grandes Questões Atuais do Direito Tributário**, São Paulo, Dialética, v. 17, 2013, p. 132-151, p. 139.

Em quarto lugar, a Fiscalização Tributária afirma haver simulação na constituição de sociedades que não tenham *affectio societatis*, isto é, nas quais os sócios não tenham a vontade específica de formá-la em conjunto.[143] O Conselho Administrativo de Recursos Fiscais, por exemplo, já afirmou que "o conjunto fático-probatório carreado aos autos pela fiscalização é convergente para atestar a inexistência de "*affectio societatis*", pressuposto para a existência de uma sociedade".[144]

Conforme já analisado, contudo, a vontade de constituir um ato jurídico, tal como o ato jurídico que constitui a sociedade, não corresponde a uma proposição sobre um fato, isto é, sobre uma "vontade real" de constituir a sociedade, mas sim a uma ação que cria um estado de coisas. A simples constituição da sociedade, portanto, já denota a *affectio societatis*, a qual se confunde com os compromissos assumidos pelas partes no respectivo ato de constituição. O que difere o ato jurídico de constituição da sociedade dos demais atos jurídicos não é a exigência de uma modalidade específica de vontade, mas sim o seu objeto.[145]

A *affectio societatis*, é certo, também pode ser compreendida como um estado de ânimo comum e permanente dos indivíduos, isto é, como um fato subjetivo.[146] Mas, ainda que se entenda a *affectio societatis* como um fato subjetivo relacionado ao engajamento efetivo e permanente das partes com os compromissos assumidos em conjunto, isso não autoriza a conclusão de que a sua ausência (ou a sua "quebra") tornaria a sociedade simulada. Mesmo nessa perspectiva, a *affectio societatis* é considerada como um elemento de estabilidade da sociedade, e não como um elemento essencial à sua existência.[147] A ausência de *affectio societatis* permite a dissolução parcial da sociedade, com a retirada do sócio que não esteja mais engajado, mas não torna a sociedade simulada. No mais, a ideia de *affectio societatis* como um requisito para a

---

143. VERÇOSA, Haroldo Malheiros Duclerc. **Curso de Direito Comercial**. 2 ed. São Paulo: Malheiros, 2010, p. 42.

144. BRASIL. CARF, Acórdão nº 2401-009.810, 2ª Seção/4ª Câmara/1ª Turma Ordinária, rel. Cons. Matheus Soares Leite, j. 01/09/2021.

145. FRANÇA, Erasmo Valladão Azevedo e Novaes; ADAMEK, Marcelo Vieira Von. Affectio Societatis: um conceito jurídico superado no moderno Direito Societário pelo conceito de fim social. **Revista de Direito Mercantil**, São Paulo, Malheiros, n. 149/150, 2008, p. 114.

146. COMPARATO, Fábio Konder. **O poder de controle na sociedade anônima**. 3. ed. Rio de Janeiro: Forense, 1983, p. 117.

147. ANDRADE JÚNIOR, Luiz Carlos de. **A Simulação no Direito Civil**. São Paulo: Malheiros, 2016, p. 212.

continuidade da existência da sociedade, além de não ter base legal, tem sido fortemente criticada pela doutrina.[148]

Como se vê, em nenhuma dessas quatro situações há efetiva simulação absoluta da constituição da sociedade. Para a existência de uma sociedade personificada, basta que ela seja devidamente constituída por meio do instrumento adequado e que tal instrumento seja levado a registro público. Não se deve confundir, nesse sentido, as simulações das quais a sociedade participe, as hipóteses de desconsideração da personalidade jurídica ou as situações que ensejam a dissolução da sociedade com a simulação absoluta da constituição da sociedade. Há um manifesto equívoco no entendimento de que haveria simulação na constituição das chamadas "empresas-veículo", na constituição de sociedades para a alienação de ativos com redução da carga tributária, na constituição de pessoas jurídicas para a prestação de serviços personalíssimos e na constituição de sociedades supostamente sem *affectio societatis*.

As considerações anteriores permitem concluir que o ato jurídico de constituição de uma sociedade personificada pode ser objeto de algumas subespécies raras e irrelevantes de simulação material. De um lado, não há simulação formal da constituição de uma sociedade personificada, pois isso exigiria, necessariamente, um ato jurídico levado a registro público (o qual deixaria de ser oculto). De outro lado, não há simulação material da constituição de uma sociedade personificada, uma vez que a constituição de uma sociedade depende, tão somente, de que as partes assumam determinados compromissos por meio do instrumento adequado. A assunção desses compromissos sequer pode ser falsa (já que não descreve o mundo), razão pela qual não há que falar em simulação material (exceto na rara hipótese de abuso de forma).

3.2.3. Constituição de sociedade não personificada

O ato jurídico de constituição de uma sociedade não personificada não tem diferenças para o ato jurídico de constituição de uma sociedade personificada. A diferença entre as duas espécies de sociedade reside na posterior aquisição de personalidade jurídica pela sociedade personificada, o que ocorre mediante

148. FRANÇA, Erasmo Valladão Azevedo e Novaes; ADAMEK, Marcelo Vieira Von. Affectio Societatis: um conceito jurídico superado no moderno Direito Societário pelo conceito de fim social. **Revista de Direito Mercantil**, São Paulo, Malheiros, n. 149/150, 2008, p. 116; PEDREIRA, José Luiz Bulhões. FILHO, Alfredo Lamy (Coord.). **Direito das Companhias**, v. I. Rio de Janeiro: Forense, 2009, p. 35.

o registro público do seu ato de constituição. A circunstância das sociedades não personificadas não serem levadas a registro público, contudo, aumenta as possiblidades de que haja simulação.

De um lado, na constituição das sociedades não personificadas existe a possibilidade de simulação formal, diferentemente do que ocorre com as sociedades personificadas. Isso porque, nas sociedades não personificadas, nada impede que o ato jurídico aparente de constituição seja revogado e/ou alterado por um ato jurídico oculto, o que configuraria uma simulação formal.

De outro lado, na constituição das sociedades não personificadas existe a possibilidade de simulação material. Da mesma forma que em relação às sociedades personificadas, tais hipóteses são raras e, geralmente, sem repercussões práticas, visto que o ordenamento jurídico atribui poucos efeitos à constituição de sociedades não personificadas. E, assim como ocorre com as sociedades personificadas, o ato jurídico de constituição da sociedade não personificada depende, tão somente, de que as partes assumam determinados compromissos por meio do instrumento adequado. Nada mais é exigido para que a sociedade exista, seja válida e produza efeitos. A constituição de uma sociedade não depende de proposições (as quais podem ser falsas e, portanto, ensejar a ocorrência de simulação material), mas apenas de manifestações de vontade.

Há que se referir, ainda, uma controvérsia específica envolvendo a simulação material nas sociedades não personificadas, mais especificamente a suposta ocorrência de simulação de elemento categorial essencial (abuso de forma) nas sociedades em conta de participação em que os sócios participantes exercem o objeto social perante terceiros. Fabiana Carsoni Fernandes, por exemplo, entende que a atuação do sócio participante perante terceiros desnaturaria a sociedade em conta de participação.[149] Isso porque o parágrafo único do artigo 993 do Código Civil, ao atribuir responsabilidade solidária ao sócio participante que tome parte nas relações do sócio ostensivo com terceiros, teria estabelecido a ausência de relação dos sócios participantes com terceiros como elemento categorial essencial da sociedade em conta de participação.[150]

---

149. FERNANDES, Fabiana Carsoni. **A Sociedade em Conta de Participação no Direito Tributário**. São Paulo: IBDT, 2021, p. 109.

150. Art. 993. (...) Parágrafo único. Sem prejuízo do direito de fiscalizar a gestão dos negócios sociais, o sócio participante não pode tomar parte nas relações do sócio ostensivo com terceiros, sob pena de responder solidariamente com este pelas obrigações em que intervier.

A Fiscalização Tributária, com base nesse entendimento, tem considerado que há simulação de elemento categorial essencial (abuso de forma) nas sociedades em conta de participação em que sócios participantes prestam serviços a terceiros. Constatada a suposta simulação, a Fiscalização Tributária desconsidera a relação societária entre o sócio oculto e os sócios participantes, qualificando-a como uma prestação de serviços dissimulada, exigindo as contribuições previdenciárias e o imposto de renda incidentes sobre a contraprestação dessa suposta prestação de serviços, isto é, sobre os valores distribuídos aos sócios participantes a título de distribuição de lucros. O Conselho Administrativo de Recursos Fiscais, ao se deparar com uma autuação fiscal constituída sob esses fundamentos, entendeu que haveria "abuso de forma da Recorrente, ao batizar Sociedade em Conta de Participação a relação que detinha com pessoas físicas, quando essas em verdade lhe prestavam serviços", uma vez que na "Sociedade em Conta de Participação os sócios participantes não podem executar o objeto social".[151] Tal entendimento está equivocado, por duas razões principais.

Em primeiro lugar, a prestação de serviços a terceiros exclusivamente pelo sócio ostensivo (ou a ausência de prestação de serviços a terceiros pelos sócios participantes) não é um elemento categorial essencial da sociedade em conta de participação. O parágrafo único do artigo 993 do Código Civil prevê, como única consequência da prestação de serviços a terceiros pelos sócios participantes, a atribuição de responsabilidade solidária a esses sócios pelas obrigações em que intervierem. Disso decorre que existem duas espécies de sociedades em conta de participação previstas pelo Código Civil: de um lado, existem as sociedades em conta de participação com responsabilidade exclusiva do sócio ostensivo, que são aquelas nas quais apenas o sócio ostensivo exerce as atividades do objeto social perante terceiros; de outro lado, existem as sociedades em conta de participação sem responsabilidade exclusiva do sócio ostensivo, que são aquelas nas quais os sócios participantes também exercem as atividades do objeto social perante terceiros.

Nada impede, de qualquer forma, que nas sociedades em conta de participação com responsabilidade exclusiva do sócio ostensivo haja uma participação esporádica e pontual de um sócio participante na execução do objeto social, hipótese na qual ele será responsável solidário em relação a essa obrigação específica. O importante é que, seja qual for a espécie constituída (com ou sem

151. BRASIL. CARF, Acórdão nº 2102-002.135, 2ª Seção/1ª Câmara/2ª Turma Ordinária, rel. Cons. Carlos André Rodrigues Pereira Lima, j. 20/06/2012.

responsabilidade exclusiva do sócio ostensivo), as outras características da sociedade em conta de participação são mantidas, não havendo que falar em abuso de forma ou desnaturação de elemento categorial essencial em decorrência do exercício perante terceiros do objeto social por sócios participantes.

Em segundo lugar, mesmo que a prestação de serviços a terceiros exclusivamente pelo sócio ostensivo fosse um elemento categorial essencial da sociedade em conta de participação, há que se distinguir duas situações. De um lado, existe a situação na qual a sociedade em conta de participação é constituída já com a previsão de exercício do objeto social pelos sócios participantes. De outro lado, existe a situação na qual, a despeito de inexistir previsão nesse sentido pelos atos constitutivos da sociedade em conta de participação, os sócios participantes exercem o objeto social perante terceiros. Nesta segunda hipótese, que é a mais comum, não há simulação, mesmo à luz da equivocada premissa de que a prestação de serviços a terceiros exclusivamente pelo sócio ostensivo seria um elemento categorial essencial da sociedade em conta de participação. Isso o descumprimento de uma suposta regra (prestação de serviços exclusivamente pelo sócio ostensivo) pelos indivíduos não corresponde a uma proposição falsa acerca da sua existência. A simulação de elemento categorial essencial (abuso de forma) depende de que o ato jurídico exprima uma proposição falsa acerca de um dos seus elementos categoriais essenciais, e no caso dos sócios participantes que simplesmente não observam um suposto elemento categorial essencial, não há falsidade, mas sim descumprimento. Não há, portanto, simulação.

As considerações anteriores permitem concluir que o ato jurídico de constituição de uma sociedade não personificada pode ser objeto de simulação. De um lado, pode ser objeto de simulação formal, já que um ato jurídico oculto pode alterar o ato jurídico aparente de constituição da sociedade. De outro lado, pode ser objeto de simulação material; da mesma forma que em relação às sociedades personificadas, tais hipóteses são raras e, geralmente, sem repercussões práticas.

3.3. Hipóteses que não configuram simulação

3.3.1. Identificação de ato jurídico distinto do ato jurídico aparente

Algumas vezes, entende-se que a identificação, no caso concreto, de um ato jurídico distinto do ato jurídico aparente, corresponderia a uma hipótese de simulação. Conforme analisado no tópico 1.7.7, contudo, o exame da ocorrência da simulação envolve duas fases: na primeira fase, deve-se verificar se há simulação, isto é, se há, de um lado, um ato jurídico oculto que deliberadamente altere um ato jurídico aparente (simulação formal) ou se há, de outro lado, um ato jurídico que exprima deliberadamente ao menos uma proposição falsa (simulação material). Na segunda fase, se houver simulação, passa-se à segunda etapa do exame, no qual se verifica se, desconsiderada a simulação, existe algum ato jurídico constituído pelas partes. De um lado, quando não se identifica a existência de um ato jurídico remanescente, considera-se que houve *simulação absoluta*; de outro lado, quando se identifica a existência de um ato jurídico remanescente, considera-se que houve *simulação relativa*, também chamada de *dissimulação*.

A consequência da divisão do exame da ocorrência da simulação em duas fases é extremamente relevante, pois evidencia que a identificação de um ato jurídico distinto (segunda fase do exame) do ato jurídico aparente não é uma hipótese de configuração da simulação (primeira fase do exame). A hipótese que deve ser comprovada para configurar a ocorrência de simulação é, de um lado, a existência de um ato jurídico oculto que deliberadamente altere um ato jurídico aparente (simulação formal); ou, de outro lado, que o ato jurídico deliberadamente exprime uma proposição falsa (simulação material). A comprovação da hipótese de que, no caso concreto, estão presentes os elementos categoriais essenciais de um outro ato jurídico (segunda fase do exame), só se torna relevante *após* a constatação de que há simulação (primeira fase do exame).

Disso decorre, portanto, que simplesmente comprovar a presença dos elementos categoriais essenciais de um outro ato jurídico em um caso concreto não permite inferir a ocorrência de simulação. A conclusão (simulação) não decorre da premissa (presença dos elementos categoriais essenciais de outro ato jurídico), razão pela qual tal raciocínio incorre em uma falácia, chamada de *non sequitur*. A Fiscalização Tributária, contudo, costuma alegar a ocorrência de simulação em virtude da suposta comprovação da hipótese de que os elementos do caso concreto permitiram a identificação de um ato jurídico distinto daquele constituído pelas partes. Essa alegação, algumas vezes, é empregada para reputar ocorrida a simulação de um único ato jurídico; na maioria das vezes, entretanto, tal alegação é empregada para reputar ocorrida a simulação em uma série de atos jurídicos, e qualificá-los como um ato jurídico único.

Algumas vezes, a Fiscalização Tributária alega que, em que pese as partes tenham constituído um único ato jurídico aparente, existiriam outros elementos do caso que permitiriam a identificação de um ato jurídico de natureza diversa, razão pela qual haveria simulação. Com base nesse entendimento, os contratos de "leasing" (arrendamento mercantil) com onerosidade nas parcelas iniciais e a posterior transferência de propriedade da coisa foram considerados simulados, porque tais elementos denotariam a ocorrência de um negócio jurídico de compra e venda.

Na maioria das vezes, a Fiscalização Tributária alega que, em que pese as partes tenham constituído uma série de atos jurídicos, a análise deles em conjunto permitiria a identificação de um único ato jurídico "global", razão pela qual todos os atos jurídicos seriam simulados, e esse ato jurídico "global" seria o ato dissimulado. Esse raciocínio geralmente é aplicado por meio de alusões ao critério das "operações estruturadas em sequência" ("*step transactions*"), ou à sua versão nacional, que metaforicamente prescreve a "análise do filme ao invés da foto". O Conselho Administrativo de Recursos Fiscais, nesse sentido, manteve autuação fiscal fundamentada na ocorrência de simulação, afirmando que "a realização de operações estruturadas em seqüência, embora individualmente ostentem legalidade do ponto de vista formal, não garante a legitimidade material do conjunto de operações".[152] Em outro caso, aquele tribunal considerou que "cada operação no presente caso seria uma "foto", a princípio, formalmente correta. Todavia, a sequência das "fotos", ou seja, o filme, demonstra a existência de simulação, em face de uma vontade aparente".[153]

Seja para reputar a ocorrida a simulação em um único ato jurídico, seja para reputar ocorrida a simulação em uma série de atos jurídicos, não há relevância na comprovação da hipótese de que estão presentes, no caso concreto, os elementos categoriais essenciais de outro ato jurídico. E isso por, ao menos, duas razões.

Primeiro, porque da comprovação da hipótese de que os elementos do caso concreto permitem a identificação de um outro ato jurídico, ou de um único ato jurídico "global", não se infere a ocorrência de simulação. Há, aqui, uma evidente inversão da ordem do exame da simulação, a qual se inicia pela comprovação da ocorrência da simulação, e não pela comprovação da ocorrência de um ato jurídico dissimulado. Na realidade, da premissa de que estão presentes os elementos de outro ato jurídico, não se pode inferir a conclusão de que há simulação – tal raciocínio incorre em um *non sequitur*.

Segundo, porque o raciocínio empregado nesses casos incorre em uma falácia adicional, já que a conclusão de que há simulação decorre da premissa de que

---

152. BRASIL. CARF, Acórdão nº 1401-000.868, 1ª Seção/4ª Câmara/1ª Turma Ordinária, rel. Cons. Fernando Luiz Gomes de Mattos, j. 13/09/2012.

153. BRASIL. CARF, Acórdão n. 1402-006.710, 1ª Seção/4ª Câmara/2ª Turma Ordinária, rel. Cons. Ricardo Piza Di Giovanni, j. 23/01/2024.

o(s) ato(s) jurídico(s) constituído(s) deve(m) ser desconsiderado(s), e a conclusão de que o(s) ato(s) jurídico(s) constituído(s) deve(m) ser desconsiderado(s) decorre da premissa de que há simulação. Uma petição de princípio, portanto.

Além disso, inferir a ocorrência de simulação por meio da comprovação da hipótese de que estão presentes, no caso concreto, os elementos categoriais essenciais de outro ato jurídico, enfrenta um problema adicional. Isso porque, na maioria das vezes, a identificação desse outro ato jurídico ocorre com base em critérios substanciais, tais como os critérios econômicos, os quais são ilegais e inconstitucionais.

A ilegalidade e a inconstitucionalidade desses critérios serão analisadas no tópico 4.2; por ora, o importante é perceber que, em diversos casos, a Fiscalização Tributária infere a ocorrência da simulação com base em uma hipótese irrelevante (presença de elementos de um outro ato jurídico), a qual se reputa comprovada com base em critérios equivocados (substanciais). Em outras palavras: a Fiscalização Tributária não comprova a sua hipótese probatória e, ainda por cima, pretende inferir dessa hipótese não comprovada uma consequência com a qual ela não tem relação lógica. Trata-se de um raciocínio bastante problemático, por meio do qual, primeiro, comete-se a falácia do arenque vermelho (pois pretende comprovar uma hipótese distinta da que deveria), e, segundo, comete-se a falácia da falsa causa (pois infere-se uma conclusão de uma premissa com a qual ela não tem relação).[154]

As considerações anteriores permitem concluir que a presença dos elementos categoriais essenciais de um ato jurídico distinto do ato jurídico aparente não configura uma hipótese de simulação. Em primeiro lugar, porque tal raciocínio envolve uma inversão da ordem do exame da simulação, a qual se inicia pela comprovação da ocorrência da simulação, e não pela comprovação da ocorrência de um ato jurídico dissimulado. Em segundo lugar, porque tal raciocínio comete uma petição de princípio, já que a razão para a desconsideração do ato jurídico aparente seria a simulação, mas a razão pela qual a simulação teria sido configurada seria a desconsideração do ato jurídico aparente. Além disso, em diversas situações a identificação desse outro ato jurídico, distinto do ato jurídico aparente, ocorre com base em critérios ilegais, tais como o critério da consideração econômica ou o critério do propósito negocial ("causa final").

---

154. HURLEY, Patrick J.; WATSON, Lori. **A Concise Introduction to Logic**. 13. ed. Boston: Cengage Learning, 2018, p. 140 e 153.

3.3.2. Ausência de propósito negocial

A expressão "propósito negocial" é empregada no âmbito do Direito Tributário brasileiro para exprimir dois significados.[155] De um lado, emprega-se a expressão "propósito negocial" para exprimir o significado de "propósito extrafiscal", o que denotaria uma "causa final" do ato jurídico distinta da economia tributária. O ato jurídico com propósito negocial, portanto, seria aquele que não tem como finalidade a economia de tributos. De outro lado, emprega-se a expressão "propósito negocial" para exprimir a função exercida por um ato jurídico específico, isto é, para qualificá-lo (como uma compra e venda, uma doação, uma permuta etc.). Pode-se dizer, por exemplo, que "o propósito negocial deste ato jurídico é trocar um bem por dinheiro" (qualificando-o como uma compra e venda), mas que tal ato jurídico "não teria propósito negocial" (isto é, não teria um propósito extrafiscal).

Interessa, neste tópico, o primeiro significado de "propósito negocial", qual seja, o de "propósito extrafiscal". Mais precisamente, interessa analisar o entendimento segundo o qual a ausência de propósito negocial (ou seja, a ausência de "propósito extrafiscal") seria uma hipótese que configuraria simulação. Tal entendimento, vale referir, não chega a sustentar que a ausência de um propósito negocial seria um elemento do conceito de simulação, mas sim que se poderia inferir a configuração da simulação – independentemente do seu conceito – a partir da comprovação da hipótese da ausência de propósito negocial.

A Fiscalização Tributária, por exemplo, formalizou um lançamento fiscal sob o fundamento de que "é necessário que os atos e/ou negócios jurídicos tenham tido um propósito negocial diferente da simples economia tributária", e que, naquele caso, "não houve qualquer propósito negocial (...) que evidenciasse uma motivação extratributária", razão pela qual "a mencionada sequência de atos configura uma simulação".[156] O Conselho Administrativo de Recursos Fiscais, da mesma forma, já afirmou que a alienação de ativos para um fundo de investimentos, "sem qualquer propósito negocial, apenas para transferir a tributação do ganho de capital da pessoa física para a pessoa jurídica com a consequente postergação indevida do recolhimento de imposto de renda" caracterizaria "hipótese clara de dissimulação a atrair a incidência do

155. HALPERIN, Eduardo Kowarick. Propósito Negocial no Direito Tributário. **Revista Direito Tributário Atual.**, São Paulo: IBDT, n. 53, 2023, p. 142.

156. BRASIL. CARF, Acórdão n. 1201-006.843, 1ª Seção/2ª Câmara/1ª Turma Ordinária, rel. Cons. José Eduardo Genaro Serra, j. 12/06/2024.

art. 116, parágrafo único, do CTN c/c o art. 167 da Lei nº 10.406/2002 (Código Civil)".[157] Em um outro caso semelhante, esse mesmo Tribunal entendeu que se aplicaria "ao caso o conceito de simulação", já que a "primeira venda (...) não teve nenhum escopo econômico (ou o *business purpose test*, do direito tributário norte-americano) e (...) outra finalidade não visava que não contornar a tributação do ganho de capital".[158]

A ausência de propósito negocial, contudo, não é uma hipótese que configure simulação. Isso porque: (i) não há relação entre a ideia de propósito negocial e o conceito de simulação; e (ii) o ordenamento jurídico brasileiro permite a constituição de atos jurídicos sem propósito negocial, inclusive para fins tributários.

Em primeiro lugar, não há relação entre a ideia de propósito negocial e o conceito de simulação., Antes de mais nada, faz-se necessário distinguir o que é, de um lado, o "propósito negocial" do direito norte-americano, nascido com a decisão *Gregory vs Helvering*, e o que é, de outro lado, o "propósito negocial", referido pela tese segundo a qual a ausência de propósito negocial configuraria simulação.

De um lado, no caso *Gregory vs Helvering*, a Suprema Corte norte-americana analisou o caso da Sra. Gregory, que detinha determinadas ações por meio de uma sociedade, e em vez de transferi-las para a sua pessoa física por meio de uma distribuição de lucros, optou por cindi-las para uma sociedade recém-constituída, a qual foi imediatamente extinta, resultando na transferência dessas ações à pessoa física da Sra. Gregory por meio de uma devolução de capital.[159] Essa operação gerou uma menor carga tributária do que simples transferência das ações mediante uma distribuição de lucros, já que o artigo 112 do *Revenue Act* de 1928 afastava qualquer tributação sobre a transferência de ações entre sociedades "no contexto de um plano de reorganização" ("*persuance of a plan of reorganization*").[160]

---

157. BRASIL. CARF, Acórdão n. 2402-006.696, 2º Seção/4ª Câmara/2ª Turma Ordinária, rel. Cons. Luís Henrique Dias Lima, j. 04/10/2018.

158. BRASIL. CARF, Acórdão n. 2801003.958, 2ª Seção/1ª Turma Especial, rel. Cons. Marcio Henrique Sales Parada, j. 10/02/2015.

159. USA. Gregory v. Helvering, 293 U.S. 465 (1935).

160. "*Sec. 112. (g) Distribution of Stock on Reorganization. If there is distributed, in pursuance of a plan of reorganization, to a shareholder in a corporation a party to the reorganization, stock or securities in such corporation or in another corporation a party to the reorganization, without the surrender by such shareholder of stock or securities in such a corporation, no gain to the distributee from the receipt of such stock of securities shall be recognized...*".

A Suprema Corte norte-americana concordou com a Fiscalização Tributária no sentido de que a operação não recairia no âmbito de incidência do artigo 112 do *Revenue Act* de 1928. Isso porque entendeu que a transferência das ações por meio de uma cisão para uma sociedade recém-constituída, a qual foi logo extinta, não teria ocorrido "no contexto de um plano de reorganização" ("*persuance of a plan of reorganization*"), uma vez que, para tanto, deveria estar presente algum "propósito negocial".[161] Não se afirmou, portanto, que os atos jurídicos necessitam de um "propósito negocial" para serem válidos e eficazes perante a Fiscalização Tributária. O que a Suprema Corte norte-americana decidiu, na verdade, é que a presença de um "propósito negocial" é um dos elementos caracterizadores da conduta de se estar "no contexto de um plano de reorganização" ("*persuance of a plan of reorganization*"), de forma que, não havendo propósito negocial, não se poderia qualificar a operação realizada como "um plano de reorganização" para fins de aplicação do art. 112 do *Revenue Act* de 1928.[162]

De outro lado, no âmbito jurídico-tributário brasileiro, a afirmação de que a ausência de propósito negocial configuraria simulação não tem qualquer relação com a obrigatoriedade de existência de "planos de reorganização societária". O que se pretende afirmar quando se estabelece a ausência de propósito negocial como uma hipótese de simulação é que qualquer ato jurídico necessita ter um "propósito extrafiscal", sob pena de configurar simulação e, portanto, ser inoponível à Fiscalização Tributária.

Há uma evidente incompatibilidade entre o que a Suprema Corte norte--americana decidiu em *Gregory vs Helvering* e o que afirma a tese brasileira segundo a qual a ausência de propósito negocial configuraria simulação. Uma coisa é entender que uma expressão elevadamente genérica e vaga, tal como "no contexto de uma reorganização", tem no "propósito negocial" um dos seus ele-

---

161. "*When subdivision (B) speaks of a transfer of assets by one corporation to another, it means a transfer made 'in pursuance of a plan of reorganization' [§ 112(g)] of corporate business, and not a transfer of assets by one corporation to another in pursuance of a plan having no relation to the business of either, as plainly is the case here. Putting aside, then, the question of motive in respect of taxation altogether, and fixing the character of the proceeding by what actually occurred, what do we find? Simply an operation having no business or corporate purpose – a mere device which put on the form of a corporate reorganization as a disguise for concealing its real character, and the sole object and accomplishment of which was the consummation of a preconceived plan, not to reorganize a business or any part of a business, but to transfer a parcel of corporate shares to the petitioner.*"

162. SUMMERS, Robert S. A critique of the business-purpose doctrine. **Oregon Law Review**, v. 41, 1961, p. 44.

mentos caracterizadores. Outra coisa, muito distinta, é entender que quaisquer atos jurídicos, tais como "aquisição", "incorporação ou "constituição de uma sociedade" – todas expressões definidas pelo Direito Privado –, necessitam de um "propósito negocial" para não serem simulados.[163]

Percebe-se, portanto, que a tese brasileira segundo a qual a ausência de propósito negocial configuraria simulação não tem qualquer relação com a noção "original" de propósito negocial, criada pela Suprema Corte norte-americana em *Gregory vs Helvering*. A importação da expressão "propósito negocial", nesse sentido, foi infeliz, pois a tese brasileira pretende denotar algo distinto do que o conceito norte-americano denota.

O problema de afirmar que a ausência de propósito negocial configuraria simulação, contudo, não se limita a uma má escolha de palavras. O conteúdo da tese, segundo o qual a ausência de um propósito extratributário seria uma hipótese de simulação, não tem, de um lado, respaldo legal e, de outro lado, respaldo lógico.

Não tem respaldo legal porque o Código Tributário Nacional incorporou a definição de simulação do Código Civil, a qual estabeleceu dois conceitos de simulação: o de simulação formal, que tem como elementos: (a) um ato jurídico aparente; (b) um ato jurídico oculto que altere o ato jurídico aparente; e (c) uma deliberação interna; o de simulação material, que tem como elementos: (a) um ato jurídico; (b) uma proposição falsa; e (c) uma deliberação interna. O ordenamento jurídico, nesse sentido, jamais estabeleceu a ausência de propósito negocial como uma hipótese de simulação.

Além disso, também não tem respaldo lógico, porque, da constatação de que inexiste propósito negocial em um ato jurídico, não se infere a existência de um *ato jurídico aparente que seja deliberadamente alterado por um ato jurídico oculto* (simulação formal) ou de um *ato jurídico que deliberadamente exprima uma proposição falsa* (simulação material). O que a constituição de um ato jurídico sem propósito negocial permite inferir é que as partes envolvidas querem reduzir custos, vontade inerente a todo indivíduo racional, a qual não denota a ocorrência de simulação.

A suposta relação entre a ideia de propósito negocial e o conceito de simulação, portanto, é fundamentada em três equívocos. O primeiro equívoco é

163. HALPERIN, Eduardo Kowarick. Propósito Negocial no Direito Tributário. **Revista Direito Tributário Atual.**, São Paulo: IBDT, n. 53, 2023, p. 157.

linguístico, e diz respeito ao emprego da expressão "propósito negocial", já que se trata de expressão oriunda do Direito norte-americano para aplicável a uma situação completamente distinta. O segundo equívoco é normativo, e diz respeito à ausência de base legal para considerar a ausência de um propósito negocial como uma hipótese de simulação. O terceiro equívoco é lógico, e diz respeito à ausência de elementos para se inferir a ocorrência de simulação a partir da constatação de que um ato jurídico não possui propósito negocial. No fundo, como bem observado por Rômulo Coutinho, o que ocorre é que "a simulação é usada como mero verniz para a aplicação da teoria do propósito negocial."[164] Tal teoria, contudo, não tem qualquer relação com o conceito de simulação.[165]

Em segundo lugar, independentemente de não haver relação entre a ausência de propósito negocial e a simulação, a verdade é que o ordenamento jurídico brasileiro permite a constituição de atos jurídicos sem propósito negocial, isto é, com propósitos puramente tributários. O propósito de obter economia tributária é irrelevante tanto no âmbito do Direito Privado quanto no âmbito do Direito Tributário.

No âmbito do Direito Privado, a identificação do propósito negocial, isto é, da finalidade jurídica do ato constituído (causa final), é relevante para duas situações. De um lado, a análise do propósito negocial do ato jurídico, isto é, da finalidade jurídica que as partes pretendem obter, pode influenciar na interpretação de cláusulas contratuais.[166] De outro lado, a ilicitude do propósito negocial do ato jurídico os torna inválidos.[167] O propósito de economizar tributos, portanto, até pode influenciar na interpretação de cláusulas contratuais, mas não torna o ato jurídico inválido, já que se trata de finalidade lícita.

No âmbito do Direito Tributário, não existe qualquer regra especial que torne ineficazes os atos jurídicos constituídos sem propósito negocial. De um lado, não há qualquer fundamento normativo para tal regra, sendo certo que ela não decorre de princípios gerais, tais como a solidariedade fiscal e a igualdade. Primeiro, porque a Constituição Federal regulou o sistema tributário nacional

---

164. SILVA, Rômulo Cristiano Coutinho da. **Planejamento Tributário e Segurança Jurídica** . São Paulo: Quartier Latin, 2019, p. 279.

165. SCHOUERI, Luís Eduardo. O Refis e a Desjudicialização do Planejamento Tributário. **Revista Dialética de Direito Tributário**, n. 232, jan. 2015, p. 103-115, p. 277.

166. MARTINS-COSTA, Judith. **A boa-fé no Direito Privado**. 3 ed. São Paulo: Saraiva, 2024, p. 528.

167. GOMES, Orlando. **Introdução ao Direito Civil**. 20. ed. rev. atual. e aum. por Edvaldo Brito e Reginalda Paranhos Brito. Rio de Janeiro: Forense, 2010, p. 292.

por meio de um capítulo próprio composto de diversas regras específicas, dentre as quais a regra da legalidade, razão pela qual não faz sentido invocar tais princípios gerais para se sobrepor a essas regras.[168] Já se tentou, aliás, estabelecer a falta de propósito negocial como uma causa para a desconsideração do ato jurídico, por meio da Medida Provisória nº 66/2002, sem sucesso. Segundo, porque a compatibilidade desses princípios gerais com o propósito de economizar tributos é pressuposta pela Constituição Federal, que, ao admitir a instituição de tributos com efeitos extrafiscais, reconhece que a economia de tributos é uma finalidade lícita para a constituição de atos jurídicos.[169]

De outro lado, mesmo que existisse uma regra proibindo a constituição de atos jurídicos sem propósito negocial, ela seria inconstitucional por, ao menos, três razões. Primeiro porque ela violaria o princípio da igualdade tributária, pois dois contribuintes que realizassem atos jurídicos idênticos, mas um com propósito negocial e outro com propósito unicamente fiscal, poderiam ser tributados de formas distintas com base em uma medida de comparação inconstitucional que não guarda relação com a capacidade contributiva (qual seja, a existência de propósito negocial).[170] Segundo porque ela violaria o princípio da legalidade tributária e o princípio da segurança jurídica, visto que introduziria na hipótese de incidência tributária uma expressão com elevado grau de genericidade e vagueza, o que atribuiria uma margem de subjetividade muito grande à Fiscalização Tributária.[171]

Terceiro porque ela violaria o princípio da liberdade econômica e da livre iniciativa, pois restringiria a liberdade do contribuinte para constituir atos jurídicos lícitos.[172] O Tribunal Regional Federal da 4ª Região, nesse sentido, já afirmou que "a necessidade de um 'propósito negocial' – ou seja, de alguma razão extratributária - nos arranjos e rearranjos societários" seria uma "evidente

---

168. ÁVILA, Humberto. Limites à Tributação com Base na Solidariedade Social. *In*: GRECO, Marco Aurélio. GODOI, Marciano Seabra de. (Coord.). **Solidariedade Social e Tributação**. São Paulo: Dialética, 2005, p. 70; OLIVEIRA, Ricardo Mariz de. Fundamentos do planejamento tributário. **Revista Direito Tributário Atual**, São Paulo, IBDT, v. 47, 1º quadrimestre 2021, p. 627.

169. BECKER, Alfredo. **Teoria Geral do Direito Tributário**. 7. ed. São Paulo: Noeses, 2018, p. 147.

170. HALPERIN, Eduardo Kowarick. Propósito Negocial no Direito Tributário. **Revista Direito Tributário Atual**., São Paulo: IBDT, n. 53, 2023, p. 161.

171. BARRETO, Paulo Ayres. **Planejamento tributário**: limites normativos. São Paulo: Noeses, 2016, p. 143.

172. LEÃO, Martha Toribio. **O Direito Fundamental de Economizar Tributos** – Entre legalidade, liberdade e solidariedade. 2. ed. São Paulo: Malheiros/Juspodivm, 2023, p. 219.

falácia", já que não é exigida pelo ordenamento jurídico, razão pela qual deveria ser respeitada a "liberdade que tem o contribuinte, no exercício da autonomia privada garantida no artigo 170 da Constituição Federal".[173]

Disso tudo resulta que o ordenamento jurídico permite a constituição de atos jurídicos sem propósito negocial, isto é, com o único propósito de economizar tributos, já que não há fundamento normativo para a exigência de um propósito negocial na constituição de atos jurídicos. Além disso, tal exigência, se existisse, seria inconstitucional.

As considerações anteriores permitem concluir que a ausência de propósito negocial na constituição do ato jurídico não é uma hipótese de simulação. Em primeiro lugar, porque inexiste relação linguística, normativa ou lógica entre a ausência de propósito negocial e a configuração da simulação. Em segundo lugar, porque o ordenamento jurídico brasileiro permite a constituição de atos jurídicos sem propósito negocial, inclusive para fins tributários.

3.3.3. Não usualidade da forma jurídica adotada

Entende-se, por vezes, que o emprego de formas jurídicas não usuais configuraria uma hipótese de simulação. Nesses casos, a identificação da simulação não decorre da ausência do propósito negocial do ato jurídico, mas sim da heterodoxia dos meios adotados pelas partes para atingi-lo. O raciocínio empregado, nesses casos, não é que a não usualidade da forma jurídica seria um elemento do conceito de simulação. O que tal entendimento sustenta é que a comprovação da não usualidade da forma jurídica empregada permitiria inferir a configuração da simulação, independentemente do seu conceito.

O Conselho Administrativo de Recursos Fiscais, por exemplo, considerou que haveria simulação (abuso de forma) no caso em que uma sociedade limitada, pertencente a dois sócios, foi transformada em uma sociedade por ações e emitiu debêntures para os seus dois únicos acionistas. De acordo com a decisão daquele Tribunal, "é permitido pelo sistema legal uma sociedade por ações ter apenas dois acionistas, mas não é razoável", assim como a "emissão das debêntures por empresa de dois acionistas, em si também é aceito pelo sistema jurídico"; no entanto, "a recente transformação da empresa, somada a emissão de debêntures com ganhos exclusivos para os adquirentes acionistas passa a ser o abuso de

173. BRASIL. TRF da 4ª Região, Apelação Cível nº 5009900-93.2017.4.04.7107, 2ª Turma, rel. Des. Fed. Rômulo Pizzolatti, j. 11/12/2019.

forma".[174] A decisão, em suma, considerou que a simulação (abuso de forma) restaria configurada em virtude da não usualidade de dois atos jurídicos: primeiro, a constituição de uma sociedade por ações com apenas dois acionistas; segundo, a emissão de debêntures para esses dois únicos acionistas.

A não usualidade das formas jurídicas adotadas para a constituição de atos jurídicos, contudo, não corresponde a uma hipótese de simulação, porque não há fundamento normativo para se considerar a não usualidade das formas jurídicas adotadas como uma hipótese de configuração da simulação e também porque o ordenamento jurídico permite a constituição de atos jurídicos por meio de formas não usuais.

Em primeiro lugar, não há fundamento normativo para se considerar a não usualidade das formas jurídicas adotadas como uma hipótese de configuração da simulação. Como se sabe, o Código Tributário Nacional incorporou a definição de simulação do Código Civil, a qual estabeleceu dois conceitos de simulação: o de simulação formal, que tem como elementos: (a) um ato jurídico aparente; (b) um ato jurídico oculto que altere o ato jurídico aparente; e (c) uma deliberação interna; o de simulação material, que tem como elementos: (a) um ato jurídico; (b) uma proposição falsa; e (c) uma deliberação interna. O ordenamento jurídico, portanto, não estabeleceu a não usualidade das formas jurídicas adotadas como uma hipótese de simulação. As características da simulação impedem que um ato jurídico seja considerado simulado simplesmente por ser atípico, ainda que ele tenha como propósito a obtenção de economia tributária.[175]

Importante, aqui, fazer uma distinção entre o que é a simulação de elemento categorial (abuso de forma), subespécie de simulação material presente no ato jurídico que exprime uma proposição falsa a respeito dos seus elementos categoriais essenciais, e o que é a não usualidade das formas jurídicas. A simulação do elemento categorial essencial (abuso de forma) decorre da desnaturação da forma do ato jurídico, a tal ponto que um dos seus elementos categoriais essenciais deixa de existir. Em uma compra e venda, por exemplo, o preço é reduzido de tal maneira que deixa de haver onerosidade. Esses elementos categoriais essenciais, contudo, não decorrem de constatações fáticas a respeito de como

---

174. BRASIL. CARF, Acórdão n. 1402-006.710, 1ª Seção/4ª Câmara/2ª Turma Ordinária, rel. Cons. Ricardo Piza Di Giovanni, j. 23/01/2024.

175. NOVOA, César García. **La Cláusula Antielusiva en la Nueva Ley General Tributaria**. Madri: Marcial Pons, 2004, p. 158.

os atos jurídicos usualmente são constituídos, mas sim de regras estabelecidas pelo ordenamento jurídico.

A não usualidade das formas jurídicas, contudo, não diz respeito à ausência de um elemento categorial essencial, mas sim a como os atos jurídicos usualmente são constituídos. É realizado um "juízo de frequência".[176] Quem afirma que a não usualidade das formas jurídicas corresponde a uma hipótese de simulação pretende inferir uma conclusão normativa (há simulação) a partir de uma premissa sociológica (tal forma jurídica não é usual). Conforme analisado nos exemplos deste tópico, o Conselho Administrativo de Recursos Fiscais entendeu que haveria simulação em decorrência de uma sociedade por ações não usual (porque usualmente tais sociedades possuem mais acionistas) que emitiu debêntures não usuais (porque usualmente elas são emitidas para terceiros); além disso, entendeu que haveria simulação em decorrência da constituição de uma sociedade em conta da participação não usual (porque usualmente apenas os sócios ostensivos prestam exercem o objeto social). Tais constatações sociológicas, contudo, não possuem qualquer relação com as hipóteses de simulação, e diferem completamente da simulação categorial essencial (abuso de forma), a qual tem como hipótese uma constatação fática (proposição falsa) a respeito de um elemento normativo (elemento categorial essencial).

Não há, portanto, fundamento normativo que suporte a conclusão de que a não usualidade das formas jurídicas adotadas seria uma hipótese de simulação, inclusive em relação à simulação de elemento categorial essencial (abuso de forma). A não usualidade das formas jurídicas é aferida a partir de como os atos jurídicos são usualmente constituídos, ao passo que a simulação é aferida a partir da existência de proposições falsas (simulação material) ou de falsos enunciados (simulação formal).

Em segundo lugar, o ordenamento jurídico permite a constituição de atos jurídicos por meio de formas não usuais. A liberdade contratual, nesse sentido, compreende a liberdade para determinar o conteúdo dos contratos e para concluir contratos atípicos.[177] Respeitados os elementos categoriais essenciais dos atos jurídicos e as demais limitações normativas, os indivíduos podem constituir os atos jurídicos por meio de quaisquer formas, independentemente de como tais atos jurídicos são usualmente constituídos.

---

176. NOVOA, César García. Simulación y delito contra la Hacienda Pública (a propósito de la sentencia de la Audiencia Provincial de Madrid en el caso Xabi Alonso). **Revista de Contabilidad y Tributación**, CEF, n. 444, 2020, p. 89-118, p. 113.

177. ROPPO, Enzo. **Manuale di Diritto Civile**. Roma: Editori Laterza, 1983, p. 200.

A adoção de formas jurídicas não usuais pode levar à constituição de três tipos de atos jurídicos: (i) atos jurídicos atípicos; (ii) atos jurídicos típicos que pretendem atingir sua finalidade típica por meio de uma forma não usual; (iii) negócios jurídicos indiretos, assim chamados os atos jurídicos típicos constituídos para a obtenção de uma finalidade lícita atípica. Em nenhum desses casos há ilicitude.

Saliente-se, nesse sentido, que não há ilicitude na obtenção do mesmo efeito econômico de um ato jurídico típico e usual por meio de um caminho alternativo, do qual decorra um menor ônus fiscal.[178] A Fiscalização Tributária não deve ignorar a forma jurídica utilizada pelos contribuintes e substituí-la por outra, sob o pretexto de que ela possuiria a mesma finalidade, mas esta estaria, diferentemente daquela, no âmbito de incidência da regra tributária.[179]

As considerações anteriores permitem concluir que a não usualidade das formas jurídicas adotadas não corresponde a uma hipótese de simulação. Em primeiro lugar, porque inexiste relação normativa entre a não usualidade das formas jurídicas adotadas e a configuração da simulação. Em segundo lugar, porque a constituição de atos jurídicos por meio de formas jurídicas não usuais é permitida pelo ordenamento jurídico.

3.4. Efeitos da identificação do ato jurídico simulado

3.4.1. Efeitos da identificação do ato jurídico simulado pelo Poder Judiciário

3.4.1.1. Desconstituição do ato jurídico simulado

Como se sabe, o ato jurídico simulado é inválido, já que o Código Civil estabelece a simulação como uma causa de nulidade do ato jurídico. Embora inválido, o ato jurídico simulado existiu no mundo jurídico, razão pela qual se torna necessário desfazê-lo.[180] O ato jurídico simulado, em razão disso, deve ser desfeito, de modo que as partes retornem ao estado anterior à sua constituição.[181]

---

178. BECKER, Alfredo. **Teoria Geral do Direito Tributário**. 7. ed. São Paulo: Noeses, 2018, p. 144.

179. AMARO, Luciano. **Direito tributário brasileiro**. 24. ed. São Paulo: Saraiva, 2021, p. 267.

180. MELLO, Marcos Bernardes. **Teoria do fato jurídico**: plano da validade. 10. ed. São Paulo: Saraiva, 2010, p. 41.

181. Código Civil: Art. 182. Anulado o negócio jurídico, restituir-se-ão as partes ao estado em que antes dele se achavam, e, não sendo possível restituí-las, serão indenizadas com o equivalente.

Por isso se diz que a sentença que declara a nulidade do ato jurídico é constitutiva negativa, pois ela desconstitui o ato jurídico simulado e apaga os seus efeitos jurídicos pretéritos.[182] O Superior Tribunal de Justiça, aliás, possui jurisprudência tranquila no sentido de que "a nulidade do contrato, por se operar *ex tunc*, acarreta o retorno das partes ao status quo ante, de maneira que o provimento jurisdicional de decretação de nulidade do ajuste contém em si eficácia restituitória".[183]

Dentre as consequências dessa desconstituição, estão aquelas relacionadas com a incidência tributária. Afinal, a desconstituição do ato jurídico elimina, retroativamente, a situação jurídica que ensejou a ocorrência de eventual fato gerador do passado. Se uma doação é desconstituída, por exemplo, a situação jurídica que atraiu a incidência do ITCMD deixa de existir. E mais: a própria capacidade contributiva que permitiu a incidência do tributo deixa de existir com a eliminação da situação jurídica que havia a denotado.[184]

Beleza dos Santos afirma que as partes que constituíram o ato jurídico simulado não deveriam postular a restituição do indébito decorrente do reconhecimento da sua nulidade, já que isso corresponderia à oposição da simulação a um terceiro de boa-fé, isto é, à Fazenda Pública.[185] No entanto, ainda que a boa-fé das partes ou dos terceiros possa ser relevante para a determinação de algumas das consequências da desconstituição do ato jurídico simulado, ela é completamente irrelevante para as respectivas consequências tributárias. A desconstituição do ato jurídico simulado torna ilícita a incidência tributária que tal ato havia sofrido, seja porque elimina a situação jurídica que ensejou a ocorrência do fato gerador, seja porque retira a capacidade contributiva do indivíduo – tudo isso independentemente do comportamento ou da intenção das partes ou de terceiros.

O Superior Tribunal de Justiça, nesse sentido, entendeu que o reconhecimento da nulidade de uma compra e venda de imóvel rural, com a sua consequente desconstituição e cancelamento do registro imobiliário, eliminou retroativamen-

---

182. MIRANDA, Francisco Cavalcanti Pontes de. **Tratado de Direito Privado**. Tomo IV, 2. ed. Rio de Janeiro: Editora Borsoi, 1954, p. 374; BECKER, Alfredo. **Teoria Geral do Direito Tributário**. 7. ed. São Paulo: Noeses, 2018, p. 491.

183. BRASIL. STJ, REsp n. 1.611.415/PR, rel. Min. Marco Aurélio Bellizze, Terceira Turma, j. 21/02/2017.

184. MACHADO, Hugo de Brito. **Curso de Direito Tributário**. 34. ed. São Paulo: Malheiros, 2013, p. 137.

185. SANTOS, José Beleza dos. **A simulação em direito civil**. 2. ed. São Paulo: Lejus, 1999, p. 461.

te o fato gerador do ITR, já que "o fato signo presuntivo de riqueza (propriedade territorial rural) simplesmente não existiu, segundo as normas de direito privado aplicáveis".[186] Ainda, de acordo com a decisão, a constatação de que os adquirentes teriam "oferecido e indicado as matrículas como garantia hipotecária não afasta a conclusão de que, com o cancelamento do registro por sentença transitada em julgado, o direito real efetivamente não existiu".

Até que haja a desconstituição do ato jurídico, contudo, os indivíduos não podem alegar a não incidência tributária com base na invalidade do ato jurídico cujo objeto foi realizado – tal como ocorreria, por exemplo, se as partes se recusassem a pagar o ITCMD após a transmissão do bem doado por alegarem que o ato jurídico de doação é simulado. E isso porque o artigo 118, I, do Código Tributário Nacional estabelece que o fato gerador ocorre independentemente da validade do ato jurídico que o ensejou.[187] Se o ato jurídico existe, mesmo que inválido, o fato gerador surge em decorrência da realização do seu objeto. Esse tema será aprofundado ao se tratar da identificação do ato jurídico dissimulado no âmbito tributário (tópico 4.1.3). O importante é ter em mente que a eliminação retroativa do fato gerador ocorre apenas com o trânsito em julgado da decisão que desconstitui o ato jurídico simulado.[188]

As considerações anteriores permitem concluir que o ato jurídico simulado, por ser nulo, pode ser desconstituído por meio de sentença judicial. A desconstituição do ato jurídico simulado elimina, retroativamente, a situação jurídica que ensejou a ocorrência de eventual fato gerador do passado.

3.4.1.2. Repetição do indébito relativo ao ato jurídico desconstituído

A desconstituição do ato jurídico simulado, ao eliminar a situação jurídica que ensejou a ocorrência do fato gerador e ao retirar a capacidade contributiva do indivíduo, torna ilícita a incidência tributária sofrida pelo referido ato. O tributo pago em decorrência dessa incidência, portanto, torna-se indevido. Diante

---

186. BRASIL. STJ, AREsp n. 1.750.232/SP, rel. Min. Benedito Gonçalves, Primeira Turma, j. 20/06/2023.

187. Art. 118. A definição legal do fato gerador é interpretada abstraindo-se:

I - da validade jurídica dos atos efetivamente praticados pelos contribuintes, responsáveis, ou terceiros, bem como da natureza do seu objeto ou dos seus efeitos.

188. CARRAZZA, Roque Antonio. **Reflexões sobre a obrigação tributária**. São Paulo: Noeses, 2010, p. 264.

do pagamento de tributo indevido, surge o direito à repetição do indébito.[189] Pode-se dizer, em suma, que a desconstituição do ato jurídico nulo, inclusive por simulação, deve resultar na devolução dos tributos pagos antes da sentença desconstitutiva.[190]

Alguns autores, contudo, entendem que o artigo 118 do Código Tributário Nacional impediria a restituição do tributo nos casos em que fosse reconhecida judicialmente a invalidade do ato jurídico, porque a norma reconstruída a partir desse dispositivo tornaria a invalidade do ato jurídico irrelevante para o surgimento do fato gerador. Aliomar Baleeiro, por exemplo, entendia que a nulidade do ato jurídico não alteraria a circunstância de que "o fato gerador ocorreu e não desaparece, do ponto de vista fiscal" e que não surgiria "para o contribuinte o direito de pedir repetição do tributo".[191]

Tal interpretação do artigo 118 do Código Tributário Nacional, contudo, confunde duas situações distintas: de um lado, as situações nas quais se discute a incidência tributária sobre atos jurídicos inválidos; de outro lado, as situações nas quais se discute a repetição do indébito decorrente da desconstituição de um ato jurídico em virtude da sua invalidade.[192] A norma reconstruída a partir daquele dispositivo realmente considera irrelevante, para fins de incidência tributária, a invalidade do ato jurídico cujo objeto se realizou; ela nada diz, contudo, a respeito da eliminação do fato gerador em decorrência da desconstituição do ato jurídico, do que surge a pretensão de repetição do indébito. Se o artigo 118 do Código Tributário Nacional impedisse a repetição do indébito nesses casos, aliás, seria inconstitucional, pois violaria o princípio da legalidade e o princípio da capacidade contributiva.[193]

---

189. Código Tributário Nacional: Art. 165. O sujeito passivo tem direito, independentemente de prévio protesto, à restituição total ou parcial do tributo, seja qual fôr a modalidade do seu pagamento, ressalvado o disposto no § 4º do art. 162, nos seguintes casos:

I - cobrança ou pagamento espontâneo de tributo indevido ou maior que o devido em face da legislação tributária aplicável, ou da natureza ou circunstâncias materiais do fato gerador efetivamente ocorrido.

190. BECKER, Alfredo. **Teoria Geral do Direito Tributário**. 7. ed. São Paulo: Noeses, 2018, p. 499.

191. BALEEIRO, Aliomar. **Direito Tributário Brasileiro**. Atualizada por Misabel Abreu Machado Derzi. 12. ed. Rio de Janeiro: Forense, 2013, p. 1106.

192. TÔRRES, Heleno. **Direito tributário e direito privado**: autonomia privada, simulação, elusão tributária. São Paulo: Revista dos Tribunais, 2003, p. 381.

193. TÔRRES, Heleno. **Direito tributário e direito privado**: autonomia privada, simulação, elusão tributária. São Paulo: Revista dos Tribunais, 2003, p. 382.

A 1ª Seção do Superior Tribunal de Justiça, nesse sentido, entendeu que a desconstituição de um negócio jurídico de compra e venda de um imóvel teria tornado indevido o ITBI que foi pago, reconhecendo o direito do contribuinte de obter a restituição do valor correspondente. De acordo com a decisão, "o negócio jurídico que ensejou a transferência de propriedade do imóvel e, por conseguinte, a tributação pelo ITBI" não teria se concretizado "em caráter definitivo devido à superveniente declaração de nulidade por força de sentença judicial transita em julgado".[194] Por essa razão, aquele Tribunal considerou que "não tendo havido a transmissão da propriedade, já que nulo o negócio jurídico de compra e venda de imóvel entabulado pelas partes, ausente fato gerador do imposto em apreço", razão pela qual seria "devida a restituição do correspondente valor recolhido pelo Contribuinte a tal título".

O inciso I do artigo 168 do Código Tributário Nacional estabelece a data da extinção do crédito tributário como o termo inicial da prescrição relativa à pretensão de restituição do pagamento indevido.[195] Uma interpretação apressada desse dispositivo poderia conduzir à conclusão de que o termo inicial do prazo prescricional, nos casos em que o ato jurídico simulado foi desconstituído, corresponderia à data do pagamento do tributo indevido. Tal interpretação, contudo, seria equivocada.

O surgimento da pretensão do contribuinte de postular a restituição do tributo ocorre com o trânsito em julgado da sentença desconstitutiva do ato jurídico simulado, e não com o pagamento do tributo. Existem dois fundamentos normativos distintos para a reconstrução da regra que estabelece um prazo prescricional de cinco anos para a repetição do indébito, o qual se inicia com a data do trânsito em julgado da sentença desconstitutiva do ato jurídico.

Em primeiro lugar, a regra que estabelece a data do trânsito em julgado da sentença desconstitutiva do ato jurídico como termo inicial do prazo prescricional de cinco anos para a repetição do indébito pode ser fundamentada em uma interpretação teleológica do artigo 168, I, do Código Tributário Nacional. Isso porque a finalidade das regras de prescrição é garantir a intangibilidade de determinadas situações individuais em razão do transcurso do tempo, promovendo,

---

194. BRASIL. STJ, EREsp n. 1.493.162/DF, rel. Min. Napoleão Nunes Maia Filho, Primeira Seção, j. 14/10/2020.

195. Art. 168. O direito de pleitear a restituição extingue-se com o decurso do prazo de 5 (cinco) anos, contados:

I - nas hipótese dos incisos I e II do art. 165, da data da extinção do crédito tributário.

com isso, a segurança jurídica.[196] Quanto maior a duração de uma situação individual, maior a confiança das partes de que tal situação será mantida – quanto maior a duração da inércia de um credor em cobrar o seu crédito, por exemplo, maior a confiança do devedor de que tal cobrança não será realizada.

Enquanto uma situação individual não estiver configurada, contudo, o transcurso do tempo não aumentará o grau de confiança das partes na sua manutenção – afinal, não há como se confiar na manutenção de algo que sequer existe. Daí o chamado "princípio da *actio nata*", segundo o qual o termo inicial da prescrição deve corresponder ao momento a partir do qual a pretensão correspondente pode ser exercida.[197] Não por acaso, a regra geral da prescrição das dívidas da Fazenda Pública (não aplicável aos indébitos tributários, sujeitos ao Código Tributário Nacional), reconstruída a partir do artigo 1º do Decreto nº 20.910/32, estabelece que o seu termo inicial corresponde à "data do ato ou fato do qual se originarem" as dívidas.[198]

Disso tudo resulta que, nos casos em que um ato jurídico simulado é desconstituído por sentença judicial, o termo inicial do prazo prescricional para a restituição dos tributos sobre ele incidentes deve corresponder à data do trânsito em julgado da decisão. Antes desse momento, a situação individual que enseja a repetição do indébito (desconstituição do ato jurídico e tributo indevido) sequer existe, razão pela qual não há que falar na confiança das partes na sua manutenção. A pretensão de restituição do tributo surge, tão somente, com a desconstituição definitiva do ato jurídico.

Essas considerações permitem perceber que o artigo 168, I, do Código Tributário Nacional deve ser interpretado de forma coerente com a finalidade das regras de prescrição e com a segurança jurídica. Tal dispositivo estabelece que a "data da extinção do crédito tributário" corresponde ao termo inicial do prazo prescricional. Nos casos em que se postula a restituição de um tributo, é porque, naturalmente, tal tributo foi pago, isto é: a causa de extinção do crédito tributário foi o pagamento (ou a compensação). No entanto, embora a causa da extinção do crédito tributário tenha sido o pagamento, a causa da repetição do

---

196. ÁVILA, Humberto. **Teoria da Segurança Jurídica**. 6. ed. São Paulo: Malheiros/ Juspodivm, 2021, p. 371.

197. GOMES, Orlando. **Introdução ao Direito Civil**. 20. ed. rev. atual. e aum. por Edvaldo Brito e Reginalda Paranhos Brito. Rio de Janeiro: Forense, 2010, p. 386.

198. As dívidas passivas da União, dos Estados e dos Municípios, bem assim todo e qualquer direito ou ação contra a Fazenda federal, estadual ou municipal, seja qual for a sua natureza, prescrevem em cinco anos contados da data do ato ou fato do qual se originarem.

indébito é o pagamento *indevido*, e tal pagamento só se tornou indevido com a partir do trânsito em julgado da decisão judicial.

O Superior Tribunal de Justiça, nesse sentido, deparou-se com um caso no qual um indivíduo postulou administrativamente a concessão de sua aposentadoria, o que foi indeferido pelo INSS em 1998. Esse indivíduo permaneceu recolhendo suas contribuições previdenciárias, até que, em 2004, obteve judicialmente o direito à aposentadoria, cuja concessão deveria retroagir a 1998. No ano seguinte, em 2005, ele postulou a repetição do indébito das contribuições previdenciárias recolhidas entre 1998 e 2004, pois elas teriam se tornado indevidas, já que a decisão judicial havia garantido a sua condição de aposentado desde 1998. A Fazenda Pública contestou o pedido, alegando, dentre outras coisas, que pretensão de restituição das contribuições previdenciárias pagas entre 1998 e 2000, isto é, há mais de cinco anos do pedido de repetição do indébito, estaria prescrita, por força da regra do artigo 168, I, do Código Tributário Nacional.

A decisão do Superior Tribunal de Justiça reconheceu que "a norma que regerá a prescrição será a do art. 168, I, do CTN, iniciando a contagem do prazo do pagamento indevido".[199] Contudo, considerou que "o pagamento da contribuição tornou-se indevido quando foi reconhecido o direito de aposentadoria (...) Assim, aplicável o Princípio da Actio Nata". Isto é, o Superior Tribunal de Justiça entendeu que, embora fosse aplicável ao caso a regra do artigo 168, I, do Código Tributário Nacional, a qual estabelece a data do pagamento indevido como termo inicial do prazo prescricional, deveria se interpretar que a "data do pagamento indevido" corresponderia à data na qual se reconheceu, judicialmente, que tal pagamento seria indevido, e não à data do efetivo pagamento.

Em segundo lugar, a regra que estabelece a data do trânsito em julgado da sentença desconstitutiva do ato jurídico como termo inicial do prazo prescricional de cinco anos para a repetição do indébito pode ser fundamentada em uma interpretação analógica do artigo 168, II, do Código Tributário Nacional.[200] Diante da inexistência de um dispositivo que permita a reconstrução de uma regra expressa sobre os indébitos tributários decorrentes da desconstituição

---

199. BRASIL. STJ, REsp n. 1.249.981/SC, rel. Min. Mauro Campbell Marques, Segunda Turma, j. 28/6/2011.

200. Art. 168. O direito de pleitear a restituição extingue-se com o decurso do prazo de 5 (cinco) anos, contados: (...)

II - na hipótese do inciso III do art. 165, da data em que se tornar definitiva a decisão administrativa ou passar em julgado a decisão judicial que tenha reformado, anulado, revogado ou rescindido a decisão condenatória.

judicial de atos jurídicos, o artigo 108, I, do Código Tributário Nacional determina o emprego de analogia como método preferencial de interpretação.[201] A analogia envolve a demonstração de que a situação X, não regulada, possui uma semelhança relevante com a situação Y, regulada pela regra R, razão pela qual a regra R deve ser aplicada, analogicamente, ao caso X.[202]

Pode-se dizer, nesse sentido, que a situação relativa aos indébitos tributários decorrentes da desconstituição judicial de atos jurídicos possui uma semelhança relevante com a situação relativa aos indébitos tributários decorrentes de anulação judicial de uma decisão condenatória. Afinal, nas duas situações, o indébito tributário surge a partir de uma decisão judicial. No caso dos indébitos tributários decorrentes da anulação judicial de uma decisão condenatória, aplica-se a regra do artigo 168, II, do Código Tributário Nacional, a qual estabelece a data do trânsito em julgado da ação judicial como o termo inicial do prazo prescricional de cinco anos para a repetição de indébito. Em razão da semelhança relevante entre as duas situações, a regra do artigo 168, II, do Código Tributário Nacional deve ser aplicada analogicamente aos indébitos tributários decorrentes da desconstituição judicial de atos jurídicos.

Em um determinado caso, um indivíduo realizou uma doação, pagando o ITCMD correspondente em 1998. Em 2002, tal doação veio a ser desconstituído judicialmente. O indivíduo postulou a restituição do ITCMD em 2006, mas a Fazenda Pública alegou que tal pretensão teria prescrito em 2003, cinco anos após o pagamento indevido do tributo. O Superior Tribunal de Justiça, ao analisar o caso, decidiu que a pretensão não estaria prescrita, pois, diante da desconstituição do ato jurídico "em face do qual o tributo foi recolhido", deveria "ser aplicado, ao caso, por analogia, o disposto no art. 168, II, do CTN, para (...) fixar o trânsito em julgado da referida decisão judicial como termo *a quo* da prescrição".[203] De acordo com a decisão, "o direito de ação para o contribuinte reaver a exação recolhida nasceu (actio nata) com o trânsito em julgado da decisão judicial", já que "somente a partir desse momento restou configurado o indébito tributário (lato sensu) pelo não aproveitamento do imposto recolhido". De acordo com o Superior Tribunal de Justiça, portanto, o

201. Art. 108. Na ausência de disposição expressa, a autoridade competente para aplicar a legislação tributária utilizará sucessivamente, na ordem indicada:

I - a analogia.

202. PECZENIK, Aleksander. **On Law and Reason**. 2. ed. Dordrecht: Springer, 2009, p. 322.

203. BRASIL. STJ, REsp n. 1.236.816/DF, rel. Min. Benedito Gonçalves, Primeira Turma, j. 15/03/2012.

artigo 168, II, do Código Tributário Nacional deveria ser aplicado aos casos nos quais a pretensão de repetição do indébito do contribuinte surge com o trânsito em julgado da ação judicial.

Por fim, deve-se ressaltar que a pretensão de repetição do indébito tributário em decorrência da desconstituição de ato jurídico é fundamentalmente distinta daquela decorrente da declaração judicial de inconstitucionalidade do tributo. Nos casos em que há a declaração da inconstitucionalidade de um tributo em sede de controle concentrado de constitucionalidade, há jurisprudência pacífica no sentido de que o termo inicial do prazo prescricional de repetição de indébito corresponde à data do pagamento indevido, e não à data da decisão judicial que declarou a inconstitucionalidade, ainda que com efeitos *ex tunc*.[204] De um lado, no caso do tributo declarado inconstitucional, o contribuinte poderia ter exercido desde o momento do pagamento, sem qualquer incoerência, a sua pretensão de repetição do indébito tributário. De outro lado, no caso do ato jurídico desconstituído judicialmente, o contribuinte depende de que a sua relação jurídica com outra parte seja desconstituída, para só então, por meio de um pedido distinto, dirigido a uma parte distinta (Fazenda Pública), postular a repetição do indébito tributário.

As considerações anteriores permitem concluir que a desconstituição do ato jurídico simulado por meio de sentença faz surgir uma pretensão de repetição dos tributos pagos em virtude daquele ato jurídico. Essa pretensão prescreve em cinco anos, e tem como termo inicial a data do trânsito em julgado da sentença.

3.4.2. Efeitos da identificação do ato jurídico simulado pela Fiscalização Tributária

3.4.2.1. Desconsideração do ato jurídico simulado

Apenas o Poder Judiciário, por meio de uma sentença, pode desconstituir o ato jurídico simulado. Os artigos 116, parágrafo único, e 149, VII, do Código Tributário Nacional, contudo, permitem à Fiscalização Tributária, por meio do lançamento fiscal, a desconsideração dos efeitos do ato jurídico simulado, independentemente de decisão judicial, o que viabiliza a constituição unilateral do crédito tributário oriundo do fato gerador decorrente dessa desconsideração. De um lado, o parágrafo único do artigo 116, cuja eficácia depende da edição de

204. BRASIL. STJ, REsp n. 1.110.578/SP, rel. Min. Luiz Fux, Primeira Seção, j. 12/05/2010.

lei, permite a desconsideração do ato jurídico simulado nos casos de simulação relativa (dissimulação).[205] De outro lado, o inciso VII do artigo 149 permite a desconsideração do ato jurídico simulado nos casos de simulação absoluta.[206]

Enquanto a desconstituição do ato jurídico pela sentença atua no plano da validade e elimina todos os seus efeitos, a desconsideração do ato jurídico pelo lançamento atua no plano da eficácia e elimina tão somente os seus efeitos tributários. O ato jurídico reputado como simulado pela Fiscalização Tributária e desconsiderado pelo lançamento permanece válido, produzindo todos os seus demais efeitos, à exceção dos efeitos tributários referentes àquela Fiscalização Tributária específica – os efeitos tributários referentes às Fiscalizações Tributárias de outros entes permanecem inalterados. O lançamento fiscal da Receita Federal do Brasil que desconsidere integralmente uma compra e venda por reputá-la simulada, por exemplo, não afeta a validade daquele negócio jurídico, que permanece oponível a terceiros, nem restringe a sua eficácia, pois seus demais efeitos seguem sendo produzidos, tais como a transferência de propriedade, a obrigação de pagamento do preço e, inclusive, a obrigação de pagamento do ITBI ao Município.

Na desconsideração do ato jurídico simulado por meio de lançamento da Fiscalização Tributária, portanto, não há a eliminação da situação jurídica que ensejou a ocorrência do fato gerador, tampouco a retirada da capacidade contributiva decorrente daquele ato. Diferentemente do que ocorre na desconstituição do ato jurídico simulado pela sentença, o ato jurídico desconsiderado permanece válido, produzindo todos os seus demais efeitos, inclusive aqueles patrimoniais. Todavia, a desconsideração dos seus efeitos tributários pela Fiscalização Tributária também conduz, necessariamente, à ilicitude retroativa da incidência tributária sobre o ato jurídico que se considerou simulado. E isso por ao menos quatro razões.

Em primeiro lugar, a Fiscalização Tributária, assim como toda a Administração Pública, possui um dever especial de consistência. O dever de consistência

---

205. Art. 116. (...) Parágrafo único. A autoridade administrativa poderá desconsiderar atos ou negócios jurídicos praticados com a finalidade de dissimular a ocorrência do fato gerador do tributo ou a natureza dos elementos constitutivos da obrigação tributária, observados os procedimentos a serem estabelecidos em lei ordinária. (...).

206. Art. 149. O lançamento é efetuado e revisto de ofício pela autoridade administrativa nos seguintes casos: (...)

VII - quando se comprove que o sujeito passivo, ou terceiro em benefício daquele, agiu com dolo, fraude ou simulação.

da Administração Pública pode ser definido como um dever de não contradição na aplicação de normas.[207] Ele é fundamentado no princípio da segurança jurídica.[208] Afinal, se a Fiscalização Tributária pudesse aplicar normas de maneira inconsistente, os contribuintes não conseguiriam compreender o Direito, tampouco confiar que os seus atos de exercício da autonomia privada serão respeitados. Por isso é que a presunção de legitimidade do lançamento fiscal tem como contraponto um maior dever de consistência, pois quanto maior o poder, maior a responsabilidade de não agir de forma contraditória.[209]

Um lançamento fiscal que reputa simulada uma alienação realizada por uma pessoa jurídica, por exemplo, e considera que houve uma dissimulação da alienação pela pessoa física, *necessariamente* reconhece, ainda que de maneira implícita, o indébito tributário decorrente dos tributos pagos pela pessoa jurídica. Dito de outra forma: afirmar que a pessoa física alienou o bem e, por isso, deve pagar os respectivos tributos, acarreta (implica logicamente) a proposição de que a pessoa jurídica não alienou o bem e, por isso, pagou os tributos indevidamente. É como se fosse o clássico jogo de computador do "campo minado": ao clicar no "quadrado" da alienação pela pessoa física, o indivíduo automaticamente "explode" outros "quadrados", dentre eles o do "indébito da pessoa jurídica".

Em segundo lugar, a Fiscalização Tributária, assim como toda a Administração Pública, deve observar o princípio da moralidade, reconstruído a partir do artigo 37 da Constituição Federal.[210] Esse princípio exige, dentre outras coisas, a adoção de comportamentos sérios e leais por parte da Administração Pública, isto é, comportamentos fundamentados, justificados e que respeitam a confiança do cidadão.[211]. O princípio da moralidade proíbe, nesse sentido, a obtenção de vantagens excessivas pela Administração Pública.[212]

---

207. ÁVILA, Humberto. **Teoria da Segurança Jurídica**. 6. ed. São Paulo: Malheiros/ Juspodivm, 2021, p. 362.

208. MARTINS-COSTA, Judith. **A boa-fé no Direito Privado**. 3 ed. São Paulo: Saraiva, 2024, p. 320.

209. MARTINS-COSTA, Judith. **A boa-fé no Direito Privado**. 3 ed. São Paulo: Saraiva, 2024, p. 321.

210. Art. 37. A administração pública direta e indireta de qualquer dos Poderes da União, dos Estados, do Distrito Federal e dos Municípios obedecerá aos princípios de legalidade, impessoalidade, moralidade, publicidade e eficiência e, também, ao seguinte: (...).

211. ÁVILA, Humberto. **Teoria da Segurança Jurídica**. 6. ed. São Paulo: Malheiros/ Juspodivm, 2021, p. 247.

212. JUSTEN FILHO, Marçal. **Curso de direito administrativo**. 11. ed. São Paulo: Editora Revista dos Tribunais, 2015, p. 203.

Retomando o exemplo anterior, diante de um lançamento fiscal que reputa simulada uma alienação realizada por uma pessoa jurídica, e considera que houve uma dissimulação da alienação pela pessoa física, o princípio da moralidade exige que se reconheça o indébito tributário decorrente dos tributos pagos pela pessoa jurídica. Caso contrário, a Administração Pública obteria uma vantagem excessiva, o que geraria um enriquecimento sem causa, já que estaria cobrando tributos em decorrência de um fato gerador surgido em virtude de um ato jurídico sem efeitos tributários – afinal, a alienação pela pessoa jurídica, no exemplo referido, foi desconsiderada pela Fiscalização Tributária.

Em terceiro lugar, uma das regras decorrentes do artigo 146 do Código Tributário Nacional estabelece que os critérios jurídicos adotados pela Fiscalização Tributária no lançamento fiscal não devem ser alterados, ainda que possam ser modificados em relação a fatos geradores futuros.[213] Isso significa, dentre outras coisas, que a Fiscalização Tributária não pode adotar critérios jurídicos distintos para qualificar o *mesmo* fato gerador – o que ela pode, mediante fundamentação adequada, é modificar os seus critérios jurídicos para qualificar um fato gerador semelhante no futuro.

Mantendo-se o exemplo utilizado até aqui, se um lançamento fiscal reputa simulada uma alienação realizada por uma pessoa jurídica, e considera que houve uma dissimulação da alienação pela pessoa física, então tal critério jurídico não pode ser alterado. O artigo 146 do Código Tributário Nacional proíbe a Administração Pública de considerar, de um lado, que a alienação foi realizada pela pessoa física, para fins de lançamento tributário, e, de outro lado, que a alienação foi realizada pela pessoa jurídica, para fins de negar a repetição do indébito. Daí que o lançamento fiscal que desconsidera um ato jurídico reconhece, em virtude do artigo 146 do Código Tributário Nacional, o indébito tributário dele decorrente.

Por fim, em quarto lugar, o princípio da capacidade contributiva impõe à Administração Pública o dever de restituir os tributos pagos sobre o ato jurídico desconsiderado. Aqui deve-se ressaltar que o princípio da capacidade contributiva pode ser analisado na sua dimensão objetiva ou na sua dimensão subjetiva. Conforme afirmado anteriormente, a simples desconsideração dos

---

213. Art. 146. A modificação introduzida, de ofício ou em conseqüência de decisão administrativa ou judicial, nos critérios jurídicos adotados pela autoridade administrativa no exercício do lançamento sòmente pode ser efetivada, em relação a um mesmo sujeito passivo, quanto a fato gerador ocorrido posteriormente à sua introdução.

efeitos tributários do ato jurídico pela Fiscalização Tributária não elimina a situação jurídica que ensejou a ocorrência do fato gerador, e tampouco retira os efeitos patrimoniais decorrentes daquele ato. Aquele ato jurídico, portanto, permanece denotando capacidade contributiva *objetiva*. A pretensão de exigência do tributo incidente sobre o ato jurídico dissimulado cumulada com a exigência do tributo incidente sobre o ato simulado, contudo, viola o princípio da capacidade contributiva na sua dimensão *subjetiva*, já que determina *duas* incidências tributárias a *um* único fato-signo presuntivo de riqueza. Um *bis in idem*, portanto. O princípio da capacidade contributiva subjetiva atua, aqui, como um limite à tributação.[214]

Prosseguindo com o exemplo anterior, o lançamento fiscal que reputa simulada uma alienação realizada por uma pessoa jurídica, e exige os tributos decorrentes da alienação dissimulada pela pessoa física, implica o reconhecimento da restituição dos tributos pagos pela pessoa jurídica. Caso contrário, estar-se-ia ignorando a capacidade contributiva em sua dimensão subjetiva, na medida em que se estaria exigindo a incidência tributária tanto da alienação pela pessoa jurídica quanto da alienação pela pessoa física em virtude de uma única alienação.

Todos esses argumentos evidenciam, em suma, que a desconsideração dos efeitos tributários do ato jurídico simulado pela Fiscalização Tributária conduz, necessariamente, à ilicitude retroativa da incidência tributária sobre o ato jurídico que se considerou simulado. Importante referir que esses argumentos não devem ser vistos apenas sob a perspectiva de cada entre tributante (União Federal, Estados e Municípios), mas sim sob uma perspectiva mais ampla de Estado. Da perspectiva do contribuinte, não importa se a violação ao dever de consistência, ao princípio da moralidade, à regra do artigo 146 do Código Tributário Nacional e ao princípio da capacidade contributiva decorre da conduta de um único ente tributante, ou se ela decorre da conduta de dois ou mais entes tributantes. Tais violações estariam presentes, por exemplo, na recusa da União Federal de restituir os tributos pagos pela pessoa jurídica em decorrência de uma alienação, na hipótese em que a própria União Federal desconsiderou tal alienação; tais violações estariam igualmente presentes, por exemplo, na recusa do Município de restituir o ITBI pago em decorrência da alienação onerosa de

214. JOBIM, Eduardo. **A Justiça Tributária na Constituição**. São Paulo: Editora Juspodivm, 2023, p. 513.

um imóvel, na hipótese em que o Estado desconsiderou tal alienação e reputou ter havido uma doação dissimulada.

As considerações anteriores permitem concluir que a desconsideração do ato jurídico simulado pelo lançamento atua no plano da eficácia e elimina tão somente os seus efeitos tributários. O ato jurídico permanece válido, oponível aos demais terceiros e produzindo todos os seus demais efeitos. Inobstante, a desconsideração dos efeitos tributários do ato jurídico simulado pela Fiscalização Tributária gera a ilicitude retroativa da respectiva incidência tributária, o que enseja o direito do contribuinte à restituição de tais tributos.

3.4.2.2. Repetição do indébito relativo ao ato jurídico desconsiderado

A desconsideração do ato jurídico simulado torna ilícita a incidência tributária sofrida pelo referido ato. O tributo pago em decorrência dessa incidência, portanto, torna-se indevido, o que faz nascer o direito de repetição do indébito. Essas proposições são verdadeiras mesmo se os tributos do ato simulado tenham sido pagos por um contribuinte e os tributos do ato dissimulado devam ser exigidos de outro; são igualmente verdadeiras nos casos em que os tributos do ato simulado tenham sido pagos a um ente tributante, mas os tributos do ato dissimulado sejam exigidos por outro.

Em termos práticos, contudo, essas situações devem ser analisadas de forma individualizada. Em primeiro lugar, deve-se analisar a hipótese na qual os tributos sobre o ato jurídico simulados tenham sido pagos a um sujeito ativo, e esse mesmo sujeito ativo exige o pagamento dos tributos incidentes sobre o ato jurídico dissimulado. Essa hipótese pode ser subdividida em duas, em razão da existência (ou não) de identidade entre os sujeitos passivos: de um lado, existem os casos nos quais o mesmo contribuinte que pagou os tributos do ato jurídico simulado é o contribuinte dos tributos incidentes sobre o ato jurídico dissimulado; de outro lado, existem os casos nos quais um contribuinte tenha pagado os tributos do ato jurídico simulado, mas outro contribuinte deva pagar os tributos incidentes sobre o ato jurídico dissimulado. Em segundo lugar, deve-se analisar a hipótese na qual os tributos sobre o ato jurídico simulados tenham sido pagos a um sujeito ativo, mas outro sujeito ativo exija o pagamento dos tributos incidentes sobre o ato jurídico dissimulado.

Em primeiro lugar, existem os casos nos quais o sujeito ativo do ato jurídico simulado é, também, o sujeito ativo do ato jurídico dissimulado. Trata-se do caso, por exemplo, em que a Receita Federal do Brasil desconsidera a alienação realizada pela pessoa jurídica, por considerá-la simulada, e reputa ocorrida uma alienação dissimulada pela pessoa física. Tanto os tributos pagos pela pessoa jurídica em decorrência do ato jurídico simulado quanto os tributos devidos pela pessoa física em razão do ato jurídico dissimulado são federais. A hipótese na qual há uma identidade do sujeito ativo do ato jurídico simulado e do ato jurídico dissimulado pode ser subdivida em dois grupos de casos: de um lado, existem os casos nos quais o contribuinte do ato jurídico simulado é, também, o contribuinte do ato jurídico dissimulado; de outro lado, existem os casos nos quais o contribuinte do ato jurídico simulado não é o mesmo do ato jurídico dissimulado.

Nos casos em que o contribuinte do ato jurídico simulado é também o contribuinte do ato jurídico dissimulado, a restituição dos tributos pagos indevidamente, a rigor, deve ser concretizada no próprio lançamento fiscal, por meio de uma compensação dos tributos pagos em virtude do ato jurídico simulado com os débitos decorrentes do ato jurídico dissimulado. Conforme bem observado em decisão do Conselho Administrativo de Recursos Fiscais, "não se está falando em compensação nos termos da legislação pertinente ao PER/Dcomp, e sim, o aproveitamento de valores pagos por conta da compreensão que operação original foi desconstituída".[215]

Assim, se um produtor rural pagou o IRPF em virtude de um negócio jurídico de parceria rural, por exemplo, e tal ato negócio jurídico veio a ser considerado simulado, com a identificação de uma locação dissimulada, o tributo pago em decorrência da parceria rural deve ser compensado com o débito decorrente da locação. É que, conforme já analisado, a desconsideração do ato jurídico simulado significa, necessariamente, que os tributos incidentes sobre ele são indevidos, razão pela qual seria ilícita a manutenção da exigência daqueles tributos, cumulada com a exigência dos tributos decorrentes do lançamento fiscal.

Já nos casos em que o contribuinte do ato jurídico simulado não é o mesmo do ato jurídico dissimulado, a restituição do tributo pago indevidamente não deve ocorrer no próprio lançamento fiscal – afinal, o credor da repetição de indébito é um contribuinte, e o devedor do crédito tributário é outro. Por isso, equivocou-se o Conselho Administrativo de Recursos Fiscais ao permitir a compensação de tributos pagos por pessoa jurídica, em caso de simulação subjetiva, com os débitos exigidos da pessoa física, a qual teria praticado o ato jurídico dissimulado. De acordo com a decisão, tal compensação deveria ocorrer pois, "uma vez que a auditoria concluiu que as receitas auferidas pela D&F eram

215. BRASIL. CARF, Acórdão nº 1402-003.731, 1ª Seção/4ª Câmara/2ª Turma Ordinária, rel. Cons. Marco Rogério Borges, j. 19/02/2019.

do recorrente, o tributo recolhido sobre elas deve ser considerado na apuração do imposto devido".[216] Há, aqui, um evidente equívoco, pois compensou-se o crédito de um contribuinte com o débito de outro. Em casos como esse, a restituição deve ser postulada de forma separada pelo contribuinte do ato jurídico simulado, o qual deve ser intimado do lançamento fiscal que desconsiderou os efeitos de tal ato.

Existem, contudo, os casos de desconsideração da personalidade jurídica, nos quais não há apenas a desconsideração de atos jurídicos praticados pela pessoa jurídica, mas sim a desconsideração da própria existência da sociedade. Muitas vezes, aliás, a Fiscalização Tributária afirma não estar desconsiderando a personalidade jurídica da sociedade, e sim os efeitos dos atos jurídicos por ela praticados – no entanto, na prática, ela efetivamente desconsidera a própria existência da sociedade. Seja como for, nos casos em que há desconsideração da personalidade jurídica, expressa ou implícita, os tributos pagos pela sociedade que se reputou inexistente devem ser considerados no cálculo do débito do contribuinte do ato jurídico dissimulado (naturalmente, a desconsideração implícita é ilícita, mas trata-se de questão diversa). Trata-se de caso no qual, apesar do contribuinte do ato jurídico simulado ser um, e o contribuinte do ato jurídico dissimulado ser outro, a Fiscalização Tributária desconsidera a própria existência do contribuinte do ato jurídico simulado, razão pela qual os tributos por ela recolhidos devem ser atribuídos aos seus sucessores.

Em segundo lugar, há a hipótese de os tributos sobre o ato jurídico simulados terem sido pagos a um sujeito ativo, mas outro sujeito ativo desconsidera tal ato jurídico e exige, para si, o pagamento dos tributos incidentes sobre o ato jurídico dissimulado. Essa hipótese ocorre, por exemplo, nos casos em que a Fiscalização Estadual reputa simulada a compra e venda de um imóvel, identificando uma doação dissimulada, o que torna indevido o ITBI pago ao Município e torna devido o ITCMD ao Estado. As consequências dessa hipótese não se alteram em virtude da identidade de contribuintes, isto é, são as mesmas tanto para os casos em que o contribuinte do ato jurídico simulado é o mesmo do ato jurídico dissimulado, quanto para os casos em que o contribuinte do ato jurídico simulado é distinto do contribuinte do ato jurídico dissimulado.

Nesses casos, o ato administrativo definitivo que desconsidera os efeitos tributários de um ato jurídico, por considerá-lo simulado, é suficiente para postular

216. BRASIL. CARF, Acórdão nº 2202-004.821, 2ª Seção/2ª Câmara/2ª Turma Ordinária, rel. Cons. Rosy Adriane da Silva Dias, j. 06/11/2018.

a restituição dos tributos pagos em razão dele, ainda que o ato administrativo tenha sido constituído por um sujeito ativo distinto do sujeito ativo para quem irá se postular a repetição do indébito. O lançamento fiscal, por ser ato administrativo, é eficaz, inclusive, perante outros entes federativos, além daquele que o editou. Essa eficácia do ato administrativo envolve tanto a sua presunção de legitimidade quanto a sua exigibilidade e a sua autoexecutoriedade.[217]

Conforme já referido, a atuação estatal nesses casos deve ser vista de uma perspectiva ampla de Estado. Do ponto de vista do contribuinte e dos seus direitos subjetivos, a violação ao dever de consistência, ao princípio da moralidade, à regra do artigo 146 do Código Tributário Nacional e ao princípio da capacidade contributiva ocorre sempre que o Estado (amplamente considerado) desconsidera os efeitos tributários de um ato jurídico, mas não restitui os tributos pagos em razão dele. A constituição definitiva do lançamento fiscal que desconsiderou um ato jurídico simulado, portanto, permite ao contribuinte que pagou os tributos decorrentes do ato jurídico simulado postular a repetição do indébito, ainda que contra um sujeito ativo distinto daquele que efetuou o lançamento fiscal.

Pode ocorrer da desconsideração de um ato jurídico por um sujeito ativo ensejar a repetição do indébito quanto ao ato jurídico reputado como simulado, mas, posteriormente, tal desconsideração vir a ser anulada por meio de ação judicial. Imagine-se, nesse sentido, um compra e venda de imóvel reputada simulada pela Fiscalização Estadual, com a identificação de uma doação dissimulada, a qual enseja o recolhimento do ITCMD. Após a constituição definitiva do ato administrativo, o contribuinte do ITBI pago em virtude da compra e venda deverá obter a devolução desse imposto pelo Município. Paralelamente a isso, o contribuinte do ITCMD pode ajuizar uma ação para anular tal cobrança, a qual pode ser julgada procedente, com o reconhecimento do Poder Judiciário de que houve compra e venda, e não doação. Caso o prazo decadencial para a exigência do ITBI já tenha transcorrido, não haverá o que se fazer. Ao fim e ao cabo, nenhum tributo (nem ITBI, nem ITCMD) terá sido pago em virtude da transferência da propriedade do imóvel. Trata-se de uma consequência indesejável, para a qual o ordenamento jurídico ainda não tem uma solução.

Por fim, em relação ao prazo prescricional para postular a repetição do indébito, ocorre com a desconsideração dos efeitos tributários do ato jurídico simulado situação similar do que a que ocorre com a sua desconstituição

---

217. JUSTEN FILHO, Marçal. **Curso de direito administrativo**. 11. ed. São Paulo: Editora Revista dos Tribunais, 2015, p. 399.

judicial. Em nenhum desses casos, a pretensão da repetição do indébito surge com o pagamento do tributo. A diferença é que, enquanto na desconstituição judicial a pretensão de restituição surge com o trânsito em julgado da sentença desconstitutiva, na desconsideração dos efeitos tributários do ato jurídico simulado a pretensão de restituição surge com o ato administrativo definitivo que o desconsidera.

Disso decorre que a data da constituição definitiva do ato administrativo que desconsidera o ato jurídico simulado corresponde ao termo inicial do prazo prescricional de cinco anos para a repetição do respectivo indébito tributário. Tal regra possui os mesmos dois fundamentos normativos que a regra relativa à desconstituição judicial do ato jurídico simulado.

Em primeiro lugar, a regra fundamenta-se na interpretação teleológica do artigo 168, I, do Código Tributário Nacional, a qual garante a observância da finalidade das regras de prescrição, qual seja, promover a segurança jurídica por meio da intangibilidade de determinadas situações individuais em razão do transcurso do tempo.[218] No caso da desconsideração dos efeitos tributários de um ato jurídico, a situação individual que enseja a repetição do indébito só resta configurada após a constituição definitiva do respectivo ato administrativo. Não há qualquer pretensão de repetição do indébito antes disso. Daí que a interpretação teleológica do artigo 168, I, do Código Tributário Nacional conduz à conclusão de que a constituição definitiva do ato administrativo que desconsiderou o ato jurídico simulado, por ser o ato que tornou o pagamento do tributo indevido, corresponde ao termo inicial do prazo prescricional.

Em segundo lugar, a regra fundamenta-se na interpretação analógica do artigo 168, II, do Código Tributário Nacional.[219] Há uma semelhança relevante entre a situação que envolve os indébitos tributários decorrentes da desconsideração dos efeitos de atos jurídicos e a situação que envolve os indébitos tributários decorrentes da reforma administrativa de uma decisão condenatória. Nas duas situações, o indébito tributário surge a partir de um ato administrativo

---

218. Art. 168. O direito de pleitear a restituição extingue-se com o decurso do prazo de 5 (cinco) anos, contados:

I - nas hipótese dos incisos I e II do art. 165, da data da extinção do crédito tributário.

219. Art. 168. O direito de pleitear a restituição extingue-se com o decurso do prazo de 5 (cinco) anos, contados: (...)

II - na hipótese do inciso III do art. 165, da data em que se tornar definitiva a decisão administrativa ou passar em julgado a decisão judicial que tenha reformado, anulado, revogado ou rescindido a decisão condenatória.

definitivo. No caso dos indébitos tributários decorrentes da reforma administrativa de uma decisão condenatória, aplica-se a regra do artigo 168, II, do Código Tributário Nacional. Em razão da semelhança relevante entre as duas situações, a regra do artigo 168, II, do Código Tributário Nacional deve ser aplicada analogicamente aos indébitos tributários decorrentes da desconsideração dos efeitos tributários de atos jurídicos por ato administrativo definitivo, de forma a estabelecer a data da definitividade da decisão administrativa como o termo inicial do prazo prescricional de cinco anos para a repetição de indébito.

As considerações anteriores permitem concluir que a desconsideração dos efeitos tributários do ato jurídico simulado enseja a restituição do tributo pago em virtude dele. Essa proposição é verdadeira, de um lado, independentemente de haver uma identidade entre o sujeito ativo do ato jurídico simulado e sujeito ativo do ato jurídico dissimulado, e de outro lado, independentemente de haver uma identidade entre o contribuinte do ato jurídico simulado e contribuinte do ato jurídico dissimulado. A data da constituição definitiva do ato administrativo que desconsidera o ato jurídico simulado corresponde ao termo inicial do prazo prescricional de cinco anos para a repetição do respectivo indébito tributário.

3.5. Síntese conclusiva do capítulo 3

A identificação da simulação em um ato jurídico depende da comprovação de que os seus elementos configuradores estejam presentes no caso concreto. De um lado, a identificação da simulação material depende da comprovação da hipótese de que o ato jurídico exprimiu proposições falsas. Essa comprovação pode ocorrer tanto diretamente quanto indiretamente. De outro lado, a identificação da simulação formal depende da comprovação da hipótese de que o ato jurídico oculto alterou um ato jurídico aparente. Essa comprovação ocorre, em regra, indiretamente, por meio de indícios.

Existem alguns atos jurídicos específicos cujas características restringem sobremaneira a possibilidade de configuração da simulação. Nos atos jurídicos decorrentes de títulos de crédito, a autonomia e a literalidade limitam as possibilidades de simulação à simulação de lugar e à simulação temporal, as quais, geralmente, são irrelevantes. Nos atos jurídicos de constituição de uma sociedade personificada, a necessidade de registro público e a natureza do conteúdo do contrato de sociedade limitam as possibilidades de simulação a algumas subespécies raras e irrelevantes de simulação material. Nos atos jurídicos de constituição de uma sociedade não personificada, até pode haver simulação formal, mas a natureza do contrato de sociedade limita bastante, conforme já referido, as hipóteses de simulação material.

Além disso, há algumas situações que a Fiscalização Tributária, equivocadamente, considera como hipóteses de simulação. Em primeiro lugar, a presença dos elementos categoriais essenciais de um ato jurídico distinto do ato jurídico aparente não configura uma hipótese de simulação, pois tal raciocínio, além de falacioso, envolve uma inversão da ordem do exame da simulação. Em segundo lugar, a ausência de propósito negocial na constituição do ato jurídico não é uma hipótese de simulação, seja porque tal raciocínio não possui fundamento normativo ou lógico, seja porque constituir atos jurídicos com propósitos fiscais é permitido pelo ordenamento jurídico. Em terceiro lugar, a não usualidade das formas jurídicas adotas não corresponde a uma hipótese de simulação, seja porque tal raciocínio não possui fundamento normativo, seja porque a constituição de atos jurídicos por meio de formas jurídicas não usuais é permitida pelo ordenamento jurídico.

Por fim, a identificação do ato jurídico simulado gera alguns efeitos. De um lado, a identificação do ato jurídico simulado pelo Poder Judiciário acarreta a sua desconstituição por meio de sentença judicial. O trânsito em julgado dessa decisão judicial corresponde ao termo inicial do prazo prescricional de cinco anos para a restituição dos tributos pagos em virtude do ato jurídico simulado. De outro lado, a identificação do ato jurídico simulado pela Fiscalização Tributária acarreta a desconsideração dos seus efeitos tributários por meio de ato administrativo. A constituição definitiva desse ato administrativo corresponde ao termo inicial do prazo prescricional de cinco anos para a restituição dos tributos pagos em virtude do ato jurídico simulado.

Capítulo 4

Identificação do ato jurídico dissimulado

"*A verdade sai do poço, sem indagar quem se acha à borda*"
(Machado de Assis, Crônica publicada no Diário do Rio de Janeiro em 24/01/1865, in "Obras Completas", vol. 23, Rio de Janeiro, 1958, p. 282)

4.1. Fatores estabelecidos pelo ordenamento jurídico para a eficácia do ato jurídico dissimulado

4.1.1. Fontes a partir das quais se identifica o surgimento do ato jurídico dissimulado

Na primeira fase do exame da simulação, identifica-se o ato jurídico simulado. Essa identificação foi objeto do terceiro capítulo, no qual se analisou a comprovação da simulação, a identificação da simulação em atos jurídicos específicos, as hipóteses equivocadas utilizadas pela Fiscalização Tributária para a comprovação da simulação e os efeitos da comprovação da simulação. Na segunda fase do exame da simulação, que é o objeto deste quarto capítulo, identifica-se eventual ato jurídico dissimulado, isto é, uma vez desconstituído ou desconsiderado o ato jurídico simulado, verifica-se se, a partir dos elementos remanescentes, subsistiu algum ato jurídico dissimulado.

Os elementos remanescentes após a desconstituição ou a desconsideração do ato jurídico simulado, a partir dos quais surge o ato jurídico dissimulado, são aqueles decorrentes dos instrumentos (oral, gestos, escrito etc.) empregados pelas partes para a constituição do ato jurídico simulado e de eventual ato jurídico oculto. Vale ressaltar, nesse sentido, que a nulidade ou a ineficácia do ato jurídico não repercute nas fontes a partir das quais ele foi constituído. O ato jurídico não se confunde com o instrumento por meio do qual foi formalizado.[1] Assim, tanto os instrumentos de constituição do ato jurídico desconstituído ou desconsiderado quanto os demais instrumentos de constituição de atos jurídicos entre as partes devem ser analisados conjuntamente para a identificação de eventual ato jurídico dissimulado.

Tais constatações são importantes porque, por vezes, confunde-se a nulidade do ato jurídico com a nulidade do instrumento que o formalizou, inutilizando-o para fins de identificação do ato jurídico dissimulado. O Tribunal de Justiça do Estado de São Paulo, por exemplo, decidiu que determinada compra e venda de imóvel realizada entre pai e filha, a qual foi formalizada por meio de escritura pública, teria sido simulada. De acordo com a decisão, tal ato jurídico teria sido realizado "apenas com o escopo de transferir a ela a titularidade do bem", razão pela qual prevaleceria "a versão de que simulou-se o ato de alienação consubstanciado na escritura".[2] A decisão, a partir da constatação de que a compra e venda teria sido simulada, passou a analisar a ocorrência de uma doação verbal dissimulada, tendo concluído que "a doação de imóvel é ato solene e formal, devendo ser realizada por meio de escritura pública ou instrumento particular", de modo que "a doação alegada pela apelante não encontra amparo legal e por isso não deve ser reconhecida".

Ocorre que a decisão ignorou a existência da escritura pública de compra e venda, instrumento adequado para a formalização de doação, a qual evidenciava a vontade de transferir o bem pelo suposto "vendedor" e a gratuidade do ato jurídico. Embora a compra e venda decorrente desse instrumento seja simulada e, portanto, nula, tal instrumento, assim como a vontade de transferir o bem e a gratuidade dessa transferência, subsistem como elementos remanescentes a partir dos quais se pode identificar a ocorrência de uma doação dissimulada. Os critérios para a identificação dos atos jurídicos dissimulados serão objeto dos próximos tópicos. O importante, aqui, é perceber que a desconstituição do ato jurídico de compra e venda não inutiliza o instrumento que o formalizou, de forma que se pode, a partir dele, identificar-se um ato jurídico dissimulado.

As considerações anteriores permitem concluir que o ato jurídico dissimulado deve ser identificado a partir dos elementos remanescentes após a

---

1. MELLO, Marcos Bernardes. **Teoria do fato jurídico**: plano da validade. 10. ed. São Paulo: Saraiva, 2010, p. 157.

2. SÃO PAULO. TJSP, Apelação Cível nº 1007336-66.2022.8.26.0099, rel. Des. João Batista Vilhena, 5ª Câmara de Direito Privado, j. 02/08/2024.

desconstituição ou a desconsideração do ato jurídico simulado. Tais elementos remanescentes decorrem dos instrumentos (oral, gestos, escrito etc.) empregados pelas partes para a constituição do ato jurídico simulado e de eventual ato jurídico oculto.

4.1.2. Eficácia do ato jurídico

4.1.2.1. Plano da eficácia

As situações jurídicas são os conjuntos de direitos e de deveres que se atribuem aos sujeitos.[3] Elas podem ser alteradas por fatos jurídicos *stricto sensu* (tais como a mudança natural do curso de um rio) e por atos-fatos jurídicos (tais como a caça). Na maioria das vezes, contudo, as situações jurídicas são alteradas por meio da transação de direitos e deveres entre os sujeitos, isto é, por meio de atos jurídicos (atos jurídicos *stricto sensu* e negócios jurídicos). Os atos jurídicos, portanto, correspondem às manifestações de vontade que têm como efeito a aquisição, a conservação, a transferência, a modificação ou a extinção de direitos.[4] O direito de propriedade sobre determinado bem, por exemplo, faz parte da situação jurídica do respectivo proprietário. Por meio de um negócio jurídico de compra e venda, o proprietário extingue o seu direito de propriedade e adquire o direito ao recebimento do preço. Daí se percebe que os efeitos dos atos jurídicos acarretam mudanças nas situações jurídicas dos sujeitos.[5]

Por isso é que se diz que a razão de ser do ato jurídico é a produção de efeitos jurídicos.[6] O ato jurídico cria "algo a mais" no mundo jurídico a partir da sua eficácia, isto é, da juridicização das suas consequências, e é a partir dessa irradiação de efeitos que o ato jurídico se torna uma razão para que os sujeitos ajam de determinada forma.[7] Não basta que uma compra e venda exista e seja válida para que os sujeitos alterem os seus comportamentos em relação ao bem vendido – para tanto, a compra e venda deve produzir efeitos, isto é, deve ter

---

3. AMARAL, Francisco. **Direito Civil**: Introdução. 7. ed. Rio de Janeiro: Renovar, 2008, p. 222.

4. GOMES, Orlando. **Introdução ao Direito Civil**. 20. ed. rev. atual. e aum. por Edvaldo Brito e Reginalda Paranhos Brito. Rio de Janeiro: Forense, 2010, p. 190.

5. AMARAL, Francisco. **Direito Civil**: Introdução. 7. ed. Rio de Janeiro: Renovar, 2008, p. 476.

6. MELLO, Marcos Bernardes. **Teoria do fato jurídico**: plano da eficácia. 1ª parte. São Paulo: Saraiva, 2003, p. 84.

7. MIRANDA, Francisco Cavalcanti Pontes de. **Tratado de Direito Privado**. Tomo I, 4. ed. São Paulo: Editora Revista dos Tribunais, 1974, p. 17.

eficácia. As obrigações e as relações jurídicas surgem a partir da eficácia dos atos jurídicos.[8]

A eficácia de um ato jurídico depende, em primeiro lugar, de que ele exista, e, em segundo lugar, na maioria dos casos, de que ele seja válido.[9] Os planos da existência, da validade, e da eficácia, vale ressaltar, não são partes distintas de um todo, mas sim diferentes perspectivas de análise de um mesmo objeto – o ato jurídico. Trata-se de uma separação meramente analítica. O mesmo ocorre quando se analisa uma obra de construção civil: pode-se analisá-la da perspectiva dos seus materiais de construção (existência), da perspectiva da observância das regras de engenharia relativas à estrutura da obra (validade) e da perspectiva dos seus efeitos, tais como ser habitável (no caso de uma residência) ou conectar duas cidades (no caso de uma ponte). Não é que cada um desses aspectos seja uma parte da obra – afinal, analisa-se a obra como um todo – mas sim que cada um desses aspectos corresponde a uma diferente perspectiva de análise do mesmo objeto.

Em primeiro lugar, pode-se afirmar que a obra de construção civil *existe* a partir da presença de certos elementos, tais como os materiais de construção. Não há obra sem materiais de construção. Além disso, são tais elementos de existência que permitem qualificar a obra de construção civil como sendo de determinada categoria: diante da presença de determinados materiais de construção, empregados de determinada forma, podemos qualificar a obra como uma casa, e não como uma ponte. O mesmo ocorre com os atos jurídicos: a sua existência depende da presença de certos elementos (tais como a manifestação de vontade, o objeto etc.). E é a manifestação concreta desses elementos (tais como a onerosidade e o preço, por exemplo) que permite a qualificação desse ato jurídico como sendo de determinada categoria.

Em segundo lugar, a obra de construção civil pode ser analisada a partir da perspectiva do cumprimento de certos requisitos, tais como as regras de engenharia relativas à quantidade de peso que cada estrutura pode suportar. A realização de uma obra de construção civil sem a observância dessas regras gera uma obra defeituosa. O mesmo ocorre com os atos jurídicos: a sua validade depende do cumprimento de certos requisitos estabelecidos pelo ordenamento jurídico

---

8. BECKER, Alfredo. **Teoria Geral do Direito Tributário**. 7. ed. São Paulo: Noeses, 2018, p. 492.

9. MELLO, Marcos Bernardes. **Teoria do fato jurídico**: plano da eficácia. 1ª parte. São Paulo: Saraiva, 2003, p. 4.

(tais como os instrumentais e os relativos ao conteúdo do objeto). Por isso se diz que a invalidade decorre de um "defeito de construção" do ato jurídico.[10]

Em terceiro lugar, a obra de construção civil pode ser analisada a partir da perspectiva dos seus efeitos. A construção de uma casa, com a observância das regras de engenharia, tem como efeito ser uma moradia. Da mesma forma, a construção de uma ponte, realizada sem defeitos, tem como efeito conectar duas cidades. O mesmo ocorre com os atos jurídicos: no plano da eficácia, eles irradiam efeitos que criam algo no mundo jurídico.

Existem algumas exceções à regra geral de que a eficácia do ato jurídico depende da sua existência e da sua validade. Alguns atos jurídicos inválidos podem ser eficazes (tais como o casamento putativo), bem como alguns atos jurídicos existentes e válidos podem depender de certos fatores de eficácia (tais como o implemento de condições suspensivas) para terem efeitos. Quanto a isso, aliás, os atos jurídicos não se diferem das obras de construção civil: em alguns casos, obras defeituosas podem irradiar efeitos, bem como os efeitos de uma obra podem depender de certos fatores de eficácia, tais como a construção de uma estrada até a ponte. O importante é perceber que, como regra geral, a existência e a validade do ato jurídico permitem que ele irradie efeitos, isto é, que ele acarrete mudanças nas situações jurídicas dos sujeitos.

As considerações anteriores permitem concluir que a eficácia de um ato jurídico dependa de que ele exista e seja válido. Uma vez eficazes, tais atos jurídicos têm como efeito a aquisição, a conservação, a transferência, a modificação ou a extinção de direitos, o que acarreta a alteração da situação jurídica dos sujeitos envolvidos.

4.1.2.2. Regra geral para a eficácia do ato jurídico

O *caput* do artigo 167 do Código Civil estabeleceu que a eficácia dos atos jurídicos dissimulados depende da observância da regra geral de produção de efeitos de todos os atos jurídicos, ao dispor que: "É nulo o negócio jurídico simulado, mas subsistirá o que se dissimulou, se válido for na substância e na forma". Disso decorre que, para haver um ato jurídico dissimulado eficaz (e a chamada simulação relativa), os elementos remanescentes após a desconstituição do ato jurídico simulado devem ser suficientes não só para que determinado

---

10. GOMES, Orlando. **Introdução ao Direito Civil**. 20. ed. rev. atual. e aum. por Edvaldo Brito e Reginalda Paranhos Brito. Rio de Janeiro: Forense, 2010, p. 363.

ato jurídico exista, mas também para satisfazer os seus respectivos requisitos de validade (formais e substanciais). Nada mais lógico, já que o sistema jurídico não poderia sacrificar as suas regras gerais a respeito da validade dos atos jurídicos para proteger as partes que constituíram o ato jurídico dissimulado.[11] Se os requisitos de validade, formais e substanciais, não forem satisfeitos, o ato jurídico dissimulado não produz efeitos, tornando-se inoponível a terceiros, o que configura a simulação absoluta.

Essa regra para a produção de efeitos dos atos jurídicos dissimulados, a qual exige a presença não só dos seus elementos de existência, mas também o cumprimento dos seus requisitos de validade formais e substanciais, já podia ser reconstruída na vigência do Código Civil de 1916. Pontes de Miranda, referindo-se àquele Código Civil, afirmou que "a vinda à tona depende de poder ser e valer o ato jurídico dissimulado: não basta que seja; é preciso que valha. Os pressupostos de validade são elevados a pressupostos de existência".[12]

O surgimento do ato jurídico dissimulado como ato jurídico, em substituição ao ato jurídico simulado – fenômeno chamado de *extraversão*, por Pontes de Miranda – requer, portanto, o preenchimento de duas condições:[13] a presença dos elementos de existência do ato jurídico dissimulado e o cumprimento dos requisitos da validade, formais e substanciais, do ato jurídico dissimulado.

Em primeiro lugar, para surgir o ato jurídico dissimulado, os elementos remanescentes após a desconstituição do ato jurídico simulado devem ser suficientes para configurar a existência de determinado ato jurídico. Os elementos de existência são exigidos pelo ordenamento jurídico para que o ato jurídico exista e seja de determinado tipo.[14] Em que pese haja enorme controvérsia a respeito da classificação dos elementos de existência do ato jurídico, pode-se dizer que existem *elementos gerais*, *elementos categoriais* e *elementos particulares*.

Os elementos gerais são comuns a todos os atos jurídicos. Todos os atos jurídicos são constituídos por um *agente*, mediante uma *forma*, com um *objeto*,

11. CORDEIRO, A. Barreto Menezes. **Da Simulação no Direito Civil**. 3. ed. Coimbra: Almedina, 2021, p. 130.

12. MIRANDA, Francisco Cavalcanti Pontes de. **Tratado de Direito Privado**. Tomo IV, 2. ed. Rio de Janeiro: Editora Borsoi, 1954, p. 401.

13. MIRANDA, Francisco Cavalcanti Pontes de. **Tratado de Direito Privado**. Tomo IV, 2. ed. Rio de Janeiro: Editora Borsoi, 1954, p. 402.

14. MIRANDA, Francisco Cavalcanti Pontes de. **Tratado de Direito Privado**. Tomo III, 4 ed. Rio de Janeiro: Editora Borsoi, 1983, p. 321.

em um *lugar*, em um *tempo* e no âmbito de *circunstâncias negociais*.[15] O ato jurídico dissimulado, portanto, deve reunir todos esses elementos. Retomando a metáfora do ato jurídico como uma obra de construção civil, pode-se dizer que os materiais de construção são elementos gerais da obra de construção civil. Não existe obra de construção civil sem materiais de construção, assim como não existe ato jurídico sem a presença dos elementos gerais.

Os elementos categoriais são critérios definidos pelo ordenamento jurídico que permitem qualificar o ato jurídico como sendo de determinado tipo.[16] Para se identificar uma doação dissimulada, por exemplo, deve ter subsistido, após a desconstituição do ato jurídico simulado, uma transferência gratuita de bens entre as partes. O Tribunal de Justiça do Estado de São Paulo, por exemplo, após identificar a ocorrência de simulação em uma compra e venda, entendeu que só restaria "inferir tenha se tratado de doação, uma vez que sua natureza é de transferência da propriedade de determinado bem, de forma graciosa, que foi o que se verificou".[17] Os elementos categoriais nada mais são do que as características dos elementos gerais no caso concreto. Com base na metáfora do ato jurídico como uma obra de construção civil, pode-se dizer que, embora todos as obras de construção civil tenham materiais de construção, a espécie desses materiais (tijolo, cimento, ferro etc.) e a forma pela qual eles estão dispostos permitem qualificá-la como uma casa, como uma ponte ou como um edifício.

Os elementos particulares, também chamados de elementos acidentais, são incluídos no ato jurídico concreto por vontade das partes.[18] Ainda que os elementos particulares não sejam essenciais para a identificação da existência do ato jurídico dissimulado, eles são fundamentais para se determinar o seu conteúdo – são os elementos particulares, por exemplo, que definirão o objeto específico que será doado, e as condições em que tal doação ocorrerá. A partir dos elementos particulares, torna-se possível individualizar um ato jurídico específico. Seguindo com a metáfora do ato jurídico como uma obra de construção civil, pode-se dizer que os elementos particulares são como se fossem

---

15. AZEVEDO, Antônio Junqueira de. **Negócio Jurídico**: existência, validade e eficácia. 4. ed. São Paulo: Saraiva, 2002, p. 34.

16. AZEVEDO, Antônio Junqueira de. **Negócio Jurídico**: existência, validade e eficácia. 4. ed. São Paulo: Saraiva, 2002, p. 35.

17. SÃO PAULO. TJSP, Apelação Cível nº 1027460-02.2019.8.26.0576, rel. Des. João Pazine Neto, 3ª Câmara de Direito Privado, j. 06/02/2024.

18. ALVES, José Carlos Moreira. Direito Romano. 14 ed. Rio de Janeiro: Forense, 2008, p. 163.

o endereço, a decoração ou o estilo da obra. Os cabos que sustentam a ponte estaiada de São Paulo correspondem a um dos seus elementos particulares, os quais não a definem como uma ponte, mas são essenciais *àquela* ponte.

A existência de um ato jurídico, portanto, depende da presença de *elementos gerais*; uma vez existente, ele deve ser identificado com base em seus *elementos categoriais*, e terá o seu conteúdo individual determinado por seus *elementos particulares*. O importante disso tudo é perceber que a eficácia do ato jurídico – inclusive do ato jurídico dissimulado – depende, em primeiro lugar, da presença dos seus elementos de existência.

Em segundo lugar, para que se possa atribuir eficácia ao ato jurídico dissimulado, os elementos remanescentes após a desconstituição do ato jurídico simulado devem ser suficientes para satisfazer os requisitos de validade, formais e substanciais, de determinado ato jurídico. Enquanto o plano da existência é um "plano de substâncias", o plano da validade é um "plano de adjetivos": os requisitos de validade são as qualidades que os elementos de existência devem possuir.[19] Retomando a metáfora do vinho, o plano da validade diz respeito às regras de elaboração que devem ser observadas para que o vinho não tenha defeitos. De um lado, há os requisitos formais de validade; de outro lado, há os requisitos substanciais de validade.

De um lado, para haver um ato jurídico dissimulado eficaz, os elementos remanescentes após a desconstituição do ato jurídico simulado devem ser suficientes para satisfazer os requisitos formais de determinado ato jurídico. Os requisitos de validade formais dizem respeito à forma do instrumento que constitui o ato jurídico.[20]

Ao analisar uma compra e venda formalizada por meio de escritura pública, por exemplo, o Tribunal de Justiça do Estado de São considerou o ato jurídico simulado, visto que haveria uma "desproporção entre o preço de mercado e o que constou no instrumento" – um abuso de forma, portanto.[21] A partir dos elementos remanescentes após a desconstituição do ato jurídico, contudo, a decisão identificou uma doação dissimulada, a qual teria observado os requisitos de validade formais, já que "foi lavrada através de escritura pública".

---

19. AZEVEDO, Antônio Junqueira de. **Negócio Jurídico**: existência, validade e eficácia. 4. ed. São Paulo: Saraiva, 2002, p. 42.

20. MELLO, Marcos Bernardes. **Teoria do fato jurídico**: plano da validade. 10. ed. São Paulo: Saraiva, 2010, p. 107.

21. SÃO PAULO. TJSP, Apelação Cível nº 1001611-04.2018.8.26.0272, rel. Des. Mônica de Carvalho, 8ª Câmara de Direito Privado, j. 21/07/2021.

Se, no entanto, o ato jurídico simulado foi formalizado por meio de instrumento particular, não há como se falar em eventual ato jurídico dissimulado para o qual o ordenamento jurídico exija escritura pública.[22] Em regra, não exsurgem atos jurídicos dissimulados com requisitos de validade formais mais exigentes que os dos respectivos atos jurídicos simulados.[23] Nos casos em que se reputa simulado um mútuo constituído oralmente, por exemplo, apenas se pode falar em uma doação dissimulada se ela envolver um valor baixo e a imediata transferência dos valores. Isso porque, como se sabe, a doação tem como regra geral a exigência de formalização por meio de instrumento particular ou escritura pública.[24] Os elementos remanescentes após a desconstituição de um mútuo oral simulado, portanto, são insuficientes para cumprir com os requisitos de validade formais de uma doação.

De outro lado, para haver um ato jurídico dissimulado eficaz, os elementos remanescentes após a desconstituição do ato jurídico simulado devem ser suficientes para satisfazer os requisitos substanciais de determinado ato jurídico. Os requisitos de validade substanciais dizem respeito ao conteúdo do ato jurídico, tais como os requisitos relacionados à capacidade das partes, à impossibilidade do objeto e aos defeitos dos atos jurídicos.[25]

Os artigos 549 e 1789 do Código Civil, por exemplo, dispõem que há nulidade em relação à parcela das doações que ultrapassar metade do patrimônio do doador.[26] Trata-se da chamada "doação inoficiosa". Em um caso no qual se reputou simulada a compra e venda de um imóvel, único bem da suposta alienante, o Superior Tribunal de Justiça identificou a ocorrência de uma doação dissimulada da suposta alienante para a suposta adquirente. A doação dissimulada cumpriu os requisitos formais de validade impostos pelo ordenamento jurídico,

---

22. MIRANDA, Francisco Cavalcanti Pontes de. **Tratado de Direito Privado**. Tomo IV, 2. ed. Rio de Janeiro: Editora Borsoi, 1954, p. 402; SANTOS, José Beleza dos. **A simulação em direito civil**. 2. ed. São Paulo: Lejus, 1999, p. 273.

23. CORDEIRO, António Menezes. **Tratado de Direito Civil**, v. 2, 5. ed. Parte geral: negócio jurídico. Coimbra: Almedina, 2021, p. 904.

24. Código Civil:

Art. 541. A doação far-se-á por escritura pública ou instrumento particular.

Parágrafo único. A doação verbal será válida, se, versando sobre bens móveis e de pequeno valor, se lhe seguir incontinenti a tradição.

25. MELLO, Marcos Bernardes. **Teoria do fato jurídico**: plano da validade. 10. ed. São Paulo: Saraiva, 2010, p. 106.

26. Art. 549. Nula é também a doação quanto à parte que exceder à de que o doador, no momento da liberalidade, poderia dispor em testamento. (...)

Art. 1.789. Havendo herdeiros necessários, o testador só poderá dispor da metade da herança.

pois a compra e venda simulada foi formalizada por meio de escritura pública; ela não cumpriu integralmente, contudo, com os requisitos substanciais, já que a doadora não poderia ter transferido todo o seu patrimônio para um terceiro em detrimento do seu herdeiro. Em razão disso, aquele Tribunal identificou a ocorrência da doação dissimulada apenas em relação à parcela do patrimônio da qual a doadora poderia dispor, isto é, metade do imóvel. De acordo com a decisão daquele Tribunal, o ato jurídico dissimulado seria válido "na parte em que não se verificou infração à Lei (doação inoficiosa), porque satisfeitos os pressupostos autorizadores preceituados pelo comando normativo: substância e forma".[27]

Importante referir que, dentre os requisitos substanciais de validade, está o da ausência de defeitos na manifestação de vontade, tais como o erro, o dolo e a coação. Um ato jurídico constituído por meio de coação, por exemplo, é inválido. Isso não significa, contudo, que a identificação do ato jurídico dissimulado exija a demonstração de que não houve defeito nas manifestações de vontade que o constituíram. Conforme já referido, os defeitos na manifestação de vontade não se presumem, até porque essa presunção violaria a interpretação dos negócios jurídicos conforme a boa-fé objetiva, nos termos do artigo 113 do Código Civil.[28] O que deve ser presumido – sem prejuízo de prova em contrário – é a manifestação válida da vontade.

Disso tudo resulta que o surgimento do ato jurídico dissimulado e a sua respectiva produção de efeitos jurídicos depende não só da presença dos seus elementos de existência, mas também do cumprimento dos seus requisitos de validade. De um lado, devem ser cumpridos os requisitos formais de validade, relacionados à forma do instrumento que constitui o ato jurídico. De outro lado, devem ser cumpridos os requisitos substanciais de validade, relacionados ao conteúdo do ato jurídico.

Por fim, não se deve confundir a eficácia do ato jurídico dissimulado, prevista pelo *caput* do artigo 167 do Código Civil, com a conversão substancial do ato jurídico nulo, prevista pelo artigo 170 do Código Civil.[29] A conversão substancial envolve a substituição de um ato jurídico nulo por outro, como uma forma de

---

27. BRASIL. STJ, Resp nº 1.102.938/SP, rel. Min. Marco Buzzi, Quarta Turma, j. 10/03/2015.

28. Art. 113. Os negócios jurídicos devem ser interpretados conforme a boa-fé e os usos do lugar de sua celebração.

29. Art. 170. Se, porém, o negócio jurídico nulo contiver os requisitos de outro, subsistirá este quando o fim a que visavam as partes permitir supor que o teriam querido, se houvessem previsto a nulidade.

proteger a declaração de vontade consubstanciada nos instrumentos que constituíram o ato jurídico nulo.[30] Conforme observado por Humberto Theodoro Júnior, na conversão substancial "presta-se um socorro à intenção prática das partes, salvando-a das insuficiências da categoria negocial, em que inadequadamente se programou enquadrá-la".[31] Trata-se de situação bastante rara.[32]

Em um determinado caso, o Superior Tribunal de Justiça, ao se deparar com uma doação de dinheiro nula, visto que não foi formalizada por meio de instrumento particular ou escritura pública, decidiu convertê-la em um mútuo gratuito por prazo indeterminado. Isso porque, de acordo com a decisão, seria "possível inferir, da manifestação de vontade externada (...), considerando que de doação não se trata, que o mais consentâneo à espécie é que se lhe converta em um contrato de mútuo gratuito, de fins não econômicos".[33] Outros exemplos de conversão substancial do ato jurídico nulo podem ser encontrados na nota promissória que não observa os requisitos de validade dos títulos de crédito, e por isso é convertida em uma confissão de dívida; ou na doação nula por ter como objeto bem inalienável, que pode ser convertida em uma cessão de uso ou de usufruto.

Na conversão substancial, não há a substituição do ato jurídico simulado pelo ato jurídico dissimulado, mas sim a transformação de um ato jurídico nulo em um ato jurídico válido. Infere-se, na conversão substancial, o ato jurídico que as partes teriam constituído se tivessem previsto a nulidade, ao passo que, na simulação, identifica-se o ato jurídico que foi, efetivamente, constituído pelas partes.[34] Pode haver, inclusive, a conversão substancial de um ato jurídico dissimulado. Basta imaginar, por exemplo, uma compra e venda que se repute simulada, identificando-se uma doação dissimulada inválida – tal doação inválida, a depender do caso, pode ser convertida em um mútuo gratuito por prazo indeterminado.

---

30. THEODORO JR., Humberto. **Comentários ao Novo Código Civil**, v. III, tomo I. Rio de Janeiro: Forense, 2003, p. 533.

31. THEODORO JR., Humberto. **Comentários ao Novo Código Civil**, v. III, tomo I. Rio de Janeiro: Forense, 2003, p. 532.

32. VENOSA, Sílvio de Salvo. **Direito civil**: parte geral. 17. ed. São Paulo: Atlas, 2017, p. 499.

33. BRASIL. STJ, REsp n. 1.225.861/RS, rel. Min. Nancy Andrighi, Terceira Turma, j. 22/04/2014.

34. ANDRADE JÚNIOR, Luiz Carlos de. **A Simulação no Direito Civil**. São Paulo: Malheiros, 2016, p. 264.

As considerações anteriores permitem concluir que a regra geral para a produção de efeitos do ato jurídico dissimulado requer, em primeiro lugar, a presença dos elementos de existência do ato jurídico dissimulado; em segundo lugar, o cumprimento dos requisitos da validade do ato jurídico dissimulado, tanto formais quanto substanciais. Não se devem confundir o surgimento e a eficácia do ato jurídico dissimulado com a conversão substancial do ato jurídico nulo.

4.1.3. Eficácia tributária do ato jurídico

4.1.3.1. Plano da eficácia tributária

Como se viu, o plano da eficácia corresponde ao "mundo jurídico", isto é, diz respeito aos efeitos jurídicos decorrentes da ocorrência de um fato ou da realização de um ato no "mundo fenomênico". No mundo fenomênico pode-se ver, por exemplo, dois sujeitos que assinam um papel, e um deles entrega um relógio para o outro. Esse mesmo acontecimento, no mundo jurídico, tem como efeitos a aquisição do direito de propriedade do relógio para o adquirente e a aquisição do direito de recebimento de um valor para o alienante. Existe um gênero específico de efeitos que ocorrem no mundo jurídico, os quais dizem respeito aos efeitos jurídico-tributários. Esse recorte específico do mundo jurídico, isto é, do plano da eficácia, pode ser chamado de plano da eficácia tributária.

Dentre os efeitos jurídico-tributários mais relevantes que podem ser irradiados no plano da eficácia tributária está o surgimento da obrigação tributária. Com efeito, o legislador opta por eleger certas situações como aspectos materiais das hipóteses de incidência tributária, o que faz com que tais situações passem a irradiar efeitos tributários, notadamente o surgimento da obrigação tributária.[35] Em alguns casos, o legislador elegeu a ocorrência de simples acontecimentos fáticos como condição necessária e suficiente para o surgimento da obrigação tributária – a morte, por exemplo, foi eleita como um dos aspectos materiais da hipótese de incidência do ITCMD. Na maioria dos casos, contudo, o legislador elegeu determinadas situações jurídicas – ou seja, que ocorrem no mundo jurídico – como condições necessárias e suficientes para o surgimento da obrigação tributária. É nesses casos em que se fala no Direito Tributário como um direito de sobreposição, já que a irradiação dos efeitos tributários

35. ATALIBA, Geraldo. **Hipótese de incidência tributária**. 13. ed. São Paulo: Malheiros, 2013, p. 53 BECKER, Alfredo. **Teoria Geral do Direito Tributário**. 7. ed. São Paulo: Noeses, 2018, p. 348.

depende da configuração de uma situação jurídica com base em outras áreas do Direito – em regra, com base no Direito Privado. Pode-se dizer que o plano da eficácia tributária, aqui, funciona como um "metaplano da eficácia", na medida em que o surgimento da obrigação tributária depende da configuração de uma situação jurídica no plano da eficácia. Não por acaso, o artigo 117 do Código Tributário Nacional condiciona expressamente o surgimento da obrigação tributária à eficácia do ato jurídico, isto é, à configuração da situação jurídica dele decorrente.[36]

As situações jurídicas eleitas pelo legislador como aspectos materiais das hipóteses de incidência tributária dizem respeito à alteração ou à manutenção do conjunto de direitos de determinado sujeito. Elas devem, necessariamente, ser um signo de capacidade contributiva. A manutenção do direito de propriedade sobre um imóvel, por exemplo, é uma situação jurídica eleita pelo legislador como o aspecto material da hipótese de incidência do IPTU. A situação jurídica consistente no acréscimo patrimonial (alteração positiva no conjunto de direitos do sujeito), da mesma forma, foi eleita pelo legislador como o aspecto material do Imposto de Renda.

Tais situações jurídicas, embora possam ser analiticamente distinguidas dos atos jurídicos que lhe deram origem, nada mais são do que a consequência da eficácia do ato jurídico a partir da perspectiva dos sujeitos envolvidos. Os atos jurídicos, como se sabe, têm como efeito a aquisição, a conservação, a transferência, a modificação ou a extinção de direitos. Por essa razão, a eficácia dos atos jurídicos se confunde com a configuração de uma situação jurídica. A constituição da compra e venda de um imóvel, por exemplo, resulta na aquisição do direito de propriedade do imóvel por um sujeito, bem como na aquisição do direito de recebimento do preço por outro. O ato jurídico de compra e venda, analiticamente isolado, não faz surgir uma obrigação tributária, já que sequer denota capacidade contributiva, por se tratar de mero instrumento de transferência de um direito. São as situações jurídicas decorrentes do ato jurídico de compra e venda que fazem surgir a obrigação do adquirente de pagar o ITBI, em virtude da aquisição onerosa da propriedade, e de pagar o IPTU, em virtude da aquisição da condição de proprietário, bem como pode fazer surgir a obri-

36. Art. 117. Para os efeitos do inciso II do artigo anterior e salvo disposição de lei em contrário, os atos ou negócios jurídicos condicionais reputam-se perfeitos e acabados:

I - sendo suspensiva a condição, desde o momento de seu implemento;

II - sendo resolutória a condição, desde o momento da prática do ato ou da celebração do negócio.

gação do vendedor de pagar o Imposto de Renda, em decorrência de eventual acréscimo patrimonial.

Os atos jurídicos, nesse sentido, são instrumentos para a configuração de situações jurídicas que denotam capacidade contributiva. Uma vez configuradas tais situações jurídicas, e desde que descritas como aspectos materiais de uma hipótese de incidência tributária, ocorre o fato gerador. É certo que, em alguns casos, o legislador não se limitou a eleger uma situação jurídica como fato gerador de determinado tributo, tendo também eleito o meio de sua configuração como condição necessária para a incidência tributária. Para a incidência do ITCMD, por exemplo, não basta a configuração da situação jurídica consistente na aquisição de um bem ou direito, pois tal situação jurídica deve ter decorrido da constituição de uma doação. O ITBI, da mesma forma, não incide tão somente em decorrência da aquisição da propriedade sobre um bem imóvel, mas sim da circunstância dessa situação jurídica decorrer de uma transferência onerosa. O ISSQN, igualmente, não incide apenas em decorrência do adimplemento de uma obrigação de fazer, mas sim em decorrência do adimplemento de uma obrigação de fazer constituída por meio de um negócio jurídico de prestação de serviços.

Existem casos, inclusive, em que o legislador não descreveu diretamente na hipótese de incidência a situação jurídica que faz surgir a obrigação tributária, tampouco manifestou de forma expressa o meio pelo qual tal situação jurídica deve ser configurada. São os casos nos quais o legislador optou por fazer referência aos chamados fatos presuntivos da ocorrência do fato gerador.[37] No caso do IPI e do ICMS, por exemplo, o legislador determinou que os respectivos fatos geradores ocorreriam na saída dos produtos e das mercadorias do estabelecimento dos contribuintes.[38] Ocorre que a simples saída de um produto ou de uma mercadoria de um estabelecimento não faz surgir a obrigação tributária: trata-se de um fato presuntivo da configuração de uma situação jurídica (transferência

---

37. ÁVILA, Humberto. Fato Presuntivo do Fato Gerador. **Revista de Direito Tributário Atual**, São Paulo, IBDT, n. 50, 2022, p. 207.

38. Código Tributário Nacional:

Art. 46. O impôsto, de competência da União, sôbre produtos industrializados tem como fato gerador: (...)

II - a sua saída dos estabelecimentos a que se refere o parágrafo único do art. 51;

Lei Complementar 87/96:

Art. 12. Considera-se ocorrido o fato gerador do imposto no momento:

I - da saída de mercadoria de estabelecimento de contribuinte.

de propriedade de bem móvel) decorrente de um meio especifico (ato jurídico oneroso).[39] Por essa razão, o Superior Tribunal de Justiça entende que o roubo de mercadorias após a saída delas do estabelecimento fabricante impediria a ocorrência do fato gerador de IPI, o qual "se aperfeiçoa com a transferência da propriedade do bem", já que "somente quando há a efetiva entrega do produto ao adquirente a operação é dotada de relevância econômica capaz de ser oferecida à tributação".[40]

O importante disso tudo é perceber que, direta ou indiretamente, o legislador optou por eleger certas situações jurídicas como aspectos materiais de hipóteses de incidência tributárias. Em alguns casos, a simples configuração dessa situação jurídica faz surgir a obrigação tributária (p. ex. manutenção do direito de propriedade sobre imóvel urbano, acréscimo patrimonial etc.). Em outros casos, o surgimento da obrigação tributária depende de que determinada situação jurídica tenha sido configurada por um meio específico (p. ex. aquisição de bem ou direito por meio de doação, aquisição de propriedade sobre bem imóvel por meio de ato jurídico oneroso etc.). Tais constatações podem ser ilustradas por meio da tabela abaixo:

Tabela 7 – Eficácia tributária das situações jurídicas

	Existência	**Validade**	**Eficácia**	**Situação jurídica resultante do ato jurídico**	**Eficácia tributária**
Doação	Acordo sobre transferência gratuita da propriedade de bem para o donatário.	Observância dos requisitos de validade.	Produção do efeito de transferir a propriedade do bem para o donatário.	Donatário adquiriu a propriedade do bem.	Surgimento da obrigação tributária de pagar o ITCMD.

39. ÁVILA, Humberto. Fato Presuntivo do Fato Gerador. **Revista de Direito Tributário Atual**, São Paulo, IBDT, n. 50, 2022, p. 211.

40. BRASIL. STJ, EREsp n. 734.403/RS, rel. Min. Napoleão Nunes Maia Filho, Primeira Seção, j. 14/11/2018.

	Existência	Validade	Eficácia	Situação jurídica resultante do ato jurídico	Eficácia tributária
Compra e venda	Acordo sobre transferência onerosa da propriedade sobre bem.	Observância dos requisitos de validade.	Produção do efeito de transferir a propriedade do bem para o adquirente e de atribuir ao vendedor o direito ao recebimento do preço.	Comprador adquiriu a propriedade do bem e vendedor adquiriu o direito ao recebimento do preço.	Surgimento da obrigação tributária de pagar o Imposto de Renda.

Fonte: elaborado pelo autor.

O surgimento da obrigação tributária, portanto, depende da configuração das situações jurídicas eleitas pelo legislador, direta ou indiretamente, como aspectos materiais das hipóteses de incidência tributária. Em alguns casos, tais aspectos materiais correspondem apenas a situações jurídicas; em outros casos, tais aspectos materiais correspondem a situações jurídicas decorrentes de determinados atos jurídicos.

As considerações anteriores permitem concluir que algumas hipóteses de incidência tributária descrevem situações jurídicas. Essas situações jurídicas dizem respeito à alteração ou à manutenção do conjunto de direitos de determinado sujeito e, em regra, se confunde com a eficácia do ato jurídico que a configurou. De um lado, existem hipóteses de incidência que contemplam tão somente uma situação jurídica (p. ex. acréscimo patrimonial). De outro lado, existem hipóteses de incidência que contempla tanto uma situação jurídica quanto a sua configuração por meio de um ato jurídico específico (p. ex. doação).

4.1.3.2. Regra especial para o surgimento da obrigação tributária em decorrência do ato jurídico

O artigo 118, I, do Código Tributário Nacional estabeleceu que "a definição legal do fato gerador" deve ser interpretada com a abstração "da validade jurídica dos atos efetivamente praticados pelos contribuintes, responsáveis, ou terceiros, bem como da natureza do seu objeto ou dos seus efeitos".[41] A

41. Art. 118. A definição legal do fato gerador é interpretada abstraindo-se:
I - da validade jurídica dos atos efetivamente praticados pelos contribuintes, responsáveis, ou terceiros, bem como da natureza do seu objeto ou dos seus efeitos.

"definição legal do fato gerador" referida pelo dispositivo nada mais é do que a hipótese de incidência tributária.[42] A ocorrência da situação descrita pela hipótese de incidência tributária (ou do "fato gerador definido em lei") produz um efeito jurídico específico, qual seja, o surgimento da obrigação tributária.[43]

A norma reconstruída a partir do artigo 118, I, do Código Tributário Nacional, portanto, trata dos fatores de eficácia tributária dos atos jurídicos, especificamente em relação ao efeito que consiste em fazer surgir a obrigação tributária a partir da configuração de uma situação jurídica. Existem, é certo, outros efeitos jurídicos decorrentes dos atos jurídicos – além do surgimento da obrigação tributária – que podem ser considerados como tributários. As transações e as dações em pagamento, por exemplo, podem ter como efeito a extinção do crédito tributário, assim como a cessão de crédito pode ter como efeito a transferência a terceiro do crédito do contribuinte perante a Fazenda Pública. Tais casos, contudo, não estão abrangidos pela regra decorrente do artigo 118, I, do Código Tributário Nacional, que trata tão somente dos fatores de eficácia do ato jurídico em relação a um dos seus efeitos: o surgimento da obrigação tributária a partir da configuração de uma situação jurídica. Eles permanecem, portanto, submetidos à regra geral de eficácia dos atos jurídicos.

Ao tratar dos fatores para o surgimento das obrigações tributárias decorrentes de atos jurídicos, o artigo 118, I, do Código Tributário Nacional estabeleceu, a bem da verdade, duas regras distintas. De um lado, estabeleceu a tributação dos atos ilícitos; de outro lado, estabeleceu a tributação dos atos jurídicos inválidos.[44]

De um lado, e menos importante para a presente análise, a regra reconstruída a partir daquele dispositivo estabelece que as hipóteses de incidência devem ser interpretadas com a abstração da natureza do objeto e dos efeitos do ato jurídico. Trata-se da conhecida regra do *non olet*, segundo a qual a ilicitude ou a imoralidade do objeto do ato jurídico são irrelevantes para a sua tributação.[45]

---

42. ATALIBA, Geraldo. **Hipótese de incidência tributária**. 13. ed. São Paulo: Malheiros, 2013, p. 58.

43. COSTA, Alcides Jorge. Da teoria do fato gerador. *In*: OLIVEIRA, Ricardo Mariz de. COSTA, Sérgio de Freitas. (Coord.). **Diálogos Póstumos com Alcides Jorge Costa**. São Paulo: Editora IBDT, 2017, p. 72; ATALIBA, Geraldo. **Hipótese de incidência tributária**. 13. ed. São Paulo: Malheiros, 2013, p. 31.

44. COSTA, Alcides Jorge. Da teoria do fato gerador. *In*: OLIVEIRA, Ricardo Mariz de. COSTA, Sérgio de Freitas. (Coord.). **Diálogos Póstumos com Alcides Jorge Costa**. São Paulo: Editora IBDT, 2017, p. 81.

45. BALEEIRO, Aliomar. **Direito Tributário Brasileiro**. Atualizada por Misabel Abreu Machado Derzi. 12. ed. Rio de Janeiro: Forense, 2013, p. 1106.

Não é que o artigo 118, I, do Código Tributário Nacional permita que atos ilícitos sejam considerados como elementos integrantes do aspecto material das hipóteses de incidência. Isso seria incompatível com a definição de tributo estabelecida pelo artigo 3º do Código Tributário Nacional, que o diferencia da sanção de ato ilícito.[46] A regra especial para a eficácia tributária dos atos jurídicos não determina a incidência tributária *em razão* da ilicitude, mas *apesar* dela.[47] Há uma diferença entre, de um lado, tributar um ato jurídico porque ele é ilícito e, de outro lado, tributar um ato jurídico ignorando a sua ilicitude.[48] Naquele caso, não haveria a instituição de um tributo, mas sim de uma sanção; neste caso, o tributo incide sobre o ato jurídico, independentemente da sua licitude, tal como determina o artigo 118, I, do Código Tributário Nacional.

De outro lado, e mais importante para a análise da eficácia tributária dos atos jurídicos, a regra reconstruída a partir do artigo 118, I, do Código Tributário Nacional estabelece que as hipóteses de incidência tributária devem ser interpretadas com a abstração da validade dos atos jurídicos "efetivamente praticados pelos contribuintes". A invalidade do ato jurídico e, consequentemente, da situação jurídica por ele configurada, torna-se irrelevante para a tributação.[49] Os atos jurídicos, como se sabe, podem ser inválidos por várias razões – desde razões relativas à inadequação do seu instrumento até razões relativas à ilicitude do seu objeto ou do seu motivo. De acordo com a regra geral de eficácia, os atos jurídicos inválidos não irradiam efeitos jurídicos, não configurando, portanto, situações jurídicas. O artigo 118, I, do Código Tributário Nacional, contudo, estabeleceu uma regra especial, a qual faz com que atos jurídicos inválidos irradiem efeitos jurídico-tributários, fazendo surgir a obrigação tributária. Tal regra conforma a interpretação das hipóteses de incidência que têm *situações jurídicas* nos seus aspectos materiais.

---

46. Art. 3º Tributo é toda prestação pecuniária compulsória, em moeda ou cujo valor nela se possa exprimir, que não constitua sanção de ato ilícito, instituída em lei e cobrada mediante atividade administrativa plenamente vinculada.

47. AMARO, Luciano. **Direito tributário brasileiro**. 24 ed. São Paulo: Saraiva, 2021, p. 306; CARRAZZA, Roque Antonio. **Reflexões sobre a obrigação tributária**. São Paulo: Noeses, 2010, p. 266.

48. BECKER, Alfredo. **Teoria Geral do Direito Tributário**. 7. ed. São Paulo: Noeses, 2018, p. 643; MORAES, Bernardo Ribeiro de. **Compêndio de direito tributário**. v. 2, 3. ed. Rio de Janeiro: Forense, 1999, p. 355.

49. BALEEIRO, Aliomar. **Direito Tributário Brasileiro**. Atualizada por Misabel Abreu Machado Derzi. 12. ed. Rio de Janeiro: Forense, 2013, p. 1105; TÔRRES, Heleno. **Direito tributário e direito privado**: autonomia privada, simulação, elusão tributária. São Paulo: Revista dos Tribunais, 2003, p. 380.

O acréscimo patrimonial, por exemplo, foi a situação jurídica eleita pelo legislador como hipótese de incidência do Imposto de Renda. Como regra geral, os acréscimos patrimoniais que decorrem de atos jurídicos (tais como a compra e venda) pressupõem atos jurídicos válidos – afinal, os atos jurídicos inválidos não irradiam efeitos jurídicos, razão pela qual os acréscimos patrimoniais deles decorrentes são meramente aparentes. No plano da eficácia jurídica, o ato jurídico inválido não gera a aquisição, a conservação, a transferência, a modificação ou a extinção de quaisquer direitos, razão pela qual dele não surgem alterações patrimoniais. A regra especial do artigo 118, I, do Código Tributário Nacional, no entanto, estabelece a irrelevância do cumprimento dos requisitos de validade dos atos jurídicos para a irradiação dos seus efeitos jurídico-tributários – isto é, a configuração do acréscimo patrimonial, para fins de incidência tributária, dispensa a observância dos requisitos formais e substanciais de validade do ato jurídico que o ensejou.

Outro exemplo ilustrativo pode ser verificado em relação a uma das hipóteses de incidência do ITCMD, a qual consiste na situação jurídica decorrente da doação. Como regra geral, a doação deve cumprir os seus respectivos requisitos de validade, formais e substanciais, para irradiar efeitos jurídicos, isto é, para perfectibilizar a transferência gratuita de bens e direitos. A regra especial do artigo 118, I, do Código Tributário Nacional, contudo, dispensa a observância dos seus respectivos requisitos formais e substanciais de validade para que haja a incidência do ITCMD.

Deve-se ressaltar que o artigo 118, I, do Código Tributário Nacional, ao tornar a validade do ato jurídico irrelevante para a irradiação de efeitos tributários, pressupôs a existência do ato jurídico. Além disso, tal dispositivo condiciona a eficácia tributária dos atos jurídicos inválidos a que tais atos tenham sido "efetivamente praticados pelos contribuintes", isto é, a que haja a configuração material das situações jurídicas deles decorrentes. Daí os fatores estabelecidos pela regra especial para o surgimento da obrigação tributária em decorrência do ato jurídico: em primeiro lugar, a presença dos seus elementos de existência; em segundo lugar, a configuração material da situação jurídica dele decorrente.

Em primeiro lugar, a regra especial para o surgimento da obrigação tributária em decorrência dos atos jurídicos exige a presença dos seus *elementos de existência* (gerais, categoriais e particulares). É que o artigo 118, I, do Código Tributário Nacional, ao determinar que as hipóteses de incidência devem ser interpretadas com a abstração da validade dos atos jurídicos praticados pelos contribuintes, pressupôs que tais atos devem, ao menos, existir.[50] Conforme bem observado por Pontes de Miranda, "a questão da existência é questão prévia. Somente depois de se afirmar que existe é possível pensar-se em validade ou invalidade".[51] Alcides Jorge Costa, na mesma linha, afirma que existe uma enorme diferença entre um ato jurídico inexistente, no qual falta algum dos seus elementos, e um ato jurídico inválido, em relação ao qual a legislação impõe uma sanção – a própria previsão de imposição de uma sanção evidencia a pressuposição de que todos os elementos de existência do ato jurídico estejam presentes.[52]

E esses elementos de existência são identificados por meio de critérios formais, isto é, por meio de critérios que são direta e imediatamente derivados dos textos de Direito positivo.[53] De um lado, tais critérios são diretamente decorrentes da legislação, e não de outras fontes (tais como observações econômicas). De outro lado, tais critérios são imediatamente decorrentes dos requisitos impostos pela legislação, e não intermediados pela verificação dos efeitos dos respectivos atos jurídicos. Identifica-se a existência de uma compra e venda, por exemplo, nas situações em que as partes concordam em entregar uma coisa em contrapartida ao pagamento de um preço equilibrado – tais critérios não decorrem de constatações econômicas a respeito da compra e venda, nem de observações a respeito dos efeitos concretos de um negócio jurídico específico, mas sim a partir de definições estabelecidas pelo Código Civil.

É a partir do cumprimento desses requisitos formais que o ato jurídico adquire a sua *forma*. Conforme observado por Gabriel Spiller, o termo "forma" é polissêmico: de uma perspectiva *instrumental*, o termo "forma" denota a fonte a partir da qual o ato jurídico foi constituído (p. ex. "a compra e venda foi constituída na forma oral"); de uma perspectiva nominalista, o termo "forma" denota o nome atribuído ao ato jurídico (p. ex. "este ato jurídico é apenas formalmente uma compra e venda"); de uma perspectiva referencial, o termo "forma" denota os requisitos que devem ser cumpridos para que algo seja qualificado como um ato jurídico de determinado tipo (p. ex. "este ato jurídico é formalmente uma

50. MACHADO, Hugo de Brito. **Comentários ao código tributário nacional**, v. II., 2. ed. São Paulo: Atlas, 2008, p. 378.

51. MIRANDA, Francisco Cavalcanti Pontes de. **Tratado de Direito Privado**. Tomo IV, 2. ed. Rio de Janeiro: Editora Borsoi, 1954, p. 7.

52. COSTA, Alcides Jorge. Da teoria do fato gerador. *In*: OLIVEIRA, Ricardo Mariz de. COSTA, Sérgio de Freitas. (Coord.). **Diálogos Póstumos com Alcides Jorge Costa**. São Paulo: Editora IBDT, 2017, p. 81.

53. KOURY, Paulo Arthur Cavalcante. **Forma e Substância no Direito Tributário**. São Paulo: IBDT, 2021, p. 70.

compra e venda, já que envolve um acordo das partes para a entrega de uma coisa em contrapartida ao pagamento de um preço equilibrado").[54] Quando se afirma que o ato jurídico adquire a sua forma a partir do cumprimento dos requisitos decorrentes de critérios formais estabelecidos pela legislação de Direito Privado, portanto, está se referindo ao significado *referencialista* de forma. Para que um ato jurídico seja *formalmente* uma doação, por exemplo, ele deve ter envolvido uma manifestação de vontade a respeito da transferência gratuita e definitiva de um bem ou direito – a circunstância dessa doação ser inválida, por ter sido constituída oralmente, não interfere na sua forma da perspectiva referencial.

A regra especial do artigo 118, I, do Código Tributário Nacional, portanto, exige a satisfação dos critérios formais estabelecidos pelo ordenamento jurídico – em especial, pela legislação de Direito Privado – para o surgimento de atos jurídicos no plano da eficácia tributária. O aspecto material da hipótese que corresponde à situação jurídica decorrente da prestação de serviços, por exemplo, exige a constituição formal de uma prestação de serviços, ainda que inválida, para a incidência tributária.

Ressalte-se, nesse sentido, que o artigo 118, I, do Código Tributário Nacional torna a validade do ato jurídico irrelevante para a produção dos seus efeitos tributários, mas não estabelece qualquer critério para a identificação da existência e para a definição desse ato jurídico. Esses critérios são fornecidos pelos artigos 109 e 110 do Código Tributário Nacional, os quais estabelecem que os atos jurídicos devem ser identificados e definidos com base na legislação de Direito Privado.[55] Tais dispositivos, vale dizer, proíbem que o intérprete defina um ato jurídico com base em critérios externos à legislação de Direito Privado. Naturalmente, isso não impede o legislador de atribuir, de maneira expressa, efeitos tributários próprios a um ato jurídico, o que é situação diversa – é nesse

54. GIUSTINA, Gabriel Spiller Della. **Consideração econômica e limitações constitucionais ao poder de tributar**. Dissertação (Mestrado em Direito) - Faculdade de Direito, Universidade de São Paulo, 2024, p. 137.

55. Art. 109. Os princípios gerais de direito privado utilizam-se para pesquisa da definição, do conteúdo e do alcance de seus institutos, conceitos e formas, mas não para definição dos respectivos efeitos tributários.

Art. 110. A lei tributária não pode alterar a definição, o conteúdo e o alcance de institutos, conceitos e formas de direito privado, utilizados, expressa ou implicitamente, pela Constituição Federal, pelas Constituições dos Estados, ou pelas Leis Orgânicas do Distrito Federal ou dos Municípios, para definir ou limitar competências tributárias.

sentido que Alfredo Becker sustentava que o Direito Tributário pode, mediante Lei, "deformar ou transfigurar" conceitos de Direito Privado.[56]

O primeiro fator que deve estar presente para o surgimento da obrigação tributária em decorrência dos atos jurídicos, portanto, é a presença dos seus *elementos de existência*. Esses elementos de existência são fornecidos pela legislação de Direito Privado, a partir de critérios formais.

Em segundo lugar, a regra especial para o surgimento da obrigação tributária em decorrência do ato jurídico exige a *configuração material da situação jurídica* dele resultante. Os atos jurídicos válidos e eficazes produzem a configuração formal e material das situações jurídicas deles resultantes, isto é, uma doação válida e eficaz não só atribui formalmente ao donatário a condição de legítimo proprietário do bem doado (configuração formal) como também permite que o donatário exerça os direitos decorrentes da condição de proprietário, tais como usar, gozar e dispor (configuração material). Já os atos jurídicos inválidos não produzem formalmente situações jurídicas, mas podem configurá-las materialmente se houver a realização do seu objeto – a doação inválida, por exemplo, não atribui ao donatário a condição de legítimo proprietário do bem, mas a efetiva transferência do bem doado pode permitir que o donatário use, goze e disponha desse bem com base na sua condição de proprietário aparente.

Ao estabelecer que a validade dos "atos efetivamente praticados pelos contribuintes" deve ser abstraída na reconstrução das hipóteses de incidência tributária, o artigo 118, I, do Código Tributário Nacional, portanto, estabeleceu que o relevante para o surgimento da obrigação tributária é a configuração material da situação jurídica descrita (direta ou indiretamente) pela hipótese de incidência, e não a sua configuração formal. Nos casos em que o ato jurídico for válido e eficaz, a configuração material da situação jurídica dele decorrente é uma consequência natural. Nos casos em que o ato jurídico for inválido e, portanto, ineficaz, a configuração material da situação jurídica dele decorrente depende da realização do seu objeto.

Rubens Gomes de Sousa entendia que o surgimento da obrigação tributária em decorrência do ato jurídico inválido dependeria de que ele tivesse produzido efeitos econômicos.[57] Ocorre que, da mesma forma que os elementos de existência dos atos jurídicos, as situações jurídicas deles decorrentes devem ser

56. BECKER, Alfredo. **Carnaval Tributário**. 2. ed. São Paulo: Lejus, 2004, p. 133.
57. SOUSA, Rubens Gomes de. **Compêndio de legislação tributária**. Edição póstuma. São Paulo: Resenha Tributária, 1975, p. 80.

definidas com base em critérios formais, isto é, com base em critérios fornecidos pela legislação – notadamente, oriundos do Direito Privado – e não com base em critérios econômicos. Isso porque o artigo 116, II, do Código Tributário Nacional dispõe expressamente que "considera-se ocorrido o fato gerador (...) tratando-se de situação jurídica, desde o momento em que esteja definitivamente constituída, nos têrmos de direito aplicável". A configuração da situação jurídica "acréscimo patrimonial", por exemplo, depende de uma variação positiva no patrimônio do indivíduo, definido pela legislação de Direito Privado (que é o "direito aplicável") como a universalidade de relações jurídicas passíveis de serem avaliadas economicamente.[58] E se essa variação positiva do patrimônio se deu em razão da aquisição de um direito de propriedade (sobre dinheiro, bens móveis etc.), a efetiva configuração da situação jurídica "acréscimo patrimonial" depende da presença das características do direito de propriedade elencadas pelo Código Civil, quais sejam, a faculdade de usar, gozar e dispor da coisa, bem como e o direito de reavê-la de que injustamente a detenha.[59]

Paulo de Barros Carvalho afirma que haveria uma "contrariedade absoluta" entre as normas reconstruídas a partir do artigo 116, II, e 118, I, do Código Tributário Nacional.[60] De fato, pode parecer contraditório sustentar, de um lado, que as situações jurídicas são formadas com base em critérios definidos pela legislação de Direito Privado, e, de outro lado, que essas situações jurídicas podem ser configuradas materialmente por atos jurídicos que sequer irradiam efeitos, isto é, que não entraram no "mundo jurídico".

A aparência de contradição se desfaz, contudo, quando se percebe que as coisas nem sempre *são* como *devem ser*, e que diversas circunstâncias podem

---

58. Código Civil de 1916:

Art. 57. O patrimônio e a herança constituem coisas universais, ou universalidade, e como tais subsistem, embora não constem de objetos materiais.

Código Civil de 2002:

Art. 91. Constitui universalidade de direito o complexo de relações jurídicas, de uma pessoa, dotadas de valor econômico.

59. Código Civil de 1916:

Art. 524. A lei assegura ao proprietário o direito de usar, gozar e dispor de seus bens, e de reave-los do poder de quem quer que injustamente os possua.

Código Civil de 2002:

Art. 1.228. O proprietário tem a faculdade de usar, gozar e dispor da coisa, e o direito de reavê-la do poder de quem quer que injustamente a possua ou detenha.

60. CARVALHO, Paulo de Barros. **Curso de Direito Tributário**. 23. ed. Saraiva, 2011, p. 351.

fazer com que atos jurídicos inválidos recebam um respaldo institucional. Enquanto não for desconstituída, uma doação inválida pode, ainda que precariamente, atribuir ao donatário a condição material de proprietário do bem doado. Por isso é que a proposição "uma doação constituída oralmente configurou materialmente a aquisição do direito de propriedade pelo donatário" não é incompatível com a proposição "doações orais não irradiam efeitos jurídicos", assim como a proposição "a seleção argentina de futebol foi campeã do mundo em 1986", não é incompatível com a proposição "gols feitos com a mão são inválidos". O equívoco de Paulo de Barros Carvalho, nesse sentido, é não perceber que o artigo 116, II, do Código Tributário Nacional estabelece critérios para a definição das situações jurídicas, ao passo que o artigo 118, I, do Código Tributário Nacional estabelece que tais situações jurídicas, definidas pelo artigo 116, II, podem ser configuradas apenas materialmente para fins de surgimento da obrigação tributária.

Para uma melhor compreensão do artigo 118, I, do Código Tributário Nacional, deve-se separar, para além do plano da existência e do plano da validade, outros quatro planos distintos relacionados ao ato jurídico: primeiro, o plano da eficácia do ato jurídico; segundo, o plano da realização do seu objeto; terceiro, o plano da situação jurídica resultante do ato jurídico; quarto, o plano da eficácia tributária irradiada pela situação jurídica resultante do ato jurídico, especificamente o efeito que consiste no surgimento da obrigação tributária.

Primeiro, a *eficácia* do ato jurídico diz respeito aos efeitos jurídicos que dele decorrem, tais como o surgimento de direitos, obrigações e de relações jurídicas. Esses efeitos resultam na configuração de determinadas situações jurídicas relacionadas aos sujeitos envolvidos. A constituição de uma compra e venda, por exemplo, transfere para o adquirente a propriedade sobre o bem, bem como cria para o vendedor o direito ao recebimento do preço. Retomando a metáfora da construção civil, a construção de uma casa tem como efeito ser uma residência, assim como a construção de uma ponte tem como efeito conectar as cidades que estão em margens opostas de um rio.

Segundo, a *realização do objeto do ato jurídico* diz respeito à efetiva realização do seu objeto, isto é, à circunstância do comportamento abstratamente descrito no objeto se tornar realidade.[61] É o que Hugo de Brito Machado chamou

61. MELLO, Marcos Bernardes. **Teoria do fato jurídico**: plano da eficácia. 1ª parte. São Paulo: Saraiva, 2003, p. 2.

de "produção de efeitos no plano da concreção jurídica".[62] Nos casos em que o ato jurídico é eficaz, a eficácia do ato jurídico se confunde com a realização do seu objeto: a transferência onerosa de propriedade em uma compra e venda (eficácia), por exemplo, corresponde à realização do objeto desse negócio jurídico. Nos casos em que o ato jurídico é inválido e ineficaz, contudo, percebe-se que o objeto do ato jurídico pode ser realizado materialmente, ainda que formalmente ele não irradie efeitos jurídicos. Uma compra e venda ser inválida, por exemplo, pode ensejar a efetiva entrega do bem pelo vendedor e o efetivo pagamento do preço pelo comprador. Tal realização material do objeto gera um impacto concreto na vida dos sujeitos envolvidos e, não por acaso, exerce efeitos perante terceiros – ainda que aparentes – até que haja a desconstituição do ato jurídico.[63] Com base na metáfora da construção civil, pode-se dizer que a realização material do objeto do ato jurídico corresponde à efetiva materialização dos efeitos da obra. Uma ponte defeituosa, por exemplo, não tem como efeito conectar duas cidades, já que ela tem o risco de desmoronar. Pode ocorrer, contudo, de um desavisado utilizá-la para atravessar o rio, chegando ao outro lado. Da mesma forma, uma casa defeituosa, que não tem o efeito de ser uma residência, pode ser utilizada como moradia por uma família. Nesses casos, materializaram-se os efeitos da obra.

Terceiro, a *situação jurídica resultante do ato jurídico* diz respeito à situação dos sujeitos após a efetiva realização do objeto. Seja em decorrência da sua eficácia, seja em decorrência da realização material do seu objeto, o ato jurídico altera a situação jurídicas dos sujeitos – ainda que, no caso dos atos jurídicos inválidos, tal alteração possa ser desconstituída judicialmente. A compra e venda constituída por incapaz, por exemplo, não tem eficácia jurídica, mas a eventual realização material do seu objeto (tradição da coisa e pagamento do preço) altera a situação dos sujeitos envolvidos, ainda que de forma aparente e precária: o adquirente passa a exercer os direitos decorrentes da propriedade do bem e o alienante passa a dispor do valor decorrente do pagamento do preço. A configuração material dessa situação jurídica perdura até que haja eventual desconstituição do ato jurídico do qual ela resultou. Aludindo-se, uma vez mais, à metáfora da construção civil, a situação jurídica resultante do ato jurídico pode

62. MACHADO, Hugo de Brito. **Comentários ao código tributário nacional**, v. II., 2. ed. São Paulo: Atlas, 2008, p. 378.

63. AMARAL, Francisco. **Direito Civil**: Introdução. 7. ed. Rio de Janeiro: Renovar, 2008, p. 543.

ser equiparada à circunstância das cidades estarem conectadas pela ponte, ou à circunstância de a casa ser uma moradia.

Quarto, o *surgimento da obrigação tributária* diz respeito a um efeito jurídico-tributário específico. É aqui o âmbito de atuação da regra reconstruída a partir do artigo 118, I, do Código Tributário Nacional, pela qual basta a configuração material da situação jurídica resultante de um ato jurídico para surja a obrigação tributária. Se o ato jurídico for válido e eficaz, a configuração material e formal da situação jurídica decorrerá naturalmente do ato jurídico. Se o ato jurídico for inválido e, portanto, ineficaz, a configuração material da situação jurídica dependerá da realização material do seu objeto. Para não fugir da metáfora da obra de construção civil, imagine-se um indivíduo que, após anos vivendo em uma casa, descobre um grave defeito estrutural na sua construção. O artigo 118, I, do Código Tributário Nacional permite que a Fiscalização Tributária seja como a construtora que, inobstante o defeito da obra, mantenha a cobrança pelo seu serviço, sob a justificativa de que a casa foi efetivamente habitada.

A percepção da diferença entre os planos da *existência*, da *validade*, da *eficácia*, da *execução material do objeto*, da *situação jurídica* e do *surgimento da obrigação tributária* é fundamental para a correta compreensão da regra reconstruída a partir do artigo 118, I, do Código Tributário Nacional. A tabela abaixo ilustra tais diferenças, demonstrando que o surgimento da obrigação tributária (*sexta coluna*) em decorrência do ato jurídico inválido (*segunda coluna*) e ineficaz (*terceira coluna*) depende da presença dos seus elementos de existência (*primeira coluna*) e da configuração material de determinada situação jurídica (*quinta coluna*), o que, por sua vez, depende de realização material do seu objeto (*quarta coluna*):

Tabela 8 – Eficácia tributária da configuração material das situações jurídicas

	Existência	**Validade**	**Eficácia**	**Realização material do objeto**	**Situação jurídica resultante do ato jurídico**	**Eficácia tributária**
Doação	Acordo sobre transferência gratuita da propriedade de bem para o donatário.	Inobservância dos requisitos de validade (p. ex. constituição oral).	Nenhuma.	Transferência gratuita do bem para o donatário.	Donatário usa, goza e dispõe do bem, ainda que de forma precária.	Surgimento da obrigação tributária de pagar o ITCMD.

	Existência	Validade	Eficácia	Realização material do objeto	Situação jurídica resultante do ato jurídico	Eficácia tributária
Compra e venda	Acordo sobre transferência onerosa da propriedade sobre bem.	Inobservância dos requisitos de validade (p. ex. objeto ilícito).	Nenhuma.	Transferência do bem para o comprador e pagamento do preço para o vendedor.	Vendedor usa, goza e dispõe do dinheiro, o qual acresce o seu patrimônio, ainda que de forma precária.	Surgimento da obrigação tributária de pagar o Imposto de Renda.

Fonte: elaborado pelo autor.

Em suma: a regra do artigo 118, I, estabeleceu que o ato jurídico faz surgir a obrigação tributária desde que: primeiro, estejam presentes os seus elementos de existência; segundo, esteja configurada materialmente a situação jurídica dele decorrente (a qual, naturalmente, deve ser objeto de uma hipótese de incidência tributária). A configuração material dessa situação jurídica pode se dar, de um lado, como consequência natural dos atos jurídicos válidos e eficazes ou, de outro lado, como consequência da realização material do objeto dos atos jurídicos inválidos e ineficazes.

Trata-se de regra extremamente oportuna, pois evita que indivíduos criem nulidades em proveito próprio para evitar a tributação de manifestações efetivas de capacidade contributiva. Se os atos jurídicos inválidos não fossem tributados, poder-se-ia evitar a incidência do ITCMD sobre uma doação oral de dinheiro, a qual, em que pese inválida, materialmente configuraria a situação jurídica relativa ao uso, gozo e disposição do dinheiro pelo donatário. Da mesma forma, a existência de um efetivo acréscimo patrimonial para a pessoa jurídica donatária em decorrência dessa doação não ensejaria a incidência do imposto de renda. Nada disso, contudo, afasta a conclusão de que, uma vez que tal ato jurídico inválido tenha sido desconstituído judicialmente, afasta-se a incidência tributária, bem como nasce a pretensão das partes de restituição de tributo eventualmente pago (conforme tópico 3.4.1).

As considerações anteriores permitem concluir que o artigo 118, I, do Código Tributário Nacional, estabelece uma regra especial quanto aos fatores de eficácia tributária do ato jurídico, notadamente em relação ao efeito específico de fazer surgir a obrigação tributária. Em primeiro lugar, deve haver presença dos elementos de existência do ato jurídico, definidos a partir de critérios formais; em segundo lugar, deve haver a configuração material da situação jurídica dele decorrente, igualmente definida por critérios formais.

4.1.3.3. Aplicação da regra especial para o surgimento da obrigação tributária em relação ao ato jurídico dissimulado

A regra especial para o surgimento da obrigação tributária em decorrência dos atos jurídicos vale, inclusive, para os atos jurídicos dissimulados. Assim, uma vez desconsiderado o ato jurídico simulado, e identificados os elementos de existência do ato jurídico dissimulado, o surgimento da obrigação tributária irá depender da configuração material de alguma situação jurídica descrita por uma hipótese de incidência tributária. Essa situação jurídica pode ser configurada materialmente tanto pela eficácia do ato jurídico quanto pela realização material do seu objeto.

O Tribunal de Justiça de São Paulo, por exemplo, analisou um caso no qual a Fiscalização Estadual desconsiderou um mútuo constituído verbalmente, por considerá-lo simulado. A partir dos elementos remanescentes dessa desconsideração, a Fiscalização Estadual identificou a ocorrência de uma doação dissimulada para fins de incidência do ITCMD, mesmo não se tendo evidências da sua formalização por meio de um instrumento particular. A decisão do Tribunal manteve a eficácia tributária da doação dissimulada, por entender, dentre outras coisas, que "a inexistência de instrumento não tem o condão de afastar a qualificação jurídica do fato, sendo este inequivocamente fato gerador de ITCMD".[64] Com efeito, a doação oral é manifestamente inválida, por descumprir com requisito de validade formal estabelecido pelo artigo 541 do Código Civil. Contudo, diante da identificação dos elementos de existência da doação no caso concreto, e diante da realização material do objeto do negócio jurídico, isto é, diante da entrega gratuita dos valores ao donatário, houve a configuração material da situação jurídica corresponde ao fato gerador do ITCMD, razão pela qual o artigo 118, I, do Código Tributário Nacional determina o surgimento da obrigação tributária em decorrência dessa doação inválida.

---

64. SÃO PAULO. TJSP, Apelação Cível nº 0002355-67.2013.8.26.0344, rel. Des. José Maria Câmara Junior, 9ª Câmara de Direito Público, j. 19/08/2015.

A situação, vale salientar, seria diferente se o mútuo tivesse sido constituído por meio de instrumento particular. Nesse caso, conforme visto no tópico 3.1.4.1, o ato jurídico oculto constituído oralmente não seria suficiente para alterar o ato jurídico aparente, razão pela qual não haveria simulação e, portanto, não haveria que falar em ato jurídico dissimulado. É dizer: sequer estariam presentes os elementos de existência da doação, razão pela qual não haveria a incidência da norma reconstruída a partir do artigo 118, I, do Código Tributário Nacional.

A regra especial também seria aplicável se, após a desconsideração de um negócio jurídico simulado, fosse identificada um compra e venda dissimulada com objeto ilícito. A existência de um objeto ilícito acarreta a invalidade e, portanto, a ineficácia do negócio jurídico. Inobstante, a realização material do objeto desse negócio jurídico dissimulado pode configurar material uma situação jurídica que faz surgir a obrigação tributária de pagar o Imposto de Renda, notadamente o acréscimo patrimonial do vendedor. Por mais que tal acréscimo patrimonial seja precário, a verdade é que, enquanto a compra e venda não for desconstituída, o vendedor poderá dispor, gozar e usar desse patrimônio. Ainda que não haja disponibilidade jurídica, há a chamada disponibilidade econômica sobre a renda.[65] Não importa, portanto, que a compra e venda seja inválida e que ela não irradie efeitos jurídicos. Se houve a realização material do ato jurídico e, com isso, configurou-se materialmente a situação jurídica de acréscimo patrimonial, há o fato gerador do Imposto de Renda.

As considerações anteriores permitem concluir que a regra especial para o surgimento da obrigação tributária em decorrência dos atos jurídicos vale, igualmente, para os atos jurídicos dissimulados. No âmbito tributário, portanto, o ato jurídico dissimulado deve ser identificado, em primeiro lugar, a partir da presença dos seus elementos de existência, definidos a partir de critérios formais; em segundo lugar, a partir da configuração material da situação jurídica dele decorrente, também definida por critérios formais.

4.2. Fatores inconstitucionais e ilegais para a eficácia do ato jurídico dissimulado

4.2.1. Interpretação das hipóteses de incidência com base em considerações econômicas: ineficácia do ato jurídico dissimulado

Como se viu, para que os atos jurídicos façam surgir a obrigação tributária deve haver, em primeiro lugar, a presença dos seus elementos de existência,

---

65. OLIVEIRA, Ricardo Mariz de. **Fundamentos do imposto de renda (2020)**. São Paulo: IBDT, 2020, p. 379.

e, em segundo lugar, a configuração material da situação jurídica deles decorrente (a qual deve corresponder a uma hipótese de incidência tributária). Dito de outra forma, o surgimento da obrigação tributária dispensa a configuração formal da situação jurídica descrita pela hipótese de incidência, mas exige a sua configuração material.

Especificamente em relação ao ato jurídico dissimulado, isso significa que a tarefa do intérprete, após a desconsideração de um ato jurídico simulado, é: (i) identificar, na legislação, os critérios formais para a qualificação dos atos jurídicos; (ii) com base nesses critérios formais, identificar a presença, no caso concreto, dos elementos de existência de algum ato jurídico; (iii) verificar se houve a configuração material da situação jurídica dele decorrente; (iv) verificar se essa situação jurídica foi descrita por alguma hipótese de incidência tributária. Se a situação jurídica materialmente configurada for objeto de alguma hipótese de incidência tributária, há o surgimento da obrigação tributária, e o ato jurídico dissimulado ingressa no "mundo jurídico-tributário".

Há quem entenda, contudo, que as hipóteses de incidência que descrevem situações jurídicas denotariam, na verdade, as situações fático-econômicas que lhes são subjacentes. As hipóteses de incidência, nesse sentido, seriam uma espécie de ponto de partida para a investigação econômica.[66] Haveria, nesses casos, um "deslizamento de sentido", pelo qual se partiria do significado normativo das hipóteses de incidência para se chegar ao seu pretenso sentido econômico.[67]

Retomando-se a metáfora da obra de construção civil, é como se o termo "ponte", embora exprima o significado de obra elaborada com determinados materiais de construção que conecta duas margens de um rio, fosse empregado como uma instanciação particular de um significado subjacente, qual seja, o de objeto que permite a travessia de um rio. Assim, qualquer objeto que permita que se atravesse um rio, embora não seja uma ponte, estaria abrangido pelo significado mais geral denotado por esse termo. Uma tábua de madeira disposta sobre as duas margens, nesse caso, seria reconduzível a esse significado mais geral exemplificado pelo termo "ponte", assim como uma balsa que realiza a travessia entre as duas margens, já que ela igualmente permitiria que o rio fosse atravessado.

---

66. GIUSTINA, Gabriel Spiller Della. **Consideração econômica e limitações constitucionais ao poder de tributar**. Dissertação (Mestrado em Direito) - Faculdade de Direito, Universidade de São Paulo, 2024, p. 80.

67. ÁVILA, Humberto. **Legalidade Tributária Material**. São Paulo: Malheiros/Juspodivm, 2022, p. 84.

A interpretação das hipóteses de incidência com base em considerações econômicas tem como efeito prático negar qualquer eficácia tributária ao ato jurídico, inclusive ao ato jurídico dissimulado. Afinal, o que faria surgir a obrigação tributária de pagar o ITCMD, por exemplo, não seria a configuração da situação jurídica decorrente da doação, mas sim a situação fático-econômica subjacente à doação.

Isso significa que a tarefa do intérprete, após a desconsideração de um ato jurídico simulado, seria: (i) identificar os efeitos econômicos no caso concreto; (ii) verificar os efeitos econômicos pressupostos pelas hipóteses de incidência; (iii) verificar se os efeitos econômicos do caso concreto correspondem aos efeitos econômicos pressupostos por alguma hipótese de incidência. A identificação, no caso concreto, da presença dos elementos de existência do ato jurídico e da configuração material da situação jurídica dele decorrente seria uma tarefa completamente inútil, já que o surgimento da obrigação tributária não dependeria desses fatores. Em outras palavras: o ato jurídico dissimulado, assim como todos os atos jurídicos, jamais ingressaria no plano da eficácia tributária, mesmo que existente e configurando materialmente uma situação jurídica descrita por uma hipótese de incidência. Apenas os efeitos econômicos decorrentes dos atos jurídicos ingressariam no "mundo jurídico-tributário". Pode-se identificar, ao menos, três correntes que sustentam a interpretação das hipóteses de incidência tributária com base em considerações econômicas, as quais divergem em relação à abrangência desse tipo de interpretação.

Em primeiro lugar, há quem entenda que todas as hipóteses de incidência que descrevem institutos do Direito Privado devem ser interpretadas com base em considerações econômicas. Trata-se de posicionamento originado na Alemanha, no início do Século XX, o qual acabou refletido no Código Tributário alemão de 1919, mais precisamente no seu parágrafo 4º (depois 9º), o qual estabelecia que: "Na interpretação das leis fiscais deve-se ter em conta a sua finalidade, o seu significado econômico e a evolução das circunstâncias".[68] Tratando desse dispositivo, Albert Hensel afirmou que ele permitiria "ignorar (...) a forma de direito privado de uma relação de vida económica, se com ela se quiser obter efeitos jurídicos atípicos, com o objectivo de reduzir o imposto".[69] De acordo com o autor, "a natureza multifacetada da vida económica" faria com

68. BECKER, Alfredo. **Carnaval Tributário**. 2. ed. São Paulo: Lejus, 2004, p. 131.

69. HENSEL, Albert. **Diritto Tributario**. Tradução de Dino Jarach. Milão: Dott. A. Giuffrè Editore, 1956, p. 66.

que "a consulta da lei e dos seus trabalhos preparatórios" não fossem suficientes para a interpretação das hipóteses de incidência tributárias, de forma que "a contínua adaptação do conteúdo das normas à evolução da situação é dever das autoridades chamadas a aplicar a legislação fiscal corretamente interpretada".[70]

O italiano Dino Jarach, tratando do Direito Tributário em geral (e não de um ordenamento jurídico específico), afirmou que "o direito fiscal não considera o negócio jurídico como pré-requisito da obrigação, mas sim a relação económica que ele cria".[71] De acordo com o autor, portanto, a hipótese de incidência faria alusão a fatos econômicos, de modo que sequer seria necessário identificar o ato jurídico, mas sim os fatos econômicos. Na mesma linha, Rubens Gomes de Sousa, agora tratando do Direito Tributário brasileiro, entendia que "os atos, fatos, contratos ou negócios previstos na lei tributária como base de tributação devem ser interpretados de acordo com os seus efeitos econômicos e não de acordo com a sua forma jurídica; este é o princípio básico e deles decorrem os restantes".[72] Ainda, de acordo com Rubens Gomes de Sousa, "atos, contratos ou negócios cujos efeitos econômicos sejam idênticos devem produzir efeitos tributários também idênticos, muito embora as partes lhes tenham atribuído formas jurídicas diferentes".[73]

Em segundo lugar, há quem entenda que as hipóteses de incidência que descrevem institutos do Direito Privado deveriam ser interpretadas com base em considerações econômicas nos casos em que houver evasão fiscal. Amílcar de Araújo Falcão, por exemplo, entendia que a "evasão tributária em sentido estrito", assim compreendida a "adoção de uma forma jurídica anormal, atípica e inadequada, embora permitida pelo Direito Privado, para a consecução do resultado econômico que se tenha em vista concretizar", permitiria o "emprego do chamado método da interpretação econômica".[74] Perceba-se que tal entendimento, na prática, acaba conduzindo ao emprego de considerações econômicas na interpretação de todas as hipóteses de incidência tributária. Isso porque o

70. HENSEL, Albert. **Diritto Tributario**. Tradução de Dino Jarach. Milão: Dott. A. Giuffrè Editore, 1956, p. 64.

71. JARACH, Dino. **Il fatto imponible**. Tradução de Raffaello Braccini. Pádua: Casa Editrice Dott. Antonio Milani, 1981, p. 121.

72. SOUSA, Rubens Gomes de. **Compêndio de legislação tributária**. Edição póstuma. São Paulo: Resenha Tributária, 1975, p. 79.

73. SOUSA, Rubens Gomes de. **Compêndio de legislação tributária**. Edição póstuma. São Paulo: Resenha Tributária, 1975, p. 80.

74. FALCÃO, Amílcar de Araújo. **Fato Gerador da Obrigação Tributária**. 2. ed. São Paulo: Revista dos Tribunais, 1971, p. 74.

intérprete, em todos os casos, deveria verificar se o ato jurídico do caso concreto produziu o seu resultado econômico "típico", e seria a produção desse resultado econômico que determinaria, ao fim e ao cabo, a incidência tributária.

Em terceiro lugar, há quem entenda que apenas algumas hipóteses de incidência que descrevem institutos do Direito Privado deveriam ser interpretadas com base em considerações econômicas. Luís Eduardo Schoueri, nesse sentido, entende que seria uma tarefa do intérprete identificar, a partir do contexto normativo, o significado dos institutos de Direito Privado que compõem a hipótese de incidência, isto é, se, de um lado, eles denotam o significado definido pelo Direito Privado, ou se, de outro lado, eles denotam o significado correspondente aos fatos econômicos que geralmente ocorrem no bojo daqueles institutos.[75]

Tais correntes, embora possam divergir quanto a alguns aspectos, possuem um ponto em comum: elas sustentam que existem casos nos quais as hipóteses de incidência que descrevem situações jurídicas devem ser interpretadas com base em considerações econômicas. Nesses casos, as situações jurídicas descritas pelas hipóteses de incidência são meras instanciações de significados mais gerais, correspondentes à essência econômica subjacente àquela situação jurídica. Todas essas correntes admitem, portanto, que existem casos nos quais a regra especial para o surgimento da obrigação tributária em decorrência dos atos jurídicos seria inaplicável. Isso porque pouco importaria investigar a existência dos atos jurídicos (inclusive dissimulados) e a configuração da situação jurídica deles resultante – o surgimento da obrigação tributária dependeria da investigação da ocorrência de determinados efeitos econômicos.

Tal ponto convergente entre as correntes que sustentam a consideração econômica, contudo, é improcedente. E isso por, ao menos, três razões. Em primeiro lugar, porque a interpretação das hipóteses de incidência com base em considerações econômicas não possui fundamento normativo no Direito brasileiro. Em segundo lugar, porque interpretação das hipóteses de incidência com base em considerações econômicas é ilegal. Em terceiro lugar, porque a interpretação das hipóteses de incidência com base em considerações econômicas é inconstitucional.

Em primeiro lugar, a interpretação das hipóteses de incidência com base em considerações econômicas não possui fundamentos normativos. Não existe, no ordenamento jurídico brasileiro, dispositivo semelhante àquele do Código

75. SCHOUERI, Luís Eduardo. **Direito Tributário**. 13. ed. São Paulo: Editora Saraiva, 2024, p. 584.

Tributário alemão de 1919. O Anteprojeto do Código Tributário Nacional até continha um dispositivo similar, o qual foi bastante restringido no Projeto e, por fim, não foi incluído na versão final daquela lei.[76] Há, contudo, quem pretenda fundamentar a consideração econômica no princípio da capacidade contributiva.

De acordo com Luís Eduardo Schoueri, por exemplo, "a consideração econômica nada mais faz que reconhecer que a lei tributária, em sua missão de prover recursos financeiros ao Estado, distribuindo o encargo entre os contribuintes", teria vinculado "o dever de contribuir a situações da vida econômica nas quais se manifesta a capacidade contributiva dos obrigados".[77] Hugo de Brito Machado, apesar de afirmar que não se deve "buscar o sentido da regra jurídica só e exclusivamente tendo em vista os efeitos econômicos dos fatos envolvidos na relação de tributação", sustenta uma tese diametralmente oposta no parágrafo seguinte, qual seja, a de que o princípio da capacidade contributiva obrigaria ao intérprete "entender a referência a uma compra e venda, não como uma referência a um contrato, e sim como a referência aos efeitos econômicos que esse contrato geralmente produz".[78] Para Marco Aurélio Greco, da "perspectiva da capacidade contributiva, quando a lei estiver se referindo a compra e venda pode ser que ela não esteja se referindo ao nome "compra e venda", mas ao tipo de manifestação de capacidade contributiva que se dá através da compra e venda".[79]

---

76. Art. 129. Salvo em se tratando de tributos incidentes sôbre atos jurídicos formais e de taxas, a interpretação da legislação tributária, no que se refere à conceituação de um determinado ato, fato ou situação jurídica como configurando ou não o fato gerador, e também no que se refere à determinação da alíquota aplicável, terá diretamente em vista os resultados efetivamente decorrentes do aludido ato, fato ou situação jurídica, ainda quando tais resultados não correspondam aos normais, com o objetivo de que a resultados idênticos ou equivalentes corresponda tratamento tributário igual.

Projeto do Código Tributário Nacional:

Art. 74. A interpretação da legislação tributária visará sua aplicação não só aos atos, fatos ou situações jurídicas nela nominalmente referidos, como. também àqueles que produzam ou sejam suscetíveis de produzir resultados equivalentes.

Parágrafo único. O disposto neste artigo não se aplica:

I. Às taxas;

II. Aos impostos cujo fato gerador seja a celebração de negócio, a prática de ato, ou a expedição de instrumento, formalmente caracterizados na conformidade do direito aplicável segundo a sua natureza própria.

77. SCHOUERI, Luís Eduardo. **Direito Tributário**. 13. ed. São Paulo: Editora Saraiva, 2024, p. 823.

78. MACHADO, Hugo de Brito. **Curso de Direito Tributário**. 34. ed. São Paulo: Malheiros, 2013, p. 114.

79. GRECO, Marco Aurélio. Planejamento Tributário. 4. ed. São Paulo: Quartier Latin, 2019, p. 346.

O princípio da capacidade contributiva, como se sabe, é reconstruído a partir do § 1º do artigo 145 da Constituição Federal.[80] Ocorre que esse dispositivo não determina que haja a tributação *em razão* da capacidade contributiva, como se a função da capacidade contributiva fosse ampliar as hipóteses de incidência tributária, mas sim proibir o legislador de tributar eventos que não denotem capacidade econômica, assim como servir de critério para a graduação dos impostos.[81] Além disso, a circunstância da competência tributária, que fundamenta as hipóteses de incidência, ter sido atribuída por meio de regras constitucionais, denota que o fundamento do poder de tributar não reside em princípios como a capacidade contributiva, mas sim em regras que privilegiam a segurança jurídica e o Estado de Direito.[82]

Em segundo lugar, a interpretação de hipóteses de incidência com base em considerações econômicas é ilegal. De um lado, ela viola os artigos 109 e 116, II, do Código Tributário Nacional. O artigo 109 do Código Tributário Nacional dispõe que "os princípios gerais de direito privado utilizam-se para pesquisa da definição, do conteúdo e do alcance de seus institutos, conceitos e formas, mas não para definição dos respectivos efeitos tributários". A norma reconstruída a partir desse dispositivo estabelece algo que chega a ser intuitivo: se a lei tributária contém um termo cujo significado já foi definido pela legislação de Direito Privado, e não lhe atribuiu um significado diverso para o plano da eficácia tributária, então o termo da lei tributária exprime o significado que foi definido pela legislação de Direito Privado. O sistema jurídico é único, razão pela qual, salvo disposição expressa em contrário, os mesmos termos possuem os mesmos significados.[83]

Perceba-se que, se as hipóteses de incidência que descrevem situações jurídicas exprimissem um significado distinto daquele que foi definido pela legislação do Direito Privado, o artigo 109 do Código Tributário Nacional seria

---

80. Art. 145.§ 1º Sempre que possível, os impostos terão caráter pessoal e serão graduados segundo a capacidade econômica do contribuinte, facultado à administração tributária, especialmente para conferir efetividade a esses objetivos, identificar, respeitados os direitos individuais e nos termos da lei, o patrimônio, os rendimentos e as atividades econômicas do contribuinte.

81. LEÃO, Martha Toribio. **O Direito Fundamental de Economizar Tributos** – Entre legalidade, liberdade e solidariedade. 2. ed. São Paulo: Malheiros/Juspodivm, 2023, p. 156.

82. ÁVILA, Humberto. Limites à Tributação com Base na Solidariedade Social. *In*: GRECO, Marco Aurélio. GODOI, Marciano Seabra de. (Coord.). **Solidariedade Social e Tributação**. São Paulo: Dialética, 2005, p. 71.

83. BECKER, Alfredo. **Teoria Geral do Direito Tributário**. 7. ed. São Paulo: Noeses, 2018, p. 129.

inútil. É que ele obrigaria ao intérprete a utilização de princípios do Direito Privado na definição das hipóteses de incidência "para, concluído esse trabalho, atirá-lo ao lixo".[84]

Já o artigo 116, II, do Código Tributário Nacional dispõe que, salvo lei em contrário, "considera-se ocorrido o fato gerador e existentes os seus efeitos: tratando-se de situação jurídica, desde o momento em que esteja definitivamente constituída, nos têrmos de direito aplicável". Ora, o trecho final do dispositivo, que determina a observância do "direito aplicável" para a constituição das situações jurídicas, não teria qualquer sentido se as situações jurídicas fossem uma mera instanciação particular de um significado econômico.

O que os artigos 109 e 116, II, do Código Tributário Nacional estabelecem, em suma, é que as situações jurídicas descritas pelas hipóteses de incidência, tais como "acréscimo patrimonial" e "propriedade", exprimem o significado que lhes foi conferido pela legislação de Direito Privado. Esses significados estabelecem requisitos necessários e suficientes para que uma determinada situação jurídica seja configurada, isto é, estabelecem a *forma* de cada situação jurídica. A interpretação das hipóteses de incidência deve ser feita de acordo com esses critérios formais fornecidos pela legislação, não se admitindo a sobreposição de um suposto conteúdo econômico sobre a forma da situação jurídica.[85] O Direito não deve ser visto como uma máscara de uma realidade econômica substancial; a forma jurídica é a única realidade que se pode abordar.[86]

De outro lado, a interpretação de hipóteses de incidência com base em considerações econômicas é incompatível com os artigos 116, parágrafo único, e 149, VII, do Código Tributário Nacional. É que se a eficácia do ato jurídico fosse irrelevante para o surgimento da obrigação tributária, seria desnecessário prever a possibilidade de desconsiderá-lo em caso de dolo, fraude ou simulação. Além disso, quaisquer outras normas antievasivas, antielusivas ou antielisivas seriam, igualmente, inúteis.

---

84. AMARO, Luciano. **Direito tributário brasileiro**. 24. ed. São Paulo: Saraiva, 2021, p. 254.

85. CARVALHO, Paulo de Barros. Planejamento tributário e a doutrina da prevalência da substância sobre a forma na definição dos efeitos tributários de um negócio jurídico. *In*: MACHADO, Hugo de Brito. **Planejamento Tributário**. São Paulo: Malheiros, 2016, p. 593.

86. ROSEMBUJ, Tulio. **El Fraude de Ley, la simulación y el abuso de las formas en el Derecho Tributario**. 2. ed. Madri: Marcial Pons, 1999, p. 195; NASCIMENTO, Luniza Carvalho do. Configuração da Capacidade Econômica no Direito Tributário Brasileiro. **Revista Direito Tributário Atual**, São Paulo, IBDT, n. 53, ano 41, 2023, p. 314.

Não por acaso, Dino Jarach, um dos defensores da consideração econômica, afirmou que "os escritores alemães tiveram razão ao argumentar que a evasão fiscal não carece de qualquer regulamentação especial por parte do legislador, porque pode ser deduzida lógica e directamente dos princípios gerais e, sobretudo, da aplicação do critério económico".[87] Amílcar de Araújo Falcão, da mesma forma, entendia que disposições legislativas que permitem a desconsideração de atos jurídicos simulados seriam "desnecessárias para a investigação do conteúdo econômico do fato gerador", pois seria "da própria natureza ou substância deste que se extrai a regra da primazia da realidade econômica sobre a veste jurídica, nos casos de inadequação ou inequivalência entre uma e a outra".[88]

Ocorre que pressupor a inutilidade de todo um sistema normativo que visa impedir o contribuinte de empregar certas formas jurídicas para evitar o pagamento de tributos não é uma postura interpretativa adequada, já que parte da premissa de que o ordenamento jurídico é incoerente. Deve-se partir, na verdade, da premissa contrária: o ordenamento jurídico deve manter uma concordância material entre as suas normas.[89] Isto é, entre uma interpretação que atribui uma utilidade a todas as disposições normativas interpretadas, e uma outra que não o faz, deve-se preferir a primeira.[90] Entre, de um lado, a interpretação das hipóteses de incidência com base nos critérios do Direito Privado e, de outro lado a interpretação das hipóteses de incidência com base em considerações econômicas, apenas aquela guarda uma concordância material com os artigos 116, parágrafo único, e 149, VII, do Código Tributário Nacional, bem como com toda a lógica antievasiva e antielisiva que permeia outras regras específicas do ordenamento jurídico-tributário.

Em terceiro lugar, a interpretação de hipóteses de incidência com base em considerações econômicas é inconstitucional. De um lado, ela viola os princípios da legalidade tributária e da segurança jurídica. O princípio da legalidade tributária proíbe que as hipóteses de incidência sejam indeterminadas ao ponto

---

87. JARACH, Dino. **Il fatto imponible**. Tradução de Raffaello Braccini. Pádua: Casa Editrice Dott. Antonio Milani, 1981, p. 132.

88. FALCÃO, Amílcar de Araújo. **Fato Gerador da Obrigação Tributária**. 2. ed. São Paulo: Revista dos Tribunais, 1971, p. 83.

89. LARENZ, Karl. **Metodologia da Ciência do Direito**. Tradução de José Lamego. 7. ed. Lisboa: Fundação Calouste Gulbenkian, 2014, p. 458.

90. SCALIA, Antonin; GARNER, Bryan A. **Reading Law**: the interpretation of legal texts. St. Paul: Thomson/West, 2012, p. 177.

de impedir o contribuinte de se orientar com base nelas.[91] Quem deve definir a hipótese de incidência tributária é o legislador, e não o intérprete.[92] O princípio da segurança jurídica exige que as hipóteses de incidência sejam compreensíveis (cognoscibilidade) e que o contribuinte possa antecipar as consequências normativas dos seus atos (calculabilidade).[93] Tais princípios, em suma, exigem que as hipóteses de incidência sejam razoavelmente determinadas.

Sustentar que as situações jurídicas constantes nas hipóteses de incidência apenas ilustram um significado econômico subjacente implica dizer que o intérprete deve descartar um significado normativo razoavelmente determinado (definição do Direito Privado) para investigar a ocorrência fática de certos efeitos econômicos, cujas definições variam de acordo com a escola e a teoria econômica escolhida, o que necessariamente representa uma maior indeterminação.[94] Gabriel Spiller bem observou, nesse sentido, que os defensores da consideração econômica se limitam à sustentá-la abstratamente, sem jamais demonstrar os critérios pelos quais a economia deveria ser empregada na interpretação das hipóteses de incidência.[95]

Se for considerado que as hipóteses de incidência contêm meros indícios de um significado econômico, e não são, elas mesmas, portadoras de um significado determinado, então estaria se admitindo que as hipóteses normativas são altamente indeterminadas, o que violaria o princípio da legalidade tributária e o princípio da segurança jurídica. Com efeito, as "hipóteses de incidência econômicas" padeceriam de ambiguidade, já que exprimiriam dois significados distintos (um jurídico e outro econômico) sem uma prévia estipulação; padeceriam de um elevado grau de genericidade, já que abrangeriam inúmeras situações distintas, as quais necessitariam de uma maior especificação para serem compreendidas; por fim, padeceriam de um elevado grau de vagueza, já

91. ÁVILA, Humberto. **Legalidade Tributária Material**. São Paulo: Malheiros/Juspodivm, 2022, p. 102.

92. GIUSTINA, Gabriel Spiller Della. **Consideração econômica e limitações constitucionais ao poder de tributar**. Dissertação (Mestrado em Direito) - Faculdade de Direito, Universidade de São Paulo, 2024, p. 176.

93. ÁVILA, Humberto. **Teoria da Segurança Jurídica**. 6. ed. São Paulo: Malheiros/Juspodivm, 2021, p. 287.

94. ÁVILA, Humberto. **Legalidade Tributária Material**. São Paulo: Malheiros/Juspodivm, 2022, p. 85.

95. GIUSTINA, Gabriel Spiller Della. **Consideração econômica e limitações constitucionais ao poder de tributar**. Dissertação (Mestrado em Direito) - Faculdade de Direito, Universidade de São Paulo, 2024, p. 37.

que haveria dúvida quanto à sua aplicação a diversos casos-limite.[96] Diante de tamanha indeterminação, a qual impediria o intérprete de compreender o conteúdo normativo das hipóteses de incidência e agir com base nele, é evidente que os princípios da legalidade e da segurança jurídica impedem que as hipóteses de incidência sejam meros indícios de um fato econômico subjacente.

De outro lado, a interpretação de hipóteses de incidência com base em considerações econômicas viola as respectivas regras de competência que as fundamentam. Afirmar que as hipóteses de incidência fazem referência a um significado econômico subjacente pressupõe, necessariamente, que a Constituição Federal tenha atribuído competência ao respectivo ente tributante para instituir um tributo sobre tal fato econômico. E isso só seria compatível com adoção de ao menos uma das seguintes premissas: (i) as regras constitucionais de competência deveriam ser interpretadas, elas mesmas, com base em considerações econômicas; ou então (ii) as regras constitucionais de competência exprimiriam aquilo que tem sido chamado de "tipos"; ou, ainda, (iii) as regras constitucionais de competência exprimem "conceitos econômicos". Todas essas premissas estão equivocadas, pois as regras constitucionais de competência incorporaram conceitos jurídicos, notadamente os conceitos definidos pela legislação infraconstitucional pré-constitucional vigente à época da sua promulgação.

Isso porque a própria natureza de uma regra constitucional de competência, a qual limita o poder estatal, estaria comprometida se os seus termos não conotassem propriedades necessárias, rígidas e normativas.[97] Tal constatação é ainda mais persuasiva em relação às regras constitucionais de competência tributária, cujo exercício pelos entes tributantes gera, necessariamente, a restrição aos direitos fundamentais de propriedade e de liberdade dos indivíduos. As características inerentes a esse tipo de regra são incompatíveis com a sua interpretação com base em considerações econômicas, ou com a chamada "interpretação tipológica", pois ambas, ao abdicarem da reconstrução de normas que contenham propriedades necessárias, rígidas e normativas, acabam gerando uma elevada indeterminação. As regras constitucionais de competência tributária tampouco são incompatíveis com a adoção de "conceitos econômicos", já que a profusão de teorias econômicas existentes, inclusive à época da edição

96. GIUSTINA, Gabriel Spiller Della. **Consideração econômica e limitações constitucionais ao poder de tributar**. Dissertação (Mestrado em Direito) - Faculdade de Direito, Universidade de São Paulo, 2024, p. 119.

97. ÁVILA, Humberto. **Competências Tributárias**. São Paulo: Malheiros Editores, 2018, p. 36.

da Constituição Federal de 1988, faria com que tais regras padecessem de ambiguidade, genericidade e vagueza.

Daí que a única conclusão compatível com natureza das regras constitucionais de competência é que elas incorporaram os conceitos definidos pela legislação infraconstitucional pré-constitucional vigente à época da sua promulgação. Isso porque, se quem define pode propor um significado diverso, é porque, quando não o faz, emprego o termo com o significado comum, ordinário ou técnico.[98] No caso das regras constitucionais de competência, as quais envolvem restrição de direitos fundamentais do indivíduo, o princípio da segurança jurídica atribui prevalência aos significados técnicos em detrimento dos significados comuns, já que os significados técnicos possuem, em regra, contornos mais precisos e definidos.[99] Sendo tudo isso verdade, logo vê-se que a interpretação das hipóteses de incidência com base em considerações econômicas é incompatível com as regras de competência que as fundamentam. Os entes tributantes não possuem competência para tributar o fato econômico subjacente à hipótese de incidência, mas sim para tributar a situação jurídica por ela descrita, tal como definida pela legislação infraconstitucional pré-constitucional vigente à época da Constituição Federal.

Disso tudo resulta que a interpretação das hipóteses de incidência com base nas considerações econômicas é inconstitucional e ilegal. Para o que interessa no presente trabalho, isso significa que se deve rechaçar a pretensão da consideração econômica de retirar a eficácia tributária dos atos jurídicos, atribuindo-a a fatos econômicos. O surgimento da obrigação tributária não decorre da presença de elementos econômicos, mas sim da configuração material de uma situação jurídica resultante de um ato jurídico. É dizer: para saber se há dissimulação no plano da eficácia tributária, deve-se identificar a presença de elementos de existência de um ato jurídico e a configuração material da sua respectiva situação jurídica.

As considerações anteriores permitem concluir que os defensores da interpretação das hipóteses de incidência com base em considerações econômicas negam a eficácia tributária dos atos jurídicos, inclusive dos atos jurídicos dissimulados. Isso porque eles entendem que as hipóteses de incidência que descre-

---

98. ÁVILA, Humberto. **Competências Tributárias**. São Paulo: Malheiros Editores, 2018, p. 50.

99. RECHIA, Fernando Mariath. **Interpretação das competências tributárias**: teorias da interpretação, técnicas de argumentação e critérios de preferência entre argumentos. São Paulo: Thomson Reuters Brasil, 2023, p. 182.

vem situações jurídicas denotariam, na verdade, as situações fático-econômicas que lhes são subjacentes. A interpretação das hipóteses de incidência com base em considerações econômica, contudo, não possui fundamentos normativos, é ilegal e é inconstitucional.

4.2.2. Qualificação dos atos jurídicos com base em critérios substanciais

O ordenamento jurídico estabelece que, para o surgimento da obrigação tributária, deve haver a configuração material da situação jurídica descrita pela hipótese de incidência. A eficácia tributária dos atos jurídicos depende, nesse sentido, da presença dos seus elementos de existência e da configuração material da situação jurídica deles decorrente. Tanto os elementos de existência do ato jurídico quanto as situações jurídicas descritas pelas hipóteses de incidência são definidos por critérios formais, isto é, por critérios direta e imediatamente decorrentes da legislação, notadamente a legislação de Direito Privado.

Os defensores da consideração econômica, como se viu no tópico anterior, negam a eficácia tributária dos atos jurídicos. Isso porque eles entendem que as hipóteses de incidência que descrevem situações jurídicas denotariam, na verdade, as situações fático-econômicas que lhes são subjacentes. A tarefa do intérprete, portanto, não envolveria a verificação da presença dos elementos de existência do ato jurídico ou da configuração de alguma situação jurídica descrita pelas hipóteses de incidência, mas sim a identificação dos fatos econômicos subjacentes às hipóteses de incidência e a verificação da existência desses fatos econômicos no caso concreto. A constituição do ato jurídico seria irrelevante.

Existe, ainda, um outro entendimento que pode conduzir a resultados semelhantes à consideração econômica em alguns casos, mas que é distinto. Trata-se do emprego de *critérios substanciais* para a qualificação de atos jurídicos. Os critérios substanciais para qualificação de atos jurídicos são todos aqueles que não são direta e imediatamente decorrentes da legislação.[100] Eles podem ser, inclusive, critérios econômicos. Os defensores da qualificação dos atos jurídicos com base em critérios substanciais fundamentam a prevalência desse gênero sobre os critérios formais (direta e imediatamente decorrentes da legislação) em *argumentos da substância sobre a forma*.

---

100. KOURY, Paulo Arthur Cavalcante. **Forma e Substância no Direito Tributário**. São Paulo: IBDT, 2021, p. 67.

A tese de que os atos jurídicos devem ser qualificados com base em critérios substanciais, e não com base em critérios formais, produz um resultado extremamente relevante para a eficácia tributária do ato jurídico, inclusive do ato jurídico dissimulado. A tarefa do intérprete, após a desconsideração de um ato jurídico dissimulado, seria: (i) identificar, abstratamente, os critérios substanciais para a qualificação dos atos jurídicos; (ii) identificar a presença, no caso concreto, desses elementos de existência substanciais; (iii) verificar se houve a configuração material da situação jurídica dele decorrente; (iv) verificar se essa situação jurídica foi descrita por alguma hipótese de incidência tributária. Havendo a configuração material da situação jurídica descrita pela hipótese tributária, há o surgimento da obrigação tributária.

No tópico anterior, ao se retomar a metáfora da obra de construção civil, afirmou-se que, com base na consideração econômica, o termo "ponte", embora tenha o significado de obra elaborada com determinados materiais de construção que conecta duas margens de um rio, poderia ser empregado como uma instanciação particular de significado mais geral, qual seja, o de objeto que permite a travessia de um rio. Tábuas de madeira e balsas, portanto, embora não sejam "pontes", poderiam ser abrangidas pelo significado geral exemplificado por esse termo. No caso do emprego de critérios substanciais para a qualificação, o que se sustenta é que o termo "ponte" *tem* o significado de objeto que permite a travessia de um rio, ou seja, não é que tábuas de madeiras e balsas poderiam ser reconduzidas a um significado mais geral denotado pelo termo "ponte" – tábuas de madeira e balsas *seriam* pontes. Isso porque os significados deveriam ser definidos com base na substância dos objetos a que se referem, e não com base na sua forma, isto é, com base em determinadas propriedades necessárias e suficientes para a sua configuração.

Há uma certa confusão quanto à diferença entre a interpretação das hipóteses de incidência com base na *consideração econômica* e o emprego de *critérios substanciais da espécie econômica* para a qualificação de atos jurídicos (o que poderia ser chamado de "consideração econômica na qualificação"). Luís Eduardo Schoueri e Ricardo Galendi Júnior, por exemplo, entendem que não seria possível diferenciar, de um lado, o emprego de considerações econômicas para interpretar a hipótese de incidência e, de outro lado, o emprego de considerações econômicas para qualificar fatos. Luís Eduardo Schoueri afirma que "ao determinar a consideração econômica da situação fática, o legislador pressupõe que haja, antes, consideração econômica na própria hipótese de incidência" e que "não há, no processo de subsunção, uma fase intermediária entre a construção do fato jurídico e a norma".[101] Ricardo Galendi Júnior entende que realizar tal diferenciação entre interpretar e qualificar com em critérios econômicos seria uma "distorção metodológica (...) de longa data superada", pois "a consideração econômica somente terá alguma relevância na qualificação dos fatos jurídico-tributários na medida em que se tenha sustentado um sentido econômico ou jurídico-tributário, relevante para a interpretação ou para a integração da hipótese tributária".[102]

Os autores parecem partir da premissa de que a única função da qualificação dos atos jurídicos seria subsumi-los às hipóteses de incidência, como se o ato jurídico só tivesse relevância para o surgimento da obrigação tributária nos casos em que configurasse diretamente um fato gerador. Nesse caso, de fato, a distinção entre a consideração econômica na interpretação e na qualificação, embora pertinente do ponto de vista analítico, seria pragmaticamente irrelevante, tal como ocorre com a distinção doutrinária entre hipótese de incidência e fato gerador.

Mas a verdade é que a subsunção direta à hipótese de incidência não é a única função da qualificação dos atos jurídicos, e essa é a razão pela qual a tese dos autores está errada. Em diversos casos, deve-se qualificar um ato jurídico que irá repercutir apenas *indiretamente* na configuração da hipótese de incidência. Pode haver, portanto, uma fase intermediária, isto é, a qualificação dos atos jurídicos com base em critérios decorrentes de normas distintas das hipóteses de incidência.[103] Isso permite que determinado intérprete possa conjugar a interpretação das hipóteses de incidência tributária com base em critérios formais com a qualificação dos atos jurídicos com base em critérios econômicos (substanciais, portanto). Tal possibilidade evidencia a diferença entre a interpretação das hipóteses de incidência com base na *consideração econômica* e o emprego de *critérios substanciais da espécie econômica* para a qualificação de atos jurídicos. Essa diferença pode ser ilustrada por um exemplo.

O Conselho Administrativo de Recursos Fiscais se deparou com uma autuação fiscal de IRPJ e CSLL na qual se glosou a amortização do ágio decorrente da aquisição (e posterior incorporação) de uma sociedade. Aquele tribunal manteve a autuação fiscal, por entender que, nos termos do artigo 7º da Lei nº 9.532/97,

---

101. SCHOUERI, Luís Eduardo. **Direito Tributário**. 13. ed. São Paulo: Editora Saraiva, 2024, p. 821.

102. GALENDI JR., Ricardo André. **A Consideração Econômica no Direito Tributário**. São Paulo: IBDT, 2020, p. 381.

103. KOURY, Paulo Arthur Cavalcante. **Forma e Substância no Direito Tributário**. São Paulo: IBDT, 2021, p. 152.

a existência do ágio pressuporia uma aquisição de participação societária e, naquele caso, não teria havido aquisição.[104] Isso porque, de acordo com a decisão, apenas poderiam ser qualificados como negócios jurídicos translativos, isto é, negócios jurídicos que geram a aquisição de um direito, os negócios jurídicos nos quais as partes são "independentes entre si" e há "dispêndio financeiro", isto é, "transação econômica que materialize o valor da aquisição".[105] No caso analisado, contudo, o negócio jurídico foi realizado entre partes relacionadas e teve como contraprestação a cessão de um crédito emitido pela própria adquirida – não houve, portanto, dispêndio financeiro. Daí a conclusão da decisão de que "inocorrendo essa troca de riquezas e da titularidade do investimento, não há que se falar em aquisição, e, como consequência, no surgimento de ágio". Em suma: a decisão definiu que a qualificação de um negócio jurídico como translativo dependeria do cumprimento de critérios substanciais, notadamente a inexistência de relação entre as partes (critério subjetivo) e a existência de um dispêndio financeiro (critério econômico).

Veja-se que, nesse caso, o surgimento da obrigação tributária de pagar o IRPJ e a CSLL independe da interpretação que se faz das respectivas hipóteses de incidência. A decisão empregou critérios substanciais para a qualificação do ato jurídico, inclusive um critério econômico, mas seria perfeitamente compatível com uma interpretação da hipótese de incidência "acréscimo patrimonial" com base em critérios formais. Isso porque houve fases intermediárias entre a qualificação do ato jurídico e a configuração da hipótese de incidência: o negócio jurídico foi qualificado com base em critérios substanciais (inclusive econômicos), dessa qualificação resultou a inexistência do ágio, da inexistência do ágio resultou a glosa da sua amortização e, por fim, da glosa da sua amortização surgiu a obrigação tributária de pagar o IRPJ e a CSLL.

Em outro caso, a Câmara Superior do Conselho Administrativo de Recursos Fiscais analisou um caso de "incorporação às avessas", no qual uma sociedade controladora lucrativa, denominada Sotreq, foi incorporada por uma sociedade controlada deficitária, denominada Lion. Com isso, a Lion (incorporadora) tornou-se sucessora da extinta Sotreq (incorporada), passando a utilizar os prejuízos fiscais que tinha registrado para compensar o IRPJ e a CSLL decorrentes

---

104. Art. 7º A pessoa jurídica que absorver patrimônio de outra, em virtude de incorporação, fusão ou cisão, na qual detenha participação societária adquirida com ágio ou deságio, apurado segundo o disposto no art. 20 do Decreto-Lei nº 1.598, de 26 de dezembro de 1977: (...).

105. BRASIL. CARF, Acórdão nº 1402-003.751, 1ª Seção/4ª Câmara/2ª Turma Ordinária, rel. Cons. Paulo Mateus Ciccone, j. 21/02/2019.

das operações lucrativas oriundas da sucessão. Aquele tribunal, após constatar que a "Lion, era deficitária, com prejuízos acumulados, e a Sotreq, era uma empresa superavitária" e que "a Lion destituiu os componentes de seu conselho de administração e nomeou aqueles da Sotreq", concluiu que "efetivamente foi a Sotreq que incorporou a Lion, tanto é que após a incorporação, a Lion adotou a razão social da Sotreq e as atividades da Sotreq continuaram sendo desenvolvidas 'nos moldes que já aconteciam' antes".[106] Com base na conclusão de que foi a Sotreq (sem prejuízos fiscais) que incorporou a Lion (com prejuízos fiscais), a decisão considerou que as compensações dos prejuízos fiscais não poderiam ter sido realizadas, já que o artigo 33 do Decreto-Lei nº 2.341/87 dispõe que "a pessoa jurídica sucessora por incorporação, fusão ou cisão não poderá compensar prejuízos fiscais da sucedida". Restou configurado, portanto, o acréscimo patrimonial que enseja a incidência do IRPJ e da CSLL.

De acordo com a decisão, pouco importaria que a Lion tenha formalmente incorporado a Sotreq. A posição dos sujeitos envolvidos em uma incorporação deveria ser qualificada a partir de determinados critérios substanciais, quais sejam: (a) situação financeira; (b) gestão da sucedida; (c) razão social da sucedida; e (d) operação da sucedida. Nesse caso, veja-se que a adoção de critérios substanciais para a qualificação do ato jurídico poderia ser conjugada com uma interpretação da hipótese de incidência "acréscimo patrimonial" com base em critérios formais. Isso porque houve uma intermediação de outras normas entre a qualificação do negócio jurídico e a interpretação da hipótese de incidência: o negócio jurídico foi qualificado com base em critérios substanciais; dessa qualificação resultou a inexistência do prejuízo fiscal, da inexistência do prejuízo fiscal resultou a glosa da sua compensação e, por fim, da glosa da sua compensação surgiu a obrigação tributária de pagar o IRPJ e a CSLL.

Pode-se concluir, portanto, que o emprego de critérios substanciais para a qualificação do ato jurídico, mesmo nos casos que envolvem o emprego de critérios econômicos, não se confunde com a interpretação das hipóteses de incidência com base em considerações econômicas. De um lado, o emprego de critérios substanciais para a qualificação diz respeito à definição dos elementos de existência do ato jurídico, e é indiferente quanto à definição das hipóteses de incidência; de outro lado, a consideração econômica diz respeito à definição da hipótese de incidência, e torna os atos jurídicos ineficazes no âmbito tributário.

---

106. BRASIL. CARF, Acórdão nº 9101003.008, 1ª Turma da CSRF, rel. Cons. Adriana Gomes Rêgo, j. 08/08/2017.

Embora seja um posicionamento distinto, o emprego de critérios substanciais para a qualificação do ato jurídico guarda, ao menos, uma semelhança com a interpretação das hipóteses de incidência com base em considerações econômicas. É igualmente ilegal e inconstitucional, e isso por, ao menos, três razões. Em primeiro lugar, porque não possui fundamento normativo. Em segundo lugar, porque é ilegal. Em terceiro lugar, porque é inconstitucional.

Em primeiro lugar, a qualificação de atos jurídicos com base em critérios substanciais não possui fundamento normativo. Tenta-se, por vezes, fundamentá-la nos artigos 118, I, e 123 do Código Tributário Nacional.[107] De um lado, há quem entenda que o artigo 118, I, do Código Tributário Nacional permitiria à Fiscalização Tributária qualificar o ato jurídico com base em critérios substanciais, já que, ao tornar a invalidade do ato jurídico irrelevante para a sua qualificação, tal dispositivo teria evidenciado a irrelevância da forma do ato jurídico para fins tributários.

Ricardo Lodi Ribeiro, por exemplo, entende que o artigo 118, I, do Código Tributário Nacional estabeleceria que "o surgimento do fato gerador não depende da licitude, ou forma ou dos efeitos produzidos pelo ato jurídico, mas da realidade econômica a ele subjacente".[108] O Conselho Administrativo de Recursos Fiscais, da mesma forma, já afirmou que deveria ser tributado "o negócio jurídico causal, e não necessariamente o negócio jurídico formal, principalmente quando a forma adotada não reflete a causa de sua utilização, conforme está consignado expressamente no art. 118 do Código Tributário Nacional"[109]. Em outra decisão, esse mesmo tribunal consignou que o artigo 118, I, do Código Tributário Nacional permitiria "a busca da realidade subjacente a quaisquer formalidades jurídicas, com fulcro na constatação concreta e material da situação legalmente necessária à ocorrência do fato gerador".[110]

---

107. Art. 118. A definição legal do fato gerador é interpretada abstraindo-se:

I - da validade jurídica dos atos efetivamente praticados pelos contribuintes, responsáveis, ou terceiros, bem como da natureza do seu objeto ou dos seus efeitos; (...)

Art. 123. Salvo disposições de lei em contrário, as convenções particulares, relativas à responsabilidade pelo pagamento de tributos, não podem ser opostas à Fazenda Pública, para modificar a definição legal do sujeito passivo das obrigações tributárias correspondentes.

108. RIBEIRO, Ricardo Lodi. **Temas de Direito Constitucional Tributário**. Rio de Janeiro: Editora Lumen Juris, 2009, p. 296.

109. BRASIL. CARF, Acórdão nº 2401-011.232, 2ª Seção/4ª Câmara/1ª Turma Ordinária, rel. Cons. Matheus Soares Leite, j. 11/07/2023.

110. BRASIL.CARF, Acórdão nº 2202-009.918, 2ª Seção/2ª Câmara/2ª Turma Ordinária, rel. Cons. Sonia de Queiroz Accioly, j. 10/05/2023.

Tal interpretação, contudo, está completamente dissociada do teor do artigo 118, I, do Código Tributário Nacional. A norma reconstruída a partir desse dispositivo determina que, para o efeito específico do surgimento da obrigação tributária, a validade dos atos jurídicos torna-se irrelevante. Trata-se de uma via de mão única: essa norma permite que a Fiscalização Tributária reconheça a eficácia tributária de atos jurídicos inválidos que foram materialmente realizados, mas não permite que a Fiscalização Tributária desconsidere os efeitos tributários de quaisquer atos jurídicos, válidos ou inválidos. As normas que permitem a desconsideração dos efeitos tributários de atos jurídicos – mediante a identificação de dolo, fraude ou simulação – são aquelas decorrentes dos artigos 116, § único, e 149, VII, do Código Tributário Nacional; aquele, no caso de simulação relativa; este, no caso de dolo, fraude ou simulação absoluta.

Esse dispositivo, aliás, estabelece fatores de eficácia para o ato jurídico, mas não dispõe absolutamente nada a respeito dos critérios que devem ser empregados para a identificação dos seus elementos de existência, isto é, se devem ser empregados critérios formais ou critérios substanciais. Existe, nesse sentido, interessante dissonância nas interpretações que vislumbram no artigo 118, I, do Código Tributário Nacional uma autorização para ignorar a *forma* do ato jurídico. Tal dispositivo permite abstrair a *validade*, a *natureza do objeto* e os *efeitos* dos atos jurídicos, mas sequer emprega o termo *forma*. Os dispositivos que estabelecem os critérios que devem ser empregados para identificar a existência dos atos jurídicos são os artigos 109 e 116, II, do Código Tributário Nacional, e eles determinam o emprego de critérios formais de qualificação.

De outro lado, há quem entenda que o artigo 123 do Código Tributário Nacional permitiria à Fiscalização Tributária qualificar o ato jurídico com base em critérios substanciais, já que tal dispositivo teria tornado a forma dos atos jurídicos irrelevante para fins tributários. O Tribunal de Justiça do Estado de São Paulo, por exemplo, ao decidir que um mútuo deveria ser qualificado como uma doação para fins tributários, afirmou que o artigo 123 do Código Tributário Nacional permitiria que sejam "desconsideradas as aparências que recobrem a substância, em avenças encetadas entre particulares" e que, com base nele, "pode o ente tributante descortinar os véus que incidem sobre acordos, negócios e fatos, classificados de maneira equivocada pelos contribuintes".[111]

111. SÃO PAULO. TJSP, Apelação Cível nº 1004581-71.2014.8.26.0577, rel. Des. Fermino Magnani Filho, 5ª Câmara de Direito Público, j. 29/06/2015.

Tal interpretação está, igualmente, dissociada dos termos constantes no dispositivo interpretado. O artigo 123 do Código Tributário Nacional trata tão somente da ineficácia tributária de convenções particulares a respeito da responsabilidade pelo pagamento de tributos. Da mesma forma que o artigo 118, I, do Código Tributário Nacional, ele não dispõe absolutamente nada a respeito dos critérios que devem ser empregados para a identificação da existência dos atos jurídicos. Não há, vale ressaltar, qualquer menção à forma ou à substância do ato jurídico; o que há é uma previsão legal de que disposições particulares não podem alterar disposições legais a respeito da responsabilidade tributária.

Em segundo lugar, a qualificação de atos jurídicos com base em critérios substanciais é ilegal. De um lado, ela viola o artigo 109 do Código Tributário Nacional. A norma reconstruída a partir desse dispositivo estabelece a utilização dos princípios gerais de Direito Privado para a definição dos seus institutos, conceitos e formas que forem empregados na legislação tributária, e permite à lei tributária tão somente os seus respectivos efeitos tributários. Isto é, a lei tributária até pode dizer que uma "compra e venda" deve ter os efeitos tributários de uma "doação", mas ela não pode dizer que uma "compra e venda" *é* uma "doação". Não há, quanto à existência de atos jurídicos, um "Direito próprio e distinto" no âmbito tributário.[112] Em suma: a existência do ato jurídico – isto é, a sua forma – deve ser definida a partir de critérios formais, notadamente decorrentes da legislação do Direito Privado.

De outro lado, a qualificação de atos jurídicos com base em critérios substanciais é incompatível com os artigos 116, parágrafo único, e 149, VII, do Código Tributário Nacional. As normas reconstruídas a partir desses dispositivos permitem a desconsideração dos efeitos dos atos jurídicos em caso de dolo, fraude ou simulação. Tais normas seriam completamente inúteis – assim como quaisquer normas antievasivas, antielusivas ou antielisivas – se o intérprete pudesse simplesmente requalificar os atos jurídicos com base em critérios substanciais. A existência de um sistema normativo que visa impedir o contribuinte de empregar certas formas jurídicas para evitar o pagamento de tributos pressupõe, naturalmente, que os atos jurídicos tenham uma natureza formal, e essa forma somente pode ser desconsiderada em hipóteses específicas (dolo, fraude ou simulação).

Em terceiro lugar, a qualificação de atos jurídicos com base em critérios substanciais é inconstitucional. De um lado, ela viola o princípio da legalidade

---

112. OLIVEIRA, Ricardo Mariz de. Norma Geral Antielusão. **Revista Direito Tributário Atual**, São Paulo: IBDT/Dialética, n. 25, 2011, p. 135.

tributária, o qual estabelece que as leis tributárias devem funcionar como instrumento de orientação segura para os contribuintes.[113] Isso porque emprego de critérios substanciais para a qualificação dos atos jurídicos atribui prevalência às decisões do intérprete-aplicador, em detrimento às decisões do legislador.[114] Com isso, a qualificação do ato jurídico deixa de ser conhecida pelo contribuinte com base na legislação, e passa a ser definida pela Fiscalização Tributária com base em critérios próprios. E, na medida em que os agentes públicos podem decidir, caso a caso, os critérios a serem adotados, a lei positiva deixa de exercer sua função de se impor sobre as vontades individuais.[115]

De outro lado, a qualificação de atos jurídicos com base em critérios substanciais viola o princípio da segurança jurídica, o qual exige que os indivíduos possam conhecer, antes de adotar determinada conduta, os critérios com base nos quais ela será avaliada, bem como calcular as consequências jurídicas da sua adoção.[116] Isso porque os critérios substanciais não são cognoscíveis e calculáveis no momento da adoção da conduta pelo contribuinte, na medida em que eles permanecem desconhecidos até o momento da sua aplicação.[117] Em última instância, o contribuinte apenas irá descobrir o que fez anos após fazê-lo, tal como o personagem da peça de Molière que se surpreende ao descobrir que falou em prosa por toda a sua vida.

Disso tudo resulta que a qualificação de atos jurídicos com base em critérios substanciais é inconstitucional e ilegal. A eficácia tributária do ato jurídico, inclusive do ato jurídico dissimulado, decorre da presença dos elementos de existência do ato jurídico, identificados a partir de critérios formais, e da configuração material da situação jurídica dele resultante. Para o que interessa o presente trabalho, a identificação da ocorrência da dissimulação não envolve o emprego de critérios substanciais de qualificação.

---

113. ÁVILA, Humberto. **Legalidade Tributária Material**. São Paulo: Malheiros/Juspodivm, 2022, p. 91.

114. KOURY, Paulo Arthur Cavalcante. **Forma e Substância no Direito Tributário**. São Paulo: IBDT, 2021 p. 185.

115. FERREIRA NETO, Arthur Maria. Crise Epistêmica no Direito Tributário Contemporâneo: do Esgotamento do Formalismo Normativista aos Riscos do Solidarismo Fiscal. **Revista Direito Tributário Atual**, São Paulo: IBDT, v. 56, 2024, p. 664.

116. ÁVILA, Humberto. **Teoria da Segurança Jurídica**. 6. ed. São Paulo: Malheiros/ Juspodivm, 2021, p. 287.

117. KOURY, Paulo Arthur Cavalcante. **Forma e Substância no Direito Tributário**. São Paulo: IBDT, 2021, p. 190.

Por fim, vale ressaltar que o emprego de critérios substanciais para a qualificação do ato jurídico muitas vezes é aplicado conjuntamente à inversão da ordem do exame da simulação. A inversão da ordem do exame da simulação, conforme visto no tópico 3.3.1, envolve o raciocínio ilegal e falacioso de que a ocorrência da simulação poderia ser inferida a partir da identificação de um ato jurídico dissimulado. Como se sabe, no entanto, o exame da simulação deve se iniciar pela comprovação da ocorrência da simulação, e não pela identificação do ato jurídico dissimulado. Nos casos em que a inversão da ordem do exame da simulação é associada à identificação do ato jurídico dissimulado com base em critérios substanciais, tem-se uma situação na qual a Fiscalização Tributária não comprova a sua hipótese probatória e, ainda por cima, pretende inferir dessa hipótese não comprovada uma consequência com a qual ela não tem relação lógica.

As considerações anteriores permitem que o emprego de critérios substanciais para a qualificação de atos jurídicos é uma tese distinta da interpretação das hipóteses de incidência com base em considerações econômicas. O emprego de critérios substanciais para a qualificação de atos jurídicos envolve a utilização de critérios externos à legislação para qualificar os atos jurídicos, independentemente dos critérios utilizados para a definição das situações jurídicas descritas pelas hipóteses de incidência. Tal tese, contudo, não possui fundamentos normativos, além de ser ilegal e inconstitucional.

4.3. Síntese conclusiva do capítulo 4

O ato jurídico dissimulado deve ser identificado a partir dos elementos remanescentes da desconstituição ou da desconsideração do ato jurídico simulado. A regra geral para a eficácia dos atos jurídicos, inclusive dissimulados, requer, em primeiro lugar, a presença dos elementos de existência do ato jurídico; em segundo lugar, o cumprimento dos requisitos da validade do ato jurídico, tanto formais quanto substanciais.

No âmbito tributário, há uma regra especial quanto aos fatores necessários para que o ato jurídico, inclusive o ato jurídico dissimulado, produza o efeito específico de fazer surgir a obrigação tributária. Deve haver presença dos elementos de existência do ato jurídico, definidos a partir de critérios formais, além de haver a configuração material da situação jurídica dele decorrente, igualmente definida por critérios formais. O surgimento da obrigação tributária, naturalmente, depende de que tal situação jurídica esteja descrita em alguma hipótese de incidência.

Tal regra especial para a eficácia tributária dos atos jurídicos, inclusive dissimulados, é contestada por duas teses. De um lado, a tese de que as situações jurídicas descritas pelas hipóteses de incidência denotariam, na verdade, fatos econômicos a elas subjacentes (tese da consideração econômica). De outro lado, a tese de que os atos jurídicos deveriam ser qualificados com base em critérios externos à legislação (tese da qualificação com base em argumentos substanciais). As diferenças entre a regra especial para a eficácia tributária dos atos jurídicos defendida no presente trabalho e essas outras duas teses podem ser ilustradas por meio da seguinte tabela:

Tabela 9 – Fatores para o surgimento da obrigação tributária em decorrência do ato jurídico

	Fatores para o surgimento da obrigação tributária a partir do ato jurídico	
Regra especial para a eficácia dos atos jurídicos (artigos 109, 116, II, e 118, I, do CTN)	Elementos de existência decorrentes de critérios formais	Configuração material da situação jurídica decorrente do ato jurídico
Consideração econômica	Nenhum, pois o ato jurídico sempre será ineficaz	
Qualificação dos atos jurídicos com base em argumentos substanciais	Elementos de existência decorrentes de critérios substanciais	Configuração material da situação jurídica decorrente do ato jurídico

Fonte: elaborado pelo autor.

Tanto a tese da consideração econômica quanto a tese da qualificação dos atos jurídicos com base em critérios substanciais, contudo, carecem de fundamentos normativos, além de serem ilegais e inconstitucionais. Os fatores para o surgimento da obrigação tributária em decorrência dos atos jurídicos, inclusive dos atos jurídicos dissimulados, são a presença dos seus respectivos elementos de existência, formalmente definidos, e a configuração material da situação jurídica deles resultante, desde que descrita por alguma hipótese de incidência.

Conclusão

"Where a man of Sense mistakes my Meaning, I own I am angry: But it is only at myself: For having exprest my Meaning so ill as to have given Occasion to the Mistake" (David Hume, "Letter to John Stewart", 1754)

A tese central do presente trabalho é que o termo "simulação" no Direito Tributário exprime dois conceitos normativos distintos: de um lado, o de *simulação formal*, o qual corresponde ao vício decorrente da constituição de um ato jurídico oculto que deliberadamente altere (ou revogue) um ato jurídico aparente; de outro lado, o de *simulação material*, o qual corresponde ao vício decorrente da enunciação deliberada de proposições falsas por meio de um ato jurídico.

O trabalho formulou, ainda, dezoito teses secundárias: duas teses secundárias que fundamentam a tese principal, e dezesseis teses secundárias que decorrem da tese principal.

As duas teses secundárias que fundamentam a tese principal são:

- Tese secundária nº 1: O Código Tributário Nacional incorporou o conceito de simulação definido pelo artigo 102 do Código Civil de 1916.
- Tese secundária nº 2: Só há simulação em *atos jurídicos lícitos*, de forma que a simulação não está limitada aos negócios jurídicos, e não há simulação nos instrumentos que constituem o ato jurídico, nos atos ilícitos ou nos atos que tenham por fim imediato satisfazer uma obrigação legal (tais como o cumprimento de obrigações acessórias).

Já as dezesseis teses secundárias decorrem da tese principal são:

- Tese secundária nº 3: A simulação formal é uma categoria que compreende a simulação subjetiva (*ato jurídico oculto que deliberadamente altere a(s) parte(s) de um ato jurídico aparente*) e a simulação formal de objeto (*ato jurídico oculto que deliberadamente altere o objeto de um ato jurídico aparente*)

- Tese secundária nº 4: A simulação material é uma categoria que compreende a simulação material de objeto (*ato jurídico que exprime proposição falsa a respeito do seu objeto*), a simulação de elemento categorial essencial/abuso de forma (*ato jurídico que exprime proposição falsa a respeito de um dos seus elementos categoriais essenciais*), a simulação de lugar (*ato jurídico que exprime proposição falsa a respeito do local da sua constituição*) e a simulação temporal (*ato jurídico que exprime proposição falsa a respeito do momento da sua constituição*).
- Tese secundária nº 5: A *dissimulação*, também chamada de simulação relativa, corresponde à subsistência de um ato jurídico (chamado de dissimulado) após a desconsideração de um ato jurídico simulado.
- Tese secundária nº 6: O exame da ocorrência da simulação deve ser dividido em dois momentos. No primeiro momento, deve-se verificar se há simulação. Se houver simulação, passa-se ao segundo momento do exame, no qual se verifica se, após a desconsideração do ato jurídico simulado, existe algum ato jurídico constituído pelas partes. Quando se identifica a existência de um ato jurídico, considera-se que houve *dissimulação*.
- Tese secundária nº 7: A simulação não se confunde com outras figuras afins, tais como o abuso de direito (*conduta permitida prima facie que causa um dano injustificado a terceiros*), a coação (*pressão exercida sobre indivíduo para obrigá-lo a constituir ato jurídico*), o conluio (*sonegação ou fraude fiscal cometidas por dois ou mais indivíduos*), o dolo (em alguns casos, significa "intenção de obter um resultado ilícito"; em outros casos, significa "distorção da realidade para que a parte constitua ato jurídico"), o erro (em alguns casos, significa "noção falsa a respeito de um dos elementos do ato jurídico"; em outros casos, significa "inserção não intencional de informações falsas em documentos fiscais"), a falsidade (*inserção intencional de informações falsas em documentos fiscais*), a fraude fiscal (*conduta intencional tendente a ocultar características essenciais do fato gerador da autoridade fazendária*), a fraude civil (*ato jurídico ostensivo constituído de forma maliciosa para prejudicar terceiros*), a fraude à lei (*obtenção indireta de consequências proibidas por meio do exercício de um poder normativo que gera*

resultados permitidos), a fraude com seu significado vernacular (*ato enganoso*), a lesão (*ato jurídico economicamente desproporcional em virtude de necessidade ou inexperiência de uma das partes*), o negócio jurídico fiduciário (*negócio jurídico que transmite um direito relacionado a um negócio jurídico que estabelece a obrigação de restituir esse direito*), o negócio jurídico indireto (*negócio jurídico típico que é constituído pelas partes para a obtenção diverso de fim para o qual tal negócio jurídico foi criado*), a omissão (*omissão de informações obrigatórias em documentos fiscais*), a reserva mental (*contrariedade subjetiva e interna da parte em relação à sua manifestação de vontade*) e a sonegação (*conduta intencional tendente a ocultar a ocorrência do fato gerador da autoridade fazendária*).

- Tese secundária nº 8: A hipótese que deve ser comprovada para a simulação temporal e para a simulação material de objeto é que o ato jurídico exprimiu proposições falsas, o que pode ser comprovado tanto por provas diretas quanto por provas indiretas.
- Tese secundária nº 9: A hipótese que deve ser comprovada para a configuração da simulação de elemento categorial essencial (abuso de forma) é que o ato jurídico exprimiu uma proposição falsa a respeito de um dos seus elementos categoriais essenciais, o que geralmente depende da comprovação da ocorrência de fatos institucionais, tais como a "onerosidade".
- Tese secundária nº 10: A hipótese que deve ser comprovada para a configuração da simulação formal é que um ato jurídico oculto alterou um ato jurídico aparente, o que geralmente depende de inferências realizadas a partir de indícios (prova indireta).
- Tese secundária nº 11: A possibilidade de ocorrência de simulação nos atos jurídicos decorrentes de títulos de crédito limita-se à simulação de lugar e à simulação temporal, as quais, geralmente, são irrelevantes.
- Tese secundária nº 12: A possibilidade de ocorrência de simulação nos atos jurídicos de constituição de uma sociedade personificada limita-se a algumas subespécies raras e irrelevantes de simulação temporal, simulação de lugar e abuso de forma. Nos atos jurídicos de constituição de uma sociedade não personificada pode haver simulação formal.
- Tese secundária nº 13: A identificação da presença dos elementos essenciais de outro ato jurídico não configura uma hipótese de simulação,

pois tal raciocínio, além de falacioso, envolve uma inversão da ordem do exame da simulação.

- Tese secundária nº 14: A ausência de propósito negocial e a não usualidade das formas jurídicas adotadas não configuram hipóteses de simulação.
- Tese secundária nº 15: O trânsito em julgado da sentença que desconstitui o ato jurídico simulado corresponde ao termo inicial do prazo prescricional de cinco anos para a restituição dos tributos pagos em virtude daquele ato jurídico.
- Tese secundária nº 16: A constituição definitiva do ato administrativo que desconsiderou os efeitos tributários do ato jurídico simulado corresponde ao termo inicial do prazo prescricional de cinco anos para a restituição dos tributos pagos em virtude daquele ato jurídico.
- Tese secundária nº 17: A constituição definitiva do ato administrativo que desconsiderou os efeitos tributários do ato jurídico simulado corresponde ao termo inicial do prazo prescricional de cinco anos para a restituição dos tributos pagos em virtude daquele ato jurídico.
- Tese secundária nº 18: Existem dois fatores necessários para que os atos jurídicos, inclusive os atos jurídicos dissimulados, produzam o efeito de fazer surgir a obrigação tributária: em primeiro lugar, deve haver presença dos elementos de existência do ato jurídico, definidos a partir de critérios formais; em segundo lugar, deve haver a configuração material da situação jurídica dele decorrente, descrita em alguma hipótese de incidência e igualmente definida por critérios formais.

Referências

"O que quer que um outro disser bem, é meu"
(Sêneca, "Epistulae Morales ad Lucilium", carta 16)

ABRAHAM, Marcus. Os 10 anos da Norma Geral Antielisiva e as Cláusulas do Propósito Negocial e da Substância sobre a Forma Presentes no Direito Brasileiro. **Revista Dialética de Direito Tributário**, São Paulo, Dialética, n. 192, 2011, 2011.

ADAMY, Pedro. **Vontade do Legislador:** contributo para a compreensão do argumento genético e da intenção do legislador. Tese (Doutorado em Direito) – Faculdade de Direito, Universidade de São Paulo, 2022.

ALCHOURRÓN, Carlos E.; BULYGIN, Eugenio. Definiciones y normas. *In*: BULYGIN, Eugenio; FARREL, Martin D; NINO, Carlos S; RABOSSI, Eduardo A. (Org.). **El lenguaje del Derecho**. Homenaje a Genaro R. Carrió. Buenos Aires: Abeledo-Perrot, 1983.

ALCHOURRÓN, Carlos; BULYGIN, Eugenio. Los limites de la lógica y el razonamiento jurídico. *In*: ALCHOURRÓN, Carlos; BULYGIN, Eugenio. **Análisis lógico y Derecho**. Madri: Centro de Estudios Constitucionales, 1991.

ALCHOURRÓN, Carlos E. **Sistemas normativos**. 2. ed. Buenos Aires: Editorial Astrea, 2012.

ALMEIDA, Carlos Ferreira de. **Contratos**. V. 2. Coimbra: Almedina, 2007.

ALVES, José Carlos Moreira. **A parte geral do Projeto de Código Civil brasileiro (subsídios históricos para o novo Código Civil brasileiro)**. 2. ed. São Paulo: Saraiva, 2003.

ALVES, José Carlos Moreira. **Direito Romano**. 14. ed. Rio de Janeiro: Forense, 2008.

ALVES, José Carlos Moreira. Figuras correlatas: abuso de forma, abuso de direito, dolo, negócios jurídicos simulados, fraude à lei, negócio indireto e dissimulação. *In*: SEMINÁRIO INTERNACIONAL SOBRE ELISÃO FISCAL. **Anais**. Brasília: Escola de Administração Fazendária - ESAF, 2002.

AMARAL, Francisco. **Direito Civil:** Introdução. 7. ed. Rio de Janeiro: Renovar, 2008.

AMARO, Luciano. **Direito tributário brasileiro**. 24. ed. São Paulo: Saraiva, 2021.

ANDRADE, Leonardo Aguirra. **Planejamento tributário**. São Paulo: Quartier Latin, 2016.

ANDRADE JÚNIOR, Luiz Carlos de. **A Simulação no Direito Civil**. São Paulo: Malheiros, 2016.

ANSCOMBE, Gertrude Elizabeth M. **Intention**. 2. ed. Harvard University Press, Cambridge: 1963.

ASCARELLI, Tullio. **Teoría General de los Títulos de Crédito**. Tradução de René Cacheaux Sanabria. Santiago: Ediciones Olejnik, 2020.

ATALIBA, Geraldo. **Hipótese de incidência tributária**. 13. ed. São Paulo: Malheiros, 2013.

ATIENZA, Manuel; MANERO, Juan Ruiz. **Ilícitos atípicos**. Madri: Trotta, 2000.

ATIENZA, Manuel; MANERO, Juan Ruiz. La derrotabilidad y los limites del positivismo jurídico. **Revista de Pensamiento jurídico**, Teoría & Derecho, v. 5, 2009, p. 102-117.

AURICCHIO, Alberto. **A simulação no negócio jurídico**. Tradução de Fernando de Miranda. Coimbra: Coimbra Editora, 1964.

ÁVILA, Humberto. A eficácia do novo Código Civil na legislação tributária. *In*: GRUPENMACHER, Betina (Coord.). **Direito Tributário e o novo Código Civil**. São Paulo: Quartier Latin, 2004.

ÁVILA, Humberto. A não Cumulatividade das Contribuições Sociais sobre a Receita. **Revista Direito Tributário Atual**, São Paulo, IBDT, n. 55, 2023, p. 133-175.

ÁVILA, Humberto. A prestação de serviços personalíssimos por pessoas jurídicas e sua tributação: o uso e abuso do Direito de criar pessoas jurídicas e o poder de desconsiderá-las. **Grandes Questões Atuais do Direito Tributário**, São Paulo, Dialética, v. 17, 2013, p. 132-151.

ÁVILA, Humberto. Argumentação jurídica e a imunidade do livro eletrônico. **Revista de Direito Tributário**, n. 79, São Paulo, Malheiros, 2001.

ÁVILA, Humberto. **Competências Tributárias**. São Paulo: Malheiros Editores, 2018.

ÁVILA, Humberto. **Contribuições e Imposto sobre a Renda** – Estudos e Pareceres. São Paulo: Malheiros, 2015.

ÁVILA, Humberto. Fato Presuntivo do Fato Gerador. **Revista de Direito Tributário Atual**, São Paulo, IBDT, n. 50, 2022.

ÁVILA, Humberto. **Legalidade Tributária Material**. São Paulo: Malheiros/Juspodivm, 2022.

ÁVILA, Humberto. Planejamento Tributário. **Revista de Direito Tributário**, São Paulo, Malheiros Editores, v. 98, 2006, p. 74-85.

ÁVILA, Humberto. **Teoria da indeterminação no direito**. São Paulo: Malheiros/ Juspodivm, 2022.

ÁVILA, Humberto. Teoria da prova: standards de prova e os critérios de solidez da inferência probatória. **Revista de Processo**, São Paulo, Thomson Reuters-Revista dos Tribunais, ano 43, v. 282. agosto/2018, p. 113-139.

ÁVILA, Humberto. **Teoria da Segurança Jurídica**. 6. ed. São Paulo: Malheiros/ Juspodivm, 2021.

ÁVILA, Humberto. **Teoria dos princípios:** da definição à aplicação dos princípios jurídicos. 22 ed. São Paulo: Malheiros/Juspodivm, 2024.

AZEVEDO, Antônio Junqueira de. **Negócio Jurídico**: existência, validade e eficácia. 4. ed. São Paulo: Saraiva, 2002.

AZEVEDO JR., José Osório de Azevedo. Compra e Venda, Troca ou Permuta. *In*: REALE, Miguel; MARTINS-COSTA, Judith. (Coord.). **Estudos em homenagem ao Professor Miguel Reale**. São Paulo: Ed. Revista dos Tribunais, 2005.

BACH, Kent. Speech Acts and Pragmatics. *In*: DEVITT, Michael. HANLEY, Richard. **The Blackwell Guide to the Philosophy of Language**. Oxford: Blackwell, 2006.

BALEEIRO, Aliomar. **Direito Tributário Brasileiro**. Atualizada por Misabel Abreu Machado Derzi. 12. ed. Rio de Janeiro: Forense, 2013.

BARBERIS, Mauro. **Diritto in evoluzione.** Un manuale? Turim: G. Giappichelli Editore, 2022.

BARRETO, Aires F; GIARDINO, Cléber. Presunções no Direito Tributário. *In*: MARTINS, Ives Gandra da Silva. **Caderno de Pesquisas Tributárias nº 9**. Tema: Elisão e evasão fiscal. São Paulo: Editora Resenha Tributária e Centro de Estudos de Extensão Universitária, 1984.

BARRETO, Paulo Ayres. Ato simulado e sonegação fiscal. *In*: SOUZA, Priscila de (Coord.). **Direito Tributário e os conceitos de direito privado**. São Paulo: Noeses, 2010.

BARRETO, Paulo Ayres. **Planejamento Tributário**: limites normativos. São Paulo: Noeses, 2016.

BAYÓN, Juan Carlos. Sobre el principio de prohibición y las condiciones de verdad de las proposiciones normativas. *In*: BULYGIN, Eugenio (ed.). **El libro de los permisos**. Madri: Marcial Pons, 2019.

BECHO, Renato Lopes. **Lições de direito tributário**. 3. ed. São Paulo: Saraiva, 2015.

BECKER, Alfredo. **Carnaval Tributário**. 2. ed. São Paulo: Lejus, 2004.

BECKER, Alfredo. **Teoria Geral do Direito Tributário**. 7. ed. São Paulo: Noeses, 2018.

BETTI, Emilio. **Teoria Geral do Negócio Jurídico**. Tradução de Servanda Editora. Campinas: Servanda Editora, 2008.

BELTRÁN, Jordi Ferrer. **La Valoración Racional de la Prueba**. Madri: Marcial Pons, 2007.

BELTRÁN, Jordi Ferrer. **Prueba y verdad en el derecho**. 2. ed. Madri: Marcial Pons, 2005.

BEVILAQUA, Clovis. **Codigo Civil dos Estados Unidos do Brasil Commentado**. Edição histórica. Rio de Janeiro: Editora Rio, 1977.

BEVILAQUA, Clovis. **Theoria Geral do Direito Civil**. Atualizada por Achilles Bevilaqua. 4. ed. Rio de Janeiro: Editora Paulo de Azevedo Ltda, 1949.

BORGES, José Souto Maior. A norma antielisão, seu alcance e as peculiaridades do Sistema Tributário Nacional. *In*: SEMINÁRIO INTERNACIONAL SOBRE ELISÃO FISCAL. **Anais.** Brasília: Escola de Administração Fazendária - ESAF, 2002.

BORGES, José Souto Maior. **Ciência Feliz**. 2. ed. São Paulo: Max Limonad, 2000.

BORGES, José Souto Maior. **Obrigação tributária (uma introdução metodológica)**. 3. ed. São Paulo: Malheiros, 2015.

BOTTALLO, Eduardo Domingos. Alguns reflexos do Código Civil no Direito Tributário. In: GRUPENMACHER, Betina Treiger (Coord.). **Direito Tributário e o Novo Código Civil**. São Paulo: Quartier Latin, 2004.

BOZZA, Fábio Piovesan. **Planejamento Tributário e Autonomia Privada**. São Paulo: Quartier Latin, 2015.

BRASIL. 1º CC, Acórdão n. 101-95.168, 1ª Câmara, rel. Cons. Caio Marcos Cândido, j. 12/09/2005.

BRASIL. 1º CC, Acórdão n. 102-48.620, 2ª Câmara, rel. Cons. Antonio José Praga de Souza, j. 14/06/2007.

BRASIL. CARF, Acórdão n. 1401-000.155, 1ª Seção / 4ª Câmara / 1ª Turma Ordinária, rel. Cons. Alexandre Antonio Alkmin Teixeira, j. 28/01/2010.

BRASIL.CARF, Acórdão n. 1401-000.582, 1ª Seção/4ª Câmara/1ª Turma Ordinária, rel. Cons. Antonio Bezerra Neto, j. 29/06/2011.

BRASIL. CARF, Acórdão n. 2102-002.135, 2ª Seção/1ª Câmara/2ª Turma Ordinária, rel. Cons. Carlos André Rodrigues Pereira Lima, j. 20/06/2012.

BRASIL. CARF, Acórdão n. 1401-000.868, 1ª Seção/4ª Câmara/1ª Turma Ordinária, rel. Cons. Fernando Luiz Gomes de Mattos, j. 13/09/2012.

BRASIL. CARF, Acórdão n. 2302-002.489, 2ª Seção/3ª Câmara/2ª Turma Ordinária, rel. Cons. Arlindo da Costa e Silva, j. 15/05/2013.

BRASIL. CARF, Acórdão n. 1401-001.059, 1ª Seção/4ª Câmara/1ª Turma, rel. Cons. Alexandre Antonio Alkmim Teixeira, j. 09/10/2013.

BRASIL. CARF, Acórdão n. 1103-001.052, 1ª Seção/1ª Câmara/3ª Turma Ordinária, rel. Cons. Marcos Takata, j. 07/05/2014.

BRASIL. CARF, Acórdão n. 3401002.710, 3ª Seção/4ª Câmara/1ª Turma Ordinária, rel. Cons. Eloy Eros da Silva Nogueira, j. 19/09/2014.

BRASIL.CARF, Acórdão n. 1102-001.239, 1ª Seção/1ª Câmara/2ª Turma Ordinária, rel. Cons. João Otávio Oppermann Thomé, j. 25/11/2014.

BRASIL. CARF, Acórdão n. 2801003.958, 2ª Seção/1ª Turma Especial, rel. Cons. Marcio Henrique Sales Parada, j. 10/02/2015.

BRASIL.CARF, Acórdão n. 3201-001.889, 3ª Seção/2ª Câmara/1ª Turma Ordinária, rel. Cons. Ana Clarissa Masuko dos Santos Araújo, j. 25/02/2015.

BRASIL. CARF, Acórdão n. 9101-002.189, 1ª Turma da CSRF, rel. Cons. Livia de Carli Germano, j. 21/01/2016.

BRASIL. CARF, Acórdão n. 1201.001.434, 1ª Seção/2ª Câmara/1ª Turma Ordinária, rel. Cons. Roberto Caparroz de Almeida, j. 05/05/2016.

BRASIL. CARF, Acórdão n. 1302001.980, 1ª Seção/3ª Câmara/2ª Turma Ordinária, rel. Cons. Alberto Pinto Souza Junior, j. 14/09/2016.

BRASIL. CARF, Acórdão n. 1201¬001.640, 1ª Seção/2ª Câmara/1ª Turma Ordinária, rel. Cons. Eva Maria Los, j. 11/04/2017.

BRASIL. CARF, Acórdão n. 2401004.917, 2ª Seção/4ª Câmara/1ª Turma Ordinária, rel. Cons. Carlos Alexandre Tortato, j. 04/07/2017.

BRASIL. CARF, Acórdão n. 1302-002.322, 1ª Seção/3ª Câmara/2ª Turma Ordinária, rel. Cons. Paulo Henrique Silva Figueiredo, j. 26/07/2017.

BRASIL. CARF, Acórdão n. 9101003.008, 1ª Turma da CSRF, rel. Cons. Adriana Gomes Rêgo, j. 08/08/2017.

BRASIL. CARF, Acórdão n.1402002.968, 1ª Seção/4ª Câmara/2ª Turma Ordinária, rel. Cons. Evandro Correa Dias, j. 13/03/2018.

BRASIL.CARF, Acórdão n. 9303007.338, 3ª Turma da CSRF, rel. Cons. Demes Brito, j. 15/08/2018.

BRASIL. CARF, Acórdão n. 2301-005.705, 2ª Seção/3ª Câmara/1ª Turma Ordinária, rel. Cons. Marcelo Freitas de Souza Costa, j. 04/10/2018.

BRASIL. CARF, Acórdão n. 2402-006.696, 2º Seção/4ª Câmara/2ª Turma Ordinária, rel. Cons. Luís Henrique Dias Lima, j. 04/10/2018.

BRASIL. CARF, Acórdão n. 2202-004.821, 2ª Seção/2ª Câmara/2ª Turma Ordinária, rel. Cons. Rosy Adriane da Silva Dias, j. 06/11/2018.

BRASIL. CARF, Acórdão n. 1402-003.731, 1ª Seção/4ª Câmara/2ª Turma Ordinária, rel. Cons. Marco Rogério Borges, j. 19/02/2019.

BRASIL. CARF, Acórdão n. 1402-003.751, 1ª Seção/4ª Câmara/2ª Turma Ordinária, rel. Cons. Paulo Mateus Ciccone, j. 21/02/2019.

BRASIL. CARF, Acórdão n. 1402003.814, 1ª Seção/4ª Câmara/2ª Turma Ordinária, rel. Cons. Leonardo Luis Pagano Gonçalves, j. 20/03/2019.

BRASIL. CARF, Acórdão n. 3001-000.904, 3ª Seção/1ª Turma Extraordinária, rel. Cons. Marcos Roberto da Silva, j. 15/08/2019.

BRASIL. CARF, Acórdão n. 1201-003.201, 1ª Seção/2ª Câmara/1ª Turma Ordinária, rel. Cons. Allan Marcel Warwar Teixeira, j. 16/10/2019.

BRASIL. CARF, Acórdão n. 3302-007.736, 3ª Seção/3ª Câmara/2ª Turma Ordinária, rel. Cons. Denise Madalena Green, j. 19/11/2019.

BRASIL. CARF, Acórdão n. 2301-006.705, 2ª Seção/3ª Câmara/1ª Turma Ordinária, rel. Cons. Cleber Ferreira Nunes Leite, j. 04/12/2019.

BRASIL. TRF da 4ª Região, Apelação n. 5009900-93.2017.4.04.7107, 2ª Turma, rel. Des. Fed. Rômulo Pizzolatti, j. 11/12/2019.

BRASIL. CARF, Acórdão n. 9101-004.709, 1ª Turma da CSRF, rel. Cons. Cristiane Silva Costa, j. 17/01/2020.

BRASIL. CARF, Acórdão n. 9202-009.842, 2ª Turma da Câmara Superior, rel. Cons. Mário Pereira de Pinho Filho, j. 27/08/2021.

BRASIL. CARF, Acórdão n. 2401-009.810, 2ª Seção/4ª Câmara/1ª Turma Ordinária, rel. Cons. Matheus Soares Leite, j. 01/09/2021.

BRASIL. CARF, Acórdão n. 2202-008.762, 2ª Seção/2ªCâmara/2ª Turma Ordinária, rel. Cons. Martin da Silva Gesto, j. 07/10/2021.

BRASIL. CARF, 2ª Seção/2ª Câmara/1ª Turma Ordinária, Acórdão n. 2201-010.336, rel. Cons. Francisco Nogueira Guarita, j. 08/03/2023.

BRASIL.CARF, Acórdão n. 3402-010.298, 3ª Seção/4ª Câmara/2ª Turma, rel. Cons. Lázaro Antônio Souza Soares, j. 23/03/2023.

BRASIL.CARF, 3ª Seção/2ª Câmara/1ª Turma Ordinária, Acórdão n. 3201-010.459, rel. Cons. Márcio Robson Costa, j. 25/04/2023.

BRASIL.CARF, Acórdão n. 2202-009.918, 2ª Seção/2ª Câmara/2ª Turma Ordinária, rel. Cons. Sonia de Queiroz Accioly, j. 10/05/2023.

BRASIL. CARF, Acórdão n. 1302-006.814, 1ª Seção/3ª Câmara/2ª Turma Ordinária, rel. Cons. Sávio Salomão de Almeida Nóbrega, j. 22/06/2023.

BRASIL. CARF, Acórdão n. 2401-011.232, 2ª Seção/4ª Câmara/1ª Turma Ordinária, rel. Cons. Matheus Soares Leite, j. 11/07/2023.

BRASIL.CARF, Acórdão n. 1402-006.576, 1ª Seção/4ª Câmara/2ª Turma Ordinária, rel. Cons. Junia Roberta Gouveia Sampaio, j. 16/08/2023.

BRASIL. CARF, Acórdão n. 2402-012.257, 2ª Seção/4ª Câmara/2ª Turma Ordinária, rel. Cons. Rodrigo Duarte Firmino, j. 04/10/2023.

BRASIL. CARF. Acórdão n. 1401-006.790, 1ª Seção/4ª Câmara/1ª Turma Ordinária, rel. Cons. Daniel Ribeiro Silva, j. 18/10/2023.

BRASIL. CARF, Acórdão n. 9101-006.787, 1ª Turma da Câmara Superior, rel. Cons. Luis Henrique Marotti Toselli, j. 06/11/2023.

BRASIL. CARF, Acórdão n. 1402-006.710, 1ª Seção/4ª Câmara/2ª Turma Ordinária, rel. Cons. Ricardo Piza Di Giovanni, j. 23/01/2024.

BRASIL.CARF, Acórdão n. 2301-011.048, 2ª Seção de Julgamento/3ª Câmara/1ª Turma Ordinária, rel. Cons. Vanessa Kaeda Bulara de Andrade, j. 05/03/2024.

BRASIL. CARF, Acórdão n. 2301-011.055, 2ª Seção/3ª Câmara/1ª Turma Ordinária, rel. Cons. Wesley Rocha, j. 05/03/2024.

BRASIL.CARF, Acórdão n. 2301-011.054, 2ª Seção /3ª Câmara /1ª Turma Ordinária, rel. Cons. Flavia Lilian Selmer Dias, j. 06/03/2024.

BRASIL. CARF, Acórdão n. 2301-011.267, 2ª Seção/3ª Câmara/1ª Turma Ordinária, rel. Cons. Flavia Lilian Selmer Dias, j. 07/05/2024.

BRASIL. CARF, Acórdão n. 1302-007.147, 1ª Seção/3ª Câmara/2ª Turma Ordinária, rel. Cons. Wilson Kazumi Nakayama, j. 13/06/2024.

BRASIL. STF, Agravo de Instrumento n. 9068, rel. Min. Orozimbo Nonato, j. 17/04/1942.

BRASIL. STF, Recurso Extraordinário n. 55679, rel. Min. Cândido Motta, Primeira Turma, j. 07/05/1964.

BRASIL. STF, ADI n. 293/DF, Tribunal Pleno, rel. Min. Celso de Mello, j. 06/06/1990.

BRASIL. STF, ADI 2446, Rel. Min. Cármen Lúcia, Tribunal Pleno, julgado em 11/04/2022.

BRASIL. STJ, AREsp n. 1.750.232/SP, rel. Min. Benedito Gonçalves, Primeira Turma, j. 20/6/2023.

BRASIL. STJ, EREsp n. 734.403/RS, rel. Min. Napoleão Nunes Maia Filho, Primeira Seção, j. 14/11/2018.

BRASIL. STJ, EREsp n. 1.493.162/DF, rel. Min. Napoleão Nunes Maia Filho, Primeira Seção, j. 14/10/2020.

BRASIL. STJ, REsp n. 174.031/SC, Primeira Turma, rel. Min. José Delgado, j. 15/10/1998.

BRASIL. STJ, REsp n. 441.903/SP, rel. Min. Nancy Andrighi, Terceira Turma, j. 10/02/2004.

BRASIL. STJ, REsp n. 1.110.578/SP, rel. Min. Luiz Fux, Primeira Seção, j. 12/05/2010.

BRASIL. STJ, REsp n. 999.921/PR, rel. Min. Luis Felipe Salomão, Quarta Turma, j. 14/06/2011.

BRASIL. STJ, REsp n. 1.249.981/SC, rel. Min. Mauro Campbell Marques, Segunda Turma, j. 28/06/2011.

BRASIL. STJ, REsp n. 1.236.816/DF, rel. Min. Benedito Gonçalves, Primeira Turma, j. 15/03/2012.

BRASIL. STJ, REsp n. 1.225.861/RS, rel. Min. Nancy Andrighi, Terceira Turma, j. 22/04/2014.

BRASIL. STJ, REsp n. 1.341.135/SP, rel. Min. Paulo de Tarso Sanseverino, Terceira Turma, j. 14/10/2014.

BRASIL. STJ, REsp n. 718.044/RS, rel. Min. Raul Araújo, Quarta Turma, j. 18/11/2014.

BRASIL. STJ, Resp n. 1.102.938/SP, rel. Min. Marco Buzzi, Quarta Turma, j. 10/03/2015.

BRASIL. STJ, Resp n. 1620702/SP, rel. Min. Ricardo Villas Bôas Cueva, Terceira Turma, j. 22/11/2016.

BRASIL. STJ, REsp n. 1.611.415/PR, rel. Min. Marco Aurélio Bellizze, Terceira Turma, j. 21/02/2017.

BRASIL. STJ, REsp n. 1.938.997/MS, rel. Min. Marco Aurélio Bellizze, Terceira Turma, j. 28/09/2021.

BRASIL. STJ, REsp n. 1.773.884/TO, rel. Min. Paulo de Tarso Sanseverino, Terceira Turma, j. 19/10/2021.

BRASIL. STJ, REsp n. 1.842.613/SP, rel. Min. Luis Felipe Salomão, Quarta Turma, j. 22/3/2022.

BRASIL. STJ, REsp n. 1.937.821/SP, rel. Min. Gurgel de Faria, Primeira Seção, j. 24/2/2022.

BRASIL. STJ, REsp n. 2.026.473/SC, Primeira Turma, rel. Min. Gurgel de Faria, j. 05/09/2023.

BRASIL. TFR, Apelação Cível n. 115.478, 6ª Turma, rel. Min. Américo Luz, j. 18/02/1987.

BRASIL.TRF da 1ª Região, Apelação Cível n. 0004251-85.2016.4.01.9199, 8ª Turma, rel. Des. Fed. Maria do Carmo Cardoso, j. 20/02/2017.

BRASIL.TRF da 3ª Região, Quarta Turma, Apelação Cível n. 0002961-56.2013.4.03.6104, rel. Des. Fed. Marcelo Mesquita Saraiva, j. 26/03/2024.

BRASIL. TRF da 4ª Região, Primeira Turma, Apelação Cível n. 2004.71.10.003966-0, rel. Des. Fed. Joel Ilan Paciornik, j. 25/11/2009.

BRASIL. TRF da 4ª Região, Apelação Cível n. 5009900-93.2017.4.04.7107, 2ª Turma, rel. Des. Fed. Rômulo Pizzolatti, j. 11/12/2019.

BRASIL. TRF da 4ª Região, Segunda Turma, Apelação Cível n. 5007632-22.2015.4.04.7112, rel. Des. Fed. Roberto Fernandes Júnior, j. 15/06/2021.

BRAVO, Federico de Castro y. **El negocio juridico**. Madri: Editorial Civitas, 1985.

CÁMARA, Héctor. **Simulación em los actos jurídicos**. 2. ed. Buenos Aires: Roque Depalma Editor, 1958.

CAMPOS, Diogo Leite de; ANDRADE, João Costa. **Autonomia contratual e direito tributário:** a norma Geral anti-elisão. Coimbra: Almedina, 2008.

CARNELUTTI, Francesco. **Teoria del Falso**. Pádua: Dott. A. Milani, 1935.

CARRAZZA, Roque. **Curso de Direito Constitucional Tributário**. 33. ed. São Paulo: Malheiros/Juspodivm, 2021.

CARRAZZA, Roque Antonio. **Reflexões sobre a obrigação tributária**. São Paulo: Noeses, 2010.

CARVALHO, Paulo de Barros. **Curso de Direito Tributário**. 23. ed. Saraiva, 2011.

CARVALHO, Paulo de Barros. Planejamento tributário e a doutrina da prevalência da substância sobre a forma na definição dos efeitos tributários de um negócio jurídico. *In*: MACHADO, Hugo de Brito. **Planejamento Tributário**. São Paulo: Malheiros, 2016.

CEARÁ. TJCE, Apelação Cível n. 0005049-97.2019.8.06.0071, 2ª Câmara de Direito Privado, rel. Des. Maria de Fática de Melo Loureiro, j. 15/06/2022.

CHIASSONI, Pierluigi. Interpretación jurídica sin verdad. **Revista Brasileira de Filosofía**, São Paulo, Marcial Pons, v. 240. Jan-jun/2013.

CLARI, María Luisa Carrasquer. **El problema del fraude a la ley en el Derecho Tributario**. Valência: Tirant Monografías, 2002.

CLEMENTE, Joan-Francesc Pont. **La simulación en la nueva LGT**. Madri: Marcial Ponts, 2006.

COÊLHO, Sacha Calmon Navarro. Considerações acerca do planejamento tributário no Brasil. *In*: MACHADO, Hugo de Brito. **Planejamento Tributário**. São Paulo: Malheiros, 2016.

COHEN, Jonathan L. How Is Conceptual Innovation Possible? **Erkenntnis**, vol. 25, n. 2, 1986, p. 221-238.

COMPARATO, Fábio Konder. **O poder de controle na sociedade anônima**. 3. ed. Rio de Janeiro: Forense, 1983.

CORDEIRO, A. Barreto Menezes. **Da Simulação no Direito Civil**. 3. ed. Coimbra: Almedina, 2021.

CORDEIRO, António Menezes. **Tratado de Direito Civil**. 5 ed., v. 2. Parte geral: negócio jurídico. Coimbra: Almedina, 2021.

COPI, Irving; M. COHEN, Carl; RODYCH, Victor. **Introduction to Logic**. 15. ed. Nova York: Routledge, 2019.

COSTA, Alcides Jorge. Da teoria do fato gerador. *In*: OLIVEIRA, Ricardo Mariz de. COSTA, Sérgio de Freitas. (Coord.). **Diálogos Póstumos com Alcides Jorge Costa**. São Paulo: Editora IBDT, 2017.

COSTA, Alcides Jorge. Direito Tributário e Direito Privado. *In*: OLIVEIRA, Ricardo Mariz de. COSTA, Sérgio de Freitas. (Coord.). **Diálogos Póstumos com Alcides Jorge Costa**. São Paulo: Editora IBDT, 2017.

COSTA, Regina Helena. **Curso de direito tributário:** Constituição e Código Tributário Nacional. 6. ed. São Paulo: Saraiva, 2016.

CUNHA DE SÁ, Fernando Augusto. **Abuso do direito**. 2ª reimpressão da edição de 1973. Coimbra: Almedina, 2005.

DAGOT, Michel. **La simulation en droit privé**. Paris: LGDJ, 1965.

DEBOISSY, Florence. **La Simulation en Droit Fiscal**. Paris: LGDJ, 1997.

DERZI, Misabel de Abreu Machado. A Desconsideração dos Atos e Negócios Jurídicos Dissimulatórios, segundo a Lei Complementar nº 104, de 10 de janeiro de 2001. *In*: ROCHA, Valdir de Oliveira. (Coord.). **O Planejamento Tributário e a Lei Complementar 104**. São Paulo: Dialética, 2001.

DERZI, Misabel Abreu Machado. Atualização. *In*: BALEEIRO, Aliomar. **Direito Tributário Brasileiro**. Atualizada por Misabel Abreu Machado Derzi. 12. ed. Rio de Janeiro: Forense, 2013.

DIAS, Daniela Gueiros. Analogia no Direito Tributário Brasileiro. **Revista Direito Tributário Atual**, São Paulo: IBDT, n. 42, ano 37, 2019, p. 210-236.

DIAS, Daniela Gueiros. **Consequencialismo Judicial no Direito Tributário Brasileiro**. São Paulo: IBDT, 2021.

DINIZ, Maria Helena. **Curso de Direito Civil Brasileiro:** Teoria Geral do Direito Civil, v. 1. São Paulo: SaraivaJur, 2024.

DISTASO, Nicola. **La simulazione dei negozi giuridici**. Turim: Unione Tipografico – Editrice Torinese, 1960.

DÓRIA, Antônio Ferreira Sampaio. **Elisão e Evasão Fiscal**. São Paulo: LAEL, 1971.

ESPINOLA, Eduardo. FILHO, Eduardo Espinola. **Introdução ao Estudo do Direito Civil**. Vol. I. Rio de Janeiro: Editora Freitas Bastos, 1939.

FALCÃO, Amílcar de Araújo. **Fato Gerador da Obrigação Tributária**. 2. ed. São Paulo: Revista dos Tribunais, 1971.

FERNANDES, Fabiana Carsoni. **A Sociedade em Conta de Participação no Direito Tributário**. São Paulo: IBDT, 2021.

FERNANDEZ, Maria Caracaba. **La simulación en los negocios jurídicos**. Barcelona: Libreria Bosch, 1986.

FERRAGUT, Maria Rita. **Presunções no Direito Tributário**. 2. ed. São Paulo: Quartier Latin, 2005.

FERRARA, Francesco. **Della Simulazione dei Negozi Giuridici**. 5. ed. Roma: Athanaeum, 1922.

FERRAZ JÚNIOR, Tércio Sampaio. Simulação e negócio jurídico indireto: no direito tributário e à luz do novo Código Civil. **Revista Fórum de Direito Tributário**, n. 48, 2010, pp. 9-26.

FERREIRA NETO, Arthur Maria. Crise Epistêmica no Direito Tributário Contemporâneo: do Esgotamento do Formalismo Normativista aos Riscos do Solidarismo Fiscal. **Revista Direito Tributário Atual**, São Paulo: IBDT, v. 56, 2024.

FOLLONI, André. Planejamento Tributário e Norma Antielisiva no Direito Brasileiro. *In*: MACHADO, Hugo de Brito. **Planejamento Tributário**. São Paulo: Malheiros, 2016.

FORKOSCH, Morris D. Abus du droit under the doctrine and jurisprudence in the United States. *In*: ROTONDI, Mario. **Inchieste di Diritto Comparato** – L'abus de droit, v. 7. Pádua: CEDAM, 1979.

FRANÇA, Erasmo Valladão Azevedo e Novaes; ADAMEK, Marcelo Vieira Von. Affectio Societatis: um conceito jurídico superado no moderno Direito Societário pelo conceito de fim social. **Revista de Direito Mercantil**, São Paulo, Malheiros, n. 149/150, 2008.

FRIED, Charles. **Contract as promise**. Cambridge: Harvard University Press, 1981.

GAINO, Itamar. **A Simulação dos Negócios Jurídicos**. 2. ed. São Paulo: Saraiva, 2012.

GARCÍA, Manuel Albaladejo. **La simulación**. Madri: Edisofer, 2005.

GIANNINI, A. D. **Istituzioni di Diritto Tributario**. 9. ed. Milão: Dott. A. Giuffrè, 1965.

GIUSTINA, Gabriel Spiller Della. **Consideração econômica e limitações constitucionais ao poder de tributar**. Dissertação (Mestrado em Direito) - Faculdade de Direito, Universidade de São Paulo, 2024.

GODOI, Marciano Seabra de. A Unilever e o Planejamento Tributário da Década. *In*: GOMES, Marcus Lívio; ROCHA, Sergio Andre; FARIA, Aline Cardoso de. **Planejamento tributário sob a ótica do CARF**. Rio de Janeiro: Editora Lumen Juris, 2019.

GODOI, Marciano Seabra de. Caso Unilever. Desmembramento do objeto social e sua atribuição a outras pessoas jurídicas, tendo como único motivo a redução de tributos. Uso e abuso desta antiga forma de planejamento tributário, à luz dos possíveis conceitos de simulação. *In*: GODOI, Marciano Seabra de. ROCHA, Sérgio André. **Planejamento tributário: limites e desafios concretos**. Belo Horizonte; São Paulo: D'Plácido, 2020.

GODOI, Marciano Seabra de. Dois Conceitos de Simulação e suas Consequências para os Limites da Elisão Fiscal. *In*: ROCHA, Valdir de Oliveira. **Grandes Questões Atuais do Direito Tributário**, v. 11. São Paulo: Dialética, 2007.

GODOI, Marciano Seabra de. Exercício de Compreensão Crítica do Acórdão do Supremo Tribunal Federal na Ação Direta de Inconstitucionalidade nº 2.446 (2022) e de suas Consequências Práticas sobre o Planejamento Tributário no Direito Brasileiro. **Revista Direito Tributário Atual**, São Paulo, IBDT, n. 52. Ano 40, 2022, p. 465-485.

GODOI, Marciano Seabra de. Planejamento tributário. *In*: MACHADO, Hugo de Brito. **Planejamento Tributário**. São Paulo: Malheiros, 2016.

GOMES, Orlando. **Introdução ao Direito Civil**. 20. ed. rev. atual. e aum. por Edvaldo Brito e Reginalda Paranhos Brito. Rio de Janeiro: Forense, 2010.

GONÇALVES, Carlos Roberto. **Direito Civil Brasileiro**. 18. ed., v. 1. São Paulo: Saraiva, 2020.

GONÇALVES, Carlos Roberto. **Direito Civil Brasileiro**. 9. ed., v. 3. São Paulo: Saraiva, 2012.

GRAU, Eros Roberto. **Por que tenho medo dos juízes (a interpretação/aplicação do direito e os princípios)**. 6. ed. São Paulo: Malheiros, 2013.

GRECO, Marco Aurélio. **Planejamento Tributário**. 4. ed. São Paulo: Quartier Latin, 2019.

GUASTINI, Riccardo. **Interpretare e Argomentare**. Milão: Dott. A. Giuffrè, 2011.

GUTIERREZ, Miguel Delgado. **Planejamento Tributário**: Elisão e Evasão Fiscal. São Paulo: Quartier Latin, 2006.

HAACK, Susan. **Evidence Matters**: Science, Proof and Truth in the Law. Cambridge University Press: Cambridge, 2014.

HAGE, Jaap. Building the World of Law. **Legisprudence**, v. 3, n. 1, 2007, p. 359-379.

HALPERIN, Eduardo Kowarick. **Multa Qualificada no Direito Tributário**. São Paulo: IBDT, 2021.

HALPERIN, Eduardo Kowarick. Propósito Negocial no Direito Tributário. **Revista Direito Tributário Atual.**, São Paulo: IBDT, n. 53, 2023.

HALPERIN, Eduardo Kowarick. Três Inconstitucionalidades da Multa Qualificada: Aplicação às Pessoas Jurídicas, Agravamento e Reincidência. *In*: SILVA, Paulo Roberto Coimbra. **Controvérsias Atuais no Direito Tributário Sancionador**. Belo Horizonte: Arraes, 2024.

HART, H. L. A. Definition and theory in jurisprudence. *In*: HART, H. L. A. **Essays in jurisprudence and philosophy**. Oxford: Clarendon Press, 1983.

HENSEL, Albert. **Diritto Tributario**. Tradução de Dino Jarach. Milão: Dott. A. Giuffrè Editore, 1956.

HOUAISS. Antônio; VILLAR, Mauro de Salles. **Dicionário Houaiss da Língua Portuguesa**. Rio de Janeiro: Objetiva, 2001.

HUCK, Hermes Marcelo. **Evasão e elisão**: rotas internacionais do planejamento tributário. São Paulo: Saraiva, 1997.

HURLEY, Patrick J.; WATSON, Lori. **A Concise Introduction to Logic**. 13. ed. Boston: Cengage Learning, 2018.

JARACH, Dino. **Il fatto imponible**. Tradução de Raffaello Braccini. Pádua: Casa Editrice Dott. Antonio Milani, 1981.

JOBIM, Eduardo. **A Justiça Tributária na Constituição**. São Paulo: Editora Juspodivm, 2023.

GALENDI JR., Ricardo André. **A Consideração Econômica no Direito Tributário**. São Paulo: IBDT, 2020.

JUNOY, Joan Picó. Los indicios en la prueba de la simulación contractual. **InDret**. Revista para el Análisis del Derecho, Barcelona, n. 3, julho/2017.

JUSTEN FILHO, Marçal. **Curso de direito administrativo**. 11. ed. São Paulo: Editora Revista dos Tribunais, 2015.

KELLEY, David; HUTCHINS, Debby. **The Art of Reasoning.** An Introduction to Logic. 5. ed. Nova York: W.W. Norton & Company, 2021.

KOURY, Paulo Arthur Cavalcante. Contra as Máximas de Presunção de Legitimidade do Crédito Tributário e do Livre Convencimento do Julgador. **Revista Direito Tributário Atual.**, São Paulo: IBDT, n. 51, 2022.

KOURY, Paulo Arthur Cavalcante. **Forma e Substância no Direito Tributário**. São Paulo: IBDT, 2021.

LAGIER, Daniel González. **Quaestio Facti:** Ensayos sobre prueba, causalidad y acción. Cidade do México: Fontamara, 2013.

LARENZ, Karl. **Derecho Civil: parte general**. Tradução de Miguel Izquierdo y Macías-Picavea. Madri: EDERSA, 1978.

LARENZ, Karl. **Metodologia da Ciência do Direito**. Tradução de José Lamego. 7. ed. Lisboa: Fundação Calouste Gulbenkian, 2014.

LEÃO, Martha Toribio. **O Direito Fundamental de Economizar Tributos** – Entre legalidade, liberdade e solidariedade. 2. Ed. São Paulo: Malheiros/Juspodivm, 2023.

LEVINSON, Stephen C. **Pragmatics**. Cambridge: Cambridge University Press, 1983.

LOPES, Miguel Maria de Serpa. **Curso de Direito Civil**, v. 1, 3 ed. Rio de Janeiro: Livraria Freitas Bastos, 1960.

MACCORMICK, Neil. **Retórica e o Estado de Direito**. Tradução de Conrado Hübner Mendes e Marcos Paulo Veríssimo. Revisão Técnica de Cláudio Michelon Jr. Rio de Janeiro: Editora Elsevier, 2008.

MACHADO, Hugo de Brito. **Comentários ao código tributário nacional**, v. II., 2. ed. São Paulo: Atlas, 2008.

MACHADO, Hugo de Brito. **Curso de Direito Tributário**. 34. ed. São Paulo: Malheiros, 2013.

MACHADO, Hugo de Brito. Elisão e evasão de tributos. *In*: YAMASHITA, Douglas. (Coord.). **Planejamento tributário à luz da jurisprudência**. São Paulo: Lex Editora, 2007.

MADEIRA, Eduardo Santos Arruda; ANDRADE JÚNIOR. Luiz Carlos de. Caso Klabin: o "casa e separa" revisto à luz da "técnica da simulação". **Revista Atual de Direito Tributário**, São Paulo, Dialética, n. 28, 2012.

MADRID, Germán Ovalle. Origen y evolución de la teoria de la simulación de los negocios jurídicos en derecho español. **Revista Derecho Público Iberoamericano**, n. 17, 2020, p. 219-250.

MALHERBE, Jacques. O Abuso de Direito. Uma Análise no Direito Comparado. Tradução de Luis Flávio Neto. **Revista Direito Tributário Atual**, São Paulo, Dialética, n. 22, 2008.

MARANI, Francesco. **La simulazione negli atti unilaterali**. Pádua: Cedam, 1971.

MARINONI, Luiz Guilherme. ARENHART, Sérgio Cruz. MITIDIERO, Daniel. **Novo código de processo civil comentado**. São Paulo: Editora Revista dos Tribunais, 2015.

MARINONI, Luiz Guilherme. **Teoria geral do processo**. 5. ed. São Paulo: Editora Revista dos Tribunais, 2011.

MARINS, James. **Elisão tributária e sua regulação**. São Paulo: Dialética, 2002.

MARTINS-COSTA, Judith. **A boa-fé no Direito Privado**. 3 ed. São Paulo: Saraiva, 2024.

MARTINS, Ives Gandra da Silva; MARONE, José Ruben. Elisão e evasão de tributos – estudo de casos. *In*: YAMASHITA, Douglas. (Coord.). **Planejamento tributário à luz da jurisprudência**. São Paulo: Lex Editora, 2007.

MARTINS, Fran. **Títulos de crédito**. 14. ed. Atualizado por Joaquim Penalva Santos. Rio de Janeiro: Forense, 2008.

MCNAUGHTON, Charles William. **Elisão e norma antielisiva:** completabilidade e sistema tributário. São Paulo: Noeses, 2014.

MELLO, Marcos Bernardes. **Teoria do fato jurídico:** plano da eficácia. 1ª parte. São Paulo: Saraiva, 2003.

MELLO, Marcos Bernardes de. **Teoria do fato jurídico**: plano da existência. 16. ed. São Paulo: Saraiva, 2010.

MELLO, Marcos Bernardes. **Teoria do fato jurídico**: plano da validade. 10. ed. São Paulo: Saraiva, 2010.

MESSINA, Giuseppe. La Simulazione assoluta. *In*: MESSINA, Giuseppe. **Scritti Giuridici**. Tomo V. Milão: Dott. A. Giuffre Editore, 1948.

MESSINEO, Francesco. **Il contrato in genere**. Tomo II. Milão: Dott. A. Giuffre Editore, 1972.

MIRAGEM, Bruno. **Abuso do direito:** ilicitude objetiva e limite ao exercício das prerrogativas jurídicas no direito privado. 2. ed. São Paulo: Editora Revista dos Tribunais, 2013.

MIRANDA, Custódio da Piedade Ubaldino. **A simulação no Direito Civil brasileiro:** um estudo comparativo entre os sistemas do revogado Código Civil de 1916 e o Código Civil em vigor de 2002. São Paulo: Marcial Pons, 2020.

MIRANDA, Francisco Cavalcanti Pontes de. **Tratado de Direito Privado.** Tomo I, 4. ed. São Paulo: Editora Revista dos Tribunais, 1974.

MIRANDA, Francisco Cavalcanti Pontes de. **Tratado de Direito Privado**. Tomo III, 4. ed. São Paulo: Editora Revista dos Tribunais, 1983.

MIRANDA, Francisco Cavalcanti Pontes de. **Tratado de Direito Privado**. Tomo IV, 2. ed. Rio de Janeiro: Editora Borsoi, 1954.

MIRANDA, Francisco Cavalcanti Pontes de. **Tratado de Direito Privado**. Tomo XXXIX, 2. ed. Rio de Janeiro: Editora Borsoi, 1962.

MIRANDA, Túlio Terceiro Neto Parente. **Revisão do lançamento tributário**: hipóteses e limites. São Paulo: Noeses, 2024.

MONTEIRO, Washington de Barros. **Curso de Direito Civil** – Parte Geral. 44 ed. São Paulo: Saraiva, 2012.

MORAES, Bernardo Ribeiro de. **Compêndio de direito tributário**. v. 2, 3. ed. Rio de Janeiro: Forense, 1999.

MOREIRA, André Mendes. O planejamento tributário sob a ótica do Código Tributário Nacional. *In*: GODOI, Marciano Seabra de; ROCHA, Sérgio André. **Planejamento tributário**: limites e desafios concretos. Belo Horizonte; São Paulo: D'Plácido, 2020.

NASCIMENTO, Luniza Carvalho do. Configuração da Capacidade Econômica no Direito Tributário Brasileiro. **Revista Direito Tributário Atual**, São Paulo, IBDT, n. 53, ano 41, 2023.

NOGUEIRA, Johnson Barbosa. **A Interpretação Econômica no Direito Tributário**. São Paulo: Editora Resenha Tributária, 1982.

NOGUEIRA, Ruy Barbosa. **Curso de Direito Tributário**. 14. ed. São Paulo: Saraiva, 1995.

NOGUEIRA, Ruy Barbosa. **Direito Financeiro** – Curso de Direito Tributário. 3. ed. São Paulo: José Bushatsky Editor, 1971.

NOVOA, César García. **La Cláusula Antielusiva en la Nueva Ley General Tributaria**. Madri: Marcial Pons, 2004.

NOVOA, César García. Simulación y delito contra la Hacienda Pública (a propósito de la sentencia de la Audiencia Provincial de Madrid en el caso Xabi Alonso). **Revista de Contabilidad y Tributación**, CEF, n. 444, 2020, p. 89-118.

OLIVEIRA, Ricardo Mariz de. A simulação no Código Tributário Nacional e na prática. **Revista de Direito Tributário Atual**, São Paulo, Dialética, n. 23, 2012.

OLIVEIRA, Ricardo Mariz de. **Fundamentos do imposto de renda (2020)**. São Paulo: IBDT, 2020.

OLIVEIRA, Ricardo Mariz de. Fundamentos do planejamento tributário. **Revista Direito Tributário Atual**, São Paulo, IBDT, v. 47, 1º quadrimestre 2021.

OLIVEIRA, Ricardo Mariz de. Norma Geral Antielusão. **Revista Direito Tributário Atual**, São Paulo: IBDT/Dialética, n. 25, 2011.

PECZENIK, Aleksander. **On Law and Reason**. 2. ed. Dordrecht: Springer, 2009.

PEDREIRA, José Luiz Bulhões. FILHO, Alfredo Lamy (Coord.). **Direito das Companhias**, v. I. Rio de Janeiro: Forense, 2009.

PEIRCE, Charles S. **Semiótica**. Tradução de José Teixeira Coelho Neto. 4. ed. São Paulo: Perspectiva, 2017.

PEREIRA, Caio Mário da Silva. **Instituições de direito civil**. V. 1, 30 ed. Atualizado por Maria Celina Bodin de Moraes. Rio de Janeiro: Forense, 2017.

PERERA, Ángel Carrasco. **Tratado del abuso de derecho y del fraude de ley**. Pamplona: Thomson Reuters, 2016.

PERELMAN, Chaim. Les Antinomies en Droit. Essai de synthèse. *In*: PERELMAN, Chaim **Les Antinomies en Droit**. Bruxelas: Établissements Émile Bruylant, 1965.

PINHO, João Ricardo Dias de. **Negócio jurídico no direito tributário**: ensaio sobre uma teoria da simulação. São Paulo: Noeses, 2018.

PIROVANO, Antoine. L'abus de droit dans la doctrine et la jurisprudence françaises. *In*: ROTONDI, Mario. **Inchieste di Diritto Comparato – L'abus de droit**. V. 7. Pádua: CEDAM, 1979.

POIDOMANI, Isabella. **A simulação através de sociedades empresárias**. Rio de Janeiro: Lumen Juris, 2019.

PUGLIESE, Giovanni. **La simulazione nei negozi giuridici**. Pádua: Casa Editrice Dott. Antonio Milani, 1938.

QUEIROZ, Mary Elbe; QUEIROZ, Antônio Elmo. O planejamento tributário e a jurisprudência administrativa. *In:* MACHADO, Hugo de Brito. **Planejamento Tributário**. São Paulo: Malheiros, 2016.

RAZ, Joseph. **Between Authority and Interpretation**: On the Theory of Law and Practical Reason. Oxford: Oxford University Press, 2009.

RECHIA, Fernando Mariath. **Interpretação das competências tributárias**: teorias da interpretação, técnicas de argumentação e critérios de preferência entre argumentos. São Paulo: Thomson Reuters Brasil, 2023.

RIBAS, Pedro Henrique Garzon. **Negócio jurídico indireto**: definição e sua (in)aplicabilidade em matéria tributária. Dissertação (Mestrado em Direito) - Faculdade de Direito, Universidade de São Paulo, 2019.

RIBEIRO, Ricardo Lodi. **Temas de Direito Constitucional Tributário**. Rio de Janeiro: Editora Lumen Juris, 2009.

RIO GRANDE DO SUL. TJRS. Apelação/Remessa Necessária nº 51255927220218210001, 22ª Câmara Cível, rel. Des. Marilene Bonzanini, j. 06/04/2023.

RIO GRANDE DO SUL. TJRS, Apelação Cível, nº 50032317220168210019, 22ª Câmara Cível, rel. Des. Liselena Schifino Robles Ribeiro, j. 21/09/2023.

RIVIERA, Jennifer Lorena Villamil. La valoración probatoria para desvirtuar configuraciones formales en el Derecho tributario. Análisis jurisprudencial del caso chatarreros. **Revista de Derecho Fiscal**, n. 16. jan-jun/2020, p. 119-145.

ROCHA, Joaquim Freitas da. **Introdução ao planeamento fiscal (teoria jurídica)**. Coimbra: Almedina, 2023.

ROCHA, Sérgio André. Para que serve o parágrafo único do artigo 116 do CTN afinal? *In*: GODOI, Marciano Seabra de; ROCHA, Sérgio André. **Planejamento tributário:** limites e desafios concretos. Belo Horizonte; São Paulo: D´Plácido, 2020.

ROCHA, Sérgio André. **Planejamento tributário e liberdade não simulada**: doutrina e situação pós ADI 2.446. 2. ed. Belo Horizonte: Casa do Direito, 2022.

ROCHA, Sérgio André. **Planejamento Tributário na Obra de Marco Aurélio Greco**. Rio de Janeiro: Lumen Juris, 2019.

RODRIGUES, Silvio. **Direito Civil**, v. 1, 15. ed. São Paulo: Saraiva, 1985.

ROPPO, Enzo. **Manuale di Diritto Civile**. Roma: Editori Laterza, 1983.

ROSENBLATT, Paulo. **Normas gerais antielisivas**: planejamento tributário e padrões comparativos de política fiscal. Rio de Janeiro: Lumen Juris, 2024.

ROSEMBUJ, Tulio. **El Fraude de Ley, la simulación y el abuso de las formas en el Derecho Tributario**. 2. ed. Madri: Marcial Pons, 1999.

RUGGIERO, Roberto de. **Instituições de Direito Civil**, v. 1, 6. ed. Tradução de Ary dos Santos. São Paulo: Saraiva, 1957.

SABATÉ, Luis Muñoz. **La prueba de la simulación**. Barcelona: Editorial Hispano Europea,1972.

SABATÉ, Luis Muñoz. **La prueba de la prestación mercantil**. Barcelona: Editorial Hispano Europea, 1974.

SANSEVERINO, Paulo de Tarso Vieira. Contratos Nominados II. *In*: REALE, Miguel. MARTINS-COSTA, Judith. (Coord.). **Estudos em homenagem ao Professor Miguel Reale**. São Paulo: Ed. Revista dos Tribunais, 2005.

SANTA CATARINA. TJSC, Apelação Cível n. 0310923-95.2016.8.24.0005, 3ª Câmara de Direito Público, rel. Des. Ronei Danielli, j. 02/07/2019.

SANTOS, José Beleza dos. **A simulação em direito civil**. 2. ed. São Paulo: Lejus, 1999.

SANTOS, J. M de Carvalho. **Código Civil Brasileiro Interpretado**, v. II, 2. ed. Rio de Janeiro: Editor Freitas Bastos, 1938.

SÃO PAULO. TJSP, Apelação Cível n. 0019109-69.2010.8.26.0577, 3ª Câmara de Direito Privado, rel. Des. Egidio Giacoia, j. 28/01/2014.

SÃO PAULO. TJSP, Apelação Cível n. 0100990-59.2008.8.26.0053, 8ª Câmara de Direito Público, rel. Des. Manoel Ribeiro, j. 27/08/2014.

SÃO PAULO. TJSP, Apelação Cível n. 1004581-71.2014.8.26.0577, rel. Des. Fermino Magnani Filho, 5ª Câmara de Direito Público, j. 29/06/2015.

SÃO PAULO. TJSP, Apelação Cível n. 4019030-48.2013.8.26.0114, 9ª Câmara de Direito Público, rel. Des. José Maria Câmara Junior, j. 01/07/2015.

SÃO PAULO. TJSP, Apelação Cível n. 0002355-67.2013.8.26.0344, rel. Des. José Maria Câmara Junior, 9ª Câmara de Direito Público, j. 19/08/2015.

SÃO PAULO. TJSP, Apelação Cível n. 0101587-08.2013.8.26.0100, rel. Des. Maria Olívia Alves, 6ª Câmara de Direito Público, j. 17/10/2016.

SÃO PAULO. TJSP, Apelação Cível n. 8000316-15.2012.8.26.0014, rel. Des. Moreira de Carvalho, 9ª Câmara de Direito Público, j. 26/09/2018.

SÃO PAULO. TJSP, Apelação Cível n. 1001461-77.2019.8.26.0081, 5ª Câmara de Direito Público, rel. Des. Heloísa Mimessi, j. 02/12/2019.

SÃO PAULO.TJSP, Apelação Cível n. 1015646-55.2018.8.26.0114, 5ª Câmara de Direito Público, rel. Des. Fermino Magnani Filho, j. 06/07/2020.

SÃO PAULO. TJSP, Apelação Cível n. 1010461-16.2019.8.26.0077, 2ª Câmara de Direito Público, rel. Des. Vera Angrisani, j. 04/12/2020.

SÃO PAULO. TJSP, Apelação Cível n. 1004515-76.2020.8.26.0320, 6ª Câmara de Direito Privado, rel. Des. Vito Guglielmi, j. 14/05/2021.

SÃO PAULO. TJSP, Apelação Cível n. 1001611-04.2018.8.26.0272, rel. Des. Mônica de Carvalho, 8ª Câmara de Direito Privado, j. 21/07/2021.

SÃO PAULO. TJSP, Apelação Cível n. 1021723-72.2020.8.26.0482, 4ª Câmara de Direito Público, rel. Des. Paulo Barcellos Gatti, j. 27/09/2021.

SÃO PAULO. TJSP, Apelação Cível n. 1014515-19.2020.8.26.0003, 8ª Câmara de Direito Privado, Rel. Des. Salles Rossi, j. 30/11/2022.

SÃO PAULO. TJSP, Apelação Cível n. 1030995-46.2018.8.26.0002, rel. Des. Marcus Vinicius Rios Gonçalves, 6ª Câmara de Direito Privado, j. 12/07/2023.

SÃO PAULO. TJSP, Apelação Cível n. 1001916-92.2022.8.26.0483, 7ª Câmara de Direito Público, rel. Des. Mônica Serrano, j. 06/11/2023.

SÃO PAULO. TJSP, Apelação Cível n. 1014440-43.2018.8.26.0037, 3ª Câmara de Direito Privado, rel. Des. Schmitt Corrêa, j. 18/12/2023.

SÃO PAULO. TJSP, Apelação Cível n. 1027460-02.2019.8.26.0576, rel. Des. João Pazine Neto, 3ª Câmara de Direito Privado, j. 06/02/2024.

SÃO PAULO. TJSP, Apelação Cível n. 4003528-87.2013.8.26.0302, 2ª Câmara Reservada de Direito Empresarial, rel. Des. Natan Zelinschi de Arruda, j. 20/02/2024.

SÃO PAULO. TJSP, 18ª Câmara de Direito Público, Apelação Cível n. 1055866-45.2022.8.26.0053, rel. Des. Ricardo Chimenti, j. 29/02/2024.

SÃO PAULO. TJSP, Apelação Cível n. 1035535-48.2021.8.26.0224, 24ª Câmara de Direito Privado, rel. Des. Claudia Carneiro Calbucci Renaux, j. 14/03/2024.

SÃO PAULO. TJSP, Apelação Cível n. 1012184-59.2022.8.26.0564, 9ª Câmara de Direito Privado, rel. Des. Wilson Lisboa Ribeiro, j. 26/04/2024.

SÃO PAULO. TJSP, Apelação Cível n. 1013829-12.2018.8.26.0451, rel. Des. Silvia Meirelles, 6ª Câmara de Direito Público, j. 06/05/2024.

SÃO PAULO. TJSP, Apelação Cível n. 1007336-66.2022.8.26.0099, rel. Des. João Batista Vilhena, 5ª Câmara de Direito Privado, j. 02/08/2024.

SAVIGNY, Friedrich Carl von. **Traité de Droit Romain**. Tomo III, 2. ed. Tradução de C.H. F. Guenoux. Paris: Didot, 1856.

SCALIA, Antonin. **A Matter of Interpretation**. Princeton: Princeton University Press, 1997.

SCALIA, Antonin; GARNER, Bryan A. **Reading Law**: the interpretation of legal texts. St. Paul: Thomson/West, 2012.

SCHANE, Sanford. Contract Formation as a Speech Act. *In*: TIERSMA, Peter M; SOLAN, Lawrence M. (Ed.) **The Oxford Handbook of Language and Law**. Oxford: Oxford University Press, 2015.

SCHAUER, Frederick. **Precedent**. Stanford Law Review v. 39, n. 3, fevereiro de 1987.

SCHAUER, Frederick. **The proof**: uses of evidence in law, politics, and everything else. Cambridge: Harvard University Press, 2022.

SCHAUER, Frederick. Formalism. **The Yale Law Journal**, v. 97, n. 4, mar/1988.

SCHAUER, Frederick. **Thinking like a lawyer**. Cambridge: Harvard University Press, 2009.

SCHOUERI, Luís Eduardo. **Direito Tributário**. 13. ed. São Paulo: Editora Saraiva, 2024.

SCHOUERI, Luís Eduardo. O Refis e a Desjudicialização do Planejamento Tributário. **Revista Dialética de Direito Tributário**, n. 232, jan. 2015, p. 103-115.

SCHOUERI, Luís Eduardo. Planejamento Tributário: Limites à Norma Antiabuso. **Revista Direito Tributário Atual**, São Paulo, Dialética, n. 24, 2010.

SCHREIBER, Anderson. **Código Civil comentado**: doutrina e jurisprudência. 3. ed. Rio de Janeiro: Forense, 2021.

SEARLE, John R. **Expressão e Significado**: estudos da teoria dos atos de fala. Tradução de Ana Cecília G. A. de Camargo e Ana Luiza Marcondes Garcia. 2. ed. São Paulo: Martins Fontes, 2002.

SEGUNDO, Hugo de Brito Machado; MACHADO, Raquel Cavalcanti Ramos. Planejamento tributário. *In:* MACHADO, Hugo de Brito. **Planejamento Tributário**. São Paulo: Malheiros, 2016.

SILVA, Jules Michelet Pereira Queiroz e. **Standards de Prova no Direito Tributário**. São Paulo: IBDT, 2022.

SILVA, Rômulo Cristiano Coutinho da. **Planejamento Tributário e Segurança Jurídica**. São Paulo: Quartier Latin, 2019.

SOUSA, Rubens Gomes de. **Compêndio de legislação tributária**. Edição póstuma. São Paulo: Resenha Tributária, 1975.

STEINER, Renata C. **Descumprimento contratual: Boa-fé e Violação Positiva do Contrato**. São Paulo: Quartier Latin, 2014.

SUMMERS, Robert S. A critique of the business-purpose doctrine. **Oregon Law Review**, v. 41, 1961.

TARUFFO, Michele. **Contribución al estudio de las máximas de experiencia**. Tradução de Perfecto Andrés Ibáñez. Madri: Marcial Pons, 2023.

TARUFFO, Michele. **La prueba**. Tradução de Laura Manríquez e Jordi Ferrer Beltrán. Madri: Marcial Pons, 2008.

TARUFFO, Michele. **Simplemente la verdad**. Tradução de Daniela Accatino Scagliotti. Madri: Marcial Pons, 2010.

TEPEDINO, Gustavo; BARBOZA, Heloisa Helena; MORAES, Maria Celina Bodin de. **Código Civil interpretado conforme a Constituição da República**. Rio de Janeiro: Renovar, 2004.

THEODORO JR., Humberto. **Comentários ao Novo Código Civil,** v. III, tomo I. Rio de Janeiro: Forense, 2003.

TÔRRES, Heleno. **Direito tributário e direito privado**: autonomia privada, simulação, elusão tributária. São Paulo: Revista dos Tribunais, 2003.

TÔRRES, Heleno. Teoria da Simulação de Atos e Negócios Jurídicos. *In*: AZEVEDO, Antonio Junqueira de; TÔRRES, Heleno Taveira; CARBONE, Paolo. (Coord.) **Princípios do Novo Código Civil Brasileiro e Outros Temas** – Homenagem a Tullio Ascarelli. São Paulo: Quartier Latin, 2008.

TORRES, Ricardo Lobo. **Normas de Interpretação e Integração do Direito Tributário**. 4. ed. Rio de Janeiro: Renovar, 2006.

TROIANELLI, Gabriel. O Parágrafo Único do Artigo 116 do Código Tributário Nacional como Limitador do poder da Administração. *In*: ROCHA, Valdir de Oliveira. (Coord.). **O Planejamento Tributário e a Lei Complementar 104**. São Paulo: Dialética, 2001.

TUZET, Giovanni. **Filosofia della prova giuridica**. Turim: G. Giappichelli Editore, 2013.

USA. Commissioner of Internal Rev. v. Ashland Oil & R. Co., 99 F.2d 588 (6th Cir. 1938).

USA. Gregory v. Helvering, 293 U.S. 465 (1935).

USA. Superior Oil Co. v. Mississippi ex Rel. Knox, 280 U.S. 390 (1930).

VELOSO, Alberto Júnior. **Simulação**: aspectos gerais e diferenciados à luz do Código Civil. 2 ed. Curitiba: Juruá, 2011.

VENOSA, Sílvio de Salvo. **Direito civil**: parte geral. 17. ed. São Paulo: Atlas, 2017.

VERÇOSA, Haroldo Malheiros Duclerc. **Curso de Direito Comercial**. 2 ed. São Paulo: Malheiros, 2010.

WALTON, Douglas N. **Lógica informal**: manual de argumentação crítica. Tradução de Ana Lúcia R. Franco. 2 ed. São Paulo: Editora WMF Martins Fontes, 2012.

WALTON, Douglas N. **Burden of proof, presumption and argumentation**. Nova York: Cambridge University Press, 2014.

WEINBERGER, Ota. Facts and fact-descriptions: a logical and methodological reflection on a basic problem for the social sciences. *In:* MACCORMICK, Neil; WEINBERGER, Ota. **An institutional theory of law**. Dordrecht: Kluwer, 1986.

WILLIAMS, Bernard. **Truth and Truthfulness**: An Essay in Genealogy. Princeton: Princeton University Press, 2002.

WITTGENSTEIN. Ludwig. **Philosophical Investigations**. Tradução de G. E. M. Anscombe, P. M. S. Hacker e Joachim Schulte. 4. ed. Nova Jersey: Wiley-Blackwell, 2009.

WRIGHT, George Henrik von. Is There a Logic of Norms? *In*: AARNIO, Aulis; MACCORMICK, Neil. (Ed.). **Legal Reasoning**, v. I. Dartmouth: Aldershot, 1992.

WRIGHT, Georg Henrik von. **Norm and action**. Londres: Routledge & Kegan Paul, 1963.

WRÓBLEWSKI, Jerzy. **The Judicial Application of Law**. Dordrecht: Kluwer, 1992.

XAVIER, Alberto. **Tipicidade da tributação, simulação e norma antielisiva**. São Paulo: Dialética, 2002.

YAMASHITA, Douglas. **Elisão e Evasão de Tributos**. São Paulo: Lex Editora, 2005.

EDITORA *Jus*PODIVM | MALHEIROS EDITORES

www.editorajuspodivm.com.br

JMA014